Interessenhandeln jenseits der Norm

Arbeit – Interessen – Partizipation

Herausgegeben von Ludger Pries and Rainer Trinczek

Band 2

PD Dr. *Ingrid Artus* ist Akademische Rätin am Lehrstuhl für Soziologie der Technischen Universität München.

Ingrid Artus

Interessenhandeln jenseits der Norm

Mittelständische Betriebe und prekäre Dienstleistungsarbeit in Deutschland und Frankreich

Campus Verlag
Frankfurt/New York

Bibliografische Information der Deutschen Nationalbibliothek
Die Deutsche Nationalbibliothek verzeichnet diese Publikation in der Deutschen Nationalbibliografie; detaillierte bibliografische Daten sind im Internet unter http://dnb.d-nb.de abrufbar.
ISBN 978-3-593-38720-8

Gedruckt auf säurefreiem und chlorfrei gebleichtem Papier.
Printed in Germany

Besuchen Sie uns im Internet: www.campus.de

Inhalt

Einleitung

L'humanité n'est pas un état à subir. C'est
une dignité à conquérir.[1]
Vercors (Les animaux dénaturés)

Das Thema dieser Studie ist die Frage von Demokratie im Bereich kapitalistischer Lohnarbeit. Begreift man Demokratie in einem fundamentalen Sinn als Emanzipation der Menschen zu autonomen Individuen, so ist ihre Verwirklichung in der Lohnarbeit ein Widerspruch in sich. Folgerichtig zielten die historischen Kämpfe um Emanzipation lange Zeit auf eine Abschaffung des Kapitalismus. Deren reformistisches Ergebnis sind nicht nur die Gewerkschaften als einflussreiche Massenorganisationen und die Tarifpolitik als institutionalisierter Klassenkompromiss, sondern auch die betriebliche Mitbestimmung und Interessenvertretung.

Kämpfe mit antikapitalistischen Zielstellungen spielen derzeit (zumindest in den westlichen Industrienationen) gesellschaftlich eine marginale Rolle. Ihr historisches Relikt, die Institutionen betrieblicher Beschäftigtenrepräsentation, sind hingegen zu einer Art Selbstverständlichkeit geworden: In Deutschland ist es der Betriebsrat, in Frankreich die *Délégués du Personnel*, das *Comité d'Entreprise* und die *Délégués Syndicaux*. Diese einst heftig umstrittenen Institutionen gelten heute als normativ gesicherter Besitzstand. Wissenschaftliche Studien und selbst politische Diskurse zum Thema haben daher oft einen technischen oder legalistischen Duktus: Es geht um die Anwendungsbereiche und -probleme von Gesetzen, um Lösungen für die Anpassung bestehender Regelungen an neue Aufgaben und Entwicklungen. Nur noch selten wird die grundlegende Frage von Demokratie in der Wirtschaft gestellt oder gar jene der Gleichberechtigung aller Beteiligten am gesellschaftlichen Produktionsprozess. Utopien, die über den Status Quo hinausgehen, sind Mangelware. Eine Repolitisierung der Frage demokratischer Beteiligungsrechte erfolgt derzeit eher unter anderen Vorzeichen: Die historisch errungenen Regelungen müssen zunehmend gegen Strömungen verteidigt werden, die unter neoliberaler Flagge das Rad der Geschichte zurückdrehen möchten. Interessierte Akteure fordern eine Aufweichung oder gar Abschaffung kollektiver Vertretungsrechte der Beschäftigten als Handicap im globalen Standortwettbewerb. Die Beseitigung von Demo-

1 Menschlichkeit ist kein Zustand, in dem man sich befindet. Sie ist eine Würde, die zu erobern ist.

kratie als Kostensenkungsprogramm ist aktuell wieder diskussionsfähig. Dabei sind die Beteiligungsrechte der Beschäftigten nicht nur durchaus beschränkt, sondern auch längst noch nicht flächendeckend verwirklicht.

Die vorliegende Studie macht deutlich: Bei näherer Betrachtung erweist sich der Eindruck, wonach Institutionen kollektiver Interessenvertretung abhängig Beschäftigter eine Selbstverständlichkeit seien, als trügerisch. Dies lehrt nicht nur ein Blick in die Geschichte, sondern auch in die Gegenwart. Gegenstandsbereich der folgenden empirischen Untersuchung in deutschen und französischen Betrieben sind Sektoren von Lohnarbeit, in denen Institutionen betrieblicher Interessenvertretung nicht oder nur rudimentär existieren: Kleinere Betriebe, die in der Peripherie des Systems industrieller Beziehungen angesiedelt sind, und der wachsende Bereich prekärer Dienstleistungsarbeit.

Die angewandte Methode ist die eines qualitativ angelegten internationalen Vergleichs. Es werden die Verhältnisse in zwei Ländern thematisiert, die geografisch benachbart sind und vielfältige wechselseitige Bezüge in ihrer Geschichte haben: Deutschland und Frankreich. Es handelt sich um entwickelte westliche Industriestaaten mit einer gemeinsamen Vergangenheit christlich-abendländischer Kulturtradition und europäischer Arbeiterbewegung. In beiden Ländern sind die Gewerkschaften wichtige gesellschaftliche Akteure und es existiert ein duales System betrieblicher Interessenvertretung. Aufgrund vieler struktureller Ähnlichkeiten werden beide Länder gewöhnlich derselben ›rheinischen‹ Variante des Kapitalismus zugeschlagen, auch als koordinierte Marktwirtschaften bezeichnet. Doch der oberflächliche Augenschein ist trügerisch. Ziel der Studie ist es, die deutlich unterschiedlichen sozialen und institutionellen Logiken industrieller Beziehungen in beiden Ländern zu rekonstruieren. In Absetzung zu Ansätzen, wie etwa jenem der *Varieties of Capitalism*, die stark auf eine funktionale Analyse formaler Regeln und Institutionen konzentriert sind, wird die mögliche Variabilität von Akteurspraktiken im Rahmen scheinbar identischer oder ähnlicher Institutionen nachgezeichnet. Einleitend wird daher der Ansatz der *Varieties of Capitalism*, der als Analyseraster in der sozialwissenschaftlichen Diskussion aktuell sehr populär ist, zunächst dargestellt und kritisiert (vgl. Kapitel I.1).

Etwa acht Jahre vergleichender Forschungsarbeit in Deutschland und Frankreich haben zumindest eine zentrale Lehre ermöglicht: Ein internationaler Vergleich ist stets gezwungen, Äpfel mit Birnen zu vergleichen. Ein Ansatz, der diese Unvergleichbarkeit gesellschaftlicher Verhältnisse ernst nimmt, ist das Theorem des *Effet Sociétal*. Es prägt in vielerlei Hinsicht die Sichtweise der vorliegenden Studie, weshalb ihm ebenfalls ein kurzes Kapitel gewidmet ist (Kapitel I.2). Die Erkenntnis eines ausgeprägten *Effet Sociétal* im Bereich menschlichen Handelns ist die Crux komparativer sozialwissenschaftlicher

Forschung. Es macht sie zu einem ausgesprochen voraussetzungsvollen und aufwendigen Unterfangen. Sie ist jedoch zugleich auch ihr großer Reiz. Das Erlebnis unerwarteter Varianz menschlichen Handelns sprengt den Rahmen des eigenen, kulturell gebundenen Denkens – oder fügt diesem doch zumindest kleine Brüche zu. Die Attraktivität komparativer Forschung besteht in der Infragestellung kultureller Selbstverständlichkeiten, in der Thematisierung jenes *Tacit Knowledge*, das im Rahmen der eigenen Sozialisation und Enkulturation zum unhinterfragten und schwer hinterfragbaren Gemeinplatz wird. Dieser Bruch mit dem Altvertrauten hat gewöhnlich Rückwirkungseffekte: Im Widerschein des Anderen wird es möglich, das Eigene in einem neuen Licht zu betrachten. Bislang logisch erscheinende Zusammenhänge erweisen sich plötzlich als ausgesprochen voraussetzungsvoll. Was bislang als Selbstverständlichkeit erschien, wird als Kultur erkannt und als solche in ihrer Veränderbarkeit und Gestaltbarkeit erlebt.

Es bedeutete eine große Herausforderung, sich als deutsch sozialisierte Wissenschaftlerin den Handlungslogiken industrieller Beziehungen in französischen Betrieben anzunähern. Viele Erlebnisse und Äußerungen von InterviewpartnerInnen wurden aufgrund des eigenen kulturellen und wissenschaftlichen Vorverständnisses in gewohnte Schubladen eingeordnet und zuweilen in Aktenordnern abgelegt, in denen sie nichts zu suchen hatten. Es bedurfte systematischer Irritationen, um die eigenen Denkgewohnheiten aufzubrechen und gesichert geglaubten Wissensbestand in Frage zu stellen. Diese Irritationen erfolgten häufig an unerwarteten Stellen: in Nebensätzen oder in der Form eklatanter Missverständnisse. Es war zweifellos nützlich, dass die Forschungsarbeiten in Frankreich auf einer soliden Wissensgrundlage über die Prozesse industrieller Beziehungen in Ost- und Westdeutschland aufbauen konnten. Dies strukturierte jedoch auch den Fokus der eigenen Blickrichtung vor. An dieser Stelle gilt ein tiefer Dank meinen KollegInnen Adelheid Hege und Christian Dufour vom *Institut de Recherches Economiques et Sociales (IRES)* in Paris. Mit solidarischer Kooperation und hartnäckiger, unnachgiebiger Kritik gelang es ihnen immer wieder, Zweifel zu säen an Sachverhalten, die ich doch längst verstanden zu haben glaubte. In der wenigen Zeit, die ihnen neben ihren eigenen Forschungsarbeiten blieb, haben sie stets Raum geschaffen, um mit mir über meine Interviews, Erlebnisse und Interpretationen zu diskutieren, mir konkrete Hilfestellungen zu leisten und auf meine nicht enden wollenden Fragen zu antworten. Die vorliegende Studie ist auch ein Ergebnis ihrer kontinuierlichen kulturellen Übersetzungsleistungen, die ich hiermit an ein deutsches Publikum weitergebe. Von ihrer theoretischen Herangehensweise an Prozesse der betrieblichen Beschäftigtenrepräsentation und die Methodik des internationalen Vergleichs habe ich viel gelernt (vgl. Kapitel I.2.2). Ihr Ansatz der *Représentation au quotidien* war für mich eine inspirierende Fundgrube, um meine theoretischen Perspektiven zu erweitern, die vor allem einem interessenorientierten Ansatz betrieblicher Austauschbeziehungen verpflichtet sind. Im Endergebnis ist das theoretische Gerüst der Studie nicht nur der deutschen Soziologie industrieller Beziehungen verpflichtet, sondern wurde auch in vielerlei Hinsicht von den Einsichten komparativer Forschung im Kontext der französischen *Sociologie du Travail* bereichert (vgl. Kapitel I.3). Für eine Studie, die die Verhältnisse in deutschen und französischen Betrieben vergleichend in den Blick nimmt, erscheint eine solche Kombination theoretischer Perspektiven sicherlich gegenstandsadäquat. Es steht zu hoffen, dass sie auch die deutschen Diskussionen über die Theorie industrieller Beziehungen ein wenig bereichern kann, in die Konzepte aus dem französischen Sprachraum gewöhnlich eher spärlich eingehen.

Komparative Forschungen sind in Mode. Es wird häufig betont, wie unverzichtbar diese im Zuge der europäischen Einigung und der wachsenden Internationalisierung von Wirtschaft und Gesellschaft seien. In den letzten Jahrzehnten sind große Institutionen auf europäischer Ebene entstanden, die erhebliche Geldmittel für international angelegte Forschungsprojekte zur Verfügung stellen. Und es existieren inzwischen umfangreiche Datensammlungen, die darauf zielen, die sozialen und wirtschaftlichen Verhältnisse in den verschiedenen europäischen Ländern auf einer sozialstatistischen Ebene vergleichbar zu machen. Der damit verbundene Erkenntnisfortschritt ist unbestreitbar. Die Arbeiten an dieser Studie verursachten jedoch ein kontinuierlich wachsendes Unbehagen angesichts des häufig anzutreffenden Versuchs, die sozialen Verhältnisse in 27 EU-Ländern über statistische Zahlenreihen und eine möglichst große Masse an Überblicksdaten abbilden zu wollen. Sicherlich sind Angaben über den gewerkschaftlichen Organisationsgrad und den Tarifdeckungsgrad in verschiedenen Ländern essenziell. Aber was sagen sie aus? Es ist gut zu wissen, dass in England ein monistisches System der Interessenvertretung existiert, in Deutschland und Frankreich hingegen ein dual konstruiertes. Aber was bedeutet das in der Praxis? Wie funktionieren sie? Die vorliegende Studie bemüht sich zu zeigen: Was gleich aussieht, vielleicht auch noch mit demselben Begriff belegt wird und eine ähnliche statistische Quote aufweist, kann in differenten gesellschaftlichen Kontexten eine völlig unterschiedliche Bedeutung besitzen. Es kann das Ergebnis kulturell verankerter System- und Handlungslogiken sein, die nur wenig gemeinsam haben. Statistische Daten sind wenig aussagekräftig ohne fundamentale Kenntnisse über jene Gesellschaften, in denen sie gemessen werden. Daher werfen sie gewöhnlich mehr Fragen auf, als sie beantworten. Für eine Beantwortung dieser Fragen reicht ein Überblick über formal gültige Regelungen des politischen und staatlichen

Systems bei weitem nicht aus. Notwendig ist vielmehr ein Verständnis der Logiken ihres wechselseitigen Zusammenspiels und ihrer kulturellen Interpretation. Diese sind in keinem Gesetzbuch festgeschrieben, sondern das Ergebnis des lebendigen historischen Prozesses gesellschaftlicher Interaktion. Sie sind Ausdruck von Geschichte. Jedes soziologische Verständnis muss daher ein historisches sein. Diese Überzeugung war für die vorliegende Studie zentral. Um sich den Logiken betrieblicher Interessenvertretung in deutschen und französischen Betrieben zu nähern, war ein Gang in die Geschichte industrieller Beziehungen daher unumgänglich. Die Institutionen betrieblicher Interessenvertretung und die von ihnen angeleiteten Praxismuster werden als das Ergebnis historischer Auseinandersetzungen um demokratische Einflussnahme im Betrieb beschrieben (vgl. Kapitel II). Das ausführliche Kapitel über die Entstehung der französischen Institutionen betrieblicher Beschäftigtenrepräsentation (Kapitel II.2) trägt zudem dazu bei, eine Lücke im Bereich der (in deutscher Sprache) verfügbaren wissenschaftlichen Literatur zu schließen. Wenn die Studie zugleich ein bisschen Werbung machen könnte für die Nützlichkeit einer qualitativ angelegten Methodik im Bereich komparativer Sozialforschung, wäre das schön.

Im Laufe der Geschichte haben sich in Deutschland und Frankreich nicht nur bestimmte Institutionen betrieblicher Interessenvertretung herausgebildet, sondern auch typische Umgangsweisen mit diesen. Beide Aspekte sind gewöhnlich angesprochen, wenn vom deutschen und französischen Modell industrieller Beziehungen die Rede ist. Diese wurden in der Vergangenheit häufig als relativ einheitliche nationale Modelle aufgefasst und wissenschaftlich beschrieben. Ein solches Vorgehen war stets ein Stück weit reduktionistisch, da es weite Bereiche von Erwerbsarbeit ausblendete, die nach ganz anderen Regeln funktionierten. Es war jedoch vertretbar, da man davon ausgehen konnte, dass jene nationalen Modelle industrieller Beziehungen zumindest in den wirtschaftlichen Kernsektoren solide verankert seien und eine erhebliche Ausstrahlungswirkung auf andere Bereiche besäßen. Und schließlich herrschte die Vorstellung, wonach jene Kernsektoren, vor allem die Bereiche großindustrieller Facharbeit, die Zukunft der industriellen Beziehungen abbilden, an die sich nach und nach auch die übrigen Sektoren angleichen würden. All diese Annahmen sind nicht mehr gültig. In den letzten 25 Jahren hat ein fundamentaler Strukturwandel von Wirtschaft und Gesellschaft stattgefunden. Dessen Konsequenz ist unter anderem eine Entwicklung, die im Folgenden mit dem Begriff der Segmentierung industrieller Beziehungen belegt wird. Gemeint ist die Tendenz zur Ausdifferenzierung unterschiedlicher Modi arbeitspolitischer Regulierung in verschiedenen Bereichen der Volkswirtschaft. Die Ungleichheit gültiger Normen nimmt zu – sowohl in prozeduraler wie materieller Hinsicht. Welchem Sektor die Zukunft gehört, ist längst nicht ausgemacht. Dass es allerdings wohl nicht jener fordistisch geprägte, traditionelle Kernbereich industrieller Beziehungen sein wird, ist wahrscheinlich. Die Studie plädiert daher nachdrücklich dafür, die Vorstellung national einheitlicher Modelle industrieller Beziehungen aufzulösen zugunsten der Idee verschiedener segmentspezifischer Modelle (vgl. Kapitel I.3.3 sowie II.3.5).

Im empirischen Teil dieser Arbeit werden zwei solche segmentspezifischen Modelle industrieller Beziehungen näher untersucht, nämlich die Situation in kleineren Betrieben jenseits industrieller Zentren und im wachsenden niedrig entlohnten Dienstleistungsbereich mit überwiegend prekären Beschäftigungsverhältnissen. Im Fokus der Untersuchung stehen damit Wirtschaftssegmente, die bislang im Schatten wissenschaftlicher Aufmerksamkeit lagen, da in ihnen die vermeintlich prägenden nationalen Institutionenmodelle nicht oder nur in defizitärer Weise präsent sind. Ein Blick in die recht gute statistische Datenlage über den Deckungsgrad betrieblicher Interessenvertretungen zeigt das erhebliche Ausmaß solcher in institutioneller Hinsicht devianten Segmente. In Frankreich und in Deutschland umfassen sie die Mehrheit der Betriebe und Beschäftigten. Auch wenn die französischen Beschäftigten insgesamt deutlich flächendeckender über Repräsentationsgremien verfügen, ist hier wie dort die Abweichung von der Norm normal. Des Weiteren zeigt sich, dass es recht ähnliche Sektoren sind, in denen in Deutschland kein Betriebsrat und in Frankreich keine gewerkschaftliche Verankerung in Form der *Délégués Syndicaux* existiert (vgl. Kapitel III.1).

Kern der empirischen Untersuchung ist die Analyse von Praktiken betrieblicher Interessenvertretung in zwei Segmenten jenseits der institutionellen Norm: periphere Mittelbetriebe (vgl. Kapitel III.3) und der prekäre Dienstleistungsbereich (vgl. Kapitel III.4). Es geht um die Frage, wie die differenten Institutionensysteme betrieblicher Interessenvertretung in Deutschland und Frankreich in Bereichen funktionieren, die jenseits der Kernsegmente arbeitspolitischer Regulierung angesiedelt sind. Wie groß ist die Prägekraft und Ausstrahlungswirkung der nationalen Institutionenregeln und -praktiken auf periphere und prekäre Bereiche? Auf diese Fragen gibt die Studie keine generalisierenden, sondern segmentspezifische Antworten. Sie bietet damit sogar eine doppelte Vergleichsperspektive: Es werden nicht nur segmentspezifisch die deutschen und die französischen Verhältnisse gegenübergestellt, sondern es lässt sich auch die deutsch-französische Institutionenpraxis in differenten Wirtschaftssegmenten vergleichen. Im Ergebnis wird damit nicht nur die Variabilität von Praktiken betrieblicher Interessenvertretung entlang institutionell differenter Regeln deutlich, sondern auch entlang segmentspezifisch differenter Kontexte. Die Anlage der Untersuchung ist ferner geeignet, *nicht nur Unter-*

schiede zwischen deutschen und französischen Verhältnissen entlang bestimmter Wirtschaftssegmente zu erfassen, sondern *auch segmentspezifische transnationale Ähnlichkeiten.*

Ein Ergebnis der empirischen Erhebungen ist, dass die Differenz nationaler Institutionenregeln nicht in jedem Fall praktische Unterschiede im betrieblichen Interessenhandeln zeitigt. Insbesondere im Segment peripherer Mittelbetriebe finden sich viele Ähnlichkeiten der betrieblichen Situation in Deutschland und Frankreich – weitgehend unabhängig davon, ob und welche formalen Repräsentationsinstitutionen existieren. Hier gilt die Regel: *Not all institutions do always matter.* Im Bereich prekärer Dienstleistungsarbeit hingegen besitzt das französische Institutionensystem und die französische Kultur kollektiven Vertretungshandelns einige systematische Vorteile, um die betrieblichen Verhältnisse in diesem heiklen Segment von Erwerbsarbeit wenigstens ein Stück weit im Sinne der geltenden demokratisch legitimierten Regeln zu standardisieren. Insbesondere im Fall prekärer Arbeitsbedingungen gilt daher: *Institutions do matter.*

Der deutsche Teil der empirischen Erhebungen wurde zwischen 1993 und 1996 im Rahmen eines Forschungsprojekts über Betriebe ohne Betriebsrat an der TU München durchgeführt, das von der Deutschen Forschungsgemeinschaft gefördert wurde. An ihnen waren neben der Autorin auch Sabine Böhm, Stefan Lücking und Rainer Trinczek als Projektleiter beteiligt. Viele Erkenntnisse des empirischen Teils sind auch auf diese gemeinsame Forschungsarbeit zurückzuführen. Den KollegInnen sei gedankt für die bereichernden Diskussionen, die hoffentlich in der Zukunft eine Fortsetzung finden. Die französischen Interviews erfolgten während zweier Forschungsaufenthalte am *Institut de Recherches Economiques et Sociales (IRES)* (März/April 2004; Oktober 2005 bis Juli 2006). Diese wurden teilweise von der *Maison des Sciences de l'Homme (MSH)* finanziell unterstützt. Die empirische Basis der folgenden Darstellung bilden 76 Interviews in 18 deutschen und 11 französischen Betrieben. An dieser Stelle sei auch allen InterviewpartnerInnen gedankt für ihre Bereitschaft, sich teilweise mehrere Stunden Zeit für intensive Gespräche zu nehmen.

Jenseits der qualitativen Experteninterviews, welche die wissenschaftliche Datengrundlage der Studie im engeren Sinne bilden, basiert sie jedoch auch wesentlich auf einer langjährigen intensiven Geschichte deutsch-französischer Begegnung. Diese Geschichte ermöglichte eine gewisse Innensicht auf die französische Gesellschaft, ohne die weder die Fragestellungen noch die Ergebnisse der qualitativen Interviews in dieser Weise hätten entwickelt werden können. Und ganz banal, aber unendlich wichtig: Sie vermittelte die Sprachkompetenzen, die unabdingbar sind für das Verständnis jeder Kultur. Dass diese Geschichte begann, daran ist letztlich die Hans-Böckler-Stiftung Schuld, die mir im Jahr 1998 im Rahmen meines Dissertationsstipendiums einen Sprachkurs in Paris finanzierte und im Frühjahr 1999 ein dreimonatiges Praktikum am *IRES*. Die daraus erwachsenden persönlichen Bindungen, Kontakte und Freundschaften ließen mein Leben in der Folgezeit zu einem kontinuierlichen Pendeln zwischen Deutschland und Frankreich werden. So gründet die folgende Studie auf vielen wissenschaftlichen Diskussionen, vor allem am *IRES*, wo mir (neben Adelheid und Christian) auch Udo Rehfeldt, Catherine Vincent, Jean-Marie Pernot, Yannick Fondeur, Solveig Grimault und Dominique Guibert wichtige Hinweise und Anregungen gaben, aber auch mit Michel Lallement, der mein Projekt freundlich unterstützt hat, sowie mit KollegInnen aus dem Umfeld der *DARES* und während der *Journées Internationales de la Sociologie du Travail* in Rouen und London. Die Studie wäre nie zustande gekommen, hätte ich im Jahr 1998 nicht Jeff getroffen, der mir mit viel Verständnis und Liebe die grundlegende Brücke zum Eintritt in eine andere Kultur baute. Sie profitiert jedoch auch von unzähligen Gesprächen und Erlebnissen mit meinen Freundinnen Karine, Valérie und Amandine, die mir in Paris stets Asyl gewährten, und das französische politische sowie kulturelle Universum erschlossen. Sie basiert auf der Mitarbeit in der Zeitschrift *Oiseau Tempête*, auf deren Redaktionssitzungen ich anfangs kaum etwas verstand und es viele Jahre dauerte, bis ich einen ersten Text auf französisch präsentieren konnte. In die Studie ging die teilnehmende Beobachtung einer Vielzahl von politischen Veranstaltungen und Demonstrationen ein, etwa mit der *CGT*-Alsthom in Brüssel, auf gewerkschaftlichen Aktionstagen gegen Privatisierung oder anlässlich des 1. Mai, auf dem Europäischen Sozialforum in Paris und während der sozialen Bewegung gegen die Einführung des *Contrat Première Embauche (CPE)* im Frühjahr 2006. Sie basiert auf der mehrjährigen Mitarbeit an einem Kollektivprojekt in der Bretagne und dem mehrmonatigen Zusammenleben mit Camille, Möck, Flo und Gilles in der Villa Albert Robida in Belleville sowie auf einer Unzahl von Gesprächen, zum Beispiel mit Géraldine, Helène, Sabina, Jenny, Jorge, Gilles, Bernhard, Franck, David, Manu, Christian, Marie, François, Bernard, Michel, Alice, Stéphane, Philipe, Gianni, Dadou, René, Silver und vielen anderen. Besonderen Dank schulde ich meinen Eltern, vor allem meiner Mutter, die die fehlenden Möglichkeiten der Kleinkindbetreuung in Bayern durch einen immensen Einsatz als Oma ausgeglichen hat und mir damit nicht nur die Tätigkeit als wissenschaftliche Assistentin an der TU in München ermöglichte, sondern auch noch die Beschäftigung mit dieser Habilitation.

Die vorliegende Studie ist im Oktober 2007 an der Technischen Universität München als Habilitationsschrift eingereicht und Anfang 2008 angenommen worden. Den beiden externen Gutachtern Rudi Schmidt und Leo Kißler schulde ich Dank für die schnelle und intensive Lektüre des dicken Wälzers, der Ihnen vorlag, und ihre qualifizierten Kommentare, die mir bei der nochmaligen Überarbeitung des Textes für die Buchfassung sehr hilfreich waren. Die ebenso freundliche wie professionelle Unterstützung durch Jörg Steller beim Korrekturlesen und Formatieren war mir eine sehr große Hilfe. Dem Frauenförderfonds der Technischen Universität München danke ich für die finanzielle Unterstützung bei der Drucklegung. Völlig unmöglich wäre es mir jedoch gewesen, diese Arbeit zu schreiben, ohne die großen Freiheiten, die mir Rainer Trinczek als Chef und Freund stets gewährt hat, um die immer neuen Aufenthalte in Frankreich zu organisieren und die vorliegende Arbeit in Ruhe im Limousin schreiben zu können. Er war trotz seiner immensen privaten wie beruflichen Belastungen in entscheidenden Phasen immer bereit, mir Rat und Hilfestellung zu geben. Ungeheuer bereichernd als Bestätigung, Kritik und Ergänzung der folgenden Seiten waren zudem die Kommentare von Claudius Vellay, Gary Herrigel, Katharina Bluhm, Christa Herrmann, Sabine Böhm, Stefan Lücking und Jörg Czarski. Gewidmet sind die folgenden Seiten allerdings meinem Sohn Léonce-Elie, dem größten Geschenk meines Lebens, den ich beneide, wenn er mit großer Selbstverständlichkeit und wahlweise in zwei Sprachen von sich sagt, er sei Franzose und Deutscher. Ich hoffe, er bewahrt sich den Reichtum, umfassenden Einblick in zwei verschiedene Kulturen zu besitzen.

I. Zur Theorie des internationalen Vergleichs industrieller Beziehungen

Thema dieses Buches ist das Interessenhandeln abhängig Beschäftigter in deutschen und französischen Betrieben, in denen die gesetzlich vorgesehenen Institutionen betrieblicher Interessenvertretung nicht oder nur teilweise existieren. In Deutschland sind dies Betriebe ohne Betriebsrat. In Frankreich handelt es sich um Betriebe (ab 50 Beschäftigten), in denen kein *Comité d'Entreprise* bzw. keine *Délégués du Personnel* gewählt wurden oder deren *Comité d'Entreprise* nicht gewerkschaftlich angebunden ist. Implizit ist damit eine doppelte Vergleichsperspektive angelegt: ein Vergleich zwischen Betrieben mit (allen) gesetzlich vorgesehenen Vertretungsinstitutionen und solchen mit lückenhaften formalen Strukturen sowie ein Vergleich zwischen deutschen und französischen Verhältnissen. Mit diesem Forschungsdesign wird theoretisch wie empirisch Neuland betreten. Die ohnehin nicht allzu zahlreichen empirischen Vergleichsstudien über deutsche und französische Unternehmen gehen häufig von der Realität in industriellen Großbetrieben aus. Sie drehen sich zudem in erster Linie um Managementpolitiken und Unternehmensstrategien, während das Interessenhandeln abhängig Beschäftigter eher am Rand und als einer von mehreren Einflussfaktoren wirtschaftlichen Handels diskutiert wird. Viele Forschungsberichte beschränken sich zudem darauf, national einheitlich gedachte, typische Muster industrieller Beziehungen zu skizzieren. Es fehlen hingegen bislang Studien, die sich in komparativer Weise mit der Praxis industrieller Beziehungen in wirtschaftlichen Segmenten jenseits klassischer großbetrieblich strukturierter Industriebereiche beschäftigen.[2] An diesem Forschungsdefizit setzt die vorliegende Untersuchung an.

Bei der Exploration wissenschaftlichen Neulands stellt sich stets die Herausforderung, vorhandene theoretische Ansätze passfähig zu machen für einen vergleichsweise unbekannten Forschungsgegenstand. Im Folgenden werden daher mehrere theoretische Ansätze des internationalen Vergleichs ökonomi-

2 Ausnahmen sind die erst kürzlich erschienene Studie von Dufour u.a. (2006), die die sozialen Beziehungen in französischen, schwedischen und deutschen Kleinbetrieben gegenüberstellt, sowie die schon etwas ältere Studie von Voswinkel u.a. (1996), die die industriellen Beziehungen in der Bauwirtschaft und im Gastgewerbe Deutschlands und Frankreichs vergleicht.

schen Handelns sowie arbeitspolitischer Regulierung vorgestellt und diskutiert. Diese unterscheiden sich fundamental in ihrem methodologischen Vorgehen sowie darin, welche Rolle sie Institutionen für die Gestaltung der Ökonomie und der industriellen Beziehungen eines Landes zumessen.

Zunächst wird der Ansatz der *Varieties of Capitalism (VoC)* vorgestellt. Die anschließende Kritik an diesem besonders prominenten Ansatz zielt nicht nur auf den VoC-Ansatz im engeren Sinn, sondern ist auch auf eine ganze Reihe ähnlich gelagerter theoretischer Ansätze aus dem Bereich der politischen Ökonomie anwendbar, die im Rahmen einer stark zugespitzten, idealtypischen Modellbildung den wirtschaftlichen Institutionen eine zentrale Rolle für die Funktionsweise nationaler Volkswirtschaften zuerkennen (Kapitel I.1). Wichtige Einwände gegen dieses Verfahren einer national generalisierenden institutionellen Typologie formulieren zwei Ansätze aus dem französischen Sprachraum, die im Folgenden vorgestellt werden (Kapitel I.2). Die *Analyse Sociétal* etwa wendet sich mit starken Argumenten gegen einen unmittelbaren Vergleich national differenter Institutionen und plädiert stattdessen für eine systematische Reflexion deren gesellschaftlicher Einbettung (Kapitel I.2.1). Der Ansatz der *Représentation au Quotidien* ist schließlich stärker als die beiden vorangegangenen auf den Gegenstandsbereich dieser Studie, nämlich betriebliches Interessenhandeln, bezogen. Für diesen Bereich formuliert er in pointierter Weise die These einer weitgehenden Irrelevanz national spezifischer Institutionen der Interessenvertretung (Kapitel I.2.2).

Die Diskussion der drei genannten Ansätze bildet den Hintergrund für die Konturierung des eigenen theoretischen Vorgehens (Kapitel I.3). Dieses orientiert sich an einem interessentheoretischen Ansatz, wie er in der Vergangenheit für die Analyse der Austauschbeziehungen zwischen Management und Betriebsrat in Deutschland entwickelt wurde (Kapitel I.3.1). Da der Ansatz jedoch in einigen seiner Grundannahmen den deutschen Verhältnissen verpflichtet ist, sind diverse gegenstandsbezogene Modifikationen und Ergänzungen notwendig, um ihn für einen internationalen Vergleich betrieblichen Interessenhandelns nutzbar zu machen. Dabei erweist sich insbesondere der Blick auf den französischen Ansatz der *Représentation au Quotidien* als fruchtbar (Kapitel I.3.2). Wichtig für die vorliegende Studie ist zudem ein segmentationstheoretischer Zugriff auf den Forschungsgegenstand. Es wird davon ausgegangen, dass in differenten Wirtschaftssegmenten unterschiedliche Modelle industrieller Beziehungen etabliert sind. Ein deutsch-französischer Vergleich betrieblichen Interessenhandelns kann daher sinnvoll nicht (nur) entlang nationaler Institutionencharakteristika erfolgen, sondern muss sich (auch) auf der Ebene spezifisch abgegrenzter Wirtschaftssegmente bewegen (Kapitel I.3.3). Damit ist der theoretische und methodische Rahmen der Studie abgesteckt: Es geht um einen internationalen Vergleich der institutionellen Praxis betrieblichen Interessenhandelns innerhalb spezifischer Segmente der Ökonomie. Betriebliche Interessenvertretung wird dabei als Repräsentationshandeln im Spannungsfeld von Kapital und Arbeit aufgefasst.

1 Institutions matter: Der Ansatz der Varieties of Capitalism

Die wirtschaftliche Internationalisierung der Produktionsprozesse, die weltweite Liberalisierung der Kapital- und Finanzmärkte, verschärfte Standortkonkurrenzen sowie das Ende des realsozialistischen Experiments und der politischen Blockkonfrontation führten im vergangenen Vierteljahrhundert zu einer zunehmend direkten Konkurrenz nationaler Volkswirtschaften. Damit erhielt auch die Thematik eines internationalen Institutionenvergleichs kapitalistischer Nationalökonomien eine neue Brisanz. Michel Albert (1991) nahm mit seinem eher essayistisch angelegten Werk *Capitalisme contre Capitalisme* und seiner Begrifflichkeit »rheinischer« versus »angelsächsischer Kapitalismus« einige zentrale Gedanken vorweg, die später in zahlreichen wissenschaftlichen Ansätzen der vergleichenden politischen Ökonomie wieder auftauchten.[3] Allen diesen Ansätzen ist eine typologische Modellbildung gemeinsam sowie die Differenzierung der jeweils idealtypisch gedachten nationalen Wirtschaftsweisen anhand institutioneller Gegebenheiten. Im Folgenden wird als repräsentatives sowie besonders prominentes Beispiel dieser Ansätze das Theorem der *Varieties of Capitalism (VoC)* diskutiert. Es werden zunächst kurz die Hauptcharakteristika des Ansatzes dargestellt (Kapitel I.1.1). Anschließend wird anhand von vier kritischen Thesen erläutert, weshalb er nur sehr begrenzt brauchbar scheint für einen differenzierten internationalen Vergleich betrieblichen Interessenhandelns (Kapitel I.1.2).

1.1 Darstellung: Eine polare Typologie betrieblicher Kooperation

Der Ansatz der *Varieties of Capitalism (VoC)* ist dem größeren theoretischen Zusammenhang des neuen Institutionalismus verpflichtet. Er entstammt der international vergleichenden politischen Ökonomie und argumentiert in erster

3 Vgl. etwa die Konzepte verschiedener »Produktionsregimes« (Naschold u.a. 1997), der »social systems of production« (Hollingsworth/Boyer 1997; Hollingsworth 2000) oder auch der »business systems« (Whitley 1999).

Linie anhand ökonomischer sowie politikwissenschaftlicher Theoreme. Hauptanliegen des VoC-Ansatzes sowie neoinstitutionalistischer Ansätze generell ist die Kritik an Theorien, die einen international generalisierenden, universellen Anspruch erheben. Der neue Institutionalismus betont hingegen die Bedeutung des national spezifischen Institutionenumfelds wirtschaftlichen Handelns. Dieses wird als historisch kontingent sowie als Resultat einer pfadabhängigen Entwicklung betrachtet. Dieser Impetus distanziert die institutionalistische Theorietradition von der neoklassischen Wirtschaftstheorie, von behavioristischen Ansätzen der Politikwissenschaft, von der klassischen Modernisierungstheorie, vom Strukturfunktionalismus sowie von einem orthodoxen Marxismus. Es geht ihr nicht um die Herausarbeitung einer allgemeinen Logik wirtschaftlichen Handelns, sondern um die Rekonstruktion national spezifischer Institutionenkomplexe, die in typischer Weise miteinander verknüpft sind. Diese bilden einen jeweils differenten Rahmen, innerhalb dessen unterschiedliche Akteurslogiken rational sowie normal erscheinen. Implizit wird dabei nicht selten auch der Anspruch verfolgt, Best-Practice-Modelle von Institutionenkonfigurationen zu identifizieren und die Bedingungen für erfolgreiche bzw. weniger erfolgreiche Institutionensysteme auszuloten.

Die Theorierichtung des neuen Institutionalismus ist ein ausgesprochen weites Feld mit vielen Spielarten und einer großen Menge an empirischen Studien.[4] Generell legen institutionalistische Ansätze großen Wert auf empirische Forschungen. Nicht selten sind sie sogar primär als Forschungsagenda oder auch als Sammelbecken recht heterogener empirischer Studien angelegt (vgl. zum Beispiel die Sammelbände von Thelen/Steinmo 1992; Zeitlin/Herrigel 2000; Hall/Soskice 2001; Streeck/Thelen 2005; Berghahn/Vitols 2006). Dieser ausgeprägte Empirismus ergibt sich nahezu zwangsläufig aus der theoretischen Orientierung, welche der Rekonstruktion nationaler institutioneller Spezifika zentrale Bedeutung zumisst.

Der spezielle Ansatz der *Varieties of Capitalism (VoC)* zeichnet sich durch die folgenden Merkmale aus: Er ist akteurszentriert, konzeptualisiert Handeln vor allem als strategisches Handeln und benutzt einen engen Institutionen-

---

4 Es werden mindestens zwei, zuweilen auch drei verschiedene neo-institutionalistische Schulen unterschieden. Häufig werden ein eher ökonomisch orientierter und ein primär soziologisch argumentierender Institutionalismus unterschieden. Zuweilen findet sich auch eine Differenzierung zwischen historischem Institutionalismus, Rational-Choice-Ansätzen sowie einem soziologischen Institutionalismus (Hall/Taylor 1996). Nach einer solchen Unterscheidung stehen die *Varieties of Capitalism* am ehesten in der Tradition des historischen Institutionalismus, der allerdings wiederum viele Spielarten und lebhafte interne Theoriedebatten kennt. Eine umfassende Darstellung des gesamten Theoriekomplexes kann an dieser Stelle nicht geleistet werden, sondern muss anderen AutorInnen überlassen bleiben (vgl. Hall/Taylor 1996; Hasse/Krücken 1999; Maurer/Schmidt 2002; Thelen/Steinmo 2002).

begriff. Seine Hauptthese ist die Unterscheidung zwischen zwei polar konstruierten Idealtypen wirtschaftlicher Koordinierung, die unter anderem durch die Annahme einer funktionalen Komplementarität bestimmter institutioneller Merkmale begründet wird:

Der *akteurszentrierte* VoC-Ansatz stellt das Einzelunternehmen in den Mittelpunkt der Analyse. Dessen Bezug zu seiner institutionellen Umwelt wird in erster Linie als *strategischer Bezug* gedacht. »We see the political economy as a terrain populated by multiple actors, each of whom seeks to advance his interests in a rational way in strategic interaction with others« (Hall/Soskice 2001: 6). Die national spezifisch geprägte institutionelle Umwelt ist der wesentliche Handlungsrahmen, der das betriebliche Koordinationsverhalten strukturiert, jedoch nicht determiniert. »The postulate is that (institutional) structure follows (firm) strategy« (ebd.: 15).

Die Konzentration des Ansatzes auf Akteurshandeln innerhalb gegebener institutioneller Rahmenbedingungen bedingt fast notwendig *einen engen Institutionenbegriff*, der eine klare Unterscheidung zwischen normativ festgelegten Regeln (Institutionen) und individuellem Akteurshandeln macht.[5] Ein solcher enger Institutionenbegriff gilt gewöhnlich als wesentliches Merkmal des so genannten ökonomischen Institutionalismus. Die Autoren des VoC-Ansatzes beziehen sich explizit auf diese Theorietradition, wenn sie mit North (1990: 3) Institutionen als ein »Set von Regeln« definieren:

> »We define institutions as a set of rules, formal or informal, that actors generally follow, whether for normative, cognitive or material reasons, and organizations as durable entities with formally recognized members, whose rules also contribute to the institutions of the political economy« (Hall/Soskice 2001: 9).

Auf der Grundlage dieses theoretischen Designs identifiziert der VoC-Ansatz letztlich *zwei grundlegende Typen politischer Ökonomie*. Es handelt sich dabei um »zwei umfassende Typen von Koordination. Der eine Typ beruht darauf, dass Koordination durch Marktkonkurrenz herbeigeführt wird, und zwar über die Lohn- und Preisanpassungen, die für einen Ausgleich zwischen Angebot und Nachfrage bei einem Gut sorgen. Der andere Typ beruht eher darauf, dass mittels strategischer Interaktion, für gewöhnlich zwischen kleineren Gruppen von Akteuren oder Organisationen, die diese Akteure repräsentieren, eine

5 Nicht zufällig, sondern theorielogisch zwingend ähnelt der Ansatz damit dem akteurszentrierten Institutionalismus nach Mayntz/Scharpf (1995), die sich dezidiert gegen eine »kulturalistische Ausweitung« des Institutionenbegriffs in der Tradition vor allem von Berger/Luckmann (1972) wenden. In letzterer – häufig unter dem Stichwort des soziologischen Institutionalismus referierten – Tradition, die vor allem mit den Arbeiten von Powell/DiMaggio (1991) in Verbindung gebracht wird, werde »der Begriff der Institution in einem überaus weiten, faktisch mit ›Kultur‹ gleichbedeutenden Sinne« gebraucht (Mayntz/Scharpf 1995: 42).

Übereinstimmung über bestimmte Praktiken erzielt wird« (Hall 2007: 183ff.). Der erste Typus wird als liberale Marktwirtschaft oder Marktkoordination bezeichnet, der zweite Typus als koordinierte Marktwirtschaft oder strategische Koordination.[6] Das wesentliche Diskriminierungsmerkmal zwischen den beiden Typen politischer Ökonomie ist somit die Frage, wie die Betriebe die Koordinierungsprobleme lösen, die sich für sie in zentralen institutionellen Feldern stellen. Diese Felder oder auch institutionellen Bereiche sind im Einzelnen:

- der Bereich der *Corporate Governance*, das heißt der Unternehmensfinanzierung und -kontrolle. Dieser steht in engem Zusammenhang mit dem nationalen Finanzsystem;
- die industriellen Beziehungen, das heißt die Koordinierung zwischen Unternehmen und ihren Arbeitskräften über Löhne und Arbeitsbedingungen;
- der Bereich tätigkeitsbezogener Qualifikation und Ausbildung;
- zwischenbetriebliche Kooperationsbeziehungen, etwa Abnehmer-Zuliefer-beziehungen, joint ventures, gemeinsame Forschungs- und Entwicklungsprojekte oder Ähnliches;
- innerbetriebliche Kooperationsbeziehungen (vgl. Hall/Soskice 2001: 7).

Die nachfolgende Tabelle 1 gibt einen Überblick über die differente Gestaltung der genannten institutionellen Sphären in liberalen sowie koordinierten Marktwirtschaften. Sie macht zudem deutlich, dass die Differenzierung nach institutionellen Feldern primär eine analytische Trennung darstellt. Es wird nämlich eine funktionale Verknüpfung und Komplementarität der dimensionalen Institutionenkonfigurationen je nach Kapitalismustyp unterstellt. Es gibt »gute Gründe dafür, Wechselwirkungen zwischen Institutionen über die Sphären der politischen Ökonomie hinweg zu erwarten« (Hall/Gingerich 2004: 5) und »mit unserem Varieties-of-Capitalism-Ansatz wollen wir zugleich zeigen, dass zwischen den Institutionen, die die politische Ökonomie strukturieren, wichtige Interaktionseffekte bestehen« (Hall 2007: 182). Die Autoren des VoC-Ansatzes sprechen diesbezüglich von *»institutionellen Komplementaritäten«*, die in erster Linie *funktional begründet* werden: »Two institutions can be said to be complementary if the presence (or efficiency) of one increases the returns for (or efficiency of) the other« (Hall/Soskice 2001: 17). Die Annahme institutioneller Komplementaritäten[7] ist für den Ansatz zentral, da nur so die These

6 Ähnliche Konstellationen wurden auch unter dem Stichwort des »atlantischen« oder »angelsächsischen Kapitalismus« versus dem »rheinischen Kapitalismus« (vgl. Streeck 1999) diskutiert.

7 Mit ihrem Ansatz institutioneller Komplementarität beziehen sich die Autoren vor allem auf Aoki (1994) als theoretischem Vorläufer bzw. erwähnen einschlägige Ansätze von Crouch/

begründet werden kann, »that nations with a particular type of coordination in one sphere of the economy should tend to develop complementary practices in other spheres as well.« (ebd.: 18) Und tatsächlich finden die Autoren ihre These, etwa bezüglich einer institutionellen Komplementarität von Kapitalmarktbedingungen und Arbeitsmarktregulierung empirisch im Bereich der OECD-Staaten bestätigt (vgl. Hall/Gingerich 2004). Nach ihrer Klassifikation sind die USA, Großbritannien, Australien, Kanada, Neuseeland und Irland als liberale Marktwirtschaften einzustufen. Deutschland, Japan, die Schweiz, die Niederlande, Belgien, Schweden, Norwegen, Dänemark, Finnland und Österreich sind Fallbeispiele für koordinierte Marktwirtschaften.

Streeck (1997), Whitley (1999), Hollingsworth/Boyer (1997) sowie Albert (1993). Nicht erwähnt wird hingegen erstaunlicherweise der im Folgenden dargestellte Theorieentwurf des *Effet Societal*, der sehr ähnliche Grundannahmen bereits Ende der siebziger Jahre formulierte.

Tabelle 1: Liberale und Koordinierte Marktwirtschaft im Vergleich

Institutionelle Sphären	**Liberale Marktwirtschaft**	**Koordinierte Marktwirtschaft**
Allgemeine Koordinierungs-prinzipien	**Marktförmige Koordinierung** Hierarchien, Marktkonkurrenz, formale Vertragsverhältnisse, Wirksamkeit des Preisme-chanismus	**Strategische Koordinierung** Parallelität von Marktkonkurrenz und Koordinierung/Kooperation über informelle Beziehungsnetzwerke sowie starke Interessenverbände
System der Unternehmens-kontrolle und -finanzierung	Kapitalmarktfinanzierung; hohe Relevanz der Börsenfi-nanzierung => hohe Sensibi-lität für Profitabilitätsschwan-kungen + Gefahr feindlicher Übernahmen; starke Stellung des Top-Managements	Verflechtungen zwischen Unterneh-men sowie Banken ermöglichen wechselseitigen Zugang zu Insider-Informationen; geringere Sensibilität für Profitabilitätsschwankungen und feindliche Übernahmen; Abhängigkeit des Top-Managements von Konsensbildung und Kooperation
Industrielle Beziehungen	Einseitige Dominanz des Managements; dezentrale Lohnfindung; schwache Gewerkschaften; starke Lohnspreizung; Lohn und Arbeitsbedingungen als Wettbewerbsfaktor; deregu-lierter Arbeitsmarkt	Starke betriebliche sowie gewerk-schaftliche Repräsentationsorgane der abhängig Beschäftigten; partielle Konkurrenzregulierung durch koordi-nierte Festlegung von Lohn- und Arbeitsstandards; staatliche Arbeits-marktregulierung
Bildungs- und Ausbildungs-system	Fokussiert auf individuelle, generell vermarktbare Qualifi-kationen, die Jobwechsel erleichtern; geringer Formali-sierungsgrad berufsspezifi-scher Qualifikationen; schwa-che Professionalisierung	Längerfristige Beschäftigungsverhält-nisse fördern individuelle, unterneh-merische sowie staatliche Bereitschaft zur Investition in ein formalisiertes berufsspezifisches Ausbildungssys-tem
Zwischenbetrieb-liche Kooperation	Distanzierte zwischenbetrieb-liche Beziehungen; Standar-disierung via Lizenzpolitik/ Marktdurchsetzung	Kooperationen, z.B. bei Forschung und Entwicklung, zwischen Zuliefe-rern/Abnehmern; branchenpolitische Selbstregulierung des Marktes über starke Unternehmerverbände
Innerbetriebliche Kooperations-beziehungen	Taylorisierte Produktionskon-zepte und Möglichkeit der Hire-and-Fire-Politik erschwe-ren die Herausbildung stabiler Belegschaftskollektive	Qualifizierte Stammbelegschaften ermöglichen teamorientierte Produkti-onskonzepte + hohes Niveau des wechselseitigen Informationsaus-tauschs

Quellen: Eigene Darstellung nach Hall/Soskice (2001: 8–33), Hall/Gingerich (2004) sowie Bluhm (2007: 45f.)

1.2 Zur Kritik der Varieties of Capitalism

Institutionalistische Ansätze wie die *Varieties of Capitalism* haben Konjunktur, wenn es um den internationalen Vergleich wirtschaftlichen Handelns geht. Im Folgenden sollen jedoch vier kritische Thesen die Schwachpunkte dieses Ansatzes sowie ähnlich operierender Theoriekonzepte verdeutlichen. Die Kritik des VoC-Ansatzes schärft dabei auch die eigene theoretische Perspektive mit dem Ziel eines empirisch gehaltvollen sowie differenzierten deutsch-französischen Vergleichs betrieblichen Interessenhandelns.

These 1: Der VoC-Ansatz stellt primär auf den Maximalkontrast zwischen liberalen und koordinierten Marktwirtschaften ab. Er operiert dabei auf einer sehr hohen sowie stark generalisierenden Abstraktionsebene mit erheblichem Unschärfeniveau. Besonders für einen – bezogen auf international mögliche Standards – eher minimal kontrastierenden deutsch-französischen Vergleich ist der Ansatz daher wenig aussagekräftig.

Das für den VoC-Ansatz zentrale Buch von Hall/Soskice (2001) ist als Ergebnis einer etwa 5-jährigen Zusammenarbeit des Minda de Gunzburg Centers for European Studies in Boston mit dem Wissenschaftszentrums Berlin entstanden. In der Konsequenz ist bei der kontrastierenden Gegenüberstellung eines liberalen und eines strategisch koordinierten Typus von Marktwirtschaft unschwer die Patenschaft des amerikanischen sowie des deutschen Wirtschaftsmodells erkennbar. Trotz dieser starken Beeinflussung durch den Vergleich von zwei speziellen nationalen Institutionenmodellen erhebt der VoC-Ansatz den Anspruch, Aussagen über alle entwickelten Ökonomien zu machen, das heißt der Maximalkontrast zwischen der US-amerikanischen sowie der bundesdeutschen politischen Ökonomie konstituiert die Spannbreite, innerhalb derer die Gesamtheit aller nationalen Wirtschaftsmodelle der OECD-Länder angesiedelt wird.[8] Bei einem solchen Maximalvergleich geraten notwendigerweise in erster Linie differente Basisinstitutionen ins Blickfeld, etwa gesetzliche Regulierungen, unterschiedlich strukturierte sowie starke Interessenverbände, Differenzen der Kapitalmarktregulierung etc. Der Analysefokus liegt also auf stark formalisierten, abstrakten Regeln, die sich strukturell unterscheiden.

Ein solches Vorgehen ist nur bedingt sinnvoll für den hier beabsichtigten Vergleich deutscher und französischer Verhältnisse. Nicht zufällig hat der

8 Der Ansatz gerät somit in gehörige Schwierigkeiten, zum Beispiel bei der Erfassung der osteuropäischen Länder (vgl. Bluhm 2007) oder auch von China und generell den südostasiatischen Schwellenländern. Zugleich könnte man sich fragen, ob eine Typisierung entlang einer Gegenüberstellung des angelsächsischen und des skandinavischen Modells nicht ›maximaler‹ kontrastierend wäre, wie dies etwa auch die Wohlfahrtsstaatstypologie von Gösta Esping-Anderson (1990) nahe legt.

VoC-Ansatz beispielsweise Schwierigkeiten, der politischen Ökonomie Frankreichs ihren adäquaten Platz im System liberaler versus koordinierter Marktwirtschaften einzuräumen. Frankreich wird explizit als ein Fall zitiert »that do not correspond to the ideal type of a liberal or coordinated market economy« (Hall/Soskice 2001: 35). Insbesondere der starke Einfluss des Staates auf wirtschaftliche Prozesse sowie die große Bedeutung staatlicher Eliteschulen und Leitungsfunktionen im öffentlichen Dienst für die Karrieremuster des französischen Top-Managements machen aus Frankreich einen singulären und idiosynkratisch abweichenden Fall (vgl. Culpepper/Hanké 2001; Lehrer 2001). Als Lösung des Dilemmas verweisen Hall/Soskice (2001) auf die Möglichkeit, dass Frankreich gemeinsam mit Italien, Spanien, Portugal und der Türkei den dritten Typus eines »mediterranen Kapitalismus« repräsentieren könnte, der durch einen vergleichsweise großen Agrarsektor und eine jüngere Geschichte starker staatlicher Einmischung in wirtschaftliches Handeln gekennzeichnet sei. Es handele sich um Ökonomien, in denen »eine ausgewogene Balance zwischen marktförmiger und strategischer Koordination« existiere (Hall 2007: 186). Im Zuge der empirischen Überprüfung des VoC-Ansatzes kommen Hall/Gingerich (2004: 12) jedoch letztlich zu dem Schluss, dass Spanien, Portugal, Frankreich und Italien doch dem Typus koordinierter Marktwirtschaften zugerechnet werden könnten, wodurch die ursprüngliche Polarität der Typologie wieder hergestellt wird. Spätestens an dieser Stelle wird das erhebliche Unschärfeniveau des VoC-Ansatzes deutlich, der mit stark generalisierenden Maßstäben auf einer sehr hohen Abstraktionsebene operiert. Der Ansatz der *Varieties of Capitalism* gleicht einer Beobachtungsperspektive aus sehr weiter Entfernung. Die sehr grobe Typologie ermöglicht zwar eine Unterscheidung nationaler Wirtschaftsweisen nach grundlegenden Dimensionen, die große Distanz zum Beobachtungsgegenstand sorgt jedoch dafür, dass nur noch die ungefähren Konturen zu erahnen sind, kaum jedoch Schattierungen, Untergliederungen oder Differenzierungen. Letztlich muss es sich der VoC-Ansatz daher wohl gefallen lassen, dass man ihm eine partielle Abkehr vom ursprünglichen Anspruch neoinstitutionalistischer Theoriebildung vorwirft: nämlich das Einklagen der Bedeutung historisch entwickelter institutioneller Spezifika sowie pfadabhängiger Eigenlogiken nationaler Wirtschaftsmodelle. Oder anders: Der Ansatz konzentriert sich darauf, der Vorstellung eines einzigen Kapitalismusmodells ein zweites hinzuzufügen. Passender als das Label *Varieties of Capitalism* wäre daher vielleicht der Titel *Two Models of Capitalism*.[9] Insbesondere für

9 Einen ähnlichen Vorwurf formuliert etwa auch Boyer (2005: 20): »It is difficult to accept that the dichotomy of two polarised models can account for an entire distribution of modern economies.« Der regulationstheoretische Vorschlag einer Unterscheidung von (mindestens) vier Kapitalismustypen (marktorientiert, mesokorporatistisch, sozialdemokratisch, staatlich

den eher minimal kontrastierenden Vergleich deutscher und französischer Verhältnisse scheint eine Konzentration der Analyse auf jene vergleichsweise groben Indikatoren der VoC-Typologie jedenfalls kaum vertretbar. Um sich ein empirisch gehaltvolles, komparatives Bild der industriellen Beziehungen in Deutschland und Frankreich zu machen, gilt es vielmehr, sowohl die Gesamtheit institutioneller Rahmenbedingungen im Blick zu behalten als auch deren spezifische kulturelle Ausgestaltung, das heißt die konkrete Institutionenpraxis. Bei einer solchen differenzierteren Betrachtung wird sich zudem herausstellen, dass das, was auf den ersten Blick gleich aussieht, oft nach deutlich differenten Logiken funktioniert. In formaler Hinsicht ähnliche Basisinstitutionen sind keine Garantie für eine gleiche oder auch nur ähnliche Institutionenpraxis.

These 2: Der VoC-Ansatz reduziert die Komplexität nationalen Wirtschaftshandelns auf eine einzige typische Art und Weise der Koordinierung. Sektoren, die von den (vermeintlich) typischen nationalen Regulierungsweisen abweichen, werden damit ausgeblendet, institutionelle Unterschiede auf nationaler Ebene in ihrer Bedeutung übertrieben und transnationale Ähnlichkeiten auf sektoraler Ebene vernachlässigt.

Eine Problematik institutionalistischer Analyse besteht darin, dass der internationale Vergleich in der Regel auf der Ebene von Nationalstaaten stattfindet, mit dem guten Argument, dass der Nationalstaat noch immer den prägenden Rahmen für die Implementierung allgemeingültiger Institutionenregeln darstelle. Eine Konsequenz daraus ist, dass Sektoren, die nicht den vom Gesetzgeber vorgesehenen Verhältnissen entsprechen, tendenziell ausgeblendet werden. Da der Analysefokus vor allem auf institutionelle Unterschiede zwischen nationalen Ökonomien gerichtet ist, werden binnen-nationale Differenzen der Institutionenpraxis tendenziell übersehen oder unterschätzt. Die einschlägigen Ansätze sind in der Regel auch kaum geeignet, um Ähnlichkeiten verschiedener nationaler Institutionensysteme wahrzunehmen, die etwa auf einer branchen- oder sektorspezifischen Ebene liegen. Durch den Fokus auf die Differenz formaler Institutionen geraten vergleichbare oder sogar identische Handlungslogiken von Akteuren, die quer zu differenten institutionellen Settings existieren, kaum ins Blickfeld.

Der Reduktionismus einer national holistischen Modellbildung wird im Rahmen des VoC-Ansatzes durch die prägende sowie stilbildende Kraft wirtschaftlicher Leitsektoren gerechtfertigt. Diese werden vor allem im großbetrieblichen industriellen Bereich gesucht. Der Bereich der Mittel- und Kleinbetriebe bleibt im Regelfall ebenso unterbelichtet wie das weite Feld der

---

kontrolliert) mag zwar die Passfähigkeit der Typologie für süd- oder auch osteuropäische Länder erhöhen; das Problem, dass eine stark generalisierende Typologie wohl nur auf Kosten der Differenzierungsfähigkeit sowie unter Ausblendung eigensinniger Akteurslogiken zu haben ist, teilen jedoch beide Ansätze.

Dienstleistungen (vgl. Bluhm u.a. 2007). Ein solcher »Industrialismus« (Baethge 2000) des Analysefokus ist jedoch spätestens nach Ende des so genannten fordistischen Zeitalters kaum mehr vertretbar. Dies gilt nicht nur, weil das Gros der Beschäftigten längst nicht mehr in den großbetrieblich geprägten industriellen Sektoren arbeitet, wichtiger scheint in diesem Zusammenhang die wirtschaftliche Dynamik der Tertiarisierung und Verkleinbetrieblichung, gemäß der man mittlerweile eher kleinere Dienstleistungsbetriebe als Leitsektoren behandeln müsste. Wenn der VoC-Ansatz also zu einer Gleichsetzung der Gesamtheit einer Nationalökonomie mit industriellen großbetrieblichen Schlüsselbereichen tendiert, so ist dieses Vorgehen nicht nur angreifbar wegen seiner Unterkomplexität, sondern auch deshalb, weil industrielle Großbetriebe längst nicht mehr jenen stilbildenden und prägenden Charakter besitzen wie einst. Eine komparative Institutionenanalyse, die sich darauf beschränkt, national weitgehend holistisch gedachte Institutionensysteme und -praktiken gegenüberzustellen, unterschlägt also die erheblichen Varianzen nach Branchen sowie Sektoren (zum Beispiel Stadt/Land, Regionen, Klein/Großbetriebe, Handwerk/Industrie/Dienstleistung), bleibt blind für sektor- und branchenspezifische Ähnlichkeiten jenseits nationaler Differenzierung und tendiert letztlich zur Übertreibung nationaler Unterschiede. Oder anders: Die Betonung der *Varieties of Capitalism* führt sowohl zur Vernachlässigung von *Varieties within Capitalism* als auch von *Similarities of Capitalism*. Ein solches Vorgehen ist generell unterkomplex, jedoch insbesondere dann inadäquat, wenn die komparative Analyse von Sektoren beabsichtigt ist, die in ihren Akteurslogiken explizit nicht jenen vermeintlich allgemein prägenden wirtschaftlichen Leitsektoren entsprechen. Es sind zum Beispiel Wirtschaftsbereiche, in denen die national vorgesehenen gesetzlichen Regeln betrieblichen Interessenhandelns nicht oder nur teilweise angewandt werden. Weniger denn je kann davon ausgegangen werden, dass diese Sektoren vernachlässigbar seien. Vielmehr spricht vieles dafür, dass ihnen die Zukunft gehört.

These 3: Die starke Betonung rationalen, strategischen Akteurshandelns des VoC-Ansatzes sowie sein impliziter Funktionalismus stehen in einem theoretisch ungelösten Spannungsverhältnis zur gleichzeitigen Betonung der Bedeutung von Kultur und Geschichte. Historisch gewachsene Interaktionskulturen sind jedoch der Schlüssel zum Verständnis der Handlungslogiken im Bereich industrieller Beziehungen. Dies gilt ganz besonders in jenen Wirtschaftsbereichen, in denen die gesetzlichen Normen und Institutionen nur defizitär etabliert sind.

Der Punkt, in dem sich Hall/Soskice (2001: 4f.) nach ihrer eigenen Einschätzung am fundamentalsten von theoretischen Vorläuferkonzepten unterscheiden, ist ihre Operationalisierung des Verhältnisses zwischen institutionellem Umfeld und dem Handeln der Einzelbetriebe. In Abgrenzung zu Ansätzen, die Institutionen vor allem als Sozialisationsinstanzen, als Rahmen für die Zuweisung von Machtressourcen oder als Matrix für Anreize und Sanktionen thematisieren, betonen Hall/Soskice den Umstand, dass die ökonomischen Akteure zu strategischem Handeln im Rahmen eines gegebenen *Institutional Settings* fähig seien. Der Ansatz pocht damit auf die Offenheit und Kreativität menschlichen Handelns, das sich jedoch zugleich innerhalb vorgegebener *Institutional Constraints* bewege. Institutionen stellen somit eine Art vorgegebenen Rahmen für menschliches Handeln dar, den die Akteure jedoch nicht in deterministischer Weise reproduzieren, sondern innerhalb dessen sie in differenter Weise agieren können. Formale Institutionenregeln und Organisationsstrukturen restringieren somit menschliches Handeln, zugleich seien jedoch auch informelle Regeln, kollektiv geteilte Wissensbestände, das heißt Geschichte und Kultur, wichtig zum Verständnis, warum Akteure letztlich eine spezifische Form der Koordinierung innerhalb eines gegebenen Institutionensystems wählen (ebd.: 13).[10] Auf theoretischer Ebene bleibt jedoch fraglich, wie sich das Postulat der prinzipiellen Offenheit menschlichen Handelns sowie der Bedeutung historischer Entwicklungsprozesse mit der typologisch letztlich sehr direkten Verknüpfung zwischen nationalen institutionellen Settings und konkretem Koordinierungshandeln der Akteure verträgt (vgl. Deeg/Jackson 2007). Dem typologisierenden Ansatz der *Liberal* versus *Coordinated Market Economy* ist somit insgesamt der Vorwurf eines gewissen reduktionistischen Funktionalismus zu machen. Institutionelle Rahmenbedingungen und konkretes Akteurshandeln werden – vermittelt über die Vorstellung eines strategisch handelnden Akteurs – weitgehend kurzgeschlossen.[11] Wie wäre sonst auch die Annahme zu begründen, dass sich die Vielzahl differenter historisch gewachsener institutioneller Bedingungen letztlich auf zwei Typen oder Cluster institutioneller Koordinierung reduzieren lässt?

Der Bias des VoC-Ansatzes, strategische Akteure im Wesentlichen als rationale Akteure aufzufassen, lässt sich unter anderem durch seine Nähe zu volkswirtschaftlichen Theoremen erklären. So ist eines seiner Hauptanliegen der Nachweis, dass institutionell unterschiedlich ausgestattete Volkswirtschaften durchaus zu identischen Ergebnissen in puncto ökonomischer Effizienz

10 Tatsächlich lösen diverse AutorInnen des VoC-Ansatzes dieses theoretische Postulat auch empirisch ein, indem sie eine lange Geschichte historischer Entwicklungsprozesse zum Ausgangspunkt eines Verständnisses aktueller institutioneller Charakteristika machen (vgl. etwa Thelen 2004; Streeck/Thelen 2005a).

11 Nur so lässt sich etwa auch das Vorgehen von Hall/Gingerich (2004) begründen, die bestimmte Formen des Akteurshandelns, nämlich »die Art der Koordination in zentralen Sphären der Wirtschaft« sowie »die Existenz institutioneller Komplementaritäten« empirisch anhand »institutioneller Merkmale« messen.

kommen können. Das Konzept macht dabei starke Anleihen an der makroökonomischen Theorie komparativer Kostenvorteile. Das Problem einer solchen Herangehensweise ist ein mehrfaches: Es wird unterstellt, dass die Wirtschaftsakteure die jeweiligen *Competitive Advantages* sowohl kennen als auch zu schätzen wissen. Insofern treffen den VoC-Ansatz – zumindest was sein Herzstück, nämlich die polare Typologie von Koordinierungsformen betrifft – die gängigen Vorwürfe, die man gewöhnlich den verschiedenen Spielarten der Rational-Choice-Theorie macht. Den Akteuren – in diesen Fällen den Einzelbetrieben – wird tendenziell eine umfassende Informiertheit unterstellt. Die Bedeutung des auf konkrete Ziele ausgerichteten, bewussten Handelns wird überschätzt, unbewusstes und history-dependentes Routinehandeln unterschätzt. Der Ansatz identifiziert zudem in unzulässiger Weise ein makroökonomisches Modell wirtschaftlichen Handelns mit einem mikroökonomischen Modell der Entscheidungsfindung. Oder anders: »Es wird eine prinzipielle Entsprechung von subjektiven Interpretationsschemata der Akteure und der Funktionsweise der Institutionenregimes unterstellt« (Bluhm 2007: 48).[12]

Aufgrund seines rationalistischen Bias hat der VoC-Ansatz massive Probleme damit, beispielsweise die Persistenz von Institutionen zu erklären, die im volkswirtschaftlichen Sinne vergleichsweise ineffizient sein mögen. Es lässt sich weder erklären, weshalb historisch etablierte Interaktionskulturen möglicherweise Bestand haben, obwohl ihre ›objektive‹ Begründung durch bestimmte institutionelle Gegebenheiten entfallen ist (etwa typische Facetten des Wirtschaftshandelns in Ostdeutschland sowie Osteuropa nach dem Ende des Staatssozialismus, vgl. Bluhm 1996; Artus 2001), noch können Veränderungen auf der gesellschaftlichen Werteebene (etwa die zunehmende Hegemonie neoliberaler Deutungsmuster) adäquat in ihren Auswirkungen auf unternehmerisches Handeln thematisiert werden. Fragen der Legitimierung politischen und wirtschaftlichen Handelns werden generell nachrangig behandelt. Tendenziell aus dem Blick geraten auch gesellschaftliche Kräfte und Bewegungen, die sich explizit oder faktisch gegen die etablierten institutionellen Mechanismen richten bzw. diese durch eigensinnige Praktiken unterlaufen. Dieser blinde Fleck

12 Diese Kritik lässt sich sogar noch grundsätzlicher formulieren: Bereits die schlichte Annahme vermeintlich objektiv lösbarer Entscheidungssituationen auf der Strukturebene kapitalistischen Wirtschaftens scheint fragwürdig angesichts der Fülle von Inkonsistenzen und systemisch bedingter Widersprüchlichkeiten, die diesem Wirtschaftssystem inhärent sind. Nimmt man etwa die von Hyman (1987) diesbezüglich vorgebrachten Argumente ernst, so muss manageriales Handeln wesentlich stärker als von situativen Kontexten und tradierten Akteurslogiken geprägtes Verhalten gedacht werden, denn als gleichsam objektives Entscheidungshandeln von rationalen Nutzenmaximierern innerhalb gegebener *Constraints*. Letzteres ist im Grunde undenkbar.

der Analyse ist gerade für ein Verständnis der französischen industriellen Beziehungen höchst folgenreich.

Die vorliegende Studie misst demgegenüber den historisch etablierten Interaktionskulturen eine zentrale Bedeutung für wirtschaftliches Entscheidungshandeln zu. Sie schließt damit an einschlägige Orientierungen des so genannten historischen Institutionalismus an, setzt sich aber von dem abstrakt typologisierenden und letztlich funktionalistischen Ansatz der VoC-Systematik dezidiert ab. Es wird davon ausgegangen, dass sich die konkreten Akteurspraktiken im Rahmen eines gegebenen nationalen institutionellen Rahmens nur verstehen lassen aufgrund der intimen Kenntnis historisch etablierter Interaktionskulturen. Diese sind im nationalen Maßstab keineswegs einheitlich, weshalb die Vorstellung eines einzigen typischen nationalen Modells wirtschaftlicher Koordinierung aufzulösen ist zugunsten der Vorstellung einer Vielzahl möglicher Koordinierungsmodi, die innerhalb ein und derselben politischen Ökonomie Bestand haben können (vgl. Herrigel 1996). Dies bedeutet nicht, dass die Prägekraft institutioneller Rahmenbedingungen prinzipiell bestritten werden soll, sondern dass der Zusammenhang zwischen Institution und Akteurshandeln vermittelter gefasst wird als im Ansatz der *Varieties of Capitalism*. Nur so scheint eine differenzierte Analyse zum Beispiel von regionalen, sektor- und wirtschaftssegmentspezifischen Regulierungsmodi möglich. Es geht sowohl um eine adäquate Beschreibung der Vielheit möglicher Kapitalismen innerhalb identischer institutioneller Rahmenbedingungen als auch um die Erfassung transnationaler Ähnlichkeiten, zum Beispiel auf der Ebene von Wirtschaftssegmenten.

These 4: Der Versuch, die Varieties of Capitalism zu betonen, führt letztlich dazu, dass die grundlegenden Funktionslogiken ›of Capitalism‹ unterschätzt werden. Insbesondere im Forschungsterrain industrieller Beziehungen sind jedoch die strukturell asymmetrischen Machtverhältnisse auf dem Arbeitsmarkt sowie widersprüchliche Interessen von Kapital und Arbeit systematischer zu berücksichtigen als dies im VoC-Ansatz geschieht.

Im Mittelpunkt der Theorie der *Varieties of Capitalism* steht der Einzelbetrieb, der als mehr oder weniger einheitlich gedachter Kollektivakteur zum Ausgangspunkt der Analyse gemacht wird. Von differenten Interessenlagen zwischen Management und Beschäftigten wird dabei zunächst abstrahiert. Im Fokus steht vielmehr die Frage: »Wie beeinflussen nationale Unterschiede der politökonomischen Institutionen die ökonomische Leistungsfähigkeit einer Gesellschaft?« (Hall/Gingerich 2004: 5). Zur Debatte steht die ökonomische Effizienz einer Summe von Einzelbetrieben sowie der ökonomische Output einer Nationalökonomie – zunächst unabhängig davon, wie dieser verteilt wird und unter welchen Arbeitsbedingungen er erwirtschaftet wird. Ökonomisches Handeln wird (im Idealfall) als Positivsummenspiel operationalisiert, bei dem die besten Ergebnisse erzielt werden, wenn das Kooperationsproblem aller beteiligten Akteure (also auch zwischen Management und Beschäftigten) in befriedigender Weise gelöst wird. Das Kooperationsproblem wird dabei in erster Linie aus der Perspektive des Einzelunternehmens gedacht – oder in anderen Worten: aus Managementperspektive. Nicht nur gewerkschaftliche Zielstellungen und Strategien haben in diesem Konzept einen sekundären Platz (vgl. Turner 2004: 3), die Rolle der abhängig Beschäftigten insgesamt wird letztlich reduziert auf die Dimension eines Umweltfaktors für Managementhandeln.

In der Konsequenz tut sich die VoC-Debatte ausgesprochen schwer damit, Veränderungs- und Krisenprozesse im Bereich industrieller Beziehungen angemessen zu reflektieren. Die Erklärung institutionellen Wandels ist ohnehin nicht die starke Seite des VoC-Modells.[13] Seine im Kern rationalistische Argumentation, die von institutionellen Komplementaritäten und relativ konstanten Interessenlagen der Akteure ausgeht, lässt Wandel im Wesentlichen als Ergebnis externen Drucks oder von außen kommender Schockeffekte erwarten. Der inzwischen kaum mehr zu übersehende Wandel in den koordinierten politischen Ökonomien Europas hat allerdings dazu geführt, dass verstärkt die Möglichkeit einer allmählichen Erosion bislang stabiler institutioneller Arrangements in Betracht gezogen werden musste – etwa durch die Auflösung kollektiv geteilter Gerechtigkeitsvorstellungen oder eine zunehmende Machtasymmetrie im Bereich industrieller Beziehungen (vgl. Hall 2007). Dennoch tut er sich schwer damit, etwa die Krisenerscheinungen des deutschen Modells industrieller Beziehungen (als Paradebeispiel einer koordinierten Marktwirtschaft) theoretisch angemessen zu reflektieren. Angesichts der Konzentration auf den volkswirtschaftlichen Output und des Credos zumindest annähernd gleicher ökonomischer Leistungsfähigkeit liberaler und koordinierter Marktwirtschaften, lassen sich die zunehmend frontalen Angriffe aus Unternehmerkreisen auf das System der Tarifautonomie theoretisch nur schwer begründen. Immer wieder wird darauf hingewiesen, dass die deutschen Unternehmensleitungen im Rahmen qualitätsorientierter Produktionsstrategien mit hoher Wertschöpfung ein vitales Interesse an der Aufrechterhaltung kooperativer Arbeitsbeziehungen hätten – oder zumindest haben müssten. Und weil nicht sein kann, was nicht sein darf, werden die Attacken auf das System der Tarifautonomie (wie zum Beispiel die Aufkündigung der Tarifpartnerschaft im öffentlichen Dienst) sowie dessen kontinuierliche Erosionstendenzen systematisch in

---

13 Zur Kritik am Stabilitätsparadigma des VoC-Ansatzes vgl. Lane (1995), Boyer (2005: 29), Bluhm (2007: 46f.). In den vergangenen Jahren erschienen jedoch einige neue substanzielle Arbeiten, die sich dieser theoretischen Schwachstelle widmeten (Thelen 2005; Streeck/Thelen 2005).

ihrer Bedeutung relativiert. So ist von einer »erstaunlichen Stabilität in der Krise« die Rede (vgl. etwa Thelen 2001; Streeck/Rehder 2003; Hassel 2006). Die aktuelle Veränderung müsse im Wesentlichen als Formwandel (nicht Erosion) institutioneller Regulierungsweisen bewertet werden, wobei die Begrifflichkeiten insinuieren, dass es sich um organisierte und kontrollierte, wenn nicht gar um intendierte Prozesse handele. Die Bedingungen der Koordinierung zwischen Kapital und Arbeit würden zwar partiell neu ausgehandelt, das für das deutsche Modell industrieller Beziehungen typische kooperative Verhältnis zwischen den Sozialpartnern stehe jedoch nicht grundsätzlich in Frage (Thelen 2001: 84). In den »vehementen Debatten über die Regulierung des deutschen Arbeitsmarktes als Ursache der Wachstumsschwäche« lasse sich vielmehr »von den meisten Beteiligten eine ungebrochene Unterstützung für die Sozialpartnerschaft erkennen. Für die meisten und wichtigsten Akteure gibt es wenig Grund, an den Grundfesten des deutschen Kapitalismus zu rütteln« (Hassel 2006: 204).

Das funktional begründete Stabilitätsparadigma des Ansatzes lässt sich letztlich nur durch eine mehrfache Einschränkung des Analyserahmens aufrecht erhalten: Der Fokus wird erstens – begründet über das Argument der historisch etablierten Tarifführerschaft (vgl. Thelen 2001) – auf die großbetrieblichen Bereiche der Metall- und Chemieindustrie verengt, zweitens wird vor allem der formale Deckungsgrad des Institutionensystems betrachtet. Eine Analyse der substanziellen Regelungsinhalte sowie der Qualität der Regulierung wird hingegen eher vernachlässigt. Würden zum Beispiel die eskalierenden Tendenzen zum illegalen oder halblegalen Unterlaufen formal gültiger Tarifnormen oder auch die immer stärkere Entkopplung zwischen Gewerkschaften und Betriebsräten (Artus 2003) sowie zwischen Betriebsräten und Belegschaften (Rehder 2006) ernst genommen, so müsste die Tragweite der Entwicklung vermutlich anders eingeschätzt werden. Dabei ließe sich die Tatsache nicht mehr länger ausblenden, dass die Ursachen der Krise des deutschen Modells zentral mit einer Verschiebung der Machtverhältnisse zwischen Kapital und Arbeit sowie mit einer zumindest partiellen Aufkündigung des historisch etablierten deutschen Kooperationsmodells durch die Unternehmerseite zu tun hat. Dies wiederum würde jedoch auf einen neuralgischen Punkt des VoC-Ansatzes verweisen, nämlich die recht umstandslose Gleichsetzung gesamtwirtschaftlicher mit einzelbetrieblichen Effizienzkriterien sowie die implizite Annahme, alle Akteure einer Volkswirtschaft seien in erster Linie an einer Optimierung des gesamtwirtschaftlichen Outputs interessiert und nicht etwa an der Steigerung einzelbetrieblicher Profitmargen. Die Perspektive, wonach ökonomisches Handeln im Idealfall als Positivsummenspiel funktioniert, müsste aufgegeben werden zugunsten einer stärkeren analytischen Berücksichtigung virulenter Interessengegensätze zwischen Kapital und Arbeit – auch in koordinierten Marktwirtschaften. Der Fokus auf wirtschaftliche Kooperationsprozesse müsste partiell revidiert werden, um Verteilungsfragen stärker ins Blickfeld zu rücken. So scheint es typisch, dass die Autoren des VoC-Ansatzes an verschiedenen Stellen zwar lapidar in Nebensätzen oder Fußnoten darauf verweisen, dass die beiden Koordinierungsvarianten des Kapitalismus volkswirtschaftlich gesehen zu gleichen Ergebnissen führen, die gesellschaftliche Verteilung des ökonomischen Ertrags jedoch wesentlich differiere. Der ökonomisch doch recht relevante Sachverhalt offenbar unterschiedlicher einzelbetrieblicher Profitmargen der beiden Varianten marktwirtschaftlicher Koordinierung wird in dem Konzept nirgends adäquat diskutiert.[14] Abschließend ließe sich daher fragen, ob im Versuch, die *Varieties* of Capitalism zu betonen, nicht ein adäquater sowie kritischer Begriff *of Capitalism* verloren gegangen ist.

1.3 Resümee

Der Ansatz der *Varieties of Capitalism* betont mit seiner polaren Typologie betrieblicher Kooperationsformen die Relevanz national differenter Institutionensysteme. Koordinierte Marktwirtschaften werden liberalen Formen politischer Ökonomie gegenübergestellt. Diese Typologie bewegt sich allerdings auf einem ausgesprochen hohen Aggregationsniveau und operiert mit vergleichsweise abstrakten und international identisch gedachten Variablen. Institutionen werden dabei im Sinne eines engen Institutionenbegriffs als Regelsysteme aufgefasst. Historisch bedingten und national differenten Eigenlogiken institutioneller Systeme, der konkreten Institutionenpraxis jenseits der Institutionenregeln, sowie generell kulturellen Faktoren wird dabei nur reduzierte Aufmerksamkeit geschenkt. Jenseits der grundlegenden Differenzierung zwischen koordinierten und liberalen Volkswirtschaften werden institutionelle Unterschiede teilweise eher als quantitative denn qualitative Differenzen behandelt.[15] Ein weiteres grundlegendes Problem des Ansatzes ist seine Reduktion der

---

14 Eine stärkere Berücksichtigung dieses Faktors könnte auch die zentrale These der VoC-AutorInnen in Frage stellen, wonach die Globalisierung im Rahmen differenter institutioneller Settings primär pfadabhängig verläuft und somit keineswegs eine generelle Liberalisierung der koordinierten Volkswirtschaften zu erwarten sei. Gerade im Hinblick auf die Internationalisierung der Kapitalmärkte und zunehmend generalisierter ›Shareholder-Value-Standards‹ scheint zumindest die Frage berechtigt, ob ›Coordinated-Market‹-Ökonomien sich dauerhaft nicht doch an die Verwertungsmaximen liberaler Marktwirtschaften anzupassen haben.

15 Am deutlichsten erfolgt die direkte quantitative Messung qualitativ einheitlich gedachter Variablen in dem Aufsatz von Hall/Gingerich (2004).

Gesamtheit nationalen Wirtschaftshandelns auf ein einziges, vermeintlich ubiquitär gültiges Modell. Dies gelingt, indem einige großbetrieblich strukturierte Industriesektoren als Leitsektoren behandelt und die übrigen Bereiche der Volkswirtschaft weitgehend ausgeblendet werden. Ein solches Vorgehen vernachlässigt nicht nur branchenspezifische Differenzen und geografische Unterschiede. Die Repräsentativität und Prägekraft gerade industrieller Großbetriebe für die Gesamtheit einer nationalen Wirtschaft steht zudem gegenwärtig stärker denn je in Frage. Der Ansatz unterschätzt systematisch die binnennationale Heterogenität von wirtschaftlichem Handeln und übertreibt zugleich die nationalen Differenzen. Durch seinen Fokus auf einheitlich gedachte, nationale Modelle ist es ihm unmöglich, Ähnlichkeiten des Wirtschaftshandelns auf subnationaler, zum Beispiel wirtschaftssegmentspezifischer Ebene wahrzunehmen. Ein weiteres Problem des Ansatzes besteht in der impliziten Übertragung gesamtwirtschaftlicher Nutzen- und Rationalitätskalküle auf die Ebene einzelbetrieblicher managerialer Entscheidungsfindung. Ein solches Verfahren impliziert nicht nur einen rationalistischen Bias sowie die Schwierigkeit institutionellen Wandel zu konzipieren, sondern auch eine Unterschätzung der Relevanz einzelbetrieblicher Profitkalküle und damit des Interessengegensatzes zwischen Kapital und Arbeit.

2 Do institutions matter? Institutionenskeptische Theorieansätze

Dem Ansatz der *Varieties of Capitalism* werden im Folgenden zwei theoretische Konzepte gegenübergestellt, die gewichtige Einwände gegen dieses sowie ähnliche Konzepte neoinstitutionalistischer Theoriebildung formulieren.[16] Die *analyse sociétal* misst zwar, durchaus ähnlich wie der VoC-Ansatz, national spezifischen Institutionen eine zentrale Rolle für die Funktionsweise eines Wirt-

16 Dass es sich dabei um zwei französische Konzepte handelt, hat zum einen mit dem Anliegen der Autorin zu tun, im Rahmen eines deutsch-französischen Vergleich auch spezifisch französische Theorieansätze in die Diskussion einzubeziehen; zum anderen mag sich darin auch inhaltlich eine gewisse nationale Typik spiegeln. In Frankreich war der Strukturalismus zeitweise theoretisch in starkem Maße prägend sowie – infolgedessen – Ansätze zur Abgrenzung von diesem. Die beiden referierten Theoreme lassen sich bei allen Unterschieden im Detail beide der letztgenannten Traditionslinie zurechnen. Des Weiteren kann Frankreich möglicherweise als ein Land gelten, das sich im internationalen Vergleich durch ein besonders paradoxes Nebeneinander allgemein gültiger zentralistischer Regelungen und permanent abweichender Akteurspraktiken auszeichnet – weshalb eine Kritik an der Gleichsetzung von Institutionenregeln mit konkreten Akteurspraktiken möglicherweise besonders nahe liegt.

schaftssystems zu. Ihre Betonung des *effet sociétal* klagt jedoch eine systematische Beachtung institutioneller Eigenlogiken und des gesellschaftlichen Kontextes von Institutionen ein. Eine transnational vergleichende Typologie von im Grunde invariant gedachten Institutionen widerspricht einem solchen Ansatz diametral. Es wird insofern eine explizite Gegenposition primär in methodologischer Hinsicht bezogen (Kapitel I.2.1). Der zweite im Folgenden vorgestellte Ansatz bezieht sich ausschließlich auf den Bereich industrieller Beziehungen im Betrieb. Er ist interessant, nicht nur weil er damit den konkreten Gegenstandsbereich der vorliegenden Studie behandelt, sondern auch, weil die AutorInnen der These widersprechen, wonach Institutionen generell eine prägende Funktion für konkretes Akteurshandeln besitzen. Die im VoC-Ansatz vergleichsweise direkt gedachte Kopplung zwischen institutionellen Rahmenbedingungen und konkreter Praxis wird im Hinblick auf die Institutionen innerbetrieblicher Interessenvertretung explizit und weitgehend negiert. Nach Ansicht der AutorInnen gleichen sich vielmehr die grundlegenden Mechanismen der *représentation au quotidien* (des alltäglichen Repräsentationshandelns) international und unabhängig von national differenten Systemen der Beschäftigtenrepräsentation. Differente Institutionenregeln seien demnach – so die These – wesentlich weniger wichtig als weithin unterstellt; institutionalistische Theoriebildung sowie internationale Vergleichsstudien, die sich vor allem auf differente Institutionensysteme konzentrieren, führten in eine Sackgasse (Kapitel I.2.2).

2.1 Zur qualitativen Vergleichbarkeit von Institutionen: Die *›analyse sociétal‹*

Der auch unter dem Label *effet sociétal* bekannte Ansatz wurde am *Laboratoire d'économie et de sociologie du travail (LEST)* in Aix-en-Provence vor allem in den Jahren 1971 bis 1978 entwickelt – in der Frühphase teilweise auch in Kooperation mit einem deutschen Forschungsteam aus dem Institut für Sozialwissenschaftliche Forschung (ISF) München (Lutz 1976). Nach einem ersten Forschungsbericht sowie diversen Aufsätzen über Einzelaspekte des deutsch-französischen Vergleichs von Industriebetrieben (zum Beispiel Maurice/Sellier 1979; Maurice u.a. 1979) erschien 1982 die zusammenfassende Darstellung *Politique d'éducation et organisation industrielle en france et en allemagne*, die als Grundlagenwerk des Ansatzes gilt. Zentrales Thema ist der Zusammenhang zwischen dem Bildungs- und Ausbildungssystem, der Unternehmensorganisation sowie den industriellen Beziehungen in Deutschland und Frankreich. Es folgten diverse weitere Studien, im Rahmen derer der Ansatz auf andere Themenfelder angewandt wurde, etwa auf den Vergleich französischer und japanischer Unternehmen, auf den Wandel des Unternehmensparadigmas sowie des technologischen Paradigmas (Maurice u.a. 1986) und allgemeiner, auf Fragen des Arbeitsmarktes (Gazier u.a. 1998). An verschiedenen Stellen wurden die theoretischen Implikationen der *analyse sociétal* zusammenfassend formuliert (zum Beispiel Maurice 1991) und teilweise auch von dritten AutorInnen reformuliert und retheoretisiert. Ein zentraler Beitrag zur Debatte ist schließlich insbesondere ein Sammelband, der vor nicht allzu langer Zeit anlässlich des 25-jährigen Jubiläum des Ansatzes erschien, diesen in einem breiteren Kreis von WissenschaftlerInnen diskutiert und Forschungsarbeiten in dessen Kontext darstellt (Maurice/Sorge 2000).

Der *analyse sociétal* sind zwar mittlerweile eine ganze Reihe von WissenschaftlerInnen verpflichtet, ursprünglich wurde er jedoch vor allem von drei Autoren erarbeitet, deren differente geisteswissenschaftliche Herkunft den Ansatz prägte. Es handelt sich um den Arbeitssoziologen Marc Maurice, den Soziologen industrieller Beziehungen Francois Sellier sowie den Arbeitsökonomen Jean-Jacques Silvestre. Bereits der Untertitel des zentralen Werkes (Maurice u.a. 1982), der einen *essai d'analyse sociétal* (Versuch einer gesellschaftlichen Analyse) ankündigt, weist darauf hin, dass es sich hier nicht um ein direkt theoretisch argumentierendes Werk mit Abgeschlossenheitscharakter handelt, vielmehr wird dem Buch der Status eines Versuchs zuerkannt – im Sinne der Suche nach einer adäquaten Analyseperspektive, die jenseits ökonomischer Determinanten gesellschaftliche Effekte in den Mittelpunkt stellt. Obwohl der Ansatz der *analyse sociétal* sowohl im letzten Kapitel des Buches als auch in der Folgezeit immer wieder theoretisiert wurde, betonten die Autoren stets, dass es sich in erster Linie um einen *methodologischen* Ansatz handele, der die heuristische Kraft des internationalen Vergleichs als Instrument nutze und auf ein integriertes Verständnis sozialer, ökonomischer und politischer Phänomene abziele:

»The approach has never been intended to stylize ›society‹ as a secluded and monolithic entity. […] It was by no means intended to explain phenomena by referring to found the importance of societal effects on a new ›grand theory‹ of society in the conventional meaning of this notion. The approach emerged in a fairly pragmatic way« (Maurice/Sorge 2000: 1).

Wichtig für das pragmatisch angeleitete ›Auftauchen‹ des Ansatzes im Zuge komparatistischer Studien war sicherlich die Interdisziplinarität des Autorenteams, die es nahe legte, ein umfassendes Konzept zu erarbeiten, das gesellschaftliche, ökonomische und politische Dimensionen gleichermaßen berücksichtigte. Ein weiterer zentraler Impetus bestand darin, sich von »universalistischen Erklärungsansätzen« abzugrenzen, die »dazu tendieren, die beobachteten

Unterschiede als Relikte zu betrachten, […] die notwendigerweise marginal sind im Verhältnis zu den fundamentalen Strukturen der betrachteten Gesellschaften« (Maurice u.a. 1979: 332; Übers. d. Verf.[17]). Solche »universalistischen Theoriekonzepte« sind in der Perspektive der Autoren etwa die neoklassische Wirtschaftstheorie, der soziologische Strukturfunktionalismus oder auch marxistische Theorieansätze. Vor dem Hintergrund erster Krisenerscheinungen in den entwickelten Industriestaaten nach 30 Jahren *trente glorieuses* ist es ihnen ein Anliegen, die sehr unterschiedlichen Reaktionsweisen verschiedener Industrieländer angesichts vergleichbarer Problemlagen theoretisch ernst zu nehmen. Die damals dominante modernisierungstheoretische Konvergenztheorie, wie sie etwa auch von Dunlop mit seiner These der »Logik der Industrialisierung« vertreten wurde, schien den aktuellen Entwicklungen nicht mehr gerecht zu werden (vgl. Maurice 1991: 82). Ihre zentrale Fragestellung formulieren Maurice u.a. dementsprechend wie folgt:

»Wie entwickeln sich, im Zuge der Universalisierung der Lohnarbeit (condition salariale) in jeder Gesellschaft soziale Beziehungen, deren Spezifik nicht mehr als kontingent oder vorübergehend betrachtet werden kann? Anders gesagt, wie konstruieren und stabilisieren sich im Zuge der universellen Verbreitung des Lohnarbeitsverhältnisses (rapport salarial) soziale Vermittlungsweisen, die sich nicht auf die funktionale Einheitlichkeit dieses Verhältnisses reduzieren lassen?« (Maurice u.a. 1982: 10; Übers. d. Verf.).

Der Ausgangspunkt der Forschungen von Maurice u.a. war zunächst ein relativ banaler und politisch-interventionsorientierter. Es ging darum, »zu klären, ob – wie der Auftraggeber der Untersuchung, eine Dienststelle des französischen Plankommissariats, vermutete – die Verdienstdifferenzierung in Frankreich wesentlich größer ist als in Deutschland […]; sollte sich diese Hypothese – was weit über alle Erwartungen der Fall war – bestätigen, so müsste dies die französische Politik veranlassen, auf eine Reduzierung der Lohnungleichheiten hinzuwirken, um die Herausbildung eines Modernisierungskonsenses nach deutschem Vorbild zu fördern« (Lutz 1991: 102).

Auf statistischer Ebene wurde zunächst festgestellt, dass die Lohnungleichheit in Frankreich tatsächlich erheblich größer war als in Deutschland. Insbesondere zwischen manuell tätigen und nicht-manuell arbeitenden Beschäftigten sowie zwischen Beschäftigten unterschiedlicher Wirtschaftssektoren existierten erhebliche Lohnunterschiede. Um den Ursachen für diesen Sachverhalt näher zu kommen, wurden die Verdienst- und Personalstrukturen in einer »Reihe von deutschen und französischen Betrieben erhoben, die je-

17 Sämtliche Zitate aus den französischen Texten von Maurice u.a. 1979 sowie 1982 wurden von der Autorin ins Deutsche übersetzt. Bei besonders zentralen Begriffen ist jeweils der französische Ausdruck auch im Original zitiert.

weils nach maximaler paarweiser Vergleichbarkeit ihrer technisch-ökonomischen Merkmale ausgewählt worden waren« (Lutz 1976: 95). Die betrieblichen Merkmale wurden sodann mit diversen betrieblichen Experten diskutiert.[18] Bereits im Rahmen des statistischen Datenvergleichs zur Lohnstruktur der Betriebe stießen die Forscher jedoch auf unvorhergesehene Schwierigkeiten. Dies galt vor allem für den Vergleich dreier Beschäftigtengruppen, deren betriebliche Stellung und Abgrenzung zu anderen Personalkategorien in den deutschen und französischen Betrieben deutlich differierten: So war etwa der deutsche leitende Angestellte bezüglich seiner arbeits- und tarifrechtlichen Einordnung keineswegs identisch mit dem französischen *cadre*; der deutsche Vorarbeiter oder Meister, der als Lohnempfänger eine Zwitterrolle zwischen Beschäftigten und betrieblicher Hierarchie zu erfüllen hatte, war nur schwer vergleichbar mit dem französischen *chef d'équipe*, der als Angestellter eindeutig auf Managementseite stand; die vergleichsweise homogene Gruppe der deutschen Facharbeiter mit ihrer in der Regel 3-jährigen Lehre verfügte über ein deutlich anderes professionelles Standing sowie eine deutlich andere kollektive Identität als die in sich wesentlich differenziertere Gruppe der französischen *ouvriers professionnels*, die in der Regel ohne Lehrausbildung eine betrieblicher Karriere gemacht hatten. Widersetzten sich somit die betrieblichen Verhältnisse bereits auf dieser Ebene einer Logik des unmittelbaren Vergleichs, so wurde im Zuge der weiteren Analyse immer deutlicher, dass eine Erklärung der Lohndifferenzen auch die unterschiedlichen Qualifikationen der Arbeitskräfte sowie die differenten Tätigkeitsstrukturen und Qualifikationsanforderungen am Arbeitsplatz einbeziehen müsste. Diese wiederum standen in engem Zusammenhang mit der Struktur betrieblicher Hierarchien sowie typischen Prozessen der Konfliktregulierung. Mit anderen Worten: Ausgehend von einer zunächst punktuell ansetzenden Analyse von Lohndifferenzen gerieten nach und nach sowohl das Bildungs- und Qualifikationssystem beider Gesellschaften, typische Formen betrieblicher Arbeitsteilung und Arbeitsorganisation sowie das Gesamtsystem industrieller Beziehungen in den Blick. Dies war »der Ausgangspunkt für eine komparative Analyse der Produktion des Lohnarbeitsverhältnisses (rapport salarial) in jeder der beiden Gesellschaften und der Konstruktion der Dimensionen, die es beinhaltet« (Maurice u.a. 1982: 11f.; Übers. d. Verf.).

18 Zwischen 1971 und 1973 wurden zunächst 14 solcher Fallstudien durchgeführt, zwischen 1974 und 1977 weitere zwölf. Untersuchungsbetriebe waren ausschließlich größere Unternehmen (ab 500 Beschäftigte) der Metallindustrie (Maschinenbau, Schwermetallindustrie, Stahlindustrie) sowie der Chemieindustrie und verwandter Branchen (Papierindustrie, Gerbereiwirtschaft, Reifenproduktion).

Die grundlegende These, die Maurice u.a. schließlich auf der Basis langer Jahre empirischer Vergleichsstudien entwickeln, lässt sich in etwa wie folgt charakterisieren: Der *rapport salarial*, das heißt die dem Lohnsystem inhärenten Beziehungsstrukturen, sind in jeder Gesellschaft different konstruiert. Die Gesamtheit lohnarbeitsspezifischer sozialer Beziehungen lässt sich in drei Dimensionen untergliedern oder auch »dekonstruieren«, die in jeder Gesellschaft spezifisch gestaltet und untereinander in differenter Weise aufeinander bezogen sind. Es handelt sich dabei um die Dimension des *rapport éducatif/professionnel* (Beziehungsstrukturen im Bildungs- und Ausbildungsbereich), des *rapport organisationnel* (Beziehungsstrukturen betrieblicher Organisation und Hierarchie) sowie des *rapport industriel* (Industrielle Beziehungen). Der *rapport éducatif* verweist auf die beruflichen Sozialisationsprozesse, der *rapport organisationnel* auf die Konstruktion von Machtverhältnissen und Kooperationsprozessen, der *rapport industriel* auf die Formen der Konfliktregulierung. Die Darstellung bei Maurice u.a. (1979, 1982) folgt jeweils der Logik einer zunächst separierten Erörterung typischer Charakteristika der jeweiligen Beziehungsstrukturen (rapports) in den beiden untersuchten Ländern, die einander gegenübergestellt werden – wobei wiederholt auf deren gesellschaftsimmanente logische Verknüpfung hingewiesen wird. Ein abschließendes Kapitel diskutiert schließlich zusammenfassend die *construction du rapport salarial* (Konstruktion des Lohnverhältnisses) in der Form einer Gegenüberstellung zweier differenter Formen sozialer Kohärenz.

Die Darstellung sollte bereits deutlich gemacht haben, dass bei Maurice u.a. nicht der Institutionenbegriff im Mittelpunkt der Analyse steht, sondern vielmehr der schwer übersetzbare Begriff des *rapport*. Zwar spielen jene Faktoren, die etwa im VoC-Ansatz als ›Institutionen‹ auftauchen, auch im Rahmen der *analyse sociétal* eine zentrale Rolle, sie werden jedoch kaum als solche benannt. Dies liegt daran, dass nicht als Entitäten gedachte institutionelle Regeln oder Akteure das Denken und die Darstellung prägen, sondern gesellschaftliche Räume, die als interaktiv durch eine Vielzahl von Akteuren konstituiert sowie untereinander in typischer Weise vernetzt gedacht werden. »Societal effects originate from the reciprocal constitution of spaces, and the distinctiveness of a particular society lies in the features that a specific type of reciprocal constitution has brought about« (Maurice/Sorge 2000: 2). In letzter Konsequenz handelt es sich also um eine interaktionistische Perspektive, innerhalb derer sämtliche gesellschaftlichen Phänomene nur in ihrer spezifischen Beziehung zur Gesamtheit der übrigen Räume sowie Akteure zu verstehen sind. Dabei wird das konstitutive Beziehungsgeflecht gesellschaftlicher Kohärenz nicht statisch gedacht, sondern als eine Art dynamisches Gleichgewicht, das in historischen Prozessen interaktiv konstruiert wurde und permanentem Wandel unterliegt. Historische Analysen der Entstehung sozialer Räume wie Akteure sind daher integraler Bestandteil der Methode (vgl. Maurice u.a. 1979, 1982 sowie auch Sellier 1984). »Die Analyse von Prozessen und Interdependenzen als Elemente gesellschaftlicher Kohärenzen oder Handlungslogiken hat Vorrang vor Analysen, die auf direkte und eindimensionale kausale Verknüpfungen zielen«, so etwa Maurice (1991: 89); oder an anderer Stelle:

»The dynamics of societal analysis is thus founded on dialectical relations between actors which are historical ones, situated in time, and ›spaces‹ which are structured and changing. The dynamics in this way link both, elements of stability and change within ›non-identical reproduction‹. […] The emphasis on the ›dialectical‹ and ›paradoxical‹ character of societal analysis serves to translate its capacity to integrate dimensions which are apparently opposed or contradictory but, still, jointly contribute to the construction and deconstruction of actors and the ›spaces‹ in which their identities and relational capacities express themselves« (Maurice/Sorge 2000: 9). »Social actors can thus be seen to be continuously engaged in the structuring of spaces, and in turn being structured by them, in a non-deterministic relationship« (ebd.:10).

Insgesamt lässt sich also davon sprechen, dass der Ansatz des *effet sociétal*, der noch vor dem Aufkommen akteurszentrierter sowie strukturationstheoretischer Konzepte sowie des Bourdieu'schen Theorems sozialer Felder entwickelt wurde, viele Merkmale dieser Theorierichtungen vorweg nimmt. Zugleich sind ihm jedoch – paradoxerweise – auch gewisse Merkmale einer Tradition strukturfunktionalistisch argumentierender Systemtheorie nicht ganz abzusprechen. Dieser Eindruck wird dadurch bestätigt, dass in den konkret empirisch-beschreibenden Analysen institutionellen sowie organisatorischen Strukturmerkmalen breiter Raum eingeräumt sowie eine prägende Funktion für die betriebliche Realität zugesprochen wird. Die analytische Grundfigur der Studie weist zudem durchaus Parallelen auf zum strukturfunktionalistischen Parson'schen Modell. Der entscheidende Unterschied besteht jedoch in der grundlegend dialektisch gedachten Beziehung sowohl zwischen gesellschaftlichen Akteuren und Strukturen als auch zwischen verschiedenen gesellschaftlichen Sphären.

Es ist jedoch weniger seine (in der Soziologie inzwischen relativ verbreitete) strukturationstheoretische und interaktionistische Perspektive, welche die *analyse sociétal* im Rahmen der vorliegenden Studie theoretisch interessant macht. Vielmehr geht es um deren Insistieren auf den ›gesellschaftlichen Effekt‹ und die Problematisierung einer direkten Vergleichbarkeit national differenter Institutionensysteme. Dabei geht die *analyse sociétal* relativ weit. Nimmt man nämlich ihren Anspruch ernst, dass sämtliche gesellschaftlichen Einzelphänomene nur in ihrem jeweiligen gesellschaftlichen Kontext verständlich sind, so ist ein internationaler Vergleich derselben im Grunde ein unmögliches Unterfangen. Letztlich führt dann »der analytische Rekurs auf den effet sociétal […] [dazu], dass sich all das, was ursprünglich vergleichbar schien, in der jeweils nationalen Spezifizität gesamtgesellschaftlicher Verhältnisse verflüchtigt« (Lutz 1991: 104). Eine solche vergleichsweise ›fundamentalistisch-hermeneutische‹ Position schließt nicht nur jeden transnationalen Vergleich auf der Grundlage generalisierter Begrifflichkeiten aus, sondern verabsolutiert damit letztlich auch den nationalen Rahmen als primäre Analyseeinheit. Es handelt sich tatsächlich um den paradoxen Versuch eines ›Vergleichs des Nicht-Vergleichbaren‹, der genau genommen unmöglich ist.

Glücklicherweise waren Maurice u.a. allerdings weniger fundamentalistisch als pragmatisch eingestellt und ihre einschlägigen Texte beweisen, dass ihnen bei aller Paradoxie der Vergleich zwischen französischen und deutschen Verhältnissen in hervorragender Weise gelang. Die einschlägigen Charakterisierungen der differenten *rapports industriel* (vgl. Maurice u.a. 1979, 1982) sind – obwohl in einzelnen Facetten inzwischen historisch veraltet – nach wie vor hervorragende komparative Zusammenfassungen des ›Grundwissens‹ zum Thema.[19] Letztlich ist es daher wohl durchaus im Sinne der Autoren des *effet sociétal*, wenn ihr Ansatz in erster Linie als *methodische sowie heuristische* Anregung aufgefasst wird und nicht als theoretisch stringentes Gebäude.[20] Es geht vor allem darum, jene (zum Beispiel in der Ökonomie) weithin gängige Verfahrensweise des internationalen Vergleichs zu problematisieren, bei dem internationale Unterschiede in erster Linie anhand differenter Ausprägungen statistischer Variablen gemessen werden. Dabei wird gewöhnlich recht umstandslos davon ausgegangen, dass mit ein und derselben Variablen transnational identische Sachverhalte gemessen werden – etwa gewerkschaftlicher Organisationsgrad, Tarifdeckungsgrad, Deckungsgrad betrieblicher Interessenvertretung etc. Zugleich wird von der institutionellen Einbettung in einen bestimmten Kontext abstrahiert. Wie fragwürdig eine solche qualitative Gleichsetzung der ge-

19 Ihre Übersetzung ins Deutsche stellt daher – auch nach über 20 Jahren noch – ein ausgesprochenes Desiderat dar. Die englische Übersetzung (Maurice u.a. 1986) ist nur ein schwacher Ersatz, unter anderem da diese unter einem ›positivistischen bias‹ leidet. Sie »took out the interactionist connotations and emphasized firm categories, determinate and sometimes deterministic wordings. It is preferable to refer to the French original (Maurice u.a. 1982)« (Maurice/Sorge 2000: 11).

20 So betont beispielsweise Maurice (1991: 87) explizit, dass »ein solcher Ansatz, auf dessen heuristische Funktionen hingewiesen wurde, [zwar] nicht theoretisch neutral ist, [dennoch] verpflichtet er nicht auf eine besondere Theorie.« An anderer Stelle geben sich Maurice/Sorge (2000: 11) ähnlich pragmatisch und undogmatisch: »It is typical for the approach that no exhaustive and logically compelling list of spaces was suggested. Those classifications of spaces and their dimensions which the approach has offered were developed in a piecemeal and pragmatic way, so that researchers may happily engage in their further development« (Maurice/Sorge 2000: 11). Die vorliegende Studie versteht sich durchaus als Versuch, diese ermutigende Aufforderung in die Tat umzusetzen.

nannten Variablen allein im Rahmen des deutschen und französischen Systems industrieller Beziehungen ist, wird in den folgenden Kapiteln noch diskutiert werden. Für ähnlich gelagerte internationale Vergleiche, zum Beispiel im EU-Rahmen oder darüber hinaus, müssten diese Vorbehalte noch deutlich radikalisiert werden. Auch die Theorie der *Varieties of Capitalism* (zumindest in der Variante von Hall/Soskice und Hall/Gingerich) entspricht letztlich dem, was Maurice (1991: 83) in kritischer Absicht als *cross-national* oder auch transnationalen Untersuchungsansatz bezeichnet:

»Die verwendeten Variablen gründen sich in diesem Fall auf Konzepte (und Indikatoren), deren formaler und allgemeiner Charakter ihnen faktisch den Rang universeller Kategorien einräumt und die jeden Bezug zu der Gesellschaft, der die untersuchten Organisationen und Akteure angehören, leugnen« (Maurice 1991: 85).

Obwohl die Autoren der *analyse sociétal* solchen transnational angelegten Studien im Hinblick auf bestimmte Fragestellungen ihre Berechtigung einräumen, grenzen sie selbst sich dezidiert ab von einer Perspektive, die »eine Invarianz [...] über die Gesellschaften hinweg« etwa bezüglich der »Natur der sozialen Akteure« behauptet, »seien es nun Institutionen (Unternehmen, Gewerkschaften, Ausbildungssystem) oder soziale Kategorien (Arbeiter, *Cadres*, Handwerker, *Patrons*...)« oder sei es die Annahme einer einheitlich gedachten »Rationalität, die das Handeln dieser Akteure anleitet« (Maurice u.a. 1982: 333). Im Unterschied etwa zur Annahme einer allgemeinen Logik rationalen oder auch strategischen Handelns sei vielmehr davon auszugehen, dass mit der in jeder Gesellschaft spezifischen Verknüpfung gesellschaftlicher Räume eine grundlegende Differenz der jeweiligen Akteure sowie ihrer Handlungslogiken einhergehe. »International« (im Gegensatz zu transnational) angelegte Untersuchungsansätze trachten daher in erster Linie danach, die Eigenlogiken gesellschaftlicher Systeme und die Eigensinnigkeiten gesellschaftlicher Akteure zu rekonstruieren – bevor sie diese wechselseitig in Bezug setzen. Ein internationaler Vergleich bedarf also stets einer »methodologischen und theoretischen Reflexion bezüglich der Konstruktion der Nicht-Vergleichbarkeit« gesellschaftlicher Phänomene (Maurice u.a. 1982: 236; Übers. d. Verf.). Dies impliziert auch, dass für international angelegte Vergleichsstudien explizit eine Begriffsbildung im Spannungsfeld kultureller Differenzen eingefordert wird, was »den größtmöglichen Respekt vor den Besonderheiten der in jedem Land verwendeten Begrifflichkeiten« (Maurice 1991: 88) impliziert. Diesen methodologischen Forderungen kann sich die vorliegende Studie nur anschließen.

Anders als im Rahmen der *analyse sociétal* wird im Folgenden allerdings nicht (allein) der *nationale* Institutionenrahmen als die zentrale Determinante für die Abgrenzung gesellschaftlicher Kohärenz gesehen. Vielmehr wird davon ausgegangen, dass branchen- und wirtschaftssegmentspezifische Abgrenzungen möglicherweise eine ähnlich starke Prägekraft für die Gestaltung spezifischer *rapports salariaux* besitzen. Expliziter wird zudem der Anspruch formuliert, dass trotz der permanenten Reflexion des kulturellen und gesellschaftlichen Gesamtzusammenhangs von Akteurshandeln nicht darauf verzichtet werden soll, zumindest partiell direkte Vergleiche zwischen den industriellen Beziehungen in Deutschland und Frankreich anzustellen. Die systematische Reflexion der differenten gesamtgesellschaftlichen Einbettung betrieblichen Interessenhandelns dient in erster Linie als notwendige Voraussetzung, um in einem zweiten Schritt in methodisch reflektierter Weise nicht nur Differenzen, sondern auch Ähnlichkeiten in der Institutionenpraxis betrieblichen Interessenhandelns diagnostizieren zu können. Die Frage, wie es zu diesen Ähnlichkeiten kommen kann, verweist dann letztlich möglicherweise doch auf gewisse transnationale Gemeinsamkeiten der Strukturbedingungen und Strukturierungsprozesse im Bereich abhängiger Lohnarbeit.

2.2 Jenseits institutioneller Differenz: La *représentation au quotidien*

Die *analyse sociétal* stellt die qualitative Vergleichbarkeit institutioneller Regelungen in Frage, soweit diese in differente gesellschaftliche Kontexte eingebettet sind. Sie bestreitet jedoch keineswegs, dass Institutionen einen zentralen Einfluss auf gesellschaftliche Handlungslogiken besitzen. Dies tut hingegen – bis zu einem gewissen Grad – der folgende Ansatz, der aus den Reihen des französischen *Institut de Recherches Economiques et Sociales (IRES)* stammt.[21] Die Reichweite des Ansatzes der *représentation au quotidien* ist freilich wesentlich beschränkter als jener der beiden vorab diskutierten Theoreme. Er bezieht sich

21 Das *Institut de Recherches Economiques et Sociales (IRES)* ist ein Produkt der sozialistischen Regierungsära unter dem Präsidenten Mitterand. Es handelt sich um ein vor allem mit staatlichen Mitteln finanziertes Forschungsinstitut, das unter der Regie der sechs als repräsentativ anerkannten französischen Gewerkschaften steht. Knapp dreißig WissenschaftlerInnen verschiedener Disziplinen (vor allem der Volkswirtschaft, Soziologie und Politikwissenschaft) erforschen dort ein breites Themenspektrum sozialer und wirtschaftlicher Fragestellungen, darunter auch Entwicklungen im Bereich industrieller Beziehungen. Einen guten Überblick über die Themenstellungen des *IRES* geben die beiden Publikationsreihen des Instituts: In der zweimonatlich erscheinenden *Chronique Internationale de l'IRES* werden im Rahmen kürzerer Artikel prägnante aktuelle Entwicklungen im Bereich Arbeit, Sozialpolitik und Industrielle Beziehungen in Europa sowie weltweit behandelt. Die *Revue de l'IRES* versammelt theoretisch anspruchsvollere Beiträge zum selben Themenspektrum. Sie erscheint nur zweimal jährlich. Die Arbeitsgruppe Industrielle Beziehungen am *IRES* besteht aus Christian Dufour, Adelheid Hege, Udo Rehfeldt und Catherine Vincent. Der im Folgenden skizzierte Ansatz geht in erster Linie auf die Arbeiten von Christian Dufour und Adelheid Hege zurück.

ausschließlich auf den Gegenstandsbereich betrieblicher Interessenvertretung. Diesbezüglich vertritt er jedoch explizit die These, dass Institutionen (im Sinne formaler gesetzlicher Regelungen) das Akteurshandeln in wesentlich geringerem Maße prägen als weithin angenommen. Institutionenregeln und konkrete Akteurspraktiken müssten als nur bedingt verkoppelte Phänomene gedacht werden. In der Konsequenz plädiert der Ansatz von Dufour/Hege (2002) nachdrücklich für eine Analyseperspektive jenseits institutioneller Strukturen. Statt eines auf strukturelle und institutionelle Vorgaben konzentrierten internationalen Systemvergleichs favorisieren die AutorInnen den komparativen Blick auf den Alltag der InteressenvertreterInnen sowie auf die lokalen Praktiken der Beschäftigtenrepräsentation: *la représentation au quotidien.* Entscheidend sei nicht die Ebene der länderspezifischen »expliziten Regeln« (ebd.: 12, Übers. d. Verf.[22]), sondern die Frage, wie diese Regelungen lokal und situationsspezifisch in die Praxis umgesetzt werden. Obwohl länderspezifische Differenzen entlang der nationalen institutionellen Charakteristika nicht völlig negiert werden, so werden sie doch als nachrangig eingestuft gegenüber den ausgeprägten binnennationalen Unterschieden. Oder anders: Im Rahmen identischer institutioneller Rahmenbedingungen finden sich sehr unterschiedliche lokale Praktiken. Genauso wenig wie diese auf differente explizite Regeln zurückzuführen seien, ließen sie sich aus unterschiedlichen externen Rahmenbedingungen der Betriebe erklären (zum Beispiel Branchenzugehörigkeit, regionale Verortung, wirtschaftliche Situation). Der entscheidende Faktor der Differenzierung sei vielmehr die *spezifische lokale Repräsentationspraxis der InteressenvertreterInnen im betrieblichen Alltag.* International vergleichende Studien, die sich auf der ›Systemebene‹ national differenter Institutionenkonfigurationen bewegen, stellen insofern eine methodologische »Sackgasse« (ebd: 17) dar.

Das Konzept der *représentation au quotidien* ist das Ergebnis jahrzehntelanger international vergleichender Forschungen im Bereich industrieller Beziehungen. Die zentrale empirische Basis bilden rund 60 Betriebsfallstudien, die zwischen 1990 und 1995 zunächst in Zusammenarbeit mit deutschen WissenschaftlerInnen in Frankreich und Deutschland (Dufour/Hege 1993; Hege/Dufour 1995) sowie anschließend in Großbritannien und Italien durchgeführt wurden.[23] Die zentrale Fragestellung war dabei, ob und wie die betrieblichen

22 Alle folgenden Zitate aus Dufour/Hege 2002 wurden von der Verfasserin dieser Arbeit ins Deutsche übersetzt.

23 Auf deutscher Seite waren Wolfgang Lecher und Ulrike Wendeling-Schröder (beide WSI) an den Erhebungen beteiligt (vgl. Lecher 1994), auf französischer Seite neben Adelheid Hege und Christian Dufour auch Patrick Hassenteufel (vgl. Hassenteufel u.a. 1992). Bei den Erhebungen in Großbritannien existierte eine Kooperation mit Lionel Fulton (Labour Research Department) und Richard Hyman (Universität Warwick). Für Italien waren Udo Rehfeldt

Interessenvertretungen in den verschiedenen Ländern die Anforderungen im Zuge von Internationalisierung, Einführung neuer Technologien und neuer Managementmethoden bewältigen können. Parallel wurden zudem international vergleichende Arbeiten über die differenten »Syndikalismen« nationaler Arbeiterbewegungen durchgeführt (IRES 1992). In der Folgezeit konzentrierten sich mehrere Studien auf die Situation im Bereich des französischen Systems der Interessenrepräsentation: Es ging um die Tätigkeit der *Comités d'entreprise* (IRES/DARES 1998), die neu geschaffene Institution des *Mandatements* (Dufour u.a. 1999, 2000) und um die Frage der Feminisierung betrieblicher Interessenvertretung (Hege u.a. 2000). Die zusammenfassende Studie *L'Europe syndicale au quotidien* (Das gewerkschaftliche Europa im Alltag) (Dufour/Hege 2002) ist insofern nicht nur als Ergebnis der vorab genannten Betriebsfallstudien zu betrachten, sondern als Resümee von über zehn Jahren Forschungserfahrung in verschiedenen europäischen Ländern. Unlängst wurde das Konzept zudem für die vergleichende Analyse der Repräsentationssituation in deutschen, französischen und schwedischen Kleinbetrieben angewandt (Dufour u.a. 2006).

Die grundlegende Forschungsfrage von Dufour/Hege besteht darin, wie es in Betrieben – egal in welchem Land – zur Etablierung einer wirkungsmächtigen Repräsentationspraxis kommen kann. Diese Frage kann nicht dadurch beantwortet werden, dass zum Beispiel Gesetze verpflichtend die Institutionalisierung von Interessenvertretungen vorsehen (etwa in Frankreich). Wenn keine »Nachfrage« (demande) auf Seiten der Beschäftigten nach den gesetzlich implementierten Interessenvertretungen besteht, so laufen diese Institutionen ins Leere. Im Extremfall existiert zwar ein intaktes institutionelles Gebäude, dieses zeitigt jedoch keinerlei Konsequenzen. Eine wirkungsmächtige Repräsentationspraxis lässt sich nicht verordnen, sondern bildet sich im Rahmen einer langen Geschichte betrieblicher Interaktionsprozesse. »Die Repräsentation ist eher eine Angelegenheit der Akteure als der Regeln« (Dufour/Hege 2002: 246). In der Konsequenz muss es um einen akteurszentrierten Forschungsansatz gehen, wobei »alle Handlungen« (ebd.: 15) der lokalen InteressenvertreterInnen relevant scheinen als symbolischer wie realer Ausdruck lokal gültiger Regeln und Normen. Besondere Aufmerksamkeit ist jedoch jenen Handlungen zu widmen, die konstitutiv sind für die Repräsentativität der Ak-

---

(IRES) sowie Mimmo Carrieri und Volker Telljohann an der Studie beteiligt. In jedem Land wurden je 15 Fallstudien durchgeführt, die gleichgewichtig auf die Chemieindustrie, die Metallindustrie und den Sektor Banken/Versicherungen verteilt waren. Bei der Betriebsauswahl wurde auch darauf geachtet, Paarvergleiche zu ermöglichen, wobei die Dimensionen der wirtschaftlichen Aktivität, der ökonomischen Situation, der Betriebsgröße sowie das lokale Umfeld berücksichtigt wurden (Dufour/Hege 2002: 13).

teure. Statt gleichsam selbstverständlich von vorgegebenen institutionellen Repräsentationslogiken auszugehen, muss die zentrale forschungsleitende Fragestellung einen Schritt früher ansetzen: Wie kommt es dazu, dass die BelegschaftsvertreterInnen überhaupt eine repräsentative Rolle übernehmen können? – oder auch: Warum sind sie dazu unfähig?

Im Folgenden wird zunächst erläutert, was unter dem zentralen Begriff der *représentation au quotidien* zu verstehen ist und wie das Machtkonzept des Ansatzes aussieht (Kapitel I.2.2.1). Anschließend geht es darum, wie das Verhältnis zwischen Belegschaft und RepräsentantInnen gedacht wird. Das Konzept der *représentation au quotidien* entpuppt sich im Kern als ein gruppensoziologischer Ansatz (Kapitel I.2.2.2). Abschließend werden die theoretischen Implikationen im Hinblick auf komparative Forschung noch einmal zusammengefasst (Kapitel I.2.2.3).

2.2.1 Begriff und Machtkonzept der représentation au quotidien

Ausschlaggebend dafür, ob bestimmte Beschäftigte oder auch ein Beschäftigtenkollektiv von ihren KollegInnen als legitime RepräsentantInnen betrachtet werden, ist – so Dufour/Hege – ihre *Repräsentationsfähigkeit im betrieblichen Alltag. La représentation au quotidien* ist dementsprechend die zentrale Dimension, entlang der die betrieblichen Repräsentationssituationen – über alle untersuchten Länder hinweg – wesentlich variieren. Sie spielt eine zentrale Rolle für die Handlungsmöglichkeiten, Kooperationsfähigkeit sowie Machtressourcen der InteressenvertreterInnen.[24] Die Quelle der Repräsentationsfähigkeit im betrieblichen Alltag sind somit nicht institutionelle Rahmenbedingungen oder gesetzlich verbriefte Rechte. Die Legitimität und Einflussmacht betrieblicher Interessenvertretungen ergibt sich vielmehr in erster Linie aus der Qualität der Beziehungen zwischen »Repräsentanten und Repräsentierten«, zwischen »Mandatsträgern und Mandanten«. Zur Schaffung und Erhaltung von Vertretungslegitimität bedarf es permanenter Anstrengungen der RepräsentantInnen. Notwendig ist vor allem eine Bewährung durch konkrete Vermittlungsleistun-

24 »Die Qualität der Beziehung zwischen Repräsentanten und ihren Mandanten im Alltag bildet überall die Basis ihrer Handlungsfähigkeit; sie bedingt ihre strategische Interventionskapazität im Unternehmen ebenso wie ihre Fähigkeit zur Zusammenarbeit mit anderen Repräsentantengruppen im gleichen Land oder in anderen Ländern« (Dufour/Hege 2002: 16; Übers. d. Verf.). Auch bereits in einem früheren Aufsatz über den deutsch-französischen Vergleich betrieblicher Interessenvertretung stellten Hege/Dufour (1995: 85) fest: »Despite the great differences between the two countries in terms of institutions, organizational structure, trade unions and ideologies, we found in both cases that local representatives derived their legitimacy first and foremost from their day-to-day activity on the job, at the level of the employees' immediate needs in the workplace.«

gen im betrieblichen Alltag. Idealtypisch finden diese Vermittlungsleistungen keineswegs im Rahmen der gesetzlich vorgesehenen Vertretungsprozeduren statt, sondern vor allem und in erster Linie auf informeller Ebene: »Die sofortige Intervention eines Repräsentanten in der alltäglichen Arbeitspraxis, die alle Parteien an die etablierten Regeln erinnert, konstituiert den Prototyp« dieser Form alltäglicher Interessenvermittlung (ebd.: 173; Übers. d. Verf.).

Die alltägliche Repräsentationstätigkeit der VertreterInnen impliziert freilich auch Prozeduren entlang der vorgesehenen institutionellen Logik (Teilnahme an regelmäßigen Gesprächsrunden, Ausübung der Mitbestimmungsrechte etc.), deckt sich jedoch keineswegs mit diesen oder erschöpft sich gar darin. »Im Gegenteil, die Institutionen sind eingeschlossen in einer [Repräsentations-]Logik, die über sie hinausgeht und diese relativiert« (Dufour/Hege 2002: 169; Übers. d. Verf.). Dufour/Hege vertreten sogar die zugespitzte These, wonach »die Informalität einen umso größeren Platz einnimmt, je solider die Repräsentantengruppen in ihren Rollen verankert sind« (ebd.: 179; Übers. d. Verf.). Nicht die Institutionen konstituieren die Notwendigkeiten und Logiken der Repräsentationstätigkeit, sondern es existiert eine umgekehrte Logik: Die Institutionen werden selbst gemessen und bewertet anhand der Frage, ob sie ausreichende Hilfestellung leisten angesichts der spezifischen betrieblichen Repräsentationsanforderungen.

Das alltägliche informelle Vertretungshandeln beschränkt sich weder auf den Kreis der offiziell gewählten RepräsentantInnen noch ist es auf die institutionell vorgegebenen Themenbereiche beschränkt. Häufig eilt vielmehr die informelle Praxis der formalen Wahl voraus: Jemand, der wiederholt als legitimer Repräsentant im betrieblichen Alltag auftritt, wird irgendwann auch offiziell in den institutionellen Kader gewählt.

»Die Repräsentanten sind oft Repräsentanten geworden, bevor sie die institutionellen Weihen erhielten. Die repräsentative Funktion wird sozial sanktioniert, bevor sie institutionell sanktioniert wird – und sie bemächtigt sich eher ihres Mandanten als er sich umgekehrt dieser Funktion bemächtigt« (ebd.: 175; Übers. d. Verf.).

Es ist zudem ein Kennzeichen funktionierender Repräsentationsbeziehungen, dass sich die Beschäftigten systematisch auch mit Fragen und Problemen an ihre RepräsentantInnen wenden, die den professionellen Rahmen sprengen. Erneut sprengt die Praxis den offiziellen Rahmen. Themen können etwa private Problemlagen sein oder auch Sachverhalte, die »nirgends in den einschlägigen Gesetzestexten vorgesehen sind« (ebd.: 174; Übers. d. Verf.). Freilich müssen die RepräsentantInnen stets eine Selektion in ihrer Repräsentationsarbeit treffen, welche Fragestellungen ihnen als relevant erscheinen. Diese Selektion folgt allerdings typischerweise ebenfalls nicht rechtlichen Vorgaben, sondern der spezifischen historisch sowie lokal etablierten Repräsentationslogik.

Die Erkenntnis, wonach institutionelle Regeln und konkrete Akteurspraktiken deutlich differieren, impliziert nicht, dass gesetzlichen Regelungen keinerlei Bedeutung zukäme. *Welche* Bedeutung sie jedoch in der Praxis besitzen, dies leitet sich aus den lokal etablierten Repräsentationslogiken ab – nicht umgekehrt. Als Bespiel hierfür können etwa die offiziellen Vertreterwahlen dienen. Die demokratischen Wahlprozeduren spielen typischerweise durchaus eine wichtige Rolle als »Nachweis für Demokratie«. Sie bieten »die Gelegenheit für die Beschäftigten, ihre Meinung über die verfolgten Politiken abzugeben und ihre Erwartungen auszudrücken bezüglich zukünftiger Weichenstellungen (choix)« (Dufour/Hege 2002: 206; Übers. d. Verf.). Dennoch sind die offiziellen Wahlen nicht als *die* zentrale Quelle von Legitimität der betrieblichen Vertretungsinstitutionen zu betrachten, sondern eher als eine von vielen Gelegenheiten, anlässlich der die Belegschaft ihre Unterstützung (oder Distanz) gegenüber ihren RepräsentantInnen ausdrücken kann. Dufour/Hege relativieren deren Rolle zudem, indem sie auf die Vorstrukturierung der Wahlen durch gegebene Macht- und Repräsentationsverhältnisse verweisen. Im Anschluss an Manin (1995) definieren sie Wahlen als einen Prozess der »Einwilligung« der WählerInnen gegenüber »der Macht, die die Initiative ergreift, ein bestimmtes Set von Wahlmöglichkeiten« anzubieten (Dufour/Hege 2002: 177; Übers. d. Verf.). Zur Konstituierung einer realen Repräsentationsbeziehung reicht eine solche eher passive Einwilligung bei weitem nicht aus. Notwendig sind vielmehr eine Vielzahl »sowohl praktischer wie auch symbolischer Akte: Gewerkschaftsmitgliedschaft, demonstrative Praktiken, Streiks, die Produktion von Zeichen der Gruppenmitgliedschaft etc. Die Panoplie möglicher Mittel ist unbegrenzt. Unter theoretischer Perspektive lassen sich diese Bekräftigungen der Repräsentativität, adressiert von den Repräsentierten an die Repräsentanten, als Operationen der ›Gegengabe‹ auffassen: Ohne sie verarmt die repräsentative Austauschbeziehung bis sie schließlich verschwindet« (ebd.: 178; Übers. d. Verf.).

Im besten Fall konstituiert sich innerbetriebliches Repräsentationshandeln somit als eine Art Emergenz legitimer RepräsentantInnen im Rahmen alltäglicher Repräsentationsbeziehungen. Die offiziellen Wahlen stellen dann lediglich eine Art sekundären Prozess im Sinne der formalen Sanktionierung bereits existenter Verhältnisse dar. Die institutionellen Regelungen geben die Form, wo der Inhalt bereits vorhanden ist. Die im Rahmen sozialer Auswahl- und Selektionsprozesse konstituierten RepräsentantInnen bemächtigen sich somit (im besten Fall) eher der vorgegebenen Institutionen und nutzen diese im Rahmen ihrer eigenen Vertretungslogik. Und es ist nicht umgekehrt die institutionell vorgegebene Systemlogik, die einen entscheidenden Einfluss auf das Repräsentationshandeln ausübt.

Die *représentation au quotidien* ist auch das wesentliche Kriterium für die »repräsentative Leistungsfähigkeit« (performance représentative) (ebd.: 180) eines Vertretungsgremiums. Sie ist zentral für die »Konstruktion von Repräsentationsmacht« (ebd.: 191). Im Gegensatz zu Analysen, die zum Beispiel Professionalität und Expertentum als zunehmend wichtige Machtgrundlage von Belegschaftsvertretungen postulieren, verweisen Dufour/Hege nachdrücklich auf die unhintergehbar notwendige Basisorientierung und lokale Fundamentierung jeglicher Interessenvertretung von Beschäftigten.

»Die repräsentative Wirkungsmacht (efficacité) misst sich nicht an der Messlatte der Interventionskapazität spezialisierten Expertentums, sondern anhand der Fähigkeit der Repräsentanten eine enge Beziehung zu ihren Mandanten zu sichern (assurer des liens forts avec leurs mandants)« (ebd.: 191; Übers. d. Verf.).

Vertretungsmacht wird somit im Wesentlichen als ein enger Bezug zwischen InteressenvertreterInnen und betrieblicher Basis gedacht, als die Fähigkeit, »mit einem Fingerschnipsen 700 Personen dazu zu bewegen, mit der Arbeit aufzuhören« (ebd.: 198; Übers. d. Verf.) und als die intersubjektiv fraglos gültige Gewissheit, dass die RepräsentantInnen nicht nur institutionell, sondern real das Beschäftigtenkollektiv repräsentieren. Selbst die Inanspruchnahme gesetzlich verbriefter Vertretungsrechte mache, so die AutorInnen, nur dort Sinn, wo deren Einklagen offensichtlich von der Belegschaft unterstützt wird. Genauso werde der Erhalt von Informationen über die betriebliche Situation irrelevant, wenn diese nicht im Rahmen einer alltäglichen Repräsentationstätigkeit genutzt werden können.

2.2.2 Repräsentation als Ausdruck sozialer Gruppenbildung

Die Funktionsfähigkeit und die Einflussmacht betrieblicher Belegschaftsrepräsentation steht und fällt also mit der Fähigkeit zur *représentation au quotidien* und einem engen Belegschaftsbezug. Dies allein reicht jedoch nicht aus. Notwendig ist vielmehr ein schwieriger Balanceakt zwischen Nähe und Distanz, zwischen einem unmittelbaren und einem strategischen Bezug zur Belegschaft. Die RepräsentantInnen müssen einerseits egalitäre Mitglieder der Belegschaft sein und bleiben – zugleich aber auch fähig, sich von dieser zu distanzieren. Oder anders: Sie müssen zugleich Teil und nicht Teil der Belegschaft sein.[25] EinE

25 Dufour/Hege (2002: 184) verweisen auf Max Weber (1922), wenn sie betonen, dass eine repräsentative Beziehung zwischen einer Gruppe von Repräsentanten und ihren Mandanten auch eine gewisse Autonomie der Ersteren gegenüber den Letzteren einschließt.

gute InteressenvertreterIn muss in der Belegschaft als KollegIn akzeptiert sein und zugleich fähig, eine Dialogbeziehung zu unterhalten, die nicht immer spannungsfrei ist. Er oder sie ist nicht nur passives Sprachrohr der Belegschaft, sondern muss zentrale Belegschaftsinteressen auch selektieren, reinterpretieren und im Rahmen der betrieblichen Gegebenheiten vermittlungsfähig formulieren. Im Umkehrschluss erweist sich der oder die schwache RepräsentantIn, »als unfähig, den Entscheidungen der Gruppe, für die er gewählt ist, eine Richtung zu geben«. Er oder sie »erleidet die Widersprüchlichkeiten [seiner/ihrer Position], ohne dass er entweder zwischen den divergierenden Interessen eine Auswahl trifft (trancher entre les intérêts divergents) oder dass er eine Synthese findet, die es der Gruppe ermöglicht, sich zu formieren« (ebd.: 173; Übers. d. Verf.). Wichtig als Mittel zur Distanzierung von der Gruppe und zur Entwicklung repräsentativer Führungsqualitäten (leadership représentatif) ist nach Auffassung von Dufour/Hege die gewerkschaftliche Organisierung:

»Die lokale Repräsentationstätigkeit setzt tatsächlich voraus, dass die Mandatsträger sich von den unmittelbaren und widersprüchlichen Erfordernissen ihrer Basis distanzieren können. In allen vier Ländern sind, auf sehr unterschiedlichen Wegen, die solidesten Repräsentationsgruppen jene, die diese Möglichkeit besitzen, im Allgemeinen aufgrund ihres Engagements im gewerkschaftlichen Leben außerhalb wie innerhalb des Betriebs. Die Beziehung zur Gewerkschaft – wenn sie in positivem Sinne funktioniert – verschafft den lokalen Repräsentanten zusätzliche Legitimität, selbst wenn dies auf dem Weg scheinbar technischer Hilfestellungen geschieht und selbst wenn dies Widersprüche gegenüber ihrer Basis mit sich bringt. Die schwächsten Repräsentanten sehen sich nicht in der Lage, ihrer Basis etwas vorzuschlagen, was einen Bruch des Paktes unmittelbarer Nähe darzustellen scheint, der beide wechselseitig verbindet, und sie halten sich auf Distanz gegenüber gewerkschaftlichem Engagement« (Dufour/Hege 2002: 246; Übers. d. Verf.).

Die Fähigkeit zur alltäglichen Repräsentation von Beschäftigten sowie die Machtpotenziale einer Interessenvertretung hängen also letztlich davon ab, ob die RepräsentantInnen in der Lage sind, als autonomer Teil eines Kollektivs zu agieren. Es geht also in letzter Konsequenz um eine *spezifische Form sozialer Gruppenbildung* in der Belegschaft. Dufour/Hege prägen für die repräsentationsfähigen Kollektive den Begriff der sozialen Gruppe (groupe social) in Absetzung zur momentanen Gruppe (groupe momentané) oder auch zur physischen Gruppe (groupe physique). Letztere meint die betriebliche Belegschaft, wie sie sich zu einem bestimmten Zeitpunkt in ihren statistischen Merkmalen konkret erfassen lässt (Verhältnis Arbeiter/Angestellte, Frauen/Männer, Anzahl von Teilzeitbeschäftigten, LeiharbeiterInnen etc.). Die momentane Gruppe ist jedoch – gerade in Betrieben mit einer effizienten Repräsentationspraxis – gewöhnlich keineswegs identisch mit jener sozialen Gruppe, auf die das Repräsentationshandeln der Belegschaftsvertretung bezogen ist. Die soziale Gruppe ist vielmehr bis zu einem gewissen Grad unabhängig von Belegschaftsfluktuation und Veränderungen der Beschäftigtenstruktur. Sie hat tendenziell überzeitlichen und überindividuellen Charakter. Es handelt sich um eine Art historisch etablierte Konstruktion, die in das kollektive Bewusstsein der BeschäftigtenvertreterInnen eingeschrieben ist und keineswegs identisch ist mit dem physischen Kompositum aller Einzelindividuen. Die soziale Gruppe ist ein symbolisches Konstrukt, das sich im Laufe von Generationen betrieblichen Vertretungshandelns herausgebildet hat. Sie bezeichnet jene Schlüssel- oder Kerngruppe von Beschäftigten, auf die das Repräsentationshandeln systematisch bezogen war und ist. Als Fokus betrieblichen Repräsentationshandelns ist sie nicht nur das Zentrum, sondern auch die zentrale Selektionsinstanz dafür, welche Interessen als vertretungsrelevant gelten.[26]

Mit der Begrifflichkeit der überindividuell und überzeitlich gedachten sozialen Gruppe schließen Dufour/Hege explizit an das Konzept der »Selbsterhaltung der socialen Gruppe« von Simmel (1898) an.[27] Dementsprechend präsentiert sich die soziale Gruppe den Individuen als eine »objektive Realität«. Durch die Vergegenständlichung, ja sogar Fetischisierung der sozialen Gruppe als sinnstiftender Einheit gerät in Vergessenheit, dass diese letztlich aus den Qualitäten und Energien der Gruppenmitglieder besteht.

> »Das gewerkschaftliche Kollektiv von Arbeitern eines italienischen, deutschen, französischen oder englischen Betriebs versucht also eine Geschichte zu verlängern, die im Allgemeinen lange vor ihm selbst begonnen hat, ohne jedoch die tiefer liegenden Gründe dieser Solidaritätsverpflichtung tatsächlich zu durchdringen. Für unsere Analyse ist es essenziell zu verstehen, dass die Repräsentanten und Repräsentierten gemeinsam die ›lokale soziale Gruppe‹ formen und sich in gewisser Weise ihrer unwiderstehlichen Logik der Selbsterhaltung unterwerfen« (Dufour/Hege 2002: 197; Übers. d. Verf.).

Das Konzept der *représentation quotidien* stellt sich also – ergänzt um das Konzept der sozialen Gruppe – weniger als effizienter Bezug zwischen Beleg-

26 Dufour/Hege verweisen etwa darauf, dass zwar oft die Wahl von bestimmten Belegschaftsgruppen, zum Beispiel Frauen, jüngere Beschäftigte oder höher qualifizierte Angestellte, in die Vertretungskollektive bewusst gefördert und begrüßt wird; diese haben es jedoch im Anschluss an ihre Wahl häufig schwer, ihre Interessen als legitime Interessen ›der sozialen Gruppe‹ darzustellen. In ähnlicher Weise wurden die Interessen von Frauen in der Geschichte der Arbeiterbewegung häufig als irrelevante Partialinteressen ausgesondert, da bzw. insofern sie nicht mit den Interessen der prägenden ›sozialen Gruppe‹ männlicher qualifizierter Industriearbeiter übereinstimmten.

27 Theoriegeschichtlich verweisen Dufour/Hege auch auf Durkheim, der bereits betonte, das Ergebnis eines gelungenen Repräsentationsprozesses sei die Transformation einer Vielzahl individueller Meinungen in eine Gruppenmeinung. Dies sei wiederum die Basis für das Fortdauern der so konstituierten Gruppe.

schaftsvertretung und Basis dar, sondern als *die Fähigkeit zur Herausbildung einer kollektiven Identität, die RepräsentantInnen und Repräsentierte gleichermaßen einschließt.*[28] Die Fähigkeit zur Repräsentation einer Gruppe hängt somit letztlich ab von ihrem internen Zusammenhalt, der sich nur auf normativem Wege herstellen lässt. Institutionelle Rahmenbedingungen, wie etwa der staatliche Zwang zur Wahl von BelegschaftsvertreterInnen, können einen solchen Zusammenhalt nicht schaffen. Ebenso wenig konstituiert sich Repräsentationsfähigkeit und Vertretungsmacht etwa ›automatisch‹ durch eine vermeintliche strukturelle Interessengleichheit von Beschäftigten.[29] Nach Dufour/Hege (2002) bedarf es vielmehr stets identitärer Kerngruppen (groupes noyaux identitaires) oder auch eines identitären Zentrums (centre identitaire) (ebd.: 199ff.), um kollektive Werte und Normen zu etablieren und damit eine kollektive Handlungsfähigkeit zu konstituieren.

»Diese relevanten Gruppen (groupes pertinents) befinden sich im Zentrum der sozialen Gruppe: Ihr Überdauern (perennité) ist an deren Überleben gekoppelt. Sie sind daher ›natürlicherweise‹ der Überlieferung des identitären Erbes zugewandt, das den Unterpfand ihres eigenen Überlebens darstellt« (Dufour/Hege 2002: 201; Übers. d. Verf.).

Der Aufbau einer alltäglichen Repräsentationsfähigkeit, effizienter Repräsentationsmacht sowie kollektiver Handlungsfähigkeit hängt also zentral mit der Fähigkeit zur Konstruktion einer kollektiven Identität durch relevante identitäre Kerngruppen zusammen.[30]

An anderer Stelle haben Dufour/Hege (2005) ausgeführt, dass sich nicht nur die Repräsentationsprozesse im Betrieb, sondern auch die Geschichte nationaler Syndikalismen als eine Geschichte der sozialen Gruppenbildung lesen lässt. Dabei kam es länderspezifisch zu unterschiedlichen Interessen-

28 Vgl. Dufour/Hege (2002: 244): »Die Repräsentation ist ein kollektiver Akt, der gleichzeitig die Individuen engagiert, die vorgeben, sie auszuüben (die Repräsentanten) und die Gruppen, die vorgeben davon zu profitieren (die Repräsentierten) innerhalb von Beziehungen, die sie wechselseitig transformieren« (Übers. d. Verf.).

29 Das Konzept setzt sich dezidiert von Vorstellungen ab, wonach die Übereinstimmung objektiver Interessenlagen gleichsam spontan zu einer kollektiven Handlungsfähigkeit führt (vgl. Dufour/Hege 2002: 203). Etwas unverständlich bleibt allerdings, weshalb die AutorInnen an keiner Stelle diskutieren, dass gemeinsame Interessen möglicherweise eine Grundlage der kollektiven Identitätsbildung sein könnten.

30 Dufour/Hege verweisen auch darauf, dass die Fähigkeit zur Entwicklung einer kollektiven Identität empirisch eng mit der gewerkschaftlichen Organisierung der sozialen Kerngruppen verknüpft ist. Der institutionelle Rahmen der Gewerkschaftsmitgliedschaft ist jedoch ebenfalls als eher unspezifisches Label zu verstehen, innerhalb dessen sich eine Vielzahl differenter Praktiken und Normsetzungen finden lassen. Zwar ist der Verweis auf den allgemeinen Wertekanon einer bestimmten Gewerkschaftsorganisation durchaus sinn- und kollektivitätsstiftend, die konkrete gewerkschaftliche Praxis gehorcht jedoch primär einer historisch etablierten lokalen Logik.

kompromissen zwischen verschiedenen Beschäftigtengruppen. Typisch sind allerdings generell sehr ungleiche Möglichkeiten der Einflussnahme auf den gewerkschaftlich formulierten Werte-, Normen- und Interessenkanon. Während die *groupes moteurs* (vor allem die qualifizierten männlichen Industriearbeiter) die Gewerkschaftsbewegungen zentral in ihrer kollektiven Identität prägten, nahmen Gruppen mit einer sozial weniger starken kollektiven Identität (etwa weibliche Arbeitskräfte oder Teilzeitarbeitende) eine periphere Position in den nationalen Gewerkschaftsbewegungen ein. Auch hier gilt: Die Durchsetzungsmacht bestimmter Beschäftigtengruppen hängt eng mit ihrer Fähigkeit zur normativen Integration und sozialen Gruppenbildung zusammen, auf deren Grundlage eine *identité motrice* entstehen kann, das heißt eine Identität, die zum Motor gemeinsamen Handelns wird.[31]

Ein solches Konzept, das die Herausbildung einer kollektiven Identität bestimmter Kerngruppen der Arbeiterschaft zur Grundlage national spezifischer Gewerkschaftsorganisationen erklärt, setzt sich deutlich von marxistischen Klassenkonzepten ab.[32] Deren Einfluss als wirkungsmächtige Interpretationsfolie innerhalb der Arbeiterbewegung wird nichtsdestotrotz zugegeben (vgl. Dufour/Hege 2005: 17). Es ermöglicht jedoch nicht nur ein gutes Verständnis der peripheren Stellung prekärer Beschäftigtengruppen im Rahmen der meisten gewerkschaftlichen Traditionen, sondern in der Konsequenz auch einen spezifischen Blick auf die aktuelle Krise der Gewerkschaften. Diese lässt sich (auch) als eine Krise der sozialen Gruppenbildung interpretieren, bzw. der Schrumpfung und Auflösung angestammter sozialer Kerngruppen der Gewerkschaften. Das traditionelle Modell gewerkschaftlicher Integration basierte auf der Identitätskonstruktion männlicher Normalarbeit und war an einem gesicherten Lohnarbeiterstatus orientiert. Es funktionierte so lange, wie es Anziehungskraft besaß für eine wachsende bzw. ausreichend große Menge an LohnarbeiterInnen, die von diesem Modell erfasst wurden oder es legitimerweise anstreben konnten. Dies gilt jedoch immer weniger. Eine wachsende Zahl von Beschäftigten ist gezwungen, ihre Arbeitskraft »ohne Status« (ebd.) und jenseits der etablierten Standards des Normalarbeitsverhältnisses zu ver-

31 Für die französischen Verhältnisse hat auch Segrestin (1980) diesen Gedanken ausgeführt; für die Beschreibung der englischen Herausbildung der Lohnarbeiterschaft verweisen Dufour/Hege wiederholt auf Thompson (1988).

32 An die Stelle der marxistischen Idee einer *einzigen* Arbeiterklasse, die sich im Rahmen kollektiver Identitätsfindung von der Klasse an sich zur Klasse für sich entwickelt, würden Dufour/Hege eher von identitären Kerngruppen der Arbeiterschaft (zum Beispiel männliche, weiße Facharbeiter) sprechen, denen es historisch gelungen ist, eine ausgeprägte kollektive Identität zu entwickeln. Durch ihre homogene Gruppenbildung gelang es ihnen, die marxistische Idee einer vermeintlich einheitlichen Arbeiterklasse für ihre spezifischen Ziele zu instrumentalisieren und zu nutzen.

ausgaben. Die »Dualisierung des Arbeitsmarktes« (vgl. auch Lefresne 2007) destabilisiert die angestammten Formen gewerkschaftlicher Inklusion und Reproduktion. Das traditionelle Modell von Gewerkschaftspolitik gerät an seine Grenzen und ist von Erschöpfung bedroht (vgl. Dufour/Hege 2006b). »Anders als in den meisten Phasen seiner Geschichte kann es nicht mehr auf eine natürliche Anhängerschaft zählen, die sich allein durch die Integration der Beschäftigten in das Berufsleben ergibt« (Dufour/Hege 2005: 20; Übers. d. Verf.). Eine gewerkschaftliche Erneuerung wird es allerdings nicht geben, wenn die Gewerkschaftsorganisationen weiterhin – oft implizit – von den neuen Beschäftigtengruppen verlangen, auf Teile ihrer Identität zu verzichten, um diese passfähig zu machen für tradierte Organisationsmuster. Die Zukunftsaufgabe der Gewerkschaften besteht vielmehr in einer Öffnung gegenüber den Identitäten neuer Beschäftigtengruppen. Es geht um die Fähigkeit, Pluralität und Divergenz im Bereich innergewerkschaftlicher Normbildung auszuhalten und zu integrieren (vgl. Hege/Dufour 2002: 247f.).

2.2.3 Stärken und Probleme des Ansatzes

Der Ansatz von Dufour/Hege fragt primär danach, wie und warum es in manchen Betrieben zu einer handlungsfähigen Belegschaftsrepräsentation kommt – in anderen hingegen nicht. Der Begriff der Repräsentation steht im Zentrum des Ansatzes. Repräsentationsmacht wird assoziiert mit dem Vorhandensein einer normativ integrierten sozialen Gruppe, die in glaubwürdiger Weise vertreten werden kann. Die Existenz wechselseitig geteilter kollektiver Normen ist die Grundvoraussetzung für die Möglichkeit legitimer Repräsentationsbeziehungen und die Basis für Vertretungsmacht. Dies gilt international und jenseits national divergenter rechtlicher Regelungen. Informellen, alltäglichen Prozessen der Belegschaftsrepräsentation, die sich ebenfalls häufig jenseits institutioneller Regelungen bewegen, wird besondere Aufmerksamkeit geschenkt. In der Konsequenz plädieren Dufour/Hege für eine systematische methodische Verlagerung der Analyse – auch international vergleichender Studien – von der Ebene institutioneller Systeme auf die soziologischen Prozesse von Repräsentations- und Gruppenhandeln.[33] Es geht um eine kompara-

33 Vgl. Dufour/Hege (2001: 168): »Wir sind der Ansicht, dass man die Hypothese, wonach die nationalen Rahmenbedingungen (cadres) die lokalen Repräsentationspraktiken prägen, diese organisieren und formatieren, ersetzen kann durch eine andere Hypothese, der zufolge die lokalen Repräsentationspraktiken sich nicht in den vorgeschriebenen Normen und Strukturen erschöpfen. […] Es handelt sich nicht mehr darum, einen Vergleich zwischen offiziellen Normen anzustellen […] und die lokalen Repräsentationspraktiken als die Realisierung eines Szenarios zu betrachten, das außerhalb des Betriebs geschrieben wurde, sondern es handelt

tive Analyse konkreter lokaler Akteurspraktiken, die sich zunächst auf einer institutionenneutralen Vergleichsebene bewegt. Im Rahmen eines solchen Ansatzes *relativieren sich nicht nur länderspezifische institutionelle Differenzen, sondern auch unterschiedliche Grade der Institutionalisierung* (das heißt das Ausmaß, in dem formale gesetzliche Regelungen konkret umgesetzt werden). Für den hier beabsichtigten deutsch-französischen Vergleich speziell solcher betrieblicher Repräsentationssituationen, die sich durch einen schwachen Institutionalisierungsgrad auszeichnen, bietet dieser Ansatz beträchtliche Vorteile.

Obwohl der Ansatz von Dufour/Hege ausschließlich im Rahmen empirischer Untersuchungen von Betrieben mit institutionalisierten Interessenvertretungen entwickelt wurde, lässt sich mit ihm recht einfach und treffend auch die Situation in Betrieben ohne bzw. mit lückenhaften Interessenvertretungen in den Blick nehmen.

»Die Differenz besteht nicht zwischen den Betrieben, in denen Institutionen existieren und Standorten, wo sie nicht existieren, sondern zwischen denen, wo es Repräsentanten gibt mit einer Interventionskapazität und jenen, wo diese Interventionskapazität nicht existiert. Dieser Vorschlag, der innerhalb jedes einzelnen Landes valide ist, verliert seinen Sinn nicht, wenn man ihn im Rahmen des internationalen Vergleichs benutzt, ganz im Gegenteil« (Hege/Dufour 2002: 189; Übers. d. Verf.).

Die Situation in Betrieben ohne oder mit lückenhaften Repräsentationsinstitutionen lässt sich insofern recht einfach als Negativfolie von Unternehmen mit ›effektiver Repräsentationskapazität‹ beschreiben. In der Lesart von Dufour/Hege bleibt es letztlich gleich, ob in einem Betrieb ein »intaktes institutionelles Gebäude« der Interessenrepräsentation existiert, »das keine Repräsentationskapazität generiert« (ebd.: 199; Übers. d. Verf.), oder ob die formalen Institutionen gänzlich fehlen. Im einen wie im anderen Fall gibt es keine RepräsentantInnen, die über die Unterstützung der Belegschaft verfügen; sie besitzen keine Legitimität in ihrem Repräsentationshandeln und daher auch keine innerbetriebliche Durchsetzungsmacht. Die nur formalen RepräsentantInnen sind mit ihrem Amt, für das keine »Nachfrage« existiert und dessen Existenz daher letztlich unerheblich ist, letztlich allein gelassen. Dabei merken Dufour/Hege (2002: 188) explizit an, dass sich diese Situation – nur formale Existenz oder auch Nicht-Existenz einer Interessenvertretung – auch dadurch ergeben kann, dass »die Repräsentationsnachfrage« mögliche RepräsentantInnen nicht oder kaum erreicht. Dies kann auch die Folge bewusster Repressions- und Vermeidungsstrategien der Geschäftsleitung sein (ebd.).

---

sich darum, sich für die lokalen Praktiken zu interessieren und hier die Grundlagen eines Vergleichs von Repräsentationssituationen zu suchen – sowohl auf intra- wie auf internationaler Ebene« (Übers. d. Verf.).

In der vorliegenden Studie soll grundsätzlich dem Vorschlag von Dufour/Hege gefolgt werden, die empirische Analyse deutscher sowie französischer Repräsentationssituationen zunächst institutionenunabhängig anzulegen. Die formale institutionelle Konfiguration wird lediglich als eines von mehreren, und nicht unbedingt als das prägendste Merkmal der konkreten Prozesse betrieblichen Interessenhandelns aufgefasst. Jenseits davon, ob und welche formalen Institutionen in den einzelnen Betrieben existieren, *soll primär danach gefragt werden, ob und welche realen Prozesse der Interessenvertretung* existieren, in denen eine tatsächliche Interventionsfähigkeit und Handlungsmacht von Beschäftigten und/oder ihren VertreterInnen zum Ausdruck kommt. Im Zentrum der Analyse steht die *Institutionenpraxis* (vgl. Kapitel I.3.2.3). Auch der gruppensoziologische Blick auf die normativen Integrationsprozesse innerhalb der Belegschaft wird als wichtige Schärfung der Analyseperspektive verstanden (vgl. Kapitel I.3.2.1). Allerdings scheinen dem Ansatz der *représentation au quotidien* auch einige Schwachstellen, Verkürzungen und blinde Flecke der Analyse zu eigen zu sein, die im Folgenden kurz thematisiert werden sollen. Dabei geht es insbesondere um drei Kritikpunkte:

1.) Die Fokussierung des Ansatzes auf Repräsentationshandeln jenseits formalisierter Strukturen wird der betrieblichen Realität im Rahmen länderspezifisch differenter institutioneller Modelle in unterschiedlichem Maße gerecht. Im Folgenden soll belegt werden, dass der Ansatz implizit *einige spezifische Charakteristika des französischen Vertretungsmodells als allgemeingültige Charakteristika theoretisiert und damit die institutionell verankerten nationalen Eigenlogiken betrieblicher Interessenrepräsentation tendenziell unterschätzt.* Die folgenden Anmerkungen sind keineswegs als grundlegender Einwand gegen die theoretische Gesamtausrichtung des Konzepts zu verstehen, jedoch als Plädoyer für gewisse Modifikationen und Ergänzungen.

Um Missverständnisse zu vermeiden: Es soll keineswegs bestritten werden, dass die normative Integration von Beschäftigten und Belegschaftsvertretungen als Machtgrundlage für betriebliche Interessenpolitik international wichtig ist. Die *ausschließliche* Betonung des Basisbezugs als singuläre Machtquelle von Belegschaftsvertretungen mag allerdings zwar für monistische Vertretungssysteme typisch sein, und auch das französische System zeichnet sich durch seinen starken Bezug auf Belegschaftsmobilisierungen als strategische Machtquelle aus, dem deutschen Institutionensystem, mit seinen im internationalen Vergleich singulär ›harten‹ Mitbestimmungsrechten bei gleichzeitiger betrieblicher Friedenspflicht, wird diese Sichtweise jedoch nur bedingt gerecht. Adäquater scheint hier die angestammte Konzeption von Primärmacht (im Sinne von Beschäftigtenmobilisierung) und Sekundärmacht (gesetzliche Rechte) (vgl. Jürgens 1984), wie es in der deutschen Soziologie industrieller Beziehungen seit langem etabliert ist. Dies bedeutet nicht, dass die Konzeption der *représentation au quotidien* nicht tragfähig wäre für deutsche Verhältnisse: Ein fehlender strategischer Bezug auf eine konfliktfähige, normativ integrierte Belegschaft schwächt auch den deutschen Betriebsrat nachhaltig. Und das fehlende Streikrecht des Betriebsrats ist freilich nicht gleichbedeutend mit Irrelevanz von Belegschaftsmobilisierungen in der Praxis. Dennoch ist die betriebliche Vertretungspraxis in Deutschland insgesamt deutlich stärker ›verrechtlicht‹. Wenn Dufour/Hege daher einen mangelhaften Belegschaftsbezug von RepräsentantInnen gleichsetzen mit dem Fehlen jeglicher Interventionskapazität, scheint dies insbesondere für den deutschen Kontext überzogen.

Um die Kritik noch etwas genereller zu formulieren: Entsprechend dem Ansatz von Dufour/Hege ist davon auszugehen, dass die konkrete Nutzung und machtpolitische Wirksamkeit gesetzlich gewährter Rechte stets in hohem Maße von den lokal etablierten Repräsentationskulturen und den spezifischen betrieblichen Beziehungen zwischen Belegschaften und ihren VertreterInnen abhängt. Dies ist sicherlich richtig. Dennoch ist zugleich zu betonen, dass die – länderspezifische – Qualität geltender gesetzlicher Regelungen nicht komplett indifferent ist für die Möglichkeiten betrieblicher Vertretungspraxis. Vielmehr ist davon auszugehen, dass die national spezifische Beschaffenheit der Institutionen auch einen Einfluss darauf hat, welche Rolle allgemein Gesetze als Machtmittel im Rahmen betrieblicher Vertretungsstrategien spielen. Hinzu kommen länderspezifisch (und nicht nur lokal) differente Kulturen im Umgang mit Gesetzen und arbeitsrechtlichen Vorschriften. Es ist daher davon auszugehen, dass die explizite Bezugnahme von InteressenvertreterInnen auf formale Institutionenregeln national unterschiedlichen Sinn macht – je nachdem, wie diese Regeln gestaltet sind und wie die landesweite ›Verrechtlichungskultur‹ ist. So korreliert etwa nach Dufour/Hege (2002) eine ausgeprägte Informalität des Interessenhandelns in der Regel mit einer relativen Stärke der RepräsentantInnen; ein Hang zum Formalismus wird hingegen eher schwachen Repräsentationsgremien zugesprochen. Es wird tendenziell unterstellt, dass starke RepräsentantInnen nicht auf ihre Rechte pochen müssen, da ihr Rückhalt in der Belegschaft bekannt und ihre Durchsetzungsmacht daher im Unternehmen fraglos anerkannt ist. Unter deutschen institutionellen Rahmenbedingungen ist allerdings gerade für konfliktorische oder interessenorientierte Interaktionsmuster zwischen Betriebsrat und Management häufig ein gewisser Formalismus im wechselseitigen Umgang und der permanente Rekurs auf Mitbestimmungsrechte relativ typisch (vgl. Bosch u.a. 1999). Gerade relativ starke Betriebsräte mit engem Belegschaftsbezug und erheblicher betrieblicher Durchsetzungsmacht machen also auch intensiv von ihrer Sekundärmacht

Gebrauch. Die Tendenz zum informellen Abweichen von formell zugestandenen Rechten ist hingegen eher für schwache Betriebsräte typisch.

Vor dem Hintergrund des deutschen Institutionensystems ist schließlich auch die These von Dufour/Hege zu relativieren, wonach eine funktionierende alltägliche Repräsentationspraxis *nur* auf der Basis einer gleichzeitig egalitären wie autonomen Positionierung der RepräsentantInnen gegenüber dem Beschäftigtenkollektiv erreicht werden kann. Hier scheint möglicherweise ein Stück weit die französische Norm auf, wonach einE guteR RepräsentantIn sich nie grundlegend von der Basis entfernen sollte – etwa in der Form einer kompletten Freistellung für seine Vertretungstätigkeit. Die stark ausgeprägte Orientierung an basisdemokratischen Normen kommt etwa auch darin zum Ausdruck, dass im Konzept der *représentation au quotidien* der Begriff der Repräsentation generell im Mittelpunkt steht – im Sinne einer Delegation von Vertretungskompetenz von unten nach oben. Die deutsche Soziologie industrieller Beziehungen spricht in ihren Analysen hingegen typischerweise von Interessenvertretung – im Sinne eines stellvertretenden Handelns für andere. Durchaus homolog zeichnet sich der deutsche Betriebsrat, das gesetzliche System der Mitbestimmung wie auch die deutsche Gewerkschafts- und Mitbestimmungskultur durch eine deutlich stärkere Betonung professioneller Stellvertreterpolitik aus (vgl. Kapitel II.3.4). Die Freistellung eines oder mehrerer hauptamtlicher Betriebsräte konstituiert ab einer Betriebsgröße von 200 Beschäftigten die in Deutschland kaum problematisierte Normalität. Es ist nicht die Ausnahme, sondern die Regel, dass eine kleine Kerngruppe professionalisierter InteressenvertreterInnen die Vertretungsarbeit stark prägt und sich in ihrer beruflichen Position und Tätigkeit damit von den KollegInnen systematisch distanziert. Anders als im Rahmen zumindest traditioneller gewerkschaftlicher Orientierungsmuster in Frankreich ist die Professionalisierung als hauptamtlicher Betriebsrat in Deutschland durchaus ein legitimes individuelles Konzept einer betrieblichen Alternativkarriere.

Zusammenfassend lässt sich der Ansatz der *représentation au quotidien* also dahingehend kritisieren, dass er in seinem universalistischen Erklärungsanspruch etwas übertreibt, wonach die Prozesse der Formierung sozialer Gruppen *immer* die primäre Basis betrieblichen Repräsentationshandelns darstellen – egal wie die institutionellen, politischen und kulturellen Rahmenbedingungen beschaffen sein mögen. In welchem Ausmaß dies der Fall ist, hat vielmehr auch mit der Qualität der gültigen Institutionenregeln und den nationalen Institutionenkulturen zu tun. Im Folgenden wird dementsprechend für eine moderate und ergänzte Anwendung seiner Grundideen plädiert (vgl. Kapitel I.3).

2.) Die Frontstellung, die der Ansatz der *représentation au quotidien* gegenüber institutionalistischen Positionen bezieht, führt letztlich zu einer Überbetonung von ›Handlung‹ gegenüber ›Struktur‹ und wird damit dem dialektischen Verhältnis von Institution und Institutionenpraxis nicht gerecht. Damit einher geht eine gewisse voluntaristische Überbetonung der Strukturunabhängigkeit von Akteurshandeln sowie eine Unterbewertung strukturierender Rahmenbedingungen. So betonen Dufour/Hege in ihren Ausführungen etwa wiederholt, dass die ›konkrete Praxis‹ wichtiger sei als die formalen Regelungen. Im Folgenden wird dagegen ein Ansatz präferiert, der systematisch versucht, Institutionenregeln und institutionelle Praktiken in ihrem wechselseitigen Zusammenhang zu analysieren (vgl. Kapitel I.3.2.3). Es wird also davon ausgegangen, dass nicht nur die Prozesse sozialer Gruppenbildung, sondern auch die formalen Institutionenregeln die konkrete Akteurspraxis prägen – so wie umgekehrt formale Regelungen durch abweichende Akteurspraktiken verändert werden können. Eine solche Sichtweise impliziert etwa die Auffassung, wonach selbst vergleichsweise schwache Rechte nicht völlig folgenlos sind für die konkrete Praxis. Und selbst wenn bestehende Vertretungsrechte in der Praxis nicht wahrgenommen werden, ist ihre Existenz und Gültigkeit als jederzeit aktualisierbare Machtressource relevant. In Abgrenzung von Dufour/Hege wird im Folgenden also unterstellt, dass konkrete Akteurspraktiken stets auch auf institutionelle Rahmenbedingungen bezogen und nicht unabhängig von diesen denkbar sind.

3.) So stark der Ansatz der *représentation au quotidien* bei der Betrachtung vertikaler Prozesse der sozialen Gruppenbildung unter den Beschäftigten ist, so schwach ist er im Hinblick auf die Analyse horizontaler Austauschbeziehungen zwischen Management und Belegschaft. Durch die Fokussierung auf die soziale Gruppenbildung unter den Beschäftigten geraten die Interaktionen zwischen Beschäftigten und Management tendenziell außer Blick. Die Beschreibungen von Dufour/Hege bleiben eigentümlich blass, was die Kontakte zwischen Belegschaftsvertretungen und Geschäftsleitungen betrifft. Allgemein wird unterstellt, dass die betriebliche Realität sicherlich Anlass zu diversen Konflikten zwischen Beschäftigten und betrieblicher Hierarchie gibt. Explizit taucht das Management im Rahmen des Ansatzes jedoch nahezu ausschließlich im Zusammenhang mit der Frage auf, ob die VertreterInnen in den Augen des Managements Legitimität beanspruchen können und somit in ihrer Vertretungstätigkeit ernst genommen werden. In einer etwas späteren Studie (Dufour u.a. 2004; vgl. auch Dufour/Hege 2006a) haben die AutorInnen immerhin zwei Typen von Unternehmern unterschieden, nämlich die »Sozialverwalter« und die »sozial engagierten« Unternehmer (Dufour/Hege 2006a). Der Typus von Managementhandeln korreliert demnach teilweise mit der betrieblichen

Stellung der ManagerInnen (InhaberIn/Personalleitung/Geschäftsführung), der Betriebsgröße sowie der institutionellen Form der Interessenvertretung (unvollständige/lückenhafte Institutionalisierung). Die grobe Zweiteilung möglicher Managementpolitik gegenüber betrieblichen Interessenvertretungen scheint allerdings freilich etwa unterkomplex, um die mögliche Varianz innerbetrieblicher Austauschbeziehungen abzubilden. Wenn Dufour/Hege die lokal etablierten Logiken der Repräsentationspraxis vor allem auf die Prozesse sozialer Gruppenbildung im Kontext strukturierender Rahmenbedingungen zurückführen, so wird damit die Bedeutung der ›horizontalen Interaktionsachse‹ zwischen Management und Belegschaftsvertretung eindeutig unterbewertet.[34] Es impliziert des Weiteren eine nahezu komplette Vernachlässigung managementinterner Differenzierungs- und Interaktionsprozesse, die in ihren Auswirkungen auf betriebliches Interessenhandeln nicht zu unterschätzen sind.

2.3 Resümee

Sowohl die *analyse sociétal* als auch der Ansatz der *représentation au quotidien* haben starke Argumente vorgebracht, weshalb ein internationaler Vergleich sich nicht auf eine Analyse von Institutionenregeln oder gar die statistische Messung der Ausprägung vermeintlich transnational identischer Institutionen beschränken kann.

Die *analyse sociétal* macht das Argument stark, wonach Institutionen als interaktiv konstruierte Beziehungskomplexe (rapports) nur in ihrem spezifischen gesellschaftlichen Zusammenhang verständlich sind. Ein Ernstnehmen dieser Argumentation der ›Unvergleichbarkeit von Institutionen‹ bedeutet nicht, fürderhin auf jeglichen Versuch des internationalen Institutionenvergleichs zu verzichten. Es impliziert jedoch die Forderung nach einer erhöhten Reflexivität der national spezifischen Bedeutung von Institutionen, die nur im Rahmen des institutionellen und kulturellen Gesamtkontextes adäquat zu begreifen ist. Es geht um das Bewusstsein, wonach ein internationaler Institutionenvergleich stets *qualitativ differente* Verhältnisse in Beziehung setzt. Eine systematische und

34 Möglicherweise spiegeln sich in einer solchen theoretischen Konzeption erneut gewisse länderspezifische Charakteristika. Während dem typisch französischen *Patron* gewöhnlich eine generell ablehnende Haltung gegenüber betrieblicher Interessenvertretung unterstellt wird und deren Anerkennung daher grundsätzlich erzwungen werden muss, existiert in Deutschland – auch angesichts des deutschen Systems der Mitbestimmung – möglicherweise ein größeres Spektrum differenter Managementpraktiken, die daher auch eine stärkere Differenzierungswirkung auf die innerbetrieblichen Austauschbeziehungen haben mögen.

permanente Reflexion der jeweiligen gesellschaftlichen Einbettung von institutionellen Regeln und Praktiken ist daher geboten.

Der Ansatz der *représentation au quotidien* ist geeignet, die Selbstverständlichkeit, mit der ein internationaler Vergleich derzeit häufig in erster Linie als institutioneller Vergleich konzipiert wird, grundlegend zu hinterfragen. Für das Beispiel betrieblicher Belegschaftsrepräsentation macht er deutlich, dass die Akteurspraktiken sich häufig jenseits formaler Institutionenregeln bewegen und auf diese nur vermittelt bezogen ist. Komparatistische Ansätze, die auf den internationalen Vergleich von Institutionensystemen zielen, seien daher »eine methodologische Sackgasse« (Dufour/Hege 2002: 17; Übers. d. Verf.). Für den Gegenstandsbereich betrieblicher Interessenvertretung wird nachdrücklich die These vertreten, dass die Differenz betrieblicher Verhältnisse – sowohl in nationaler als auch in internationaler Perspektive – weniger durch differente institutionelle Regelungen zu erklären sei. Vielmehr existiere generell ein enger Zusammenhang zwischen den Prozessen normativer Integration sozialer Gruppen und der Entstehung effizienter Repräsentationskapazität. Dieser Zusammenhang gelte jenseits institutioneller Formen und unabhängig von nationalen Institutionensystemen. Auch der Ansatz der *représentation au quotidien* liefert einige wichtige Anregungen für die vorliegende Studie: Ihm folgend soll die Analyseperspektive zunächst grundlegend institutionenunabhängig angelegt werden. Im Fokus stehen institutionelle Praktiken – jenseits national differenter Institutionenregeln sowie differenter Institutionalisierungsgrade. Des Weiteren schärft er den Blick für den engen Zusammenhang zwischen Prozessen der normativen Gruppenbildung und den Möglichkeiten einer effizienten Repräsentationspraxis. Und schließlich ermöglicht er durch seine akteurszentrierte Analyseperspektive auch einen Blick auf Differenzierungen, die jenseits der Ebene nationaler Modelle angesiedelt sind, zum Beispiel auf der Ebene von Wirtschaftssegmenten. Indem die Differenz der Institutionensysteme nicht ex ante zu einem relevanten Unterscheidungskriterium erklärt wird, gerät nicht nur die Vielfalt möglicher Akteurspraktiken im Rahmen identischer Institutionensysteme in den Blick, sondern auch die möglichen Konstanten betrieblicher Interessenvertretung trotz institutioneller Unterschiede.

3 Das theoretische Konzept der Studie: Betriebliches Interessenhandeln in internationaler Perspektive

Der theoretische Rahmen der vorliegenden Studie profitiert in vielerlei Hinsicht von den vorab dargestellten Ansätzen des internationalen Institutionenvergleichs. Thema ist im Folgenden jedoch nicht ein allgemeiner Vergleich wirtschaftlicher Institutionen, wie etwa im Fall der *Varieties of Capitalism*. Die vorliegende Studie ist vielmehr – wie auch das Konzept der *représentation au quotidien* – auf einen internationalen Vergleich industrieller Beziehungen im Betrieb konzentriert. Im Analysefokus stehen zudem nicht (vermeintliche) Kernbereiche industrieller Beziehungen, in denen die national gültigen Institutionenregeln typischerweise angewandt werden. Es geht vielmehr um wirtschaftliche Segmente, die sich überwiegend durch eine defizitäre Institutionalisierung auszeichnen: periphere Mittelbetriebe und der prekäre Dienstleistungsbereich. Bezogen auf diese beiden Wirtschaftssegmente wird die Situation betrieblicher Interessenvertretung in zwei Ländern verglichen: Deutschland und Frankreich. Das theoretische Konzept der Studie muss diesem Gegenstandsbereich angemessen sein.

Grundlegend für die theoretische Ausrichtung der Studie ist ein Konzept, das aus der deutschen Soziologie industrieller Beziehungen stammt. Um dieses jedoch anschlussfähig zu machen für einen deutsch-französischen Vergleich betrieblicher Interessenvertretung, bedarf es einiger Anpassungsleistungen. Es handelt sich dabei um den interessentheoretischen Ansatz einer politischen Kultur innerbetrieblicher Austauschbeziehungen. Dessen zentrale Begrifflichkeiten werden im Folgenden kurz erläutert (Kapitel I.3.1). Der interessentheoretische Ansatz wurde ursprünglich entwickelt, um die Interaktionskultur zwischen Management und Betriebsrat in größeren deutschen Industriebetrieben zu analysieren. Aufgrund dieser recht eingeschränkten Fragestellung wurde das inhaltliche Potenzial des Ansatzes bislang nur unvollkommen ausgeschöpft. Für die Erforschung des Interessenhandelns in Betrieben ohne Betriebsrat oder mit lückenhaften Institutionen der Belegschaftsrepräsentation sowie als Analyserahmen eines internationalen Vergleichs betrieblichen Interessenhandelns bedarf der Ansatz einer gewissen Weiterentwicklung und Ergänzung (Kapitel I.3.2). Abschließend wird noch kurz auf den segmentierungstheoretischen Ansatz der Studie eingegangen. Aktuell lässt sich die Entwicklungsdynamik im Bereich industrieller Beziehungen als ein Prozess der Segmentierung beschreiben. Ehemals einheitlich(er) strukturierte nationale Modelle industrieller Beziehungen differenzieren sich zunehmend aus in eine Vielzahl von mehreren unterschiedlichen – wirtschaftssegmentspezifischen – Modellen. Ein internationaler Vergleich industrieller Beziehungen kann sich dementsprechend weniger denn je auf eine Gegenüberstellung relativ einheitlich gedachter nationaler Charakteristika beschränken, sondern muss nach der Institutionenpraxis in spezifischen Wirtschaftssegmenten fragen (Kapitel I.3.3).

3.1 Zentrale Begriffe des interessentheoretischen Ansatzes: Interesse, Kultur, Macht

Der im Folgenden verwendete interessentheoretische Zugang zur Analyse betrieblicher Arbeitsbeziehungen wurde vor allem in den achtziger Jahren in der Forschungsgruppe für Arbeits- und Industriesoziologie an der Universität Erlangen entwickelt.[35] Der interessentheoretische Ansatz (Schmidt/Trinczek 1999) oder auch das Konzept einer Kultur innerbetrieblicher Austauschbeziehungen (Bosch u.a. 1999) verknüpft zwei Theoriestränge, die auf den ersten Blick nicht viel gemeinsam zu haben scheinen: eine politökonomisch orientierte marxistische Interessentheorie und ein interaktionistisches Konzept mikropolitischer Aushandlung. Wie es zu einer Integration dieser beiden Theorietraditionen kommen konnte, erklärt sich durch die Entwicklungsgeschichte des Ansatzes:

»Um die Wende von den sechziger zu den siebziger Jahren« trafen zwei Faktoren zusammen, die »die Marx'sche Kritik der politischen Ökonomie zur ersten Pflichtlektüre für Industriesoziologen« machten (Deutschmann 2002: 20). Bei diesen beiden Faktoren handelte es sich zum einen um ein deutlich erhöhtes Konfliktniveau industrieller Beziehungen in der Form einer Welle von wilden Streiks, zum anderen um den Eintritt einer WissenschaftlerInnengeneration in die aktive Forschung, die im Zuge der kritischen StudentInnenbewegung sozialisiert worden war. In diesem Kontext wurden in Erlangen zwei Forschungsprojekte zur Untersuchung des Bewusstseins von Arbeitern und Angestellten in deutschen Industriebetrieben durchgeführt (Kudera u.a. 1979; Kudera u.a. 1983; Schmidt/Wentzke 1991), die als wichtige Prähistorie des hier diskutierten Konzepts innerbetrieblicher Austauschbeziehungen gelten können. In den beiden genannten, relativ frühen Studien stand ein marxistisch gedachter Interessenbegriff dezidiert im Mittelpunkt der Analyse – als eine Kategorie, die auf »die Stellung eines Akteurs im System gesellschaftlicher Produktion« verweist (Schmidt/Trinczek 1999: 187). Während andernorts jedoch zu diesem Zeitpunkt vergleichsweise reduktionistische Klassentheorien

35 Großen Anteil an der Entwicklung des Ansatzes hatten insbesondere Rudi Schmidt und Rainer Trinczek. Zu den theoretischen wie biografischen Hintergründen des Ansatzes vgl. Artus/Gergs 2004.

modern waren, die eine enge Kopplung zwischen ökonomischen Bedingungen und subjektiven Orientierungen postulierten, nahm die Erlanger Forschungstradition bereits in ihrer unmittelbar marxistischen Frühphase (auch) die Interpretationsleistungen der Subjekte ernst – zumindest ernst genug, um diese im Rahmen qualitativer Methoden detailliert zu rekonstruieren. Die dezidiert qualitative Ausrichtung der Forschungsmethoden ging darauf zurück, dass das Forschungsprojekt über das »gesellschaftliche und politische Bewusstsein von Arbeitern« in seiner Frühphase die Studie von Cicourel (1970) zum Thema soziologische Interviewtechniken für sich entdeckt hatte (Jaeger u.a. 1972: 17ff.); zudem lehrten am Erlanger Institut für Soziologie zeitgleich einige ausgewiesene Vertreter einer (damals noch recht neuen) qualitativen empirischen Sozialforschung, was die qualitative Ausrichtung der Forschungsarbeiten ebenfalls bestärkte. Der Erlanger Ansatz ist also letztlich aus einer Begegnung zwischen marxistischer Industriesoziologie und Vertretern dezidiert qualitativer Methoden sowie des interpretativen Paradigmas soziologischer Theorie entstanden.[36]

In den achtziger Jahren wandelten sich in der BRD sowohl die industriellen Beziehungen selbst als auch die theoretischen Ansätze zu ihrer Erfassung (vgl. Artus 2001: 78ff.). Spätestens seit Mitte der siebziger Jahre kam es generell in den westlichen Industrienationen zu einer Krise rentabler Kapitalverwertung und einem Erstarken der Massenarbeitslosigkeit; der Einzug der Mikroelektronik in die Betriebe machte neue Formen eines flexiblen Arbeitseinsatzes möglich; die erwartete Polarisierung und Politisierung der Arbeiterschaft blieb aus und stattdessen schienen sich neue Formen ganzheitlicher und tendenziell höher qualifizierter Arbeitseinsatzmuster durchzusetzen. Traditionelle Arbeitermilieus erodierten und es kam zu einer Differenzierung und Pluralisierung von Lebensstilen. Mit orthodoxen marxistischen Ansätzen waren diese Entwicklungen kaum mehr adäquat erfassbar, weshalb diese – parallel zur berufsbiografischen Etablierung vieler ihrer VertreterInnen – in weiten Teilen der deutschen Industriesoziologie als unbrauchbar und veraltet aus dem Theoriebestand ausgemustert wurden. Auch die behandelten Thematiken veränderten sich. Standen in den siebziger Jahren noch die tarifliche Verhandlungsebene

36 Als prominenter Vertreter marxistischer Theorie ist vor allem Elmar Altvater zu nennen, der Anfang der siebziger Jahre am politikwissenschaftlichen Institut der FAU Erlangen lehrte. Gründungsprofessor des Instituts für Soziologie und zugleich Projektleiter der meisten Forschungsprojekte war Werner Mangold, der in den sechziger Jahren als Assistent von T. Adorno mit einer methodologischen Arbeit über das qualitative Verfahren der Gruppendiskussion promoviert hatte. Spätere KollegInnen von ihm waren diverse VertreterInnen der so genannten »Arbeitsgruppe Bielefelder Soziologen«, die mittlerweile am Erlanger Institut für Soziologie lehrten und arbeiteten, vor allem Joachim Matthes, Ralf Bohnsack und Regine Gildemeister.

und die Gewerkschaften als Klassen- bzw. intermediäre Organisationen im Mittelpunkt der Diskussion, so lenkten Dezentralisierungstendenzen des Systems industrieller Beziehungen das Augenmerk nun verstärkt auf die Mesoebene des Betriebs. In Abgrenzung zu früheren, vermeintlich ›überpolitisierten‹ Ansätzen dominierte nunmehr ein stark empiristischer Zugang zu betrieblichen Problemstellungen. Interessenhandeln wurde nicht mehr primär als Gegeneinander widersprüchlicher Zielstellungen aufgefasst und in Begriffen von Sieg und Niederlage analysiert, sondern man betonte die Kompromissspielräume und Gestaltungsoptionen betrieblicher Arbeitspolitik. Dass es in Erlangen nicht zu einem kompletten Bruch mit der etablierten Forschungstradition kam, sondern eher zu einer Weiterentwicklung auf der Basis vorhandener Konzepte, ist vermutlich dem Umstand geschuldet, dass man stets einen unorthodoxen marxistischen Ansatz präferiert hatte, der vor allem »an den frühen Marx mit seiner These anschließ(.)[t]: Die Menschen machen ihre Geschichte, aber sie machen sie nicht unter selbst gewählten Umständen« (Bosch u.a. 1999: 35). Statt das komplette theoretische Instrumentarium marxistischer Gesellschaftsanalyse über Bord zu werfen, wurden interaktionistische Theorieelemente verstärkt in den Forschungsansatz integriert: Mitbestimmung wurde als soziale Interaktion im Spannungsfeld von Kapital und Arbeit aufgefasst (Trinczek 1989).

Auch in Erlangen wandten sich die ForscherInnen in den achtziger Jahren der betrieblichen Verhandlungsebene als neuem relevantem Politikfeld zu. Expliziter Gegenstand waren die Tendenzen zur Verbetrieblichung industrieller Beziehungen. So wurde etwa die betriebliche Umsetzung der Arbeitszeitverkürzung untersucht, die im Rahmen des hart umkämpften Tarifkompromisses in der Metallindustrie 1984 erstmals eine betrieblich ausgehandelte Konkretisierung tariflicher Normen vorsah (Schmidt/Trinczek 1986). Die so erworbenen Kenntnisse über die Prozesse betrieblicher Interessenaushandlungen waren ein wichtiger Hintergrund für eine groß angelegte empirische Studie, in der der Ansatz der ›politischen Kultur der Austauschbeziehungen zwischen Management und Betriebsrat‹ im Wesentlichen theoretisch formuliert und empirisch eingelöst wurde (Bosch u.a. 1999). Thematisch schloss die Studie an die Pionierarbeit von Herrmann Kotthoff (1981) an. Das Erlanger Forschungsprojekt, das zwischen 1989 und 1991 in der Metallindustrie der Region Erlangen/Nürnberg sowie Nordbayern durchgeführt wurde, beanspruchte jedoch vor allem in zweierlei Hinsicht Erkenntnisfortschritte gegenüber der Kotthoffschen Typologie:

– War die Studie und Typkonstruktion von Kotthoff eher phänomenologisch angelegt, so entfaltete die Erlanger Typologie das empirische Interes-

senhandeln von Betriebsräten und Management systematisch anhand einer zentralen theoretischen Dimension: der Interessendefinition der Akteure. »Entscheidend für Struktur und Qualität des Interaktionsmusters [zwischen Betriebsrat und Management] ist, ob etwa das Interesse am Betriebserhalt, das heißt eine relative Interessenidentität, im Vordergrund steht oder ob daneben die besonderen Interessen von Eigentümer bzw. Belegschaft sich behaupten oder tendenziell in den Vordergrund schieben. [...] Entscheidend für unsere Argumentation ist, dass der an expliziten Bargaining-Situationen ebenso wie am Ablauf der täglichen Alltagskommunikation jeweils festzumachende typische strukturbestimmende Interaktionsmodus sich wesentlich als abhängige Variable der Wahrnehmung der betrieblichen Interessendefinition darstellt« (Schmidt/Trinczek 1999: 195).
- Statt den Fokus ausschließlich auf das Handeln von Betriebsräten zu richten, wurde betriebliches Interessenhandeln als interaktive Beziehung zwischen Betriebsrat und Management aufgefasst. Gegenstand der empirischen Erhebung und Analyse war somit die Gesamtheit des Geflechts wechselseitig aufeinander bezogener Interaktionen oder auch die tradierte Organisations- und Verhandlungskultur innerbetrieblicher Austauschprozesse. Management und Betriebsrat wurden zudem – zumindest dem Anspruch nach – nicht als »monolithisch strukturierte Kollektivakteure konzeptualisiert« (Trinczek 1989: 447), sondern deren intraorganisationelle Bargaining-Prozesse explizit berücksichtigt.

Auf Basis dieser theoretischen Prämissen sowie knapp 100 Interviews in rund 30 Betrieben der Metallindustrie erarbeitete das ForscherInnenteam letztlich eine Typologie von sechs Interaktionsmustern zwischen Betriebsräten und Management. Als quantitativ bedeutsamster Normaltypus deutscher Mitbestimmung wurde die vor allem durch Sachlichkeit, Fairness und Kompromissbildung geprägte integrationsorientierte Kooperation beschrieben. Daneben fand sich jedoch ein variantenreiches Set an weiteren typischen Kulturen betrieblicher Austauschbeziehungen: das konfliktorische Interaktionsmuster, die interessenbezogene Kooperation, der harmonistische Betriebspakt, die patriarchalische Betriebsfamilie sowie das autoritär-hegemoniale Regime. Die auf Basis der Empirie rekonstruierten Interaktionsmuster unterschieden sich systematisch entlang der Dimensionen der Interessendefinition, des strukturierenden Interaktionsmodus, der dominanten Form der Alltagskommunikation, der in Konfliktsituationen eingesetzten Machtmittel, der Rolle der Belegschaft im innerbetrieblichen Politikprozess sowie des Verhältnisses von Betriebsrat und Management zu ihren jeweiligen. Interessenverbänden. Zusammenfassend zeichnet sich das theoretische Konzept von Bosch u.a. (1999) durch die starke

Betonung des *Interessenbegriffs* als systematisierendes Element von Varianten betrieblicher Austauschbeziehungen sowie durch den Versuch aus, den *Kulturbegriff* nutzbar zu machen für eine interaktionistische Analyse betrieblichen Interessenhandelns. Der *Machtbegriff* schließt durch seine Betonung struktureller Machtasymmetrie zwischen Kapital und Arbeit einerseits an marxistische Konzepte sowie die *Labour Control Debate* an; zugleich wird Macht jedoch auch im Anschluss an interaktionistische Theorietraditionen als relationales Konzept begriffen und als Kontrolle relevanter Ungewissheitszonen operationalisiert.

Der *Begriff des Interesses* ist im Wesentlichen ein strukturtheoretischer Begriff, der auf eine enge Kopplung zwischen der gesellschaftlichen Stellung von Akteuren und der Verfolgung spezifischer, vor allem ökonomisch-zweckrational definierter Ziele abstellt (vgl. Hirschman 1987; Neuendorff 1973).[37] Für Max Weber spielt etwa der zweckrationale Charakter interessenorientierten Handelns eine zentrale Rolle für die Stabilität gesellschaftlicher Strukturen sowie generell für den Rationalisierungsprozess der bürgerlichen Gesellschaft. Für die marxistische Theorie ist der Begriff zentral, da er die Übersetzung des ökonomischen Kapitalverhältnisses (und der ›Klasse an sich‹) in kollektive Bewusstseinsstrukturen leistet – nämlich in Klasseninteressen (die ›Klasse für sich‹). Die bei Marx noch komplex sowie teilweise mehrdeutig angelegte Klassentheorie (vgl. Mauke 1971; Koch 1994) wurde in der orthodoxen Theorierezeption des Marxismus jedoch häufig reduziert auf den Interessengegensatz von Kapital und Arbeit und die daraus resultierende Wahrscheinlichkeit der Entstehung (oder gar der realen Existenz) einer bewussten ›Klasse an und für sich‹ von Lohnarbeitern. Trotz solcher theoriegeschichtlicher Verkürzungen besteht eine Stärke des Interessenbegriffs zweifellos darin, dass er eine Verknüpfung zwischen Akteurshandeln und grundlegenden Strukturdimensionen von Gesellschaft leistet. Seine Theoriegeschichte verweist jedoch auf die ihm innewohnende Problematik, nämlich die Gefahr, gesellschaftliche Strukturbedingungen und individuelles Handeln ›kurzzuschließen‹ im Sinne eines ökonomischen oder auch technologischen Determinismus. Im Extremfall werden handlungsrelevante Interessenlagen relativ direkt abgeleitet aus strukturellen Rahmenbedingungen ohne der Kreativität und Deutungshoheit der Akteure hinreichenden Raum zuzugestehen. Dies funktioniert gewöhnlich über die Annahme einer eindimensionalen rationalen Akteurslogik der Kosten-Nutzen-

37 Der Begriff *»interesse«* entstand erst im Latein des Mittelalters und bezeichnete ursprünglich als juristisches Fachwort den Schadensersatzanspruch einer Person gegenüber einem Ersatzpflichtigen oder auch den Zins für geliehenes Geld. Noch heute ist *»interest rate«* die englische Begrifflichkeit für »Zins«. Der Interessenbegriff ist also von Beginn an eng der Welt der Ökonomie sowie einer im materiellen Sinne nutzenorientierten Handlungslogik verpflichtet.

Optimierung. Im Folgenden soll gezeigt werden, dass die spezifische Fassung des Interessenbegriffs im Rahmen des Erlanger Ansatzes in der Lage ist, dessen Stärken zu bewahren, ohne dessen Schwächen zu teilen.

Der interessentheoretische Ansatz der Erlanger Forschungsgruppe unterscheidet systematisch zwischen den Interessenlagen von Kapitalbesitzenden und Lohnarbeitenden. Die Entstehung etwa des Systems der Mitbestimmung oder auch der Institution des Flächentarifvertrags wird in erster Linie als Resultat von Klassenauseinandersetzungen begriffen sowie als Versuch, den Widerspruch zwischen Kapital und Arbeit durch seine Institutionalisierung kompromisshaft zu befrieden (Schmidt/Trinczek 1998; Artus 2001). Zugleich betont der Ansatz jedoch, dass »die jeweiligen Interessenlagen hochgradig komplex und in sich widersprüchlich sind« (Schmidt/Trinczek 1999: 187). Die Lohnarbeitenden haben bereits auf der analytischen Strukturebene des Kapitalverhältnisses (wenigstens) ein doppeltes Interesse, »nämlich einerseits für die Arbeit einen möglichst hohen Lohn zu erzielen, andererseits die Verausgabung der eigenen Arbeitskraft so zu dosieren, dass sie als Grundlage langfristiger Arbeits- und Reproduktionsfähigkeit nicht vorzeitig ›verschleißt‹« (Kudera u.a. 1979: 15). Neben den widersprüchlichen Interessen von Kapital und Arbeit, die sich vor allem aus dem Kontrolldilemma bei der Verausgabung von Arbeitskraft sowie aus der Frage der Aufteilung des Produktionsergebnisses in Lohn und Profit ergeben, werden eine Vielzahl gemeinsamer Interessen zwischen Beschäftigten und Management gesehen, etwa am langfristigen Erhalt des Betriebs und der Verwirklichung konkurrenzfähiger Produktionsstandards. Zugleich wird nicht ausgeblendet, dass die Lohnarbeitenden sowohl im Betrieb als auch als Angehörige konkurrierender Betriebe systematisch in einem Konkurrenzverhältnis zueinander stehen. »Dieser Widerspruch – individuelle Konkurrenz versus Identifikation mit gemeinsamen Interessen – erscheint konstitutiv im Rahmen einer allgemeinen Bestimmung der Situation des Lohnarbeiters« (ebd.). Ähnlich wie dies etwa Hyman (1987) für die Widersprüchlichkeit von Managementhandeln unter kapitalistischer Logik herausgearbeitet hat, ergeben sich bei der genauen Analyse der Situation von Lohnarbeitenden also »eine Fülle von Inkonsistenzen, von diesem Wirtschaftssystem selbst generierten, also systemisch bedingten widersprüchlichen Partial- oder Sublogiken« (Schmidt/Trinczek 1999: 189).

Die Heterogenität und Widersprüchlichkeit von Interessenlagen auf der gesellschaftlichen Strukturebene macht es unmöglich, im Sinne einer deterministischen Ableitungslogik konkretes Akteurshandeln bestimmen zu wollen. Vielmehr bedarf es auf Seiten der Akteure stets eines »konstruktiv-interpretatorischen Akt[es] der Definition«, um »die je eigenen individuellen Interessen« zu bestimmen (ebd.: 188) – und somit empirischer Forschung, um diese in ihrer konkreten Ausprägung zu rekonstruieren. Dabei geht es um die Erfassung subjektiver interessenpolitischer Deutungsmuster, die kontextspezifisch strukturiert sind. Oder anders: »Interesse« wird begriffen als »eine Strukturkategorie [...], die auf die Notwendigkeit einer handlungstheoretischen Perspektive verweist« (Schmidt/Trinczek 1999: 187). Der Ansatz bewegt sich damit letztlich in einem Spannungsverhältnis zwischen eher strukturlogisch argumentierenden Theorien (vor allem aus dem Bereich der politischen Ökonomie) und einer subjekttheoretisch-interpretativen Theorietradition. Ersteren ist er verpflichtet, da er an der grundlegenden Bedeutung gesellschaftlicher Strukturdimensionen für individuelles wie kollektives Handeln festhält; im Sinne der letzteren verzichtet er jedoch auf eine rationalistische Kopplung zwischen Struktur und Handlung, sondern betont die Offenheit, Variabilität sowie Kontextabhängigkeit individueller Situationsdeutungen. Eine zentrale Rolle für die Etablierung bestimmter Handlungslogiken wird dabei der Interaktionsgeschichte der Akteure zugewiesen, in deren Verlauf sich wechselseitig geteilte Normen und Routinen etablieren – eine *political culture* der Austauschbeziehungen zwischen Kapital und Arbeit. Der Interessenbegriff wird somit durch seine nicht-deterministische Fassung und handlungstheoretische Öffnung anschlussfähig gemacht für Konzepte einer interpretativen Soziologie sowie Analysen mikropolitischer Aushandlung. Oder anders: Der Interessenbegriff wird durch den Kulturbegriff handlungstheoretisch ›gefüllt‹.

Der *Begriff der Kultur* ist ein klassischer soziologischer Begriff zur Analyse von Gesellschaft und wird etwa bei Max Weber oder Emile Durkheim an zentraler Stelle verwendet. Seine Begriffsgeschichte ist jedoch wesentlich heterogener als jene des Interessenbegriffs. Insbesondere zwei Theorietraditionen sind hier zu unterscheiden: Analysen, die dem normativen Paradigma zuzurechnen sind, operationalisieren Kultur im Regelfall als eine Art Gegenbegriff zu Struktur. Das marxistische Theorem von Basis und Überbau wäre sicherlich in diesen Kontext einzuordnen. Aber auch bei Talcott Parsons stellt das kulturelle System (neben dem sozialen und personalen System) lediglich einen Teilbereich von Gesellschaft dar. Jene Ansätze, die summarisch gewöhnlich dem interpretativen Paradigma der Soziologie zugerechnet werden, tendieren hingegen dazu, die Gesamtheit gesellschaftlicher Phänomene als soziale Symbole und Sinnsysteme aufzufassen. Kultur ist dann als die Gesamtheit sozialer Sinnwelten gleichsam die Grundeinheit soziologischer Analyse. Der Vorteil einer solchen interpretativen Sichtweise von Kultur besteht darin, dass die Dichotomie von Struktur und Kultur aufgelöst wird zugunsten einer dynamischen Sichtweise permanenter Strukturierung oder auch Institutionalisierung (vgl. etwa paradigmatisch Berger/Luckmann 1980). Als Nachteil wird ihr hingegen oft eine gewisse Blindheit für die Prägekraft stabiler gesellschaftlicher

Strukturen und in der Konsequenz ein Bias zur voluntaristischen Übertreibung kreativen individuellen Akteurshandelns vorgeworfen. Erneut soll im Folgenden gezeigt werden, dass der Erlanger Ansatz in der Lage ist, die Stärken einer interpretativen Fassung des Kulturbegriffs zu bewahren, ohne dessen Schwächen zu teilen. Dies gelingt – so die Argumentation – durch seine Ankopplung an den eher strukturtheoretisch orientierten, nicht-deterministisch gefassten Interessenbegriff:

Das Konzept der ›politischen Kultur innerbetrieblicher Austauschbeziehungen‹ misst der Ebene des Routinehandelns der Akteure einen großen Stellenwert zu. Gemeint ist jener Bereich der alltäglichen Verhaltensweisen, die als Resultat vergangener Interaktionen zum selbstverständlichen Bestand wechselseitig aufeinander bezogenen Akteurshandelns zählen. Es wird betont, dass »das jeweilige Niveau der innerbetrieblichen Austauschbeziehungen [...] nur als Resultat eines betriebsspezifisch verlaufenden, vielfältigen historischen Prozesses verstanden werden [kann]. [...] Im Verlauf einer solchen ökonomischen, politischen und sozialen Betriebsgeschichte kristallisieren sich üblicherweise innerbetrieblich weitgehend geteilte Standards einer ›normalen‹ Beziehung heraus, eben eine betriebsspezifisch eingefärbte ›political culture‹ der Austauschbeziehungen zwischen Kapital und Arbeit mit ihren je eigenen Regeln und Ritualen, die Außenstehende – ohne Kenntnis ihrer Genese – häufig zunächst als idiosynkratisch empfinden« (Bosch u.a. 1999: 29).

Besondere Aufmerksamkeit gilt bei der Erforschung der Interaktionen zwischen Management und Betriebsrat daher den selbstverständlichen Formen der Alltagskommunikation, den geteilten Wissensbeständen und dem *tacit knowledge* der Akteure. In diesen Alltagsbeziehungen sedimentiert sich die Interaktionsgeschichte der Akteure. Das im Interessenbegriff angelegte Bild von Akteuren mit tendenziell gegensätzlichen oder zumindest konkurrierenden Interessenlagen wird somit ergänzt um die Vorstellung von Akteuren, die sich in einem komplexen Geflecht historisch etablierter Interaktionsbeziehungen befinden und permanent aufeinander reagieren. In der Konsequenz wird die betriebsspezifische Kultur innerbetrieblicher Austauschbeziehungen – trotz ihrer ›historischen Trägheit‹ – keineswegs statisch gedacht, sondern in permanenter Restrukturierung begriffen. Der erst in den neunziger Jahren häufiger benutzte Begriff *doing culture* wäre dem Ansatz daher sicherlich adäquat.[38] Ex-

38 Die AutorInnen selbst beziehen sich – im Anschluss an den zeitgenössischen Theoriehintergrund – insbesondere auf Ansätze, welche die folgenden Charakteristika aufweisen: eine ›Rückkehr des Subjekts‹ gegenüber Ansätzen, die Organisationen als subjektlose Systeme konzeptualisierten; eine Kritik am dominanten (Zweck-)Rationalitätsaxiom – auch in dessen moderner Form von ›Rational-Choice‹-Ansätzen; Antideterminismus in dem Sinne, dass organi-

plizit stellen sich die AutorInnen in die Tradition eines interaktionistischen Theoriemodells, nämlich dem des Negotiated-Order-Ansatzes von Anselm Strauss (1979). Die Austauschkultur zwischen Betriebsrat und Management wird dementsprechend als ›verhandelte Ordnung‹ begriffen, wobei die große Varianz möglicher Verhandlungssituationen, der strukturierende Effekt differenter Kontextbedingungen und der Prozesscharakter sozialer Ordnung betont wird. »Zentral für den Ansatz ist der Versuch, sich weder bei der theoretischen noch bei der empirischen Analyse von Verhandlungsverläufen auf den Dualismus von struktur- und handlungstheoretischer Perspektive einzulassen« (Bosch u.a. 1999: 34). Stattdessen wird eine Sichtweise präferiert, die etwa nach Ortmann (1995) als »Mikropolitik im Entscheidungskorridor« bezeichnet werden kann. Die Betonung historisch verfestigter, routinisierter betriebsspezifischer Standards, strukturierender Umweltbedingungen sowie der interessenpolitischen Verankerung des Akteurshandelns schützt den Ansatz sicherlich vor dem Vorwurf des Voluntarismus. Sein Rekurs auf interaktionistische Theorieelemente und mikropolitische Konzepte sozialer Aushandlung ermöglicht ihm zugleich ein dynamisches, interaktions- sowie subjektorientiertes Verständnis betrieblicher Realität.

Auch die *machttheoretische Konzeption des Ansatzes* entspricht der spezifischen Kopplung einer zugleich strukturlogisch wie interpretativ angelegten Argumentationsweise. Der Dimension des Machthandelns wird – nicht zufällig – eine erhebliche Aufmerksamkeit geschenkt. Durchaus typisch für ältere industriesoziologische Ansätze, die vom Import der *Labour Process Debate* (vgl. Braverman 1977; Burawoy 1979; Edwards 1981) geprägt waren, steht »die dyadische Machtbeziehung zwischen den beiden kollektiven Akteuren Arbeit und Kapital im Mittelpunkt« (Deutschmann 2002: 121). Zentral ist die Erkenntnis, wonach Betriebsrat und Management strukturell über ungleiche Bedingungen zur Beeinflussung des innerbetrieblichen Verhandlungsgeschehens verfügen. Die Machtasymmetrie auf der Strukturebene des Kapitalismus hat ihre Grundlagen in den ökonomischen Verfügungsrechten des Managements, den Besonderheiten der Ware Arbeitskraft und der spezifischen Situation doppelt freier LohnarbeiterInnen (vgl. Müller-Jentsch 1997; Artus 2001: 20ff.). Historisch ist die Institution Betriebsrat als Versuch der Überwindung bzw. Abschwächung der Machtasymmetrie zwischen Betriebsleitung und Beschäftigten entstanden (vgl. Schmidt/Trinczek 1998). Sie ist Ausdruck des Versuchs einer zumindest partiellen Beschränkung absoluter Dominanz des Managements, der Einführung demokratischer Elemente in den Bereich der Lohnarbeit und

satorische Wirklichkeit als sozial konstruiert und nicht aus Strukturbedingungen ableitbar begriffen wird; eine Prozessperspektive von Organisation, etwa im Sinne von Weick (1985).

der Durchsetzung grundlegender Bürgerrechte im kapitalistischen Industriebetrieb.

Jenseits der Konstatierung einer grundlegenden strukturellen Machtasymmetrie schließt der Ansatz jedoch zugleich an mikropolitische Ansätze der Organisationstheorie an, die ein breites Spektrum machtpolitischer Verhandlungsprozesse zwischen einer Vielzahl unterschiedlicher Akteure im betrieblichen Alltag diagnostizieren (vgl. Deutschmann 2002: 121ff; Herrmann 2005: 14ff.). Autoren wie Crozier/Friedberg (1979) und Küpper/Ortmann (1988) waren prägend für eine Sichtweise des Betriebs als Raum vielfältiger »machtpolitischer Spiele«. Die strukturelle Machtasymmetrie zwischen Kapital und Arbeit erweist sich in der betrieblichen Empirie als offen für unterschiedliche Interpretationen und Realisierungen von Handlungsspielräumen. In Referenz auf einschlägige interaktionistische Ansätze (vor allem Crozier/Friedberg 1979) wird Macht in erster Linie relational als Kontrolle relevanter Ungewissheitszonen operationalisiert. Machthandeln lässt sich daher nur analysieren unter Berücksichtigung konkret zur Verfügung stehender Machtressourcen (zum Beispiel Qualifikationen, glaubwürdige Drohpotenziale) und strategisch umkämpfter Tauschregeln sozialer Ordnungen. Die betrieblichen Machtverhältnisse – obgleich strukturell asymmetrisch angelegt – erweisen sich also in der Praxis als vielfach veränderbar und beeinflussbar, je nach »der differenten Qualifikation, Kompetenz und Kapazität der jeweiligen Akteure. […] Wer an diesen Kriterien gemessen die größere Dynamik, Initiative, perspektivische Konzeptionalität und Macht entfalten kann, gibt in gewisser Weise den ›Takt‹ vor, nach dem [sich] im Betrieb die Alltagsbeziehungen strukturieren; er ist der *›pace-setter‹*. Dies bedeutet, dass es nicht unbedingt die Arbeitgeberseite sein muss, die aufgrund ihres prinzipiellen Machtvorteils den betrieblich vorfindlichen Interaktionsmodus entscheidend strukturiert« (Schmidt/Trinczek 1999: 195).

Insgesamt ist der Erlanger Ansatz also einerseits der Vorstellung einer komplexen, objektiv widersprüchlichen Interessenlage sowie asymmetrischer Machtverhältnisse im Kontext des Widerspruchs von Kapital und Arbeit verpflichtet, zum anderen betont er die Vielfalt möglicher Perspektiven sowie Handlungsmöglichkeiten der Akteure und die allmähliche Herausbildung von Kultur als ergebnisoffenen Prozess kollektiver sowie individueller Handlungen unter strukturierten Bedingungen. Je nach betrieblichen Kontextbedingungen, Produktions- und Belegschaftsstrukturen, Managementpraxis, gesellschaftlichem und politischem Bewusstsein der Akteure kann nicht nur die objektive Situation, sondern auch die subjektive Situationsdeutung von Betrieb zu Betrieb stark variieren. Das Ergebnis sind erheblich differente ›Betriebs-Geschichten‹ von Verhandlungsbeziehungen, die sich in einem spezifischen Set gültiger Normen und Regeln im Betriebsalltag niederschlagen: dem strukturierenden Interaktionsmodus. Entscheidend für den Ansatz bleibt allerdings, dass ein grundlegender Zusammenhang zwischen der Interessendefinition der Akteure und dem strukturierenden Interaktionsmodus unterstellt wird. Oder anders: Interesse und Kultur werden als spezifisch verkoppelte Phänomene betrachtet und in ihrem empirischen Zusammenhang sowie bezüglich ihrer machtpolitischen Dynamik analysiert.

3.2 Gegenstandsbezogene Modifikationen und Ergänzungen des Forschungsrahmens

Der Erlanger Ansatz wurde für die Analyse der Verhandlungsbeziehungen zwischen Betriebsräten und Management in Westdeutschland entwickelt und hat sich für diesen empirischen Gegenstandsbereich als Analyseinstrument auch hervorragend bewährt.[39] Seine Nutzung für die Erforschung etwas anders gelagerter Themenstellungen hat jedoch verdeutlicht, dass die theoretischen Prämissen des Ansatzes teilweise stark durch seinen Entstehungskontext bestimmt sind. Will man ihn für andere Gegenstandsbereiche nutzen – etwa das betriebliche Interessenhandeln in Betrieben ohne Betriebsrat oder die Analyse

---

39 Die Studie leidet freilich – ähnlich wie ein Großteil deutscher industriesoziologischer Studien in den achtziger und neunziger Jahren – darunter, dass sie tendenziell beansprucht, mit der Analyse größerer Betriebe (ab 300 Beschäftigte) nur einer einzigen Branche (nämlich der Metallindustrie) Aussagen über die »politische Kultur der Austauschbeziehungen zwischen Management und Betriebsrat in der westdeutschen Industrie« als Gesamtes machen zu können (so zumindest der Untertitel der Studie). Dieses Vorgehen wird nur sehr knapp erörtert unter Hinweis auf die besondere ökonomische Relevanz der Metallindustrie: »Um die Varianz der betrieblichen Rahmenbedingungen nicht zu groß werden zu lassen, beschränkten wir uns bei der Branchenzugehörigkeit der Untersuchungsbetriebe auf die Metallindustrie. Sie ist die mit Abstand größte Industriebranche und weist aufgrund ihrer starken Spartendifferenzierung eine breite Palette unterschiedlicher Produktionsweisen auf, wird aber durch die einheitliche Tarifstruktur der industriellen Verbände (Gesamtmetall und IG Metall) hinsichtlich des für die Untersuchung besonders relevanten tarifrechtlichen und gewerkschaftlichen Rahmens normativ und institutionell relativ einheitlich geprägt« (Bosch u.a. 1999: 38f.). Die Varianz zum Beispiel branchenspezifischer Tarif- und Gewerkschaftskulturen wird damit explizit ausgegrenzt und die segmentspezifische Institutionenkultur der Metallindustrie als prägende Kultur der westdeutschen Industrie unterstellt. Ebenso werden zwar kulturelle Differenzen zwischen Stadt und Land explizit bei der Betriebsauswahl berücksichtigt, die Untersuchung von Betrieben im (städtischen sowie ländlichen) Großraum Erlangen/Nürnberg wird jedoch den bundesdeutschen regionalen Differenzen ebenfalls kaum gerecht. Schließlich reduziert die Interaktionstypologie ihren Geltungsbereich explizit auf den Industriebereich. Die Bedingungen betrieblicher Interessenvertretung im Dienstleistungsbereich waren zum damaligen Zeitpunkt allgemein kaum Thema einschlägiger empirischer Forschungen.

französischer Verhältnisse mit deutlich differenten historischen, rechtlichen und kulturellen Gegebenheiten – sind Modifikationen des Ansatzes unvermeidlich. Zusammenfassend scheinen dabei insbesondere die folgenden drei Punkte zentral: Neben der Konzentration auf gemeinsame und differente Interessenlagen von Management und Belegschaftsvertretung müssen auch Prozesse der sozialen Gruppenbildung und Kohäsion innerhalb der Belegschaft stärker beachtet werden. Der vorab referierte Ansatz der *représentation au quotidien* macht deutlich, dass sich die Frage, weshalb es in manchen Fällen *nicht* zur Implementation einer Belegschaftsrepräsentation kommt, insbesondere durch den Blick auf die Repräsentationsprozesse innerhalb der Belegschaft erklären lässt (Kapitel I.3.2.1). Dies impliziert auch eine (noch) stärkere Beachtung kultureller Faktoren alltäglicher Kommunikations- und Interaktionsprozesse nicht nur zwischen Management und Belegschaftsvertretung, sondern zwischen der Gesamtheit betrieblicher Akteure. Dabei sind nicht nur Auseinandersetzungen über eher ›materiale‹ Interessen von Belang, sondern auch eher ›immaterielle‹ Fragen des wechselseitigen Respekts und der Anerkennung (Kapitel I.3.2.2). Schließlich erfordert die komparative Anlage der Untersuchung die Entwicklung eines adäquaten Institutionenbegriffs, der die Gegenüberstellung von Akteurshandeln im Rahmen differenter Institutionensysteme erlaubt. Hierzu ist eine klare Unterscheidung zwischen formalen institutionellen Vorschriften (im Sinne gesetzlicher Regelungen) und normativ etablierten Akteurspraktiken notwendig. Um zwischen (national differenten) Institutionenregeln und (zum Teil transnational konstanter) institutioneller Praxis differenzieren zu können, werden im Folgenden Institutionen ausschließlich als formale Regelungen aufgefasst, die jedoch in einem dialektischen Zusammenhang mit permanenten Prozessen der Institutionalisierung stehen. Institutionenregeln und Institutionenpraxis werden als wechselseitig aufeinander bezogene Phänomene analysiert (Kapitel I.3.3).

3.2.1 Interesse und Repräsentation

Der interessentheoretische Ansatz von Austauschbeziehungen zwischen Betriebsrat und Management ist grundlegend dual konstruiert. Zwei zentrale (Kollektiv-)Akteure stehen einander gegenüber. Dieses Modell ist für die Analyse französischer Verhältnisse aufgrund differenter institutioneller Bedingungen ohnehin ungeeignet, jedoch auch für die betriebliche Realität in Deutschland insgesamt unterkomplex. Die Existenz eines Betriebsrats als zentraler Akteur zur Vertretung von Belegschaftsinteressen muss vielmehr als nur eine mögliche Konstellation unter anderen ebenfalls möglichen betrachtet werden, als eine Konstellation, die in bestimmten Wirtschaftssegmenten häufig, in anderen eher selten existiert. Wenngleich Kotthoff (1981) und Bosch u.a. (1999) als Pioniere der Forschung zum Thema betriebliche Interessenpolitik gelten können, so ist inzwischen längst klar, dass die Industrial-Relations-Forschung einen Schritt früher ansetzen muss: Wie und warum kommt es überhaupt dazu, dass ein Betriebsrat als repräsentative Vertretung der Belegschaft etabliert wird – oder auch nicht? Aber selbst für die Realität mitbestimmter Betriebe tendiert der interessentheoretische Ansatz in seiner ›klassischen Fassung‹ zu einer Reduktion des innerbetrieblich relevanten Interessenhandelns. Während er gut geeignet ist, um prägende Prozesse der Interessenverhandlung zwischen repräsentativen Akteuren sowie generell Interessenkonflikte entlang der Differenzierungslinie von Kapital und Arbeit zu erfassen, wird die Interessenheterogenität innerhalb der Belegschaft sowie innerhalb des Managements eher unzureichend abgebildet.[40] Zudem tendiert der Ansatz mit seiner Konzentration auf das Betriebsratshandeln zu einer Überbetonung der Repräsentativität der gewählten Instanz des Betriebsrats. Konflikte innerhalb der Belegschaft, zwischen Beschäftigten und dem Betriebsrat sowie zwischen betrieblichen und gewerkschaftlichen Akteuren werden zwar nicht ausgeblendet, liegen jedoch nicht in der zentralen Blickrichtung des Ansatzes. Das vor allem auf horizontale Verhandlungsbeziehungen fokussierte Modell ist daher systematisch um eine vertikale Differenzierung des Interessenhandelns zu ergänzen. Dies impliziert eine (noch stärkere) Konzentration auf informelle sowie nicht-repräsentative Prozesse interessenpolitischer Aushandlung – oder anders: *Neben dem betrieblichen Interessenhandeln repräsentativer Akteure ist zugleich das Interessenhandeln innerhalb der Belegschaft differenziert zu betrachten sowie auch jene Prozesse, durch die die Repräsentationsfähigkeit Einzelner gegenüber einem Kollektiv erst hergestellt wird.* Hierbei kann vom Ansatz der *représentation au quotidien* einiges gelernt werden. Besondere Aufmerksamkeit muss der Analyse von Situationen gelten, in denen einzelne Beschäftigte im Alltag als RepräsentantInnen Dritter bzw. eines Kollektivs auftreten. Durch welche symbolischen Handlungen wird hier Repräsentativität hergestellt im Sinne einer offensichtlichen, nach außen dokumentierten Legitimität von Vertretungshandeln? Des Weiteren ist der enge Bezug zwischen normativer Gruppenbildung, der Herstellung einer kollektiven Identität und der Fähigkeit zur Herausbildung repräsentativer Vertretung zu beachten. Existieren ›soziale Gruppen‹ im Sinne von Dufour/Hege (2002), das heißt normativ integrierte Gruppen mit einer gemeinsamen Identität, die so-

40 Bereits die recht klare Zweiteilung des Ansatzes aller Mitglieder der Organisation Betrieb in Belegschaft einerseits und Management andererseits ist fraglich und aufzulösen im Sinne einer kontinuierlichen Vorstellung betrieblicher Hierarchie. Dies scheint besonders wichtig beim Vergleich deutscher und französischer Verhältnisse, innerhalb derer die Grenzziehungen zwischen Belegschaft und Management kulturell und historisch bedingt unterschiedlich sind.

wohl das Kollektiv als auch deren informelle oder formal gewählte VertreterInnen umschließt? Die Abgrenzung und identitäre Formierung solcher Kerngruppen sowie informeller SprecherInnen erfolgt häufig im Zuge betrieblicher Konfliktsituationen, denen daher ebenfalls besondere Bedeutung im Zuge der empirischen Analyse zukommt. Zusammenfassend lässt sich der gegenstandsbezogene Anpassungsbedarf des Analysefokus also derart kennzeichnen, dass neben die Perspektive des (horizontalen) Interessenhandelns verstärkt jene des (vertikalen) Repräsentationshandelns zu treten hat.

3.2.2 Kultur und Anerkennungshandeln

Im interessentheoretischen Konzept von Bosch u.a. (1999) ist die dominante Kategorie zur Unterscheidung verschiedener Interaktionskulturen die Interessendefinition von Management und Betriebsrat im Spannungsfeld von Kapital und Arbeit. Ohne die empirische Signifikanz dieser Typologie bestreiten zu wollen, soll im Folgenden jedoch begründet werden, weshalb ein solcher Ansatz nicht ausreicht, um im internationalen Vergleich Differenzen von Interaktionskulturen adäquat abzubilden.

Bereits bei der Anwendung des interessentheoretischen Ansatzes auf die Transformationssituation in Ostdeutschland erwies sich, dass eine Typologie, die in erster Linie an der Interessendefinition der Akteure ansetzt, nur bedingt sensibel ist zur Abbildung kultureller und historisch bedingter Besonderheiten. In der ostdeutschen Folgestudie (Artus u.a. 2001) wurde der in Westdeutschland entwickelte interessentheoretische Forschungsrahmen benutzt, um zwischen 1993 und 1995 die Herausbildung der Austauschbeziehungen zwischen Management und Betriebsrat in der ostdeutschen (Metall-)Industrie zu untersuchen. Im Rahmen der deutsch-deutschen Vereinigung kam es bekanntlich zu einer Transformation des ostdeutschen Institutionensystems ›von außen‹, das heißt das westdeutsche Institutionensystem industrieller Beziehungen wurde nahezu 1:1 auf das Gebiet der ehemaligen DDR transplantiert. Zugleich führte die wirtschaftliche Transformationskrise zur Deindustrialisierung Ostdeutschlands, flächendeckenden Betriebsstilllegungen, Massenentlassungen und einer bis heute anhaltenden Massenarbeitslosigkeit. Angesichts dieser radikal differenten ökonomischen, politischen sowie kulturellen Rahmenbedingungen erstaunt es ein wenig, dass sich die Ergebnisse der Studie von Artus u.a. (2001) zumindest auf den ersten Blick nicht sehr stark von der in Westdeutschland entwickelten Typologie unterscheiden. Die AutorInnen interpretierten dies als Ergebnis »eines weiter fortschreitenden institutionellen und strukturellen Annäherungsprozesses auch im Bereich der industriellen Beziehungen« (Artus u.a. 2001: 285); es lässt sich auch als Ausdruck der virulenten Prägekraft formaler institutioneller Strukturen lesen. Des Weiteren wird darauf verwiesen, dass sich zwar fünf der insgesamt sechs typischen westdeutschen Interaktionsmuster bereits wenige Jahre nach Neueinführung des Betriebsverfassungsgesetzes in den Grundzügen auch in Ostdeutschland finden, »dennoch zeigten sich deutliche Unterschiede bei einer detaillierten Betrachtung der jeweils als gleich erscheinenden Interaktionsmuster« (ebd.: 286). So waren die Interaktionsstrukturen in Ostdeutschland – quer über die einzelnen Typkonstellationen hinweg – generell stärker betriebsorientiert, gemeinsame Interessen von Kapital und Arbeit standen stärker im Vordergrund, die ostdeutschen Betriebsräte orientierten sich stärker an den gesetzlichen Vorgaben, Regelungsdichte und Regelungsumfang betrieblicher Vereinbarungen waren in Ostdeutschland geringer, die Anbindung an die Interessenverbände schwächer und vieles mehr. Die ostdeutsche Nachfolgestudie versuchte dieser zweifellos vorhandenen Spezifik ostdeutscher Verhältnisse Rechnung zu tragen, indem sie ausführlich auf die Rekrutierung und Institutionalisierung der beiden zentralen Akteure innerbetrieblicher Austauschbeziehungen, Management und Betriebsrat, einging; und in den stark empiriebasierten Typdarstellungen selbst finden sich ausführliche Beschreibungen der ostdeutschen Kontexte und Entstehungshintergründe typischer Interaktionsmodi. Dennoch bleibt festzuhalten, dass die starke Dominanz der interessentheoretischen Dimension die kulturell bedingten ostdeutschen Spezifika ein Stück weit einebnet. Der primär interessentheoretisch argumentierende Ansatz ist somit hervorragend geeignet, strukturbedingte Ähnlichkeiten von Akteurshandeln unter institutionell einheitlichen sowie kapitalismustypischen Rahmenbedingungen sichtbar zu machen. Damit ist er sicherlich vor ›kulturalistischen‹ Übertreibungen im Sinne der These einer allumfassenden Differenz und generellen Unvergleichbarkeit der Phänomene gut geschützt. Er ist jedoch vergleichsweise unempfindlich für die Varianz kultureller Kontexte. Im Rahmen eines komparativen Forschungsprojektes, das die Einbettung betrieblichen Interessenhandelns in kulturell differente Kontexte zum Thema macht, ist jedoch der exakten Rekonstruktion individueller Deutungsprozesse und mikropolitischer Handlungslogiken besondere Aufmerksamkeit zu widmen. Dies impliziert auch eine *Aufwertung der historischen Dimension* als Schlüssel zum Verständnis etablierter kultureller Praktiken.

Eine zu starke Betonung interessentheoretischer Komponenten entlang der Achse von Kapital und Arbeit impliziert jedoch nicht nur die Gefahr einer Unterbewertung der Spezifika historisch entwickelter Interaktionskulturen, sondern auch die einer mangelnden Sensibilität für Fragen der Anerkennung und des wechselseitigen Respekts. Obwohl etwa bei Bosch u.a. (1999) sowie Artus u.a. (2001) Fragen von Anerkennung im Rahmen der Dimensionen des ›strukturierenden Interaktionsmodus‹ sowie der ›prägenden Form der Alltagskommunikation‹ stets berücksichtigt wurden, wird diese Operationalisierung sowohl der fundamentalen Bedeutung des Themas als auch dem komplexen Zusammenhang zwischen Interessen- und Anerkennungsfragen nur bedingt gerecht.

Institutionen der Interessenvertretung hatten historisch und aktuell nie nur gleichsam ›materielle‹ Funktionen der Interessendurchsetzung. In ihrer schieren Existenz drücken sie auch die symbolische Emanzipation der Lohnarbeitenden aus, die dadurch in ihrer Kollektivität zu einem anerkannten Faktor des innerbetrieblichen Politikprozesses werden. Der zähe Kampf um Emanzipation der Lohnarbeitenden von der unumschränkten Dominanz des Managements (vgl. Kapitel II) lässt sich somit auch als Kampf um Anerkennung (Honneth 1994) beschreiben. Fragen des wechselseitigen Respekts oder – wie dies neuere Gewerkschaftsströmungen im Bereich prekärer Beschäftigung formulieren würden – Fragen der »Würde« spielen bis heute eine wichtige Rolle in den alltäglichen betrieblichen Auseinandersetzungen sowie für die Frage, ob es zur Gründung einer formalen Belegschaftsrepräsentation kommt. Wie die folgende empirische Analyse nachdrücklich verdeutlichen wird, variiert die symbolische Bedeutung der Existenz einer formalen Interessenvertretung allerdings erheblich entlang national differenter Institutionensysteme, differenter Branchenkulturen sowie betrieblicher Kontexte. Wenn etwa manche Beschäftigte der so genannten New Economy ihren Verzicht auf die Wahl eines Betriebsrates als Ausdruck individuellen Selbstbewusstseins interpretieren, so ist derselbe Sachverhalt in vielen Klein- und Mittelbetrieben eher die Folge von Gleichgültigkeit, da man seine Interessen recht unproblematisch auch auf informellem Wege deutlich machen kann. Oder aber das Fehlen eines Betriebsrats ist für die Beschäftigten tatsächlich Symbol ihrer Missachtung, unter der man leidet, die man jedoch weitgehend ohnmächtig erträgt.

Schmidt (2005: 63f.) sowie Schmidt/Schönberger (1999) unterscheiden drei typische Verknüpfungsformen von materiellen Interessen und sozialer Anerkennung, die sich gut auf die hier untersuchte Fragestellung übertragen lassen:

– Ein *Verhältnis der Übersetzbarkeit* im Sinne der Bourdieu'schen Transformation von ökonomischem in soziales Kapital. Ein solches Verhältnis, »als wechselseitiges Mittel für den jeweils anderen Zweck« (Schmidt 2005: 64) wäre etwa gegeben, wenn Beschäftigte einen Betriebsrat gründen oder auch Lohnerhöhungen fordern, um ihr Bedürfnis nach sozialer Anerkennung zu befriedigen. Umgekehrt kann sich das erhöhte soziale Prestige eines Beschäftigtenkollektivs darin niederschlagen, dass diese eine formale Interessenvertretung gründen und damit ihre materiellen Interessen besser vertreten können als zuvor.

- Ein Verhältnis *wechselseitiger Ersetzbarkeit oder Austauschbarkeit*, in dem *das eine zum Symbol oder zur Kompensation des anderen wird.* Dies gilt etwa für Fälle, in denen die Beschäftigten mehr oder weniger freiwillig auf die Wahl eines Betriebsrates (in Deutschland) oder die Gründung einer Gewerkschaftssektion (in Frankreich) verzichten, da die Arbeitsbedingungen oder die Entgelte überdurchschnittlich gut sind. Einen Sonderfall dieser Variante könnten auch jene Betriebsfälle darstellen, in denen den Beschäftigten zwar alternative Formen der Mitarbeitervertretung gewährt werden, nicht jedoch Mitbestimmungsrechte nach dem Betriebsverfassungsgesetz. Das schiere Symbol von Anerkennung tritt an die Stelle faktischer Rechte.
- Sowohl Anerkennung als auch materielle Interessen besitzen jedoch jeweils auch *einen qualitativen Eigenwert.* Bezogen auf die hier diskutierte Thematik wird dieser Sachverhalt etwa deutlich, wenn Beschäftigte Würde und Respekt (unter anderem in der Form von Betriebsratswahlen oder der Gründung einer Gewerkschaftssektion) auch dann einklagen, wenn die materiellen Arbeits- und Entlohnungsbedingungen gängigen Normen entsprechen – eventuell sogar dann, wenn damit negative materielle Konsequenzen verknüpft sind.

Insgesamt ist also festzuhalten, dass das andernorts vertretene »Plädoyer für eine duale Perspektive« (Schmidt 2005) eingelöst werden soll im Sinne einer gleichrangigen Berücksichtigung materialer sowie symbolischer Aspekte interessenpolitischer Deutungsmuster. Diese sind zudem nur verständlich unter einem permanenten Rekurs auf den Gesamtzusammenhang historisch entstandener kultureller Deutungsmuster, die national different sind, sich auch entlang wirtschaftlicher Segmente in typischer Weise unterscheiden und Ergebnis spezifischer betrieblicher Rahmenbedingungen, Interaktionsprozesse und Konfliktgeschichten sind.

3.2.3 Institutionenregeln und Institutionenpraxis

Der interessentheoretische Ansatz wurde bislang ausschließlich für Analysen im Bereich der deutschen industriellen Beziehungen benutzt. Er war somit darauf ausgerichtet, die Differenz möglicher Interaktionskulturen im Rahmen identischer rechtlicher Vorgaben zu analysieren. Bei aller Varianz betrieblicher Austauschbeziehungen stellten das Betriebsverfassungsgesetz und das bundesdeutsche Arbeitsrecht stets eine einheitliche rechtliche Rahmenbedingung dar, auf die die Akteure zumindest potenziell rekurrieren konnten. Dies erklärt, weshalb dem interessentheoretischen Ansatz bislang ein reflektierter Institutionenbegriff weitgehend fehlt. Die Frage der Varianz institutioneller Rahmenbedingungen im Sinne differenter rechtlicher Gegebenheiten tauchte als Einflussfaktor nicht auf und bedurfte daher auch keiner näheren begrifflichen Klärung. Dies ändert sich im Fall seiner Anwendung auf international vergleichende Themenstellungen.

Die wenigen Anmerkungen zum Thema bei Bosch u.a. (1999) gehen eher in die Richtung eines Institutionenbegriffs im Sinne von Berger/Luckmann (1980: 58). Diese definieren Institutionen als »habitualisierte Handlungen«, welche »durch Typen von Handelnden reziprok typisiert werden.« Eine solche Annäherung zwischen den Begriffen Institution und Kultur liegt tendenziell in der Logik des interaktionistisch inspirierten, interessentheoretischen Ansatzes:

»Unsere Perspektive legt eine Art ›Zwiebel-Modell‹ innerbetrieblicher Sozialbeziehungen nahe, wobei den Kern, aus dem immer wieder neue Schalen aufgebaut werden, die in spezifische Interaktionskontexte eingebundenen Akteure darstellen, und die abgelagerten Schichten gleichsam die verschiedenen ›layers‹ von Routinen, Institutionen, strukturellen Settings, kurz: die Rahmenbedingungen. Während die innersten Lagen noch ›weich‹ sind, in Interaktionen vergleichsweise einfach verändert werden können, stellen die äußeren Lagen Kontextbedingungen innerbetrieblicher Sozialbeziehungen dar, die quasi auf Dauer gestellt und zu Strukturen geronnen sind« (Bosch u.a. 1999: 35).

Auch an anderer Stelle wird betont, dass etwa bei der Analyse von Betrieben ohne Betriebsrat keineswegs »von ›institutioneller Regulierung‹ auf der einen Seite versus ›Institutionenfreiheit‹ auf der anderen Seite auszugehen«, sei, »sondern es muss um die Analyse verschiedener Formen institutioneller Regulierung gehen« (Trinczek 2002: 18). Damit wird betont, dass auch in Betrieben ohne Betriebsrat Institutionen existieren, das heißt »relativ auf Dauer gestellte, durch Internalisierung verfestigte Verhaltensmuster und Sinngebilde mit regulierender und orientierender Funktion« (Göhler 1997: 28). Ein solches graduelles Modell sukzessiver Institutionalisierung besitzt sicherlich Vorteile für die Analyse mikropolitischer Feinstrukturierung betrieblichen Interessenhandelns. Auch betriebsspezifisch implementierte Vertretungsformen, die nach den Regeln des Betriebsverfassungsgesetzes gewählt werden und daher nicht über abgesicherte Mitbestimmungsrechte verfügen, (zum Beispiel runde Tische, Task Forces, Vertrauensleute oder Ähnliches, vgl. Abel/Ittermann 2006; Ellguth 2005, 2006; Hauser-Ditz u.a. 2006) können mit einer solchen Analyseperspektive adäquat diskutiert werden.

In einer international vergleichenden Studie gilt es jedoch, Institutionen im Sinne gesetzlich verpflichtender Regelungen mit staatlicher Sanktionsdrohung von Institutionen im Sinne kulturell gewachsener und verfestigter Regelmäßigkeiten zu unterscheiden, die primär über sozialen Erwartungsdruck sanktioniert werden. Von eminenter heuristischer Bedeutung ist es daher, *formale Institutionenregeln* von *institutionellen Praktiken* zu unterscheiden. Letztere bewegen sich häufig deutlich jenseits der formalen Vorschriften. Der Begriff der Institution oder auch der Institutionenregel ist daher im Folgenden ausschließlich auf die gesetzlichen Regelungen bezogen.[41] Für den Aspekt des Akteurshandelns hingegen ist der Begriff der institutionellen Praxis reserviert, im Sinne sozial und kulturell verbindlicher, regelhafter Interaktionsmuster. Institutionelle Praktiken sind also die konkreten Verhaltensmuster, mit denen sich die Akteure auf Institutionenregeln beziehen, die Bedeutung, die diesen zugeschrieben wird, die Art und Weise, ob und wie sie genutzt werden, zum Beispiel als Drohpotenziale oder konkrete Machtressourcen. Dabei lassen sich typische Muster von Institutionenpraktiken erkennen, die auf nationaler, wirtschaftssegmentspezifischer und lokaler Ebene differieren und sich nicht notwendig in erster Linie entlang der formalen Institutionenregeln strukturieren.[42]

Institutionelle Regeln und institutionelle Praxis werden jedoch stets als in dialektischer Weise aufeinander bezogene und sich wechselseitig beeinflussende Phänomene gedacht. Um den Gesamtkomplex ihres historisch geformten dialektischen Zusammenhangs zu bezeichnen, wird im Folgenden der Begriff des *Institutionenmodells* verwendet. Im Sinne der oben getroffenen Unterscheidung zwischen Institutionenregeln und Institutionenpraxis ist ein Modell industrieller Beziehungen somit nicht nur das formal-rechtlich etablierte Institutionensystem, sondern auch eine spezifische Kultur der Institutionenpraxis, die sich im Zuge einer langen Konflikt- und Verhandlungsgeschichte etabliert hat. Ein umfangreiches Wissen über die historische Entwicklung nationaler Institutionenmodelle ist zentral für ein Verständnis konkreter aktueller Akteurspraktiken. Dies ist der Grund, weshalb im Folgenden großer Wert auf die Darstellung der historisch entstanden Institutionenmodelle in Deutschland und Frankreich gelegt wird (vgl. Kapitel II).

---

41 Eine solche Fassung des Institutionenbegriffs impliziert freilich nicht die These, wonach es keine Institutionen mit informellem Charakter geben könnte. Im Sinne einer klaren begrifflichen Unterscheidung werden diese jedoch der Institutionenpraxis zugerechnet, die sich durch unterschiedliche Grade normativer Verbindlichkeit auszeichnen kann.

42 Dieses Konzept hat deutliche Parallelen zu dem vom Max-Planck-Institut für Gesellschaftsforschung entwickelten Ansatz des akteurszentrierten Institutionalismus. Dieser arbeitet »mit einem engen Institutionenbegriff« und schreibt institutionellen Faktoren keine determinierende Wirkung für Akteurshandeln zu, sondern begreift diese im Wesentlichen als restringierenden oder ermöglichenden Handlungskontext. Typisch für den Ansatz ist ebenfalls die explizite Trennung zwischen institutionellen Regelungen und Institutionenpraxis (Mayntz/Scharpf 1995: 43ff.). In eine ähnliche Richtung gehen zudem die Institutionenkonzepte von Bluhm (2007) sowie Streeck/Thelen (2005b).

Daneben werden weiterhin die Begriffe des *Institutionalisierungsgrades* sowie *alternativer Formen der Institutionalisierung* benutzt. Ganz im obigen Sinne ist auch hier der Begriff der Institution für die Ebene formaler gesetzlicher oder gesetzesähnlicher Regelungen reserviert. Der Grad der Institutionalisierung bezeichnet also das Ausmaß, in dem gesetzlich vorgesehene Institutionen in der Praxis existieren. Im deutschen Kontext ist damit schlicht die Tatsache gemeint, ob ein Betriebsrat existiert oder nicht. Die französische Institutionenlandschaft zeichnet sich hingegen durch graduell deutlichere Differenzierungen bei der Umsetzung formaler gesetzlicher Regelungen aus. Angesichts der Vielzahl verschiedener gesetzlicher Vertretungsinstitutionen findet sich in vielen Betrieben nur ein Teil des legal vorgesehenen bzw. möglichen Sets an *institutions représentatives du personnel (IRP)*, weshalb der Begriff des Institutionalisierungsgrades hier seinen originären Anwendungsbereich findet.

Nicht rechtlich verfasste Formen der Institutionalisierung existieren hingegen eher im deutschen Kontext. Hiermit sind betriebsspezifische Regelungen gemeint, die einen vergleichsweise hohen Formalisierungsgrad besitzen und denen daher ein Substitutionscharakter gegenüber gesetzlichen Regelungen zukommt (runde Tische, Vertrauensleute, Task Forces, Senat oder Ähnliches). Diese können auch als semiinstitutionalisierte Formen der Interessenvertretung bezeichnet werden. Die betrieblichen Verhältnisse unterscheiden sich sowohl von der Situation einer direkten Umsetzung des Betriebsverfassungsgesetzes als auch von rein informellen und individualisierten Formen der Interessenvertretung.

Im Folgenden wird nicht *ex ante* davon ausgegangen, dass eine differente institutionelle Situation notwendig eine Differenz der Akteurspraktiken impliziert. Stattdessen wird die Ebene formaler Vorschriften einerseits und jene situativer, kontextgebundener Akteurspraktiken andererseits grundsätzlich unabhängig voneinander operationalisiert. Dabei wird von einem Verhältnis des offenen Wirkungszusammenhangs ausgegangen. Anders als zum Beispiel im Ansatz der *représentation au quotidien* wird allerdings unterstellt, dass die Akteurspraktiken betrieblicher Repräsentation grundsätzlich immer – wenn auch in sehr verschiedener und möglicherweise vielfach vermittelter Weise – auf gültige formale Institutionenregeln bezogen sind. Die Praktiken betrieblichen Interessenhandelns werden deshalb stets als *institutionelle Praktiken* begriffen, selbst wenn sie den Institutionenregeln möglicherweise deutlich widersprechen. Institutionen haben immer eine strukturierende Kraft für Akteurshandeln – sonst handelt es sich nicht um Institutionen. Aber welchen Sinn die Akteure den jeweils gültigen Institutionen zumessen und wie sie die gegebenen Regeln interpretieren, ist in hohem Maße situationsabhängig, Folge struktureller Rahmenbedingungen und unterliegt historisch gewachsenen, kulturellen Deutungsmustern.

Ein solcher Ansatz, der dezidiert zwischen der Strukturebene der Institutionenregeln und der Akteurspraxis unterscheidet und die Art und Weise von deren Kopplung zur Forschungsfrage erklärt, statt eine direkte Abhängigkeit zu postulieren, hat mehrere Vorteile:

- Er vermeidet eine funktionalistische Gleichsetzung zwischen formalen Institutionenregeln und Akteurshandeln sowie eine Überschätzung der Prägekraft gesetzlicher Institutionenregeln, wie dies für diverse institutionalistische Ansätze typisch ist. Nur ein solches Vorgehen ermöglicht es, systematisch auch ›eigensinnige‹ Akteurspraktiken sowie abweichende oder defizitäre institutionelle Situationen in den Blick zu nehmen, die nicht den vorgegebenen Institutionenregeln entsprechen oder nur vermittelt auf diese bezogen sind.
- Der Ansatz geht nicht von vorneherein von der Relevanz nationaler Institutionenregeln aus, sondern ist systematisch offen auch für die Entdeckung von Ähnlichkeiten und Homologien betrieblichen Interessenhandelns jenseits nationaler institutioneller Differenzen, zum Beispiel auf der Ebene von Wirtschaftssegmenten. Er geht auch nicht von vorneherein von der unbedingten Relevanz gesetzlicher Regelungen aus und ist daher offen für die Entdeckung ähnlicher Verhältnisse in Betrieben mit und ohne formal implementierten Institutionen der Beschäftigtenrepräsentation.

Eine explizite analytische Unterscheidung zwischen Institutionenregeln und institutionellen Praktiken scheint somit notwendig, um einerseits differente Institutionenkulturen im Rahmen identischer Institutionenregeln analysieren zu können sowie andererseits ähnliche interessenpolitische Kulturen jenseits national differenter Institutionenregeln.

3.3 Zusammenfassung des theoretischen Konzepts

Die vorliegende Studie hält zunächst an dem banalen Umstand fest, dass betriebliches Interessenhandeln im Kapitalismus durch die Stellung der jeweiligen Akteure im Produktionsprozess strukturiert ist. Ebenso wird Institutionen, das heißt den gesetzlichen Regelungen des Arbeitsrechtes, des Betriebsverfassungsgesetzes und des *Code du Travail*, eine grundlegend strukturierende Wirkung für Akteurshandeln zugemessen. Die Studie plädiert allerdings sowohl für eine Abkehr von einem reinen Interessenkonzept als auch von einem reinen Institutionenkonzept[43], sondern für eine Kombination derselben. Die materialen Interessen von Akteuren und die gesetzlich genormten institutionellen Rahmenbedingungen sind gleichermaßen wichtig, um die Handlungskonstellationen und Machtpotenziale von Akteuren begreifen zu können. Wesentlich für den im Folgenden gewählten qualitativen Forschungsansatz ist jedoch die Erkenntnis, dass die Interessenkonstellation der Akteure im Spannungsfeld von Kapital und Arbeit hochkomplex und in sich widersprüchlich ist. Ebenso lässt sich den Institutionen keine eindeutig determinierende Wirkung auf Akteurshandeln zuschreiben, sondern es ist von einem offenen Wirkungszusammenhang zwischen Institutionenregeln und institutioneller Praxis auszugehen. Zentraler Gegenstand empirischer Forschung und interpretativer Rekonstruktion im Rahmen qualitativer Verfahren sind die kontextgebundenen Deutungsprozesse der Akteure, die Prozesse der Interessendefinition sowie der Interpretation institutioneller Regeln. Diese kollektiven Deutungsmuster sind nur verständlich auf Basis der Kenntnis einer langen *Geschichte* betrieblicher Auseinandersetzungen, Interaktionen und häufig auch Konflikte. Sie sind Resultat eines langen Prozesses der kollektiven Verarbeitung des Geschehenen und der Interpretation des Vergangenen und Gegenwärtigen. Die Kenntnis kollektiver Orientierungsmuster als gesellschaftlich vorhandenes Deutungsangebot für subjektives Verhalten[44] ist gerade für eine international vergleichende Studie zentral, so dass sich die Analyse letztlich im Spannungsfeld dreier Komplexe bewegt: Interesse, Kultur, Institution. Nur in der Zusammenschau dieser drei Bereiche lassen sich die machtpolitisch geprägten Prozesse betrieblichen Interessen- und Repräsentationshandelns adäquat verstehen. Zusammenfassend lässt sich das theoretische Konzept der vorliegenden Studie also als ein interessentheoretischer Ansatz bezeichnen, der ergänzt ist um einen expliziten Fokus auf kulturelle Prozesse normativer Gruppenbildung, des Repräsentations- und Anerkennungshandelns sowie um eine institutionentheoretische Perspektive. Es wird eine integrierte Sichtweise vorgeschla-

43 Vgl. ähnlich Wailes u.a. (2003: 632): »The present paper has argued that, while there are some important insights associated with the application of the new institutionalism to comparative industrial relations, institutionalism provides only a partial framework for assessing national patterns of industrial relations. […] Industrial relations policies are also shaped by the material interests of different groups of employers and workers. […] This article argued for the adoption of an integrated approach, which retains the insights of the new institutionalism but at the same time examines the role that interests play in shaping the relationship between international economic change and national patterns of industrial relations.«

44 Das Konzept der kollektiven Orientierungsmuster wurde unter anderem von Trinczek (1993; 2004) für die Analyse managerialer Orientierungsmuster benutzt. Es schließt ferner an Überlegungen eines Erlanger jugendsoziologischen Projekts von W. Mangold und R. Bohnsack (1988) an sowie grundlegend an Alfred Schütz (1974).

gen, wonach interessenpolitische Deutungsmuster, kulturelle Prozesse sowie institutionell verankerte Handlungslogiken sich wechselseitig beeinflussen. Sie konstituieren gewissermaßen ein dynamisches Dreieck, das die – strukturell asymmetrisch gestalteten – Machtressourcen und Einflussmöglichkeiten der Akteure konkretisiert.

Gerade für einen deutsch-französischen Vergleich betrieblichen Interessenhandelns scheint ferner eine Kombination des deutschen Ansatzes »betrieblichen Interessenhandelns« (nach Bosch u.a. 1999) und des französischen Ansatzes der *représentation au quotidien* (nach Dufour/Hege 2002) fruchtbar. Die beiden Konzepte ergänzen sich nicht nur durch ihre unterschiedlichen Blickrichtungen auf eher horizontale bzw. vertikale Prozesse betrieblichen Interessenhandelns und stehen damit in einem komplementären Verhältnis zueinander. Sie reflektieren in ihrer Eigenschaft als national gebundene Theorieansätze zugleich gewisse Spezifika sowohl des deutschen als auch des französischen Institutionensystems und werden damit dem Gegenstand eines deutsch-französischen Vergleichs in hohem Maße gerecht. Zudem ergänzen sich auch die spezifischen kritischen Potenziale beider Ansätze: Der Ansatz des betrieblichen Interessenhandelns verweist auf die Strukturlogik kapitalistischer Ausbeutung im Spannungsverhältnis von Kapital und Arbeit. Das französische Konzept der *représentation au quotidien* hingegen rückt die Problematik demokratischer Repräsentationsverhältnisse und normativer Integration sozialer Gruppen in den Mittelpunkt. Für beide Ansätze gleichermaßen gilt jedoch, dass sich ihr kritisches Potenzial nur sinnvoll nutzen lässt in Kenntnis der historischen Entwicklungsprozesse und der Geschichte sozialen Wandels. Den Rahmen des Konzepts stellt daher die Historie dar, als zentrales erklärendes Moment der Gegenwart sowie als kritisches Mittel der Distanzierung von den unmittelbar herrschenden Verhältnissen.

3.4 Die Segmentierung industrieller Beziehungen: Ein notwendiges Forschungskonzept

Im Zuge der Kritik neoinstitutionalistischer Ansätze wurde bereits betont, dass ein internationaler Vergleich industrieller Beziehungen, der sich auf den Vergleich einheitlich gedachter nationaler Institutionensysteme und -praktiken beschränkt, unterkomplex ist (vgl. Kapitel I.1.2.2). Im Kontrast zum Reduktionismus national holistischer Modellbildung wird im Folgenden eine Sichtweise präferiert, die verschiedenen *wirtschaftlichen Segmenten* jeweils spezifische *Modelle industrieller Beziehungen* zuordnet. Es wird also systematisch davon ausgegangen, dass innerhalb eines identischen nationalen Institutionenkontextes differente Institutionenpraktiken existieren, die jedoch nicht völlig zufällig oder situativ sind, sondern in typischer Weise mit strukturellen Rahmenbedingungen korrelieren.

Für die Adäquatheit eines solchen Forschungsansatzes gibt es zwei zentrale Begründungen:

1.) Die starke Konzentration der Forschung auf ein einziges, vermeintlich typisches Modell industrieller Beziehungen *hat auch in der Vergangenheit stets Regulierungsmodi ausgeblendet, die von diesem Modell abweichen.* Im Zentrum der Aufmerksamkeit stand – nicht nur in Deutschland, sondern international – die Situation in industriellen Großbetrieben, in denen die gesetzlichen Regelungen in differenzierter und professioneller Weise angewandt wurden, ein überdurchschnittlicher gewerkschaftlicher Organisationsgrad existierte sowie ein vergleichsweise hohes Konfliktniveau und ausgeprägte Traditionen innerbetrieblicher Verhandlungen. Diese Analyseperspektive blendete stets Bereiche defizitärer Institutionalisierung aus, in denen kaum eine Anbindung an die Gewerkschaften existierte und die Situation von einer einseitigen Dominanz des Managements geprägt war. Im Ergebnis wurde ein Bild nationaler Modelle gezeichnet, das die Prägekraft institutioneller Regelungen sowie den Demokratisierungsgrad der Wirtschaft tendenziell übertrieb. Quantitativ durchaus bedeutsame Sektoren wurden damit komplett ausgeblendet (in Deutschland etwa muss der Anteil von Beschäftigten, die in Betrieben ohne Betriebsrat arbeite(te)n auch für die Vergangenheit auf rund 50 Prozent geschätzt werden). Ein solches Vorgehen ließ sich allenfalls damit rechtfertigen, dass jene großbetrieblichen Verhältnisse ›industrieller Leitsektoren‹ gleichsam als normsetzendes Vorbild für die gesamte Wirtschaft gelten konnten, die in ihrer Standardisierungskraft auch auf die übrigen Bereiche ausstrahlten. Dieses Argument gilt heutzutage immer weniger.

2.) Jenseits des Arguments der schieren Unterkomplexität einer national holistischen Modellbildung gilt *aktuell* zudem, dass der wirtschaftliche, politische und ideologische Transformationsprozess seit Mitte der siebziger Jahre in nahezu allen westlichen Industrieländern dazu geführt hat, dass eine verstärkte *Segmentierung industrieller Beziehungen* zu beobachten ist. Die ehemaligen großbetrieblich-industriell geprägten Leitsektoren haben viel von ihrer Normierungs- und Standardisierungskraft verloren und unterliegen selbst einem Erosions- und Transformationsprozess traditioneller Modi der Interessenvermittlung. Daneben haben wirtschaftliche Segmente massiv an Bedeutung gewonnen, in denen die institutionellen Regelungen nur bedingt Anwendung finden und die in ihrer typischen Institutionenpraxis deutlich von den angestammten nationalen Modellen abweichen.

Es ist hier nicht der Ort, um ausführlich auf die komplexen Veränderungsprozesse im Bereich von Wirtschaft, Staat und Gesellschaft einzugehen. Dies ist an anderer Stelle bereits wesentlich ausführlicher getan worden, so dass hier einige Stichworte genügen mögen: Seit Mitte der siebziger Jahre haben unter anderem im Zuge einer Krise rentabler Kapitalverwertung massive wirtschaftliche Liberalisierungsprozesse stattgefunden. Die Internationalisierung wirtschaftlicher Produktionsprozesse sowie die Verschärfung internationaler Konkurrenzbeziehungen erreichten eine neue Qualität. Standortlogiken und das Shareholder-Value-Prinzip prägen verstärkt das wirtschaftliche Entscheidungshandeln. Der Wegfall der Blockkonfrontation seit Beginn der neunziger Jahre und die globale Ausdehnung des Kapitalismus verstärkten diese Entwicklungen noch zusätzlich. Der Nationalstaat hat viel von seiner Regulierungsmacht in ökonomischen sowie sozialen Angelegenheiten eingebüßt und ist nur partiell durch andere Institutionen auf transnationaler bzw. globaler Ebene ersetzt worden. Eine Tertiarisierung der Wirtschaftsstruktur und die Zunahme von Klein- und Mittelbetrieben, unter anderem im Zuge von virulenten Outsourcing-Strategien, sind ubiquitär. Ein massiver Anstieg der Arbeitslosenquoten verschärfte die Konkurrenz auf dem Arbeitsmarkt und schwächte nachhaltig die Verhandlungsposition der Beschäftigten und der Gewerkschaften.

In nahezu allen europäischen Ländern ging der gewerkschaftliche Organisationsgrad massiv zurück und der Einfluss der Gewerkschaften auf das politische Geschehen ist im Schwinden. Die staatlichen Politiken waren von einem Abbau sozialstaatlicher Sicherungen gekennzeichnet. Es kam zu einer Rekommodifizierung der Arbeitskraft und zu einem Abbau historisch erkämpfter Schutzrechte. In nahezu allen europäischen Ländern wurden infolge dieser Entwicklung ehemals zentrale ›Gewerkschaftsbastionen‹ geschleift. Am spektakulärsten war diesbezüglich sicherlich der *miner strike* Anfang der achtziger Jahre in Großbritannien, der die fundamentale Entmachtung der britischen Gewerkschaftsbewegung einläutete. Aber auch in Frankreich fand 1979 ein ähnlicher Kampf um die Erhaltung der Stahlindustrie in Lothringen statt, währenddessen eine gesamte Region den Aufstand probte – mit dem zweifelhaften Ergebnis einer Verlangsamung und verbesserten sozialen Abfederung des Endes einer industriellen Epoche. Die deutsche Gewerkschaftsbewegung hat zwar keine derartig spektakuläre Niederlage erlebt, sie leidet jedoch an derselben grundlegenden Problematik: Jene sozialen Kerngruppen abhängig Beschäftigter, auf die zentrale Facetten der gewerkschaftlichen Identität und Normbildung bezogen waren, sind in Auszehrung begriffen. Oder anders: Der traditionellen gewerkschaftlichen Programmatik fehlt zunehmend das Subjekt. Stattdessen nehmen Beschäftigtengruppen und Beschäftigungsformen zu, die klassischerweise eher am Rande gewerkschaftlicher Organisierung standen und deren Ort innerhalb der Gewerkschaften (noch?) nicht so recht bestimmt ist: Beschäftigte in Dienstleistungsberufen und in Kleinbetrieben, AkademikerInnen, weibliche Beschäftigte, migrantische Beschäftigte sowie generell unter prekären Bedingungen Arbeitende. Teilzeitarbeit, befristete Beschäftigung und Leiharbeit nehmen zu.

Der wirtschaftliche und arbeitsmarktpolitische Strukturwandel, auf den die europäischen Gewerkschaften bislang kaum adäquate Antworten gefunden haben, schlägt sich aktuell nieder in einer deutlichen Verschiebung der Kräfteverhältnisse zwischen Kapital und Arbeit. Angesichts der erstarkten Verhandlungsmacht der Unternehmer werden traditionelle Kompromisslinien aufgekündigt und Kräfteverhältnisse neu austariert. Ein Aspekt dieser Entwicklung ist der nahezu europaweit feststellbare Versuch der Verlagerung von Regulierungskompetenzen von der tariflichen auf die betriebliche oder sogar individuelle Ebene. Diese Entwicklung der Verbetrieblichung oder auch Dezentralisierung arbeitspolitischer Regulierung ist nicht unilinear und ohne Widersprüche. In diversen Ländern kam es etwa zu einer Re-Regulierung dezentralisierter Verhältnisse im Rahmen gesetzlicher Maßnahmen (zum Beispiel Mindestlöhne) oder durch neue Instrumente der Tarifparteien, die an einer Erhaltung ihrer Vertretungskompetenzen interessiert sind (Soziale Bündnisse, Öffnungsklauseln). Dennoch lässt sich sowohl für Deutschland als auch für Frankreich (und nicht nur hier) insgesamt eine *Tendenz zur Verbetrieblichung industrieller Beziehungen* konstatieren.

In Deutschland begann diese bereits 1984 mit dem Arbeitszeitkompromiss in der Metallindustrie, der eine betriebliche Umsetzung der tariflichen Normen vorsah. Sie erreichte eine neue Qualität mit der Härtefallklausel in der ostdeutschen Metallindustrie zu Beginn der neunziger Jahre, die erstmals offiziell in einem industriellen Kernsektor die Möglichkeit einer negativen Abweichung von den tariflichen Lohnstandards ermöglichte. Seit etwa Mitte der neunziger Jahre lässt sich für Deutschland ein fortschreitender Prozess der Verbetrieblichung arbeitspolitischer Normfindung im Zuge der Erosion des Flächentarifvertrags konstatieren (vgl. unter anderem Artus 2001; Bahnmüller 2003; Rehder 2003; Haipeter/Schilling 2006; Bispinck 2004; 2007).

Für Frankreich ist die Entwicklung weniger eindeutig, da die gewerkschaftliche Tarifpolitik hier traditionell stark ›verbetrieblicht‹ ist. So diagnostizierten etwa Kißler/Lasserre (1987: 58): »Trotz des stark normativen Charakters des Tarifrechts und der Eingriffsbefugnis, die es dem Staat zuerkennt, ist die Praxis der Tarifbeziehungen von einer starken Heterogenität geprägt und hat nur eine begrenzte soziale Bedeutung«. Jenseits der Aushandlung branchenspezifischer, stark rudimentärer Mindeststandards, die regelmäßig staatlicherseits für allgemeingültig erklärt werden, konzentriert sich die gewerkschaftliche Tarifpolitik traditionell auf einzelne, gut organisierte Großbetriebe und versucht dort, Vorbildvereinbarungen durchzusetzen, die dann in mehr oder weniger großem Umfang auch auf kleinere Betriebe übertragen werden können (vgl. Dufour/Hege 1999). Die Branchenebene der Tarifpolitik spielt hier also klassischerweise eine weniger bedeutende Rolle, dafür ist der Staat als Akteur für allgemeingültige Normsetzung wesentlich wichtiger und zugleich differenzieren die Verhältnisse stärker auf der Ebene betrieblicher Tarifpolitik. Die zentralen Impulse zur Dezentralisierung und Verbetrieblichung der Tarifpolitik gehen in Frankreich daher weniger direkt von den Unternehmen aus, sondern vielmehr von der staatlichen Gesetzgebung. In den achtziger Jahren erfolgte dies etwa in den Auroux-Gesetzen (vgl. Kapitel II.2.8) noch in der Form einer Stimulierung des betrieblichen Sozialdialogs. In den neunziger Jahren wurde die staatlich verordnete Arbeitszeitverkürzung im Rahmen betrieblicher Verhandlungen umgesetzt. Damit wurde staatlicherseits ein Zwang zur Verlagerung von Regulierungskompetenzen auf die betriebliche Ebene geschaffen, die zugleich neue betriebliche Verhandlungsinstitutionen (in der Form der *salariés mandatés*) nötig machte (vgl. Kapitel II.2.9). Vor kurzem (2003/2004) hat das so genannte *Loi Fillon* viel Aufmerksamkeit erregt, da es die ›Hierarchie der Normen‹ grundlegend veränderte: Tarifvereinbarungen auf Branchenebene sind fortan nur noch dann gültig, wenn keine Betriebsvereinbarung zum Thema existiert. Diese auf den ersten Blick revolutionäre Umkehrung des Subsidiaritätsprinzips ist zwar in der Praxis durch eine Vielzahl von Klauseln restringiert und letztlich an den ›Selbstentmachtungswillen‹ der Tarifparteien gebunden (vgl. Defalvard u.a. 2005 sowie Kapitel II.2.9), dennoch zeigt sich hier ein grundsätzlicher Wille des Gesetzgebers zur Dezentralisierung und Verbetrieblichung des Verhandlungsgeschehens, der sich mit der jüngsten Wahl von Nicolas Sarkozy zum französischen Präsidenten und Francois Fillon zu seinem Premierminister sicherlich fortsetzen wird.

Der wirtschaftliche Strukturwandel in Richtung Tertiarisierung und Verkleinbetrieblichung, veränderte wirtschaftliche und politische Regulierungsformen, die Zunahme der Machtasymmetrie zwischen Kapital und Arbeit, die Zerschlagung angestammter Gewerkschaftsbastionen und die Auflösung des traditionellen gewerkschaftlichen Subjektes, die Verbetrieblichung der Regulierungsformen und die Zunahme prekärer Beschäftigung machen es nötig, sich von der Vorstellung eines einzigen national gültigen Regulierungsmodells zu verabschieden Die erhebliche sowie wachsende Heterogenität im Bereich industrieller Beziehungen ist unübersehbar. Es kommt zu einer *Pluralisierung der Regulierungsformen.* Jene klassischen facharbeiterzentrierten Regulierungsweisen industrieller Großbetriebe, die ehemals landesweit Ausstrahlungswirkung besaßen und als zukunftsträchtig galten, sind längst zu segmentären Modellen geworden. Sie sind ein Modell unter diversen anderen und unterliegen selbst einer beträchtlichen Erosionsdynamik. Daneben gibt es inzwischen ein weites Feld unterschiedlicher Modelle industrieller Beziehungen, in denen sich die gesetzlich vorgesehenen Institutionensysteme häufig nur vereinzelt, lückenhaft oder in pervertierter Form finden. Die betrieblich etablierten Kulturen der Interessenregulierung und Konfliktverarbeitung unterscheiden sich dementsprechend erheblich.

Im Folgenden soll allerdings nicht nur von einer Pluralisierung, sondern von einer *Segmentierung industrieller Beziehungen* gesprochen werden. Dieser Begriff zielt darauf, dass es nicht nur eine zunehmende Vielfalt von Regulierungsmodi gibt, sondern dass sich bestimmte Modelle industrieller Beziehungen typischerweise spezifischen Segmenten der Wirtschaft sowie des Arbeitsmarktes zuordnen lassen. Historisch etablierte Standards eines spezifischen Arbeitsmarktsegments wirken regulierend (oder deregulierend) auf alle jeweils in diesem Segment tätigen Betriebe. Ein solcher wirtschaftssegmentspezifischer Angleichungsprozess von Regulierungsmodi lässt sich in mehrfacher Weise begründen: *materiell* durch die Ähnlichkeit von Produktionsstrukturen sowie die Mechanismen der Marktkonkurrenz innerhalb regional sowie qualifikationsspezifisch definierter Arbeitsmarktsegmente; *kulturell* durch die Annahme, dass spezifische institutionelle Bedingungen auch die Erwartungshaltung und typische Alltagspraxis von Beschäftigten formen. So werden im Laufe einer Berufsbiografie bestimmte Standards und Normen von Austauschbeziehungen erlernt, die im Fall eines Arbeitsplatzwechsels (der sich gewöhnlich innerhalb definierter Arbeitsmarktsegmente vollzieht) auch in anderen Betrieben erwartet werden; und schließlich *historisch* insofern, als nationale Geschichten industrieller Beziehungen stets nach Regionen sowie Branchen differenziert sind – mit der Folge segmentär spezifischer Institutionenkulturen. Als Beispiel sei hier etwa auf die regional sowie branchenspezifisch stark differierenden Tarifkulturen verwiesen, die selbst für formal tarifungebundene Betriebe nicht folgenlos sind.

Was definiert ein Segment industrieller Beziehungen? Die einschlägige Literatur zum Thema legt insbesondere vier Dimensionen nahe, die geeignet sind, die Grenzen zwischen verschiedenen Segmenten industrieller Beziehungen zu markieren. Dabei mag bei der Abgrenzung konkreter Segmente mal der einen, mal der anderen Dimension größere Bedeutung zukommen – wobei gewöhnlich alle eine gewisse Rolle spielen. Mit Sicherheit ist auch davon auszugehen, dass eine sinnvolle Abgrenzung von Wirtschaftssegmenten nicht transnational konstant erfolgen kann, sondern nationalen Spezifika Rechnung zu tragen hat. Immer jedoch dürften die folgenden vier Dimensionen relevant sein:

1. *die Größe und Struktur des Betriebs*; diese Dimension bezieht sich sowohl auf die schiere Beschäftigtenzahl eines Unternehmens, also auch darauf, im Rahmen welcher Organisationsform die Beschäftigten zusammenarbeiten (zum Beispiel einzelbetriebliche Struktur versus Filialstrukturen, netzwerkartige Betriebsstrukturen). Wichtig ist ferner die Eigentümerkonstellation.
2. *die regionale Verortung des Betriebs*; wesentlich erscheint hier die Unterscheidung zwischen Stadt- und Landbetrieben, aber auch die Berücksichtigung spezifischer regionaler Besonderheiten sowie generell die Gegebenheiten regionaler Arbeitsmärkte.
3. *die Branchenzugehörigkeit*; der Branchenbegriff ist zugegebenermaßen nicht leicht zu operationalisieren und variiert im internationalen Vergleich. Dennoch ist er unverzichtbar, da er nicht nur materielle Ähnlichkeiten im Produktionsprozess abgrenzt, sondern auch die Verortung innerhalb spezifischer Konkurrenz- und Marktbeziehungen. Auch die Organisationen kollektiver Interessenvertretung von Kapital und Arbeit mit ihrer spezifischen Interaktions- und Konfliktgeschichte sind branchenbezogen.
4. *die Tätigkeits- und Qualifikationsstruktur sowie die juristischen Formen des Beschäftigungsverhältnisses*; diese Dimension zielt auf die materielle Ebene der konkreten Arbeitstätigkeit der Beschäftigten und betrifft Fragen der Arbeitsorganisation sowie der Qualifikation der Beschäftigten, typische Ausbildungs-, Professionalisierungs- und Karrierewege. Weiterhin ist die Unterscheidung zwischen Normalarbeitsverhältnissen und prekären Beschäftigungsformen wichtig, um die Bargaining-Situation der Beschäftigten zusammenfassend im Blick zu haben.

Angesichts dieser auf den ersten Blick eher strukturanalytisch angelegten Dimensionen ist einmal mehr darauf zu verweisen, dass die Entstehung verschiedener Segmente industrieller Beziehungen in sehr grundlegender Weise als historischer sowie interessenpolitisch strukturierter Prozess zu verstehen ist. Geschichte – in der Form von Betriebsgeschichte, Tarifgeschichte, Geschichte von Professionen und Institutionen und vieles mehr – ist somit das alle Dimensionen überlagernde Strukturierungsprinzip wirtschaftssegmentspezifischer Interaktionskulturen.

Die vorliegende Studie verfolgt nicht den Anspruch, auch nur ansatzweise ein Gesamttableau wirtschaftlicher Segmente und darauf bezogener institutioneller Regulierungsformen zu skizzieren. Sie zieht allerdings einige wichtige Lehren aus dem Sachverhalt einer Segmentierung industrieller Beziehungen. Ihr Gegenstandsbereich ist der deutsch-französische Vergleich betrieblicher

Interessenvertretung in spezifischen Wirtschaftssegmenten. Dabei handelt es sich um Segmente, die dezidiert jenseits klassischer Kernsektoren institutioneller Regulierung angesiedelt sind, nämlich Klein- und Mittelbetriebe vor allem im ländlichen Bereich sowie prekäre Dienstleistungsarbeit. Der geringe Deckungsgrad betrieblicher Repräsentationsinstitutionen in diesen beiden Segmenten zeigt sich sehr deutlich in den einschlägigen statistischen Überblicksdaten (vgl. Kapitel III.1). Beide Segmente haben sich zudem auch im Zuge eines Forschungsprojektes zum Thema Betriebe ohne Betriebsrat als institutionell defizitäre Sektoren erwiesen (vgl. Trinczek 2002; Artus u.a. 2006).

Die Notwendigkeit eines solchen segmentierungstheoretischen Forschungsansatzes ergibt sich zwingend aus den oben dargestellten aktuellen Entwicklungen. Er bedeutet eine Abkehr von der bislang weithin üblichen Logik internationaler Institutionenvergleiche, die sich auf die Analyse *eines einzigen* prägenden Modells industrieller Beziehungen pro Nationalstaat beschränkten. Grundeinheit des internationalen Vergleichs ist vielmehr eine subnationale Analyseeinheit, die einerseits in ihrer Einbettung in den gesamtgesellschaftlichen nationalen Zusammenhang und zugleich im internationalen Vergleich betrachtet wird. Dies bedeutet nicht, dass die Betrachtung nationaler Institutionenmodelle komplett obsolet würde und nationalstaatliche Abgrenzungen ihre Bedeutung völlig verlieren. Es bedeutet jedoch eine Weiterentwicklung und Ausdifferenzierung traditioneller Ansätze. Es geht zudem nicht nur darum, den angestammten Blick internationaler Vergleiche auf industrielle Kernsektoren um eine Darstellung anderer, ›abweichender‹ Segmente zu ergänzen. Im Zuge der Segmentierung industrieller Beziehungen scheinen jene im Folgenden diskutierten Bereiche institutionell defizitärer Regulierung wenigstens ebenso repräsentativ für die herrschenden Verhältnisse wie die Gegebenheiten in den Großkonzernen der Automobilindustrie Deutschlands und Frankreichs. Ob sich in ihnen nicht sogar die Perspektiven industrieller Beziehungen in Europa ankündigen, wird die Zukunft zeigen.

II. Betriebliche Interessenvertretung in Deutschland und Frankreich

Die Rechte abhängig Beschäftigter auf Repräsentation, Information und Mitbestimmung sind das Ergebnis einer langen Geschichte historischer Kämpfe um die Demokratisierung kapitalistischer Betriebe. Sie sind das Ergebnis von Klassenkonflikten sowie von Kompromissformeln, die in den einzelnen Ländern zu unterschiedlichen Zeitpunkten unter differenten machtpolitischen Bedingungen eingegangen wurden und sich als mehr oder weniger dauerhaft erwiesen. Das deutsche Betriebsverfassungsgesetz und der französische *Code du Travail* unterscheiden sich in vielerlei Hinsicht: Wie kommt es, dass dieselbe gesellschaftliche Problematik, nämlich die Frage kollektiver Interessenvertretung der Beschäftigten, in Deutschland durch ein zentralisiertes Organ (den Betriebsrat) gelöst wird, während in Frankreich eine Vielzahl betrieblicher Institutionen mit funktional differenzierten Zuständigkeiten geschaffen wurden (*Délégués du Personnel, Comité d'Entreprise, Délégués Syndicaux* und andere)? Weshalb besitzt der deutsche Betriebsrat zwar Mitbestimmungsrechte, aber kein Streikrecht, während die französischen *Institutions Représentatives du Personnel (IRP)* ›nur‹ Informations- und Mitwirkungsrechte haben, zugleich jedoch Streiks eine wichtige Rolle als Machtressource spielen? Wie kommt es in Deutschland zu einer institutionell klaren Trennung zwischen Gewerkschaften und betrieblicher Interessenvertretung, in Frankreich zur direkten gewerkschaftlichen Einflussnahme? Und: Welchen Unterschied machen diese differenten rechtlichen Regelungen in der Praxis? All diese Fragen lassen sich nur verstehen durch einen Blick auf die Geschichte der Kämpfe um ein Repräsentationsrecht der Beschäftigten im Betrieb und die Forderung nach Demokratisierung der Wirtschaft. Dies soll im Folgenden zumindest ansatzweise geschehen.

Eine vergleichende Darstellung der Geschichte institutionalisierter Interessenvertretung in Deutschland und Frankreich ist ein derart umfassendes Projekt, dass es den Rahmen der vorliegenden Arbeit sprengen würde. In der pragmatischen Absicht, in erster Linie einem deutschen Publikum die ›fremdere‹ Institutionenwelt und -praxis der französischen Beschäftigtenrepräsentation nahezubringen, wird im Folgenden den deutschen und französischen

Verhältnissen ein ungleiches Maß an Aufmerksamkeit geschenkt. Die deutsche Geschichte der Betriebsverfassung ist in der deutschsprachigen Literatur gut dokumentiert (vgl. unter anderem Brigl-Matthiaß 1926; Teuteberg 1961, 1981; Crusius u.a. 1978; Hentschel 1983; Braun u.a. 1992; Demirovic 2007). Sie wird daher eher in groben Umrissen rekapituliert (Kapitel II.1). Zur französischen Geschichte der *Institutions Représentatives du Personnel (IRP)* gibt es hingegen im deutschen und selbst im englischen Sprachraum nur sehr spärliche und vergleichsweise oberflächliche Literatur. Die folgende Darstellung, die im Wesentlichen auf französischen Quellen basiert, verfolgt daher auch das Ziel, einen Beitrag zur Reduktion dieser Forschungslücke zu leisten (Kapitel II.2). Die Ungleichgewichtigkeit bei der folgenden Darstellung der deutschen sowie französischen Entwicklungsgeschichte betrieblicher Interessenvertretung scheint weiterhin auch geboten, um zu vermeiden, dass das eigene (deutsche) Vorverständnis in allzu unreflektierter Weise auf den hier diskutierten Gegenstand übertragen wird. Nur durch eine intensive Beschäftigung mit dem kulturell fremden Kontext lassen sich symbolische Bedeutungskontexte und praktische Funktionslogiken begreifen, die für den ›Eingeweihten‹ zum *Tacit Knowledge* kultureller Selbstverständlichkeit gehört, für die kulturell Fremde jedoch im Licht ihrer gewohnten Interpretationsschemata zuweilen paradox und unverständlich scheinen.

Nach der (unterschiedlich detaillierten) chronologischen Darstellung der deutschen sowie französischen Geschichte betrieblicher Interessenvertretung wird in einem dritten Abschnitt das deutsche und das französische Modell betrieblicher Interessenvertretung direkt gegenübergestellt und in wesentlichen Dimensionen verglichen (Kapitel II.3).

1 Die Institutionalisierung betrieblicher Mitbestimmung in Deutschland

1.1 Zur Vorgeschichte der bundesdeutschen Betriebsverfassung

Die deutsche Geschichte industrieller Beziehungen ist von einer Industrialisierung geprägt, die zwar später einsetzte als in England oder auch Frankreich, sie verlief jedoch vergleichsweise rapide. Innerhalb weniger Jahrzehnte kam es zum Aufbau industrieller Zentren und der Durchsetzung des Fabriksystems. Industrialisierung und Urbanisierung waren dabei eng verknüpft. Mit der schnellen Herausbildung eines relativ homogenen sowie lokal konzentrierten Proletariats im letzten Drittel des 19. Jahrhunderts lässt sich auch der – im internationalen Vergleich – recht rasante Aufbau großer Gewerkschaftsorganisationen in Deutschland erklären, die durch ihre enge Verknüpfung mit der Sozialdemokratischen Partei zudem ein ideologisch einigendes Zentrum besaßen. Zugleich waren in Deutschland sowohl sozialreformerische als auch Zunfttraditionen stärker lebendig als zum Beispiel in Frankreich. So kam es in Deutschland zu einem frühen Erstarken des Tarifvertragswesens (vgl. Ullmann 1977; Artus 2001) sowie staatlicher Sozialgesetzgebung. Zugleich existierten bereits im 19. Jahrhundert Experimente mit rudimentären Formen von betrieblicher Interessenvertretung (vgl. Teuteberg 1961). Bereits in den siebziger Jahren des 19. Jahrhunderts und ab 1889 in Reaktion auf einen großen Streik im Bergbau, wurden in vielen Großbetrieben freiwillige Arbeiterausschüsse eingerichtet. Nach dem Einzug der Sozialdemokratie in den Reichstag im Jahr 1890 und einem weiteren großen Streik 1905 wurde die Einrichtung von Arbeiterausschüssen im Bergbau gesetzlich verpflichtend. Obwohl weite Teile der Großindustrie sowie der radikale Flügel der sozialistischen Bewegung diese Einrichtungen ablehnten, wich diese Kritik »aufgrund der mit der betrieblichen Interessenvertretung gemachten praktischen Erfahrungen und ihrem erheblichen Bedeutungszuwachs« nach und nach »einer verhaltenen positiven Einstellung« (Blanke 1995: 16). Ein allgemeines Mitspracherecht der Beschäftigten wurde schließlich erstmals im Jahr 1916 eingeführt. Das Nationale Hilfsdienstgesetz wurde im Zuge der Kollaboration der Sozialdemokratischen Partei und des Freien Deutschen Gewerkschaftsbundes mit der Kriegspolitik des Kaiserreiches im Ersten Weltkrieg sowie der Burgfriedenspolitik zugunsten der Erfordernisse der Kriegswirtschaft eingeführt. Es verkoppelte eine Einschränkung der Freiheit bezüglich des Abschlusses von Arbeitsverträgen mit einer institutionalisierten Verankerung der Mitsprache der Beschäftigten in Arbeiter- und Schlichtungsausschüssen.[45] Der Zusammenbruch des Kaiserreichs, die Delegitimierung der herrschenden Eliten, die Schwächung der Machtstellung der Unternehmer in den Betrieben sowie der Aufstieg der (Mehrheits-)Sozialdemokratie zur Regierungsmacht bereiteten nach dem Ersten Weltkrieg den Boden für den Erlass des ersten Betriebsrätegesetzes im Jahr 1920. Was im distanzierten historischen Rückblick sowie im internationalen Vergleich als eine relativ frühe sowie vergleichsweise umfassende Verwirklichung gesetzlich garantierter betrieblicher Beschäftigtenpartizipation gelten kann, war zum damaligen Zeitpunkt lediglich eine Art Minimalkompromiss. Vor dem Hintergrund einer sozialistischen Revolution in Russland sowie von Räterevolutionen

45 Das Recht, die paritätisch verfassten Ausschüsse zu besetzen, stand den Gewerkschaften und den Unternehmerverbänden zu, wobei ein Offizier als neutraler Schlichter den Vorsitz und das letztentscheidende Stimmrecht hatte.

in Ungarn sowie Bayern stellte das Betriebsrätegesetz von 1920 nur eine sehr rudimentäre Verwirklichung sehr viel weiter gehender Vorstellungen wirtschaftlicher Demokratisierung und Sozialisierung dar. »Codetermination represented a socially integrative alternative to revolution or socialism« (Jackson 2005: 237).[46]

Heiß umstritten und stark kritisiert von Teilen der Arbeiterbewegung war insbesondere die strikt duale Konzeption des Betriebsrätegesetzes. Es verfasste den Betriebsrat als gewerkschaftsunabhängige Instanz, die nur der Belegschaft Rechenschaft schuldig und in ihrer Vertretungspolitik auf den betrieblichen Rahmen festgelegt war. Als wirtschaftsfriedliches Organ wurde er auf die Wahrung des Betriebsfriedens sowie kooperative Zusammenarbeit mit der Geschäftsleitung verpflichtet. KritikerInnen befürchteten dadurch eine Schwächung gewerkschaftlicher Einflussmacht an der Basis. Mit dem Betriebsrat werde in den Betrieben eine Art wirtschaftsfriedliches Gegengewicht und eine Parallelinstanz zu gewerkschaftlicher Interessenvertretung geschaffen. Eine Ironie der Geschichte ist es, dass es sozialdemokratische Minister waren, die den Betriebsräten damals das Streikrecht vorenthielten. Diese Befriedung der betrieblichen Basis war durchaus intendiert und begründet, zum einen durch den kurz zuvor abgeschlossenen Klassenkompromiss im so genannten Stinnes-Legien-Abkommen[47], zum anderen durch die verschärften Auseinandersetzungen innerhalb der Arbeiterbewegung. Nach der gescheiterten Revolution

---

46 Trotz Kritik an der Konstruktion und Reichweite des Betriebsrätegesetzes erkannte der marxistische Theoretiker Karl Korsch in einer 1922 veröffentlichten Abhandlung diesem eine neue Qualität der Arbeitsverfassung zu. Diese bestehe darin, dass die Arbeiter fortan garantierte Rechte innerhalb des Betriebs besitzen, wodurch die bislang rein privatrechtlich definierte Beziehung zwischen Arbeitern und Unternehmern partiell reguliert wird. Korsch interpretierte die Gewährung solcher Rechte nicht als Alternative zur Revolution, sondern als ersten notwendigen Schritt auf dem Weg einer vollständigen Demokratisierung (vgl. Korsch 1922/1980 sowie die ausführliche Darstellung in Röbenack 2005: 96–101).

47 Es handelt sich dabei um das am 15. November 1918 unterzeichnete Abkommen über die Bildung einer Zentralarbeitsgemeinschaft zwischen den freien Gewerkschaften und den Unternehmerverbänden. Das Bündnis wird häufig nach den Hauptverhandlungsführern der beiden Seiten, dem Vorsitzenden der Generalkommission der Freien Gewerkschaften, Carl Legien, und dem Vorsitzenden des Rheinisch-Westfälischen Zechenverbandes der Steinkohlenindustrie, Hugo Stinnes, bezeichnet. Das Abkommen sicherte den Gewerkschaften diverse Errungenschaften zu, unter anderem die unumschränkte Anerkennung als Tarifpartei sowie die Einführung des Acht-Stunden-Tages. Es ist daher auch als *Magna Charta* der Gewerkschaften bezeichnet worden. Mit dem Bündnis betrieben beide Seiten Machtsicherung in politisch brisanten Zeiten: Die Unternehmer fürchteten um ihr Privateigentum an den Produktionsmitteln, die Gewerkschaften um ihre kurz zuvor mühsam errungene Monopolstellung bei der Interessenvertretung der ArbeiterInnen. Insofern ist es sicher korrekt, das Stinnes-Legien-Abkommen als »management-labour revolution before the revolution« zu bezeichnen (Feldman 1970: 333).

von 1918/19, der Ermordung von Rosa Luxemburg und Karl Liebknecht und der blutigen Niederschlagung der bayerischen Räterepublik standen sich die verschiedenen Fraktionen der Arbeiterschaft zunehmend feindlich gegenüber. So entsprach das Betriebsrätegesetz von 1920 zum damaligen Zeitpunkt den Interessen der (mehrheits)sozialdemokratisch orientierten Gewerkschaftsführungen, da es den Einfluss von linkssozialistischen und kommunistischen Gruppierungen an der betrieblichen Basis beschränkte und zugleich das erst kurz zuvor errungene Vertretungsmonopol der Gewerkschaften als tarifsetzende Instanzen sicherte. Nach erbitterten Auseinandersetzungen forderten die Kämpfe am Tag der Verabschiedung des Betriebsrätegesetzes im Reichstag sogar Todesopfer.

Das letztlich verabschiedete Gesetz sah die Einrichtung von Betriebsräten mit paritätischer Besetzung durch Arbeiter und Angestellte in allen Betrieben mit mehr als 20 Beschäftigten vor. Befugnisse wurden ihnen vor allem in personellen Angelegenheiten eingeräumt. Mitbestimmungsrechte besaßen sie nicht. 1922 wurde das Betriebsrätegesetz um das Recht der Entsendung von zwei Belegschaftsvertretern in den Aufsichtsrat ergänzt. Schätzungen gehen davon aus, dass Mitte der zwanziger Jahre in etwa der Hälfte aller Betriebe mit über 50 Beschäftigten Betriebsräte existierten (vgl. Plumpe 1992). Auch wenn diese Schätzungen möglicherweise etwas übertrieben sind, ist von einer erheblichen Verbreitung der neuen Institution in der Weimarer Republik auszugehen. Ihre Einflussmacht war jedoch häufig eher gering (vgl. Brigl-Matthiaß 1926; Geiger 1929).

Die Nationalsozialisten schafften 1933 nicht nur freie Gewerkschaftsorganisationen und das Streikrecht ab, sondern auch die Institution des Betriebsrats. Stattdessen wurden in den Betrieben Vertrauensräte installiert, deren Vorsitz die Unternehmensleitung innehatte. Sie hatten lediglich Beratungsrechte gegenüber der Betriebsleitung. Die Kandidatenaufstellung für die Vertrauensratswahlen erfolgte in enger Koordination zwischen dem Unternehmer und dem Obmann der Nationalsozialistischen Betriebszellen-Organisation und später der Deutschen Arbeitsfront. »Unter diesen Umständen hatten die nur in den Jahren 1934 und 1935 durchgeführten Vertrauensratswahlen lediglich Akklamationscharakter« (Kranig 1993: 149). Die Vertrauensräte standen für das Bild eines organischen – statt von Interessengegensätzen geprägten – Zusammenhangs von Unternehmern und Beschäftigten im Rahmen einer nationalen Volksgemeinschaft. Eine unabhängige Interessenvertretung der Belegschaften war nicht länger vorgesehen. Unterschiedliche Interessen von Kapital und Arbeit wurden durch das staatlich verordnete Bild eines homogenisierten Volkswillens per Dekret abgeschafft. In der Praxis bedeutete dies die

Wiedereinsetzung der Betriebsleitungen in ihre ehemals unumschränkten Rechte:

»In dieser Ausgestaltung der Betriebsverfassung kam deutlich zum Ausdruck, wer in den Betrieben das Sagen haben sollte: Entsprechend dem politischen Führerprinzip war der Arbeitgeber der ›Betriebsführer‹, der der als ›Gefolgschaft‹ bezeichneten Belegschaft gegenüber umfassende Weisungsbefugnisse hatte, die durch Mitspracherechte der Arbeitnehmerschaft nicht mehr eingeschränkt waren« (ebd.; vgl. auch Kranig 1983; Siegel 1989; Krell 1994).

1.2 Kampf um Mitbestimmung

Die ersten Betriebsräte nach der Befreiung Deutschlands vom Nationalsozialismus und dem Ende des Zweiten Weltkriegs waren nicht gesetzlich implementierte Organe der Mitbestimmung, sondern ›von unten‹ entstandene und direkt von den Belegschaften autorisierte Organe der betrieblichen Produktions(re)organisation. Noch vor dem Wiederaufbau der Gewerkschaften wurden in vielen Unternehmen von den Beschäftigten Betriebsräte gewählt, die in den oft ›herrenlos‹ gewordenen Betrieben den Wiederaufbau, den gesamten Betriebsablauf sowie die Nahrungsmittelversorgung der Beschäftigten organisierten. Mit dem Kontrollratsgesetz Nr. 22 vom 10. April 1946 wurden diese Betriebsräte auch offiziell zugelassen. Während eines kurzen Zeitraums konkurrierten sie in ihren Funktionen mit den ab Juni 1946 zunächst auf regionaler Ebene sich neu konstituierenden Gewerkschaften sowie teilweise auch mit den neuen Instanzen betrieblicher Autorität, die von den Besatzungsmächten eingesetzt wurden. Aber

»im Gegensatz zu der Entwicklung nach dem 1. Weltkrieg entwickelte sich keine radikale Bewegung von den Betrieben her, die die taktischen Machtpositionen der Betriebsvertretungen in den ersten Monaten nach dem Zusammenbruch gestützt oder die Politik der Gewerkschaften mitbestimmt hätte. Die Gründe dafür waren vielfältig: die totale militärische Kontrolle, die die Besatzungsmächte ausübten; die enge Bindung der Betriebsräte an die unmittelbaren Bedürfnisse der Belegschaften; die Verluste, die die Arbeiterbewegung durch den Terror des Nationalsozialismus zu tragen hatte; die allgemeine politische Apathie der Bevölkerung nach der Niederlage; schließlich das Interesse der Gewerkschaftsführungen, die Macht der Betriebsräte nicht zu sehr zu stärken« (Schmidt 1971: 14).

Die unmittelbare Nachkriegszeit in Deutschland ist davon geprägt, dass es zu einem schnellen und umfassenden organisatorischen Neuaufbau der Gewerkschaften kam, die sich nunmehr – als Lehre aus ihrer Niederlage im Kampf gegen den Faschismus – als Einheitsgewerkschaften konstituierten.[48] Dieses »Wunder der Organisation« (Pirker 1960) zeigte den virulenten Willen vieler ArbeiterInnen, auf gewerkschaftlichem Wege Einfluss zu nehmen auf die Rekonstruktion der Betriebe sowie des neuen Staates.[49] Dabei erwies sich die Frage betrieblicher Mitbestimmung in beiden sukzessive neu entstehenden deutschen Staaten als ein Schlüsselthema, bei dem die Auseinandersetzungen um die neue(n) wirtschaftliche(n) und gesellschaftliche(n) Ordnung(en) kulminierten. Es stand daher – im Westen noch stärker als im Osten – im Zentrum gesellschaftlicher Auseinandersetzungen:

In Ostdeutschland zielte die koordinierte Politik der sowjetischen Besatzungsmacht und der neuen Gewerkschaftsinstanzen zunächst auf eine Integration der ›von unten‹ entstandenen Betriebsräte in die Gewerkschaftsorganisationen. Da es dabei jedoch immer wieder zu Konflikten mit den oft unmittelbar belegschaftsbezogen agierenden Betriebsräten kam, bemühten sich Gewerkschaften und Parteifunktionäre etwa ab Mitte 1947 um deren stärkere Kontrolle und Disziplinierung. Die für September 1948 geplanten Betriebsratswahlen wurden zunächst verschoben. Am 25. November 1948 wurde dann in Bitterfeld die Abschaffung der Betriebsräte zugunsten eines unumschränkten Vertretungsmonopols des FDGB als staatstragender Massenorganisation beschlossen. Die existierenden Betriebsräte wurden in die gewerkschaftlichen Organisationsstrukturen eingegliedert (vgl. Sarel 1975; Artus 2001).

In Westdeutschland kam es bereits 1946 zu Auseinandersetzungen zwischen den Alliierten über die Rechte der Betriebsräte sowie zu betrieblichen Auseinandersetzungen über die letztlich unklaren Bestimmungen. Die Intensität der Konflikte zum Thema Mitbestimmung erklärt sich dadurch, dass es hier – zumindest in der Perspektive der zeitgenössischen Akteure – um nicht viel weniger ging als um die Frage der Wirtschaftsverfassung. Die gewerkschaftlichen Vorstellungen gingen dabei in die Richtung einer gemeinwirtschaftlichen Utopie. »Mit dem Ende des Nationalsozialismus schien auch das Ende des Kapitalismus gekommen zu sein, der in den zwölf Regimejahren von

48 Bereits Ende des Jahres 1948, also 15 Jahre nach der Zerschlagung der Gewerkschaften durch die Nationalsozialisten und nur etwa drei Jahre nach Kriegsende, waren bereits wieder über ein Drittel der Lohnabhängigen in Westdeutschland gewerkschaftlich organisiert (Pirker 1960: 23). Nach Gewerkschaftsangaben waren in der britischen Zone rund 42,9 Prozent der Lohnabhängigen, in der amerikanischen Zone 37,9 Prozent, in der französischen Zone 29,6 Prozent der Lohnabhängigen organisiert (Deppe u.a. 1989: 433).

49 Die Gewerkschaften wurden zwar aufgrund ihrer politischen Unbelastetheit als erste gesellschaftliche Gruppierung von den Alliierten wieder zugelassen, dennoch wurde ihre politische Betätigung und Organisationstätigkeit in der Folgezeit vielfach eher gebremst als gefördert. Vgl. hierzu vielfache Beispiele bei Pirker (1960: 21ff.) sowie allgemein zu diesem Zeitraum Schmidt, E. (1970), Schmidt/Fichter (1971).

seiner Symbiose mit der Diktatur profitiert hatte« (Schönhoven 1987: 208). Selbst die CDU vertrat bekanntlich in ihrem ersten Grundsatzprogramm die Idee einer Sozialisierung der Schlüsselindustrien. In seinem Münchner Grundsatzprogramm von 1949 formulierte der Deutsche Gewerkschaftsbund (DGB) seine Neuordnungsvorstellungen einer grundlegenden Demokratisierung der Wirtschaft, wie sie bereits von Fritz Naphtali im Jahr 1928 unter dem Stichwort der Wirtschaftsdemokratie konzipiert worden war.

»Man verlangte eine staatliche Rahmenplanung für die Bereiche der Geld-, Kredit- und Investitionspolitik und trat für die personelle, wirtschaftliche und soziale Mitbestimmung der organisierten Arbeitnehmer auf betrieblicher und überbetrieblicher Ebene ein, um auf diesem Weg die Demokratisierung der Unternehmen sicherzustellen. Im Vergleich zu den in den zwanziger Jahren entwickelten Konzeptionen wurde jetzt jedoch die betriebliche Mitbestimmung sehr viel stärker betont und damit der bedeutenden Funktion der Betriebsräte beim gewerkschaftlichen Wiederaufbau Rechnung getragen« (Schönhoven 1987: 209).

Dieses Konzept der Wirtschaftsdemokratie, das den Gewerkschaften eine Schlüsselrolle bei der Wirtschaftsregulierung und -planung einräumen sollte, wurde um das Ziel der Sozialisierung der Grundstoffindustrien (Kohle, Eisen, Stahl, Großchemie) sowie der Großbanken ergänzt. Als am 1. März 1947 in der (von einer Labour Regierung kontrollierten) britischen Besatzungszone die paritätische Mitbestimmung in den ersten vier entflochtenen Werken der Eisen- und Stahlindustrie eingeführt wurde, schien dies den gewerkschaftlichen Hoffnungen Recht zu geben und lediglich »ein bescheidener Anfang« (Schmidt 1971: 18) der künftigen grundsätzlichen Neuregelungen zu sein. Doch es kam anders: Die eskalierende Blockkonfrontation und antikommunistisch geprägte Politik der westlichen Besatzungsmächte sowie die Wahl einer konservativen Regierung im neu entstehenden westdeutschen Staat führten zu einer Festschreibung der Prinzipien einer zwar sozialen, aber kapitalistischen Marktwirtschaft im Grundgesetz der neuen Bundesrepublik. Fortan ging es bei den gewerkschaftlichen Forderungen einer »›Demokratisierung der Wirtschaft‹ um nicht mehr und nicht weniger als um die Veränderung der bestehenden Verfassung« (Pirker 1960: 148).

Einen »halben Sieg« (Schönhoven 1987: 215) konnten die Gewerkschaften noch bei der Verteidigung des von der britischen Besatzungsmacht eingeführten Mitbestimmungsmodells in der Montanindustrie erringen. Die Montanmitbestimmung (1951) blieb in der Folgezeit jedoch einzigartig, insofern als sie den Beschäftigten ein reales Mitbestimmungsrecht in wirtschaftlichen Angelegenheiten einräumt. Ihre Durchsetzung gelang nur nach Durchführung von Urabstimmungen für einen umfassenden Arbeitskampf im Bereich der IG Metall sowie der IG Bergbau und die demonstrative Bekundung der Kampfbereitschaft der Gewerkschaftsmitglieder mit jeweils über 95 Prozent Zustimmung. Bereits in dieser Auseinandersetzung wurden die Gewerkschaften von weiten Teilen der Presse, der bürgerlichen Parteien sowie von Bundeskanzler Adenauer verdächtigt, die neue rechtsstaatliche Ordnung angreifen zu wollen. Ihnen wurde vorgeworfen, durch einen vermeintlich verfassungswidrigen, politischen Streik sozialistisch anmutende gewerkschaftliche Mitbestimmungsrechte erzwingen zu wollen, die die unternehmerischen Freiheiten massiv einschränken würden.[50]

Während Hans Böckler Anfang 1951 noch davon sprach, dass mit der Auseinandersetzung um die Montanmitbestimmung »ein herzhafter Anfang« gemacht worden sei zur Verwirklichung umfassender wirtschaftlicher Mitbestimmungsrechte, sieht Pirker (1960) in seiner Rückschau als Beteiligter die Ereignisse bereits von einer Logik der Verteidigung geprägt und als Anfang der »Zähmung der Gewerkschaften«. Im Jahr 1952 sollte eine bittere Niederlage der Gewerkschaften im Kampf um das Betriebsverfassungsgesetz folgen. Diese war nicht zuletzt Folge krasser Fehler gewerkschaftlicher Strategiebildung nach dem Tod von Hans Böckler, die den neuen DGB-Vorsitzenden Fette konsequenterweise sein Amt kosteten. Der DGB rief erst reichlich spät, nämlich im April 1952, zu ersten Aktionen gegen den Entwurf des neuen Betriebsverfassungsgesetzes in den Betrieben auf. Trotz beträchtlicher Mobilisierungserfolge wurden die Aktionen Anfang Juni 1952 eingestellt – lediglich für das Zugeständnis, dass fortan Verhandlungen zwischen Parlaments- und Gewerkschaftsvertretern zum Thema stattfinden würden. Parallel dazu arbeitete die Bundesregierung weiterhin an ihrem Gesetzentwurf. Als die Gespräche zwischen Gewerkschaft und Parlamentsvertretern ergebnislos verliefen, war das Betriebsverfassungsgesetz fertig gestellt und es war zu spät, um noch einen erneuten Widerstand in den Betrieben zu organisieren. Als es im Juli 1952 verabschiedet wurde, reduzierte es die betrieblichen Vertretungsinstitutionen der Beschäftigten erneut zu Organen, die sich primär mit Arbeitsbedingungen und personellen Angelegenheiten zu beschäftigen hatten und stellte im Wesentlichen eine Neuauflage des Betriebsrätegesetzes von 1920 dar. Es räumt dem Betriebsrat keinerlei Mitspracherechte in wirtschaftlichen Fragen ein. Dieser bleibt weiterhin als »Grenzinstitution« (Fürstenberg 1958) gleicherma-

50 Dabei standen die Gewerkschaften in Zeiten des eskalierenden Kalten Krieges sowie nach Ausbruch des Koreakrieges permanent unter Kommunismusverdacht. Diesen Verdächtigungen konnte der DGB auch nicht dadurch beikommen, dass er im Jahr 1952 faktisch alle KPD-Mitglieder aus Funktionärsposten ausschloss und die Vorstände der Einzelgewerkschaften gegen alle Funktionäre vorgingen, die sich an irgendwelchen kommunistisch gelenkten Aktionen beteiligten. Nicht als realitätsadäquate Analyse, aber als gute Illustration der aufgeladenen zeitgenössischen Situation kann das stark moralisierende Buch von Götz Briefs (1952) gelten, der die Gewerkschaften an einem »Scheideweg« sah und den noch jungen westdeutschen Staat vor der Schicksalsfrage »zwischen Kapitalismus und Syndikalismus«.

ßen der Interessenvertretung der Belegschaft sowie dem Wohl des Unternehmens und zu »vertrauensvoller Zusammenarbeit« verpflichtet – und vor allem: Er besitzt kein Streikrecht. Die duale Konstruktion des Betriebsrätegesetzes von 1920 wurde beibehalten und die Gewerkschaften erhielten ihrerseits keinerlei legal garantierte Verankerung in den Betrieben. Bezüglich der Befugnisse und rechtlichen Ausstattung der Betriebsräte fiel das Gesetz teilweise sogar hinter progressivere Regelungen zurück, die zwischenzeitlich in einzelnen Bundesländern verabschiedet worden waren. Gewerkschaftsinterne Geschichtsdeutungen interpretieren das damalige Geschehen als eine Art Betrug Adenauers an den Arbeitern, der diesen im Austausch für ihr Wohlverhalten beim Wiederaufbau keine gestärkten wirtschaftlichen Mitbestimmungsrechte konzedierte.

1.3 Mitbestimmung in der Praxis: Die Geschichte eines erfolgreichen Scheiterns

Obwohl die Einführung des Betriebsverfassungsgesetzes von den Gewerkschaften als Niederlage erlebt wurde, entwickelte sich die Institution des deutschen Betriebsrats in der Folgezeit zu einem Fall erfolgreichen Scheiterns. Immerhin hatte der Gesetzgeber unter dem Druck wesentlich weiter gehender wirtschaftsdemokratischer Vorstellungen den Belegschaftsrepräsentanten erstmals echte Mitbestimmungsrechte in einer ganzen Reihe betrieblicher Angelegenheiten eingeräumt. Auch die konzedierten Mitwirkungs- und Informationsrechte waren – verglichen mit anderen nationalen Regelungen – relativ weitreichend. Diese machten den Betriebsrat zu einem betrieblichen Akteur mit relevanten Störpotenzialen. Zur Sicherung eines geregelten Betriebsablaufs tat das Management fortan gut daran, ein kooperatives Verhältnis zu ihm zu suchen. Insbesondere bei Fragen von Einstellungen und Kündigungen, Überstunden, Regelungen zur Arbeitszeit sowie Leistungsmessung existierten starke, gesetzlich verankerte Einflussmöglichkeiten. Das fehlende Streikrecht sowie die Verpflichtung auf das Betriebswohl wurden damit in machtpolitischer Hinsicht partiell kompensiert. Zugleich garantierte diese Konzeption den Gewerkschaften das tarifliche Streikmonopol, das sie in der Folgezeit für die Aushandlung tariflich flächendeckender Mindestnormen nutzten. Somit entstand in der Bundesrepublik ein auch machtpolitisch ausgewogenes Verhältnis funktionaler Differenzierung zwischen betrieblicher und tariflicher Regulierungsebene (vgl. Schmidt/Trinczek 1998; Artus 2001). In der sozialliberalen Reformära der siebziger Jahre kam es zudem zu einer gewissen Konsolidierung der Mitbestimmung. 1972 wurde das Betriebsverfassungsgesetz novelliert. Und nach rund zehn Jahren Diskussionen und Auseinandersetzungen wurde 1976 schließlich das Gesetz über die Mitbestimmung in Kapitalgesellschaften ab 2.000 Beschäftigten verabschiedet. Anders als im Fall der Montanmitbestimmung ist in diesen Unternehmen zwar keine echte Parität der Stimmen im Aufsichtsrat gewährleistet, dennoch hat die Präsenz von BelegschaftsvertreterInnen eine strategisch wichtige Informationsfunktion.

Das in der Bundesrepublik damit entstandene System betrieblicher Interessenvertretung lässt sich insgesamt durch seine »Verrechtlichung« (Erd 1978) charakterisieren. Die starke Betonung von Sekundärmachtressourcen bei zugleich stark beschränkten Streikmöglichkeiten wurde lange Zeit – im internationalen Vergleich – eher kritisch gesehen. Im Zuge einschneidender wirtschaftlicher Krisenprozesse, wachsender Arbeitslosigkeit und eines substanziellen Machtverlusts der Gewerkschaften in den meisten westlichen Industrieländern erwies sich jedoch seit etwa Mitte der siebziger Jahre, dass die Verrechtlichung des bundesdeutschen Systems der Betriebsverfassung nicht nur konfliktbegrenzende und disziplinierende Auswirkungen auf die Belegschaften hatte, sondern in wirtschaftlichen Krisenzeiten die Position des Betriebsrats durch die Gewährung solide verankerter, gesetzlicher Rechte auch stabilisiert wurde. Empirische Studien über die Praxis der Interessenvertretung von Betriebsräten machten allerdings ab Anfang der achtziger Jahre auf erhebliche Differenzen in den betrieblichen Mitbestimmungskulturen und der realen Einflussmacht der Betriebsräte aufmerksam (zum Beispiel Kotthoff 1981; Bosch u.a. 1999).

Die Betriebsratspraxis geriet zu diesem Zeitpunkt verstärkt ins Blickfeld der Forschung, da die betriebliche Regulierungsebene sukzessive aufgewertet wurde (vgl. Kapitel I.3.4).[51] Allerdings war die wissenschaftliche wie öffentliche Aufmerksamkeit stark auf die Mitbestimmung in größeren Industriebetrieben mit freigestellten Betriebsräten konzentriert. Wirtschaftliche Sektoren mit eher defizienten oder völlig fehlenden Mitbestimmungsinstitutionen wurden hingegen – mit sehr wenigen Ausnahmen (zum Beispiel Kotthoff/Reindl 1990) – kaum thematisiert.

Als Erfolgsmodell wurde das bundesdeutsche System industrieller Beziehungen und mit ihm die Institution des Betriebsrats 1991 auf das Gebiet der ehemaligen DDR übertragen. Dort hatten in der unmittelbaren Transformationsphase vielfach ad hoc etablierte betriebliche Gremien eine wichtige Rolle in den betrieblichen Umbruchprozessen gespielt und teilweise erhebliche Macht-

51 Der Prozess der Verbetrieblichung industrieller Beziehungen begann 1984 mit dem hart umkämpften Arbeitszeitkompromiss in der Metallindustrie. Dieser sah eine Arbeitszeitverkürzung vor, die jedoch im Rahmen von Verhandlungen zwischen Management und Betriebsrat betrieblich umzusetzen war.

stellungen errungen. Bei Übernahme der Regelungen des Betriebsverfassungsgesetzes kam es in ausgesprochen kurzer Zeit in einem sehr großen Teil der ostdeutschen Betriebe zu Betriebsratswahlen, was die zunächst große Attraktivität dieser Institution beweist. Schon bald zeigte sich jedoch, dass das Betriebsverfassungsgesetz die Rechte der in der Umbruchphase etablierten Gremien häufig eher beschränkte, als dass es sie garantierte oder ausweitete. Im Zuge von Massenentlassungen und wirtschaftlicher Deindustrialisierung erlebten sich die neu etablierten Betriebsräte zudem nicht selten als recht machtlose Co-Organisatoren betrieblicher Destruktion. Hoffnungen auf umfangreiche Mitbestimmungsmöglichkeiten wurden enttäuscht (vgl. Kädtler/Kottwitz 1990; Kädtler u.a. 1997; Röbenack 1996, 2005). Die Entwicklung einer – teilweise auch gewerkschaftskritischen – Betriebsratsbewegung war nur von kurzer Dauer. Letztlich etablierten sich im Osten Deutschlands unter dem normierenden Druck der Gesetzeslage sowie der beratenden (westdeutsch geprägten) Gewerkschaften ähnliche Muster betrieblicher Mitbestimmung wie in Westdeutschland. Gewisse Differenzen bestehen allerdings in der stärkeren Betonung des kohäsiven betrieblichen Zusammenhalts, mehr Distanz gegenüber gewerkschaftlichen Instanzen (Mense-Petermann 1996; Artus 2003) und geringeren machtpolitischen Durchsetzungspotenzialen vieler Betriebsräte (Artus u.a. 2001). Defizitäre Formen betrieblicher Mitbestimmung sind deutlich zahlreicher (Schmidt 1998, 2003); häufiger als in Westdeutschland fehlen Betriebsräte in der betrieblichen Praxis auch völlig (vgl. Kapitel III.1).

1.4 Zur aktuellen Situation: Mitbestimmung unter Druck

Insgesamt hat sich die Institution des Betriebsrats in der Bundesrepublik zweifellos von einer ehemals umstrittenen Institution zu einer legitimen Repräsentationsinstanz der Beschäftigten entwickelt, die als wichtiger Garant zur Wahrung (eingeschränkter) demokratischer Bürgerrechte im Betrieb weithin akzeptiert ist (vgl. Kotthoff 1994; Müller-Jentsch 2001). Ehemals virulente Ideen einer umfassenden Demokratisierung der Wirtschaft sind allerdings mittlerweile weitgehend verblasst. Eine gewisse Versachlichung und Routinisierung der Debatten deutet an, dass ehemals existierende Utopiepotenziale, die mit dem Thema Mitbestimmung verknüpft waren, aktuell in Vergessenheit geraten. »Das Thema elektrisiert nicht mehr« (Kotthoff 2006: 439).

In der betrieblichen Praxis sehen sich die Betriebsräte zudem verstärkten Widersprüchen und Zumutungen ausgesetzt. Einerseits erlebten sie eine Aufwertung ihrer Rolle. Durch die Verbetrieblichung der Tarifpolitik erhielten sie neue Zuständigkeiten und Einflussbereiche bei der Umsetzung tariflicher

Normen. Als professionelle Sachwalter von Beschäftigteninteressen wurden sie nicht selten recht umfassend sogar in Bereiche der Produktionsorganisation und Arbeitsgestaltung eingebunden, in denen sie formal nur schwache Mitsprachcrechte besitzen (Müller-Jentsch/Seitz 1998). Das Schlagwort vom Betriebsrat als Co-Management machte die Runde und so mancheR freigestellte InteressenvertreterIn sah mit diesem Begriff die eigene Praxis umfassender, kooperativer Mitbestimmung im Sinne des Unternehmens durchaus korrekt beschrieben (Hälker 2005).

Andererseits sahen sich die Betriebsräte in verstärktem Maße Zumutungen und Restriktionen ihrer Handlungsfähigkeit ausgesetzt. Verschärfte internationale Wettbewerbskonditionen sowie Shareholder-Value-Standards, die steigende Glaubwürdigkeit von Verlagerungsdrohungen bei gleichzeitig anwachsenden Arbeitslosenzahlen führte zu einer Situation »zwischen Kooperation und Erpressung« (Artus 2001) und einer generalisierten Krisenerfahrung, die politisch und gewerkschaftlich kaum adäquat eingeordnet und aufgearbeitet werden konnte (Bergmann u.a. 1998, 2002). Angesichts der Drohung mit dem Verlust von Arbeitsplätzen sahen sich viele Betriebsräte gezwungen, immer neuen Kosteneinsparungsprogrammen zuzustimmen (Kotthoff 1998). Die eigene Vertretungsarbeit wurde als »alternativlose Anpassung« erlebt (Bergmann u.a. 2002). Im Gefolge der Verbetrieblichung tariflicher Regelungsgegenstände wurden dabei verstärkt auch Arbeitszeit- und Lohnstandards zum Gegenstand so genannter betrieblicher Bündnisse (Rehder 2003) und eines zwischenbetrieblichen Dumpingwettbewerbs. Die wiederholte erzwungene Kollaboration der Betriebsräte bei immer neuen Restrukturierungs-, Arbeitsplatzabbau- und Kosteneinsparungsprogrammen blieb nicht ohne Folgewirkungen für ihre Reputation in der Belegschaft: Wenn Betriebsräte dauerhaft nur noch das Ausmaß des Verzichts auf geltende Standards bei Lohn und Arbeitszeit aushandeln können, so birgt dies die akute Gefahr ihrer Delegitimierung. Dies deutete sich etwa in einigen singulär konflikthaltigen Auseinandersetzungen der letzten Jahre an (Rehder 2006).

Die in der prosperierenden Nachkriegsperiode etablierten Kompromisslinien zwischen Kapital und Arbeit werden aktuell in Frage gestellt. Wurde ehemals eine kooperative Betriebsrats- und Gewerkschaftspolitik durch materielle Konzessionen und die Beteiligung am Wirtschaftswachstum entgolten, so geht es inzwischen um die Etablierung kooperativer Austauschbeziehungen ohne materielle Gegenleistungen. Oder noch zugespitzter: Die Betriebsräte werden als Transmissionsriemen zur sozialfriedlichen Gestaltung des Besitzstandsabbaus missbraucht. Der Hinweis auf die Notwendigkeiten des internationalen Konkurrenzkampfes und die Versicherung, es könne alles noch Schlimmer kommen, sollen genügen als Gegenleistung für unverminderte oder gesteigerte Leistungsbereitschaft der Belegschaft und kooperatives Wohlverhalten der Interessenvertretungen. Dass dieses neue Arrangement nicht unumstritten ist, zeigt etwa die Tatsache, dass Zahl und Dauer von Streiks in den letzten Jahren deutlich angestiegen sind.

Aber auch im Verhältnis zwischen Betriebsräten und Gewerkschaften ist einiges im Wandel begriffen. Die verstärkte Einbindung der Betriebsräte in die einzelbetriebliche Standortlogik kollidiert häufig mit überbetrieblichen gewerkschaftlichen Solidaritätsanforderungen. Angesichts verstärkter Verpflichtung der Betriebsräte auf betrieb(swirtschaft)liches Kostendenken könnte sich die Verbetrieblichung der Tarifpolitik als Sprengsatz im Verhältnis zwischen Betriebsräten und Gewerkschaft erweisen. Aktuell versuchen die Gewerkschaften, »aus der Not der Verbetrieblichung der Tarifverträge die Tugend einer über Tariffragen organisierten Politisierung der gewerkschaftlichen Betriebsarbeit« zu machen (Ehlscheid/Urban 2006: 401). Es setzt allerdings eine enge, solidarische Kooperation zwischen Betriebsräten und Gewerkschaft voraus, wenn »die Tarifparteien zunehmend auf der betrieblichen Ebene [agieren], und die Betriebsparteien [...] über Tarifmaterie« verhandeln (Bispinck/Bahnmüller 2006: 26). Wenn eine solche solidarische Kooperation jedoch nicht zustande kommt, dann könnten sich die strukturell angelegten Ambivalenzen der Institution Betriebsrat zukünftig in neuer Deutlichkeit zeigen. Angesichts erweiterter Verhandlungsfelder bei zugleich reduzierten betrieblichen Kompromissspielräumen könnten sich viele Betriebsräte gezwungen sehen, zu jener betrieblichen Parallelinstitution zu werden, die sie historisch nach dem Willen der Unternehmer ohnehin hätten sein sollen: Eine Institution, die parallel zu den Gewerkschaften wirkt und deren Einfluss und betriebliche Normierungskraft letztlich untergräbt. Dieser Eindruck wird durch die medial stark diskutierten Korruptionsfälle betrieblicher Interessenvertretung der letzten Jahre (etwa bei Siemens und VW) nicht gerade entkräftet. Eine solche Entwicklung dürfte jedoch auf Dauer die Machtgrundlagen der Betriebsräte wie der Gewerkschaften gleichermaßen untergraben.

Aber auch die Institution der Mitbestimmung selbst ist mittlerweile längst nicht mehr unumstritten. Insbesondere die Mitbestimmung im Aufsichtsrat steht seit einiger Zeit verstärkt unter neoliberalem Beschuss (vgl. Demirovic 2007, 2008). Davon zeugen etwa intensivierte Debatten über die wirtschaftliche Kosten-/Nutzenbilanz von Mitbestimmung und deren Rolle als Standortfaktor.[52] Aber auch manageriale Strategien der Vermeidung und Repression

52 In der verkürzten Debatte über die ökonomische Effizienz von Mitbestimmung gerät nicht nur ihre Entstehung als Kompromissformel und dritter Weg zwischen Sozialismus und ungehindertem Kapitalismus aus dem Blick, sondern auch ihre Rolle zur Wahrung rudimentärer demokratischer Rechte im Betrieb. In dieser Logik ist die Anmerkung von Müller-Jentsch

gegenüber Betriebsräten werden (wieder) modern und salonfähig (vgl. Artus 2007b, 2008a). Die Vermeidung von Betriebsräten durch die Einrichtung nicht betriebsverfassungsrechtlich abgesicherter Gremien erhält starken medialen Zuspruch (vgl. etwa den Fall SAP). Dies hat sicherlich auch mit dem wirtschaftlichen Strukturwandel und dem Wachstum von Wirtschaftssektoren zu tun, in denen Mitbestimmung nicht als gesicherter Bestand betrieblicher Kulturen gelten kann. Es erinnert jedoch auch daran, dass historisch errungene Institutionen nie als endgültig gesichert angesehen werden können und Mitbestimmung trotz gesetzlicher Garantien in der Praxis immer wieder neu erkämpft und durchgesetzt werden muss.

2 Die Institutionalisierung betrieblicher Belegschaftsrepräsentation in Frankreich

Nach dem kurzen Abriss der Geschichte betrieblicher Interessenvertretung in Deutschland geht es im Folgenden um die Entwicklung betrieblicher Belegschaftsrepräsentation in Frankreich. Grundlage der Darstellung sind in erster Linie Werke aus der hervorragenden Tradition französischer Sozialgeschichte. Des Weiteren wurden Forschungsarbeiten der bereits ausführlich erörterten *Analyse Sociétal* (Kapitel I.2.1) intensiv genutzt, die sich durch eine Kombination historischer und soziologischer Argumentation auszeichnen (zum Beispiel Maurice u.a. 1979; Maurice u.a. 1982; Sellier 1984) sowie einige international vergleichenden Analysen des *IRES* (vor allem Dufour 1992; Pernot 2005).[53] Es ist allerdings bezeichnend für das Schattendasein des Themas Mitbestimmung in Frankreich, dass die erste umfassende Entwicklungsgeschichte des »Repräsentationsrechtes der Belegschaft im Unternehmen« erst vor wenigen Jahren erschien (Le Crom 2003). Als Informationsquelle für den folgenden historischen Überblick war sie unverzichtbar.

(2001: 211) durchaus berechtigt, dass dann »auch der Gedanke nicht mehr abwegig [ist], die Demokratie als politische Staatsform zur Disposition zu stellen, wenn uns die Ökonomen nachwiesen, dass sie zu hohe Transaktionskosten verursacht und einem optimalen Wirtschaftswachstum weniger förderlich ist als autokratische Regierungsformen.«

53 Manche französischen Texte werden im Folgenden in deutscher Übersetzung zitiert. Die Übersetzungen stammen sämtlich von der Verfasserin der vorliegenden Arbeit.

2.1 Ökonomische und politische Rahmenbedingungen

Zu Beginn des 19. Jahrhunderts war Frankreich neben England das industriell fortgeschrittenste Land der Welt. Obwohl die Industrialisierung bereits sehr früh begann, verlief sie in Frankreich deutlich langsamer als in vielen anderen europäischen Ländern. Noch »im Jahr 1880 arbeitete fast die Hälfte der Arbeitskräfte in der Landwirtschaft, während es seit 1840 in England nur noch rund 25 Prozent waren – ein Anteil, den Frankreich erst in den fünfziger Jahren des 20. Jahrhunderts erreichte« (Noiriel 1986: 12). Im letzten Drittel des 19. Jahrhunderts stagnierte die Anzahl der französischen LohnarbeiterInnen nahezu. Dies hatte verschiedene Ursachen: Zu nennen ist ein vergleichsweise geringes Bevölkerungswachstum,[54] die erheblichen politischen Instabilitäten seit Ende des 18. Jahrhunderts, das ökonomisch sehr ungleiche Wachstum im französischen Staatsgebiet sowie die – vom Großraum Paris abgesehen – sehr zögerliche Urbanisierung. Die stark ausgeprägten regionalen Besonderheiten im französischen Staatsgebiet bilden den paradoxen Gegenpol zum extremen Zentralismus der absolutistischen Monarchie. Im vorindustriellen agrarisch geprägten Frankreich tendierte »jeder einzelne Teil des französischen Staatsgebietes dazu, als in sich geschlossene Einheit zu existieren« (Braudel 1986: 55).[55] Es hielt sich hartnäckig eine Kultur regional verankerter bäuerlicher Subsistenzwirtschaften (vgl. Weber 1976). Eine etwa mit englischen Verhältnissen vergleichbare Landflucht fand zu keiner Zeit statt. Neben Paris, das als Hauptstadt des französischen Zentralismus traditionell eine Sonderstellung hatte, entwickelten sich im 19. Jahrhundert kaum größere städtische Agglomerationen. Im Jahr 1880 lebten drei Viertel der französischen Bevölkerung nach wie vor in kleinen Städten oder auf dem Land (Sellier 1984: 18). Die französische Industrialisierung kann jedenfalls als ein »Prozess mit zwei differenten Geschwindigkeiten« charakterisiert werden (Noiriel 1986: 43):

> »Ein kleiner konzentrierter und dynamischer Sektor, der die Bergwerke, die Eisenbahnen und die großen Metallbetriebe umfasst, wird dominiert durch einen Sektor, der durch traditionelle Arbeitsformen charakterisiert ist, die auf Heimarbeit und im ländlichen Milieu zerstreuter industrieller Arbeit beruhen.«

---

54 Eine plausible Erklärung hierfür ist unter anderem die durch Napoleon I. im Jahr 1804 rechtlich abgesicherte Praxis, das väterliche Erbe an Land und Gütern unter alle Kinder zu gleichen Teilen aufzuteilen. Dies stellte einen Anreiz dar, die Nachkommenschaft auf eine eher geringe Zahl zu beschränken und favorisierte die Entstehung kleinerer agrarischer Subsistenzwirtschaften (vgl. Jefferys 2003: 30f.).

55 In diesem Zusammenhang ist auch auf die erhebliche sprachliche Heterogenität des französischen Staatsgebietes zu verweisen: Im Jahr 1863 sprach ein Viertel der französischen Kommunen nicht französisch oder einen der französischen Sprache ähnlichen Dialekt (vgl. Charle 199: 148, zitiert nach Jefferys 2003: 31).

Industrielle Produktionsformen und das Fabriksystem haben sich in Frankreich nur sehr zögerlich und auf bestimmte Sektoren beschränkt durchsetzen können. Noch in der zweiten Hälfte des 19. Jahrhunderts stagnierte nicht nur der Anteil der Industriebeschäftigten; ein Großteil derselben war zudem in Klein- und Kleinstbetrieben beschäftigt. Die Heterogenität der sich sehr langsam konstituierenden LohnarbeiterInnenschaft ist in Frankreich daher (noch) ausgeprägter als in anderen Ländern. Nicht nur die massiven regionalen Unterschiede und die Rolle der bäuerlichen Subsistenzwirtschaft sind in diesem Zusammenhang wichtig, aufgrund des stagnierenden Bevölkerungswachstums und des damit verbundenen Mangels an Arbeitskräften spielen in Frankreich zudem weibliche sowie migrantische ArbeiterInnen schon früh eine größere Rolle als in anderen Ländern (vgl. Maurice u.a. 1979: 334; Sellier 1984: 24f.; Jefferys 2003: 30ff.). Es fehlt daher in Frankreich jener *Effet de Masse* (Masseneffekt) (Sellier 1984) einer Vielzahl räumlich konzentrierter ähnlicher Interessenlagen (etwa von männlichen Arbeitern in städtischen Großbetrieben), die eine kollektive Organisierung erheblich vereinfachen.

In politischer Hinsicht zeichnet sich die französische Entwicklung dadurch aus, dass hier verhältnismäßig früh und radikal mit mittelalterlichen Zunfttraditionen gebrochen wurde, die in anderen Ländern wichtige Ansatzpunkte für eine gewerkschaftliche Organisierung im aufkommenden Industriesystem darstellten. Gemäß dem liberalen Gedankengut der Aufklärung, das die Verwirklichung des Allgemeinwohls durch die möglichst unumschränkte Freiheit individueller Interessendurchsetzung gewährleistet sah, wurden intermediäre Institutionen als schädlich abgelehnt. Das *Loi Le Chapelier* schaffte dementsprechend im Jahr 1791 die Zunftkorporationen ab und verbot im Namen der Freiheit des Unternehmertums jegliche Form der Arbeiterassoziation. Dieses Verbot wurde 1810 bekräftigt durch ein Gesetz, das alle Formen kollektiven Arbeitskampfes mit einer Gefängnisstrafe zwischen einem und drei Monaten belegte.

> »Die revolutionäre Gesetzgebung erweist sich als eine Gesetzgebung gegen die Arbeiter und die Restauration akzeptiert dieses Erbe. […] Die Embryos der Gewerkschaftsbewegung leben unter dem doppelten Regime der Unternehmermacht und der Klandestinität« (Mouriaux 1994: 4; Übers. d. Verf.).

Fast ein Jahrhundert lang, vom Jahr 1791 bis 1884 blieben die Gewerkschaften in Frankreich illegal.[56] Ausgesprochen bitter sind in dieser Situation die Niederlagen der seit den dreißiger Jahren des 19. Jahrhunderts allmählich anwachsenden französischen IndustriearbeiterInnenschaft: Die ersten großen Streiks

56 Zum Vergleich: In England kam es bereits 1824 zur Aufhebung des Koalitionsverbotes, im Norddeutschen Bund im Jahr 1869.

der Lyoner Seidenweber 1831 und 1834, bekannt auch als »Aufstand der Canuten« wurden niedergeschlagen. Die Massaker vom Juni 1848[57] und schließlich die im Blut ertränkte Pariser Commune (1871) bleiben als weitere Beispiele für den Repressionswillen von Staat und Patronat gegenüber den ›gefährlichen Klassen‹ im kollektiven Gedächtnis verankert.

Eine französische Besonderheit dieser Zeit ist die ausgeprägte Tradition von Geheimbünden und Geheimgesellschaften revolutionär-demokratischer Prägung. Sie waren von der Vorstellung geprägt, durch eine straff organisierte Verschwörung die politische Macht erobern zu können – mit dem Ziel der Befreiung »des Volkes« (le peuple), der Einführung demokratischer politischer Strukturen und einer utopisch-kommunistischen Wirtschaftsform.[58] Die Popularität dieser putschistischen Geheimbundpolitik (deren berühmtester Vertreter sicherlich Louis-August Blanqui[59] ist) lässt sich zum einen durch die einschlägige Tradition der französischen Revolution begründen (vor allem der gescheiterte Aufstand von Babeuf), zum anderen durch die soziale Situation: Anders als etwa in Deutschland existierte in Frankreich bereits relativ früh ein unter sehr elenden Bedingungen lebendes Industrieproletariat. Anders als in England war es den ArbeiterInnen jedoch nicht gestattet, sich legal in Gewerkschaften zu organisieren. Die Majorität war zudem in kleineren Unternehmen tätig. Dies legte nicht nur die Organisierung in illegalen Kleingruppen nahe, sondern verwies diese relativ kleinen und schwachen Gruppen auch auf radikale und individualistische Kampfformen sowie die Hoffnung auf einen Putsch. So ist die französische Frühgeschichte der Arbeiterbewegung insgesamt eine Geschichte wiederkehrender Aufstandsversuche, verbissener, zersplitterter Kämpfe sowie brutaler Repression.

Das bonapartistische Regime in der Zeit nach 1850 machte diverse sozialpolitische Zugeständnisse an die Arbeiterklasse. Der populistisch agierende

---

57 Karl Marx (1850/1950) hat in der Schrift *Klassenkämpfe in Frankreich 1848 bis 1850* diese Auseinandersetzung geschildert. Der Aufstand der Pariser ArbeiterInnen brach aus, als diese nach den Wahlen zur Nationalversammlung die Errungenschaften der Revolution in Gefahr sahen, August Blanqui verhaftet worden war und das Dekret vom 21. Juni 1848 die unverheirateten Arbeiter von der Beschäftigung in den neu gegründeten Nationalwerkstätten ausschloss. »Der fünftägige Kampf brachte die Entscheidung der europäischen, nicht nur der französischen Revolution: das liberale Bürgertum in allen Ländern Europas suchte seinen Frieden mit der feudalen Reaktion und akklamierte dem Massaker des Generals Cavaignac an mehr als dreitausend gefangenen Arbeitern« (Abendroth 1969: 28).

58 Bekanntlich war auch der junge Karl Marx Mitglied in einem solchen Geheimbund. Der »Bund der Gerechten«, der 1947 in »Bund der Kommunisten« umbenannt wurde, hatte sich ursprünglich nach französischem Vorbild konstituiert.

59 Blanqui, der aufgrund wiederholter Aufstandsversuche insgesamt 36 Jahre seines Lebens im Gefängnis verbracht hatte, starb im Jahr 1881. Seine große moralische Autorität spiegelte sich darin wider, dass seinem Sarg etwa zweihunderttausend Menschen folgten.

Napoléon III. führte im Jahr 1864 die formale Koalitionsfreiheit ein, stellte deren Ausübung in Form jeglicher Behinderung der ›freien Arbeit‹ jedoch weiterhin unter Strafe. Trotz ihres semilegalen Status vervielfachten sich ab den sechziger Jahren die *Bourses du Travail*[60] (Arbeitsbörsen) und die lokalen Gewerkschaftsorganisationen. Erst die III. Republik legalisierte im Jahr 1884 endgültig die gewerkschaftliche Organisierung.[61] Dies hatte den Effekt eines »accélérateurs« (Dreyfus 1995: 27). Die Zahl der Gewerkschaften sowie der Streiks vervielfachte sich. Es bleibt jedoch ein typischer Zug der erstarkenden französischen Arbeiterorganisationen, dass die Herausbildung eines einheitlichen kollektiven Bewusstseins (»une conscience collective unie«) sich äußerst schwierig gestaltete (Sellier 1984: 30ff.). Dies lag nicht nur am bereits erwähnten Fehlen des *Effet de Masse*, sondern hatte auch mit den dementsprechend gestalteten gewerkschaftlichen Organisationsformen zu tun: Einerseits waren die französischen Gewerkschaften in ihren Organisationsprinzipien übergreifend angelegt. Sie machten kaum Unterschiede nach Geschlecht, Alter, Nationalität oder qualifikationsbezogenen Merkmalen.[62] Zugleich waren sie stark dezentral angelegt. So betonen etwa Andolfatto/Labbé (2000: 45) nachdrücklich, wie inadäquat für den französischen Syndikalismus eine Gleichsetzung von gewerkschaftlichen Dachorganisationen (confédérations) und Parteien sei. Die Vorstellung, wonach es eine vereinheitlichte Doktrin, eine zentralisierte Organisation und eine machtpolitisch starke Führung gebe, denen ›die Truppen folgen‹, sei völlig realitätsfern:

»Die Gewerkschaftssektionen (sections) und Einzelgewerkschaften (syndicats) verfügen im Bereich der AktivistInnen (partisans) über eine ausgesprochen große Autonomie. Der fran-

---

60 Die *Bourses du Travail* sind eine Spezialität des französischen Syndikalismus. Es handelt sich dabei um Gewerkschaftshäuser, in denen eine Vielzahl von Gewerkschaften verschiedenster Berufsgruppen unter einem Dach versammelt waren (und sind). Sie repräsentieren einen Syndikalismus, der sich durch die interprofessionelle Kooperation meist lokal ausgerichteter kleiner Berufsgewerkschaften auszeichnet. Zugleich boten (und bieten) die *Bourses du travail* den organisierten ArbeiterInnen oft umfassende Dienstleistungen an.

61 Obwohl das betreffende Gesetz lediglich existierende Fakten anerkannte, hatte seine Verabschiedung mit dem heftigen Widerstand einer politischen und parlamentarischen Opposition zu kämpfen. Vier Jahre lang dauerte die politische Debatte im Vorfeld der gewerkschaftlichen Legalisierung. Das letztlich verabschiedete Gesetz traf auch in Kreisen gewerkschaftlicher AktivistInnen schließlich keineswegs auf ungeteilte Zustimmung. Viele GewerkschafterInnen waren der Ansicht, dass der Zwang zur öffentlichen Deklarierung einer Gewerkschaft sowie deren Verantwortlichen der polizeilichen Repression in die Hände spiele (vgl. Dreyfus 1995: 26).

62 Da im Frankreich des 19. Jahrhunderts anhaltende Arbeitskräfteknappheit herrschte, spielten berufliche Qualifikationen eine eher geringe Rolle – auf dem Arbeitsmarkt wie in den Gewerkschaften. Hier differiert die französische Tradition massiv von der deutschen, die wesentlich stärker an Zunfttraditionen qualifizierter Facharbeit anschließt.

zösische Syndikalismus ist nach dem Prinzip des Zusammenschlusses von Assoziationen (fédéralisme associatif) organisiert. Die Basiseinheit ist die Einzelgewerkschaft (syndicat), die aus einer oder mehreren Betriebssektionen besteht.«

Die Basisgewerkschaften schließen sich entlang geografischer sowie tätigkeitsbezogener Merkmale zusammen. »Wenn man sich gewerkschaftlich organisiert, dann nicht in einer Dachorganisation, sondern in einer Einzelgewerkschaft. Dieses Prinzip gilt für sämtliche französische Gewerkschaften« (ebd.).[63] Die französische Gewerkschaftslandschaft entstand und besteht bis heute somit aus einer Myriade relativ kleiner Basisgewerkschaften, die von ihren jeweiligen Dachverbänden eher koordiniert als geführt werden. Die entstehenden Gewerkschaftsverbände hatten und haben den Charakter relativ loser Zusammenschlüsse einer Vielzahl von in sich heterogenen kleineren Gruppen. Sellier (1984: 31) weist darauf hin, dass diese stark dezentrale Struktur nicht nur Folgewirkungen für die Möglichkeiten von Tarifverhandlungen oder koordinierte Streikaktionen hat; sie legt auch eine spezifische Arbeitsteilung zwischen Dachverband und Basisorganisationen nahe: Während sich die *Conféderation* vor allem auf Repräsentationsfunktionen und den Bereich politischer Forderungen spezialisierte, die sich primär an den Staat adressierten, lag die ökonomische Handlungsmacht in erster Linie bei den Basisgliederungen. Diese entschieden (und entscheiden bis heute) weitgehend autonom im betrieblichen oder regionalen Rahmen über Streikaktivitäten.

Und noch ein letztes Argument ist zu nennen, wenn es um die Schwierigkeit der Entwicklung eines kollektiven Bewusstseins und symbolischer Einheit der französischen ArbeiterInnenschaft geht: »Die französischen Arbeiter haben es niemals wirklich geschafft sich in einer großen Arbeiterpartei zu vereinigen. Sie haben sich stets – und das gilt bis heute – zwischen verschiedenen Parteien und Gruppierungen zersplittert« (Sellier 1984: 35). Im 19. Jahrhundert verlängerte sich das organisatorische Erbe der Geheimbünde zunächst in der Form vielfacher sozialistischer Fraktionierungen (Allemanisten, Guesdisten, Possibilisten, Blanquisten). Das Verhältnis zwischen den entstehenden sozialistischen Parteien und den Gewerkschaften blieb zudem stets spannungsreich.

In gewissem Sinne ein Pendant zur Schwäche und Dezentralisierung der französischen Gewerkschaften ist das lange Fehlen einer organisierten Unter-

63 Das Prinzip des *Fédéralisme Associatif* ist bis heute das Grundprinzip des französischen Gewerkschaftswesens. Im Bereich der *CGT* existieren rund 15.000 Einzelgewerkschaften (syndicats), die im Durchschnitt etwa 35 Mitglieder zählen. Verglichen damit ist die Organisationsstruktur der *CFDT* zwar zentralisierter, aus deutscher Sicht erscheint diese jedoch ebenfalls stark dezentral: Sie vereinigt rund 3.000 Gewerkschaften mit durchschnittlich etwa 180 Mitgliedern. Die Einzelgewerkschaften (syndicats) besitzen im französischen Recht die Eigenschaft einer juristischen Person (vgl. Andolfatto/Labbé 2000: 46).

nehmerschaft, mit der etwa tarifautonome Vereinbarungen möglich gewesen wären. Stattdessen war der Staat als Akteur im Bereich arbeitspolitischer Regulierung stark präsent. Diese Präsenz hatte oft die Form purer Repression gegen regionale Streikbewegungen. In industriell entwickelten *Departements* versuchten die örtlichen Präfekten jedoch auch, solchen Streikbewegungen vorzubeugen, indem sie sich für die Einhaltung von Mindeststandards im Bereich der Arbeitsbedingungen engagierten. Sowohl die Tendenz zur Einmischung staatlicher Organe in die Belange der Arbeitspolitik als auch die damit häufig verbundenen Enttäuschungserfahrungen verursachten eine recht paradox anmutende Haltung der entstehenden Gewerkschaften gegenüber dem Staat: Dieser war und ist permanent Adressat politischer Forderungen und wird als Sachwalter der Interessen der Arbeiterschaft zur Verantwortung gezogen. Die organisatorische Schwäche der Gewerkschaften macht den Staat zu einer unabdingbaren Schutz- und Unterstützungsinstanz. Zugleich wird ihm jedoch Parteilichkeit zugunsten der Unternehmerschaft unterstellt und es finden sich Untertöne eines gewerkschaftlich motivierten prinzipiellen Anti-Etatismus. Die – zumindest aus deutscher Sicht – Überschätzung und zugleich Geringschätzung des Staates als arbeitspolitische Regulierungsinstanz sind zwei Seiten derselben Medaille.

Angesichts der sehr ambivalenten Erfahrungen der Arbeiterschaft mit staatlichen Instanzen und einer langjährigen Tradition der Illegalität war bei der Gründung des ersten französischen Gewerkschaftsdachverbandes, der *Confédération Générale du Travail (CGT)*, im Jahr 1895 der revolutionäre Gewerkschaftsflügel vergleichsweise stark. Er zeichnete sich durch eine ausgeprägt antistaatliche Haltung, die Ablehnung unmittelbarer Reformpolitik sowie eine Favorisierung der direkten Aktion in Form von Streiks aus. Das libertär-anarchistische Gedankengut des revolutionären Gewerkschaftsflügels schöpft in manchen Facetten auch aus der starken liberalen Tradition Frankreichs. Dies gilt etwa für das Misstrauen gegenüber jeglicher Art von stellvertretender Repräsentation und dem Pochen auf die unmittelbare und direkte Selbstvertretung des Individuums. Typisch sind ferner die Privilegierung direkter Aktion durch besonders bewusste Individuen und Gruppen, auch wenn diese eindeutig eine minoritäre Position vertreten, eine unversöhnliche Staatskritik, die Ablehnung der Übernahme repräsentativer politischer Ämter sowie des bürgerlichen Parlamentarismus insgesamt.[64]

---

64 Ein wichtiger Theoretiker des revolutionären Syndikalismus war Georges Sorel, dessen Werk *Über die Gewalt* im Jahr 1906 veröffentlicht wurde. Auch seine Schrift *L'avenir socialiste des syndicats* (1897) (Die sozialistische Zukunft der Gewerkschaften) wurde breit rezipiert. Gewerkschaftliche Führungsfiguren des revolutionären Flügels vor und um die Jahrhundertwende in Frankreich waren unter anderem der erste Vorsitzende der *Fédération des Bourses du Travail* Fer-

Als Schlüsseltext der französischen Gewerkschaftsbewegung kann *Charte d'Amiens* gelten, in deren Tradition sich bis heute sämtliche gewerkschaftlichen Dachorganisationen Frankreichs stellen. Sie wurde von der noch jungen *CGT* im Jahr 1906 auf ihrem Kongress in Amiens verabschiedet und postuliert die Unabhängigkeit des Syndikalismus als eigenständige politische Kraft jenseits parteipolitischer Bevormundung. Zudem versucht sie, revolutionäre und reformistische gewerkschaftliche Zielsetzungen zu vereinen. Es ist von einer »doppelten Notwendigkeit« (»double besogne«) gewerkschaftlicher Politik die Rede. Einerseits gehe es darum

> »in der alltäglichen Praxis gewerkschaftlicher Forderungen das Ziel zu verfolgen, [...] das Wohlbefinden der Arbeiter zu verbessern durch die unmittelbare Verwirklichung von Verbesserungen, zum Beispiel die Verkürzung der Arbeitszeit, Lohnerhöhungen.«

Anderseits bereiteten diese praktischen Vertretungsziele

> »die integrale Emanzipation vor, die allein durch die Expropriation der Kapitalisten erreicht werden kann. Als Aktionsmittel favorisiert sie den Generalstreik und ist der Ansicht, dass die Gewerkschaft, die heute eine Gruppierung des Widerstandes darstellt, in der Zukunft eine Gruppierung ist, die die Produktion und Verteilung organisiert, die Basis der sozialen Reorganisation« (Charte d'Amiens 1906, zit. n. Pernod 2005: 71).

Das Zitat verdeutlicht nicht nur das innergewerkschaftliche Spannungsverhältnis zwischen unmittelbarer Forderungspolitik und dem grundlegenden Ziel der gesamtgesellschaftlichen Umgestaltung; es wird auch deutlich, dass die repräsentative Demokratie als Mittel zur gesellschaftlichen Reform abgelehnt und stattdessen auf einen revolutionären Syndikalismus zum Aufbau einer neuen Gesellschaft gesetzt wird. Trotz einer gewissen Krise des revolutionären Syndikalismus ab 1909 blieb die Politik der *CGT* zumindest bis zum ersten Weltkrieg ein »Syndikalismus der Konfrontation« (Dreyfus 1995: 48), der allerdings eine vergleichsweise schwache Organisationsbasis und geringe Durchsetzungsmacht besaß.

---

nand Pelloutier, der Generalsekretär der *CGT* Victor Griffuelhes sowie der führende *CGT*-Funktionär und Autor deren Organ *Voix du Peuple* (Volksstimme) Emile Pouget. Eine informative (fast zeitgenössische) Darstellung des »revolutionären Syndikalismus« findet sich auch bei Sombart (1922: 109–142), der interessanterweise auch Robert Michels zu den Theoretikern eines revolutionären Sozialismus zählt. Er betont den Aspekt, dass die Bewegung des revolutionären Syndikalismus sich aus der Kritik an einer vermeintlich verbürgerlichenden Sozialdemokratie sowie gewerkschaftlicher Apparate entwickelte. »Die Heimat der neuen Lehre [des revolutionären Syndikalismus] ist Frankreich« (Sombart 1922: 110).

2.2 Die Frühgeschichte des französischen Institutionensystems (19. Jahrhundert bis 1935)

Die Idee einer rechtlich verankerten betrieblichen Interessenvertretung der Beschäftigten spielte in Frankreich länger als in anderen Ländern kaum eine Rolle im gewerkschaftlichen sowie politischen Kampf. Viele der bisher genannten ökonomischen und politischen Rahmenbedingungen können erklärende Momente für dieses Phänomen liefern. Ein wesentlicher Faktor für die mangelnde Attraktivität der Idee ist jedoch sicherlich die Tatsache, dass die Vorstellung einer kompromisshaften Vermittlung widerstreitender Interessenlagen im Rahmen der französischen Verhältnisse nur eine geringe Evidenz hatte: Auf Unternehmerseite fehlte es lange Zeit an kollektiven Organisationsformen. Angesichts der Schwäche der Gewerkschaften konnten es sich die meisten Patrons unproblematisch leisten, auf einem rigiden ›Herr-im-Hause-Standpunkt‹ zu beharren. Auf gewerkschaftlicher Seite galten Forderungen nach betrieblicher Mitsprache und Beteiligung als Verrat an einer revolutionären gewerkschaftlichen Praxis. Solche Forderungen hätten sich zudem in erster Linie an den staatlichen Gesetzgeber richten müssen – einen Adressaten, dem die französischen Gewerkschaften zumindest bis zum Ersten Weltkrieg wenig Vertrauen entgegenbrachten. Seit dem letzten Viertel des 19. Jahrhunderts finden sich nichtsdestotrotz auch in Frankreich einzelne Versuche, Kooperationsmodelle zwischen ArbeiterInnen und Geschäftsleitungen zu installieren. Diese orientierten sich in erster Linie an der katholischen Soziallehre von Frédéric Le Play.[65] Sie waren eher dem sozialen Modell der Patronage als Vorstellungen von innerbetrieblicher Demokratie verpflichtet. Ähnlich wie auch in Deutschland fanden sich erste derartige Ansätze insbesondere im Bergbau und in der Metallindustrie. Bekannt sind etwa die Arbeiterdelegierten von Schneider in der »ville-usine« Creusot. Im Bergbau galt seit dem 8. Juli 1890 ein Gesetz, das eine *Institution de Représentants Élus* (Institution gewählter Repräsentanten) vorsah, deren Befugnisse jedoch auf die Kontrolle der in dieser Branche besonders heiklen *Sicherheitsbedingungen* beschränkt waren (Le Crom 1995: 12ff.).

65 Fréderic Le Play (1806–1882) war ein französischer Sozialforscher und -theoretiker, der sich mit der sozialen Situation der Lohnarbeiterschaft beschäftigte. Sein Hauptwerk *ouvriers européens* umfasst eine monographische Darstellung von 36 Arbeiterfamilien. Seine Zukunftsvorstellung war eine paternalistische Gesellschaft, die an traditionellen Familienidealen orientiert war. Ebenso wie der Hausvater die Verantwortung für die Wohlfahrt der Familie habe, forderte er, dass die Unternehmer ihren Beschäftigten gegenüber soziale Verpflichtungen hätten. Staatliche Interventionen lehnte er hingegen eher ab.

Ähnlich wie in anderen Ländern spielte auch in Frankreich der Erste Weltkrieg eine wichtige Rolle als Katalysator sozialer sowie ökonomischer Entwicklungen. Die *CGT*, die bis 1914 lautstark ihren Pazifismus und Internationalismus betont hatte, machte eine abrupte politische Kehrtwende und schloss sich kurz nach Kriegsbeginn der *Union Sacrée* an. Im Zuge der Kriegswirtschaft entwickelten sich zunächst in einzelnen Unternehmen mehr oder weniger spontan Arbeiterdelegationen. Ab 1915 forderte die *CGT* deren obligatorische Einrichtung in der Metallindustrie. Der Rüstungsminister Albert Thomas ergriff die Initiative zur Einrichtung von rechtlich verfassten Arbeiterdelegierten in der Industrie, mit dem Ziel Arbeitskonflikte in kriegswichtigen Bereichen zu verhindern. Im Jahr 1917 kam es schließlich zu einem Gesetzentwurf, der für alle Unternehmen der Kriegsindustrie verbindlich sein sollte: Die *Délégués Ouvriers* (Arbeiterdelegierten) sollten »frei gewählt« werden, und zwar je einer pro Werkstatt. Ihre Aufgabe bestand in der »Kontrolle der Arbeits- und Lohnbedingungen«, die »von beiden Seiten akzeptiert« worden sind, sowie in der Betreuung »aller strittigen Fragen in der Werkstatt« sowohl auf individueller wie auf kollektiver Ebene (Andolfatto 1992: 70). Letztlich blieb das Experiment der Arbeiterdelegierten jedoch in seiner quantitativen Reichweite sowie bezüglich der qualitativen Mitsprachemöglichkeiten stark beschränkt. Bis Kriegsende wurde es in 347 Unternehmen umgesetzt, von denen 315 für die nationale Kriegswirtschaft arbeiteten. In den meisten Fällen hatten die Delegierten primär Integrations- und Vermittlungsfunktionen ›von oben nach unten‹. Sie erläuterten die Maßnahmen der Geschäftsleitung gegenüber den Beschäftigten, vertraten jedoch kaum die Interessen der Beschäftigten gegenüber der Unternehmensleitung und mischten sich schon gar nicht in ökonomische oder arbeitsorganisatorische Fragen ein (vgl. Le Crom 2003: 17). In manchen Regionen sowie Betrieben wurde die neue Institution von den Gewerkschaften sogar boykottiert, da sie eine ›gelbe‹ Konkurrenz auf betrieblicher Ebene befürchteten. Häufiger jedoch waren es die gewerkschaftlichen AktivistInnen, die in die neue Institution gewählt wurden – so dass nach Kriegsende die Geschäftsleitungen diese meist schnellstens wieder abschafften. Le Crom (2003: 18) schätzt, dass nur in etwa 100 Betrieben in der Zwischenkriegszeit die Institution der Arbeiterdelegierten fortexistierte.

Die Nachkriegszeit ist von einer massiven Mitgliederzunahme der *CGT* und einer heftigen Streikbewegung 1919–1920 gekennzeichnet. Unter der Führung von Léon Jouhaux, der seit 1909 als Generalsekretär die Hinwendung der *CGT* zu einer reformistischen Forderungspolitik vorangetrieben hatte, kam es im Jahr 1920 zum Ausschluss des revolutionären Flügels aus der *CGT*.[66] Fortan gehörte die Forderung nach einer Beteiligung der Arbeiter bei der Gestaltung der Arbeitsbedingungen zum Programm der *CGT*, was »einen Bruch bedeutet mit der revolutionären Gewerkschaftsdoktrin, die in den Jahren vor dem Ersten Weltkrieg prägend gewesen war« (Le Crom 2003: 21). Ziel war allerdings nicht die Einrichtung gewählter betrieblicher Interessenvertretungen, sondern in erster Linie die legale Verankerung gewerkschaftlicher Strukturen in den Betrieben und die Durchsetzung der Arbeiterkontrolle (contrôle ouvrier). Die reformorientierte deutsche Gewerkschaftspolitik und auch das Konzept der Wirtschaftsdemokratie von Fritz Naphtali diente dabei teilweise explizit als Vorbild, so etwa bei Forderungen nach tarifvertraglicher Absicherung und staatlicher Planungstätigkeit.

»Es entsteht ein gewerkschaftlicher Reformismus, der eine veränderte Rolle des Staates beinhaltete, welcher bislang ausschließlich als Herrschaftsinstrument gegenüber der Arbeiterklasse aufgefasst wurde: Die staatliche Einmischung in ökonomische und soziale Fragen in Friedenszeiten erscheint als eine mögliche Quelle neuer Rechte und als Mittel zur Begrenzung der Unternehmermacht« (Pernod 2005: 75f.).

2.3 Die Entstehung der *Délégués du Personnel* im Kontext der Volksfront (1936–1941)

Die ehemalige Frontstellung zwischen revolutionär gesinnten Gewerkschaften und dem republikanischen Staat brach während der Volksfront von 1936 erstmals für einen befristeten Zeitraum komplett zusammen. Der *Front du Peuple* spielt daher eine Schlüsselrolle bei der Entwicklung der Arbeitsbeziehungen in Frankreich. Die Annäherung zwischen dem republikanischen Staat und Institutionen der Arbeiterbewegung – also den Gewerkschaften und der

---

66 Der revolutionäre Flügel organisierte sich daraufhin bis zur Wiedervereinigung kurz vor der Volksfront im Jahr 1936 in der *CGT-U*. Diese stand seit 1927 stark unter kommunistischem Einfluss. Pernod (2005: 74) fasst die Rolle der *CGT-U* folgendermaßen zusammen: »Die *CGTU* kannte eine bewegte Geschichte, in deren Verlauf sie mit allen Ressourcen des Syndikalismus der Aktion experimentierte. In einem Zustand der Abhängigkeit gehalten von einer kommunistischen Partei, die sich selbst in einer permanenten Krise befand, verfiel sie immer mehr, wobei sie in ihren Streiks eine ganze Arbeitergeneration erschöpfte. […] Indem sie ein hohes Niveau an Kampfeswillen aufrechterhielt, hat sie dazu beigetragen, eine Forderungshaltung am Leben zu erhalten, die in den Generalstreik des Juni 1936 münden konnte. Ihr Überleben ist der Hingabe ihrer militanten Arbeiter geschuldet – in einem Kontext, der durch eine ausgesprochen intransingente Haltung des Patronats gekennzeichnet war und in dem mehrere Versuche der Neugründung einer revolutionären CGT-Gewerkschaft scheiterten (1919, 1926).«

sozialistischen sowie der kommunistischen Partei – fand ihren paradigmatischen Ausdruck in der ersten sozialistischen Regierung Frankreichs unter Léon Blum im Juni 1936. Es war die erste französische Regierung, die auch von der 1920 gegründeten kommunistischen Partei Frankreichs unterstützt wurde. Die so genannten Matignon-Verträge im Jahr 1936 markieren (ähnlich wie das Stinnes-Legien-Abkommen im revolutionären Deutschland von 1918/19) die offizielle Anerkennung der Gewerkschaften als wichtige Verhandlungspartner und politisch repräsentative Akteure. »Das industrielle Proletariat tritt in die Geschichte Frankreichs ein« (Noiriel 1986: 184).

Auch in Frankreich wurden zentrale Errungenschaften der Sozial- und Arbeitsgesetzgebung also in einer Situation errungen, in der die politischen und ökonomischen Eliten ihre Position durch eine radikale soziale Bewegung gefährdet sahen. Es war eine Zeit der Massendemonstrationen, Streiks und Fabrikbesetzungen.[67] In dieser Situation machte die Unternehmerseite erhebliche Zugeständnisse, um die Situation auf der Straße und in den Betrieben zu beruhigen. Die offizielle Anerkennung der Gewerkschaften als Vertretung der Lohnarbeitenden und Tarifpartei,[68] die 40-Stunden-Woche, Lohnerhöhungen, die Einführung des bezahlten Urlaubs und von Institutionen kollektiver Interessenvertretung in den Betrieben waren der Preis, den die Unternehmer für das Bündnis mit den Gewerkschaften als pazifizierender Ordnungsmacht zahlten. So erklärt sich das scheinbare Paradox, dass es am 7. Juni 1936 die

67 Die französische Streikbewegung begann zunächst zwischen dem 11. und 20. Mai mit einigen Streiks, die noch recht begrenzte Zielsetzungen hatten: Wiedereinstellung entlassener Arbeiter sowie Lohnerhöhungen. Die Einführung von *Délégués du Personnel* zählte ebenfalls zu den Streikzielen. Ab Ende Mai 1936 kam es dann zu einer regelrechten *Explosion Sociale* (Monier 2002). Eine wichtige Rolle spielte dabei die alljährlich stattfindende Demonstration zur *Mur des Fédérés*, der Mauer an der die letzten Kämpfer der Pariser Commune im Jahr 1871 erschossen wurden. An der Demonstration nahmen 1936 rund 600.000 Personen teil und der zukünftige Regierungschef Léon Blum intonierte die symbolträchtige Internationale. Am 27. und 28. Mai weitete sich die Streikbewegung in der Pariser Region aus, wobei es zu flächendeckenden Betriebsbesetzungen kam. Unter anderem wurde das Renault-Werk Boulogne-Billancourt besetzt, in dem 30.000 Beschäftigte arbeiteten. Die zweite Welle der Streikbewegung umfasste parallel zur Regierungsbildung unter Léon Blum am 6. Juni rund 1.830.000 Beschäftigte im Rahmen von etwa 12.000 Streiks. Etwa drei Viertel von ihnen gingen mit Betriebsbesetzungen einher. Die Mitgliedschaft der *CGT* wuchs von knapp 800.000 Beschäftigten im März 1936 auf knapp 4 Millionen Mitglieder im Dezember 1936 und 5 Millionen Mitglieder im Juni 1937 (vgl. Monier 2002: 40f.; Willard 1995: 93; Danos/Gibelin 1982).

68 Seit März 1919 existierte in Frankreich zwar ein Tarifgesetz, dieses fand jedoch vor der Volksfront kaum Anwendung. 1934 wurden nur knapp 4 Prozent der Arbeitsverhältnisse durch Tarifverträge geregelt. 15 Monate nach Abschluss der Matignon-Verträge waren bereits 5.000 neue Tarifverträge unterzeichnet (Willard 1995: 92).

Unternehmer waren, die im Rahmen der Verhandlungen im Hotel Matignon[69] die Einrichtung der *Délégués du Personnel (DP)* vorschlugen. Dies war einer doppelten Erwägung geschuldet: Zum einen war den neuen Institutionen eine Art Vorsorgefunktion zugedacht. Durch intensivierte Mechanismen der Kommunikation und Partizipation sollte das Ausbrechen radikaler sozialer Konflikte zukünftig verhindert werden. Zum anderen waren die vorgeschlagenen Institutionen – genau wie die deutschen Betriebsräte – dezidiert gewerkschaftsunabhängig konzipiert. Das Monopol der Gewerkschaften auf die Vertretung der ArbeiterInnenschaft sollte geschwächt werden. »Acceptance of the institutions of personnel delegates was an employer concession made in a crisis to keep unions themselves out of workplace« – resümiert etwa Tschobanian (1995: 119) die Geschehnisse. Die Matignon-Verträge sehen im Artikel 5 die Einrichtung von *Délégués du Personnel (DP)* zur Vertretung individueller Beschwerden der Beschäftigten gegenüber der Geschäftsleitung vor. Sie können somit als Geburtsstunde der betrieblichen Interessenvertretung in Frankreich gelten.

Die neue Institution hatte jedoch von Anfang an mit dem doppelten Misstrauen sowohl der Unternehmer als auch der Gewerkschaften zu kämpfen. Die Arbeitgeber pochten auf eine möglichst restriktive Auslegung der Kompetenzen der *DP* und versuchten zudem, deren Kontakte mit außerbetrieblichen Institutionen, wie den Gewerkschaften oder auch den staatlichen Arbeitsinspektionen, möglichst zu verhindern. Die Gewerkschaften wiederum befürchteten eine organisatorische Konkurrenz auf betrieblicher Ebene und forderten die Subordination der *DP* unter die gewerkschaftlichen Strukturen (vgl. Le Crom 2003: 23). Tatsächlich entstanden mit den neu gewählten *DP* offenbar teilweise einflussreiche und von der außerbetrieblichen Gewerkschaftshierarchie schwer zu kontrollierende neue Akteure. Eine diesbezüglich aufschlussreiche Beschreibung findet sich etwa in den Schriften von Simone Weil (1978; erste frz. Ausgabe 1951). Sie schickte im Jahr 1936 oder 1937 an die *CGT* die folgenden »Bemerkungen über die Lehren der Arbeitskonflikte in Nordfrankreich«:

»Die Arbeiterdelegierten […] durch Wahl dazu berufen, die Anwendung der Sozialgesetzgebung zu überwachen, wurden […] bald zu einem Machtfaktor in den Betrieben und wichen beträchtlich von ihrer theoretischen Mission ab. Die Ursachen dafür muss man einerseits in der Panik sehen, die sich der Unternehmer nach dem Monat Juni bemächtigte, andererseits in der von keinem Gesetz vorgesehenen gleichzeitigen Ausübung der Funktion eines Arbeiterdelegierten und eines Gewerkschaftsfunktionärs. Die Delegierten erschienen den Arbei-

69 An den Verhandlungen waren Vertreter der Regierung, der Arbeitgeber sowie der *CGT* beteiligt. Gegen 1 Uhr nachts wurden die Vereinbarungen unterzeichnet, die als *Accords Matignon* bekannt sind.

tern allmählich als Repräsentanten der Gewerkschaft; seit vielen Jahren an Gehorchen gewöhnt und wenig vorbereitet für die Praxis der Gewerkschaftsdemokratie, haben sich die Arbeiter damit abgefunden, Anweisungen zu empfangen. Die Versammlung der Delegierten einer Fabrik oder einer Ortschaft ersetzt so tatsächlich in einem gewissen Grade sowohl die Belegschaftsversammlung als auch die eigentlichen Gewerkschaftsorgane. [...] Wenn ein Delegierter in der von ihm vertretenen Abteilung eine Arbeitsunterbrechung anordnet, wird ihm unverzüglich Folge geleistet. So besitzen die Delegierten eine doppelte Macht: gegenüber den Unternehmern, weil sie alle Forderungen, selbst die belanglosen und absurden, durch die Androhung der Arbeitsniederlegung bekräftigten können; gegenüber den Arbeitern, weil sie in die Lage gesetzt sind, den Antrag dieses oder jenes Arbeiters gutzuheißen oder abzulehnen, eine Sanktion zu verwerfen oder zu billigen, manchmal sogar, eine Entlassung zu verlangen.«

Weil zitiert im Folgenden einige Beispiele für den »Machtmissbrauch« der *DP*: Es werden unliebsame, vor allem christliche, Gewerkschafter aus den Betrieben entfernt oder auch Schwerpunktstreiks veranlasst, ohne zuvor die Einwilligung der zuständigen Gewerkschaft einzuholen.

»Selbst wenn die Missbräuche nicht so weit gehen, neigen die Delegierten häufig dazu, die Bedeutung ihrer Rolle über das Nützliche hinaus zu steigern. [...] Andererseits hat die gegenwärtige Macht der Delegierten eine Grenze zwischen ihnen und den einfachen Arbeitern gezogen; die Kameradschaft der Delegierten mit den Arbeitern ist mit Herablassung gemischt, und die Arbeiter sehen in ihnen oftmals einen Vorgesetzten. Diese Trennung ist umso schärfer als die Delegierten über ihre Aktivität häufig nur unvollkommen Bericht erstatten. Da sie schließlich, für ein Jahr gewählt, praktisch nicht verantwortlich sind und Gewerkschaftsfunktionen usurpieren, erlangen sie ganz beiläufig die Herrschaft über die Gewerkschaft« (Weil 1978: 216ff.).

Der Deckungsgrad der neuen Institution scheint allerdings in der Folgezeit recht beschränkt gewesen zu sein. Aktuelle Schätzungen gehen davon aus, dass nur in etwa hundert Unternehmen tatsächlich *DP* gewählt wurden. Dies lag nicht nur an der schnell erstarkenden Opposition der Unternehmer, sondern auch an der unzureichenden rechtlichen Absicherung potenzieller KandidatInnen. Als sich der Elan der Volksfront im Zuge wiederholter Streikaktionen, zunehmender interner Gegensätze sowie einer Zuspitzung der internationalen Konfliktsituation allmählich erschöpfte, kam es im Jahr 1938 zur Modifikation der gesetzlichen Bestimmungen. Diese war Teil eines unternehmerfreundlichen Gesetzespaketes, welches das während der Volksfront aus dem Land geflüchtete Kapital wieder repatriieren sollte. Die Gesetzesnovelle bekräftigte die Unabhängigkeit der *DP* von den Gewerkschaften. Der Gesetzgeber verlieh ihnen einen quasi-offiziellen Status im Unternehmen und sah ihre Einrichtung für alle Industrieunternehmen ab zehn Beschäftigten vor. Ihre Aufgabe war fortan nicht mehr nur die Vertretung individueller Beschwerden gegenüber der Geschäftsleitung, sie erhielten auch ein Beschwerderecht gegenüber der *Inspec-*

tion du Travail (der staatlichen Arbeitsaufsicht) sowie das Recht, deren Vertreter bei Betriebsbesuchen zu begleiten. Die zuvor rechtlich existierende Möglichkeit der *DP*, sich bei Gesprächen mit der Geschäftsleitung von einem Gewerkschaftsvertreter unterstützen zu lassen, wurde hingegen abgeschafft. Le Crom (2003: 24) fasst den Charakter der gesetzlichen Neuerungen folgendermaßen zusammen:

»Eindeutiges Ziel ist die Stärkung der Institution auf Kosten der Gewerkschaften, deren Bindungen zu den Delegierten geschwächt werden. [...] Fortan stehen sie in Konkurrenz zur Gewerkschaft und es existiert keine organische Beziehung mehr zwischen den beiden Institutionen.«

Die neue Gesetzgebung hatte jedoch lediglich noch ein Jahr lang Bestand. Im Zuge des Ausbruchs des Zweiten Weltkriegs beschloss die Regierung unter Daladier, die *DP* als gewählte Institutionen abzuschaffen. Das Prinzip der Wahl wurde durch das Prinzip der Ernennung von Delegierten durch die öffentlichen Autoritäten ersetzt. Ziel ist die Wahrung des sozialen Friedens.[70]

2.4 Institutionelle Vorläufer des *Comité d'Entreprise* zwischen Vichy-Regime und *Résistance* (1941–1944)

Die gesetzliche Einführung der neuen Institution des *Comité d'Entreprise (CE)* durch die provisorische Regierung unter General de Gaulle im Februar 1945 kann als Geburtsstunde des modernen französischen Systems der *Institutions Représentatives du Personnel (IRP)* (Repräsentationsinstitutionen der Belegschaft) gelten. Bereits in den vorangegangen Jahren existierten jedoch unter dem Vichy-Regime und in den befreiten Gebieten der *Résistance* institutionelle Vorläufer des *Comité d'Entreprise (CE)*, die einer Betrachtung wert sind.[71]

Die Arbeitspolitik des Vichy-Regimes ähnelte in vielen Aspekten der Politik im nationalsozialistischen Deutschland. Unabhängige Interessenvertretungen wurden abgeschafft und die Löhne durch staatliche Instanzen dekretiert. Im Rahmen einer forcierten Ideologie der Betriebsgemeinschaft wurden die Unternehmer gezwungen, sich in den korporatistischen Branchenverbänden zu organisieren. Am 26. Oktober 1941 wurde durch die *Charte du Travail* (Ar-

70 Parallel dazu wurden die kommunistische Partei und ihre »Satellitenorganisationen« verboten. Innerhalb der *CGT* wurden alle Mitglieder ausgeschlossen, die sich nicht explizit vom deutsch-sowjetischen Pakt und der Sowjetunion distanzierten.

71 Michel Cointepas (1995/96) spricht sogar von einer »dreifachen Inspiration« der *Comités d'Entreprise*, wobei er neben den Traditionen des Vichy-Regimes und den Erfahrungen in der *Résistance*-Zeit auch die Betriebsrätegesetzgebung in Deutschland als wesentlichen Einflussfaktor nennt.

beitscharta) die Einrichtung betrieblicher Sozialkomitees (comités sociaux d'entreprise) dekretiert, ohne jedoch deren Zusammensetzung näher zu erläutern. In der Praxis wurden die Mitglieder der ab Anfang 1942 eingerichteten Sozialkomitees (sofern es sich nicht um die angestammten Delegierten von 1938 handelte) entweder gewählt oder von der Betriebsleitung ernannt (vgl. Cointepas 1995/96: 34). Die Sozialkomitees hatten drei gesetzlich vorgesehene Aufgabenbereiche: Unterstützung der Geschäftsleitung bei allen Fragen, die den betrieblichen Arbeitsablauf und die Belegschaft betreffen; Förderung der Kommunikation und wechselseitigen Information; Realisierung der sozialen Selbsthilfe (vgl. Le Crom 2003: 27). In der Praxis widmeten sich die Sozialkomitees angesichts der problematischen Versorgungslage der Bevölkerung vor allem der Organisation von Unterstützungskassen, der Gesundheitsvorsorge, der Beschaffung von Lebensmitteln, der Einrichtung von Rentenkassen, der Kriegsgefangenenhilfe sowie allgemein kulturellen und sozialen Aktivitäten. Nach Le Crom (ebd.) handelte es sich um eine Institution, »der man mehr Pflichten als Rechte« gegeben hatte und die als »das legale und obligatorische Instrument eines methodischen Paternalismus« gewertet werden konnte.

Die Einrichtung der Sozialkomitees, die gesetzlich nur für Betriebe ab 100 Beschäftigten vorgesehen waren, erfolgte ausgesprochen rasch und flächendeckend. Zum Kriegsende gab es etwa 9.000 Komitees mit rund 80.000 Delegierten, davon etwa ein Drittel in Betrieben unter 100 Beschäftigten. Dies erklärte sich vor allem durch die wichtige Rolle der Komitees bei der Lebensmittelversorgung der Bevölkerung. Angesichts schwieriger Überlebensbedingungen, langer Arbeitszeiten (54 Stunden und mehr) und ausgesprochen niedriger Löhne versuchten die Betriebsleitungen mithilfe der Sozialkomitees das Überleben ihrer ArbeiterInnen sicherzustellen. Im kollektiven Gedächtnis sind die Sozialkomitees daher unter dem Begriff der »Kartoffelkomitées« (comités patates) erhalten geblieben. Dieser wird bis heute zuweilen auch spöttisch auf die *Comités d'Entreprise* angewandt, um eine paternalistisch-soziale statt gewerkschaftliche Ausrichtung derselben zu kritisieren.

Ebenfalls auf die *Charte du Travail* geht die Einrichtung spezieller Kommissionen für Hygiene und (Arbeits-)Sicherheit *(Comité d'Hygiène et de Sécurité/CHS)* zurück. Vorbild dieser Institution waren Erfahrungen in einigen französischen Großunternehmen in den zwanziger Jahren (vor allem bei Renault), wo solche Kommissionen in Absprache zwischen den Unternehmensleitungen und der *CGT* mit Erfolg eingesetzt worden waren. Die Einrichtung der *CHS* in Unternehmen ab 500 Beschäftigten war im Juni 1944 praktisch flächendeckend umgesetzt. Sie kann als institutioneller Vorläufer der *CHSCT (Comités d'Hygiène de Sécurité et des Conditions de Travail)* gelten, die bis 1982 den Status einer Kommission des *Comités d'Entreprise* hatten und in den Auroux-Reformen als rechtlich verbindliche Institutionen eingeführt wurden (vgl. Kapitel II.2.8).

Aber nicht nur im besetzten bzw. kollaborierenden Frankreich, sondern auch in den von der *Résistance* befreiten Gebieten kam es zur Gründung von Betriebskomitees. Der Begriff *Comité d'Entreprise* taucht beispielsweise erstmals im so genannten Courtin-Bericht auf. Der Wirtschaftsprofessor René Courtin verfasste diesen Bericht für das *Comité Général d'Études des Conseils National de la Résistance (CNR)*, dem Exekutivorgan der *Résistance*. Im Rahmen dieses Gremiums erarbeiteten Parteien, Gewerkschaften und Widerstandsbewegungen unterschiedlichster politischer Couleur Vorschläge für die Nachkriegsordnung. Nach längeren internen Diskussionen über die Form, die die neu einzurichtenden Belegschaftsvertretungen haben sollten, wurden ab Mai 1944 zunächst in der Luftfahrtindustrie von Toulouse *Comités Mixtes à la Production (CMP)* installiert. Deren Vorbild waren die *Joint Production Commitees*, die seit 1940 in diversen kriegswichtigen Industrien Großbritanniens eingerichtet worden waren. Die paritätisch besetzten Komitees galten als erfolgreiche Instrumente zur Bewältigung der immensen Probleme der Kriegswirtschaft. In der Folgezeit wurden sie auch auf andere Betriebe in der Region Toulouse übertragen (vgl. Trempé 1983). Die *Comités Mixtes à la Production (CMP)* waren weniger als Instrument betrieblicher Interessenvertretung gedacht, sondern zur Steigerung der Produktivität und betrieblichen Leistungsfähigkeit. Die Praxis war jedoch häufig eine andere:

»Die Metallarbeiter der Luftfahrtindustrie dachten nicht daran, sich mit einer simplen Rückkehr zur III. Republik zufrieden zu geben. Sie forderten eine Verlagerung der Befugnisse zugunsten der Beschäftigten und Maßnahmen der Beschlagnahmung, ohne allerdings so weit zu gehen, eine komplette Enteignung oder Nationalisierung der Fabriken zu verlangen. Sie organisierten die Absetzung von Direktoren und Leitungskräften, die durch ihre Aktivität unter der Besetzung kompromittiert waren, und sie ernannten neue, während sie zugleich manche Fabriken selbständig reorganisierten« (Le Crom 1995b).

Auch in anderen französischen Regionen kam es in der Aufbruchphase der *Libération* zu solchen Initiativen. Vor allem im August und September 1944 entwickelten sich betriebliche Basisbewegungen, die eine Beschneidung oder auch ein Ende der Alleinherrschaft des Patronats zum Ziel hatten. Neben Toulouse waren Marseille, Lyon, Montluçon und das Département Allier Schwerpunkte solcher Initiativen. Eine kaum zu überblickende Vielzahl von Komitees und Kommissionen, summarisch häufig als *Comités de Gestion* bezeichnet, tauchte vorübergehend auf der politischen Bühne auf. Diese übernahmen mit Unterstützung der lokalen politischen Autoritäten oder auch ohne diese teilweise oder völlig die Produktionsverantwortung in den Betrieben. Bereits im September 1944 ging die provisorische Regierung jedoch gegen

Komitees vor, die die betrieblichen Machtverhältnisse grundsätzlich in Frage stellten.[72]

2.5 Die Gründung des französischen Institutionensystems nach dem Zweiten Weltkrieg (1944–1945)

Die ökonomische Situation Frankreichs nach dem Zweiten Weltkrieg war katastrophal. Schätzungen gehen davon aus, dass rund ein Viertel des Volksvermögens zerstört wurde, während es etwa im Ersten Weltkrieg »nur« etwa ein Zehntel gewesen war (Asselain 1984: 108). Besonders stark betroffen waren der Wohnungsbestand und die Infrastruktur. Die Kohle- und Stahlproduktion war weitgehend zusammengebrochen. Die Versorgungslage der Bevölkerung war dramatisch und der Schwarzmarkt blühte. Angesichts der schwierigen Lage kam es in den ersten Jahren der IV. Republik zu einer engen Zusammenarbeit aller politischen Richtungen mit dem Ziel eines schnellen Wiederaufbaus und der wirtschaftlichen Restrukturierung des Landes. An der *Bataille de la Production* (Produktionsschlacht) beteiligten sich auch die kommunistischen Kräfte: Der *Parti Communiste Français (PCF)* (Kommunistische Partei Frankreichs) war in den Wahlen 1946 mit 28 Prozent der Stimmen zur stärksten politischen Partei geworden. Die kommunistische Gewerkschaft *CGT* hatte mit knapp 3,8 Millionen Mitgliedern nahezu wieder die Mitgliederstärke der Volksfrontzeit erreicht. Zwischen dem 9. September 1944 und dem 4. Mai 1947 wurde Frankreich von einer Regierung der nationalen Einheit regiert, in der alle maßgeblichen politischen Kräfte der *Résistance* vertreten waren. An ihrer Spitze stand bis zum Januar 1946 General de Gaulle. Nach dessen Rückzug kam es zu einer Dreiparteienkoalititon zwischen der konservativ-bürgerlichen Partei *Mouvement Républicain Populaire (MRP)*, der *Section Française de l'Internationale Ouvrière (SFIO)* und der *PCF*, die zum ersten Mal in ihrer Geschichte an der Regierung beteiligt war. Arbeitsminister wurde Ambroise Croizat, ehemaliger Sekretär der Metallgewerkschaft der *CGT*. Während die traditionellen Organisationen der Arbeiterbewegung somit über eine bislang nie erreichte Machtfülle verfügten, war das Patronat in einer historischen Schwächesituation. Durch seine Kollaboration mit dem Faschismus war es moralisch desavouiert und politisch geschwächt. Erst im Jahr 1946 wurde seine Organisierung im neu gegründeten Unternehmerverband *Conseil National du Patronat*

72 Diese Haltung wurde auch damit begründet, dass die provisorische Regierung nicht jenen US-amerikanischen Kräften Vorschub leisten wolle, die eine massive Einmischung in die inneren Angelegenheiten Frankreichs befürworteten. Auch nachdem diese Gefahr weitgehend gebannt war, änderte sich jedoch die Haltung De Gaulles in dieser Frage nicht.

Français (CNPF) zugelassen. Dem Programm der französischen *Résistance* entsprechend, das eine umfassende Demokratisierung von Wirtschaft und Gesellschaft vorsah, kam es zwischen 1944 und 1947 zur Verstaatlichung der Schlüsselindustrien und es wurde ein umfassendes Programm der Wirtschaftsplanung (planification) erstellt.[73] Diese Maßnahmen deuten eine neue Rollenverteilung zwischen Staat und Gewerkschaften an, die jener aus der Volksfrontzeit ähnelte: Die Gewerkschaften wurden nicht mehr als grundlegend oppositionelle Institutionen behandelt, sondern (zumindest an ihrer Führungsspitze) als Akteure in den neu entstehenden Sozialstaat integriert.

In dieser historischen Ausnahmesituation wurden die Grundstrukturen des französischen Systems betrieblicher Interessenvertretung geschaffen, wie sie bis zum heutigen Datum (vielfach ergänzt und modifiziert) erhalten geblieben sind. Zwischen Februar 1945 und Juli 1947 wurden vier Gesetzestexte erlassen, die das neue System der Beschäftigtenrepräsentation gesetzlich fixierten. Es sah zwei zentrale Institutionen vor: Die bereits 1936 eingeführten *Délégués du Personnel* (*DP*) wurden reetabliert. Neu geschaffen wurde die Institution des *Comité d'Entreprise (CE)*.

Im Gesetz vom 16. April 1946 erhielten die *Délégués du Personnel (DP)* im Wesentlichen wieder ihre alten Rechte und Funktionen. Ihre Wahl war jedoch fortan in allen Betrieben ab zehn Beschäftigten obligatorisch – und zwar nicht nur in industriellen und kommerziellen Unternehmen, sondern auch in der Landwirtschaft, in Betrieben des öffentlichen Dienstes sowie Verbänden aller Art. Ihre Hauptfunktion bestand nach wie vor im Bereich der Vertretung individueller sowie kollektiver Beschwerden (»reclamation«) gegenüber der betrieblichen Hierarchie. Neben ihren traditionellen Zuständigkeiten für Fragen des Arbeitsschutzes, der Sicherheit, der Hygiene, der Einhaltung des Arbeitsrechts und der sozialen Vorsorge erhielten die *DP* fortan auch ein explizites Beschwerderecht für individuelle Verstöße im Bereich der Entlohnung und Leistungsmessung.[74] Neu war weiterhin, dass die Betriebsrundgänge der staatlichen Arbeitsinspektoren fortan in Begleitung eines *DP* erfolgen sollten.

---

73 Zwischen 1944 und 1946 wurden der Kohlebergbau, die Gas- und Elektrizitätserzeugung, die Air France, die Pariser Verkehrsbetriebe RATP, je vier große Banken und Versicherungsgruppen und die Automobilfirma Renault verstaatlicht. Die Eisenbahn war bereits 1936 verstaatlicht worden. Die vorgesehene Verstaatlichung der Stahl- und Chemieindustrie wurde 1947 mit dem Ausschluss der Kommunisten aus der Regierung aufgegeben. An den wichtigsten Organen der *Planification*, dem Planungskommissariat sowie den Modernisierungskommissionen, wurden auch die Gewerkschaften beteiligt – allerdings in einer deutlichen Minderheitenposition.

74 Die Abgrenzung zur Tätigkeit der *Comités d'Entreprise*, die für die Überwachung des Lohngefüges in kollektiver Hinsicht zuständig sein sollten, war und ist damit recht ungenau.

Während die *Délégués du Personnel* also vor allem für die Interessenvertretung in individuellen Fragen zuständig sein sollten, wurde die kollektive Interessenvertretung zum Terrain des neu geschaffenen *Comité d'Entreprise (CE)* erklärt. Formal hat dessen Vorsitz der Geschäftsführer inne, was den paternalistischen Charakter der neuen Institution unterstreicht. Seine Aufgabenstellung ist eine doppelte: Im Bereich der sozialen Angelegenheiten ist das *CE* ein von der Geschäftsleitung unabhängiger Akteur und verfügt über ein eigenständiges Sozialbudget.[75] In der Folgezeit entwickelten die *CE* sich faktisch vielfach zu Verwaltungs- und Gestaltungsagenten sozialer und kultureller Einrichtungen des Betriebs. Im ökonomischen Bereich hat das *CE* rein konsultative Funktionen, gewisse Informationsrechte, aber keinerlei Mitbestimmungs- oder Entscheidungskompetenzen.

Während die rechtliche Definition der *DP* kaum größere Diskussionen evozierte, gab es über die Verfassung des *Comité d'Entreprise (CE)* heftige Kontroversen. Im Kern ging es dabei um die Rolle, die den Gewerkschaften zukünftig in den Betrieben eingeräumt werden sollte. Ziel der Gewerkschaften war ihre legale Verankerung als Institution betrieblicher Interessenvertretung. Genau das wollten die Unternehmer jedoch verhindern. Der Konflikt betraf also die sensible Frage, wie dual das neue Vertretungssystem konstruiert sein sollte, wie eng das Verhältnis zwischen dem *Comité d'Entreprise (CE)* und den Gewerkschaften sein sollte. Diese Frage war freilich deshalb so strittig, weil es hier direkt um den zukünftigen Einfluss der Gewerkschaften in den Betrieben ging. Konkret forderte die *CGT* die Ernennung der *CE*-KandidatInnen durch die repräsentativen Gewerkschaften[76], die Anwendung eines Mehrheitswahl-

75 Die Höhe des Sozialbudgets, das dem *CE* für die Organisierung sozialer und kultureller Leistungen zur Verfügung gestellt wird, ist rechtlich nicht eindeutig vorgeschrieben. Die einzige Vorschrift besteht darin, dass das Sozialbudget nicht gesenkt werden darf. Faktisch ist daher eine große Varianz einschlägiger Regelungen möglich und existent. In der breit angelegten empirischen Studie des IRES/DARES (1998: 112ff.) wurde ermittelt, dass die dem *CE* zur Verfügung stehenden Geldmittel von über 5 Prozent der Lohnsumme bis »praktisch nichts« variieren. Üblich sind zwischen 0,5 bis 2 Prozent der Lohnsumme. Erhebliche Unterschiede gibt es nach Branchen, danach, ob es sich um ein öffentliches oder privates Unternehmen handelt sowie nach Alter des *CE*.

76 Der Begriff der repräsentativen Gewerkschaft stammt ursprünglich von der Friedenskonferenz in Versailles, anlässlich der die *International Labour Organisation (ILO)* ihre Tätigkeit aufnahm, die aus »repräsentativen Gewerkschaften« zusammengesetzt sein sollte (vgl. Rehfeldt 2000). Im Jahr 1945 wurde der Begriff in der Repräsentativität in Frankreich derart definiert, dass es sich um eine gewerkschaftliche Kraft mit institutionalisiertem Charakter handeln müsse, das heißt sie solle nicht allein ihre Mitglieder repräsentieren, sondern die Gesamtheit der Lohnarbeitenden. Als zentrale Kriterien hierfür gelten die Mitgliederzahl, die Unabhängigkeit (vom Unternehmer, Staat sowie von politischen Parteien), das Beitragsaufkommen, die Erfahrung und eine zeitlich dauerhafte Aktivität der Gewerkschaft sowie die etwas antiquierte Bedingung einer patriotischen Haltung während der Besatzung. Aktuell sind in Frankreich

rechts, das den Ausschluss kleinerer Gewerkschaften aus dem *CE* zur Folge gehabt hätte, ein Absetzungsrecht der Gewerkschaften gegenüber gewählten *CE*-KandidatInnen sowie ein Anwesenheitsrecht von GewerkschaftsfunktionärInnen auf den *CE*-Sitzungen. Der damals zweitgrößte Gewerkschaftsverband, die christliche *Conféderation Française des Travailleurs Chrétiens* (CFTC)[77] war zwar mit den meisten Vorschlägen der *CGT* einverstanden, wehrte sich jedoch verständlicherweise gegen den Vorschlag eines Mehrheitswahlrechts. Das französische Patronat hingegen protestierte generell gegen einen zu starken gewerkschaftlichen Einfluss auf die neue Institution und wurde in diesem Punkt teilweise durch die Vertreter von Regierung und Nationalversammlung unterstützt. Letztere wollten lieber demokratische denn syndikalistische Prinzipien gewahrt sehen, was in der Konsequenz die Institutionalisierung des *CE* als gewerkschaftsunabhängiges Organ repräsentativer betrieblicher Demokratie meinte. Der Kompromiss zwischen den widerstreitenden Auffassungen war schließlich eine Mischung zwischen Unabhängigkeit und Gewerkschaftsnähe der neuen Institution:

- Das *Comité d'Entreprise (CE)* wird im Rahmen allgemeiner Wahlen aller Beschäftigten bestimmt, wobei jedoch die als repräsentativ anerkannten Gewerkschaften im ersten Wahlgang ein exklusives Vorschlagsrecht der KandidatInnen besitzen. Erst wenn die gewerkschaftlichen KandidatInnen nicht das nötige Quorum erreichen oder nicht in ausreichender Zahl vorhanden sind, sind in einem weiteren Wahlgang auch gewerkschaftsunabhängige Kandidaturen zugelassen.
- In den ersten Gesetzgebungen zur Einrichtung des *CE* war zunächst ein Mehrheitswahlrecht vorgesehen. Hintergrund dieser Maßnahme war ein

---

fünf Gewerkschaften auf nationaler Ebene als repräsentativ anerkannt *(CGT, CFDT, CGT-FO, CFTC, CGC)*. Als solche sind sie Mitglieder in der *Commission Nationale de la Négociation Collective* (nationale Tarifkommission). Die Anerkennung als repräsentative Gewerkschaft impliziert weiterhin viele institutionalisierte Organisationsvorteile im Bereich der Sozialpolitik und Sozialverwaltung, die zum Teil mit Freistellungsmöglichkeiten für gewerkschaftliche InteressenvertreterInnen sowie erheblichen finanziellen Zuwendungen des Staates verknüpft sind (vgl. Prigge 2001: 210ff.). Anträge der Gewerkschaften *UNSA* und *SUD* auf Zuerkennung des Status der Repräsentativität auf nationaler Ebene wurden 2004 abgelehnt. Kleineren Gewerkschaften kann allerdings der Status der Repräsentativität auf sektoraler oder betrieblicher Ebene zuerkannt werden. Grundsätzlich sind die Kriterien dieselben, die auch für die Feststellung der Repräsentativität auf nationaler Ebene maßgeblich sind, nur bezogen auf einen beschränkteren Bereich.

77 Die an der katholischen Soziallehre orientierte Gewerkschaft *CFTC* wurde im Jahr 1919 gegründet. Sie hatte zwar stets deutlich weniger Mitglieder als die *CGT*, spielte jedoch in der Zwischenkriegszeit eine gewisse Rolle als Tarifpartei. Von Streikaktivitäten hielt sie sich weitgehend fern. Für genauere Informationen vgl. Pernot 2005: 85ff.

Kompromiss zwischen *CGT* und *CFTC*, wonach die *CGT* ihren Mitgliedern empfahl, *CFTC*-Vertreter proportional zu ihrer betrieblichen Stärke bei der Kandidatenaufstellung zu berücksichtigen. Die Verhärtung der Blockkonfrontationen im Rahmen der einsetzenden ›Kalten-Kriegs-Politik‹ führte jedoch zum Wiederaufbrechen von Feindseligkeiten zwischen den gewerkschaftlichen Kräften und schließlich zu einer neuen Gesetzgebung, die ein Proporzwahlrecht vorsah.

- Die Gewerkschaften konnten sowohl ihre Forderung nach einem Absetzungsrecht der gewerkschaftlich designierten KandidatInnen[78] als auch nach einem Anwesenheitsrecht auf *CE*-Sitzungen durchsetzen.
- Die *CE*-Wahlen sollten auf ein Jahr erfolgen (die Wahlperiode wurde später auf zwei Jahre, im Jahr 2005 auf vier Jahre verlängert). Ein *CE*-Mitglied verfügt über 20 Stunden Freistellung pro Monat mit der Möglichkeit der Aufstockung in außergewöhnlichen Fällen. Mitglieder des *CE* besitzen einen rechtlichen Schutz gegen Entlassung (vgl. Kapitel II.3 sowie Ministère de l'Emploi 2006).[79]

Aus deutscher Sicht erstaunlich ist die Tatsache, dass die Frage formaler Rechte und Befugnisse des *Comité d'Entreprise (CE)* eine deutlich zweitrangige Rolle in den Auseinandersetzungen spielte. Die rein konsultative Funktion des *CE* wurde von den Gewerkschaften überwiegend akzeptiert. Thema war also nicht, wie etwa in Deutschland, die Durchsetzung umfassender Beschäftigtenpartizipation zur politischen Kontrolle der Macht des Kapitals und im Sinne eines Einfallstors für Ansätze wirtschaftlicher Demokratisierung. Es ging eher darum, überhaupt in die bislang ehernen Bollwerke kapitalistischer Industriebetriebe einzudringen und dort legale gewerkschaftliche Vorposten und Stützpunkte einzurichten.

Durch das im Mai 1946 von der Nationalversammlung einstimmig verabschiedete Gesetz wurden *Comités d'Entreprise* obligatorisch in allen Betrieben ab 50 Beschäftigten. Zudem wurde im Oktober desselben Jahres das Streikrecht in der französischen Verfassung verankert. Es ist in Frankreich als individuelles Recht konzipiert, das jedoch nur kollektiv ausgeübt werden kann. Damit ist das französische Streikrecht vergleichsweise stärker als das deutsche, da we-

78 Als sich Ende 1947 die *CGT-FO* von der *CGT* abspaltete, machte die *CGT* von ihrem Recht zur Absetzung von *CE*-Mitgliedern Gebrauch, was zu vielen betrieblichen Konflikten und juristischen Streitigkeiten führte.

79 Das Gesetz bestimmte zudem, dass KandidatInnen ein Mindestalter von 21 Jahren und ein Jahr Betriebszugehörigkeit haben mussten sowie nur französische StaatsbürgerInnen zugelassen waren. Dies schloss sowohl Jugendliche als auch ImmigrantInnen (zunächst) von einer Kandidatur aus.

sentlich unbeschränkter.[80] Es steht zugleich nicht unter der exklusiven Kontrolle der Gewerkschaften. Als Machtressourcen der neu entstandenen Institutionen waren und sind Arbeitsniederlegungen und Streikaktionen in Frankreich unverzichtbar. In dieser Hinsicht kann das liberale französische Streikrecht gewissermaßen als funktionales Äquivalent zu den Mitbestimmungsrechten des deutschen Betriebsrats gelten (vgl. Kapitel II.3.3).

2.6 Gelähmte Institutionenpraxis der Nachkriegszeit (1946 bis Anfang der sechziger Jahre)

Ende der vierziger Jahre beginnt in Frankreich eine lange Periode des wirtschaftlichen Aufschwungs, die bis 1970 andauert. Während das Wirtschaftswachstum in den fünfziger Jahren, verglichen mit Deutschland oder Italien, eher moderat ausfiel (vgl. Asselain 1984: 120)[81], lag Frankreich in den sechziger Jahren hinsichtlich der jährlichen Wachstumsraten an der Spitze der industrialisierten Länder. Mit Hilfe der staatlichen *Planification* gelang es, einige der bisherigen Schwächen der französischen Industrie zu vermindern. Der bislang unterentwickelte industrielle Sektor wuchs überdurchschnittlich stark, insbesondere in den verstaatlichten Bereichen gelang eine Kapital- und Unternehmenskonzentration, wie sie dem internationalen Durchschnitt der Industrieländer entsprach (vgl. Albers u.a. 1971: 22ff.). Dennoch blieb in vielen Industriesektoren die typisch französische Unternehmenslandschaft von kleinen Familienbetrieben intakt. Prägend für die ersten Jahrzehnte der Nachkriegszeit war zudem ein enormes Bevölkerungswachstum. Dieses hatte in nur 25 Jahren das gleiche Ausmaß wie im gesamten vorhergehenden Jahrhundert. Ein wachsender Teil der Bevölkerung war zudem erwerbstätig. Die Frauenerwerbstätigkeit stieg enorm. Die Erwerbsquote der Frauen lag 1968 bereits bei 75 Prozent

80 Einige Streikformen sind allerdings auch in Frankreich verboten, zum Beispiel die *Grèves Perlées* (geperlte Streiks) und die *Grèves Tournantes* (rollierende Streiks), das heißt wiederholte Arbeitsniederlegungen, die letztlich zu einer Desorganisation des Unternehmens führen. Auch politische Streiks sowie Solidaritätsstreiks sind theoretisch illegal. Praktisch wurden in der Vergangenheit jedoch Streiks der repräsentativen Gewerkschaften, die gegen Maßnahmen der Regierung gerichtet waren, nie juristisch angegangen. Erst in jüngster Zeit scheint die konservative Regierung unter Sarkozy diesen Praktiken einen Riegel vorschieben zu wollen.

81 Bezüglich der jährlichen Raten des Wirtschaftswachstums lag Frankreich in den fünfziger Jahren zwar gut im europäischen Durchschnitt und deutlich besser als zum Beispiel England, mit dem so genannten deutschen Wirtschaftswunder lassen sich diese jedoch nicht vergleichen. Eine Schwäche der französischen Wirtschaft war die permanent hohe Inflationsrate, die unter anderem Folge der französischen Kolonialkonflikte in Indochina und Algerien war, sowie die anhaltende Exportschwäche der französischen Industrie.

und damit nur knapp unter jener der Männer (77 Prozent). Der Agrarsektor, in dem unmittelbar nach dem Krieg noch nahezu 50 Prozent der Erwerbstätigen beschäftigt waren, wurde zurückgedrängt zugunsten des industriellen Sektors. Die Verhältnisse industrieller Lohnarbeit wurden gesellschaftlich prägend. Das Wirtschaftswachstum sowie eine verstärkte *Action Revendicative* (Forderungstätigkeit) der Gewerkschaften schlug sich seit Anfang der sechziger Jahre in jährlich rund 6 Prozent Lohnerhöhnungen nieder. Politisch spielten die Kolonialkonflikte (in Indochina, aber vor allem in Algerien) eine große Rolle. Diese trugen wesentlich zum Ende der IV. Republik im Jahr 1958 bei. Zugleich prägte die außenpolitische Blockkonfrontation die innerfranzösischen politischen Bedingungen. Die kommunistische Partei *(PCF)* blieb mit einem Wähleranteil von rund 20 Prozent der Stimmen die mit Abstand größte Oppositionspartei. Sie dominierte zugleich die Entscheidungen ihrer *Fille Ainée* (älteste Tochter)[82], der *CGT*, die lange Zeit unumstritten und mit Abstand die größte französische Gewerkschaft war.

Die Einführung der *Comité d'Entreprise* wurde in der Nachkriegszeit von den Gewerkschaften als großer Erfolg gefeiert, als »letztes integrales Element der Triptik, die im Zuge der Befreiung verwirklicht wurde – gemeinsam mit den Nationalisierungen und der Einführung der Sozialversicherung« (Dreyfus 1995: 258). So wundert es nicht, dass die neue Institution zunächst eine schnelle Verbreitung fand. Bereits Ende 1948 wurde die Zahl der *CE* auf etwa 10.000 geschätzt, was angesichts von potenziell etwa 15.000 Betrieben einem Deckungsgrad von etwa 75 bis 80 Prozent entspricht (Le Crom 2003: 55). Insbesondere in den größeren Unternehmen sowie in den Industriebranchen mit einem hohen Anteil gewerkschaftlich organisierter Beschäftigter wurden flächendeckend *CE* gewählt. Niedriger war der Deckungsgrad hingegen in kleineren Betrieben, in Unternehmen mit einem größeren Anteil von Angestellten und Technikern, in der Textilindustrie mit einem hohen Anteil an weiblichen Arbeitskräften sowie in Branchen, in denen zwar eine gute Gewerkschaftsorganisation existierte, die Belegschaft typischerweise jedoch in viele kleinere Betriebseinheiten aufgesplittert ist (zum Beispiel im Bereich Transport, Lager, Logistik) (vgl. ebd.).

Im Nachhinein muss insbesondere die Phase zwischen 1945 und 1947 als Ausnahmephase in der Institutionengeschichte des *CE* gelten. In dieser Zeit ist die französische kommunistische Partei noch in die Regierungsverantwortung eingebunden. In der Konsequenz sah sich auch die *CGT* in der nationalen

82 Diese Begrifflichkeit, die von Michel Dreyfus (1995) stammt, zielt auf das eindeutige Abhängigkeitsverhältnis zwischen der größten französischen Gewerkschaft und der kommunistischen Partei, das erst mit dem Zusammenbruch der Sowjetunion 1989 ein allmähliches Ende fand.

Pflicht und betonte in der *Bataille de Production* (Produktionsschlacht), dass die Steigerung der Produktivität eine Pflicht der proletarischen Klasse sei. Sie hielt die ArbeiterInnen in den Betrieben zu erhöhter Leistung an, verzichtete auf Lohnforderungen und unterstützte die Autorität der Leitungskräfte. Zugleich wurden den Gewerkschaften in manchen Unternehmen Privilegien eingeräumt, die über deren gesetzliche Rechte weit hinausgingen (zum Beispiel bei Renault oder Schneider). So wurde das *CE* vorübergehend und in einigen Fällen zu einem Gremium, das auch Vorschläge zur Verbesserung des Produktionsablaufs machte und zuweilen eine starke soziale Kontrolle gegenüber der Belegschaft ausübte.

Bereits Anfang der fünfziger Jahre stagnierte jedoch die Zahl der gewählten *CE* und ging dann während eines Zeitraums von zehn Jahren deutlich zurück. Diese quantitative Stagnation verweist auf spezifische Funktionsdefizite, unter denen das französische System betrieblicher Interessenvertretung in der Nachkriegszeit zu leiden hatte. Le Crom (2003) bezeichnet den betreffenden Zeitraum daher auch als »lange Sonnenfinsternis«. Was waren die Ursachen?

Nach dem Ausschluss der *PCF* aus der Regierung stellten sich die angestammten Fronten wechselseitigen Misstrauens zwischen Unternehmern und Gewerkschaften (zumindest was die *CGT* betrifft) schnell wieder her. Zudem sind die fünfziger Jahre eine Zeit der Restauration und des Kalten Krieges, in dessen Klima die Nachkriegsutopien grundlegend veränderter Gesellschafts- und Wirtschaftsformen schnell den Charakter wirklichkeitsfremder Ideen annahmen. In der Konsequenz waren die Institutionen eines betrieblichen Sozialdialogs zu einem Schattendasein verdammt. Während das *Comité d'Entreprise* sich vielerorts zu einer (oft paternalistischen) Sozialinstitution entwickelte, war die Tätigkeit der *DP* teils formalistisch-bürokratisch, teils stark gewerkschaftspolitisch geprägt. In manchen Fällen erwiesen sie sich als authentisches Sprachrohr für Belegschaftsforderungen, so gut wie nie jedoch als ein Instrument des Dialogs zwischen Belegschaft und Geschäftsführung.

Hinzu kam eine Arbeitsorganisation, die in weiten Bereichen industrieller Massenproduktion bis in die achtziger Jahre hinein von einem ausgesprochen rigiden Taylorismus geprägt war. Die nunmehr rasante Industrialisierung konnte in den Zeiten des wirtschaftlichen Aufschwungs nur durch die massive Anwerbung von ImmigrantInnen funktionieren, die vor allem aus den ehemaligen Kolonialländern kamen.[83] Ein (aus deutscher Sicht) begrenztes professio-

83 Nach Albers u.a. (1971: 36) arbeiteten in Frankreich im Jahr 1969 rund 2,6 Millionen ausländische ArbeiterInnen, was »sowohl absolut wie auch relativ (mit Ausnahme der Schweiz) die höchste Zahl ausländischer Arbeiter in einem westeuropäischen Land« war. »1969 waren von jeweils 100 Arbeitern in der Maschinenbauindustrie zehn, in der metallerzeugenden Industrie 17 und in der Bauindustrie sogar 22 ausländischer Herkunft.«

nelles Qualifikationsniveau der Beschäftigten,[84] eine stark arbeitsteilige Produktionsweise mit engmaschigen direkten Kontrollen, ausgeprägter innerbetrieblicher Hierarchie und die angesprochene Misstrauens- und Missachtungskultur zwischen Beschäftigten und betrieblicher Leitung stabilisierten sich dabei wechselseitig (vgl. Maurice u.a. 1979; Lane 1989). In dieses Gesamtbild passt weiterhin die Tatsache, dass Frankreich im internationalen Vergleich Spitzenreiter bei der Entlassung von BelegschaftsrepräsentantInnen und GewerkschafterInnen ist (Le Crom 2003: 95; vgl. Kapitel III.4.6.2). Ab 1952 fanden sich jedenfalls in vielen Unternehmen keine KandidatInnen (mehr) für die neue Institution des *CE*. Ihre Präsenz ging insbesondere in Unternehmen mit weniger als 100 Beschäftigten deutlich zurück.

Aber nicht nur in quantitativer Hinsicht war schon bald eine Krise der neuen Institution offensichtlich, auch in qualitativer Hinsicht erfüllte diese keineswegs die in sie gesetzten Erwartungen. Generell schwach blieb die Aktivität der *CE* im Bereich wirtschaftlicher Angelegenheiten, wo ohnehin nur Informationsrechte existierten. Selbst diese scheinen jedoch nur sehr unzureichend verwirklicht worden zu sein, wenn man den Berichten der *Inspecteurs du Travail* (staatliche Arbeitsinspektoren) sowie den wenigen zeitgenössischen Studien zum Thema Glauben schenken kann. Zur Domäne der *Comités d'Entreprise* wurde vielmehr die Organisierung von Sozialleistungen für die Belegschaft und die Verwaltung des unternehmensfinanzierten Sozialbudgets. In jenen verstaatlichten Großunternehmen, in denen die *CGT* meist deutlich dominierte (zum Beispiel Renault), wurden die *CE* damit zu ausgesprochen finanzstarken Organisationseinheiten, die erheblichen Einfluss auf das soziale und kulturelle Leben von Zigtausenden von ArbeiterInnen hatten. Die verwalteten Gelder in der Höhe von 1 Prozent bis 3 Prozent der jährlichen Lohnsumme der Beschäftigten waren in den einschlägigen Großbetrieben eine stattliche Summe. In den fünfziger Jahren flossen diese vor allem in Einrichtungen zur Sozialvorsorge, in Betriebskantinen und in verschiedene Leistungen für die Familien der Betriebsangehörigen (Kinderkrippen, Kinderferienfahrten, Weihnachtsgeschenke für die Kinder und die Familien). In den sechziger Jahren verlagerte sich die Tätigkeit der *CE* auf kulturelle Aktivitäten: Sportvereine, Betriebsbibliotheken, verbilligte Urlaubsmöglichkeiten, Hobbyclubs, verbilligte Theater- und Museumskarten etc. In den angesprochenen Großbetrieben mit deutlicher *CGT*-Dominanz entwickelte sich unter diesen Bedingungen eine

84 Viele der migrantischen ArbeiterInnen konnten anfänglich nur wenige Worte Französisch und waren AnalphabetInnen. Zudem besaß das System der Berufsbildung in Frankreich generell einen geringeren Stellenwert als in Deutschland. Betriebsspezifisches Anlernen und *Training on the Job* sind dominant und es existiert keine dem deutschen qualifizierten Facharbeiter vergleichbare Tradition der betrieblichen Berufsausbildung.

eigene Gewerkschaftskultur, die das kulturelle und soziale Leben vergleichsweise homogener Arbeitermilieus organisierte und im Regelfall kooperative Beziehungen zur Unternehmensführung unterhielt:

»Zum ersten Mal in ihrer Geschichte, befand sich die *CGT* an der Spitze mächtiger sozialer und kultureller ›Werke‹. Deren Leitung beeinflusst tendenziell ihre traditionelle Forderungspolitik. Ein weiterer nicht zu vernachlässigender Vorteil: die Comités d'Entreprise erlauben es, gewerkschaftliche Freigestellte zu bezahlen, Material zu kaufen etc.« (Dreyfus 1995: 258f.; Übers. d. Verf.).

In den meisten kleineren Betrieben hingegen waren die *CE* wenig eigenständige Institutionen. Sie schafften es kaum, sich von der Geschäftsleitung zu emanzipieren, die formal den Vorsitz im Gremium hat. Die Organisierung der Sozialleistungen erfolgte somit eher unter paternalistischen Vorzeichen und kaum als Ausdruck einer eigenständigen Gewerkschaftskultur.

Die Gewerkschaften, insbesondere die *CGT*, pflegten insgesamt ein ambivalentes Verhältnis zu der neuen Institution. Trotz ihrer Deklaration als Errungenschaft der Arbeiterbewegung war das *CE* in seiner konkreten Verfasstheit von Anfang an eine eher ungeliebte Institution. Ursprüngliches Ziel war die Durchsetzung einer legalen Verankerung der Gewerkschaften im Betrieb gewesen. Man hätte ›als *CGT*‹ das Recht eingeräumt bekommen wollen, im Betrieb präsent zu sein und Einfluss zu nehmen. Genau dies wurde jedoch in der neuen Betriebsverfassung verwehrt. Der direkte Einfluss der Gewerkschaften auf das *CE* wurde auf das Vorschlagsrecht für die KandidatInnen im ersten Wahlgang beschränkt und der formale Vorsitz der Geschäftsleitung im *CE* dokumentierte deutlich, wer weiterhin das Sagen hatte im französischen Industriebetrieb. Die Haltung der *CGT* schwankte insofern zwischen dem Versuch der Instrumentalisierung des *CE* als ›trojanisches Pferd‹ für gewerkschaftliche Aktivitäten und Misstrauen gegenüber der neuen Institution als Instrument der Klassenkollaboration. Angesichts der engen Anbindung der *CGT* an die kommunistische Partei (die zu dieser Zeit massiv stalinistisch geprägt war) versuchte die *CGT* ›ihre‹ *CE* daher typischerweise für gewerkschaftliche sowie parteipolitische Propaganda zu nutzen; zugleich wachte sie aufmerksam darüber, dass es zu keiner allzu kooperativen Annäherung gegenüber den Unternehmensleitungen kam und die Loyalität ›ihrer‹ Gewählten (Élus) in den Betrieben gegenüber den Gewerkschaftsorganisationen größer war als gegenüber den betrieblichen Akteuren. Dies ist der Hintergrund, warum zum Beispiel Maurice Montuclard (1963), der die neue Institution als erster einer eingehenden wissenschaftlichen Analyse unterwarf, der *CGT*-Politik in den *CE* in erster Linie einen negativen Charakter unterstellte: Genau jene Ziele, die ursprünglich mit der Einführung der Institution verfolgt wurden, nämlich eine verbesserte Kooperation und Partizipation, waren unter diesen Bedingungen kaum zu erreichen.

Während die *CE* ihre Tätigkeit also vor allem im Bereich sozialer Angelegenheiten professionalisierten, waren die *Délégués du Personnel (DP)* in der Praxis oft zuständig für innerbetriebliche Konfliktangelegenheiten (soweit überhaupt eine klare Trennung beider Institutionen möglich war). Auch die Tätigkeit der *DP*, nämlich die Weiterleitung individueller Beschwerden an die Geschäftsleitung, wurde jedoch durch die weit verbreiteten betrieblichen Missachtungsbeziehungen gelähmt. Für die meisten Geschäftsleitungen stellten die obligatorischen monatlichen Treffen ausgesprochen ungeliebte Übungen dar und viele von ihnen begegneten den aufgeworfenen Fragen und Problemen in erster Linie mit einer Blockadehaltung. Die *Délégués du Personnel* wiederum versuchten als aktive GewerkschafterInnen nicht selten, die Treffen mit der Geschäftsleitung primär als politisches Forum zu nutzen. Unter diesen Bedingungen beschränkten sich die monatlichen Treffen in vielen Fällen auf einen sterilen Austausch anhaltend divergenter Positionen.

Trotz Einführung der neuen Institution des *CE* und Wiedergeburt der *DP* blieben die innerbetrieblichen Austauschbeziehungen zwischen Kapital und Arbeit somit insgesamt unterentwickelt. Die Institutionen betrieblicher Interessenvertretung lieferten in erster Linie einen organisatorischen Rahmen, der den GewerkschaftsaktivistInnen im Betrieb eine Legitimation per demokratischer Wahlprozedur und ein gewisses Renommé als Organisatoren betrieblicher Sozialleistungen verschaffte, sie mit definierten materiellen und zeitlichen Ressourcen ausstattete sowie einen beschränkten Kündigungsschutz gewährte.

2.7 Gewerkschaftliche Offensive und institutioneller Wandel: Die *Délégués Syndicaux* (sechziger und siebziger Jahre)

Die sechziger und siebziger Jahre waren (nicht nur) in Frankreich ein Zeitraum, in dem es innenpolitisch gärte. Die Auseinandersetzungen spitzten sich zu. Es herrschte weit verbreitete Unzufriedenheit mit den erstarrten politischen wie kulturellen Bedingungen des Gaullismus der Nachkriegsära. Dies kündigte sich bereits zu Beginn der sechziger Jahre durch eine zunehmende Streiktätigkeit an, auf die die gaullistisch geprägte Rechtsregierung mit autoritären Maßnahmen und Versuchen der Einschränkung des Streikrechts reagierte.[85] Im gewerkschaftlichen Bereich kam es zu einer Neuordnung der po-

85 Das Jahr 1963 stellte einen ersten Höhepunkt der sozialen Konflikte dar. Es begann mit einem Streik der Bergarbeiter. In dessen Verlauf erließ die Regierung ein Requirierungsdekret

litischen Konstellation: 1964 dekonfessionalisierte sich die christliche Gewerkschaft *CFTC*. Eine Minderheit beschloss jedoch die Aufrechterhaltung der ehemaligen Statuten, so dass es fortan mit der neu gegründeten (dekonfessionalisierten) *Confédération Française Démocratique du Travail (CFDT)* und der alten *CFTC* zwei staatlicherseits als repräsentativ anerkannte gewerkschaftliche Strömungen gab, die ihren Ursprung in der christlichen Gewerkschaftsbewegung haben. Die *CFDT* entwickelte sich in der Folgezeit zu einer ernst zu nehmenden Konkurrenz für die bislang deutlich dominierende *CGT*.

Zunächst kam es jedoch zu einer Annäherung zwischen *CGT* und *CFDT*. Anfang 1966 schlossen die *CGT* und die *CFDT* einen Vertrag zur Aktionseinheit. In der Folgezeit schafften es die Gewerkschaften, erhebliche Lohnerhöhungen zu erringen und schienen generell im Aufwind. Die legendären Ereignisse im Mai/Juni 1968 waren daher letztlich ›nur‹ der Kulminationspunkt einer Entwicklung, die sich seit längerer Zeit angebahnt hatte. Sie markieren »gleichermaßen das Ende einer Epoche und den tumultartigen Beginn einer Erneuerung. […] Bis Mitte der siebziger Jahre ist die Atmosphäre stark von der Thematik der Revolution geprägt« (Martelli 1995: 67).

In den Zeitraum von 1966 bis 1971 fielen mehrere Gesetzesnovellen, die das institutionelle Gefüge betrieblicher Interessenvertretung in Frankreich nachhaltig modifizierten. Diese zielten zum einen auf eine stärkere Verbreitung und bessere Funktionsfähigkeit des *Comité d'Entreprise*. Zum anderen kam es im Gefolge der sozialen Mobilisierung 1968 zur Legalisierung betrieblicher Gewerkschaftssektionen und Neueinführung der Institution von Gewerkschaftsdelegierten, der *Délégués Syndicaux*. Die Gewerkschaften errangen damit endlich ihre lang geforderte legale Präsenz im Betrieb. Zugleich wurde »damit zum ersten Mal innerhalb des Betriebes eine Institution offiziell anerkannt […], die weder auf das Betriebsziel noch auf den Betriebsfrieden verpflichtet ist« (Albers u.a. 1971: 65).

Die erste Gesetzesnovelle vom 18. Juni 1966 war noch weit davon entfernt, die Rechte innerbetrieblicher Interessenvertretung wesentlich auszuweiten. Sie stammte aus der Feder des gaullistischen Arbeitsministers Gilbert Grandval und war Ausdruck davon, dass auch General de Gaulle das Thema Partizipation und Erneuerung der sozialen Beziehungen zu Beginn der sechzi-

gegenüber den Beschäftigten in den Kokereien sowie Bergwerken, dem jedoch nur teilweise Folge geleistet wurde. Im Sommer folgte eine heftige Auseinandersetzung im Pariser öffentlichen Nahverkehr (RATP). In deren Verlauf wurde das bis heute gültige Gesetz erlassen, wonach Streiks im öffentlichen Dienst einer besonderen Meldepflicht unterliegen (vgl. Dreyfus 1995: 262ff.; Willard 1995: 329ff.).

ger Jahre auf die Agenda staatlichen Handelns gesetzt hatte.[86] Auf die sinkende Zahl der *Comités d'Entreprise* und die offensichtliche Krise dieser Institution reagierte man – ganz in der Tradition des gaullistischen Autoritarismus und staatlichen Zentralismus – mit der Implementation verstärkter staatlicher Kontrollen. Es wurde die neue Vorschrift erlassen, wonach die Existenz oder Nicht-Existenz eines *CE* dem zuständigen *Inspecteur du Travail* zu melden ist. Wurden in einem Betrieb, der gesetzlich der *CE*-Pflicht unterliegt (also über 50 Beschäftigte hat), keine Wahlen durchgeführt, so ist dies schriftlich zu begründen. Im Fall der Behinderung von *CE*-Wahlen oder auch nur im Fall der Untätigkeit der Betriebsleitung (die die Wahlen zu initiieren hat) haben die *Inspecteurs du Travail* die Möglichkeit, ein Bußgeldverfahren einzuleiten.[87] Zudem wurden in der Gesetzesnovelle die wirtschaftlichen Informationsrechte des *CE* (sowie parallel dazu seine Schweigepflicht) verstärkt.[88]

86 Der Gaullismus verstand sich als eine Kraft des dritten Wegs zwischen Kapitalismus und Kommunismus und somit auch als Träger von Ideen betrieblicher Demokratisierung. Sauviat (2006) verweist darauf, dass die gaullistische Philosophie der Assoziation von Kapital und Arbeit ihre historischen Wurzeln unter anderem in Vorstellungen eines Pankapitalismus (nach Marcel Loichot; vgl. Le Crom 1998) sowie in den personalistischen Ideen der dreißiger Jahre habe, die sich im Umfeld der ökonomischen Zeitschriften *Esprit* sowie *Économie et humanisme* entwickelten. Sie vereinigten verschiedene Gruppierungen, denen die Kritik des liberalen Individualismus und die Suche nach einer christlichen Sozialordnung gemeinsam waren. Von diesen Ideen war teilweise auch das Vichy-Regime inspiriert. Seit Anfang der sechziger Jahre existierte ferner ein modernistischer Flügel in den Führungskreisen der staatlichen Verwaltung, das heißt eine Art linke Technokratie, die auf eine Demokratisierung der Unternehmensstrukturen hinzuwirken versuchte. Dabei war das deutsche Mitbestimmungsmodell klares Vorbild. Einschlägige Initiativen scheiterten jedoch gewöhnlich am massiven Widerstand der Unternehmerschaft (vgl. Sauviat 2006: 16f.).

87 Die Kontrollfunktion der *Inspecteurs de Travail* blieb allerdings in der Praxis begrenzt. Dies lag nicht nur an der durchaus zu verschmerzenden Höhe des Bußgeldes, das von 150 auf 1500 Francs erhöht worden war. Bußgelder wurden von den *Inspecteurs de Travail* auch nur sehr selten ausgesprochen. Nach Le Crom (2003: 126) wurden im Jahr 1972 zwar 2.258 einschlägige Gesetzesverletzungen gemeldet, es kam jedoch nur in acht Fällen zum Erlass von Bußgeldern. Im Zuge der empirischen Erhebungen zur vorliegenden Studie (Interviews mit 6 Arbeitsinspektoren) wurde deutlich, dass die Verhältnisse auch heute noch relativ ähnlich sind.

88 Weitere Maßnahmen der Gesetzesnovelle war die obligatorische Einrichtung von Ausschüssen zur Berufsausbildung und Qualifikation sowie zum Thema Frauen und Jugendliche in Betrieben ab 300 Beschäftigten. In Betrieben ab 500 Beschäftigten erhielt der (bereits zuvor zugelassene) Gewerkschaftsvertreter im *CE* einen semi-offiziellen Status, da ihm 20 Stunden Freistellung pro Monat sowie Kündigungsschutz zuerkannt wurden. Ambivalenten Charakter hat die Einführung eines dritten *Collèges* bei den *CE*-Wahlen, wodurch die *Cadres* (leitende Angestellte) fortan – neben den ArbeiterInnen und Angestellten – eine eigene Interessenvertretung erhielten. Mit dieser Maßnahme wurde auf die gestiegene Bedeutung der *Cadres* in den Unternehmen reagiert, sie implizierte jedoch auch die Aufwertung tendenziell unternehmerfreundlicher Positionen in der betrieblichen Interessenvertretung und befriedigte damit eine traditionelle Forderung von patronaler Seite sowie der *Cadres*-Gewerkschaft CGC.

Eine große Bedeutung besitzt weiterhin die Verordnung vom 17. August 1967 zum Thema Gewinnbeteiligung der Beschäftigten. Diese verfügte staatlicherseits eine obligatorische Beteiligung der Beschäftigten am Unternehmensgewinn, welche jedoch im Rahmen einschlägiger Verträge umzusetzen ist. Der Nicht-Abschluss eines solchen Vertrages wurde mit empfindlichen finanziellen Einbußen verknüpft. Die Unternehmen verlieren 25 Prozent ihrer Steuervorteile. Regelungen zur Gewinnbeteiligung konnten entweder auf Branchenebene zwischen den Tarifparteien getroffen werden oder auf betrieblicher Ebene zwischen *Comités d'Entreprise* und Unternehmensleitung. Mit dieser Verordnung wurde erstmals ein staatlich oktroyierter Verhandlungszwang geschaffen, wie er zum Beispiel in den neunziger Jahren für die Umsetzung der staatlichen Arbeitszeitverkürzung typisch werden sollte. Die Verordnung besitzt deshalb große Bedeutung, da sie sowohl das Ende des offiziellen Paternalismus als auch den Einstieg in eine Verbetrieblichung der Aushandlungsbeziehungen markiert. Erstmals wurde die Belegschaft als eine von der Geschäftsleitung unabhängige vertragschließende Instanz anerkannt und der Patron somit nicht mehr als allumfassender Repräsentant betrieblicher Interessen behandelt. Zugleich wurde jedoch das Repräsentationsmonopol der Gewerkschaften in Frage gestellt. Die Aufwertung des *CE* als potenziell vertragsfähige Instanz geht vor allem darauf zurück, dass die Regierung die Blockade der Gewerkschaften gegenüber der gesetzlichen Regelung umgehen wollte. Es liegt auf der Hand, dass diese Regelung einen starken Anreiz zur Gründung von *Comités d'Entreprise* hatte, da nur auf diesem Wege das Management eventuell mit gewerkschaftsunabhängigen Vertretern in Verhandlungen eintreten konnte. Die großen repräsentativen Gewerkschaften boykottierten die Verordnung zur Gewinnbeteiligung. In der Folgezeit kam es daher primär zu betrieblichen Verhandlungen und Vereinbarungen, insbesondere zwischen (teilweise neu gegründeten) *Comités d'Entreprise* und den Geschäftsleitungen.[89]

Eine ähnliche Anreizwirkung hatte auch das Gesetz vom 16. Juli 1971 über die berufliche Qualifizierung. Dieses stand im Zusammenhang mit der Einführung eines staatlicherseits organisierten Sozialkassensystems zur Berufsbildung. Das Gesetz sah vor, dass die Geschäftsleitung dem *Comité d'Entreprise* einen Bildungsplan vorzulegen hat. Die Freigabe der Kassenfinanzierung betrieblicher Qualifizierung ist an die Zustimmung des *Comité d'Entreprise* gebunden – was freilich die Existenz eines *CE* voraussetzt. Damit wurde das Thema Quali-

89 Ende 1970 waren 5.778 einschlägige Vereinbarungen abgeschlossen worden. Die große Mehrzahl von 83 Prozent waren Regelungen auf betrieblicher Ebene zwischen Geschäftsleitung und *Comité d'Entreprise* (vgl. Le Crom 2003: 127).

fikation in der Folgezeit zur Domäne des *CE*, das hier privilegierte Verhandlungsrechte besitzt.

Es war also letztlich eine Mischung aus Zuckerbrot und Peitsche, durch die die staatliche Gesetzgebung versuchte, die Patrons zu einer favorableren Haltung gegenüber dem *CE* zu bewegen. Eine verstärkte staatliche Kontrolle und Berichtspflicht gegenüber den *Inspecteurs du Travail* sowie erhebliche finanzielle Anreize für die Unternehmen im Rahmen einer insgesamt ausgebauten Sozialgesetzgebung waren die zentralen Instrumente, durch die der betriebliche Sozialdialog staatlicherseits gefördert werden sollte.

Im Jahr 1966/67 existierten 8.618 *Comités d'Entreprise*, was in etwa jener Zahl entsprach, die auch im Rahmen einer Erhebung des Jahres 1962 gezählt worden war. Angesichts der deutlich gestiegenen Zahl von *CE*-fähigen Betrieben im gleichen Zeitraum war der Deckungsgrad damit von etwa 38 Prozent (1962) auf knapp 30 Prozent (1966/67) gesunken. Insbesondere zwischen 1968 und 1973 kam es jedoch zu einem regelrechten Gründungsboom (Andolfatto 1992: 100). Mitte der siebziger Jahre flachte die Wachstumstendenz etwas ab, die Zahl der Komitees stieg jedoch bis Anfang der achtziger Jahre an und blieb bis 1985/86 in etwa stabil. Hatten in den sechziger Jahren nur etwa ein Drittel aller Betriebe ein *CE*, so stieg ihr Anteil bis Mitte der siebziger Jahre auf etwa drei Viertel und erreichte bis zum Ende des Jahrzehnts vermutlich die 80-Prozent-Schwelle (Andolfatto 1992: 104; Le Crom 2003: 123). Dieser massive Anstieg war freilich nicht allein auf die veränderte staatliche Gesetzgebung zurückzuführen, sondern auch auf die erheblichen politischen Mobilisierungs- und Bewusstseinsprozesse, die in diese Zeit fallen.

Der so genannte Pariser Mai, das heißt der spektakuläre Höhepunkt sozialer Bewegungen im Mai und Juni 1968, ist längst zur Legende und zum Mythos geworden. In den heftigen sozialen Konflikten äußerte sich eine massive Unzufriedenheit von StudentInnen und ArbeiterInnen mit der erstarrten politischen Kultur des Landes, mit ihren Lebens- und Arbeitsbedingungen. Sie waren auch Ausdruck des Protests der ArbeiterInnen gegen stark tayloristisch geprägte Formen des Arbeitseinsatzes und den dafür gezahlten niedrigen Löhnen. Den ArbeiterInnen gelang es durch eine umfassende Streikbewegung[90]

90 Parallel zu den Studentenprotesten fand eine wochenlange Streikbewegung statt. Die Angaben der Zahl der Streikenden schwanken zwischen sechs und zehn Millionen. In vielen Fällen besetzten die streikenden Arbeiter die Fabriken und verteidigten diese militant gegen Polizeiübergriffe. Ihren Höhepunkt erreichte die Bewegung Ende Mai nach den so genannten Grenelle-Verhandlungen. Dem Aufruf der *CGT* zu einer Massendemonstration folgten allein in Paris mehrere Hunderttausend Menschen und auch in vielen anderen Städten kam es zu mächtigen Demonstrationen (vgl. zum Beispiel Albers u.a. 1971; Tartakowsky 1995; Josselin/Poitou 1998; Tarnero 1998).

erhebliche materielle Zugeständnisse zu erringen, wobei der berühmte Vertrag von Grenelle diesbezüglich nur die Mindestnormen definierte.[91] Substanzielle neue Regelungen sah er hingegen für das System betrieblicher Interessenrepräsentation vor: Die Gewerkschaften errangen erstmals ihre legale Verankerung im Betrieb und ihre betrieblichen Rechte wurden deutlich erweitert. Am 27. Dezember 1968 wurde auf Grundlage der Grenelle-Vereinbarungen ein Gesetz verabschiedet, das die legale Gründung von Gewerkschaftssektionen (Sections Syndicales) sowie die Einführung der neuen Institution von Gewerkschaftsdelegierten *(Délégués Syndicaux; DS)* in Betrieben mit mindestens 50 Beschäftigten vorsah.

Die Gründung von Gewerkschaftssektionen nach dem neuen Gesetz ist für die staatlicherseits als repräsentativ anerkannten fünf Gewerkschaften weitgehend unabhängig von der Zahl ihrer Gewerkschaftsmitglieder im Betrieb möglich. Einige wenige genügen.[92] Ähnlich wie auch im Fall der *CE*- und *DP*-Wahlen wurden damit den repräsentativen Gewerkschaftsbünden organisatorische Privilegien eingeräumt, die zugleich einen gewissen Schutz darstellen vor der Einrichtung von gelben Hausgewerkschaften sowie vor der Konkurrenz durch links- oder rechtsradikale Gruppierungen. Eine Gewerkschaftssektion besteht aus allen Mitgliedern der betreffenden Gewerkschaft im Betrieb und konstituiert fortan die unterste gewerkschaftliche Basiseinheit. Die Sektionen erhalten das Recht, gewerkschaftliche Informationen im Betrieb zu verteilen, gewerkschaftliche Mitteilungen an einem Informationsbrett auszuhängen, sich einmal monatlich im Betrieb zu treffen sowie die Gewerkschaftsbeiträge innerhalb des Betriebs zu kassieren (allerdings außerhalb der Arbeitszeit). In Betrieben mit über 200 Beschäftigten erhält zudem jede Gewerkschaftssektion ein eigenes Büro.

Der *Délégué Syndical (DS)*, der die Gewerkschaft gegenüber der Geschäftsleitung repräsentiert, wird nicht von der Sektion gewählt, sondern durch die

91 Das nach dreitägigen Verhandlungen vom 25. bis zum 27. Mai 1968 zwischen Gewerkschaften, Unternehmerverbänden und Regierung ausgehandelte Protokoll wurde zunächst von einem Großteil der streikenden ArbeiterInnen in den Betrieben zurückgewiesen. Die Streiks dauerten mehrheitlich an. Insbesondere in der Automobilindustrie wurden in der Folgezeit betriebliche Vereinbarungen getroffen, die die Leistungen des Grenelle-Abkommens (vor allem im Bereich der Lohnerhöhungen) deutlich übertrafen. Die nach dem gesetzlichen Mindestlohn bezahlten ArbeiterInnen errangen landesweit eine Steigerung ihrer Entgelte um etwa 35 Prozent (Albers u.a. 1971: 56).

92 Im Jahr 1997 wurde gerichtlich entschieden, dass die Ernennung eines *DS* durch eine repräsentative Gewerkschaft faktisch die Existenz einer Gewerkschaftssektion belegt (vgl. Rennes 2001: 127). Es reicht also im Prinzip sogar ein einziges Mitglied aus.

außerbetriebliche Gewerkschaftsorganisation ernannt.[93] In dieser Frage konnten die großen Gewerkschaftszentralen letztlich ihre Vorstellungen gegenüber dem Arbeitsministerium durchsetzen. Die *Délégués Syndicaux (DS)* wurden in der Folgezeit zu ausgesprochen einflussreichen, wenn nicht sogar zu den beherrschenden Figuren des betrieblichen Repräsentationshandelns. Formal besitzen sie ein etwas geringeres Freistellungskontingent als die *DP* und die *CE*-Mitglieder (zehn Stunden pro Monat in Betrieben unter 300 Beschäftigten, 15 Stunden in größeren Unternehmen, vgl. Ministère de l'Emploi 2006; Rennes 2001). Sie genießen außerdem einen gesonderten Kündigungsschutz. Anders als bei den *Élus* (deutsch: Gewählte, das heißt *DP* und *CE*-Mitglieder) erfolgt die Ernennung der *DS* jedoch im Prinzip unbefristet. Sie bleiben im Amt bis die Gewerkschaft einen anderen Delegierten einsetzt. Anders als im Fall der *DP* und *CE*-Mitglieder sind die Befugnisse und Aufgabenbereiche der *DS* gesetzlich kaum näher definiert. Ihre Stellung wird vor allem dadurch aufgewertet, dass sie allein das Recht besitzen, Betriebsvereinbarungen abzuschließen, die für die Gesamtheit der Beschäftigten rechtliche Gültigkeit haben. Diese Vertragsfähigkeit der *DS* ist durchaus ambivalent: In jenen Betrieben, in denen die Gewerkschaftssektionen und ihre Delegierten über eine reale Verankerung an der Basis verfügen, wurde die neue Gesetzgebung zu einem Transmissionsmechanismus betrieblicher Tarifpolitik. Schließlich sind die *DS* – anders als der deutsche Betriebsrat – nicht auf den Betriebsfrieden verpflichtet und können das individuell verfasste französische Streikrecht zur Durchsetzung tariflicher Forderungen nutzen.[94] In jenen Betrieben allerdings, in denen die Organisationsmacht der *DS* nicht über eine kleine Gruppe von Gewerkschaftsmitgliedern hinausreicht, konnte die neue Gesetzgebung durchaus auch perversen Tendenzen Vorschub leisten: Im Extremfall kann ein einzelner Beschäftigter, der es schafft, von einer repräsentativen Gewerkschaft eine Ernennung zum *DS* zu erhalten (im Prinzip mit zeitlich unbefristetem Mandat), rechtsgültige Verträge für die Gesamtheit der Beschäftigten eines Unternehmens abschließen. Generell existiert in Betrieben mit mehreren *DS* stets die Möglichkeit, dass die Geschäftsleitung sich die Verhandlungspartner

93 Das Gesetz sieht die Ernennung je eines Gewerkschaftsdelegierten pro Gewerkschaftssektion in Betrieben mit 50 bis 1.000 Beschäftigten vor, je zwei in Betrieben mit 1.000 bis 3.000 Beschäftigten, je drei in Betrieben bis 6.000 Beschäftigte und je vier in Unternehmen mit über 6.000 Beschäftigten.

94 Die Möglichkeit einer Interessendurchsetzung per Streik existiert freilich ebenso für die *DP* und das *CE*, die nicht notwendig gewerkschaftlich organisierte Gremien sind. Nur die exklusive Vertragsfähigkeit der *DS* sichert daher formal den Einfluss der Gewerkschaften auf die betriebliche Tarifpolitik. Bei einer Aufweichung des Vertragsmonopols der *DS* zugunsten nicht-gewerkschaftlicher Institutionen, wie dies zunehmend der Fall ist (vgl. Kapitel II.2.9), droht daher eine Verdrängung der Gewerkschaften aus der betrieblichen Tarifpolitik.

mit den besonders gemäßigten Forderungen für Vertragsabschlüsse aussucht. Das Spektrum der vertragsfähigen VerhandlungspartnerInnen lässt sich sogar gezielt erweitern: Angesichts der gewerkschaftlichen Konkurrenzsituation werden InteressentInnen für einen Posten als *DS* von machen regionalen Gewerkschaftszentralen nur allzu gern in die Gewerkschaftsgliederungen aufgenommen, um dadurch ihre betriebliche Präsenz auszuweiten. Manchmal befinden sich darunter auch betriebliche Leitungskader, die von der Geschäftsleitung zu diesem Schritt motiviert wurden.

Die rechtliche Verfassung der betrieblichen Gewerkschaftssektionen, die Ausweitung gewerkschaftlicher Rechte im Betrieb und die Einführung von Gewerkschaftsdelegierten wird von den französischen Gewerkschaften bis heute als ein historischer Sieg gefeiert, um den man fast ein Jahrhundert lang gekämpft hatte. Auch viele PolitikerInnen versprachen sich von der Einführung der neuen – dritten – Institution betrieblicher Interessenvertretung eine Verbesserung des sozialen Dialogs, die zukünftige Vermeidung größerer sozialer Explosionen, ja sogar ein Ende der Politisierung des französischen Syndikalismus. Damit verbunden war jedoch auch eine neue Komplexität des Systems betrieblicher Interessenvertretung, die eher unzureichend über rechtliche Vorschriften geregelt war. »From 1968 on, personnel delegates, enterprise committees and union delegates coexisted without any clear division of their tasks« (Tschobanian 1995: 119). Einer in der Folgezeit immer wieder geforderten Vereinfachung des Systems widersetzten sich die Gewerkschaften massiv, da sie den Intentionen des Gesetzgebers misstrauten. Dies führte zu einer Heterogenisierung der realen Praxen betrieblicher Interessenvertretung. Dies gilt bereits auf formaler Ebene: Zwar erhöhte sich in den siebziger Jahren der Anteil der Betriebe mit gewählten Interessenvertretungen; trotz verstärkter staatlicher Kontrolle und finanzieller Anreize besaß aber auch zu Beginn der achtziger Jahre zwischen einem Viertel und einem Fünftel der französischen Betriebe (mit über 50 Beschäftigten) kein *Comité d'Entreprise*. Während die Einrichtung eines *CE* jedoch immerhin im Prinzip gesetzlich verpflichtend ist, handelt es sich bei der Ernennung eines *DS* und der Etablierung einer Gewerkschaftssektion um ein optionales Recht. Ihre Zahl war und ist dementsprechend deutlich geringer als die der *CE* (vgl. Kapitel III.1). So ist eine Vielzahl institutioneller Kombinationen der Belegschaftsrepräsentation in französischen Betrieben denkbar und real existent: Betriebe ganz ohne Interessenvertretung oder nur mit *DP*, Betriebe mit *DP* und *CE*, Betriebe mit *DP*, *CE* und *DS* – oder sogar Betriebe nur mit *DP* und *DS*. Noch komplizierter wird die Situation, wenn man den gewerkschaftlichen Pluralismus mitdenkt. So gibt es Betriebe mit klaren Mehrheitsverhältnissen oder auch nur einer einzigen Gewerkschaft. Je nach betrieblicher, branchenspezifischer oder auch regionaler

Tradition existieren ›reine‹ *CGT-*, *CFDT-*, *CGT-FO* oder sogar *CFTC*-Betriebe. In größeren Betrieben und gewerkschaftlich gut organisierten Branchen ist hingegen die betriebliche Konkurrenz zwischen einer Vielzahl von Gewerkschaften die Regel, wobei sehr unterschiedliche Bündniskonstellationen existieren können. Und völlig unübersichtlich wird die Situation schließlich angesichts eines großen Variantenreichtums betrieblicher Umgangsweisen mit den institutionellen Regeln. Dies gilt bereits für die häufige Praxis, verschiedene Mandate in Personalunion auszuüben und damit auch die Freistellungsstunden zu kumulieren, wobei die Kumulierungspraxis von Betrieb zu Betrieb differiert. Die Form der Zusammenarbeit der verschiedenen Institutionen kann von Fall zu Fall sehr unterschiedlich sein, zumal diese sich auch oft nur bedingt an den formalen Zuständigkeiten orientiert (vgl. Dufour/Hege 2002). In der Konsequenz ist es sicherlich für Frankreich in besonderem Maße zutreffend, nicht von *einem* Modell innerbetrieblicher Interessenvertretung zu sprechen, sondern von einer großen Vielzahl unterschiedlicher Modelle der Belegschaftsrepräsentation.

2.8 Die Auroux-Gesetze und die Aufwertung des *Comité d'Entreprise*

Die politisch aufgeladene Atmosphäre der siebziger Jahre und die diversen Gesetzesnovellen sorgten für eine immense Steigerung des Institutionalisierungsgrads betrieblicher Belegschaftsrepräsentation. Nicht nur die Zahl der *CE* wuchs deutlich an, auch der Deckungsgrad der betrieblichen Gewerkschaftssektionen stieg von 24,5 Prozent (1970) auf 58,4 Prozent (1978) (Tschobanian 1995: 127). Die Gewerkschaften spitzten angesichts einer radikalisierten betrieblichen Basis ihre Grundsatzprogramme politisch zu. Zumindest ideologisch vertraten die beiden großen Gewerkschaftsbünde in diesem Zeitraum dezidiert antikapitalistische Positionen,[95] auch in den Jahren nach der

95 Die *CGT* erneuerte im Jahr 1971 ihre ideologischen Grundlagen und definierte die aktuelle Wirtschaftsordnung als monopolistischen Staatskapitalismus. Ihre Zielstellungen beschrieb sie mit drei Begriffen: Nationalisierung, Planwirtschaft, demokratische Unternehmensführung (vgl. Mouriaux 1994: 85f.). Die in der Studentenbewegung stärker verankerte *CFDT* machte in der Nach-68er-Phase einen Schwenk nach links. Ihr zentraler theoretischer Begriff war dabei die *»autogestion«*, die Selbstverwaltung der ArbeiterInnen. Der Begriff zirkulierte bereits Anfang der sechziger Jahre in der sich reformierenden *CFDT* (vgl. Georgi 1995: 451ff.), verbreitete sich im Rahmen der zahlreichen Fabrikbesetzungen im Mai 1968 und wurde 1970 auf dem 35. Kongress der *CFDT* als zentrale Forderung übernommen. Programmatisches Ziel der *CFDT* wurde damit (vorübergehend) »die Ersetzung der kapitalistischen und technokratischen Gesellschaft durch eine sozialistische und demokratische Gesellschaft [...] Die drei Merkmale

großen Streikwelle von 1968 kam es zu einer Vielzahl lang andauernder und verbissen geführter Streiks, die häufig mit Fabrikbesetzungen und harten Polizeieinsätzen verbunden waren.[96] Die Unternehmer wiederum nahmen die gewerkschaftliche Offensivposition zum Anlass, hartnäckiger denn je auf ihrer traditionellen autoritären Eindämmungspolitik zu verharren. Prominent ist gerade in den siebziger Jahren der Versuch, die Bedeutung der neuen gewerkschaftlichen Rechte im Betrieb zu minimieren, indem Verhandlungen mit den Gewerkschaftsdelegierten, wenn möglich, komplett vermieden wurden. Laut einer zeitgenössischen Studie genoss das häufig auf soziale Angelegenheiten reduzierte *CE* in Unternehmerkreisen noch die größte Akzeptanz, gefolgt von den *DP* und weit vor den Gewerkschaften und ihren Delegierten als Verhandlungspartnern (Bachy u.a. 1974). Die steigende Anzahl der *CE* im Laufe der siebziger Jahre begründet Tschobanian (1995: 126) dementsprechend »not only because of the new presence of the unions but also because some companies tried to use the committees to limit the role of the union locals.«

Zudem versuchte das Management vielerorts, Formen des direkten Dialogs mit den Beschäftigten zu implementieren. Es verbreiteten sich Komitees für Arbeitssicherheit und Arbeitsgestaltung, in denen die Unternehmenshierarchie und Beschäftigte unter Ausschluss der gewählten *Institutions Représentatives du Personnel* kooperierten. In dieser Situation erstarkender Interessengegensätze hatten staatliche Initiativen zur Förderung der Kooperation zwischen den Betriebsparteien, wie sie etwa im Sudreau-Bericht vorgeschlagen wurden, kaum Chancen auf Umsetzung. Sowohl die Unternehmerseite als auch die großen Gewerkschaftszentralen *(CGT, CFDT, CGT-FO)* lehnten den Vorschlag einer Gesetzesnovelle ab, die auf freiwilliger Basis Beschäftigtenvertreter in den Aufsichtsräten hätte einführen sollen.[97]

der zu errichtenden Gesellschaft: Selbstverwaltung, gesellschaftliches Eigentum an den Produktions- und Austauschmitteln, demokratische Planung« (zit. n. Albers u.a. 1971: 97).

96 Am bekanntesten ist der Konflikt in der Firma Lip bei Besançon im Jahr 1973, in dessen Verlauf die Beschäftigten die Produktion ihres Betriebes in Eigenverantwortung fortsetzten (vgl. Morawe 1974; Piton 1976). Der Fall entsprach nicht nur linksradikalen Vorstellungen proletarischen Klassenkampfes, wie sie etwa in Reihen der radikalen maoistischen Gruppierung *Gauche Proletarienne* vertreten wurden. Als Beispiel einer unmittelbaren und spontanen Sozialisierung der Produktionsmittel genoss der Fall Lip auch große Aufmerksamkeit in Intellektuellenkreisen.

97 Der Sudreau-Bericht stammt aus dem Jahr 1975 und ist nach seinem Autor, einem hohen Staatsfunktionär der gaullistischen Linken benannt. Von den großen Gewerkschaftsbünden stand einzig die *CFDT* dem Vorhaben einer staatlicherseits vorangetriebenen Demokratisierung der Unternehmensstrukturen teilweise ambivalent gegenüber. Ihre Vorstellungen von *Autogestion* (Selbstverwaltung) gingen zu diesem Zeitpunkt allerdings weit über partiell erweiterte Rechte der Beschäftigten in den Aufsichtsräten hinaus. Die *CGT* lehnte jede Mitverant-

Ab Mitte der siebziger Jahre machte sich auch in Frankreich die Krise des fordistischen Akkumulationsmodells bemerkbar (vgl. Aglietta 1979). Die sinkenden Profitspielräume und der Anstieg der Arbeitslosenzahlen bedrohten auch die Durchsetzungsmacht der Gewerkschaften. In einigen traditionellen Gewerkschaftsbastionen kam es zu regelrechten Deindustrialisierungstendenzen, etwa in der Eisen- und Stahlindustrie, den Bergwerken, dem Schiffbau und der Textilindustrie. Erstmals war von einer Krise der Gewerkschaften die Rede. Als die Organisationsmacht an der Basis wegbrach, kam es zu einer sukzessiven Entradikalisierung gewerkschaftlicher Forderungen. Die *CFDT* machte eine pragmatische Wendung durch, verabschiedete ihr programmatisches ›Flaggschiff‹ der *Autogestion* und ging zu einer realpolitischen Forderungs- und Verhandlungspolitik in den Betrieben über. Und selbst innerhalb der *CGT* wurden (etwa angesichts der Krise der Stahlindustrie) erstmals reformistische Ideen einer verstärkten Beteiligung der Beschäftigten an der Unternehmensführung diskutiert. In dieser Situation zunehmender Arbeitslosigkeit und dem Beginn einer wirtschaftlichen Strukturkrise kam im Jahr 1981 nach Jahrzehnten konservativer Regierung erstmals die sozialistische Partei unter François Mitterand an die Macht. Dessen erklärtes Ziel war die Neujustierung der Machtverhältnisse in den französischen Betrieben sowie die Belebung des sozialen Dialogs. Sein Anliegen firmierte unter dem Label einer Stärkung der Bürgerrechte (citoyenneté) im Betrieb, wobei die *Institutions Représentatives du Personnel (IRP)* den VolksvertreterInnen im politischen System gleichgesetzt wurden. Der sozialistische Arbeitsminister Jean Auroux initiierte eine Reihe von Gesetzesnovellen, die gemeinhin als ein Versuch interpretiert werden, den Betrieb als Verhandlungsarena zwischen Kapital und Arbeit aufzuwerten (vgl. Eyraud/Tschobanian 1985). Bei dem 1982 verabschiedeten Gesetzespaket handelte es sich zweifellos um den umfassendsten Versuch eines Neuarrangements, einer Stärkung sowie Ergänzung der bislang eher unverbunden nebeneinander existierenden Institutionen betrieblicher Interessenvertretung (vgl. Kißler 1985).

Neu eingeführt wurden obligatorische jährliche Lohngespräche zwischen Geschäftsleitung und Gewerkschaftsvertretung *(Négociations Annuelles Obligatoires/NAO)* in Unternehmen ab 200 Beschäftigten. Obwohl die *NAO* lediglich einen Verhandlungs-, aber keinen Einigungszwang vorsehen, haben manche KommentatorInnen diese Maßnahme als ausgesprochen folgenreich für die weitere Entwicklung bewertet. Sie habe zu einer Dezentralisierung und Verbetrieblichung der Tarifverhandlungen geführt, was die Koordinierungs-

wortung der Beschäftigten an der Führung kapitalistischer Unternehmen rundheraus ab (vgl. Sauviat 2006: 17).

und Organisationsmacht der Gewerkschaften in der Folgezeit geschwächt habe (zum Beispiel Pernot 2005; Sauviat 2006).

Zugleich wurde das *Comité d'Entreprise* in vielfacher Hinsicht aufgewertet – allerdings ohne ihm tatsächliche Eingriffs- oder Vetorechte zuzugestehen. Der Geltungsbereich der Institution wurde auf alle Arten ökonomischer Betriebe ausgeweitet und faktisch die Beschäftigungsschwelle gesenkt, indem fortan auch Teilzeitbeschäftigte bei der Berechnung der Mindestzahl von 50 Beschäftigten berücksichtigt wurden. Dem *CE* wurde erstmals jenseits des Sozialbudgets ein eigenes Funktionsbudget zugesprochen in der Höhe von mindestens 0,2 Prozent der Bruttolohnsumme des Betriebs. Seine Informationsrechte in wirtschaftlichen Fragen wurden erheblich gestärkt. Sowohl der Umfang als auch die Häufigkeit der wirtschaftlichen Informationen wurden nun vom Gesetzgeber relativ genau vorgeschrieben. Das *CE* war zudem fortan zu konsultieren im Fall wichtiger ökonomischer, technologischer oder organisatorischer Entscheidungen. Es erhielt das Recht, sich in Problemsituationen auf Kosten des Unternehmens durch einen Wirtschaftsprüfer (expert comptable) unterstützen zu lassen. In Unternehmen mit über 1.000 Beschäftigten wurde die Einrichtung einer Wirtschaftskommission obligatorisch. Auch einige weitere Gesetze, die im Lauf der achtziger Jahre erlassen wurden, stärkten die Informationsrechte des *CE*,[98] kaum jedoch seine Eingriffsrechte. »As a rule, management cannot make a final decision without consultations, but it is not required to take the enterprise committee's view into account« (Tschobanian 1995: 131).

Die Auroux-Gesetze fügten außerdem den bereits existierenden drei Institutionen betrieblicher Interessenvertretung noch weitere hinzu: das *Comité de Groupe*, das die Beschäftigten auf der Ebene der Unternehmensgruppe repräsentieren soll[99] und die *Groupes d'Expression* (Äußerungsgruppen). Letztere sollten erstmals ein »direktes und kollektives Äußerungsrecht« der *Beschäftigten* gewährleisten Die Beschäftigten erhielten das Recht, sich in den Äußerungsgruppen regelmäßig über Arbeitsinhalte, Arbeitsbedingungen und die Arbeitsorganisation auszutauschen und gegebenenfalls Protokolle ihrer Sitzungen an die betriebliche Hierarchie oder die Belegschaftsvertretungen zu geben. Dieses

---

98 1984 wird dem *CE* das wichtige Recht auf Einleitung einer »procedure d'alerte« (Alarmprozedur) zugestanden, für den Fall, dass es den Fortbestand des Unternehmens in Gefahr sieht. In den Folgejahren erhält das *CE* zusätzliche Kompetenzen im Bereich der Unternehmensbilanzierung, bei ökonomisch bedingten Entlassungen, Sozialplanverhandlungen sowie der Altersvorsorge.

99 Das *Comité de Groupe* erhielt vor allem Informationsrechte über die Finanz- und Beschäftigungssituation des Gesamtunternehmens, aber auch über jedes einzelne Unternehmen der Gruppe.

Gesetz wurde vielerorts als ausgesprochen moderne und originelle Regelung begrüßt (vgl. Kißler 1985; Eyraud/Tschobanian 1985: 247; Rennes 2001: 42), da es mit dem Prinzip der Delegation brach und ein direktes Partizipationsrecht der Beschäftigten vorsah. Es erwies sich in der Folgezeit allerdings als nur bedingt realitätstauglich, da weder die Geschäftsleitungen noch die betrieblichen *Élus* (gewählte BelegschaftsrepräsentantInnen) ein großes Interesse daran hatten, es umzusetzen.[100]

Wesentlich erfolgreicher hingegen war die verpflichtende Einführung von *Comités d'Hygiène, de Sécurité et des Conditions de Travail* (*CHSCT*; dt. Komitees für Hygiene, Sicherheit und Arbeitsbedingungen). Das *CHSCT* wurde in der Folgezeit zu einer wichtigen Institution betrieblicher Interessenvertretung. Es ist in allen Unternehmen ab 50 Beschäftigten obligatorisch und wird nicht von den Beschäftigten direkt gewählt, sondern im Rahmen einer geheimen Wahl von den Mitgliedern des *CE* sowie den *DP*. Das *CHSCT* ist eine vollgültige, juristisch unabhängig verfasste Institution, die auch ein selbständiges Klagerecht besitzt oder einen Experten beauftragen kann. Der Schwerpunkt seiner Tätigkeit liegt auf Fragen der Arbeitssicherheit, aber es muss im Prinzip bei allen Veränderungen, die die Arbeitsbedingungen betreffen (unter anderem Arbeitszeit, Arbeitsorganisation) konsultiert werden und besitzt umfassende Informationsrechte. Wichtig ist zudem die regelmäßige Zusammenarbeit mit außerbetrieblichen ExpertInnen, insbesondere den zuständigen ArbeitsmedizinerInnen, den Verantwortlichen der regionalen Krankenkassen sowie den staatlichen Arbeitsinspektionen. Die *CHSCT* genießen inzwischen sowohl bei BelegschaftsvertreterInnen als auch bei vielen ManagerInnen einen ausgesprochen guten Ruf als effiziente Kooperationsinstitution. Dies liegt vermutlich daran, dass es sich überwiegend mit Thematiken beschäftigt, an deren professioneller Regulierung beide Betriebsparteien ein virulentes gemeinsames Interesse haben.

---

100 Die negative Haltung der Unternehmerseite spiegelte sich etwa in dem Kommentar des Präsidenten des größten Unternehmerverbandes *CNPF* Yvon Gattaz, der die Neuerung ablehnte mit dem Hinweis: »Das sind Sowjets im Betrieb« (zit. n. Schmid 1998). Da das Gesetz die Umsetzung der konkreten Modalitäten weitgehend den Geschäftsleitungen überließ, hatten diese leichtes Spiel, das neu gewährte Äußerungsrecht in der Praxis zu sabotieren. Der *CGT*-Gewerkschaftsjurist Pascal Rennes schildert das Schicksal dieser Gesetzgebung folgendermaßen: »Dieses besonders moderne Recht, […] ist in besonderem Maße von den Unternehmern zermalmt worden, die nur lächerliche Zeitspannen für die Versammlungen gewährt haben (etwa in der Größenordnung von zwei Stunden jährlich). […] Zu diesen Manövern der Geschäftsleitung kam eine gewisse gewerkschaftliche Abneigung, vor allem aufgrund von Überforderungsängsten, was dazu führte, dass dieses Recht sich zu organisieren und seine Meinung zu äußern an der Basis ein wenig in Vergessenheit geriet« (Rennes 2001: 42).

Zu erwähnen ist zudem, dass im Jahr 1983 auch erstmals eine Regelung zur Beschäftigtenvertretung im Aufsichtsrat eingeführt wurde, die allerdings ausschließlich für Großunternehmen im Staatsbesitz galt und als Begleitmaßnahme zu dem umfangreichen staatlichen Nationalisierungsprogramm gedacht war.[101]

Die Auroux-Gesetze hatten insgesamt jedoch nicht jenen Effekt der Stimulierung eines lebendigen betrieblichen Sozialdialogs, den man sich von ihnen erhofft hatte. Vielerorts nahmen vor allem formale Kontakte und wechselseitige Informationsprozesse zu. Das beste Beispiel sind vermutlich die *NAO*, die obligatorischen jährlichen Lohngespräche. In der Praxis fanden und finden in vielen Betrieben zwar ritualisierte alljährliche Gesprächsrunden statt; häufig handelt es sich jedoch eher um einen Meinungsaustausch und die wechselseitige Präsentation von Vorstellungen und Forderungen. Die Treffen haben oft nicht die Qualität realer Verhandlungen, vor allem dann, wenn die Gewerkschaftsdelegierten kaum über Durchsetzungsmöglichkeiten für ihre Forderungen verfügen. So unterliegt die Festlegung der Lohnerhöhungen letztlich in den meisten Fällen dem Direktionsrecht der Geschäftsleitung, das nur sehr marginal von branchenweit oder national gültigen Mindeststandards eingeschränkt wird.

Zusammenfassend lässt sich festhalten: Das *CE* wurde als Vertretungsinstanz im Zuge gesetzlicher Reformen der achtziger Jahre sukzessive aufgewertet. Neben den *DS* wurde es zur zweiten zentralen Institution der Interessenvertretung. Sein Einfluss ging jedoch weiterhin kaum über das eines Gremiums der verpflichtenden Information und Konsultation hinaus, das in manchen Fragen juristische oder ökonomische Experten einschalten kann. Mitbestimmungsrechte, wie etwa der deutsche Betriebsrat, besitzt es weiterhin nicht. Seine Hauptzuständigkeit (auch in der Wahrnehmung der meisten Beschäftigten) blieb in vielen Fällen die Verwendung des Sozialbudgets für soziale und

101 In staatlichen Unternehmen zwischen 200 und 1.000 Beschäftigten erhielten gewerkschaftliche Vertreter der Belegschaft zwei Sitze im *Conseil d'Administration* (Verwaltungsrat); in Unternehmen mit über 1.000 Beschäftigten waren es ein Drittel der Sitze. Während die *CGT* diese Gesetzesnovelle als notwendige Etappe auf dem Weg der Nationalisierung begrüßte, übten *CFDT* und *CGT-FO* daran heftige Kritik – insbesondere da der Designationsmodus die *CGT* als Majoritätsgewerkschaft privilegierte. Nach der Übernahme der Regierung durch konservative Parteien im Jahr 1986 wurde die obligatorische gewerkschaftliche Beteiligung im Verwaltungsrat wieder eingeschränkt. Stattdessen wurde die Möglichkeit einer freiwilligen Beteiligung von Beschäftigtenvertretern im Aufsichtsrat mit beratender Funktion auch in privaten Großunternehmen geschaffen. Diese Regelung war insbesondere für die Reprivatisierungsfälle gedacht. Der Verwaltungsrat französischer Großunternehmen in Frankreich ist jedoch – mit Ausnahme einiger ehemals staatlicher Unternehmen, wie zum Beispiel Renault, Thomson, France Télécom, Arcelor, BNP Paribas, Crédit Agricole – bis zum heutigen Datum eine beschäftigten- und gewerkschaftsfreie Zone (vgl. Sauviat 2006: 20f.).

kulturelle Angelegenheiten. Die Aufwertung des *CE* ging zudem tendenziell zu Lasten der übrigen Instanzen, vor allem der *DP*. Die differenten Institutionen wurden »häufig vermengt zugunsten des Comité d'Entreprise, das die DP immer mehr ›auffrisst‹ (cannibalise)« (Le Crom 2001: 151). Die 1968 errungene Institution der *Délégué Syndicaux* litt unter der sich verschärfenden Krise der französischen Gewerkschaften. Deren Organisationsgrad sank von rund 30 Prozent gegen Ende der siebziger Jahre auf deutlich unter 10 Prozent Mitte der neunziger Jahre und aktuell nur noch etwa 7 bis 8 Prozent (vgl. Amossé 2004). Mit dem Zusammenbruch gewerkschaftlicher Organisationsmacht war auch eine empfindliche Reduktion machtpolitischer Durchsetzungspotenziale der betrieblichen Repräsentationsinstitutionen verbunden.

2.9 Aktuelle Tendenzen: Verbetrieblichung jenseits der Gewerkschaften?

In den neunziger Jahren mehrten sich zunächst die Stimmen, die ein Ende des französischen Ausnahmecharakters industrieller Beziehungen prognostizierten (zum Beispiel Goetschy/Rozenblatt 1992). Damit war vor allem das Ende einer vergleichsweise intransingenten, stark politisierten Gewerkschaftspolitik gemeint sowie die Reduktion des im europäischen Vergleich deutlich überdurchschnittlichen Ausmaßes an Arbeitsniederlegungen. Im Jahr 1994 erreichten die Arbeitskämpfe in Frankreich einen historischen Tiefstand, was sogar Anlass gab zu der Frage, ob der Streik möglicherweise generell in Westeuropa ausgedient habe (vgl. Edwards/Hyman 1994). Für den Machtverlust der französischen Gewerkschaften gab es sicherlich eine Reihe von Ursachen (vgl. Kapitel I.3.4). Eine wichtige war auch der Zusammenbruch des so genannten realen Sozialismus, der vor allem die *CGT* als älteste und größte Gewerkschaft in eine massive Krise stürzte. Sie war ihren kommunistischen Bündnispartnern in eherner Parteidisziplin bis zum bitteren Ende treu geblieben[102] und teilte daher deren Zusammenbruch. Anfang der neunziger Jahre befand sich die *CGT* in einem Kampf ums Überleben. Den übrigen französischen Gewerkschaften ging es allerdings kaum besser in einer Zeit des Strukturwandels der kapitalistischen Ökonomien sowie des gesellschaftlichen Wertewandels.

102 So wurde etwa der Einmarsch der Sowjetunion 1982 in Afghanistan von der *CGT*-Führungsspitze akzeptiert und auch der Gewerkschaftsbewegung Solidarnosc die Solidarität versagt. Dies kostete die *CGT* bereits in den achtziger Jahren viele aktive Mitglieder, die unter Protest die *CGT* verließen. Der Vorsitzende Henri Krasucki, ehemals Mitglied der jüdischen Résistance und Häftling in Buchenwald, der 1982 die Führung der *CGT* übernommen hatte, inkarniert diese »Ära der Eiszeit« (Pernot 2005: 186).

»Es ist festzustellen, dass die(.) rückläufige Tendenz alle Gewerkschaften ungeachtet der ideologischen Orientierung trifft. Wenn die *CGT*, die nach wie vor mächtigste Gewerkschaft, am meisten unter dieser Entwicklung zu leiden hat, so dürfte dies mindestens genauso auf industriedemographische wie auf ideologische Faktoren zurückzuführen sein« (Dufour 1994: 97).

Aber das Ende der französischen Ausnahme war zu früh eingeläutet worden. Dies zeigte insbesondere die soziale Bewegung im Jahr 1995 gegen die Regierungspläne einer einschneidenden Sozialreform. Massive Streikaktionen paralysierten mehrere Wochen lang das gesamte Land und der zuständige Minister Juppé war schließlich zum Rücktritt gezwungen. Ein Jahr darauf kam es zu einem Regierungswechsel zugunsten der Sozialisten, die – gegen den europaweiten Trend zum Abbau sozialer Besitzstände – eine beschäftigungspolitisch motivierte staatliche Arbeitszeitverkürzung in Angriff nahmen. Im Jahr 2003 fand (wieder unter konservativer Regierung) eine beträchtliche Mobilisierung gegen die Rentenpläne der Regierung statt. Das Jahr 2006 sah schließlich eine Massenmobilisierung gegen den geplanten *Contrat Première Embauche* (*CPE*, dt. Erstanstellungsvertrag), der einen reduzierten Kündigungsschutz für jüngere Beschäftigte vorsah. Gegen dieses Vorhaben streikten erfolgreich nicht nur SchülerInnen und StudentInnen, sondern auch Gewerkschaften und Beschäftigte in den Betrieben.

Immer deutlicher zeichnete sich auch das »unglaubliche Überleben der *CGT*« ab (Mouriaux 1998). Während sich der Niedergang der kommunistischen Partei Frankreichs *(PCF)* bis heute ungebrochen fortsetzte, gelang ihrer *Fille Ainée* (ältesten Tochter), der *CGT*, auf reduziertem Niveau eine Konsolidierung ihrer Organisationsstrukturen sowie Einflussmacht. Die ehemals enge organisatorische Verknüpfung von *PCF* und *CGT* wurde wesentlich gelockert. Der neue *CGT*-Vorsitzende Bernard Thibault, eine wichtige Figur in der sozialen Bewegung 1995, setzte einen pragmatischeren und modernisierten Führungsstil durch und führte die *CGT* energisch nach Europa, das heißt in den Europäischen Gewerkschaftsbund. Aktuell scheint es daher so, als ob der traditionelle *Syndicalisme de masse et de classe* (Syndikalismus der Masse und der Klasse) der *CGT*, sich stabilisieren könnte (vgl. Pernot 2005: 194f.).

Im Laufe der neunziger Jahre kam es zudem zu einer Renaissance der typisch französischen Tradition gewerkschaftlicher Abspaltungs- und Neugründungstendenzen. Das Ergebnis haben manche Beobachter als gewerkschaftliche Balkanisierung bezeichnet. Als Ausdruck des Erstarkens von Berufsgewerkschaften, vor allem im öffentlichen Dienst, kann die 1993 gegründete Gewerkschaft *UNSA* gelten. Ihre Gewerkschaftskonzeption zeichnet sich (für französische Verhältnisse) durch eine relativ starke Orientierung an Dienstleistungen für die Mitglieder aus.[103] Zugleich entstanden einige neue gewerkschaftliche Strömungen ausgesprochen militanter Prägung. Am bekanntesten und einflussreichsten sind hier die *SUD*-Gewerkschaften (SUD = Solidaires, unitaires, démocratiques).[104] Ihre Identität ist ein *Syndicalisme de Lutte* (Syndikalismus des Kampfes), der Streikaktionen der Basis zur unmittelbaren Interessendurchsetzung favorisiert und sich von einer vermeintlich bürokratisierten *CGT* und einer reformistischen *CFDT* absetzt. Sie vertreten eine politisierte Gewerkschaftskonzeption, arbeiten eng mit sozialen Bewegungen zusammen und bemühen sich verstärkt um eine Organisierung der Unorganisierbaren, das heißt von prekär Beschäftigten (vgl. Coupé/Marchand 1998; Kollewe 2006).

Während also der (zahlenmäßig allerdings eher kleine) radikale Flügel der französischen Gewerkschaftsbewegung erstarkte, ist es aktuell eher die *CFDT*, die von gewissen Krisenerscheinungen gekennzeichnet ist.[105] Ihr »Hyperreformismus« (Pernot 2005) macht sie zwar als Verhandlungspartnerin für Regierung und Unternehmer interessant; das Ausscheren aus der einheitlichen Gewerkschaftsfront und ihre Zustimmung zu den Regierungsplänen sozialer Kürzungen im Alleingang sowohl 1995 als auch 2003 hat sie im Kreis ihrer eigenen Mitglieder sowie FunktionärInnen jedoch vielfach desavouiert. In beiden Fällen kam es zu einer Welle von Mitgliederaustritten.

Insgesamt lässt sich die französische Entwicklung seit Beginn der neunziger Jahre somit eher als Fortschreibung etablierter Dynamiken unter gewandelten Rahmenbedingungen interpretieren, denn als radikalen Wandel. Zumin-

103 Die *UNSA* ist für einzelne Branchen staatlicherseits sogar als repräsentative Gewerkschaft anerkannt. Sie entstand 1993 aus der auf den Erziehungsbereich konzentrierten Gewerkschaft *FEN*, die sich 1948 von der *CGT* abgespalten hatte, verschiedenen autonomen Gewerkschaften aus dem Bereich des öffentlichen Dienstes sowie einigen Gruppierungen, die von der *CGT-FO* überwechselten.

104 Die *SUD*-Gewerkschaften entstanden Ende der achtziger Jahre zunächst vor allem im Bereich der Post sowie des Gesundheitswesens als Abspaltung von der *CFDT*. Es handelte sich dabei um radikale Kräfte, die mit dem reformistischen Anti-Streikkurs der *CFDT* nicht konform gingen. In der Folgezeit kam es im Zuge sozialer Mobilisierungen zu immer neuen Abspaltungen vor allem der *CFDT*, etwa im Bereich der Eisenbahn, im Bildungssektor, im Kultusministerium. Die ursprünglich nur lose koordinierten Gruppierungen gründeten 1998 einen gemeinsamen Dachverband, der den einzelnen Gruppierungen jedoch große Freiheiten der Selbstverwaltung lässt. Im Jahr 2004 umfasste *SUD* 36 Einzelgewerkschaften sehr unterschiedlicher Größe mit (nach eigenen Angaben) immerhin 80.000 Mitgliedern (vgl. Pernot 2005: 237ff.).

105 In den *CE*-Wahlen 2005 gingen die Stimmen für die *CFDT*-KandidatInnen von 22,5 Prozent auf 20,6 Prozent (gegenüber 2003) relativ deutlich zurück. Die *CGT* konnte mit 22,5 Prozent der Stimmen (2003: 22,1 Prozent) zum ersten Mal seit 1989 wieder die meisten gewerkschaftlichen Stimmen verbuchen. Vom Rückgang der *CFDT*-Stimmen konnten vor allem die autonomen Gewerkschaften profitieren (vor allem *UNSA* und *SUD*). Deren Stimmenanteil wuchs um 1,3 Prozent auf insgesamt 7,4 Prozent (Jacod 2007).

dest in der Tendenz bestätigt wird diese Einschätzung auch durch eine aktuelle repräsentative Studie des Arbeitsministeriums. Sie diagnostiziert eine »intensivierte Konflikthaftigkeit der Arbeit« im vergangenen Jahrzehnt (Carlier/Tenret 2007). Zwischen 2002 und 2004 erlebten 30 Prozent aller Betriebsstätten mit über 20 Beschäftigten wenigstens einen kollektiven Arbeitskampf, während es zwischen 1996 und 1998 nur 21 Prozent waren (ebd.).[106] Nachdem sich der gewerkschaftliche Organisationsgrad zwischen 1980 und 1995 halbierte, blieb er seitdem auf sehr niedrigem Niveau in etwa stabil. Im Jahr 2003 lag er vermutlich bei etwa 8 Prozent (Amossé 2004: 2).[107] Dieser Durchschnittwert ebnet allerdings massive Unterschiede gewerkschaftlicher Organisierung in verschiedenen Wirtschaftssektoren ein. Während sich im öffentlichen Dienst sowie in manchen industriellen Großbetrieben nach wie vor eine solide Gewerkschaftskultur findet, liegt der Organisationsgrad in der Privatwirtschaft bei höchstens 5 Prozent. Dies bedeutet, dass hier flächendeckende gewerkschaftsfreie Zonen existieren. Frankreich hat damit den niedrigsten gewerkschaftlichen Organisationsgrad in ganz Europa, mit deutlichem Abstand zu den baltischen Staaten, die bei etwa 15 Prozent liegen (vgl. Kohl u.a. 2006). Dies hat freilich viel mit der spezifischen Konzeption von Gewerkschaftsmitgliedschaft in Frankreich zu tun[108] und ist nicht gleichzusetzen mit einer im europäischen Vergleich geringen gewerkschaftlichen Mobilisierungsfähigkeit.

Einige Indikatoren deuten auf eine gewisse Stabilisierung der französischen Gewerkschaften auf niedrigem Niveau hin: Der Anteil der Beschäftigten, an

---

106 Allerdings haben sich zugleich die Konfliktformen verändert. Zugenommen haben vor allem niedrig schwellige Konfliktformen, wie zum Beispiel kurzzeitige Arbeitsniederlegungen (débrayages), Verweigerung von Überstunden oder kollektive Petitionen. An erster Stelle standen dabei Konflikte um Lohn, die deutlich häufiger geführt wurden als Konflikte über Arbeitszeit oder andere Themen.

107 Es war lange Zeit schwierig, Angaben zum gewerkschaftlichen Organisationsgrad in Frankreich zu bekommen, da die Gewerkschaften selbst nur ungenaue oder gar keine Angaben zum Thema machten. In jüngerer Zeit wurden jedoch Angaben einer alljährlichen Befragung des staatlichen Amts für Statistik *INSEE* herangezogen (Enquêtes Permanentes sur les Conditions de Vie des Ménages), bei der alljährlich eine Stichprobe von 8.000 Personen über 15 Jahre danach gefragt wird, ob sie Mitglied bzw. aktiv in einem Berufsverband oder einer Gewerkschaft sind (vgl. Amossé 2004). Da unter die Fragestellung jedoch auch zum Beispiel Berufsverbände von Ingenieuren und Technikern fallen, könnte es sein, dass die *INSEE*-Daten den realen gewerkschaftlichen Organisationsgrad übertreiben.

108 Eine Gewerkschaftsmitgliedschaft ist in Frankreich für die Mitglieder mit wesentlich weniger materiellen Vorteilen verknüpft als in anderen Ländern. Es gibt zum Beispiel keine gewerkschaftliche Streikunterstützung, eine Rechtsberatung in Konfliktfällen leisten die staatlichen Arbeitsinspektionen, das Sozialkassensystem ist gewerkschaftsunabhängig, Tarifverträge gelten auch für Nicht-Gewerkschaftsmitglieder. So ist Gewerkschaftsmitgliedschaft in Frankreich meist gleichbedeutend mit gewerkschaftlichem Engagement und der Anteil passiver BeitragszahlerInnen ist wesentlich geringer.

deren Arbeitsplatz eine Gewerkschaft präsent ist, ist zwischen 1996 und 2003 leicht gestiegen (von 38 Prozent auf 40 Prozent) (Amossé 2004). Der Anteil der Stimmen für gewerkschaftlich organisierte KandidatInnen bei den *CE*- und *DP*-Wahlen pendelt etwas, ist jedoch ebenfalls annähernd stabil. Er stieg von 71 Prozent zu Beginn der neunziger Jahre auf 77 Prozent im Wahlzyklus 2001/2002. Zuletzt ging er wieder etwas zurück auf etwa 75 Prozent (Amossé 2004; Jacod 2007). Ähnliches gilt auch für den Deckungsgrad der *IRP* (Institutions de Représentatives du Personnel; vgl. auch Kapitel III.1). Besaßen in den Jahren 1998/99 noch 74 Prozent aller Betriebe mit über 20 Beschäftigten *Délégués du Personnel*, ein *CE* und/oder Gewerkschaftsdelegierte *(DS)*, so waren es in den Jahren 2004/2005 bereits 77 Prozent (Jacod 2007). Die Wahlbeteiligung bei den Vertreterwahlen liegt recht stabil bei respektablen rund 60 Prozent. Und sowohl die Gewerkschaften als auch die *IRP* genießen prinzipiell Akzeptanz bei den Beschäftigten: Etwa drei von fünf Beschäftigten sind der Ansicht, dass die Gewerkschaften eine »nicht zu ersetzende Rolle bei der Interessenvertretung der Beschäftigten« spielen (ebd.).

Diagnosen vom Ende einer betrieblichen Konfliktkultur und einer existenziellen Krise der Gewerkschaften erweisen sich gegenwärtig also als vorschnell. Nichtsdestotrotz sind jedoch virulente Krisentendenzen im Bereich betrieblicher Interessenvertretung in Frankreich zu diagnostizieren. Zu nennen sind insbesondere die folgenden drei Aspekte:

Erstens werden den *Institutions Représentatives du Personnel (IRP)* von den Beschäftigten nur *eine geringe Effizienz und Einflussmacht* zugeschrieben. Laut repräsentativer Umfrageergebnisse spielen die *IRP* sowohl als Ansprechpartner bei individuellen Problemen als auch für die Vermittlung von Informationen eine geringere Rolle als die Vorgesetzten oder auch die Geschäftsleitung. Allein bei der Information über geplante Entgeltentwicklungen kommt den *IRP* eine gewisse exklusive Bedeutung zu. Aber selbst im Fall individueller Konflikte, sei es zum Thema Arbeitsbedingungen, Entgelt oder sogar drohender Entlassung, wenden sich die Beschäftigten deutlich häufiger an ihre Vorgesetzten als an ihre Vertretungsinstanzen. Der Grund für dieses Verhalten ist recht eindeutig: Nur 30 Prozent der Beschäftigten sind der Ansicht, dass die *IRP* die Entscheidungen der Geschäftsleitung beeinflussen können (Jacod 2007). Auch wenn die Beschäftigten die Repräsentationsinstitutionen also insgesamt positiv bewerten, sind sie doch offenbar der Ansicht, dass diese nur einen recht geringen Einfluss auf die betrieblichen Verhältnisse ausüben – nach dem Motto: Die *IRP* sind nützlich, aber sie nützen nicht viel. In dieser Einschätzung mag sich sowohl das Fehlen realer Mitbestimmungsrechte der *IRP* niederschlagen als auch der Schwund gewerkschaftlicher Einflussmacht.

Mit dieser recht skeptischen Einschätzung dürfte auch der Sachverhalt zusammenhängen, dass, *zweitens*, das *Fehlen einer ausreichenden Zahl von KandidatInnen für die IRP-Ämter* ein flächendeckendes Problem darstellt. Im Rahmen der repräsentativen Erhebung *Enquête REPONSE* gaben 46 Prozent der befragten BelegschaftsrepräsentantInnen im Jahr 2004/2005 an, dass es in ihrem Betrieb nicht genügend KandidatInnen für die Vertretungsämter gebe. Dieser KandidatInnenmangel schlägt sich zwar bisher (noch?) nicht auf den Deckungsgrad der Institutionen nieder, bedeutet jedoch in vielen Fällen, dass die verschiedenen Ämter im Rahmen von Mandatshäufungen oder nur teilweise besetzt werden. Diese Ausdünnung der Personaldecke betrieblicher Repräsentationsarbeit hat auch mit einem derzeit stattfindenden Generationenwechsel gewerkschaftlicher AktivistInnen zu tun. Das traditionelle »gewerkschaftliche Paradigma« betrieblicher Repräsentationsarbeit, das von einem Kollektiv normativ stark motivierter, opferbereiter AktivistInnen getragen wurde, ist zunehmend vom Aussterben bedroht (Dufour/Hege 2005, 2006b). Es wurde von *Élus* (Gewählte) getragen, die in den gewerkschaftlichen Offensivphasen der sechziger und siebziger Jahre sozialisiert wurden und nun altersbedingt aus den Betrieben ausscheiden. Ohne eine starke normative Verankerung und wertebasierte Motivation lässt sich jedoch die Übernahme eines *IRP*-Amtes nur schwer begründen: Nicht nur die rechtlichen Einflussmöglichkeiten, sondern auch die rechtliche Absicherung der KandidatInnen sind beschränkt (vgl. Kapitel III.4.6.2).[109] Im Jahr 2004/2005 gaben im Rahmen der *Enquête*

109 Der Kündigungsschutz der französischen *Èlus* ist deutlich schwächer als der deutscher Betriebsratsmitglieder. Während Betriebsratsmitglieder auch im Rahmen wirtschaftlich bedingter Massenentlassungen einen soliden Kündigungsschutz genießen, garantiert der *Code du Travail* lediglich die Nicht-Diskriminierung von *Élus*, das heißt sie sind gleich zu behandeln wie andere Beschäftigte. Jede Kündigung eines *Élus* ist der zuständigen Arbeitsinspektion mitzuteilen. Diese überprüft, ob die Entlassung aufgrund des Wahlamtes erfolgte oder durch sonstige ökonomische oder persönliche Gründe gerechtfertigt ist. Wenn die Kündigung von der Arbeitsinspektion nicht autorisiert, sondern als »diskriminierende Maßnahme« gewertet wird, ist die betreffende Person (im Prinzip) an ihrem Arbeitsplatz zu reintegrieren. Im Jahr 2004 waren 12.100 gekündigte *Élus* Gegenstand einer solchen Prozedur. 83 Prozent aller Kündigungen wurden von den zuständigen *Inspecteurs du Travail* autorisiert. In zwei Dritteln aller Fälle wurden ökonomische Gründe als Kündigungsgrund genannt, im Gegensatz zu den normalen Kündigungsverfahren, in denen persönliche Gründe mit Abstand der häufigste Kündigungsgrund sind (circa 75 Prozent) (de Oliveira 2006). Die Zahl der Kündigungen von *Élus* kovariiert im Regelfall mit den ökonomischen Konjunkturen, das heißt *Élus* sind im Fall erhöhter Arbeitslosenzahlen ebenfalls stärker von ökonomisch begründeten Entlassungen betroffen. Seit etwa zehn Jahren wird in Frankreich jedoch eine erhöhte Zahl der Kündigungen von *Élus* registriert, ohne dass diese mit einer äquivalenten Steigerung der Arbeitslosenzahlen verknüpft wären. Dabei stimmen die betroffenen *Élus* der Prozedur überproportional häufig zu. Die Hintergründe dieses Phänomens könnten unterschiedliche sein: Ältere *Élus* mögen ihre Kündigung im Rahmen betrieblicher Sozialpläne und Altersvorruhestandsregelungen akzeptieren.

REPONSE 9 Prozent der BelegschaftsrepräsentantInnen an, dass ihr Engagement eine Bedrohung für ihr Beschäftigungsverhältnis darstelle. Überproportional häufig gilt dies für die auf Gewerkschaftslisten gewählten BelegschaftsvertreterInnen sowie die *Délégués Syndicaux* (16 Prozent) (Jacod 2007: 4). 21 Prozent der Befragten gaben an, dass die Übernahme eines Repräsentationsamtes das Ende ihrer betrieblichen Karriere bedeute (40 Prozent bei den Gewerkschaftsdelegierten).

Zugleich sind die Möglichkeiten einer Alternativkarriere als InteressenvertreterIn beschränkter als zum Beispiel in Deutschland. Legal ist eine komplette Freistellung der RepräsentantInnen nicht vorgesehen. Durch die Kumulation von Freistellungszeiten ist dies in der Praxis zwar machbar und wird insbesondere im öffentlichen Dienst auch vielfach realisiert, die stark basisorientierte Interessenvertretungskultur desavouiert allerdings eine Entfernung vom *Shop Floor*. Ein guter Repräsentant – so die weit verbreitete Auffassung – muss auch aktiv im Betrieb mitarbeiten, um über die Probleme der KollegInnen Bescheid zu wissen. KandidatInnen für ein *IRP*-Amt haben also insgesamt eher geringe Einflussmöglichkeiten, einiges zu verlieren und nur wenig zu gewinnen.

Besonders eklatant sowie folgenreich ist die Auszehrung in den Reihen gewerkschaftlich organisierter *Élus*. Diese erhalten zwar – alle Gewerkschaften zusammengerechnet – etwa 78 Prozent der Stimmen bei den *CE*-Wahlen, stellen jedoch mangels KandidatInnen nur etwa die Hälfte der VertreterInnen. Viele Studien haben gezeigt, dass die Vertretungsqualität gewerkschaftlich organisierter *Élus* deutlich besser ist als jene nicht gewerkschaftlich gebundener VertreterInnen. Für letztere stellt ihr Engagement als InteressenvertreterIn im Regelfall nur eine Etappe und ein Durchgangsstadium beruflicher Entwicklung dar. Sie zeichnen sich durch kürzere Amtszeiten und geringeres Expertentum aus (vgl. Dufour/Hege 2005, 2006b). Der Mangel an KandidatInnen für die Übernahme eines Vertretungsamtes und insbesondere gewerkschaftlich organisierter KandidatInnen, die Vertretungsarbeit als ein normativ besetztes, kollektives Projekt auffassen, schlägt sich somit nieder in einer geringeren Intensität, Qualität und Professionalität der Vertretungsarbeit.

Drittens ist darauf hinzuweisen, dass der Verbreitungsgrad sowohl der Gewerkschaften als auch der Institutionen betrieblicher Interessenvertretung zwar insgesamt stabil ist, deren *Verbreitungsstruktur ist jedoch alles andere als repräsentativ* für die Gesamtheit der Beschäftigten (vgl. Kapitel III.1). Sowohl die Gewerk-

---

Möglicherweise handelt es sich jedoch auch um Vereinbarungen, die massiven betrieblichen Konfliktsituationen ein Ende setzen, indem Abfindungsleistungen akzeptiert werden (vgl. Correia/Maggi-Germain 2006).

schaften als auch die *IRP* sind gut verankert im öffentlichen Dienst sowie im Bereich staatlicher Betriebe. Deutlich schwächer ist ihre Repräsentanz bereits im industriellen Sektor der Privatwirtschaft; besonders mangelhaft ist sie im Dienstleistungsbereich (vor allem im Handel) sowie in der Bauwirtschaft. Zudem existieren eklatante Differenzen zwischen größeren und kleineren Unternehmen. Insbesondere in Klein- und Mittelbetrieben (unter 200 Beschäftigten) ist die gewerkschaftliche Verankerung ausgesprochen schwach (Pignoni/Tenret 2007). Dort existieren überwiegend keine Gewerkschaftsdelegierten. Sofern es überhaupt Institutionen der Belegschaftsrepräsentation gibt, geht kontinuierlich über die Hälfte der Stimmen an gewerkschaftlich nicht gebundene KandidatInnen (Jacod 2007). Diese Fakten belegen eine Spaltung bzw. Segmentierung der französischen Gewerkschaftslandschaft sowie Interessenvertretungsstrukturen (die allerdings kein exklusives Merkmal der französischen Verhältnisse ist, vgl. Kapitel I.3.4). Prekär ist dabei, dass die Präsenz insbesondere in jenen Bereichen schlecht und im Schwinden begriffen ist, die sich im Zuge des wirtschaftlichen Strukturwandels ausweiten.

Dieses strukturelle Problem der betrieblichen Verankerung der Gewerkschaften sowie der *IRP* ist umso folgenreicher als auch in Frankreich deutliche Tendenzen einer *Verbetrieblichung industrieller Beziehungen* existieren. In den letzten 10 Jahren wurden mehrere Gesetzesnovellen in diesem Sinne verabschiedet. Bei diesen ging es insbesondere darum, auch in der wachsenden Zahl von Klein- und Mittelbetrieben institutionelle Verhältnisse zu schaffen, die betriebliche Vereinbarungen ermöglichen. Dieses Vorhaben berührt notwendig die heikle Frage des 1968/69 errungenen Verhandlungsmonopols der *Délégués Syndicaux*, die in den meisten Klein- und Mittelbetrieben nicht existieren. Die einschlägigen Gesetzesnovellen bemühen sich zwar dezidiert darum, die neuen Regulierungsformen in Kooperation mit den Gewerkschaften zu organisieren, sie betreffen jedoch sehr sensible Zonen des Institutionengebäudes:

Eine wichtige institutionelle Neuerung sind die *Salarié(e)s Mandaté(e)s* (Beschäftigte mit Verhandlungsmandat), die im Zuge der so genannten Aubry-Gesetze (1998 und 1999) zur Einführung der 35-Stunden-Woche geschaffen wurden.[110] Da die staatliche Arbeitszeitverkürzung in den ersten Umsetzungsphasen im Rahmen freiwilliger betrieblicher Abkommen organisiert wurde, die erhebliche Steuervorteile mit sich brachten, waren in allen (auch kleinen) Unternehmen Akteure notwendig, die solche Vereinbarungen abschließen konn-

110 Die *Salarié(e)s Mandaté(e)s* wurden erstmals 1995 als experimentelle Maßnahme eingeführt, gegen die vor allem die *CGT* und die *CGT-FO* juristische Einwände formulierten. Die beiden Aubry-Gesetze führten das *Mandatement* flächendeckend ein, beschränkten es jedoch (vorerst) auf die Umsetzung der Arbeitszeitverkürzung. Mittlerweise ist der Anwendungsbereich der neuen Institution erneut ausgeweitet worden.

ten. Diese Kompetenzen etwa dem *CE* einzuräumen, hätte »einen Bruch mit der juristischen Logik des französischen Systems der Arbeitsbeziehungen« bedeutet »und zum offenen Konflikt zwischen der Regierung und der in dieser Frage geschlossenen Gewerkschaftsfront« geführt (Dufour/Hege 2006a: 356). Die (sozialistische) Regierung entschied sich stattdessen, eine neue Verhandlungsinstitution zu schaffen. Einzelne Beschäftigte sollten von einer Gewerkschaft ein Mandat erhalten können, das ihnen eine Verhandlungsvollmacht für einen bestimmten Verhandlungsgegenstand sowie für einen begrenzten Zeitraum überträgt. Die *Salarié(e)s Mandaté(e)s* können nicht unabhängig agieren, sondern sind der betreffenden Gewerkschaft gegenüber (zumindest formal) rechenschaftspflichtig. Mit der neuen Institution wurden in Gewerkschaftskreisen sowohl Hoffnungen als auch Befürchtungen verknüpft. Die Hoffnungen betrafen einen verbesserten Kontakt zu Beschäftigten in Klein- und Mittelbetrieben (vgl. Schmid 2006: 75); die Befürchtungen bezogen sich auf eine Aushöhlung gewerkschaftlicher Regulierungsmacht durch die neue Institution. Die Umsetzung der Arbeitszeitverkürzung führte jedenfalls zu einer massenhaften Verbreitung der neuen Institution der *Salarié(e)s Mandaté(e)s.*[111] Insbesondere die *CFDT* und die *CFTC* machten davon Gebrauch. Ihr Dasein blieb jedoch in den meisten Fällen ephemer und führte zumindest vorläufig nicht zu nachhaltigen institutionellen Verschiebungen (vgl. Dufour u.a. 1999; 2000).[112] Nach dem einmaligen Engagement in Sachen Arbeitszeitverkürzung zogen sich die betreffenden Beschäftigten meist wieder aus dem Verhandlungsgeschehen zurück und verlängerten ihre Tätigkeit nicht im Sinne der Übernahme eines dauerhaften Repräsentationspostens.

Gering scheinen bisher auch die Auswirkungen einer 2002 neu eingeführten Regelung, wonach in Betrieben unter elf Beschäftigten Vereinbarungen (zur Arbeitszeitverkürzung) auch durch Abstimmung unter den Beschäftigten abgeschlossen werden können. Allerdings scheint der Gesetzgeber durchaus gewillt, auch in Zukunft das *Mandatement* sowie Mehrheitsabstimmungen in der Belegschaft als Möglichkeit zum Abschluss betrieblicher Vereinbarungen auf-

111 Laut Dufour/Hege (2006a: 357) wurden »Zehntausende von Gewerkschaftsvollmachten […] verliehen, vor allem in Kleinbetrieben (von 10 bis 100 Beschäftigten), um neue Arbeitszeitregeln auszuhandeln.«

112 Manchen, insbesondere den kompromissorientierteren Gewerkschaften, scheint das Mandatement allerdings einen gewissen (möglicherweise vorübergehenden) Mitgliederzuwachs beschert zu haben. Die *CFDT* koppelte etwa die Verleihung einer Verhandlungsvollmacht teilweise systematisch an den Beitritt zur Organisation. Dies führte in manchen Fällen zu der Konstellation, dass das Management einem Beschäftigten die Gewerkschaftsmitgliedschaft bezahlte, um mit diesem einen gewerkschaftlich legitimierten Vertrag zur Einführung der 35-Stunden-Woche schließen zu können.

zuwerten. Dies deutet sich sowohl im so genannten Fillon-Gesetz von 2004 an als auch in einem im Juli 2008 verabschiedeten Gesetzespaket:

Das *Gesetz über den sozialen Dialog* des Arbeitsministers Fillon war als revolutionäre Neuerung in der hierarchischen Normsetzung angekündigt (und von den Gewerkschaften als solche bekämpft) worden, da es eine Umkehrung der Priorität von Tarifvertrag und Betriebsvereinbarung vorsah. Tarifverträge sollten nur noch dann gültig sein, wenn keine Betriebsvereinbarung zu dem betreffenden Gegenstandsbereich vorliegt. Der entsprechende Gesetzesartikel wurde grundsätzlich reformuliert, die Umsetzung der Neuerung war jedoch vorläufig stark optional gestaltet und mit vielfachen Restriktionsklauseln ausgestattet. Seine Anwendung hing insbesondere von der Zustimmung der Branchengewerkschaften ab, das heißt letztlich von ihrem Willen zur Selbstentmachtung. Die Umsetzungsversuche in der Praxis waren daher zunächst wenig zahlreich. Sie betrafen insbesondere das Thema der Arbeitszeitgestaltung und -verkürzung. Interessant ist dennoch die Stoßrichtung des Fillon-Gesetzes. Es zielte – genau wie das *Mandatement* – darauf, dem Management kleinerer und mittlerer Unternehmen ohne gewerkschaftliche Interessenvertretung Vereinbarungen mit dem *CE*, mit *Salarié(e)s Mandaté(e)s* oder sogar direkt mit den Beschäftigten zu ermöglichen. Diese Betriebsvereinbarungen sollten zudem sogar tarifliche Normen einer *Dérogation* unterwerfen können, das heißt diese betrieblich für ungültig erklären (vgl. Defalvard u.a. 2005).

In die gleiche Richtung geht ein im Juli 2008 verabschiedetes Gesetzespaket, das nicht nur die Regeln zur *gewerkschaftlichen Repräsentativität* neu definiert, sondern auch die gesetzlich vorgeschriebene 35-Stunden-Woche faktisch auszuhebeln droht. Nach langen und kontroversen Verhandlungen hatten sich die Gewerkschaften sowie Arbeitgeberverbände im April 2008 auf eine gemeinsame »Position zur Modernisierung der Repräsentativität, des sozialen Dialogs und der Finanzierung des Gewerkschaftswesens« geeinigt. Sie impliziert unter anderem, dass die Anerkennung einer Gewerkschaft als repräsentativ zukünftig von einer Mindestmenge an Stimmen bei den Vertreterwahlen abhängig gemacht wird. Ohne Zustimmung der Gewerkschaften dekretierte die Regierung Sarkozy jedoch zugleich eine massive Ausweitung der *Accords Dérogatoires* als Teil des Gesetzespakets: Unternehmen erhalten zukünftig ausdrücklich das Recht betriebliche Vereinbarungen zu treffen, die von der 35-Stunden-Woche abweichen. Für den Fall, dass keine *Délégués Syndicaux* existieren, können Vereinbarungen zu diesem Thema auch mit *Délégués du Personnels* oder einem *Comité d'Entreprise* geschlossen werden. In Unternehmen mit mehreren Gewerkschaftsdelegierten müssen diese (nur) 30 Prozent der Beschäftigten repräsentieren, um einen gültigen Vertrag abschließen zu können. Und schließlich werden sogar wechselseitig freiwillige (»gré à gré«) Vereinbarungen zwischen

Unternehmern und einzelnen Beschäftigten autorisiert. Das Vertretungsmonopol der Gewerkschaften ist damit bei einem der wichtigsten Themen der Interessenvertretung teilweise außer Kraft gesetzt worden zugunsten betrieblicher und sogar individueller Regelungen jenseits der Gewerkschaften.

3 Das deutsche und das französische Institutionenmodell im Vergleich

In den beiden vorangegangenen Kapiteln wurden die Institutionen betrieblicher Interessenvertretung in Deutschland und Frankreich in ihrem historischen Entstehungskontext dargestellt und die Logiken der Institutionenpraxis erläutert. Im Folgenden geht es nun um einen Vergleich derselben. Dabei wird zunächst noch einmal auf die differenten Formen des Institutionenwandels eingegangen, welche die deutsche sowie französische Institutionengeschichte prägen (Kapitel 3.1). Anschließend werden die Institutionenregeln und -praktiken summarisch verglichen. Da in den historischen Darstellungen bereits ausführlich auf die länderspezifischen gesetzlichen Regelungen zum Thema betriebliche Interessenvertretung eingegangen wurde, werden im Folgenden nicht die Details dargestellt, sondern es wird ein pointierter resümierender Überblick gegeben (Kapitel 3.2). Ein weiteres Kapitel beschäftigt sich damit, welche Machtmittel die betrieblichen Interessenvertretungen in beiden Ländern besitzen und typischerweise einsetzen (Kapitel 3.3). Gesondert wird außerdem auf das Verhältnis zwischen betrieblicher Beschäftigtenrepräsentation und Gewerkschaft(en) eingegangen. Unabdingbar ist es dabei, auf die national spezifischen gewerkschaftlichen Organisationsstrukturen und -kulturen einzugehen sowie auf die Rolle des Staates im System industrieller Beziehungen (Kapitel 3.4). Das abschließende Kapitel verweist schließlich darauf, dass die Gegenüberstellung national weitgehend einheitlich gedachter Institutionenmodelle unterkomplex ist. Im Zuge des aktuell stattfindenden Prozesses einer Segmentierung industrieller Beziehungen, müssten im Grunde wesentlich systematischer die Institutionenpraktiken in verschiedenen Segmenten der Wirtschaft diskutiert und verglichen werden. Hierzu fehlt es allerdings bislang an den notwendigen Grundlagen empirischer Forschung (Kapitel 3.5). Diese Situation zu verbessern, ist das Anliegen der empirischen Untersuchung im dritten Teil dieser Arbeit.

3.1 Institutionalisierungsprozesse

Sowohl das deutsche als auch das französische System betrieblicher Interessenvertretung sind Ergebnis einer langen Geschichte von Auseinandersetzungen zwischen Kapital und Arbeit. Insbesondere in Phasen relativer Schwäche der Unternehmer sowie massiver sozialer Mobilisierungen kam es zu Institutionalisierungsprozessen betrieblicher Interessenvertretungen. Man denke etwa an die ersten Betriebsräte in Deutschland kurz nach der gescheiterten deutschen Revolution, die ersten *Délégués du Personnel* während der Zeit der Volksfront in Frankreich, die *Délégués Syndicaux* im Gefolge der Massenproteste von 1968. Auch die beiden Weltkriege spielten in beiden Ländern eine wichtige Rolle als Katalysatoren institutioneller Entwicklung: Im Namen der Kriegswirtschaft wurde eine Kooperation zwischen Kapital und Arbeit als notwendig angesehen. Sie erzwangen bzw. ermöglichten zudem (in national unterschiedlichem Ausmaß) institutionelle Neuanfänge nach Kriegsende. Das Erlebnis der Niederlage in beiden Weltkriegen sowie der nationalsozialistischen Herrschaft desavouierte in Deutschland die herrschenden Eliten allerdings nachhaltiger als in Frankreich. Beispielsweise der Neuaufbau der deutschen Gewerkschaften als Einheitsgewerkschaften nach dem Zweiten Weltkrieg ist sicherlich der Erfahrung der Zerschlagung der Arbeiterbewegung zu verdanken. Institutionen betrieblicher Interessenvertretung der Beschäftigten erscheinen – in beiden Ländern – typischerweise in einem doppelten Zusammenhang auf der historischen Bühne: Erstens verkörpern sie den Anspruch auf demokratische Einflussnahme im kapitalistischen Industriebetrieb, die ansatzweise Einführung von Bürgerrechten auch in der Sphäre der Lohnarbeit. Sie stehen für den Willen zur Emanzipation der Arbeiterklasse. Die alleinige Herrschaft der Betriebsleitungen soll zumindest partiell beschränkt werden. Diese normative Basis erklärt ihre enge Verknüpfung mit emanzipatorisch ausgerichteten, sozialen und gewerkschaftlichen Bewegungen. Zweitens konnten sich betriebliche Interessenvertretungen typischerweise relativ spontan in Situationen eines gesellschaftlichen Regulierungsvakuums und der Infragestellung staatlicher Herrschaftsverhältnisse etablieren (etwa unter der *Résistance* oder in der so genannten Wendezeit in Ostdeutschland). Dabei übernahmen sie häufig Funktionen der Produktionsorganisierung sowie der Versorgung der Belegschaften. Typisch für die Geschichte in beiden Ländern ist die partielle bis weitgehende Rücknahme der Machtstellung betrieblicher BelegschaftsrepräsentantInnen nach Erstarken der gesellschaftlichen Kräfteverhältnisse und staatlicher Regulierungsmacht. In unterschiedlichem Ausmaß wurden die spontan etablierten Formen repräsentativer Demokratie jedoch auch zur Grundlage eines Institutionenwandels im Bereich betrieblicher Interessenvertretung. Dieser weist in

Deutschland und in Frankreich unterschiedliche Geschwindigkeiten und Muster auf:

Die gesetzliche Etablierung betrieblicher Repräsentationsinstitutionen erfolgte in Frankreich insgesamt zögerlicher, später und bruchstückhafter als in Deutschland. Dies hängt mit der langsamen und dezentral erfolgenden Industrialisierung und dem Fehlen eines *effet de masse* bei der gewerkschaftlichen Organisationsbildung zusammen. Die schwachen, dezentral organisierten und zersplitterten Gewerkschaften wurden in Frankreich erst im Zuge der Volksfront als wichtige gesellschaftliche Akteure anerkannt – ein Prozess, der in Deutschland bereits nach dem Ersten Weltkrieg abgeschlossen war. Parallel zur formalen Anerkennung der Gewerkschaften entwickelten sich in Deutschland zudem schon früh auch kooperative Muster der Interessenverhandlung zwischen Kapital und Arbeit, wie dies etwa im Stinnes-Legien-Pakt paradigmatisch zum Ausdruck kam. In Frankreich existierten hingegen relativ lange ausgeprägte Tendenzen eines revolutionären Syndikalismus. Differenzen im gewerkschaftlichen Organisierungsgrad, im gesellschaftlichen Einfluss der Gewerkschaften sowie in ihrer ideologischen Ausrichtung können zumindest teilweise die nationalspezifisch unterschiedlich gefärbten Forderungen zum Thema Belegschaftspartizipation erklären: In Deutschland wird bereits in der Weimarer Republik der Anspruch auf eine umfassende wirtschaftliche Demokratisierung und gleichberechtigte Mitbestimmung der Gewerkschaften (nicht der Betriebsräte!) auch in wirtschaftlichen Angelegenheiten laut. Das Betriebsverfassungsgesetz und die Mitbestimmungsrechte des bundesdeutschen Betriebsrats sind nur die reduzierte Variante sehr viel weiter gehender Demokratisierungsvorstellungen. Die französische Debatte ist hingegen bis zur Durchsetzung der *Délégués Syndicaux* (1969) darauf konzentriert, ein Existenzrecht der Gewerkschaften im Betrieb zu erringen. Im Zuge erbitterter und stark konflikthaltiger Auseinandersetzungen um die Alleinherrschaft der französischen Patrons im Betrieb war (und ist im Grunde bis heute) die Frage der Belegschaftsrepräsentation eng mit der Frage nach der Legitimität gewerkschaftlicher Gegenmacht im Betrieb verknüpft. Die Durchsetzung betrieblicher Partizipationsrechte der Beschäftigten steht nicht eigentlich im Fokus gewerkschaftlicher Politik. Diese werden eher als organisatorischer Rahmen für betriebliche Gewerkschaftsarbeit aufgefasst. Dies erklärt, weshalb sich die Konflikte traditionell vor allem darum drehten (und drehen), welchen Einfluss die Gewerkschaften auf die *Institutions Représentatives du Personnel (IRP)* haben. Der Kampf um Repräsentationsinstitutionen war (und ist) ein Kampf um den Einfluss der Gewerkschaften in den Betrieben. Mitbestimmung im deutschen Sinne oder gar ein Co-Management von BelegschaftsvertreterInnen gilt in Kreisen der *CGT* bis heute nicht als unbedingt erstrebenswert, sondern als tendenziell suspekt. Der Begriff für die deutsche Mitbestimmung (codetermination) wird nicht selten (absichtlich oder unabsichtlich) mit dem der *Cogestion* identifiziert, was eine deutlich pejorative Note besitzt: Mitbestimmung (codetermination) wird als Mitgeschäftsführung (cogestion) im Sinne der Mitverantwortung für kapitalistische Ausbeutung gesehen und steht als solche tendenziell im Ruf anrüchiger Klassenkollaboration, des Verrats gewerkschaftlicher Zielstellungen und der Vereinnahmung durch die Geschäftsleitung.

Im Nebeneinander der beiden Institutionalisierungsgeschichten ist weiterhin auffällig, dass die deutsche Geschichte von relativ starker institutioneller Konstanz geprägt ist: Das Betriebsrätegesetz von 1920 beinhaltet bereits zentrale Charakteristika des späteren Betriebsverfassungsgesetzes (vor allem die formal strikte Trennung zwischen Betriebsrat und Gewerkschaft). Auch dessen Reformen im Jahr 1972 und 2002 haben eher den Charakter von Ergänzungen und Modernisierungen als den einer grundsätzlichen Veränderung im institutionellen Aufbau. Die französische Institutionengeschichte hingegen lässt sich bildlich als Konstruktion von »sédiments successifs« (Le Crom 2003: 142), das heißt als Prozess sukzessiver Ablagerungen beschreiben. Kritische Kommentatoren haben die immer neuerliche Gesetzgebungstätigkeit, mit der das institutionelle Gebäude modifiziert, um- und angebaut wurde, auch als »bricolage généralisé« (verallgemeinerte Bastelei) beschrieben (ebd.). Ein französisches Spezifikum ist jedenfalls »der systematische Rekurs auf das Gesetz, die Akkumulierung neuer Regelungen, das Präzisionsniveau der Texte sowie die Langsamkeit der Stabilisierung von Regeln und Inhalten der Repräsentation« (Mouret/Guillaume 2002: 5; Übers. d. Verf.). Damit repräsentiert der französische Fall der Institutionenbildung geradezu idealtypisch eine Form des Institutionenwandels, die in der Theorie des Neuen Institutionalismus mit dem Begriff der Überlagerung (institutional layering) (vgl. Schickler 2001; Thelen 2002; Streeck/Thelen 2005) belegt wurde.[113] Sie ist dadurch gekennzeichnet, dass es im Fall des Auftauchens neuer durchsetzungsfähiger Interessengruppen »nicht zu einem Austausch institutioneller Arrangements« kommt, »sondern zu einer Überlagerung des bestehenden Institutionensystems. Anstatt die umstrittenen Komponenten zu beseitigen, werden als Ausweichlösung neue Strukturen oder Funktionen an das bereits bestehende Institutionensystem angedockt. […] Dem Institutionensystem werden dadurch kontinuierlich neue

113 Schickler (2001) erarbeitete sein theoretisches Modell am Fall der institutionellen Entwicklung des US-Kongresses. Grundlegend für die Implementation eines Entwicklungspfades institutioneller Überlagerung ist nach seiner Theorie die Tatsache, dass Nutznießer einer bestimmten institutionellen Konfiguration sich deren Konversion widersetzen. Der ›institutionelle Anbau‹ dient also primär der Konfliktvermeidung. Im Extremfall entsteht dadurch ein Institutionensystem, das widersprüchliche Logiken nicht vermittelt, sondern nebeneinander in sich vereint.

Anbauten hinzugefügt, die aber nicht zueinander in Beziehung stehen müssen, weil sie situationsspezifisch verschiedenen [...] Initiativen entsprungen sind« (Rehder 2003: 28f.). Diesem Modell entsprechend wurden in Frankreich zu unterschiedlichen Zeitpunkten (vor allem 1936, 1945/46, 1968/69) immer neue Institutionen der Belegschaftsinteressenvertretung gegründet und vergleichsweise unvermittelt nebeneinander gestellt. Starke soziale Mobilisierungsbewegungen führten nicht zur Abschaffung alter und Begründung neuer Institutionen (displacement), sondern zur Hinzufügung weiterer, zusätzlicher Institutionen. Das komplexe französische Institutionensystem, das dem Laien auch als Institutionengewirr erscheinen kann, ist die Folge einer Geschichte wiederholter institutioneller Überlagerung. Die deutsche Institutionenentwicklung wäre hingegen eher dem Modell der institutionellen Konversion zuzurechnen (vgl. Thelen 2002, 2004; Thelen/Streeck 2005; Jackson 2005): »Different from layering [...], here institutions are not so much amended or allowed to decay as they are redirected to new goals, functions, or purposes« (Thelen/Streeck 2005: 26). Das Entwicklungsmuster institutioneller Überlagerung ist typisch für einen sozialen Kontext, in dem Interessengruppen nachhaltig auf ihren hart erkämpften Errungenschaften beharren und die Herausbildung neuer Interessenkompromisse somit schwierig ist – eine Haltung, die nicht zuletzt mangelndem wechselseitigen Vertrauen sowie verhärteten Konfliktfronten entspringt.

3.2 Institutionelle Regeln und Praktiken

Das Ergebnis der historischen Kämpfe um demokratische Beteiligungsrechte im Betrieb ist in Deutschland die Figur des Betriebsrates. Dieser besitzt eine vergleichsweise starke Stellung: Er ist der einzige gesetzlich vorgesehene betriebliche Akteur und monopolisiert die Aufgaben der Interessenvertretung der Beschäftigten. Alle vier Jahre wird er von den Beschäftigten gewählt. In der Zwischenzeit ist er jedoch autonom in seinen Handlungen und der Belegschaft gegenüber nicht systematisch rechenschaftspflichtig. Er ist sowohl von den Gewerkschaften formal völlig unabhängig als auch von der Geschäftsleitung. Neben Informations- und Mitwirkungsrechten besitzt er relativ starke Mitbestimmungsrechte, allerdings kein Streikrecht. Die Wahl eines Betriebsrats ist in Deutschland ab einer Betriebsgröße von fünf Beschäftigten eine Option, keine Pflicht. Es handelt sich um ein Recht der Beschäftigten, das diese aktiv ergreifen und verwirklichen müssen, um in den Genuss von Mitbestimmungsrechten zu kommen.[114]

Das Gegenstück zum deutschen Betriebsrat ist in Frankreich keineswegs das *Comité d'Entreprise*. Vielmehr ist es die Kombination aus (vor allem) drei Repräsentationsinstitutionen *(Institutions Représentatives du Personnel; IRP)*, die in ihrer Gesamtheit in etwa jene Aufgaben wahrnehmen, für die in Deutschland der Betriebsrat zuständig ist.[115] Gesetzlich sind die *Délégués du Personnel (DP)* in erster Linie für die Weiterleitung individueller Beschwerden an die Geschäftsleitung zuständig und besitzen Anhörungsrechte gegenüber der Geschäftsleitung. Dem *Comité d'Entreprise (CE)* obliegt sowohl die Verwendung des Sozialbudgets für soziale und kulturelle Angelegenheiten als auch die Interessenvertretung der Beschäftigten in kollektiver Hinsicht. Den Vorsitz im *CE* hat die Geschäftsleitung inne, was dessen Charakter als paternalistische Institution symbolisch zum Ausdruck bringt. Das *CE* ist eine Institution, die häufig über relevante Geldmittel verfügt: Das Sozialbudget beträgt im Regelfall etwa 1 bis 2 Prozent der betrieblichen Lohnsumme, zusätzlich stehen dem *CE* noch 0,2 Prozent der Bruttolohnsumme für sein eigenes Funktionieren zu. Ein Schwerpunkt der *CE*-Tätigkeit liegt daher gewöhnlich bei der Organisation sozialer und kultureller betrieblicher Zusatzleistungen (von verbilligten Kinokarten über die Betriebskantine bis hin zu Ferienfahrten für die Kinder der Betriebsangehörigen), was das *CE* in den Augen der Beschäftigten eher »als ein ›konsumtiv-materialistisches‹ Instrument erscheinen [lässt], weniger als klassische Interessenvertretung« (Lecher 1994: 186).[116]

Die juristische Abgrenzung zwischen individueller Interessenvertretung (durch die *DP*) und kollektiver Vertretung (durch den *CE*) wird in der Praxis kaum eingehalten. Vielmehr beschäftigen sich *DP* und *CE* – sofern sie beide existieren – typischerweise mit relativ ähnlichen Problembereichen und arbeiten oft eng zusammen. Häufig sind im Rahmen von Mandatshäufungen

---

114 Für eine Darstellung der institutionellen Regeln, die für den deutschen Betriebsrat gelten sowie seiner Rolle im Betrieb vgl. ausführlich zum Beispiel Kißler 1992; Müller-Jentsch 1995, 1997, 2003; Schmidt/Trinczek 1998; Altmeyer 1999; Keller 1999.

115 Für eine zusammenfassende Darstellung der institutionellen Rechte und Vorschriften der *IRP* vgl. auch die vorangegangenen Kapitel sowie Kißler u.a. 1985; Jansen u.a. 1986; Lecher 1994; IRES/DARES 1998; Altmeyer 1999; Rennes 2001; Le Crom 2003; Ministère de l'Emploi 2006.

116 Empirische Studien belegen, dass die Beschäftigten mit den *CE*-Wahlen eher die Bestimmung über die Verwaltung der betrieblichen Sozialleistungen verknüpfen, nicht unbedingt die Wahl von InteressenvertreterInnen gegenüber der Geschäftsleitung (IRES/DARES 1998; Dufour/Hege 2006b). Letztere Funktion übernehmen in der Sicht der Beschäftigten eher die *Délégués du Personnel (DP)* oder auch die *Délégués Syndicaux (DS)*. Vgl. hierzu auch Kapitel III.3.5.3 und Kapitel III.3.6.

(cumul des mandats) die gewählten VertreterInnen ohnehin partiell oder komplett identisch (vgl. Jacod 2007: 4). In der Konsequenz hatte die Einführung einer so genannten *Délégation Unique*, die seit 1993 in Betrieben bis 200 Beschäftigte die Interessenvertretung des *CE* und der *DP* im Rahmen einer integrierten Institution ermöglicht, nur eine geringe praxisverändernde Wirkung. Sie ist inzwischen relativ weit verbreitet. Die Institutionen der *DP* und des *CE* werden auch von den Beschäftigten häufig kaum differenziert, sondern summarisch unter dem Begriff der *Élus* (Gewählte) zusammengefasst.

Die Stellung der *Élus* ist heteronomer als die des Betriebsrats. Der Vorsitz der Geschäftsleitung im *CE* und ihre insgesamt schwächeren Rechte setzen diese stärker dem Einfluss des Managements aus. Zugleich ist die Verknüpfung zwischen *Élus* und Gewerkschaften enger als in Deutschland, sofern eine Gewerkschaftssektion im Unternehmen existiert. Die im Betrieb präsenten repräsentativen Gewerkschaften haben ein exklusives Vorschlagsrecht für die *DP*- und *CE*-KandidatInnen im ersten Wahlgang. Nur wenn es zu wenig gewerkschaftliche KandidatInnen gibt oder diese nicht das nötige Quorum erhalten, können im zweiten Wahlgang auch gewerkschaftsunabhängige Beschäftigte kandidieren.

Der staatliche Zwang zur Einrichtung von Beschäftigtenvertretungen ist in Frankreich wesentlich stärker als in Deutschland: Nicht die Beschäftigten, sondern die Unternehmensleitungen sind für die Organisation der *DP*- und *CE*-Wahlen verantwortlich. *DP* müssen ab einer Betriebsgröße von zehn Beschäftigten gewählt werden, ein *CE* ab 50 Beschäftigten. Dies wird vom Staat (in Gestalt der Arbeitsinspekteure) kontrolliert und gegebenenfalls sanktioniert. Allein das Fehlen von KandidatInnen rechtfertigt die Inexistenz der legal verbindlichen Institutionen.

Neben den gewählten Institutionen der *DP* und des *CE* (*Élus*) existieren in Frankreich zudem die *Délégués Syndicaux (DS)*, die nicht gewählt werden, sondern von der Gewerkschaft ernannt. Sie sind die Verantwortlichen der betrieblichen Gewerkschaftssektionen, das heißt der Gewerkschaftsmitglieder im Betrieb und repräsentieren die Gewerkschaft gegenüber der Geschäftsleitung. Nicht die *Élus*, sondern allein die *DS* besitzen das Recht, mit der Geschäftsleitung betriebliche Verträge abzuschließen.[117] Diese sind für die Gesamtheit

117 Eine Ausnahme bilden hier, wie erwähnt, die Abkommen über betriebliche Gewinnbeteiligung (intéressement) sowie über den betrieblichen Bildungsplan (vgl. Kapitel II.2.7). Diese beiden Bereiche regelt das *CE*, weshalb es vielerorts zu einer Instanz wurde, die speziell für Fragen der Fortbildung und Schulung zuständig ist. Das Verhandlungsmonopol der *DS* wird zudem in letzter Zeit über die neue Institution der *Salarié(e)s Mandaté(e)s* sowie einige Bestimmungen des Fillon-Gesetzes (2004) sowie eines Gesetzespakets vom Juli 2008 aufgeweicht (vgl. Kapitel II.2.9).

der Belegschaftsmitglieder bindend. Die *DS* sind insbesondere für Lohnfragen zuständig und die zentralen Akteure der gesetzlich obligatorischen jährlichen Lohngespräche (NAO: Négociations Annuelles Obligatoires; jährliche Lohnverhandlungen ohne Einigungszwang; vgl. auch Kapitel II.2.8). Aber auch hier ist die Praxis der verschiedenen Institutionen weniger diskriminierend als das Gesetz dies vorschreibt: Zwar ist in 83 Prozent aller Fälle wenigstens ein *DS* bei Lohnverhandlungen anwesend und diese unterzeichnen einen Großteil der vereinbarten Lohnabkommen, in etwa der Hälfte der Fälle sind jedoch auch *Élus* beteiligt. Insbesondere in kleineren Betrieben unter 100 Beschäftigten ohne *DS* unterschreiben häufig die *DP* die einschlägigen Abkommen (Jacod 2007: 4). Eine gewisse thematische Arbeitsteilung zwischen den verschiedenen Institutionen existiert gewöhnlich dahingehend, dass die *DS* vor allem für jene Fragen zuständig sind, in denen klare Interessengegensätze existieren: Lohn- und Arbeitszeitfragen sowie gewerkschaftliche Belange. Das *CE* und auch das seit 1982 verbindlich zu wählende Komitee für Hygiene, Sicherheit und Arbeitsbedingungen *(Comité d'Hygiène, de Sécurité et des Conditions du Travail; CHSCT)*[118] sind hingegen eher auf Themen spezialisiert, in denen die Kompromissmasse gemeinsamer Interessen mit dem Management vergleichsweise groß ist: Arbeitssicherheit, technische und arbeitsorganisatorische Fragen sowie Qualifikation und Weiterbildung. Es wundert daher nicht, dass Vertreter der Geschäftsleitung in allen Umfragen stets die Verhandlungen mit *Élus* gegenüber solchen mit den *DS* bevorzugen (ebd.). Insgesamt existiert die Tendenz zu einer Integration der verschiedenen Institutionen, wobei in gewerkschaftlich organisierten Unternehmen gewöhnlich die *DS* das organisierende Zentrum bilden.

Die folgende Tabelle stellt die Institutionensysteme betrieblicher Interessenvertretung in Deutschland und Frankreich noch einmal im Überblick sowie etwas vereinfacht dar:

118 Die Wahl eines *CHSCT* ist ab einer Betriebsgröße von 50 Beschäftigten obligatorisch. Es wird nicht direkt von den Beschäftigten gewählt, sondern von einem Gremium, das sich aus *CE*-Mitgliedern und *DP* zusammensetzt. Diese ernennen die Mitglieder des *CHSCT*, bei denen es sich auch um Beschäftigte handeln kann, die sonst keinerlei Repräsentationsfunktionen innehaben. Den formalen Vorsitz im *CHSCT* hat, wie auch im *CE*, die Geschäftsleitung (vgl. Rennes 2001; Ministère de l'Emploi 2006 sowie Kapitel II.2.8).

Tabelle 2: Institutionen betrieblicher Interessenvertretung in Deutschland und Frankreich

	Deutschland	Frankreich
Zentrale Institutionen	Betriebsrat	Délégués du Personnel (DP) Comité d'Èntreprise (CE) Délégués Syndicaux (DS)
Form der Institutionalisierung	Optionale Wahl in Betrieben ab 5 Beschäftigten durch die Belegschaft	• Rechtlich verpflichtende Wahl der DP (Betriebe ab 10 Beschäftigte) und des CE (Betriebe ab 50 Beschäftigte) durch die Belegschaft • Optionale Ernennung eines oder mehrerer DS durch die Gewerkschaft(en)
Machtmittel	• Informations-, Konsultations- und Mitbestimmungsrechte • Kein Streikrecht	• Informations-, Konsultations- und Äußerungsrechte • Keine Mitbestimmungs- oder Vetorechte • Individuelles Streikrecht
Verhältnis zur Gewerkschaft	Formal strikte Trennung zwischen Betriebsrat und Gewerkschaft	• KandidatInnenmonopol der repräsentativen Gewerkschaften im ersten Wahlgang der CE/DP-Wahlen • Von der Gewerkschaft ernannte DS besitzen Verhandlungsmonopol für betriebliche Vereinbarungen

Der Komplexität der französischen Institutionen und gesetzlichen Regelungen entspricht (wie bereits mehrfach erwähnt) eine ausgesprochen heterogene Umsetzungspraxis in den Betrieben. Sowohl die schiere Existenz als auch die Form der Zusammensetzung der verschiedenen Instanzen ist variabel. Die gängige Praxis der Mandatshäufungen, das heißt der Wahrnehmung verschiedener institutioneller Funktionen in Personalunion, trägt ebenfalls dazu bei, dass nicht die formalen Institutionen die Akteurslogiken prägen, sondern umgekehrt: Die Akteure nutzen den Rahmen der formal vorgegebenen Institutionen im Rahmen ihrer eigenen Vertretungslogiken, weshalb das konkrete Zusammenspiel, die Zuständigkeiten sowie die Wichtigkeit der verschiedenen Instanzen je nach betrieblichem Kontext differieren (vgl. Dufour/Hege 2002: 45). Oder anders: Zwischen den komplexen formalen Institutionenregeln und der Institutionenpraxis existiert in Frankreich ein erheblicher Abstand, der einen vergleichsweise großen Spielraum eröffnet für eigensinnige sowie kontextbezogene Repräsentationsstrategien der betrieblichen Akteure. Freilich variiert auch die Vertretungspraxis deutscher Betriebsräte (vgl. Kotthoff 1981; Bosch u.a. 1999; Artus u.a. 2001). Die Konzentration der Vertretungsarbeit auf ein einziges Gremium, die stärkere Verrechtlichung des Betriebsratshandelns und auch die einheitlicher strukturierte Gewerkschaftslandschaft gestalten die betrieblichen Situationen jedoch vergleichsweise weniger heterogen als in Frankreich.

3.3 Machtmittel: Mitbestimmung versus Streik

Betriebliche Repräsentationsorgane der Beschäftigten haben nicht nur, aber immer auch die Aufgabe der Vertretung von Interessen, die systematisch im Widerspruch zu den Zielen der Unternehmensleitung stehen. Aufgrund der wirtschaftlichen Dispositionsgewalt der Geschäftsleitungen ist dabei die machtpolitische Situation strukturell asymmetrisch gestaltet. Eine Analyse der Machtmittel betrieblicher Interessenvertretungen ist daher zentral für das Begreifen institutioneller Logiken:

Der deutsche Betriebsrat besitzt Informations-, Konsultations- und Mitbestimmungsrechte. Insbesondere seine Widerspruchs- und erzwingbaren Mitbestimmungsrechte können im internationalen Vergleich als ausgesprochen solide Machtgrundlage gelten. Sie erstrecken sich in erster Linie auf Fragen der Arbeitsbedingungen und personeller Einzelmaßnahmen (Arbeitszeiten, Pausen, Urlaubsplanung, Entlohnungsgrundsätze und -methoden, Leistungslohn, Überstunden, Einstellungen, Kündigungen, betriebliche Bildungsmaßnahmen; vgl. als Überblick: Müller-Jentsch 1997: 269ff.).

> »Als generelle Tendenz des Betriebsverfassungsgesetzes wird erkennbar, dass die Beteiligungsrechte in sozialen Fragen am stärksten, bei personellen Angelegenheiten bereits abgeschwächt greifen und in wirtschaftlichen Fragen sich auf reine Informationsrechte beschränken« (ebd.: 271).

So besitzt der deutsche Betriebsrat zwar solide Sekundärmachtquellen, ein Rekurs auf Primärmachtquellen, das heißt die Mobilisierung der Beschäftigten, ist ihm jedoch nur sehr eingeschränkt möglich. Für ihn gilt absolute Friedenspflicht und das Gebot vertrauensvoller Zusammenarbeit mit der Geschäftsleitung. Dies bedeutet freilich nicht, dass in deutschen Betrieben jenseits von Tarifkonflikten keine Arbeitsniederlegungen und Arbeitskämpfe stattfinden würden. Das Betriebsverfassungsgesetz ermöglicht trotz des fehlenden Streikrechts eine Vielzahl alternativer Arbeitskampfformen (zum Beispiel die kollektive Wahrnehmung des Informationsrechtes der Beschäftigten beim Betriebsrat oder das Abhalten von außerordentlichen Betriebsversammlungen und deren zeitliche Ausdehnung). Diese gehören zum Arsenal faktisch genutzter Machtmittel deutscher Betriebsräte. Allerdings ist ihr Einsatz gewöhnlich auf

Ausnahmefälle beschränkt (vgl. Bosch u.a. 1999; Artus u.a. 2001). Wesentlich prägender für die Betriebsratspraxis ist hingegen ein strategischer Einsatz seiner Mitbestimmungsrechte (ebd.).

Die Tendenz zur Verrechtlichung bundesdeutscher Interessenvertretung (Erd 1978) ist nicht nur die Folge einer spezifischen arbeitsrechtlichen Konzeption. Sie hat auch damit zu tun, dass sich die Praxis des dualen Systems betrieblicher Interessenvertretung in Deutschland unter den Bedingungen einer prosperierenden und konzessionsfähigen Wirtschaft herausbildete sowie in der Blütezeit kooperativer, intermediärer Gewerkschaftspolitik (Bergmann u.a. 1979; Müller-Jentsch 1982). Die Aushandlungsspielräume einer fordistischen Prosperitätskonstellation machten eine kompromisshafte Interessenvermittlung zwischen Kapital und Arbeit nicht nur auf tariflicher, sondern auch auf betrieblicher Ebene möglich und weithin typisch. In vielen Betrieben etablierten sich kooperative Austauschbeziehungen zwischen Geschäftsleitungen und Betriebsräten, in deren Rahmen die Betriebsräte vielfach von den Geschäftsleitungen als Garanten des Betriebsfriedens geschätzt wurden. Der Streik als Mittel der Interessenauseinandersetzung war im Rahmen dieser Konstellation zwar nicht obsolet, er entwickelte sich jedoch zum letzten Mittel, das nur in zugespitzten Konfliktsituationen verwendet wird. Sein Einsatz ist grundsätzlich heikel, da damit der kompromisshafte Modus der Austauschbeziehungen, an dem beide Seiten gewöhnlich ein grundsätzliches Interesse haben, in Frage gestellt wird.

In Frankreich ist das anders. Sowohl die rechtliche Situation (das heißt die Institutionenregeln) als auch die kulturell etablierte Institutionenpraxis favorisieren hier eine wesentlich häufigere Verwendung des Streiks als Machtmittel.[119] Während das deutsche Streikrecht eher ein Streikbeschränkungsrecht ist, ist in Frankreich das Streikrecht als individuelles Recht in der Verfassung verankert und kaum durch Ausführungsbestimmungen beschränkt (vgl. Kapitel II.2.5). JedeR Beschäftigte hat also das Recht, eigenständig zu entscheiden, ob er oder sie in den Streik treten will. Voraussetzung ist, dass der individuelle Streik mit mindestens einer weiteren Person koordiniert wird oder man einem überregionalen Streikaufruf folgt. Streikziel muss die Durchsetzung von Forderungen sein, die sich auf die Berufstätigkeit beziehen. Die Forderungen sind dem Unternehmer im Vorfeld des Streiks mitzuteilen. Diese Konzeption des individuellen Streikrechts ist eine französische Besonderheit, deren Ausnahmecharakter und eminente Bedeutung man kaum genug betonen kann:

---

119 Während in Deutschland im Jahr 2006 mit 3,1 Streiktagen pro 1000 Beschäftigte eine neue Rekordmarke (seit 1993) erreicht wurde, wurden in Frankreich in diesem Zeitraum 71,5 Streiktage pro 1000 Beschäftigte gezählt (Angaben des WSI). Damit wurde Frankreich in Europa nur noch von Italien (86,8 Streiktage) und Spanien (144,9 Streiktage) übertroffen.

»Das Streikrecht in Frankreich ist sehr spezifisch: Es ähnelt keinem anderen ausländischen Recht. Es handelt sich um ein individuelles Recht […], das komplett unabhängig ist von der Gewerkschaftsgesetzgebung. Es ist ein Recht, das jedes Individuum besitzt: Es gibt überhaupt keine rechtssystematische Verbindung zwischen Gewerkschaft und Streikrecht« (Ray 2005: 47; Übers. d. Verf.).

Das Streikrecht ist zudem weder auf tariffähige Gegenstände beschränkt noch unterliegt es ähnlich restriktiven prozeduralen Ausführungsbestimmungen wie in Deutschland.[120] Streik und Gewerkschaft – dies sind in Frankreich also zwei Dinge, die zwar oft, aber nicht immer und unbedingt zusammen gehören. Nicht die Streiks der Beschäftigten unterliegen in Frankreich also strikten gesetzlichen Beschränkungen, sondern das Mittel der Aussperrung durch die Unternehmer.[121] Zugleich fehlen den *IRP* in Frankreich erzwingbare Veto- oder Mitbestimmungsrechte, über die eine wirksame Einflussnahme auf Entscheidungen des Managements auch ohne Rekurs auf Primärmachtquellen möglich wäre.

Die zentrale Rolle, die Arbeitsniederlegungen als Machtmittel der Beschäftigten und der *IRP* in Frankreich spielen, ist jedoch nicht allein die Folge spezi-

120 In der französischen Verfassung ist weiterhin verfügt, dass das Streikrecht im Rahmen der Gesetze auszuüben sei, die dieses reglementieren. In der Folgezeit riskierte es jedoch kaum ein Gesetzgeber, solche Gesetze zu schaffen. Lediglich 1963 wurde das Streikrecht für den öffentlichen Dienst sowie für Privatbetriebe mit öffentlichen Aufgaben eingeschränkt: Fortan musste hier ein Streik durch einen *Préavis* (eine Vorwarnung) mindestens fünf Tagen im Vorfeld angekündigt werden. Diese Verordnung gab Anlass zu Diskussionen über den arbeitsrechtlichen und streikrechtlichen Status von ehemals öffentlichen Betrieben, die in den vergangenen Jahren privatisiert wurden. In jüngster Zeit erließ die konservative Regierung unter Sarkozy weitere Beschränkungen des Streikrechts. Sie betrafen insbesondere die Aufrechterhaltung eines *Service Minimum*, zum Beispiel im Bereich des öffentlichen Transports.

121 Kißler u.a. (1997: 13) stellen hierzu fest: »Die Rechtsstellung arbeitswilliger Arbeitnehmer im bestreikten Betrieb und im streikbetroffenen Drittbetrieb ist in Frankreich ungleich stärker als in Deutschland. Das trifft sowohl für Vergütungsansprüche gegenüber dem Arbeitgeber als auch für Ansprüche auf Arbeitslosenunterstützung zu. Eine nur eingeschränkt mögliche Betriebsschließung in Frankreich (»Lock-out«) ist nicht mit dem deutschen Arbeitskampfmittel der Aussperrung als paritätsnotwendiges Gegengewicht zum Streikrecht zu vergleichen«. Gestärkt wird das Streikrecht in Frankreich auch dadurch, dass es den Unternehmen untersagt ist, streikende Beschäftigte durch Neueinstellungen oder LeiharbeiterInnen zu ersetzen. Streikposten sind grundsätzlich legal, insofern sie die ›Freiheit der Arbeit‹ nicht beschränken und das bestreikte Unternehmen nicht desorganisieren, das heißt konkret, solange sie StreikbrecherInnen nicht den Zutritt zum Unternehmen verwehren und dessen Betriebsabläufe nicht aktiv stören. Wichtiger als diese formalen Regelungen sind jedoch teilweise deren Ausführungsbestimmung. So muss etwa das Unternehmen ein Gericht anrufen, um einen polizeilichen Einsatz gegen illegale Aktionen (zum Beispiel eine Werksblockade) zu erwirken, was in der Regel ein bis zwei Tage in Anspruch nimmt. Nur wenn die Streikenden nach der Gerichtsentscheidung ihre Praxis nicht aufgeben, stellt dies (zumindest juristisch gesehen) einen Entlassungsgrund dar.

fischer Institutionenregeln, sondern auch Ausdruck einer unter spezifischen Kontextbedingungen etablierten Institutionenpraxis. So ist die ausgeprägte Streiktradition auch dem Umstand geschuldet, dass die betriebliche Arena in Frankreich traditionell das unumschränkte Herrschaftsgebiet des Patrons ist. Dass dieser seine Machtfülle auch nur ansatzweise im Rahmen kooperativer Arrangements mit BelegschaftsvertreterInnen oder gar gewerkschaftlichen AktivistInnen teilen würde, stand bis weit in die achtziger Jahre hinein (und in vielen Unternehmen bis heute) nicht zur Debatte. Unter diesen Bedingungen waren und sind Arbeitsniederlegungen häufig nicht das letzte Mittel, sondern vielmehr die Vorbedingung für die Eröffnung von Verhandlungen (vgl. Kißler 1997: 52ff.). Da die Legitimität der Mitsprache von Beschäftigten kulturell sowie rechtlich nicht vorausgesetzt werden kann, ist der Nachweis realer Störungsmacht häufig eine ›conditio sine qua non‹ dafür, dass *Élus* und Gewerkschaftsdelegierte als GesprächspartnerInnen ernst genommen werden.

So erklärt sich auch der Sachverhalt, dass in Deutschland (tarifliche) Streiks (von zentralisierten Einheitsgewerkschaften) häufig relativ zielgerichtet und ergebnisorientiert geführt werden. In Frankreich geht es hingegen nicht selten stark um symbolische Momente der Anerkennung, um ein prinzipielles ›Gehört-Werden‹. Selbst wenn am Ende eines Streiks keinerlei materielle Ergebnisse stehen, gilt bereits die Durchführung des kollektiven Arbeitskampfes an sich als Erfolg, da damit die Allgewalt des Managements zumindest vorübergehend gebrochen wurde. Kißler u.a. (1997: 62) beschreiben die Unterschiede zwischen »deutscher Streikstrategie« und »französischer Streikphilosophie« wie folgt: »Arbeitskämpfe werden in Deutschland instrumentell als Mittel eingesetzt, den Abschluss von Branchenverträgen zu forcieren. Hingegen ist das Spektrum der Arbeitskampfziele in Frankreich breiter.« Und an anderer Stelle heißt es weiter:

»Während der Arbeitskampf sich in Deutschland bislang in den Rahmen eines fest gefügten Tarifvertrags- und Verhandlungssystems einfügt […] erscheint er in Frankreich eher als öffentliches Freiheits- und Protestrecht gegenüber sozialen Maßnahmen und Ordnungen, die oftmals staatlicher Intervention entspringen, sowie als Mittel der Veränderung von Machtverhältnissen« (ebd.: 1997: 54).

Das Streikgeschehen ist somit in Frankreich grundsätzlich unkalkulierbarer. Es hat tendenziell den Charakter eines periodischen Aufbegehrens und grundsätzlicher Auseinandersetzungen, weniger den strategisch geführter Kämpfe zum Abschluss von Vereinbarungen. Dies hat seine Ursache freilich zentral darin, dass das Streikrecht individuell und nicht kollektiv gestaltet ist und zudem ein gewerkschaftlicher Pluralismus existiert. Unter diesen Bedingungen kommt es zu einer »Eigendynamik eines ungesteuerten Arbeitskampfgeschehens« (Kißler u.a. 1997: 43). Arbeitskämpfe sind tendenziell dezentral ausbrechende soziale Bewegungen, für die die Gewerkschaften als Sprachrohre fungieren, deren Dynamik sie jedoch nur partiell kontrollieren.

»Aus soziologischen wie aus rechtlichen Gründen sind die französischen Gewerkschaften nie imstande gewesen, die Streikbewegung auszulösen. Sie haben hingegen wiederholt bewiesen, wie gut sie die Kunst beherrschen, die ohne ihr Zutun hervorbrechenden Bewegungen in ordentliche Bahnen zu lenken« (Dufour 1994: 100).

Die betriebliche Streikkultur korreliert in Frankreich zudem mit einer starken gesellschaftlichen Tradition politischer Massenmobilisierung. Der französische Staat verdankt seinen Ursprung einer Revolution, die in der nationalen Geschichtsschreibung überhöht und mystifiziert wird. Am Nationalfeiertag wird alljährlich der Umsturz politischer Machtverhältnisse durch einen Volksaufstand gefeiert. Auch der Anspruch, wonach die Geschichte der *Résistance* als Nationalgeschichte zu gelten habe, stärkt die Traditionslinie einer positiven Besetzung von Widerstands- und Protestkulturen. Vor diesem Hintergrund wird verständlich, weshalb die Teilnahme an Demonstrationen und Protestbewegungen in Frankreich weniger als Gefährdung der Ordnung, sondern (zumindest auch) als staatserhaltend gilt. Etwas überspitzt könnte man sagen: Protest ist Bürgerpflicht. Diese sozialisationsprägende Haltung wirkt sich auf die Solidarisierungschancen von Streikaktionen aus. Die großen politischen Massenmobilisierungen der letzten Jahre (1995, 2003, 2006) konnten stets auf eine breite Zustimmung in der Bevölkerung bauen, obwohl damit teilweise erhebliche alltagspraktische Probleme und Belastungen verbunden waren. Auch die Interpretationen solcher Ereignisse in der politischen Öffentlichkeit und vor allem durch die Medien sind in Frankreich zumindest heterogener und damit positiver als in Deutschland.

Insgesamt existiert also in Deutschland wie in Frankreich eine sich wechselseitig stabilisierende Komplementarität institutioneller Regeln und Praktiken: Relativ starke Mitbestimmungsrechte, ein beschränktes Streikrecht und die Verrechtlichung der Betriebsratspraxis bedingen und verstärken kooperative Formen des Interessenkompromisses zwischen Betriebsräten und Management, von denen – insbesondere in Zeiten wirtschaftlicher Prosperität – beide Seiten profitierten. Ein starkes, individuell verfasstes Streikrecht, gewerkschaftlicher Pluralismus, autoritäre Formen der Betriebsführung, die Marginalisierung der Beschäftigten und ihrer RepräsentantInnen im betrieblichen Alltag sowie eine ausgeprägte gesellschaftliche Protest- und Konfliktkultur evozieren und stabilisieren eine Dialektik zwischen starker Konfliktualität und Repression.

3.4 Betriebliche Interessenvertretung und Gewerkschaften

Die Geschichte betrieblicher Interessenvertretungen ist stets zugleich die Geschichte des gewerkschaftlichen Kampfes um Verankerung in den Betrieben. Dies gilt insbesondere in Frankreich, aber freilich nicht nur hier. Betriebliche Interessenvertretung und gewerkschaftliche Strukturen stehen stets in einem mehr oder weniger engen Zusammenhang, sind aufeinander verwiesen oder sogar unmittelbar identisch. Letzteres ist etwa der Fall in monistischen Systemen, wie zum Beispiel in Großbritannien. Diese wurden von den Gewerkschaften lange Zeit favorisiert, da sie einen unmittelbaren Betriebszugang für die Gewerkschaften implizieren und zumindest auf formaler Ebene keine Spaltung zwischen betrieblicher und gewerkschaftlicher Interessenvertretung aufmachen. Duale Systeme der Interessenvertretung, wie etwa in Deutschland und Frankreich, wurden hingegen gewöhnlich in Unternehmerkreisen favorisiert, da sie die Gewerkschaften zumindest formal aus dem Betrieb fernhalten und die betriebsnahe Einbindung von BelegschaftsvertreterInnen erleichtern. Die vergleichende Geschichte des deutschen sowie des französischen Institutionensystems ist allerdings geeignet, eine solche verallgemeinernde Einschätzung in Zweifel zu ziehen. Ob die Gewerkschaften über eine legale Verankerung im Betrieb verfügen oder die Vertreterwahlen kontrollieren ist wichtig, aber möglicherweise weniger wichtig als die Frage, wie eng die praktische Kooperation zwischen betrieblichen Akteuren und überbetrieblichen gewerkschaftlichen Instanzen ist, und ob sich die betriebliche Vertretungsarbeit (auch) an solidarischen Normen einer kollektiven Interessenvertretung der Lohnarbeitenden orientieret oder sich rein auf den betrieblichen Rahmen beschränkt. Welche Bedeutung die Institutionenregeln besitzen, wird im Rahmen kulturell etablierter Praktiken entschieden. Von großer Bedeutung sind dabei die Organisationsstrukturen und -kulturen der jeweiligen Gewerkschaftslandschaft sowie die Rolle des Staates im System der Arbeitsbeziehungen.

Sowohl das deutsche als auch das französische System industrieller Beziehungen ist dual konstruiert, das heißt neben gewerkschaftlichen Vertretungsstrukturen existieren auch rein betrieblich gewählte Instanzen. Diese Dualität ist in Deutschland allerdings wesentlich klarer konturiert als in Frankreich. Der deutsche Betriebsrat ist formal gewerkschaftsunabhängig. »Gleichsam die ›Kehrseite der Medaille‹ der Konstitution des Betriebsrats als gewerkschaftsunabhängigem Gremium ist der faktische ›Ausschluss‹ der Gewerkschaften aus dem betriebspolitischen Alltagsgeschäft.« (Schmidt/Trinczek 1998: 7). Die Gewerkschaften verfügen über keine legale Verankerung im Betrieb. In Frankreich haben die als repräsentativ anerkannten Gewerkschaften hingegen einen starken, institutionell abgesicherten Einfluss auf das System der *IRP*. Sie verfügen über das Vorschlagsrecht für die KandidatInnen des ersten Wahlgangs bei den *CE/DP*-Wahlen, ernennen die *Délégués Syndicaux (DS)* und die Gewerkschaftssektionen besitzen gesetzlich verankerte Rechte im Betrieb. Dies mag sogar die Einschätzung rechtfertigen, wonach es sich in Frankreich zumindest teilweise um ein »verkapptes monistisches System« handelt (Lecher 1994: 188).

Die klare Trennung zwischen Betriebsrat und Gewerkschaften ist in Deutschland das Ergebnis einer historischen Niederlage im Kampf um das Betriebsverfassungsgesetz. Die Verankerung starker Gewerkschaftsrechte in den französischen Betrieben ist hingegen ein Erfolg, den die französischen Gewerkschaften in historischen Ausnahmesituationen errangen (1945/46; 1968/69). Die Institutionenpraxis in beiden Ländern belegt jedoch eindrücklich, dass eine duale Konzeption des Vertretungssystems keineswegs notwendig einen Ausschluss der Gewerkschaften aus der betrieblichen Praxis bedeutet – ebenso wenig wie ihre formale Verankerung notwendig eine Anbindung der betrieblichen Basis an die überbetriebliche Gewerkschaftspolitik impliziert. So erwies sich das duale deutsche System (zumindest bisher) für die Gewerkschaften als eine Geschichte des erfolgreichen Scheiterns, während die gewerkschaftlichen Erfolge in Frankreich durchaus fragwürdige Effekte in der Praxis zeitigen. Dies hat in Deutschland unter anderem mit der Verfasstheit der Gewerkschaften als zentralisierte Mitgliederorganisationen und autonome Tarifakteure zu tun, in Frankreich mit einer dezentral angelegten, konkurrenziellen Gewerkschaftslandschaft, in der der Bestand der Organisationen vielfach durch staatliche Privilegien gesichert wird.

Nach Erlass des Betriebsverfassungsgesetzes setzten die deutschen Gewerkschaften vorübergehend auf die Institution der Vertrauensleutekörper, um die gewerkschaftliche Verankerung in den Betrieben zu sichern und die Politik der Betriebsräte kritisch zu begleiten. Schon bald erwies sich jedoch eine enge Zusammenarbeit mit den rechtlich gut abgesicherten, starken Betriebsräten als praxisnähere Variante, um einen Zugang zur eigenen Mitgliederbasis im Betrieb sicherzustellen und eine Anbindung betrieblicher Vertretungspolitik an gewerkschaftliche Zielsetzungen zu gewährleisten.[122] Gleichzeitig wurde deut-

---

122 Die Betriebsräte standen der Einrichtung und Einflussnahme solcher ›Parallelinstitutionen‹ verständlicherweise stets kritisch gegenüber und konnten sich aufgrund ihrer wesentlich stärkeren Machtposition und rechtlichen Absicherung letztlich mit dieser Haltung durchsetzen. In der Praxis blieben die Vertrauensleutekörper daher »überwiegend Handlanger der Betriebsräte oder der Gewerkschaftsfunktionäre, entwickelten sich nur selten zu eigenständigen betrieblichen Interessenorganisationen« (Erd 1979: 152). Eine unabhängige Vertrauensleutekörperarbeit kann inzwischen in Westdeutschland als Ausnahme gelten, in Ostdeutschland wurde diese Institution ohnehin nur in recht seltenen Fällen etabliert.

lich, dass eine professionelle Betriebsratsarbeit in vielfacher Hinsicht von einer engen Kooperation mit den Gewerkschaften profitiert und auf starke Gewerkschaften als Tarifparteien angewiesen ist. Dies gilt zumindest im Rahmen des deutschen Systems industrieller Beziehungen, in dem die branchenspezifischen Mindestnormen der Arbeitsbedingungen im Rahmen von Tarifverhandlungen und -konflikten bestimmt werden, das heißt nicht der Staat eine solche Rolle übernimmt. Auch von der Bereitstellung eines umfangreichen gewerkschaftlichen Beratungs- und Schulungsangebotes für die betrieblichen RepräsentantInnen profitieren beide Seiten. Die Gewerkschaften nutzen die Bildungsarbeit zur Vermittlung grundlegender gewerkschaftlicher Inhalte. Die Betriebsräte erhalten einen recht umfassenden Informations- und Beratungsservice. So nahm und nimmt die professionelle Betriebs(rats)betreuung einen großen Raum in der gewerkschaftlichen Funktionärsarbeit vor Ort ein. In der Konsequenz kam es in Deutschland zu einer ›Verbetriebsrätlichung‹ der Gewerkschaften sowie zu einer ›Vergewerkschaftlichung der Betriebsräte‹, die auch in einer engen personellen Verflechtung ihren Ausdruck fand: Die Betriebsräte der großen Unternehmen bilden gewöhnlich die Basis der lokalen Gewerkschaftsarbeit. Umgekehrt werden gewerkschaftliche AktivistInnen gewöhnlich in den Betriebsrat gewählt. Im Rahmen einer Kultur enger wechselseitiger Kooperation etablierte sich ein Verhältnis wechselseitiger Arbeitsteilung und Funktionsdifferenzierung: Die Betriebsräte übernahmen die Vertretung der betrieblichen Interessen, wurden dabei jedoch von den Gewerkschaften unterstützt durch Information und Beratung sowie die Aushandlung allgemeiner tariflicher Standards. Die Betriebsräte sorgten ihrerseits (teilweise in ihrer Funktion als Vertrauensleute) für die Weitergabe gewerkschaftlicher Informationen an die Mitglieder im Betrieb, die Rekrutierung neuer Mitglieder sowie die Mobilisierung im Fall von Arbeitskonflikten. Gewerkschaften und Betriebsräte konstituierten sich als »widersprüchliche Einheit« (vgl. Kotthoff 1979; Schmidt/Trinczek 1998; Artus 2003).

Die bundesdeutschen Gewerkschaften sind als Mitgliederorganisationen ohne Verankerung in den Betrieben zentral auf eine enge Kooperation mit den Betriebsräten verwiesen. Zugleich benötigen und besitzen sie jedoch auch eine erhebliche Disziplinierungsmacht gegenüber ihrer betrieblichen Basis. Dies liegt zum einen an ihrem Streikmonopol, zum anderen an dem massiven gewerkschaftlichen Konzentrations- und Zentralisierungsprozess nach dem Zweiten Weltkrieg. Dieser konstituierte die Gewerkschaften als nahezu konkurrenzlose Einheitsgewerkschaften, deren innergewerkschaftliche Organisationsstrukturen in vielfacher Hinsicht von relativ straffen Hierarchien ›von oben nach unten‹ gekennzeichnet sind (vgl. Bergmann 1979). Dies erlaubt effiziente Disziplinierungsprozesse gegenüber der organisatorischen Basis, die im Extremfall auch in einen Gewerkschaftsausschluss münden können.[123] Trotz aller Kritik, die man also an mangelhafter innergewerkschaftlicher Demokratie in der Bundesrepublik berechtigterweise äußern kann, gilt dennoch, dass die Gewerkschaften als Mitgliederorganisationen sowie Tarifpartei sich bei Strafe des Untergangs nicht grundlegend vom Mitgliederwillen abkoppeln können.

Die enge Kooperation zwischen betrieblichen und gewerkschaftlichen Instanzen und die normative Einbindung der Betriebsräte in den gewerkschaftlichen Solidarverband ist ein neuralgischer Punkt des bundesdeutschen Systems industrieller Beziehungen, der die fehlende formale Verankerung der Gewerkschaften in den Betrieben bislang kompensiert hat. Allerdings konnte dieses Verhältnis kooperativer Zusammenarbeit in den ostdeutschen Bundesländern nie in gleicher Weise etabliert werden (vgl. Artus 2001, 2003). Und auch in Westdeutschland unterliegt es deutlichen Erosionstendenzen. Der gewerkschaftliche Organisationsgrad der Betriebsräte nimmt seit Jahren ab. Ihre Teilnahme an gewerkschaftlichen Schulungen und ehrenamtlicher Gewerkschaftsarbeit geht zurück. Folgenreich scheint insbesondere die verstärkte Verpflichtung der Betriebsräte auf die wirtschaftliche Standortlogik bei zugleich abnehmenden Aushandlungsspielräumen (vgl. Kapitel II.1.4). Dies setzt einer gleichzeitigen Vertretung rein betrieblicher Interessen der Beschäftigten und überbetrieblicher, gewerkschaftlicher Zielsetzungen, wie sie sich in der prosperierenden Nachkriegsperiode etabliert hatte, verstärkt Grenzen. Falls es zukünftig zu einer weiteren Entgewerkschaftlichung von Betriebsratspolitik kommen sollte, ist nicht ausgeschlossen, dass die Regelungen des Betriebsverfassungsgesetzes doch noch das bewirken, was Unternehmerkreise einst intendierten: Den nicht nur formalen, sondern faktischen Ausschluss der Gewerkschaften aus dem Betrieb. Die enge Kooperationskultur zwischen betrieblichen und gewerkschaftlichen Akteuren ist jedenfalls kein für alle Zeiten gesicherter Besitzstand. Um sie zu erhalten, bedarf es immer wieder aufs Neue spezifischer Sozialisations- und Überzeugungsprozesse, denen die Erkenntnis zugrunde liegt, dass sich Betriebsräte und Gewerkschaften im Fall einer koordinierten Politik wechselseitig ergänzen und verstärken, in Konkurrenz zueinander jedoch unterminieren und schwächen.

In Frankreich ist das Verhältnis zwischen betrieblicher Interessenvertretung und Gewerkschaft(en) etwas anders gelagert. Aus deutscher Sicht, das heißt vor dem Hintergrund eines deutschen Gewerkschaftsverständnisses, wirkt das Verhältnis zwischen Gewerkschaft und betrieblichen Interessen-

123 Bekannt sind etwa die Fälle der so genannten ›Plakat-Gruppe‹ in den siebziger Jahren, aber auch in jüngster Zeit die Auseinandersetzungen bei Opel Bochum und in einzelnen Werken der Daimler-Benz-Gruppe.

vertreterInnen in paradoxer Weise zugleich enger als auch distanzierter. Enger ist es deshalb, da betriebliche Vertretungsarbeit und Gewerkschaftsarbeit (zumindest für gewerkschaftliche AktivistInnen) unmittelbar identisch sind. Distanzierter ist jedoch zugleich das Verhältnis zwischen den betrieblichen AktivistInnen und den Gewerkschaftsorganisationen jenseits des Betriebs (oder gar den Dachorganisationen in Paris). Dieses – aus deutscher Sicht – Paradoxon reflektiert den Sachverhalt, dass in Frankreich der Begriff der Gewerkschaft nicht das Gleiche meint wie in Deutschland. Eine Gewerkschaft ist keine zentralisierte Massenorganisation, sondern ein Zusammenschluss von AktivistInnen im betrieblichen oder lokalen Rahmen. Davon gibt es in Frankreich Tausende (vgl. Andolfatto/Labbé 2000: 46). *Les* Syndicats (*die* Gewerkschaften – im Plural, nicht im Singular) organisieren als betriebliche Solidaritätskollektive die Interessenrepräsentation der Beschäftigten und bilden darüber hinaus die Basiseinheiten gewerkschaftlicher Zusammenschlüsse. Das Verhältnis zwischen betrieblichen InteressenvertreterInnen und Gewerkschaft*en* lässt sich nur begreifen vor dem Hintergrund der französischen Gewerkschaftskultur, die ihrerseits mit der Rolle des Staates im System industrieller Beziehungen zusammenhängt.

Die großen gewerkschaftlichen Dachorganisationen (also *CGT, CFDT, CGT-FO, CFTC, CGC*)[124] sind in deutlich reduzierter Weise originäre Mitgliederorganisationen als die deutschen. Sie sind einerseits die politische Repräsentation eher loser Zusammenschlüsse einer Vielzahl von Einzelverbänden, zugleich könnte man ihre Rolle auch als staatlicherseits beauftragte Agenten der sozialen Ordnung beschreiben (vgl. Dufour u.a. 2006: 40; Jobert 2000).[125] Nicht nur ihre gesellschaftliche Einflussmacht, auch ihre Finanzierung und ihr Bestand werden wesentlich stärker als in Deutschland über staatlich gewährte Organisationsvorteile abgesichert. Nur rund ein Drittel bis die Hälfte des Budgets der großen Gewerkschaftsorganisationen wird – nach deren eigenen An-

124 Die folgende Darstellung reduziert die französische Gewerkschaftslandschaft weitgehend auf einen einzigen Typus. Dieses Vorgehen ist unterkomplex, da erhebliche Unterschiede etwa im Zentralisierungsgrad und der Dienstleistungsorientierung der Gewerkschaften existieren. Die Darstellung muss sich vermutlich den Vorwurf gefallen lassen, dass sie in manchen Facetten vor allem an den Verhältnissen im Bereich der *CGT* (als ältester und größter Gewerkschaft) orientiert ist, von denen insbesondere die *CFDT* (durch ihre stärkere Zentralisierung, Homogenisierung der internen Meinungsbildung sowie Mitglieder- und Dienstleistungsorientierung) graduell abweicht. Die etwas monolithische Darstellung verweist jedoch durchaus intendiert darauf, dass die französische Gewerkschaftslandschaft bezüglich vieler Charakteristika deutlich weniger plural ist als die Vielfalt der Organisationen annehmen ließe.

125 Die französischen Gewerkschaften spielen zum Beispiel in den Arbeitsgerichten (tribunaux de prud'hommes) und in den paritätischen Institutionen der Sozialversicherung, Arbeitslosenverwaltung und Berufsausbildung eine (noch) wichtige(re) Rolle (als in Deutschland).

gaben – über Mitgliederbeiträge finanziert. Dies entspricht bei der *CGT*, *CFDT* und *CGT-FO* jeweils einem Betrag zwischen 10 und 20 Millionen Euro (vgl. Barroux 2007). Allein etwa 30 Millionen Euro jährlich zahlt jedoch das Arbeitsministerium an die Gewerkschaften zur Fortbildung der *Conseillers prud'homaux*. Eine bedeutende Rolle spielt weiterhin die Praxis der Freistellung staatlich besoldeter Angestellter für hauptamtliche Gewerkschaftsarbeit.[126] Diese erfolgt in einer Größenordnung von etwa 40.000 Vollzeitstellen, die vor allem aus den Reihen der staatlichen Telefongesellschaft, der Eisenbahn sowie der Polizei kommen (vgl. Jolie 2007). Auch die Finanzmittel der *Comités d'Entreprise* sowie paritätischer Organismen dienen oft direkt oder indirekt der gewerkschaftlichen Finanzierung. Und nicht zuletzt erhalten die repräsentativen Gewerkschaftsorganisationen häufig erhebliche staatliche Förderung beim Bau und Unterhalt der Gewerkschaftsniederlassungen (zum Beispiel kostenlose Bereitstellung von Gebäuden, sehr geringe Mieten oder reduzierte Grundstückspreise). Die gleichermaßen undurchsichtige Finanzierungspraxis der Gewerkschaften sowie der Arbeitgeberverbände wurde zuletzt im Herbst 2007 heftig diskutiert, nachdem die Existenz einer Schwarzgeldkasse beim Arbeitgeberverband der Metallindustrie (*Union des Industries et Métiers de la Métallurgie, UIMM*) enthüllt wurde. Deren Vorsitzender Gautier-Sauvagnac hatte nachweislich acht Jahre lang rund 24 Millionen Euro in bar abgehoben, um – so die offiziell gebrauchte Formulierung – »die sozialen Beziehungen flüssiger zu gestalten« (fluidifier les relations sociales). An wen genau die Zahlungen gerichtet waren, ist nach wie vor ungeklärt. Dass sie in manchen Fällen auch dazu gedient haben könnten, sozialen Frieden zu kaufen, kann nur vermutet werden.

Die genannten Finanzierungsquellen machen die französischen Gewerkschaften vergleichsweise unabhängig von der Frage der Mitgliederrekrutierung und relativieren in gewisser Weise auch die Problematik innergewerkschaftlicher Demokratie. So spielen Dienstleistungen als selektive Anreize zur gewerkschaftlichen Organisierung in Frankreich eine geringe Rolle.[127] Professionelle Beratungsleistungen für betriebliche VertreterInnen werden von den meisten

---

126 Nur so ist etwa das Paradoxon zu erklären, dass die Zahl hauptamtlicher GewerkschaftsfunktionärInnen in der Zeit des akuten Mitgliederschwundes deutlich anstieg. Nach Amadieu (1999: 112) bzw. Labbé (1996) hat etwa die *CGT* zwischen 1965 und 1985 rund 70 Prozent ihrer Mitglieder verloren, jedoch die Zahl ihrer hauptamtlichen FunktionärInnen verfünffacht (Amadieu 1999: 122).

127 Wichtige Dienstleistungsfunktionen, die in anderen Ländern die Gewerkschaften anbieten, werden in Frankreich vom Staat übernommen: So kontrollieren etwa die staatlichen Arbeitsinspektionen nicht nur die Anwendung der Gesetze in den Betrieben, sondern sind auch Anlaufstelle für alle Beschäftigte mit rechtlichen Fragen und Problemen. Auch über gültige Tarifverträge erteilen staatliche Institutionen Auskunft.

französischen Gewerkschaften nur in einem sehr beschränkten Ausmaß zur Verfügung gestellt. Auch das französische Tarifsystem ist nicht, wie in Deutschland, auf eine überbetriebliche Solidarisierung und Mobilisierung von Gewerkschaftsmitgliedern unter zentralisierter Führung angelegt. Eine Tarifkultur im deutschen Sinne, die strategisch geführte, machtpolitische Auseinandersetzungen zwischen sektoral agierenden Tarifparteien impliziert, ist in Frankreich nicht existent. Typisch sind vielmehr Verhandlungen im Expertenkreis auf Branchenebene, wobei die getroffenen Minimalvereinbarungen anschließend staatlicherseits für bestimmte Wirtschaftssektoren allgemeinverbindlich erklärt werden.[128] Komplettiert werden die Tarifnormen (die als staatlich dekretierte Mindestbedingungen nahezu gesetzlichen Charakter besitzen) teilweise durch betriebliche Vereinbarungen, allerdings nur dort wo die Gewerkschaften die Kraft besitzen, um Verbesserungen der Mindeststandards zu erkämpfen.

Die eher lose Kopplung zwischen Gewerkschaftszentralen und Mitgliedern in den Betrieben entspricht der französischen Tradition dezentraler Organisierung im Rahmen eines *Fédéralisme Associatif*, welcher der unabhängigen Meinungsbildung und Aktion von Basisgliederungen stets große Spielräume einräumte (vgl. Kapitel II.2.1).[129] Um die dezentralen und häufig schwachen Kräfte der lokalen Gewerkschaftseinheiten zu bündeln, existieren häufig interprofessionelle Zusammenschlüsse auf lokaler Ebene. In der *CGT* sind dies die *Unions Locales* (lokale Vereinigungen) als lokale Gewerkschaftsbüros, in denen die AktivistInnen branchenübergreifend zusammenarbeiten. Obwohl ihre Funktionsfähigkeit in den letzten Jahren gelitten hat, bilden sie nach wie vor eine wichtige Struktur und sind gewöhnlich die primären Bezugspunkte des gewerkschaftlichen Interessenhandelns jenseits der Betriebe. Die *Unions Locales* sind jedoch ihrerseits ebenfalls eher Ausdruck (stark variierender) lokaler Gewerkschaftskulturen als effiziente Basisgliederungen einer zentralisierten Orga-

---

128 Vgl. hierzu Dufour u.a. (2006: 42; Übers. d. Verf.): »Die Ausdehnung (extension) der von den Tarifparteien unterzeichneten Tarifverträgen durch die öffentliche Hand kompensiert die schwache Repräsentativität der Vertragsparteien und verleiht dadurch den abgeschlossenen Kompromissen den Charakter von Texten, hinter denen der Zwang öffentlicher Ordnung steht. Die Details der gesetzlichen Vorschriften beschränken dabei die Verhandlungsmöglichkeiten der Tarifparteien. Dies kann die Verhandlungsparteien dazu zwingen, ihre Innovationskraft unter Beweis zu stellen und originelle Normen zu finden. Es kann jedoch auch – und das ist mehrheitlich der Fall – dazu führen, dass die Verhandlungsparteien in den Vereinbarungen lediglich Vorschriften festhalten, die nicht grundsätzlich von den Gesetzen abweichen.«

129 Die Einzelgewerkschaften der *CGT* besaßen zum Beispiel bis vor wenigen Jahren noch das Recht, die Abführung ihrer Beiträge an den Dachverband auszusetzen, wenn sie mit dessen Politik nicht einverstanden waren.

nisation. Sie funktionieren in ihrer politischen Meinungsbildung sowie Aktivität weitgehend unabhängig von den gewerkschaftlichen Dachverbänden. Zugleich schränkt der gewerkschaftliche Pluralismus selbst die Disziplinierungsmacht eines gewerkschaftlichen ›Apparats‹ gegenüber der Mitgliederbasis massiv ein. Oppositionelle Strömungen können im Fall zugespitzter Konflikte vergleichsweise unproblematisch in eine konkurrierende Gewerkschaft überwechseln oder gar eine neue Gewerkschaft gründen. Dies ist in der französischen Gewerkschaftsgeschichte massenhaft geschehen und nach wie vor alltägliche Praxis. Unter diesen Bedingungen ziehen es die Dachverbände im Regelfall vor, ihre Strategiefähigkeit nach außen zu erhalten, indem sie eine relativ große interne Meinungsvielfalt zulassen, diese jedoch in ihrer Politikgestaltung auf nationaler Ebene weitgehend ignorieren.

Typisch für die französische Situation ist somit insgesamt eine recht deutliche Abkopplung zwischen gewerkschaftlichen Dachverbänden und betrieblichen AktivistInnen der Basis sowie ein relativ unabhängiges Agieren gewerkschaftlicher FunktionärInnen auf beiden Ebenen. Damit ist jedoch erst wenig ausgesagt über das spezifische Gewerkschaftsverständnis der betrieblichen AktivistInnen. Dieses gestaltet sich stark heterogen. Es existiert eine sehr große Spannbreite möglicher Orientierungen, selbst unter den *Délégués Syndicaux*, die ja unmittelbare VertreterInnen der Gewerkschaften im Betrieb sind. Mögliche Varianten reichen von einem vergleichsweise emphatischen Gewerkschaftsverständnis bis zu einer stark instrumentell geprägten Beziehung.

Klassische Konzepte der betrieblichen Vertretungsarbeit identifizieren gewöhnlich betriebliches Interessenhandeln unmittelbar mit gewerkschaftlicher Politik. Beides wird als identisch gedacht. Die *Sections Syndicales* (Gewerkschaftssektionen) bilden gewissermaßen das Zentrum gewerkschaftlichen Handelns mit einem autonomen Politikanspruch. Das betriebliche AktivistInnenkollektiv *ist* in dieser Konzeption die Gewerkschaft – und keineswegs die weit entfernte Pariser Gewerkschaftszentrale. Mit deren Politik identifiziert man sich häufig eher peripher. Der auf den ersten Blick so prägende ideologische Gewerkschaftspluralismus in Frankreich findet sich daher in den Betrieben nur in sehr gebrochener Form wieder. Was die betrieblichen Akteure unter dem Label *CFDT* oder *CGT-FO* verstehen, ist ausgesprochen heterogen und eher Gegenstand kontextbezogener Traditionen als Ausdruck einer übergreifenden Gewerkschaftsideologie.[130]

---

130 Am homogensten ist das Gewerkschaftsverständnis vielleicht noch in den Reihen der *CGT*. Deren AktivistInnen sind zwar weit davon entfernt, sich etwa unmittelbar mit kommunistischen Traditionen zu identifizieren. Tendenziell eint sie jedoch der historisch erworbene Ruf der *CGT* als jene gewerkschaftliche Kraft, die am dezidiertesten die Interessenvertretung der Beschäftigten auch über Konflikte mit den Betriebsleitung betreibt.

Gerade die formale Kontrolle der Gewerkschaften über die Institutionen betrieblicher Belegschaftsrepräsentation *(IRP)* fördert in Frankreich jedoch auch die Etablierung einer rein instrumentellen Gewerkschaftsanbindung der RepräsentantInnen. Dies gilt aktuell umso mehr, als das klassische gewerkschaftliche Paradigma betrieblicher Interessenvertretung in Erosion begriffen ist (vgl. Kapitel II.2.9; Dufour/Hege 2006b). Das gewerkschaftliche Monopol zur KandidatInnenaufstellung im ersten Wahlgang stellt beispielsweise für potenzielle InteressentInnen einen starken Anreiz zur gewerkschaftlichen Organisierung dar – auch dann, wenn sie mit gewerkschaftlicher Programmatik im Grunde wenig anfangen können. So wird zuweilen gerade jene Gewerkschaft zur Organisierung ausgewählt, die die größten individuellen Freiräume zu gewähren scheint, sich in die betriebliche Praxis möglichst wenig einmischt und mit deren Existenz im Betrieb eventuell auch die Geschäftsführung gut leben kann.[131]

Die Tradition des *Fédéralisme Associatif* einerseits sowie die institutionellen Regeln der *IRP* andererseits fördern also in Frankreich sowohl die Verbreitung relativ autonom agierender gewerkschaftlicher Betriebskollektive als auch zuweilen stark instrumentelle Beziehungen zwischen gewerkschaftlichen VertreterInnen im Betrieb und gewerkschaftlichen Dachorganisationen. Nicht allzu überraschend sind daher die Ergebnisse einer aktuellen Studie, wonach Gewerkschaftsdelegierte nicht notwendig enge oder auch nur häufige Kontakte mit überbetrieblichen gewerkschaftlichen Instanzen pflegen. Im Extremfall ist sich die Einzelgewerkschaft der Existenz ihrer betrieblichen Delegierten nicht einmal bewusst (Hege/Dufour 2005).

Der Vergleich der deutschen und französischen Verhältnisse macht deutlich, dass die legale Anerkennung der Gewerkschaften in den Betrieben keine notwendige und zugleich eine unzureichende Bedingung für eine reale Präsenz der Gewerkschaften an der betrieblichen Basis ist. Mindestens eben so wichtig sind kulturell etablierte Institutionenpraktiken, die von einer Vielzahl von Faktoren geprägt werden und nur im Gesamtzusammenhang gesellschaftlicher Regulierungsweisen verständlich sind. Von herausragender Bedeutung sind dabei die gewerkschaftlichen Organisationsstrukturen und -kulturen, aber auch

131 Die unterschiedslose institutionelle Bevorzugung *aller* fünf bzw. sechs repräsentativen Gewerkschaften im Rahmen der *IRP* favorisiert ebenfalls den französischen Gewerkschaftspluralismus: Ist einmal eine Gewerkschaftssektion im Unternehmen implementiert, so führen Meinungsverschiedenheiten häufig schnell zu einer Vervielfachung der betrieblich präsenten Gewerkschaften. Für unzufriedene oder minoritäre Gruppierungen (oder Einzelpersonen) liegt es nahe, ihren Status zu verbessern, indem sie einfach zu einer anderen (repräsentativen) Gewerkschaft wechseln, diese neu im Unternehmen verankern und somit von deren Privilegien bei der KandidatInnenaufstellung bzw. der Ernennung eines *DS* profitieren.

das Verhältnis zwischen Staat und Gewerkschaften. Die Erkenntnis von der Bedeutung kulturell etablierter Akteurslogiken impliziert jedoch auch die These, wonach die Stabilität juristischer Regeln nicht mit der Stabilität betrieblicher Verhältnisse gleichzusetzen ist. Veränderte Rahmenbedingungen evozieren möglicherweise Akteurslogiken, in deren Rahmen Institutionenregeln anders interpretiert werden als zuvor. Solche Tendenzen zeichnen sich gegenwärtig sowohl im Rahmen des deutschen als auch des französischen Institutionenmodells ab.

3.5 Zukunftsperspektiven: Segmentspezifische Modelle industrieller Beziehungen als Forschungsgegenstand

In den vorangegangenen Kapiteln wurden die historisch begründeten Institutionenregeln sowie -logiken des deutschen und des französischen Modells betrieblicher Interessenvertretung dargestellt und verglichen. Die Analyse konzentrierte sich damit auf die Erörterung national weitgehend einheitlich gedachter Institutionensysteme und -praktiken. Differenzierungen nach Betriebsstrukturen, Regionen, Branchen oder auch Tätigkeitsmerkmalen der Beschäftigten hatten eher Fußnotenstatus. Ein solches Vorgehen besitzt als erste Annäherung an historisch etablierte Modelle industrieller Beziehungen sicherlich seine Berechtigung. Der Nationalstaat hat als Analyserahmen zudem längst nicht ausgedient, finden doch relevante Gesetzgebungsprozesse immer noch auf nationaler Ebene statt, und auch die Geschichte und aktuelle Politik industrieller Beziehung ist in vielen Aspekten eine nationale Angelegenheit. Allerdings setzt sich die Darstellung damit genau jenem Vorwurf aus, der etwa im Kapitel I.1 dem Theorieansatz der *Varieties of Capitalism* gemacht wurde: Die national holistische Modellbildung blendet systematisch Bereiche aus, die nicht dem vermeintlich dominierenden Institutionenmodell entsprechen. Für die Beschreibung einer historischen Entwicklungsphase, in der der institutionell gut regulierte industrielle Großbetrieb das normative Zentrum industrieller Beziehungen darstellte, mag eine solche Konzeption noch angehen. Für die Beschreibung aktueller Entwicklungstendenzen ist sie hingegen zunehmend weniger geeignet, da von einer Ausdifferenzierung segmentspezifischer Institutionenmodelle auszugehen ist.

Es wurde bereits erläutert (vgl. Kapitel I.3.4), dass die Segmentierung industrieller Beziehungen die Folge verschiedener Entwicklungen ist, die etwa Mitte der siebziger Jahre ihren Anfang nahmen und inzwischen zu nachhaltigen Verschiebungen der institutionellen Praxis betrieblicher Interessenvertretung geführt haben. Sowohl in Deutschland als auch in Frankreich (und nicht nur in diesen beiden Ländern) sind zwei Tendenzen prägend:

Erstens kam es zu *Transformations- und Erosionsprozessen in den ehemaligen Kernbereichen institutioneller Regulierung*. Im Zuge verschärfter internationaler Standortkonkurrenz, veränderter Machtverhältnisse zwischen Arbeit und Kapital, einer forcierten Verbetrieblichung industrieller Beziehungen sowie schwindender Einflussmacht der Gewerkschaften erfolgte in den großbetrieblichen Kernsektoren (der Privatwirtschaft bzw. staatsnaher Wirtschaftsbereiche) eine Aufkündigung angestammter Kompromisslinien und Interaktionsmodi. Dieser Prozess drückt sich in Deutschland insbesondere in der Erosion des Flächentarifvertrags aus, in Frankreich in der erodierenden Einflussmacht der Gewerkschaften im betrieblichen Politikprozess. Die Infragestellung angestammter Regulierungsweisen generiert auf mikropolitischer Ebene vielfach eine Suche nach neuen Praxismodi, die sich in einer gewachsenen Heterogenität industrieller Beziehungen auch in traditionellen Kernbereichen des Institutionensystems widerspiegelt (vgl. Herrigel 2007).

Zweitens gewannen im Zuge des wirtschaftlichen Strukturwandels Sektoren an Bedeutung, die jenseits der traditionellen Kernbereiche klassischer Regulierungsmodi liegen. Die Tertiarisierung und Verkleinbetrieblichung der Wirtschaftsstruktur ging deutlich zu Lasten industrieller Großbetriebe sowie staatlicher Unternehmen. Diese wurden durch Outsourcing verkleinert, in diverse Einzelbetriebe aufgespalten, privatisiert, teilweise ins Ausland verlagert oder sogar komplett geschlossen. Neue Betriebe entstanden vor allem im Bereich privatwirtschaftlicher Dienstleistungsarbeit, sei es als Resultat von Outsourcing und betrieblicher Restrukturierung oder auch im Zuge der Entwicklung neuer Branchen.

Aktuell lässt sich die Situation beschreiben als Nebeneinander eines quantitativ schrumpfenden ehemaligen Kernsektors, in dem die Praktiken betrieblicher Interessenvertretung einem vielfältigen Transformationsprozess unterliegen, sowie einer Vielfalt wachsender Wirtschaftssegmente, die ehemals eher peripheren Status hatten oder inexistent waren. Die Zukunft der industriellen Beziehungen deutet sich vermutlich insbesondere in den Regulierungsweisen und -problemen der zuletzt genannten Bereiche an. Beide Tendenzen konvergieren zudem im Sinne einer Destabilisierung und Prekarisierung betrieblicher Interessenvertretung.

Während in den ehemaligen Kernsektoren zumindest die formalen Institutionen betrieblicher Interessenvertretung sowohl in Deutschland als auch in Frankreich als weithin etabliert gelten können, ist für die Wachstumszonen neuer Branchen, kleinerer Betriebe sowie generell für den Dienstleistungsbereich ein eingeschränkter formaler Deckungsgrad der betrieblichen Repräsentationsinstitutionen typisch. Es handelt sich um Wirtschaftssegmente, in denen in Deutschland häufig keine Betriebsräte existieren. In Frankreich sind die gesetzlich obligatorischen Institutionen der Beschäftigtenrepräsentation häufig nur lückenhaft vorhanden und nicht gewerkschaftlich angebunden.

Die krisenhaften Prozesse institutioneller Regulierung in den ehemaligen wirtschaftlichen Kernsektoren sind sowohl in Deutschland wie in Frankreich Gegenstand vergleichsweise intensiver Forschungsarbeit. Dies liegt daran, dass die Rezeption gesellschaftlicher Veränderungen und ihre Umsetzung im Sinne modifizierter wissenschaftlicher Schwerpunktsetzung einer gewissen Zeitverzögerung unterliegt. Insbesondere in Frankreich haben die extrem stark ausgeprägte Gewerkschaftskrise sowie (noch) deutlichere gesellschaftliche Prekarisierungstendenzen bereits früher als in Deutschland dazu geführt, dass neue Bereiche von Erwerbsarbeit ins Blickfeld der Forschung traten: der wachsende Bereich prekärer Dienstleistungsarbeit, Leiharbeit, Arbeit in Subunternehmerfirmen, weibliche und migrantische Erwerbsarbeit, aber auch etwa die Situation der *Cadres* (höher qualifizierte Angestellte) haben dort bereits in den vergangenen zehn Jahren vergleichsweise größere Aufmerksamkeit erfahren. In Deutschland konzentrierte sich die Arbeits- und Industriesoziologie relativ lange auf ihre angestammten Forschungsbereiche, die vor allem im Bereich des produzierenden Gewerbes liegen (und dort wiederum im vermeintlichen Kern des Kerns: der bundesdeutschen Automobilindustrie). Auch hier wandte man sich jedoch in den letzten Jahren verstärkt Formen der Erwerbsarbeit zu, die jenseits des klassisch-fordistischen Sektors großbetrieblich geprägter Industriearbeit liegen. Obgleich der Forschungsstand in Deutschland und Frankreich also etwas different ist, reicht er doch in keinem der beiden Fälle aus für eine systematische Beschreibung differenter Segmente institutioneller Regulierung. Hierzu will die folgende empirische Untersuchung einen Beitrag leisten. Sie widmet sich insbesondere der Analyse peripherer Mittelbetriebe (Kapitel III.3) sowie des prekären Dienstleistungsbereichs (Kapitel III.4). Ziel ist dabei nicht (nur) die Erforschung von Praktiken innerbetrieblicher Interessenvertretung in peripheren und prekären Wirtschaftssegmenten; es geht auch um die Frage, wie diese Praktiken im internationalen Vergleich variieren und welchen Einfluss dabei differente Institutionenregeln in Deutschland und Frankreich haben. Diese vergleichende Methodik scheint geeignet, Aufschlüsse darüber zu geben, wo Stärken und Schwachpunkte der nationalen Institutionenmodelle liegen, insbesondere in Kontexten, die eine defizitäre institutionelle Regulierung nahe legen. Eine solche Analyse könnte einen Beitrag dazu leisten, negative Folgen der Segmentierung industrieller Beziehungen auf die historisch erkämpften Ansätze betrieblicher Demokratie zu verhindern oder wenigstens zu beschränken. Sie deutet Wege einer institutionellen Re-Regulierung an, die der Kommodifizierung und Vermarktlichung sozialer Beziehungen entgegenwirken könnte – im Sinne eines »Selbstschutzes der Gesellschaft« (Polanyi 1977/1944) gegen einen entfesselten liberalen Kapitalismus.

III. Die Praxis betrieblicher Interessenvertretung in Deutschland und Frankreich jenseits der Norm: Periphere Mittelbetriebe und prekärer Dienstleistungsbereich

Im vorangegangenen Abschnitt (II.) wurde dargestellt, wie sich das deutsche und das französische Modell betrieblicher Beschäftigtenrepräsentation historisch entwickelt hat, wie die wichtigsten gesetzlichen Regelungen aussehen und welche kulturellen Praktiken sich in diesem Rahmen etabliert haben. Eine solche holistische Vorgehensweise, die nationale Institutionenmodelle als vermeintlich homogene Einheiten behandelt, wird den aktuellen Tendenzen einer Segmentierung industrieller Beziehungen jedoch nicht mehr gerecht. Die folgende empirische Studie konzentriert sich dementsprechend auf Bereiche, die bislang ein Schattendasein in der wissenschaftlichen Debatte führten, deren Bedeutung jedoch erheblich ist und kontinuierlich zunimmt. Es geht um die Praxis betrieblicher Interessenvertretung in institutionell devianten Sektoren, das heißt in Wirtschaftssegmenten, die in ihrer typischen Institutionenpraxis systematisch von jenen Bereichen abweichen, die bislang als Kernsektoren industrieller Beziehungen gelten konnten. Um diese Sektoren zunächst näher zu bestimmen, wird in einem ersten Schritt der formale Deckungsgrad betrieblicher Vertretungsinstitutionen in Deutschland und Frankreich betrachtet (Kapitel III.1). Dabei wird sich zeigen, dass sich in beiden Ländern in sehr ähnlichen Bereichen der Wirtschaft unvollständige, lückenhafte oder fehlende Strukturen der Belegschaftsrepräsentation finden. Zwei dieser Segmente bilden im Folgenden das Terrain einer komparativen qualitativen empirischen Untersuchung. Nach einer Darstellung des Forschungsdesigns (Kapitel III.2) wird zunächst die Praxis betrieblicher Interessenvertretung in so genannten peripheren Mittelbetrieben betrachtet, das heißt in kleineren Betrieben, die in ihrer Regulierungspraxis verhältnismäßig ›weit weg‹ sind vom industriellen Großbetrieb (Kapitel III.3). Des Weiteren wird das Wirtschaftssegment prekärer Dienstleistungsarbeit untersucht, das im Zuge staatlicher Strategien zur Ausweitung des Niedriglohnsektors sowie eines generellen Trends zur Prekarisierung von Lohnarbeit an Bedeutung gewinnt (Kapitel III.4).

1 Deckungsgrad betrieblicher Interessenvertretung in Deutschland und Frankreich

Der formale Deckungsgrad von Institutionen der Beschäftigtenvertretung wird häufig als Indikator für das Ausmaß betrieblicher Demokratie verwendet. So geht etwa der Deckungsgrad »gewerkschaftlicher oder ähnlicher Interessenvertretung am Arbeitsplatz« als Faktor in den *Labour Rights Standards Index (LRS)* ein, der einen Vergleich »der real umgesetzten Arbeitsstandards« in den 25 Ländern der EU ermöglichen soll (Kohl u.a. 2006: 407; Van Gyes u.a. 2006). Im Rahmen einer solchen Logik müssten in Frankreich demokratischere Bedingungen in den Betrieben herrschen als in Deutschland und in den meisten anderen europäischen Ländern. Der französische Deckungsgrad einer (wie auch immer gearteten) Belegschaftsvertretung ist im EU-Vergleich relativ hoch. Hinter den skandinavischen Ländern und Italien lag Frankreich in den Jahren 2002/03 mit einem Deckungsgrad von 65 Prozent an sechster Stelle der 25 Länder – deutlich vor Deutschland, das mit 53 Prozent gerade einmal den Durchschnitt der (nach Osteuropa erweiterten) EU erreichte. Eine solche Gleichsetzung der Quantität von Interessenvertretungsinstitutionen mit der Qualität von Mitsprachemöglichkeiten ist allerdings äußerst fragwürdig, abstrahiert sie doch von den rechtlichen Befugnissen der Institutionen und ihren machtpolitischen Durchsetzungsmöglichkeiten. Wenn im Folgenden daher eine Bestandsaufnahme der formalen Verbreitung von Institutionen betrieblicher Interessenvertretung in Deutschland und Frankreich geleistet wird, geschieht dies explizit nicht in der Absicht, hier mehr oder weniger effiziente Regulierungspraktiken ›messen‹ zu wollen. Es geht vielmehr schlicht um einen Überblick über institutionelle Formen der arbeitspolitischen Regulierung. Ob ein Mehr an Institutionen tatsächlich eine bessere Regulierungspraxis impliziert, lässt sich nur anhand einer qualitativen Analyse der institutionellen Praxis entscheiden, die in den darauf folgenden Abschnitten geleistet wird.

Sowohl in Deutschland wie in Frankreich existieren relativ gute statistische Daten über die Verbreitung von Institutionen betrieblicher Interessenvertretung. Für Deutschland stammen sie aus dem Betriebspanel des Instituts für Arbeitsmarkt- und Berufsforschung (IAB) für das Jahr 2003 und 2004. Es handelt sich dabei um eine repräsentative Untersuchung, die seit 1993 alle zwei Jahre in Westdeutschland durchgeführt wird und 1996 auf Ostdeutschland erweitert wurde. Die Stichprobe von rund 16.000 Betrieben liefert Informationen über verschiedene Aspekte der betrieblichen Realität von rund 2,1 Millionen Betrieben, darunter auch die Frage der Existenz eines Betriebsrats.

Für Frankreich wurden Daten der *Enquête REPONSE* (*Relations Professionnelles et Négociations d'Entreprise*) herangezogen, die vom französischen Arbeitsministerium *(DARES)* in Zusammenarbeit mit dem nationalen Amt für Statistik *(INSEE)* durchgeführt wird. Es handelt sich dabei ebenfalls um eine sehr umfangreich angelegte Befragung, in die nicht nur (wie beim IAB-Betriebspanel) Geschäftsleitungen einbezogen sind, sondern auch betriebliche Repräsentationsgremien sowie Beschäftigte. Die Befragung wurde erstmals 1993 durchgeführt. Nachfolgeuntersuchungen fanden 1998/99 und 2004/2005 statt. Im Folgenden werden die Ergebnisse der jüngsten Erhebungswelle verwendet.

Die französischen und deutschen statistischen Angaben sind allerdings – auch jenseits der Differenz der Erhebungszeitpunkte – nur bedingt vergleichbar. Während die deutschen Daten repräsentativ für alle privatwirtschaftlichen Betriebe ab fünf Beschäftigten sind, erfasst die französische *Enquête REPONSE* lediglich die privatwirtschaftlichen Betriebe ab 20 Beschäftigten. Dieser Unterschied in der Grundgesamtheit muss bei dem folgenden Datenvergleich stets berücksichtigt werden.

Nach einem ersten vergleichenden Blick auf den nationalen Institutionalisierungsgrad betrieblicher Interessenvertretung und seine Entwicklung in den letzten 15 Jahren (Kapitel III.1.1) wird auf den Institutionalisierungsgrad nach Betriebsgröße (Kapitel III.1.2) sowie nach Branche (Kapitel III.1.3) eingegangen. Das Resümee diskutiert zusammenfassend und im Ländervergleich, entlang welcher betrieblicher Charakteristika – statistisch gesehen – der Institutionalisierungsgrad betrieblicher Interessenvertretung systematisch variiert (Kapitel III.1.4) Abschließend lassen sich die Wirtschaftssegmente jenseits der institutionellen Norm, das heißt mit defizitärem Institutionalisierungsgrad betrieblicher Interessenvertretung, recht genau bestimmen (Kapitel III.1.5).

1.1 Der nationale Institutionalisierungsgrad: Aktuelle Tendenzen

Im Jahr 2004 hatten nur 10 Prozent aller deutschen Betriebe ab fünf Beschäftigten einen Betriebsrat. In Westdeutschland wurden 47 Prozent, in Ostdeutschland 38 Prozent aller Beschäftigten von einem Betriebsrat vertreten. Das bedeutet, dass im Westen über fünf, im Osten mehr als sechs von zehn Beschäftigten in betriebsratsfähigen Betrieben der Privatwirtschaft keinen Betriebsrat hatten (vgl. Tabelle 3). Das Vertretungsdefizit ist somit in Deutschland erheblich. Mitbestimmung ist ein Minderheitsmodell.

Tabelle 3: Deutschland: Entwicklung der Verbreitung eines Betriebsrats im Zeitverlauf (1993–2004)

Anteil in %	Westdeutschland		Ostdeutschland	
	Betriebe mit Betriebsrat (in % an allen Betrieben)	Beschäftigte in Betrieben mit Betriebsrat (in % an allen Beschäftigten)	Betriebe mit Betriebsrat (in % an allen Betrieben)	Beschäftigte in Betrieben mit Betriebsrat (in % an allen Beschäftigten)
1993.	10	50	–	–
1994	11	51	–	–
1996	12	51	10	42
1998	10	50	10	38
2000	12	50	12	40
2002	11	50	11	40
2003*	11*	48*	11*	39*
2004*	10*	47*	10*	38*

* Im Vergleich zum Vorjahr veränderte Fragestellung

Quelle: IAB-Betriebspanel 2004, eigene Darstellung nach Ellguth/Kohaut (2005: 401)
Basis: Sozialversicherungspflichtig Beschäftigte der Privatwirtschaft (ohne Landwirtschaft) in Betrieben ab 5 Beschäftigten

Der institutionelle Deckungsgrad betrieblicher Interessenvertretung in Frankreich liegt deutlich höher als in Deutschland. Nach den Daten der *Enquête REPONSE* besitzen 77 Prozent aller privatwirtschaftlichen Betriebe ab 20 Beschäftigten irgendeine Institution betrieblicher Beschäftigtenrepräsentation (vgl. Tabelle 5), das heißt mindestens *DP*, ein *CE* oder *DS*. Dieser wesentlich höhere Prozentsatz reflektiert insbesondere den stärkeren gesetzlichen Zwang zur Institutionalisierung. Während in Deutschland die Wahl eines Betriebsrats in Betrieben ab fünf Beschäftigten eine Option darstellt, die die Beschäftigten aktiv umsetzen müssen, ist in Frankreich die Organisation von *DP*- und *CE*-Wahlen ab einer Betriebsgröße von zehn bzw. 50 Beschäftigten für das Management verpflichtend (vgl. Kapitel II.3.2).

Allerdings sind in Frankreich verschiedene Arten von Institutionen zu unterscheiden, die sich betrieblich häufiger bzw. weniger häufig finden. Zentral ist dabei insbesondere die Unterscheidung zwischen obligatorisch gewählten Instanzen (den *Élus*, das heißt *Délégués du Personnel* und *Comité d'Entreprise*) sowie der optionalen Institutionen ernannter (désigné) *Délégués Syndicaux*. In der folgenden Tabelle 4 sind lediglich Betriebe ab 50 Beschäftigte berücksichtigt. Sie zeigt jedoch deutlich, dass die gesetzlich obligatorischen *Élus* ab einer gewissen Betriebsgröße nahezu flächendeckend vorhanden sind. Deutlich geringer verbreitet sind die (optionalen) *Délégués Syndicaux*.

Tabelle 4: Frankreich: Entwicklung der Präsenz von Institutionen der Beschäftigtenrepräsentation (Institutions Représentatives du Personnel; IRP) im Zeitverlauf (1992–2005)

Betriebe mit IRP in % aller Betriebe (*établissements*)	Gewählte RepräsentantInnen (DP, CE)	Délégué Syndical
1992–1993	80,2	54,0
1998–1999	89,5	57,8
2004–2005	91,2	62,9

Quelle: Enquête REPONSE *1992–93; 1998–99; 2004–05,* DARES, *eigene Darstellung nach Wolff (2007)*
Basis: Privatwirtschaftliche Betriebe (ohne Landwirtschaft) ab 50 Beschäftigte

Bemerkenswert ist die unterschiedliche Entwicklungsdynamik in Deutschland und Frankreich. Während der Anteil von Betrieben sowie Beschäftigten mit Betriebsrat in Deutschland seit über zehn Jahren annähernd konstant blieb, wächst die Zahl von Institutionen betrieblicher Belegschaftsrepräsentation in Frankreich kontinuierlich. Dies gilt sowohl für die *Élus* als auch (wenngleich auf niedrigerem Niveau) für die Gewerkschaftsdelegierten. Sowohl die relative Konstanz in Deutschland als auch die Zunahme der *IRP* in Frankreich sind dabei als Quintessenz einer Gesamtdynamik zu betrachten, die durch zwei Faktoren bestimmt ist: Die Neugründung bzw. das Absterben von Institutionen in bestehenden Betrieben sowie die Neugründung bzw. das Absterben von Betrieben im Zuge des wirtschaftlichen Wandels. Die relative Konstanz des Deckungsgrads betriebsrätlicher Interessenvertretung in Deutschland verdeckt somit eine erhebliche Dynamik auf betrieblicher Ebene (vgl. Ellguth 2004). In der einschlägigen Literatur wird gewöhnlich mit dem wirtschaftlichen Strukturwandel in Richtung Tertiarisierung und Verkleinbetrieblichung primär ein Negativeffekt auf den Deckungsgrad betrieblicher Interessenvertretung assoziiert (vgl. Hassel/Kluge 1999; Trinczek 2006). Wenn diese Annahme zutrifft, so konnte dieser Negativeffekt offenbar durch positive Effekte ausgeglichen werden. Solche könnte man etwa in einem anhaltenden Trend zur Durchsetzung betriebsrätlicher Legitimität vermuten (vgl. Kotthoff 1994). Möglicherweise hat auch die Reform des Betriebsverfassungsgesetzes 2002, die ein vereinfachtes Wahlverfahren in Kleinbetrieben implizierte, zu einer etwas verstärkten Gründungsdynamik geführt (vgl. Rudolph/Wassermann 2006).[132] Allerdings mag auch ein in der deutschen Debatte bislang wenig beachteter Aspekt des wirtschaftlichen Strukturwandels hier eine Rolle spielen, der sich im Sinne einer Steigerung des betriebsrätlichen Deckungsgrads auswirkt. Gemeint sind wirtschaftliche Konzentrationstendenzen, das heißt die Übernahme unabhängiger Kleinbetriebe durch Großunternehmen oder Unternehmensgruppen. Im Zuge solcher Unternehmensaufkäufe ›springen‹ nicht selten die großbetrieblichen Mitbestimmungsstrukturen früher oder später auch auf die hinzugekauften kleineren Betriebe ›über‹, die zuvor möglicherweise nicht mitbestimmt waren (vgl. hierzu Kapitel 1.4). Für Frankreich kommt eine umfassend angelegte statistische Datenanalyse (Wolff 2007) jedenfalls zu dem Schluss, dass sich der steigende Deckungsgrad der *Élus* nahezu ausschließlich auf den Wandel der Wirtschaftsstruktur zurückführen lässt. Dies gelte hingegen nur teilweise für die Zunahme der Gewerkschaftsdelegierten.

1.2 Institutionalisierungsgrad nach Betriebsgröße

Eine Analyse des institutionellen Deckungsgrads nach Betriebsgröße verweist sowohl für Deutschland als auch für Frankreich auf einen starken positiven Zusammenhang zwischen diesen beiden Faktoren.

In deutschen Betrieben bis 50 Beschäftigte kann die Existenz eines Betriebsrats als Ausnahme gelten. Hier wird nur etwa jeder zehnte Beschäftigte von einem Betriebsrat vertreten. Selbst in Betrieben zwischen 50 und 100 Beschäftigten existiert überwiegend kein Betriebsrat. Erst ab einer Betriebsgröße von etwa 100 Beschäftigten ist mehrheitlich davon auszugehen, dass das Recht auf Mitbestimmung in der Praxis umgesetzt wird. Etwa in zwei Dritteln der Betriebe zwischen 100 und 200 Beschäftigten existieren Betriebsräte. In westdeutschen Unternehmen ab 200 Beschäftigten und endgültig in Betrieben über 500 Beschäftigte ist betriebliche Mitbestimmung der Normalfall (vgl. Tabelle 5 und 6).

132 Ein direkter Effekt des novellierten Betriebsverfassungsgesetzes in diesem Sinne lässt sich allerdings statistisch nicht belegen (vgl. Ellguth 2003, 2006).

Tabelle 5: Deutschland: Betriebe mit Betriebsrat nach Betriebsgröße (2003)

Betriebe mit Betriebsrat (in % aller Betriebe der Betriebsgrößen-klasse)	Betriebe mit 5 bis 50 Beschäf-tigten	Betriebe mit 51 bis 100 Besch.	Betriebe mit 101 bis 199 Besch.	Betriebe mit 200 bis 500 Besch.	Betriebe ab 501 Besch.	Alle Betriebe
West-deutschland	7	47	68	82	91	11
Ost-Deutschland	7	42	68	75	79	11

Quelle: IAB-Betriebspanel, eigene Darstellung nach Ellguth/Kohaut (2004: 452).
Basis: Sozialversicherungspflichtig Beschäftigte der Privatwirtschaft (ohne Landwirtschaft) in Betrieben ab fünf Beschäftigten.

Tabelle 6: Deutschland: Beschäftigte in Betrieben mit Betriebsrat nach Betriebsgröße (2003)

Beschäftigte mit Betriebsrat (in % aller Beschäftigten der Betriebsgrößen-klasse)	Betriebe mit 5 bis 50 Beschäf-tigten	Betriebe mit 51 bis 100 Besch.	Betriebe mit 101 bis 199 Besch.	Betriebe mit 200 bis 500 Besch.	Betriebe ab 501 Besch.	Beschäf-tigte in allen Betrieben
West-deutschland	11	47	68	83	94	48
Ost-deutschland	12	42	70	74	82	39

Quelle: IAB-Betriebspanel, eigene Darstellung nach Ellguth/Kohaut (2004: 452).
Basis: Sozialversicherungspflichtig Beschäftigte der Privatwirtschaft (ohne Landwirtschaft) in Betrieben ab 5 Beschäftigten.

In Frankreich existiert hingegen in über der Hälfte der Kleinstbetriebe zwischen 20 und 50 Beschäftigten mindestens eine *Institution Représentative du Personnel (IRP)*. Dies sind in der Regel *Délégués du Personnel*. Angesichts der gesetzlichen Verpflichtung zur Wahl von *Délégués du Personnel (DP)* ab 10 Beschäftigten wird dieser aus deutscher Sicht hohe Institutionalisierungsgrad allerdings in Frankreich häufig als defizitäre Situation interpretiert.

Fast 90 Prozent der Betriebe zwischen 50 und 100 Beschäftigten besitzen wenigstens eine *Institution Représentative du Personnel*. Fast die Hälfte davon ist gewerkschaftlich angebunden (in Form mindestens eines *Délégués Syndical*) (vgl. Tabelle 7). Beides dürfte unter anderem damit zusammenhängen, dass ab 50

Beschäftigten die Wahl eines *Comités d'Entreprise* obligatorisch ist, womit die Gewährung finanzieller Ressourcen für soziale Angelegenheiten sowie für die Belange der Interessenvertretung verbunden ist. Diese Regelungen konstituieren einen effizienten Organisierungsanreiz.

Tabelle 7: Frankreich: Betriebe mit Institutionen der Beschäftigtenrepräsentation (IRP) nach Betriebsgröße und Institutioneller Typik (2004/2005)

Anteile in %	20 bis 49 Beschäftigte	50 bis 99 Besch.	100 bis 199 Besch.	200 bis 499 Besch.	500 Besch. und mehr	Gesamt
Präsenz DP oder DU	63	83	92	93	96	72
Präsenz CE oder DU	26	72	90	95	96	46
Präsenz mindestens eines DS	23	49	74	88	97	63
Präsenz mindestens einer IRP (gewählt oder ernannt)	68	89	97	98	99	77

DP = Délégué du Personnel
DU = Délégation Unique; Institution für Betriebe bis 200 Beschäftigte, die DP und CE integriert
CE = Comité d'Entreprise oder Comité d'Établissement
DS = Délégué Syndical
IRP = Institution Représentative du Personnel

Quelle: Enquête REPONSE 2004–2005, eigene Darstellung nach Jacod (2007)
Basis: Privatwirtschaftliche Betriebe ab 20 Beschäftigte

Relativ ähnlich ist in beiden Ländern, dass ab einer Betriebsgröße von etwa 100 Beschäftigten eine formal komplette Institutionalisierung der gesetzlich vorgesehenen Gremien als Mehrheitsmodell gelten kann, das heißt in Deutschland existiert ein Betriebsrat, in Frankreich ist mehrheitlich die Gesamtheit des komplexen Institutionensystems implementiert. Dies zeigt sich etwa in der Tabelle 7 daran, dass in Frankreich ab einer Betriebsgröße von 100 Beschäftigten in rund drei von vier Betrieben (74 Prozent) mindestens ein *Délégué Syndical (DS)* existiert. Bemerkenswert ist allerdings zugleich, dass sich die Vertretungssituation sowohl in Deutschland als auch in Frankreich mit wachsender Betriebsgröße lediglich graduell im Sinne der gesetzlichen Regelungen ›normalisiert‹. In den Betrieben zwischen 100 und 500 Beschäftigten existiert sowohl in Deutschland als auch in Frankreich ein relevanter Anteil (von circa 15 bis 30 Prozent) der Betriebe und Beschäftigten mit institutionell devianten Bedingungen, das heißt die Beschäftigten werden nicht von einem Betriebsrat bzw. einem *Délégué Syndical* vertreten.

Verallgemeinernd lässt sich also feststellen, dass sich sowohl in Deutschland als auch in Frankreich die Repräsentationssituation in kleineren und größeren Betrieben eklatant unterscheidet, wenngleich der institutionelle Durchdringungsgrad national auf unterschiedlichem Niveau liegt. In Deutschland sind Betriebsräte in Betrieben bis 100 Beschäftigte weithin absent, während in Frankreich einzelne Institutionen der Belegschaftsrepräsentation auch in kleineren Betrieben relativ weit verbreitet sind. Der französische Klein- und Mittelbetrieb ist also typischerweise nicht völlig institutionenfrei. Es finden sich hier jedoch häufig irreguläre und lückenhafte Formen der Interessenrepräsentation (vgl. Artus 2008c), das heißt es existieren nur selten *alle* vom Gesetzgeber vorgesehenen *IRP*. Besonders häufig fehlt die Institution des Gewerkschaftsdelegierten *(DS)*, die als einzige betrieblich gültige Verträge mit der Geschäftsleitung abschließen kann.[133] Dies bedeutet im Regelfall auch, dass keine Gewerkschaftssektion im Unternehmen existiert, die beispielsweise kollektive Aktionen organisieren könnte, um interessenpolitischen Forderungen Nachdruck zu verleihen. Das französische Institutionensystem ist somit zwar in der Lage, auch jenseits des Kernbereichs gewerkschaftlich gut organisierter Großbetriebe für einen deutlich größeren Teil von Betrieben wie Beschäftigten (als in Deutschland) ein gewisses Maß betrieblicher Interessenrepräsentation zu gewährleisten. Die institutionellen Konstellationen deuten allerdings auf eine reduzierte Vertretungsintensität in diesen Bereichen hin.

1.3 Institutionalisierungsgrad nach Branchen

Der Deckungsgrad von Institutionen betrieblicher Interessenvertretung korreliert in Deutschland wie in Frankreich nicht nur mit der Betriebsgröße, sondern auch mit der Branchenzugehörigkeit der Betriebe. Eine länderübergreifende Tendenz ist dabei der höhere Institutionalisierungsgrad im Bereich der Industrie sowie eklatante Institutionalisierungsdefizite in bestimmten Dienstleistungsbranchen.

Das Schlusslicht quantitativer Reichweite von Mitbestimmung bildet in Deutschland der Bausektor, in dem nur 5 Prozent aller Betriebe und 25 Pro-

133 Dieses Verhandlungsmonopol wurde allerdings in der Vergangenheit durch die Einführung des *Mandatement* sowie die Möglichkeit der Abstimmung innerhalb der Belegschaft aufgeweicht (vgl. Kapitel II.2.9).

zent aller Beschäftigten einen Betriebsrat haben (3 Prozent bzw. 17 Prozent in Ostdeutschland). Unterdurchschnittlich ist der Institutionalisierungsgrad zudem in den Branchen des Handels, unternehmensbezogener und sonstiger Dienstleistungen, in denen etwa 7 Prozent bis 10 Prozent der Betriebe mitbestimmt sind. In ihnen arbeitet rund ein Drittel der in der Branche Beschäftigten. Der Verkehrs- und Nachrichtenbereich und die Konsumgüterindustrie, in der gut die Hälfte aller Beschäftigten einen Betriebsrat hat, liegen etwa im nationalen Durchschnitt. Die Kernsektoren der Mitbestimmung sind identisch mit den klassischen großindustriellen Gewerkschaftsbastionen: Es handelt sich um die Produktions- und Investitionsgüterindustrie, den Bergbau und die Energiewirtschaft. Der stark großbetrieblich geprägte Kredit- und Versicherungsbereich ist der einzige Dienstleistungssektor mit überdurchschnittlichem Institutionalisierungsgrad (vgl. Tabelle 8).

Tabelle 8: Deutschland: Verbreitung eines Betriebsrats (BR) nach Branchen sowie Ost-/Westdeutschland (2004)

Anteil in %	**Westdeutschland**		**Ostdeutschland**	
	Betriebe mit BR (in % an allen Betrieben)	Beschäftigte in Betrieben mit BR (in % an allen Besch.)	Betriebe mit BR (in % an allen Betrieben)	Beschäftigte in Betrieben mit BR (in % an allen Besch.)
Bergbau/Energie/Wasservers.	53	90	37	83
Verbrauchsgüter	13	52	9	43
Produktionsgüter	20	72	15	53
Investitionsgüter	15	73	11	48
Baugewerbe	5	24	3	17
Verkehr/Nachrichten	23	53	11	51
Kredit/Versicherung	30	76	57	79
Handel	11	35	10	31
Unternehmensbez. Dienstl.	7	35	11	32
Sonstige Dienstleistungen	7	32	10	39
Gesamt	10	47	10	38

Quelle: IAB-Betriebspanel 2004, eigene Darstellung nach Ellguth/Kohaut (2005: 402)

Basis: Sozialversicherungspflichtig Beschäftigte der Privatwirtschaft (ohne Landwirtschaft) in Betrieben ab 5 Beschäftigten

Die erheblichen branchenspezifischen Differenzen haben freilich auch mit sektoral spezifischen Betriebsgrößenstrukturen zu tun. In einer multivariaten Analyse der IAB-Paneldaten wurden daher die Betriebsgrößeneffekte eliminiert. Es zeigt sich, dass dennoch für einzelne Sektoren ein signifikanter ›echter‹ Brancheneffekt auf den Deckungsgrad betrieblicher Mitbestimmung existiert: Im Fall des Bergbaus und der Energiewirtschaft ist dieser leicht positiv; für das Baugewerbe, den Handel, die unternehmensnahen und die sonstigen Dienstleistungen ist er ausgeprägt negativ (vgl. Ellguth 2006: 74).

In Frankreich ist die Situation auf den ersten Blick etwas weniger heterogen als in Deutschland. Der Institutionalisierungsgrad betrieblicher Repräsentation (bezogen auf die Grundgesamtheit von Betrieben ab 50 Beschäftigten) schwankt zwischen etwa 80 Prozent in der Branche der *Services aux Particuliers* (Dienstleistungen für Einzelpersonen) und nahezu flächendeckender Präsenz der *IRP* in der Automobil- und Ausrüstungsindustrie sowie in der Finanz- und Immobilienwirtschaft. Differenzierter stellt sich die Situation allerdings (erneut) dar, nimmt man als Messlatte die Existenz eines lückenlosen Institutionensystems inklusive *Délégués Syndicaux*. Gewerkschaftsdelegierte sind deutlich weniger verbreitet als die gesetzlich obligatorischen *Élus*. Die Bereiche mit unterdurchschnittlicher gewerkschaftlicher Anbindung der *IRP* ähneln den deutschen Institutionalisierungsschwachpunkten. Schlusslicht ist in Frankreich der Handel, die Bauwirtschaft sowie der Bereich der *Services aux Particuliers*, in denen nicht einmal in der Hälfte der Betriebe (über 50 Beschäftigte) ein *DS* existiert. Im Bereich sozialer, kultureller und medizinischer Dienstleistungen ist zwar die gewerkschaftliche Präsenz immerhin durchschnittlich, der Prozentsatz der *CE* oder *DU* liegt jedoch kaum über dem der *Services aux Particuliers* und deutlich hinter dem der Bauwirtschaft und des Handels. Eine Ausnahme relativ guter gewerkschaftlicher Anbindung im Dienstleistungsbereich bildet in Frankreich neben dem stark großbetrieblich strukturierten Finanz- und Immobiliensektor auch der Transportbereich. In dieser (teilweise staatsnahen) Branche existiert in Frankreich eine traditionell starke Gewerkschaftskultur.

Tabelle 9: Frankreich: Verbreitung der Institutions Représentatives du Personnel nach Branchen (2004/2005)

Branchen	Präsenz CE oder DU	Präsenz mindestens eines DS	Präsenz mindestens einer IRP (gewählt oder ernannt)
Landwirtschaft- und Lebensmittelindustrie	83	82	92
Konsumgüterindustrie	92	81	97
Automobil- und Ausrüstungsindustrie	89	74	98
Halbzeugfertigung und Energiewirtschaft	90	76	97
Bauwirtschaft	80	47	92
Handel	82	44	90
Transporte	80	76	97
Finanz- und Immobilienwirtschaft	87	80	98
Unternehmensbezogene Dienstleistungen	78	58	89
Dienstleistungen für Einzelpersonen	65	49	79
Bildung/Sozialbereich/ Gesundheit/Verbände	68	63	92
Gesamt	81	63	93

Quelle: Enquête REPONSE 2004–05, eigene Darstellung nach Jacod (2007: 3)
Basis: Privatwirtschaftliche Betriebe mit mindestens 50 Beschäftigten

Insgesamt sind also die branchenspezifischen Konturen des Deckungsgrads betrieblicher Interessenvertretung in Deutschland und Frankreich ähnlich. Insbesondere der Handel, unternehmensnahe und sonstige Dienstleistungen sowie die Baubranche sind Schwachpunkte institutioneller Implementierung. Dies drückt sich in Deutschland im hohen Anteil von Betrieben und Beschäftigten ohne Betriebsrat aus, in Frankreich in einer leicht unterdurchschnittlichen Präsenz von *Élus* sowie darin, dass die *IRP* in etwa der Hälfte der Fälle nicht gewerkschaftlich angebunden sind. Die transnationale Ähnlichkeit der branchenspezifischen Interessenvertretungslandschaften hat – so die These – sowohl mit den branchentypischen Produktions-, Qualifikations- und Beschäftigungsbedingungen zu tun als auch mit den branchentypischen Gewerkschaftskulturen. Beide Faktoren korrelieren zudem häufig: Die räumliche Zersplitterung der Belegschaften auf verschiedene Baustellen (im Baubereich) oder verschiedene Filialen (im Handel) erschweren die Entwicklung kollektiver gewerkschaftlicher Strategien der Interessenvertretung. Ebenso existiert ein immanenter Zusammenhang zwischen eher geringen formalen Qualifikationsanforderungen im niedrig bezahlten Dienstleistungssektor, den oft prekären Beschäftigungsbedingungen, einer hohen Fluktuation sowie Schwierigkeiten der Institutionalisierung von Gegenmacht (vgl. Artus 2007a, b, 2008a sowie Kapitel III.4). Da die national prägenden Syndikalismen in der Konsequenz stark auf die Verhältnisse in industriellen Großbetrieben bezogen sind, dürften etwa Beschäftigte, die nicht zu den identitären Kerngruppen gewerkschaftlicher Programmatik zählen, mehr Schwierigkeiten haben, sich in dieser wiederzufinden, als etwa ein männlicher, weißer Facharbeiter der Automobilindustrie (vgl. Dufour/Hege 2005).

1.4 Determinanten des Institutionalisierungsgrads betrieblicher Interessenvertretung

Die bisherige Betrachtung diskutierte insbesondere zwei prägnante Einflussfaktoren auf den Institutionalisierungsgrad betrieblicher Interessenvertretung: Die Betriebsgröße sowie die Branchenzugehörigkeit. Mit den Mitteln deskriptiver Statistik sowie multivariater Analysen lassen sich jedoch noch eine Reihe weiterer Determinanten bestimmen. Die deutschen sowie französischen Arbeiten zum Thema (vor allem Ellguth 2006; Wolff 2007) verweisen einhellig und nachdrücklich auf die Relevanz von Unternehmensstrukturen und betrieblichen Besitzverhältnissen: Filialbetriebe verfügen signifikant häufiger über Institutionen der Belegschaftsrepräsentation als patrimoniale Betriebe (unabhängige Einzelbetriebe)[134]. GmbHs und Kapitalgesellschaften sind häufiger mitbestimmt als Betriebe, die sich im Besitz einer Einzelperson befinden. Nach Angaben der französischen Untersuchung ist auch die Staatsnähe der Betriebe bzw. ihre Finanzierung durch die öffentliche Hand förderlich für die Institutionalisierung von Beschäftigtenrepräsentation. Ebenfalls in den französischen Arbeiten wird darauf verwiesen, dass Betriebe, die im Rahmen eines Franchisesystems geführt werden, tendenziell *IRP*-fern bzw. -feindlich sind.

Die Analyse der deutschen IAB-Paneldaten ergibt, dass auch das betriebliche Alter eine wichtige Rolle spielt. Neu gegründete Betriebe sind im Regelfall

134 Der Begriff des patrimonialen Betriebs wurde von Wolff (2007) übernommen. Er ist vom französischen Wort *patrimoine* (Erbe, Erbgut) abgeleitet und assoziiert traditionelle Formen des unabhängigen, oft kleineren Familienbetriebs, der als Erbe von einer Generation an die nächste weitergereicht wird.

(zunächst) eine *Tabula Rasa* betrieblicher Interessenvertretung. Ausnahmen bilden Betriebe, die aus größeren Unternehmen mit Betriebsrat ausgegründet wurden. Auch die regionale Verortung des Betriebs in einem städtischen Ballungsraum korreliert positiv mit dem Institutionalisierungsgrad betrieblicher Interessenvertretung. Ein Spezifikum der deutschen Situation ist schließlich der enge Zusammenhang zwischen der Bindung an einen Tarifvertrag und der Existenz eines Betriebsrats. Interessant scheint weiterhin, dass zumindest nach den IAB-Paneldaten kein (wie auch immer gearteter) Zusammenhang zwischen der Existenz eines Betriebsrats und der wirtschaftlichen Situation eines Betriebs nachweisbar ist. Statistisch gesehen ist »der typische Betrieb ohne Betriebsrat […] klein, jung und als Neugründung entstanden, hat einen privaten Eigentümer, ist Einzelunternehmen, nicht tarifgebunden, hat einen eher geringen Anteil qualifizierter Arbeitskräfte und einen eher hohen Frauenanteil« (Ellguth 2002: 11).

Relativ ähnliche Einflussfaktoren auf die Häufigkeit der Existenz von *Institutions Représentatives du Personnel (IRP)* wurden auch in Frankreich ermittelt. Während sich die deutschen Arbeiten jedoch ausschließlich auf die Identifikation relevanter Einflussfaktoren konzentrieren, wurde in Frankreich zusätzlich ein synthetisierender Ansatz verfolgt. Anhand der *Enquête-REPONSE*-Daten wurden zunächst drei typische betriebliche Konstellationen identifiziert, die einen Großteil der Privatwirtschaft abdecken (Wolff 2007):

1. Patrimoniale unabhängige Einzelunternehmen, die sich im Besitz einer Einzelperson befinden; diese sind etwa für den Bausektor typisch, jedoch auch in Teilen der Industrie und des Dienstleistungsbereichs verbreitet.
2. Filialbetriebe großer Unternehmensgruppen; diese finden sich vor allem in der Industrie, in geringerem Maße auch im Dienstleistungsbereich. Es handelt sich um Unternehmen mit mehreren Standorten, die als Unternehmensgruppen organisiert sind und deren Kapital von »institutionellen Investoren« (ebd.) gehalten wird.
3. Handelsbetriebe sowie Betriebe im Hotel- und Gaststättenbereich; hier handelt es sich um mittelgroße oder große Unternehmen, die meist im Rahmen einer Vielzahl von Standorten bzw. im Rahmen eines Franchisesystems organisiert sind.

Für die französische Privatwirtschaft gilt, dass die patrimonialen Betriebe die größte Gruppe bilden, jedoch im Abnehmen begriffen sind. Die Filialbetriebe als zweitgrößte Gruppe nehmen zu. Der Bereich Handel und Gaststätten ist stabil.

In Bezug auf die Präsenz der *IRP* differieren die drei Betriebsklassen in typischer Weise, wie die folgende Tabelle 10 zeigt:

Tabelle 10: Frankreich: Verbreitung der Institutions Représentatives du Personnel nach Betriebstypik (2004/2005)

Angaben in % aller Betriebe	Präsenz von *Élus* (DP, CE)	Präsenz von Gewerkschaftsdelegierten
Patrimoniale Betriebe	70	31
Filialbetriebe	86	57
Handel/Hotel/Gaststätten	70	27

Quelle: Wolff (2007)
Basis: Beschäftigte der Privatwirtschaft ohne Landwirtschaft in Betrieben ab 20 Beschäftigte

Die Filialbetriebe zeichnen sich durch einen hohen Institutionalisierungsgrad und starke Präsenz der Gewerkschaften aus. In den beiden übrigen Betriebsklassen ist der Institutionalisierungsgrad deutlich geringer. Insbesondere im Handel- und Gaststättenbereich bestehen Defizite gewerkschaftlicher Verankerung. Angesichts der unterschiedlich starken Präsenz von *IRP* in den differenten Betriebstypen wirkt sich der wirtschaftliche Strukturwandel (zugunsten der Filialbetriebe und auf Kosten der patrimonialen Betriebe) insgesamt positiv auf den Institutionalisierungsgrad betrieblicher Interessenvertretung aus – so die Analyse (vgl. Wolff 2007).

1.5 Resümee: Wirtschaftssegmente jenseits der institutionellen Norm

Insgesamt lassen sich somit die Felder devianter und zugleich defizitärer Institutionalisierung betrieblicher Interessenvertretung in formaler Hinsicht recht eindeutig abgrenzen. Diese gleichen sich weitgehend in Deutschland und Frankreich: Es handelt sich um kleinere und mittelgroße Betriebe im Baubereich, Handel und anderen Dienstleistungsbranchen, die entweder im Eigentum einer Einzelperson oder (vor allem im Handel- und Gaststättenbereich) Teil eines Filialnetzes sind, das zum Beispiel in Form eines Franchisesystems funktioniert. Überproportional häufig handelt es sich zudem um jüngere Unternehmen sowie um Betriebe im ländlichen Raum. Etwas reduktionistisch könnte man davon sprechen, dass es sich um alle Bereiche jenseits der traditionellen Kernsektoren gewerkschaftlicher Organisierung handelt, also jenseits industrieller Großbetriebe, die Teil von Unternehmensgruppen und im Besitz großer Kapitalgesellschaften sind, eine lange Betriebsgeschichte besitzen und in städtischen Ballungsgebieten angesiedelt sind. Es ergibt sich ein Bild, wonach sowohl in Deutschland als auch in Frankreich jene Institutionen betrieblicher Interessenvertretung, die im Zuge eines langen Kampfes in den Kernbereichen gewerkschaftlicher Organisationsmacht durchgesetzt werden konnten, offenbar nur partiell auf andere Wirtschaftsbereiche ausstrahlen. Jenseits dieser Kerne gelang es nicht, die Institutionen betrieblicher Interessenvertretung in gleicher Weise normativ zu verankern bzw. auch nur formal zu implementieren. In Frankreich ist die Ausstrahlungswirkung allerdings zumindest in quantitativer Hinsicht etwas stärker, da der Staat sich hier zum Agenten gesellschaftlicher Standardisierung machte und die Implementation einiger Institutionen der Belegschaftsrepräsentation (nämlich der *Élus*) zur gesetzlichen Pflicht erklärte. Welche Effekte jedoch ein solcher gesetzlicher Zwang hat, ob er die betrieblichen Partizipations- und Durchsetzungsmöglichkeiten der Belegschaft real verbessert oder den legalen Erfordernissen nur formal entsprochen wird und welcher Zusammenhang allgemein zwischen der Existenz spezifischer Institutionen und dem Ziel demokratischer Einflussnahme der Lohnarbeitenden auf ihre Verwertungsbedingungen existiert, lässt sich nur durch eine qualitative empirische Analyse betrieblicher Interessenvertretungspraktiken klären.

2. Methode und Forschungsdesign der empirischen Untersuchung

2.1 Die Suche nach einer qualitativ reflektierten vergleichenden Fragestellung

Im Folgenden wird die deutsche sowie französische Praxis betrieblicher Interessenvertretung in zwei Wirtschaftssegmenten analysiert, in denen sich häufig institutionell deviante Verhältnisse finden. Es handelt sich um das Segment peripherer Mittelbetriebe sowie das Segment prekärer Dienstleistungsarbeit. Die empirische Grundlage bilden qualitativ angelegte Betriebsfallstudien in Deutschland und Frankreich.

Das Datenmaterial für Deutschland wurde im Rahmen eines Forschungsprojektes über die arbeitspolitische Regulierung in Betrieben ohne Betriebsrat erhoben. Dieses wurde in den Jahren 2003 bis 2006 von Sabine Böhm, Stefan Lücking, Rainer Trinczek sowie der Autorin am Lehrstuhl für Soziologie der Technischen Universität München durchgeführt und von der Deutschen Forschungsgemeinschaft finanziert (vgl. Trinczek 2002; Artus u.a. 2006). Ein Großteil der Interviews in Frankreich wurde im Rahmen eines Forschungsaufenthaltes am *Institut de Recherches Economiques et Sociales (IRES)* in Noisy-le-Grand bei Paris zwischen Oktober 2005 und Mai 2006 geführt. Dieser wurde von der *Maison des Sciences de l'Homme (MSH)* gefördert.

Die empirischen Erhebungen in Frankreich wurden explizit mit der Zielstellung der Vergleichbarkeit zu dem deutschen Forschungsprojekt konzipiert (vgl. Artus 2005). Dieses auf den ersten Blick recht einfach anmutende Kriterium erwies sich in der Umsetzung als ausgesprochen kompliziert. Die deutsche Untersuchung war grundlegend entlang einer institutionell definierten Fragestellung konzipiert: Wie sieht die arbeitspolitische Regulierung in Betrieben ohne Betriebsrat aus? Dabei wurde vorausgesetzt, dass die Existenz oder das Fehlen einer Institution einen Unterschied in der Praxis betrieblicher Interessenvertretung machen würde. Bei der Übertragung dieser Fragestellung auf Frankreich stellte sich recht schnell das Problem, was denn das Äquivalent von Betrieben ohne Betriebsrat in Frankreich sei. Dass es nicht Betriebe ohne *Comité d'Entreprise* sein können, war bereits nach einer oberflächlichen Aneignung der Charakteristika des französischen Systems betrieblicher Repräsentation klar. Der Rat der KollegInnen am *Institut de Recherches Economiques et Sociales (IRES)*, wonach eine qualitativ reflektierte Übertragung der institutionellen Fragestellung generell auf Betriebe mit Lücken im Set der *Institutions Représentatives du Personnel (IRP)* zielen müsse, schien zwar ein pragmatischer Ausweg, blieb jedoch in letzter Instanz unbefriedigend. Wenn im deutschen Kontext eine Untersuchung über Betriebe ohne Betriebsrat in ihrer Relevanz unmittelbar einleuchten mag, so bedarf es doch einiger argumentativer Verrenkungen, um im französischen Kontext zu begründen, weshalb das Fehlen entweder von *Délégués du Personnel* oder eines *Comités d'Entreprise* oder von *Délégués Syndicaux* eine qualitative Gemeinsamkeit von Betrieben konstituieren solle, das ihre Definition als Untersuchungseinheit rechtfertigt. Der Verdacht lag nahe, dass es sich hier um eine Fragestellung mit deutschem Bias handele, das heißt um eine Forschungsperspektive, deren Evidenz zwar im deutschen institutionellen Kontext ins Auge springen mag, nicht jedoch im Rahmen französischer Institutionenlogik. Es bedurfte einer eingehenden Beschäftigung mit den französischen Verhältnissen, vieler Diskussionen (nicht nur mit wissenschaftlichen KollegInnen) sowie diverser ExpertInneninterviews, um zu der Einsicht zu gelangen, dass ein deutsch-französischer Vergleich, der an einer *rein* institutionell definierten Fragestellung ansetzt, schlicht »eine methodologische Sackgasse« darstellt (Dufour/Hege 2002: 17). Diese Erkenntnis bedeutete eine gewisse Krise in der methodischen Ausrichtung, die jedoch, wie viele Krisen, produktiv war. Ihre Konsequenz war ein gradueller Schwenk der Fragestellung und eine Ausweitung der Forschungsperspektive. Die ursprünglich zentrale Frage nach den Konsequenzen institutioneller Devianz wurde sozusagen ›vom Kopf auf die Füße gestellt‹: In dem vorangegangenen deutschen Forschungsprojekt über Betriebe ohne Betriebsräte hatten sich recht deutlich einige Konstellationen arbeitspolitischer Regulierung herauskristallisiert, in denen

Betriebsräte typischerweise fehlen (vgl. Böhm/Lücking 2006). Im Rahmen der Vorarbeiten zur empirischen Erhebung in Frankreich deutete alles darauf hin, dass sich diese Konstellationen in relativ ähnlicher Weise auch westlich des Rheins finden lassen. Betriebe ohne Betriebsrat gibt es in Frankreich nicht. Betriebliche Verhältnisse, für die deviante Formen betrieblicher Interessenvertretung typisch sind, gibt es sehr wohl und dies drückt sich häufig im Fehlen bestimmter Institutionen der Belegschaftsrepräsentation aus. Zwei dieser typischen Konstellationen bildeten das Terrain der empirischen Erhebungen und des deutsch-französischen Vergleichs betrieblicher Vertretungspraxis: Periphere Mittelbetriebe und prekäre Dienstleistungsarbeit.

Die Zielstellung der Vergleichbarkeit des Datenmaterial wurde somit eingelöst, nicht durch eine Übertragung der institutionellen Fragestellung auf den französischen Kontext, sondern durch eine partielle Abkehr von einer institutionalistischen Sichtweise. Statt von vorneherein davon auszugehen, dass die Spezifik institutioneller Gegebenheiten auch einen Unterschied in der Praxis machen würde, wurde die Praxisrelevanz formaler Institutionen unter bestimmten strukturellen Bedingungen und im Kontext spezifischer Institutionenkulturen in den Blick genommen. Die Veränderung der Fragestellung im Sinne eines segmentationstheoretischen Zugangs zum Thema war somit ein erstes Resultat der Forschung zum Thema internationaler industrieller Beziehungen und der Reflexion über die Schwierigkeiten eines qualitativ reflektierten Vergleichs.

2.2 Das Forschungsdesign der deutschen Untersuchung

Das deutsche Forschungsprojekt hatte explorativen Charakter, da die arbeitspolitische Regulierung in Betrieben ohne Betriebsrat bislang noch kaum qualitativ untersucht worden war. Das empirische Design war daher dreistufig angelegt: Nach ersten orientierenden Gesprächen mit einschlägig befassten WissenschaftlerInnen und ExpertInnen (vor allem der Gewerkschaften), wurden in einem zweiten Schritt zunächst möglichst viele Interviews mit ManagementvertreterInnen in Betrieben ohne Betriebsrat geführt. Dies sollte es ermöglichen, die Breite das Untersuchungsterrains auszuloten und zu sondieren, um schließlich einige typische Betriebe zur Durchführung von Fallstudien auswählen zu können. In deren Rahmen waren etwa acht bis zehn Interviews mit Beschäftigten verschiedener Funktionsbereiche und betrieblicher Hierarchieebenen sowie einige Gruppendiskussionen geplant.

Das Untersuchungsterrain war von vorneherein auf Betriebe ab 100 Beschäftigte eingegrenzt und der Bausektor sowie Ostdeutschland ausgeschlossen worden, um die zu erwartende Heterogenität betrieblicher Situationen nicht allzu unübersichtlich werden zu lassen. Im Zuge der empirischen Erhebungen erwies sich jedoch, dass insbesondere im prekären Dienstleistungsbereich häufig kleinere Filialbetriebe ohne Betriebsrat im Rahmen großer Unternehmensketten existieren. Um diese empirisch relevante Konstellation adäquat untersuchen zu können, wurden letztlich auch einige kleinere betriebliche Einheiten großer Unternehmensgruppen (vor allem des Einzelhandels sowie der Systemgastronomie) in die Untersuchung aufgenommen.

Relativ schnell zeichneten sich erhebliche Zugangsprobleme zum empirischen Terrain ab. Es bedurfte intensiver Betriebsrecherchen sowie eines erheblichen Aufwandes bei der Kontaktaufnahme, um schließlich in 26 Betrieben ohne Betriebsrat Interviews durchführen zu können. Der geplante ausschließliche Erstzugang über das Management wurde im Laufe des Forschungsprojektes revidiert. Um eine allzu ausgeprägte Positivselektion der Betriebsfälle zu vermeiden, wurden auch Beschäftigte und betriebliche InteressenvertreterInnen angesprochen, die in partiell oder komplett betriebsratsfreien Zonen arbeiten, in denen die Geschäftsleitungen jedoch nicht zu einem Interview bereit waren. Um einschlägige Betriebe ausfindig zu machen, wurde eine Vielzahl von Wegen beschritten: Wir arbeiteten mit verschiedenen Betriebslisten, vor allem der Industrie- und Handelskammern, und ermittelten telefonisch, ob es in den Betrieben einen Betriebsrat gibt. Einschlägig befasste GewerkschafterInnen gaben uns Hinweise auf besonders problematische Sektoren ihrer Organisationstätigkeit. In manchen Fällen kamen Interviews mit Beschäftigten auch durch private Kontakte zustande.

In der Konsequenz ergab dies eine etwas heterogene, aber vielfältige und perspektivenreiche Zusammensetzung des empirischen Materials. Für manche Betriebe existieren sowohl Interviews mit ManagementvertreterInnen als auch Beschäftigten, für andere liegen ausschließlich Geschäftsleitungsinterviews vor. Zuweilen konnte nur mit Beschäftigten, ehemaligen Beschäftigten oder mit Betriebsräten gesprochen werden (die in Unternehmensbereichen jenseits der betrieblichen Einheiten ohne Betriebsrat beschäftigt waren). Nicht in allen Fällen konnte daher ein methodisches *Cross-Checking* differenter Akteursperspektiven erfolgen. Es wurde allerdings versucht, dieses Manko durch eine systematische Rekonstruktion der subjektiven Akteurslogiken und Interessendefinitionen ein Stück weit auszugleichen.

Insgesamt dürfte die Vielfalt differenter Modi des Betriebszugangs die Repräsentativität des Betriebssamples eher gesteigert haben. Jene Betriebsfälle, in denen das Management sich für die Thematik des Forschungsprojektes aufgeschlossen zeigte, repräsentieren mehrheitlich einen Typus betriebsratsfreier Betriebe, in dem das Fehlen von Mitbestimmung nicht zentral auf Repression von Betriebsratsinitiativen zurückzuführen ist. Dass der Betriebszugang hier allerdings auch vom Management ein Stück weit ›gelenkt‹ erfolgte, ist nicht auszuschließen, sondern eher naheliegend. Der Zugang über die Gewerkschaften bereicherte das Sample vor allem um Negativfälle von besonders mitbestimmungsfeindlichen Unternehmen. Hier führten wir viele Gespräche, in denen die InterviewpartnerInnen mit einer dezidiert kritischen Perspektive die Problembereiche der einschlägigen Betriebe reflektierten. Es handelte sich entweder um gewerkschaftliche AktivistInnen oder um (im Zuge von Konflikten) entlassene Beschäftigte. Der Zugang zu InterviewpartnerInnen über private Kontakte schließlich ermöglichte einen Blick auf die Situation und Sichtweisen vergleichsweise ›durchschnittlicher‹ Beschäftigter, die dauerhaft in Betrieben ohne Betriebsrat beschäftigt sind und damit leben müssen und auch können. Dabei sei betont, dass gerade der Zugang über private Kontakte sich im Rahmen der konkreten Fragestellung bewährt hat, da das arbeitspolitische Terrain von Betrieben ohne Betriebsrat tendenziell ein heikles ist. Zuweilen ist eine erhebliche Vertrauensbasis zwischen InterviewerInnen und Interviewten nötig, damit diese es wagen, ihre Arbeitssituation in authentischer und offener Weise zu schildern. Im Rahmen von Interviews, die Beschäftigte innerhalb des Betriebs auf Anfrage des Vorgesetzten oder der Geschäftsleitung gaben, gelang dies häufig nur bedingt.

Im Ergebnis intensiver, manchmal fast detektivisch anmutender Recherchearbeiten konnte in Deutschland ein Sample von 26 Untersuchungsbetrieben zusammengestellt werden. Darunter waren acht kleinere Industriebetriebe, zehn Betriebe aus dem prekären Dienstleistungsbereich sowie acht Betriebe aus dem Segment hoch qualifizierter Wissensarbeit. Für den deutsch-französischen Vergleich wurden ausschließlich die Interviews in den kleineren Industriebetrieben sowie im prekären Dienstleistungsbereich genutzt, das heißt 48 Gespräche in 18 deutschen Betrieben. Die Kenntnisse aus den Betrieben hoch qualifizierter Dienstleistungsarbeit flossen freilich als Hintergrundwissen ebenfalls in die komparative Studie ein.

Die Erhebungstiefe in den Betrieben reichte von nur einem einzigen Management- oder Beschäftigteninterview bis zu acht Gesprächen plus einer ausführlichen Gruppendiskussion, etwa im Betriebsfall DB5. In einigen Fällen wurden ergänzende Gespräche mit GewerkschaftsvertreterInnen geführt, die für die Betriebsbetreuung zuständig waren. Regional lag ein Schwerpunkt der Untersuchungen in Süddeutschland, vor allem im Münchner, Nürnberger sowie Stuttgarter Raum. Daneben waren Hessen und Niedersachsen Untersuchungsregionen. Ein ausführlicher Überblick über die untersuchten deutschen Betriebe, ihre Beschäftigtenzahl, Branchenzugehörigkeit, Eigentumsverhältnisse, regionale Verortung sowie die geführten Interviews findet sich in den Tabellen 11 und 12 sowie im Anhang.

2.3 Das Forschungsdesign der französischen Untersuchung

Die Interviews in Frankreich erfolgten nach Abschluss der Erhebungen in Deutschland, so dass zielgerichtet nach Betrieben gesucht werden konnte, deren arbeitspolitische Konstellation den deutschen Betrieben ähnelte. Aufgrund der Notwendigkeit einer strategischen Konzentration der Arbeitskapazitäten (die Interviews wurden sämtlich von der Autorin durchgeführt) wurden in Frankreich lediglich zwei Wirtschaftssegmente untersucht: der Bereich peripherer Mittelbetriebe sowie das Segment des prekären Dienstleistungsbereichs.

In einer ersten Erhebungsphase wurden, wie auch zuvor in Deutschland, zunächst WissenschaftlerInnen und ExpertInnen interviewt. Es handelte sich um Gespräche mit GewerkschafterInnen in Branchen, die ein potenzielles Untersuchungsterrain darstellten (unter anderem Metall- und Chemieindustrie, Transportsektor, Gaststättengewerbe, Reinigungsgewerbe). Sie fanden mehrheitlich im Bereich der *CGT* statt, aber auch die *CFDT* (zwei Interviews) sowie *SUD* (ein Interview) wurden berücksichtigt. Als sehr fruchtbar für die weiteren Arbeiten erwiesen sich zudem insgesamt sechs Interviews mit *Inspecteurs und Inspectrices du Travail* (staatliche ArbeitsinspektorInnen). Diese können in Frankreich als gut informierte ExpertInnen der Betriebslandschaft gelten. Sie kooperieren nicht nur alltäglich mit den betrieblichen *IRP*, sondern machen auch regelmäßige Betriebsbesuche, sind für die Kontrolle der obligatorischen *DP*- und *CE*-Wahlen verantwortlich und besitzen eine genaue Übersicht (sowie Adresslisten) der regionalen Betriebe, die in ihrem Zuständigkeitsbereich liegen. So waren die Interviews mit den ArbeitsinspektorInnen sehr hilfreich, um einen Überblick über Schwachpunkte betrieblicher Institutionalisierung zu bekommen und ergaben diverse Hinweise für die Suche nach einschlägigen Betriebsfällen.

Der Zugang zu den französischen Betrieben erfolgte auf ähnlich vielfältigen Wegen wie in Deutschland. Das *IRES* konnte eine umfangreiche Betriebsdatendatei zur Verfügung stellen. Die ExpertInnen der Gewerkschaften sowie Arbeitsinspektionen nannten Betriebe mit prekärer Repräsentationssituation und in einigen Fällen konnten auch private Kontakte genutzt werden. Positiv war außerdem, dass drei Unternehmen, die bereits in der deutschen Studie untersucht worden waren, auch in Frankreich über Niederlassungen verfügten, zu denen ein Betriebszugang hergestellt werden konnte. In einem der drei Fälle (FB3/DB4; Transport) vermittelten sogar die deutschen Gesprächspartner den Kontakt zu ihren französischen Kollegen. Regional war die Untersuchung in Frankreich auf den Pariser Großraum sowie die Bretagne und das Limousin konzentriert.

Bemerkenswert war, dass sich der Betriebszugang vergleichsweise einfacher gestaltete als in Deutschland. Dies ist vermutlich auf zwei Gründe zurückzuführen: Das Thema einer lückenhaften Situation im Bereich der *IRP* lässt sich bezüglich seiner Brisanz und Politisierung nicht mit der Frage von Betrieben ohne Betriebsrat vergleichen. In einem Teil der französischen Untersuchungsbetriebe herrschten in legaler Hinsicht reguläre Verhältnisse, das heißt es existierten die gesetzlich obligatorischen *Élus*. Die Absenz von *Délégués Syndicaux* hingegen wird in keiner Weise als negativ besetzter Sachverhalt gewertet, sondern (zumindest aus Sicht der Geschäftsleitungen) häufig eher als Nachweis dafür, dass alles gut läuft im eigenen Unternehmen. Das Thema betriebliche Interessenvertretung ist von den ManagerInnen, die um ein Gespräch gebeten wurden, daher sicherlich als weniger heikel bewertet worden als in deutschen Betrieben ohne Betriebsrat. Zum anderen öffnete auch die deutsche Herkunft der Interviewerin vermutlich so manche Tür und ließ das erbetene Gespräch als vergleichsweise ›ungefährlich‹ sowie kulturell interessant erscheinen.

Das französische Betriebssample ist aufgrund der wesentlich geringeren zeitlichen und materiellen Ressourcen für die Erhebung etwas kleiner als das deutsche. Es besteht aus elf Betrieben, davon fünf periphere Mittelbetriebe und sechs Betriebe des prekären Dienstleistungsbereichs. Grob kann man also davon sprechen, dass das Verhältnis von deutscher zu französischer Empirie in etwa 2:1 ist. Dies scheint jedoch unproblematisch, da ein Schwerpunkt der Auswertung auf der Gegenüberstellung gleichermaßen intensiv erforschter einzelner Betriebsfälle lag.

Betrachtet man die Anzahl der Interviews, so existiert in Frankreich ein recht deutliches Übergewicht von Gesprächen im prekären Dienstleistungsbereich (19 von 28 Gesprächen). Dies liegt daran, dass jene drei Unternehmen, in denen sowohl in Deutschland wie in Frankreich Gespräche geführt werden konnten, in diesem Wirtschaftssegment tätig sind. Eine gewisse Konzentration der Erhebungen auf jene in komparativer Hinsicht idealen Unternehmensfälle erschien im Rahmen der verfolgten Fragestellung sinnvoll. Die besagten drei Betriebsfälle (im Folgenden Fast Food, Kaufbillig und Transport genannt) konnten in Deutschland wie in Frankreich relativ intensiv untersucht werden und bieten somit ein hervorragendes Material für einen qualitativen Vergleich. Ihrer Darstellung und Auswertung wird im Folgenden daher recht großer Raum eingeräumt (vgl. Kapitel III.4.4 und III.4.5). Ein ausführlicher Überblick über die untersuchten französischen Betriebe, ihre Beschäftigtenzahl, Branchenzugehörigkeit, Eigentumsverhältnisse, regionale Verortung sowie die geführten Interviews findet sich in den Tabellen 11 und 12 sowie im Anhang.

Die qualitativen Interviews sowohl in Deutschland als auch in Frankreich erfolgten anhand von Leitfäden, die jeweils der Funktion des/der Interviewpartner(s)in angepasst waren. Sie dauerten im Regelfall 1,5 bis 2,5 Stunden, wurden auf Tonband aufgenommen und anschließend im Rahmen dimensional gegliederter Protokolle selektiv transkribiert. Die deutschen Protokolle wurden im KollegInnenkreis des DFG-Forschungsprojektes diskutiert; einige der französischen Protokolle konnten mit KollegInnen des *IRES* (vor allem Adelheid Hege) intensiv diskutiert und analysiert werden. Dies diente zum einen der Einordnung der Betriebsfälle in die französische Unternehmenslandschaft. Es war zugleich für ein Verständnis sowohl der Sachverhalte als auch der immanenten Logiken und kontextspezifischen Sinnkonnotationen der französischen Interviews von immenser Bedeutung.

3 Deutsch-französische Institutionenpraxis in peripheren Mittelbetrieben

Im Folgenden geht es um Formen arbeitspolitischer Regulierung, die abseits der traditionellen Kernbereiche des Institutionensystems stattfinden. Die Gewerkschaften sind weitgehend außer Stande, die Verhältnisse in diesen Bereichen zu prägen – und umgekehrt besitzen die dort Beschäftigten wenig Einfluss auf die Konstruktion gewerkschaftlicher Zielstellungen und Normbildung. Eine solche Situation wechselseitiger Abkopplung ist beispielsweise für den weiten Bereich der Klein- und Mittelbetriebe (KMU) typisch. Allerdings scheint Vorsicht geboten bezüglich einer generalisierenden Beschreibung von Klein- und Mittelbetrieben. Deren betriebliche Situation ist in einem Ausmaß divergent, dass sie kaum als einheitliches Wirtschaftssegment aufgefasst werden können. Im Folgenden geht es daher um einen Teilbereich dieser großen Gruppe von Betrieben, nämlich das Segment peripherer Mittelbetriebe, die in einer dynamischen Übergangszone gleichsam am Rand des Institutionensystems liegen. Nach einer einleitenden Auseinandersetzung mit dem Begriff der Peripherie (Kapitel III.3.1), wird das Wirtschaftssegment der peripheren Mittelbetriebe näher abgegrenzt und beschrieben (Kapitel III.3.2). Für dieses Segment existieren einige spezifische gesetzliche Regelungen und überbetriebliche Instanzen spielen eine relativ große Rolle für die arbeitspolitische Regulierung: Arbeitsgerichte, Tarifverträge, staatliche Kontrollprozeduren sowie gesetzliche Normen. Der segmentspezifische institutionelle Kontext wird daher zusammenfassend skizziert (Kapitel III.3.3), bevor exemplarisch ein einschlägiger deutscher (Kapitel III.3.4) sowie französischer Betriebsfall (Kapitel III.3.5) dargestellt wird. Anhand eines Vergleichs der beiden Fälle sowie auf Grundlage weiterer Betriebsfälle und der einschlägigen Literatur werden anschließend die Charakteristika peripherer Institutionenpraxis zusammenfassend diskutiert (Kapitel III.3.6). Ein abschließendes Kapitel zieht das Resümee, wonach formale Institutionenregeln betrieblicher Interessenvertretung in Bereichen nur bedingt relevant sind, in denen die arbeitspolitische Regulierung primär auf informellen Prozessen beruht und ein Interaktionsmodus legitimer Herrschaft von den Beschäftigten weithin als fair anerkannt wird. Der Existenz oder Nicht-Existenz formaler Institutionen betrieblicher Interessenvertretung kommt hier nur eingeschränkte Bedeutung zu. Ob Institutionen in diesen Bereichen einen Unterschied machen, hängt sowohl von den konkreten Akteurspraktiken als auch von der Qualität der Institutionen ab (Kapitel III.3.7).

3.1 Der Begriff der Peripherie

Im Folgenden geht es um periphere Zonen institutioneller Regulierung. Der Begriff der Peripherie (deutsch: Randzone) impliziert, dass es einen Kern gibt, von dem sich die Peripherie als Umfeld abgrenzt. Als Kern sowohl des deutschen wie des französischen Institutionensystems können nach wie vor die Großbetriebe industrieller Facharbeit gelten. Als periphere Zonen könnten dementsprechend Bereiche jenseits dieser Kerne gelten. Im Folgenden wird der Begriff allerdings etwas spezifischer gefasst. Mit dem Adjektiv peripher werden nicht einfach alle Sektoren jenseits des Kernbereichs großbetrieblicher Facharbeit bezeichnet, sondern nur solche, die diesem ähnlich genug sind, um noch in seinem Einflussbereich zu liegen, jedoch weit genug weg, um nicht mehr unmittelbar denselben Normen zu unterliegen. Es geht um Bereiche, die weder zum Zentrum institutioneller Regulierung zählen, noch komplett jenseits desselben liegen. Sie liegen im virulenten Ausstrahlungsbereich der Kerne.

Die im Folgenden diskutierten peripheren Zonen besitzen eine gewisse Nähe zu den großindustriellen Kernen, da sich die Produktionsstrukturen sowie -kulturen ähneln: Hier wie dort handelt es sich im Regelfall um arbeitsteilig organisierte industrielle Fabrikarbeit. Es existiert ein gewisser Bestand ›industrialistischer‹ Normen und Werte und damit auch eine kulturelle Nähe zu kollektiven Formen betrieblicher Interessenvertretung. Distanz zu den industriellen Kernen wird über eine Vielfalt von Faktoren geschaffen. Zentral ist allerdings die verminderte Betriebsgröße. Der Überblick über die quantitative

Verbreitung betrieblicher Interessenvertretung hat sowohl für Deutschland wie für Frankreich ergeben, dass sich Betriebe zwischen 50 und 300 Beschäftigten in einem peripheren Bereich des Institutionensystems bewegen (vgl. Kapitel III.1.2). Ein relevanter Teil dieser Betriebe besitzt reguläre betriebliche Vertretungsinstitutionen – nahezu ebenso viele jedoch nicht. Betriebe dieser Betriebsgröße liegen also offenbar in einer Übergangszone zwischen regulären und devianten Verhältnissen, das heißt in der Peripherie.

Der Begriff der Peripherie impliziert zudem eine dezidiert geografische Komponente, was dem Gegenstand durchaus adäquat ist. Insbesondere die Verortung im ländlichen Bereich distanziert kleinere Industriebetriebe geografisch wie normativ von den Kernbereichen institutioneller Regulierung. Zusätzliche Faktoren können zuweilen auch das noch junge Alter eines Betriebs oder einer Branche sein. Der Prozess der normativen Integration in die Kernbereiche institutioneller Regulierung bedarf stets einer gewissen kollektiven Erfahrungsbasis, die kaum in wenigen Jahren herstellbar ist. Peripher ist die Situation sowohl in ländlichen als auch in jungen Betrieben gewöhnlich bezüglich der Kommunikationssituation: Es existieren häufig nur mangelhafte Kontakte zu Akteuren, die die Normen der institutionellen Kernbereiche vermitteln könnten. Wenn diese Kontakte allerdings verstärkt würden bzw. eine betriebliche Nachfrage nach ihnen bestünde, wären die transportierten Normen in qualitativer Hinsicht relativ umstandslos in den einschlägigen Betrieben adaptierbar. Dies unterscheidet den Bereich peripherer Mittelbetriebe etwa von betrieblichen Situationen, die sich weitgehend oder komplett jenseits dieser Normen bewegen: etwa die Situation in Klein- und Kleinstbetrieben oder teilweise auch im Bereich hoch qualifizierter Wissensarbeit.

Der Begriff der Peripherie ist allerdings nicht nur abzugrenzen von dem der Abkopplung, sondern auch von dem der Prekarität. Beide Begriffe ähneln sich in gewisser Weise, insofern sie Zwischen- oder Zwitterzustände beschreiben. Sie bezeichnen den Status jenseits eines Kerns bzw. einer Norm, jedoch diesseits bestimmter Grenzen oder völliger Exklusion. Während der Begriff der Peripherie jedoch in erster Linie eine Distanz kennzeichnet, ist der Begriff der Prekarität qualitativ wertend im Sinne einer negativen Abweichung von Normen sozialer Absicherung. Periphere Institutionenpraxis muss nicht prekär sei, im Sinne von sozial instabil und negativ von gesellschaftlichen Normalstandards abweichend. Periphere Industriearbeit findet lediglich jenseits der industriellen Kernbereiche gewerkschaftlicher Organisierung statt. Dort existieren vielfach Normalarbeitsverhältnisse. Die Regulierungspraktiken sind häufig ausgesprochen stabil und werden von manchen Beschäftigten sogar als sozialer empfunden als jene industrieller Großbetriebe. Der Begriff der Peripherie stigmatisiert die Formen arbeitspolitischer Regulierung in den einschlägigen Zonen nicht. Er beschreibt lediglich ihren Ort – jenseits, aber nicht völlig jenseits der Kernbereiche gewerkschaftlicher Organisationsmacht.

3.2 Periphere Mittelbetriebe als Wirtschaftssegment

Es ist unüblich, Mittelbetriebe als eigene analytische Kategorie zu behandeln. Weithin üblich ist die Zusammenfassung der Klein- und Mittelbetriebe (KMU) als summarische Abgrenzung vom Großbetrieb. Die KMU haben zudem in letzter Zeit im wissenschaftlichen sowie politischen Diskurs Karriere gemacht (vgl. zum Beispiel Dufour u.a. 2006; Bluhm/Schmidt 2008; Bouquin u.a. 2007). Dies hat damit zu tun, dass ihre Zahl und ihr Beschäftigungsvolumen kontinuierlich zunehmen. Sowohl in Deutschland als auch in Frankreich fallen über 90 Prozent aller Betriebe in die summarische Großkategorie der KMU *(petites et moyennes entreprises; PME)*.[135]

Statistisch existieren einige gemeinsame Charakteristika von KMU, die diese von Großbetrieben abgrenzen: »Im Großen und Ganzen sind die Entgelte niedriger, die Belegschaft ist weiblicher, die anerkannten Qualifikationen sind geringer, Strukturen der Belegschaftsrepräsentation sind weniger präsent oder fehlen komplett« (Dufour u.a. 2006: 214; Übers. d. Verf.). Ihr betriebliches Alter ist im Durchschnitt geringer und die wirtschaftliche Situation instabiler. Als typisch werden ferner größere arbeitspolitische Einflussspielräume der Beschäftigten sowie eine geringer ausgeprägte formale Hierarchisierung beschrieben (vgl. Hilbert/Sperling 1990; Dörre 2001). Trotz gewisser gemeinsamer Merkmale ist die Sammelkategorie der KMU allerdings deutlich zu groß und zu heterogen, um hier etwa eine einheitliche Kultur der Interessenvertretung zu vermuten. Sie reicht von der Ich-AG bis zur Verwaltungszentrale eines Großkonzern, vom Handwerksbetrieb bis zum Fernsehsender.

Nicht nur die erhebliche Varianz betrieblicher Situationen stellt den generalisierenden Begriff der KMU in Frage. Dieser lässt sich auch als Element eines Diskurses kritisieren, in dem die wachsende Zahl von Klein- und Mittelbetrieben als Ausdruck marktwirtschaftlicher Dynamik interpretiert wird. Galten sie früher als Ort rückständiger Produktionsmethoden, defizienter Wertschöpfung und archaischer Herrschaftsverhältnisse, so avancieren sie

---

135 Die scheinbar so klare Abgrenzung des Klein- und Mittelbetriebs über den Faktor der Beschäftigtenzahl besitzt bei näherem Hinsehen allerdings eine erhebliche Fluidität. Die von Eurostat festgelegte Schwelle von 250 Beschäftigten hat zwar inzwischen eine gewisse Normierungskraft, dennoch wird die Grenze zwischen dem, was als eher klein und dem, was als Großbetrieb gilt, national häufig different definiert (vgl. EIRO 1999; Dufour u.a. 2006: 210ff.).

neuerdings zu dynamischen Einheiten wirtschaftlicher Erneuerung, die einen wichtigen Betrag zur Lösung der Krise auf dem Arbeitsmarkt leisten. Nach Jahrzehnten des Daseins im Schatten der Großindustrie stehen sie aktuell im Fokus der Aufmerksamkeit gesetzlicher Neuerungen, politischer Initiativen sowie wissenschaftlicher Untersuchungen. Dabei erscheinen die immer zahlreicher werdenden KMU häufig als marktförmig konkurrierende, unabhängige wirtschaftliche Einheiten – sozusagen als Inkarnation Schumpeter'schen Unternehmertums. Oft wird nicht ausreichend zur Kenntnis genommen, dass die wachsende Zahl von Klein- und Mittelbetrieben vor allem die Konsequenz einer Reorganisierung des kapitalistischen Großbetriebs sowie neuer finanzmarktorientierter Managementmethoden ist. An die Stelle des einheitlichen Großunternehmens mit hoher Fertigungstiefe ist der auf Kernbereiche der Wertschöpfung konzentrierte ›Lean‹-Betrieb getreten, der seine Produktion im Rahmen komplexer Zulieferketten und Subunternehmerbeziehungen organisiert. Statt weniger integrierter Großunternehmen finden sich vermehrt netzwerkartige Zusammenhänge zwischen hochproduktiven Kernbetrieben und einer Vielzahl von kaskadenförmig auf diese Kerne bezogenen Zulieferbetrieben. Viele der kleineren Zulieferbetriebe oder Subunternehmen befinden sich in einer Situation doppelter Abhängigkeit – einerseits von den Hauptauftragsfirmen, die über ihre Vorgaben und Preispolitik die Profitmargen der Zulieferbetriebe definieren und restringieren, andererseits von den eigenen Konzernzentralen, die ihre international angelegten Unternehmensstrategien vor allem im Hinblick auf finanzmarktdominierte Parameter organisieren. Die Anmerkung scheint berechtigt, wonach »die KMU vor allem ein Diskurs sind. […] Weit davon entfernt, eine sinnvolle Analysekategorie darzustellen, sind sie eher der ›empirische Sockel‹ einer mystifizierten Form des Unternehmens, die inzwischen überholt ist. […] Dies erlaubt es, sowohl die zunehmende Interdependenz der Unternehmen jenseits des Marktes zu verschleiern, als auch die Vorherrschaft der großen Firmen über die anderen« (Bouquin 2006: 22; Übers. d. Verf.).

Die im Folgenden verwendete Kategorie peripherer Mittelbetriebe konzentriert sich dezidiert auf einen (quantitativ eher kleinen) Teilbereich der so genannten KMU und bemüht sich, deren Situation zwischen Nischendasein und ökonomischer Dependenz zu reflektieren. Es geht nicht um die Gesamtheit von Klein- und Mittelbetrieben, sondern um Betriebe, die eine gewisse Größe und Komplexität interner funktionaler Arbeitsteilung besitzen. Dennoch ist ihre Interessenvertretungssituation (bezüglich der gesetzlichen Normen) deviant. Es handelt sich um Mittelbetriebe, die (in Deutschland) keinen Betriebsrat besitzen bzw. (in Frankreich) nur einen Teil der gesetzlich vorgesehenen Institutionen. In Deutschland sind dies etwas weniger als die Hälfte aller

Betriebe zwischen 50 und 200 Beschäftigten (vgl. Tabelle 5). In Frankreich besitzen zwar die meisten Betriebe dieser Größe *Élus*, in vielen Unternehmen gibt es jedoch keinen *DS* und die *IRP* sind nicht gewerkschaftlich organisiert (vgl. Tabelle 7). Diese institutionelle Situation deutet an, dass sich Betriebe dieser Betriebsgröße offenbar im virulenten Einflussbereich des Systems institutionalisierter Interessenvertretung befinden, dass dessen Normen jedoch nur bedingt verpflichtend sind. Periphere Mittelbetriebe sind Unternehmen, die sich am Rand der nationalen Institutionensysteme bewegen, dezidiert innerhalb seines Einflussbereiches, jedoch jenseits seiner unmittelbaren Geltung. Dies drückt sich in der Form lückenhafter oder fehlender Institutionen betrieblicher Interessenvertretung aus.

Den Statistiken zufolge existiert eine quantitativ nicht unerhebliche Zahl solcher Betriebe, auch in klassischen Industriebereichen. Im Rahmen der empirischen Erhebungen erwies sich allerdings der Zugang zu ihnen als schwierig. Für die deutsche Studie wurde eine große Zahl einschlägiger Mittelbetriebe ohne Betriebsrat insbesondere in der Metallindustrie, Chemieindustrie, Druckindustrie sowie Nahrungsmittelindustrie angeschrieben; nur circa 10 Prozent der angesprochenen Geschäftsleitungen waren zu einem Gespräch bereit. Bei den Betrieben, die letztlich in die empirische Untersuchung aufgenommen werden konnten, handelte es sich sowohl um eigenständige, patrimoniale Familienbetriebe als auch um Unternehmen, die sich im Besitz größerer Konzerne befinden (vgl. Tabelle 11). Nur die beiden kleinsten Untersuchungsbetrieben (DA8 und FA5) waren völlig unabhängige, ›solitäre‹ Einzelbetriebe. Alle übrigen Betriebe sind entweder Teil einer Unternehmensgruppe oder Filialbetriebe eines internationalen Konzerns. Typisch ist jedoch, dass in fast allen Unternehmen aktuelle oder ehemalige Eigentümer einen prägenden Einfluss auf das Sozialsystem ausübten. Diese führten auch nach der Eingliederung des Unternehmens in einen Konzern häufig noch die Geschäfte. Es existiert also in den meisten Fällen eine gewisse Tradition der Identität von Management und betrieblichem Eigentum. Überdurchschnittlich viele Unternehmen waren zudem in eher ländlich geprägtem Umfeld ansässig.

Tabelle 11: Übersicht über Charakteristika der untersuchten peripheren Mittelbetriebe

	Branche	**Beschäftigten-Zahl**	**Unternehmensstruktur und Dynamik der Eigentumsverhältnisse**	**Regionale Verortung**
DA1	Schuhindustrie	2000/16	Deutscher »Familienkonzern« in der dritten Generation	Ländlicher Raum
DA2	Elektroindustrie	170	Ehemals Familienbetrieb, seit ca. 2000 Teil eines französischen Konzerns	Kleinstadt
DA3	Maschinenbau	170	Ehemals Familienbetrieb, inzwischen Teil einer Unternehmensgruppe mit Holding im Ausland	Ländlicher Raum
DA4	Werkzeugbau	150	Ehemals Familienbetrieb, seit 1993 Teil eines US-amerikanischen Konzerns	Ländlicher Raum
DA5	Maschinenbau	120	Ausgründung aus einem Familienbetrieb durch eine Führungskraft	Ländlicher Raum
DA6	Bekleidungsherstellung	110	Gründung durch drei Studienkollegen, vor kurzem Zukauf eigener Produktionsstandorte im Ausland (Türkei, Macao)	Stadt
DA7	Maschinenbau	90	Ehemals Familienbetrieb, Ausgründung durch eine Führungskraft	Ländlicher Raum
DA8	Möbelindustrie	80	Familienbetrieb in der dritten Generation	Ländlicher Raum
FA1	Unternehmensberatung	Ca. 4000/80	Aktiengesellschaft; persönliche Gesellschafter in Einzelniederlassungen	Kleinstadt/ Hauptsitz in Paris
FA2	Druckindustrie	Mehrere Tausend/ 70	Ehemals Familienbetrieb, in den neunziger Jahren Eingliederung in eine Unternehmensgruppe, seit 2000 Teil eines amerikanisch-kanadischen Konzerns	Stadt
FA3 Recycling	Abfallwirtschaft	105	Neugründung auf Basis einer kommunalen Vereinigung	Stadt/Land
FA4	Marktforschung	20 + 60 geringfügig Beschäftigte	Management-Buy-Out; seit 2005 konzernabhängig	Stadt
FA5	Holz/Sägeindustrie	20	Familienbetrieb	Ländlicher Raum

Die Charakteristika der Untersuchungsbetriebe verweisen einerseits auf die erhebliche Dynamik bei der Restrukturierung kapitalistischer Besitzverhältnisse und Unternehmensstrukturen, andererseits bestätigen sie die These, wonach insbesondere die patrimonialen Betriebe als schwieriges Terrain für die Implementierung betrieblicher Interessenvertretung zu gelten haben (Wolff 2006; vgl. Kapitel III.1.4). Viele der untersuchten Betriebe ohne Betriebsrat bzw. ohne Gewerkschaftsanbindung sind zwar inzwischen konzernabhängige Filialbetriebe, sie haben jedoch eine Geschichte als Familienunternehmen und sind meist erst in jüngerer Zeit von Konzernen aufgekauft worden. Mit der Konzerneinbindung wächst die Wahrscheinlichkeit der Formalisierung betrieblicher Sozialbeziehungen. Symbolträchtig erscheint diesbezüglich die Schilderung einer Führungskraft im Unternehmen DA2: Seit der Familienbetrieb vor einigen Jahren an einen französischen Konzern verkauft wurde, befürchtet man, dass die dort flächendeckend implementierten Strukturen der Mitbestimmung auch auf den Betrieb DA2 ›überspringen‹ könnten. Ein Mitglied des Gesamtbetriebsrats sei – so die Darstellung – sogar schon einmal in die recht entlegene Kleinstadt gereist und »um den Betrieb herumgeschlichen« (DA2-GL1). Bislang hat die Mitbestimmung zwar noch keinen Zutritt zum Unternehmen, sie steht jedoch sinnbildlich ›vor der Tür‹.

Von Relevanz für die etablierten Praktiken betrieblicher Interessenvertretung ist weiterhin die regionale Verortung der Unternehmen. Eine Ansiedlung im ländlichen Raum indiziert nicht nur eine im tatsächlich räumlichen Sinne periphere Lage bezüglich gewerkschaftlicher Organisierung und allgemein politischer Bewegungen, sie steht auch für eine spezifische Form von Sozialbeziehungen innerhalb sowie jenseits des Betriebs.

3.3 Der institutionelle Kontext arbeitspolitischer Regulierung in kleineren Betrieben

In Deutschland sind die Bestimmungen des Betriebsverfassungsgesetzes relativ indifferent gegenüber der betrieblichen Größe und Beschäftigtenzahl. Betriebsratsfähig sind alle Betriebe ab fünf Beschäftigten. Erst ab 200 Beschäftigten ist allerdings die Freistellung eines Beschäftigten für die betriebliche Interessenvertretung vorgesehen, was gewöhnlich einen qualitativen Sprung in deren Arbeitsmöglichkeiten bedeutet. Das französische Institutionensystem macht hingegen deutlichere Unterschiede je nach betrieblicher Größe: Die Institution der *Délégués du Personnel* ist ab zehn Beschäftigten obligatorisch, das *Comité d'Entreprise* sowie das *Comité d'Hygiène, de Sécurité et des Conditions de Travail (CHSCT)* hingegen erst ab 50 Beschäftigten.

Im Zuge des diskursiven sowie quantitativen Siegeszuges von Klein- und Mittelbetrieben versuchte die Gesetzgebung in beiden Ländern, die institutionelle Durchdringung der eher regulierungsfernen Klein- und Mittelbetriebe zu fördern: In Deutschland wurde im Rahmen der Reform des Betriebsverfassungsgesetzes im Jahr 2002 für Betriebe bis 100 Beschäftigte die Möglichkeit eines vereinfachten Wahlverfahrens für Betriebsräte eingeführt. Eine ähnliche Intention der Vereinfachung und Entbürokratisierung hatte die Einführung der *Délégation Unique (DU)* in Frankreich im Jahr 1993. Die Geschäftsleitung in Betrieben bis 200 Beschäftigten kann seitdem beschließen, dass im Rahmen einer integrierten Wahlprozedur *Délégués du Personnel* gewählt werden, die zugleich das *Comité d'Entreprise* in Personalunion übernehmen. In beiden Fällen wurden die (freiwillig gestalteten) institutionellen Neuerungen in den Betrieben *mit* Interessenvertretungen gut angenommen. Der erhoffte Effekt einer Steigerung des Institutionalisierungsgrades lässt sich jedoch kaum belegen.

Während sich in Deutschland das Arsenal betrieblicher Mitbestimmung auf den Betriebsrat beschränkt, gibt es in Frankreich jenseits der obligatorischen *Élus* sowie der rechtlich verankerten (optionalen) Gewerkschaftsdelegierten noch einige weitere Institutionen, die auf den Sozialdialog speziell in Klein- und Mittelbetrieben zielen. Es handelt sich dabei um ephemere sowie hybride Institutionen, die vorübergehenden oder überbetrieblichen Charakter haben. Diese sind jedoch typischerweise gesetzlich abgesichert und stehen häufig unter gewerkschaftlicher Kontrolle: Die *Salarié(e)s Mandaté(e)s* wurden im Rahmen der gesetzlichen Arbeitszeitverkürzung eingeführt und erhalten von einer Gewerkschaft ein zeitlich sowie inhaltlich beschränktes Mandat zum Abschluss betrieblicher Verträge (vgl. Kapitel II.2.9). Seit seiner Einführung hat sich das so genannte *Mandatement* zu einem gängigen Verfahren arbeitspolitischer Regulierung in Klein- und Mittelbetrieben entwickelt. Die *Mandaté(e)s* bleiben jedoch in den meisten Fällen vorübergehende Instanzen und übernehmen nur selten eine dauerhafte Repräsentationsfunktion in den Betrieben. Die *Conseillers du Salarié* (Beschäftigtenberater) wurden bereits Ende der achtziger Jahre etabliert und sind ebenfalls insbesondere im Bereich der Klein- und Mittelbetriebe tätig.[136] Dabei handelt es sich um eine Art des freiwilligen Engagements im Bereich der staatlichen Arbeitsinspektion, für das die ehrenamtlich Tätigen jedoch von ihrer Erwerbsarbeit freigestellt werden. Die *Conseillers du Salarié* können von Beschäftigten in Unternehmen ohne Interessenvertretung im Fall von Arbeitskonflikten hinzugezogen werden. Sie assistieren insbeson-

---

136 Rennes (2001: 136) zitiert die Bilanz des Ministeriums, wonach jährlich etwa 40.000 Interventionen der *Conseillers du Salarié* stattfinden, davon etwa die Hälfte in Unternehmen über zehn Beschäftigten.

dere in den (obligatorischen) Gesprächen zwischen Beschäftigten und Unternehmen im Fall von Kündigungen, unterstützen jedoch auch die Gründung von Gewerkschaftssektionen und die Wahl von *DP*. Diese Funktionen, die formal der staatlichen Arbeitsinspektion zugeordnet sind, werden in den meisten Fällen von gewerkschaftlichen AktivistInnen übernommen, die zuvor eine recht umfassende Schulung über Arbeitsrecht durchlaufen haben. Die Institution verdeutlicht daher einmal mehr die typische Rolle der französischen Gewerkschaften als staatlicherseits beauftrage Agenten sozialer Ordnung (vgl. Kapitel II.3.4) und ist in ihrer Regulierungswirkung auf die Situation in Klein- und Mittelbetrieben nicht zu unterschätzen.[137]

Auch in Deutschland existieren einige Einrichtungen zur betrieblichen Interessenvertretung in Kleinbetrieben, die gewissermaßen unterhalb der Schwelle einer Betriebsratswahl liegen, allerdings typischerweise nicht gesetzlich abgesichert sind. Es handelt sich dabei entweder um gewerkschaftliche Initiativen oder um rein betriebliche Institutionen. Sowohl ihre quantitative Reichweite als auch ihre normative Prägekraft liegen deutlich niedriger als die der erwähnten französischen Regelungen. In diesem Zusammenhang wären etwa diverse gewerkschaftliche Initiativen zu nennen, die auf eine Stärkung gewerkschaftlicher Verankerung in Klein- und Mittelbetrieben zielen. Im Rahmen des Modells betrieblicher Ansprechpartner bieten beispielsweise gewerkschaftliche AktivistInnen Beratungsdienste für Beschäftigte aus betriebsratslosen Betrieben an. In ähnlicher Weise etablieren auch Betriebspartnerschaften Beratungskontakte entlang gewerkschaftlicher Netzwerke sowie auf der Basis regionaler Nähe (Rudolph/Wassermann 2000). Die einschlägigen Initiativen profitieren jedoch weder von gesetzlich garantierten Ressourcen (wie zum Beispiel Freistellung und Schulung der AktivistInnen), noch über legal gesicherte Einflussrechte. Ein weiteres Beispiel für niedrig schwellige Formen des sozialen Dialogs sind die so genannten alternativen Beteiligungsformen. Damit sind gesetzlich nicht abgesicherte, ›hausgemachte‹ Institutionen der Beschäftigtenpartizipation gemeint, etwa so genannte runde Tische, Senate, Vertrauensleute, Sprecherräte oder Ähnliches. Diese haben in jüngster Zeit (unter anderem durch den Fall SAP) in Deutschland eine erhebliche Publicity erhalten, während in Frankreich – wohl auch angesichts der Vielzahl staatlicherseits obligatorischer Institutionen – solche Diskussionen sowie Praktiken komplett absent sind. Neuere Daten des IAB-Betriebspanels belegen, dass

---

137 Die *Conseillers du Salarié* haben allerdings einen inhaltlich beschränkten Auftrag der Interessenvertretung und intervenieren typischerweise erst im Fall von Entlassungen. Die französischen Gewerkschaften fordern – bislang vergeblich – eine Ausweitung sowie Generalisierung ihres Vertretungsauftrags, womit sie eine Art staatlicherseits eingesetzte Interessenvertretung und Beratung für Beschäftigte in kleineren Betrieben würden.

diese alternativen Formen der Mitarbeiterbeteiligung in 4 Prozent aller westdeutschen und 3 Prozent aller ostdeutschen Betriebe (über fünf Beschäftigten) existieren. Sie sind insbesondere in Betrieben zwischen 51 und 100 Beschäftigten (mit 8 Prozent bzw. 5 Prozent) deutlich überproportional verbreitet (Ellguth 2006).

Ein wichtiger Bestandteil arbeitspolitischer Regulierung gerade in kleineren Betrieben ohne Betriebsrat sind Arbeitsgerichtsprozesse. Diese gehen nahezu zu 100 Prozent von den Beschäftigten aus – sowie in der deutlichen Mehrheit von Beschäftigten aus kleinen und sehr kleinen Betrieben. In Absenz kollektiver Formen der Interessenregulierung (zum Beispiel Sozialpläne) sowie repräsentativer Vertretungen sind sie gezwungen, ihre Rechte individuell einzuklagen, sei es formal vor den zuständigen Arbeitsgerichten oder (zunächst) informell gegenüber dem Vorgesetzten oder Unternehmer.[138] Im Rahmen einer solchen erzwungenen Individualisierung der Interessenvertretung sind die Möglichkeiten arbeitsrechtlicher Information sowie der Zugang zu juristischer Rechtsprechung zweifellos von großer Bedeutung. In Frankreich existiert mit den *Inspections de Travail* (Arbeitsinspektionen) eine Institution, bei der die Beschäftigten vergleichsweise unkompliziert sowie kostenlos rechtliche Auskünfte erhalten können. Die Arbeitsinspektoren intervenieren zudem im Fall des Verstoßes gegen arbeitsrechtliche Bestimmungen zuweilen auch direkt und üben eine systematische Kontrollfunktion aus. Ihre Effizienz wird zwar durch ihre geringe Zahl sowie begrenzte Sanktionsmacht erheblich reduziert, immerhin existiert mit ihnen jedoch eine Institution, deren Aufgabe es ist, die Anwendung der gesetzlichen Bestimmungen zu kontrollieren. Damit wird faktisch die individuelle Interessenvertretung der Beschäftigten staatlicherseits unterstützt.

Auch die Einleitung eines formalen Verfahrens bei den Arbeitsgerichten *(tribunaux des prud'hommes)*, in denen in erster Instanz Vertreter der Unternehmer sowie der Beschäftigtenseite als ehrenamtliche Richter tätig sind, ist vergleichsweise unkomplizierter als in Deutschland.[139] Während in Frankreich

---

138 Dies tun sie allerdings im Regelfall nur bei vergleichsweise wichtigen Themen sowie typischerweise in Situationen, in denen der ›kleinbetriebliche Sozialvertrag‹ ohnehin in Frage steht: In der Mehrzahl der Arbeitsgerichtsprozesse geht es um Entlassungen, wobei häufig zugleich entgangene materielle Leistungen (Überstundenzuschläge, Auszahlung von Überstunden u.Ä.) oder Lohnzahlungen nachträglich eingefordert werden.

139 Die Arbeitsgerichte der *prud'hommes* sind eine historisch entstandene französische Spezifität zur Regulierung der regionalen Arbeitsmärkte. Es handelt sich um eine Art ehrenamtliche juristische Struktur, wobei die Richtertätigkeit nicht als Profession, sondern als Wahlamt gestaltet ist. In den verschiedenen Instanzen sitzen jeweils zu gleichen Teilen Unternehmer und Beschäftigte (in der Regel GewerkschafterInnen), die alle fünf Jahre in dieses Amt gewählt werden. Für Entscheidungen ist also jeweils die Zustimmung mindestens eines Vertreters ›der an-

also erneut der Staat gewisse Unterstützungsleistungen zur individuellen Regulierung arbeitspolitischer Streitigkeiten bereitstellt, sind in Deutschland die Beschäftigten darauf verwiesen, sich entweder (teuren) Rat von einem Anwalt zu holen oder den (ebenfalls kostenpflichtigen) Gang zur Gewerkschaft zu wagen.

In Betrieben, in denen keine Betriebsräte oder *Délégués Syndicaux* existieren, die betriebliche Vereinbarungen aushandeln könnten, sind tarifliche sowie gesetzliche Normen besonders wichtige Institutionen zur kollektiven Standardisierung von Arbeitsverhältnissen. Allerdings sind Betriebe ohne Betriebsrat in Deutschland überproportional häufig nicht tarifgebunden. Diese generelle Tendenz gilt allerdings nur bedingt für kleinere Betriebe: In Betrieben bis zu 100 Beschäftigten ist die Absenz eines Betriebsrats bei gleichzeitiger Tarifbindung sogar die häufigste Konstellation (vgl Ellguth 2004; Wassermann/Rohde 2004; Artus 2006).[140] Es ist allerdings darauf hinzuweisen, dass gerade in kleineren Betrieben, in denen kein Betriebsrat als ›Tarifpolizei‹ existiert, die Tendenz zum Unterschreiten und zum Bruch gültiger Tarifverträge ausgeprägt ist. Insgesamt ist daher davon auszugehen, dass es sich bei den einschlägigen Wirtschaftssegmenten auch um periphere Bereiche des Tarifsystems handelt: Die Tarifnormen haben zwar eine Orientierungs- und Standardisierungswirkung, sie prägen die betrieblichen Verhältnisse jedoch nicht unmittelbar.

In Frankreich ist der Deckungsgrad betrieblicher Normen zwar wesentlich höher als in Deutschland, ihr substanzieller Inhalt allerdings vergleichsweise dürftiger. So liegen etwa 82 Prozent der niedrigsten branchenspezifischen Tariflöhne unterhalb des gesetzlichen Mindestlohns *(SMIC)* (Concialdi 2005, zitiert nach Le Lay 2006). Gerade für den kleinbetrieblichen Bereich mit seinem insgesamt niedrigeren Lohnniveau ist der *SMIC* daher eine zentrale Orientierungsgröße, die nur selten unterschritten, in vielen Fällen jedoch auch nicht überschritten wird

Insgesamt ist der institutionelle Kontext betrieblicher Interessenvertretung im deutschen sowie französischen Segment peripherer Mittelbetriebe deutlich different. Das Institutionennetz zur Unterstützung individueller Interessen-

deren Seite‹ nötig. Im Fall von Stimmenparität wird die Entscheidung an die nächst höhere Instanz weiterverwiesen (vgl. Dufour u.a. 2006: 43).

140 Nach den Daten des IAB-Betriebspanels ist die Konstellation ›Tarifbindung: ja – Betriebsrat: nein‹ eine in kleineren Betrieben bis 100 Beschäftigte durchaus verbreitete Situation, während sich in größeren Betrieben deutlich häufiger entweder reguläre Bedingungen (Betriebsrat *und* Tarifbindung) oder komplett irreguläre Verhältnisse finden (weder Betriebsrat noch Tarifbindung). Dies liegt vermutlich daran, dass im kleinbetrieblichen Handwerksbereich die Mitgliedschaft in einer Innung üblich, wenn nicht sogar verpflichtend ist. Zudem sind in vielen stark kleinbetrieblich strukturierten Branchen, wie zum Beispiel dem Baugewerbe oder dem Nahrungs-/Genuss- und Gaststättenbereich allgemeinverbindliche Tarifverträge weit verbreitet.

vertretung ist in Frankreich deutlich dichter. Der Staat engagiert sich stärker im Sinne einer überbetrieblichen Standardisierung von Arbeitsnormen sowie bei der Unterstützung individueller Interessenvertretung. Ob dies in der betrieblichen Praxis einen Unterschied macht und wenn ja, welchen, soll im Folgenden anhand zweier Betriebsbeispiele diskutiert werden.

3.4 Ein deutscher Betrieb ohne Betriebsrat: Dorfmaschinenbau[141]

Der Betrieb Dorfmaschinenbau (DA5) entstand 1986 als Ausgründung eines süddeutschen Spezialmaschinenherstellers. Er ist in einer sehr ländlich geprägten Gegend ansässig. Mit CNC-gesteuerten Werkzeugmaschinen werden hier Stahlteile in spezialisierter Einzelanfertigung, Leiterplatten sowie Schaltschränke hergestellt. Die Mutterfirma ist der Hauptauftraggeber des Unternehmens. Die wirtschaftliche Situation des Betriebs ist gut und stabil. Entscheidende Faktoren in der Konkurrenzstrategie des Unternehmens sind Qualität und Termintreue, während die Kostenfrage eine eher geringere Rolle spielt. Für die allgegenwärtige Klage über den Standort Deutschland hat der Geschäftsführer nur ein paar spöttische Worte übrig. Aus seiner Sicht wäre sogar eine Ausweitung der Produktion möglich, die er jedoch wegen des damit verbundenen erheblichen Aufwands ablehnt:

»Wenn ich das dann höre, was manche Leute so vom Stapel lassen, da müssen sie sich mal fragen, ob sie alles richtig gemacht haben. Denn es ist heute doch so: Wenn Sie heutzutage, meiner Meinung nach, vernünftige Qualität zu dem entsprechenden Tag liefern, dann kriegen sie Arbeit. Von meiner Sicht aus gesehen, ist es gerade so, dass ich Arbeit haben könnte ohne Ende, wenn ich wollte. Aber ich will nicht.« (DA5-GL) [142]

Der etwa 50-jährige Geschäftsführer der Firma ist zugleich der Firmengründer und prägt als Person in starkem Maße die Betriebskultur. Es zeichnen ihn eine gewisse Bodenständigkeit gepaart mit Pragmatismus aus. Trotz eines klaren Autoritätsanspruches mangelt es ihm nicht an sozialem Verantwortungsgefühl. Unter den Beschäftigten genießt er den Ruf eines »gerechten Chefs«. Sein wichtigstes Kriterium bei der Einstellung von Beschäftigten zielt – neben der fachlichen Qualifikation – auf bestimmte Charaktermerkmale: »Dann muss ich

141 Alle im Folgenden verwendeten Betriebsnamen sind verändert, um eine Anonymisierung zu gewährleisten.

142 Die Abkürzungen hinter den Zitaten bezeichnen das jeweilige Interview (vgl. Übersicht im Anhang). In diesem Fall bezeichnet das Kürzel DA5 den Untersuchungsbetrieb, GL steht für Geschäftsleitung. Im Weiteren: BL = Belegschaft/Beschäftigter, BR = Betriebsratsmitglied, *IRP* = Mitglied der *Institutions Représentatives du Personnel*

in dem Gespräch das Gefühl haben, er ist ehrlich, anständig und er muss wollen.« (DA5-GL).

Während Diebstahl oder Unehrlichkeit eines Beschäftigten mitunter zu einer fristlosen Entlassung führen können, sind auch langandauernde Erkrankungen kein Kündigungsgrund.

»Der Chef ist da schon ziemlich sozial.« (DA5-BL1)

Bei den etwa 120 Beschäftigten handelt es sich größtenteils um qualifizierte männliche Facharbeiter, die teilweise im Betrieb selbst ausgebildet wurden. Die meisten haben einen großen Teil ihres Berufslebens bei Dorfmaschinenbau verbracht. Die Fluktuation ist niedrig, liegt unter 3 Prozent. Über 10 Prozent der Belegschaft sind Auszubildende, die in der Regel übernommen werden. Die Beschäftigten haben eine starke regionale Verankerung, sind teilweise Nebenerwerbslandwirte und der regionale Arbeitsmarkt bietet eher wenig Beschäftigungsalternativen.

3.4.1 Interessendefinition: Ausgeprägte gemeinsame Interessen bei Akzeptanz differenter Interessenlagen

Die starke regionale Verankerung der Beschäftigten und die hohe Arbeitsplatzsicherheit sind zentrale Argumente für eine ausgeprägte Betriebsloyalität der Beschäftigten. Geschäftsführer und Beschäftigte sehen eine solide Basis gemeinsamer Interessen – nach den Worten eines Beschäftigten:

»Wenn es dem Betrieb gut geht, geht es auch den Leuten gut« (DA5-BL2).

Ebenso sind sich jedoch beide Seiten klar darüber, dass – vor allem beim Thema Lohn – auch differente Interessen existieren. Das vorherrschende Bild ist nicht das einer harmonischen Interessengemeinschaft, sondern vielmehr das einer Vielfalt von Akteuren mit durchaus unterschiedlichen Bedürfnissen, die permanent ausgehandelt und ausgeglichen werden müssen:

»Gut, der eine oder andere ist dann vielleicht nicht ganz zufrieden. Aber im Prinzip ist es so: Wenn jeder zufrieden ist, dann hab' ich etwas falsch gemacht. Das kann net sein, da stimmt was nicht. Es kann nicht jeder zufrieden sein, das geht einfach nicht.« (DA5-GL)

Den innerbetrieblichen Austauschbeziehungen wird also eine grundlegende Konflikthaltigkeit attestiert, die nahezu unauflösbar scheint. Gerade das Bewusstsein über die permanente Prekarität des Interessenkonsenses ist jedoch die Grundlage für die ausgeprägte Kommunikations- und Aushandlungskultur. Entschärft wird die Situation zudem durch die hohe Arbeitsplatzsicherheit im Betrieb, die ein zentrales Argument für die ausgeprägte Betriebsloyalität der

Beschäftigten ist. Hinzu kommt, dass die Mentalität der Beschäftigten durch Bodenständigkeit, eine gewisse Bescheidenheit und Anspruchslosigkeit geprägt ist:

I: »Woran liegt das, dass alles so gut läuft?«

Beschäftigter: »Weil die Kommunikation gut läuft. Wichtig ist außerdem, dass hier normale Leute arbeiten, die bodenständig sind. Viele kommen vom Bauernhof. Es gibt niemanden mit rot gefärbten Haaren und spinnerten Ideen, keine Chaoten.« [...]

I: »Welche Einschnitte wären denn zumutbar, um den Arbeitsplatz zu sichern?«

B: »Man ist letztendlich ja doch genügsam. Man würde damit leben können, wenn das Urlaubs- und Weihnachtsgeld gestrichen würde und mit Mehrarbeit auch.« (DA5-BL1)

3.4.2 Kommunikations- und Informationskultur: Informelle und intensive Aushandlungsbeziehungen als tägliche Praxis

Ein zentrales Merkmal der betrieblichen Kultur bei Dorfmaschinenbau ist eine hohe Intensität informeller sowie semiinstitutionalisierter Aushandlungen[143] und direkter Kommunikationskontakte. Kommunikation und Aushandlung werden als wichtige Prozesse begriffen, in die sich alle permanent einbringen und einbringen sollen – auch wenn der Chef dabei das letzte Wort hat.

Eine zentrale Rolle für die Arbeitsorganisation und auch die Lösung von Problemen haben bei Dorfmaschinenbau die wöchentlichen Treffen des Geschäftsführers mit den Meistern und Abteilungsleitern. Die dort stattfindenden Diskussionen sind keine reinen ›Einbahnstraßengespräche‹, sondern ›der Chef‹ schenkt den ihm vorgetragenen Problemen und Vorschlägen systematisch Gehör. Die Beschäftigten wissen, dass er normalerweise nach einer kurzen Phase der Bedenkzeit auf ihre Anliegen reagiert:

»Also der nimmt die Probleme zur Kenntnis und schreibt es sich auf und dann denkt er drüber nach. Und dann hört man mal 'n paar Tage nichts mehr. Logischerweise [...] und dann in einem von diesen Gesprächen da oder in einem Mitarbeitergespräch oder einer Meisterbesprechung, dann sieht er seine Aufschriebe durch und dann nimmt er zu den Problemen Stellung und sagt, das und jenes stellt er sich so vor. Und dann diskutiert man noch mal drüber und dann kommt man meistens zu 'ner Lösung.« (DA5-BL3)

Die Information und Kommunikation mit der Belegschaft erfolgt nur in Ausnahmefällen kollektiv und nicht nach dem ›Gießkannenprinzip‹. Ziel ist nicht eine permanente und umfassende Information der Belegschaft, sondern die

143 Im Kapitel I.3.2.3 wurde der Begriff semiinstitutionalisierter Formen der Interessenvertretung eingeführt für betriebsspezifisch definierte Institutionen jenseits des Betriebsverfassungsgesetzes, also zum Beispiel Vertrauensleute, Runde Tische oder Ähnliches.

Kommunikationsprozesse sind im Regelfall spezifisch, problemzentriert und einzelfallbezogen. Nur selten finden Belegschaftsversammlungen mit allen Beschäftigten statt. Dies geschieht eher in Ausnahmesituationen, etwa dann, wenn der Geschäftsleiter eine unpopuläre Maßnahme ankündigen und deren Notwendigkeit erläutern will. Eine regelmäßige Information der Belegschaft über die wirtschaftliche Entwicklung des Betriebs gibt es nicht. Die Praxis, vierteljährlich die Geschäftsergebnisse an einem Schwarzen Brett auszuhängen, hat der Geschäftsführer als überflüssig und eher schädlich wieder aufgegeben:

»Jedes Mal, wenn ich wieder so einen Bericht ausgehängt habe, da sind irgendwelche gekommen und die haben dann immer Dinge herausgelesen, die da gar net drin gestanden sind. Und dann hat's jedes Mal Zoff gegeben.« (DA5-GL)

Wichtig für den Informations- und Kommunikationsfluss ist die regelmäßige Präsenz des Geschäftsführers in der Produktion. Gewöhnlich wenden sich die Beschäftigten mit Anliegen zunächst an die Meister. Diese filtern anschließend, welche Probleme ›dem Chef‹ vorgetragen werden und welche nicht wichtig genug sind. Aus Sicht der Beschäftigten hat diese Praxis die manchmal ärgerliche Konsequenz, dass sie nicht immer sicher sein können, ob ihre Vorschläge und Beschwerden tatsächlich bis zum ›Chef‹ gelangen. Für die Mutigeren unter ihnen ist es allerdings auch relativ unproblematisch möglich, den Geschäftsführer bei seinen regelmäßigen Rundgängen persönlich anzusprechen. Die häufige Präsenz des Geschäftsführers in der Produktion dient jedoch nicht nur dem Kommunikationsfluss, sondern auch der direkten personalen Kontrolle:

I: »Und kriegen Sie dann die Einschätzung, wie die Leute so sind und wie die arbeiten und so, kriegen Sie die von den Meistern?«

GL: »Nee, nee. Die Einschätzung, die krieg' ich (Pause) im Prinzip, wenn ich durchlaufe. Das seh' ich schon, was da los ist.« (DA5-GL)

Im Rahmen seiner regelmäßigen Kontrollgänge wird der Geschäftsführer auch auf Mitarbeiter aufmerksam, die in ihrem Arbeitsverhalten zu wünschen übrig lassen oder viele Fehler machen – und kann sie auf die Ursachen dafür ansprechen:

»Ich bin mal zu jemandem hin. Der hatte zwei oder drei Wochen hintereinander Dinge gemacht, das war... Da bin ich hin und hab' gefragt: Was ist denn los? Was hast du für a Problem? Ist dir deine Freundin davon gelaufen? Also, das war net der Fall, aber... Der hat auch nicht gesagt, was er hat. Das hab ich auch gar net erwartet im Prinzip, aber es wurde dann besser.« (DA5-GL)

Das obige Beispiel scheint sinnfällig für die betriebliche Sozialverfassung: Im Fall schlechter Arbeitsleistung macht der Geschäftsführer in seiner Rolle als Vorgesetzter zum einen deutlich, dass er diese durchaus bemerkt und ein solches Verhalten illegitim ist, zum anderen aber auch, dass er die schlechte Arbeitsleistung nicht auf Unwillen oder Unfähigkeit des Beschäftigten zurückführt, sondern auf persönliche Probleme. Er signalisiert nicht in erster Linie Kontrollwillen und Sanktionsbereitschaft, sondern Vertrauen in die Existenz eines wechselseitig geteilten, gerechten Leistungskompromisses, ja sogar eine gewisse Fürsorge. Der Beschäftigte hat seinerseits durchaus verstanden, was ›der Chef‹ ihm sagen will: Es geht nicht wirklich um ein vertrauensbasiertes Gespräch über persönliche Probleme, sondern darum, dass er sein Arbeitsverhalten wieder den üblichen Normen anpassen soll. Wichtig ist allerdings, dass diese Aufforderung zu einem veränderten Leistungsverhalten in einer Form erfolgt, die den Beschäftigten auch als Individuum ernst nimmt, als Gegenüber akzeptiert und respektiert.

Der Eindruck einer insgesamt ausgeprägten Kultur offener und direkter Kommunikation zwischen den verschiedenen Hierarchieebenen wurde auch in den Beschäftigteninterviews bestätigt:

»Das ist wahrscheinlich auch der Grund, warum ich dann da geblieben bin, weil es einem gut gefällt vom ganzen Klima her. […] Man kann wirklich über alles reden.« (DA5-BL1)

3.4.3 Normierung der Arbeitszeitbedingungen: Freiwillige flexible Arbeitszeitarrangements mit informellem Verpflichtungscharakter

Ergebnis dieser dichten informellen Kommunikations- und Verhandlungskultur sind eine Vielzahl individuell abgestimmter Regelungen, die die betrieblichen Anforderungen mit persönlichen Bedürfnissen bestimmter Beschäftigter in Einklang bringen. Dies gilt insbesondere beim Thema Arbeitszeit: Ein aus einer weit entfernten Großstadt zur Arbeit pendelnder Beschäftigter kann seine Arbeitszeit entsprechend dem Zugfahrplan gestalten. Beschäftigte, die gerade ein Eigenheim bauen, sind aus der allgemeinen Überstundenregelung ausgenommen, um einen höheren Lohn erarbeiten zu können. Nebenerwerbslandwirte erhalten kurzfristig Urlaub, um auf Wetterveränderungen und Erntenotwendigkeiten reagieren zu können. Insgesamt existiert eine Kultur der Freiwilligkeit bei gegenseitiger Verpflichtung. Dies wird auch beim Thema Samstagsarbeit und Überstunden besonders deutlich: Mehrarbeit hat bei Dorfmaschinenbau grundsätzlich Ausnahmecharakter und wird nie angeordnet.

»Samstag früh, von 7 bis 12 oder so, ist dann auf. Es herrscht noch kein Zwang zu kommen, aber es wird doch recht gut besucht. […] Man hängt das als Aushang aus, es gibt da so'n Muster-Aushang, und jeder weiß, wenn das Ding da dort hängt, dann ist am Samstag auf, und dann kommen die Leute. […] Im Hochsommer sind's weniger wie im Winter, das ist klar, wenn jeder draußen da seine Aktivitäten hat.« (DA5-BL3)

Die strikte Freiwilligkeit von Zusatzarbeit kann vor allem deshalb beibehalten werden, weil die Beschäftigten stets bereit sind, bei Bedarf Zusätzliches zu leisten. Diese – im Ausnahmefall auch überdurchschnittliche – Leistungsbereitschaft ist unter den Facharbeitern Teil ihres ausgeprägten Berufsethos. Sie vertrauen zudem darauf, dass auch die Geschäftsleitung zu Zugeständnissen bereit ist, wenn ihre eigenen individuellen Bedürfnisse dies erfordern. Man schätzt es zudem, dass zusätzliche Anstrengungen nicht autoritär angeordnet, sondern in Absprache und auf der Basis gegenseitiger Einwilligung eingefordert werden.

»Das sieht ja jeder ein, wenn da noch ein Auftrag ist, dann mach ich den halt noch fertig. Das ist nicht das Problem« (DA5-BL2)

»Was ist denn da dabei, manchmal ein paar Stunden mehr zu arbeiten, das ist ja kein Beinbruch. [...] Also es gibt keinen Druck [Überstunden zu machen], ich meine, natürlich ist Druck da [die Aufträge termingerecht zu schaffen] und ich sage mir, lieber komme ich fünfmal freiwillig rein, als einmal gezwungen. Ich schaffe freiwillig viel lieber und das ist halt der Vorteil bei uns, dass so viel freiwillig ist.« (DA5-BL1)

Und schließlich hat der Arbeitszeitkonsens auch ein persönliches Moment:

»Wir können doch net zum Chef gehen und sagen: Wir packen das da net. Also so viel Stolz hat dann jeder.« (DA5-BL3)

Es gibt auch einzelne Beschäftigte, die nie zu Überstunden oder Samstagsarbeit bereit sind. Obwohl auf eine solche Haltung keine expliziten negativen Sanktionen erfolgen, stellen sich diese Beschäftigten doch tendenziell außerhalb des kollektiv geteilten Leistungskompromisses. Dieser setzt ein gewisses Maß an Flexibilitäts- und Einsatzbereitschaft als selbstverständlich voraus. Einer der Interviewpartner erklärte dies auch durch die mehrheitlich landwirtschaftliche Prägung der Belegschaft. Von der Arbeit auf dem eigenen Hof sei man es gewöhnt, die Arbeit zu machen, wenn sie anfällt und dabei flexibel zum Beispiel auf Witterungsbedingungen zu reagieren. Dieses Arbeitsverständnis setze sich im Betrieb fort.

Das betriebliche Arbeitszeitarrangement ist also das Ergebnis eines komplexen Aushandlungsgeschehens, das sich durch permanente Prozesse des ›Gebens und Nehmens‹ auszeichnet und dessen Endergebnis mehrheitlich als gerecht und fair bewertet wird. Betriebliche Erfordernisse werden von den Beschäftigten dabei selbstverständlich berücksichtigt. Umgekehrt können sie jedoch auch relativ sicher sein, dass auf ihre persönlichen Arbeitszeitwünsche Rücksicht genommen wird:

»Urlaub bekommt man ganz kurzfristig, auch wenn man früh anruft und den Tag frei haben will. In den ganzen Jahren, in denen ich hier arbeite, gab es noch nie den Fall, dass ich keinen Urlaub bekommen habe, wenn ich ihn beantragt habe. Das ist der entscheidende Vorteil.« (DA5-BL2)

Jenseits dieser alltäglichen ›Do-ut-des‹-Beziehungen besitzt allerdings die Geschäftsleitung ein allgemeines Weisungsrecht und kann in bestimmten Fällen auch autoritär allgemeine Regeln vorgeben oder verändern. So dekretierte ›der Chef‹ etwa in der Vergangenheit eine Erhöhung der wöchentlichen Arbeitszeit von 38 auf 40 Stunden für alle Beschäftigten. Lediglich symbolisch wurde die Belegschaft als relevantes Gegenüber anerkannt, indem die Maßnahme auf einer Betriebsversammlung ausführlich in ihrer Notwendigkeit begründet wurde. Hauptargumente waren dabei die gute Auftragslage der Firma sowie die inzwischen weite Verbreitung dieser Praxis auch in anderen Firmen der Metallindustrie. Die Beschäftigten waren zwar nicht begeistert von der Neuerung, nahmen sie jedoch ohne größere Proteste hin. Zum einen empfinden sie das Gesamtarrangement dennoch als »fair«, zum anderen gestehen sie ›dem Chef‹ sein Weisungsrecht auch durchaus zu. Die Akzeptanz der Maßnahme wurde dadurch gefördert, dass die Arbeitszeitverlängerung mit vollem Lohnausgleich erfolgte.

3.4.4 Normierung der Löhne als heikelster Punkt des Interessenarrangements

Am prekärsten ist das Interessenarrangement bei Dorfmaschinenbau zweifellos beim Thema Lohn. Der Betrieb »orientiert« sich am geltenden Tarif der Metall- und Elektroindustrie. Das bedeutet, dass das Entgeltniveau zwar dem regional üblichen Standard kleinerer Industriebetriebe entspricht, der Grundlohn liegt jedoch unter dem Tarif. Je nach Perspektive wird von den befragten Beschäftigten mehr oder weniger Kritik an der absoluten Entgelthöhe geäußert:

»Es könnte schon mehr sein. […] Das größte Problem hier ist der Lohn, weil wir hier halt schon eine Stufe niedriger bezahlt werden als woanders. Da jammern immer alle.« (DA5-BL2)

Wie tariftreu die Eingruppierungspraxis der Beschäftigten ist, wurde in den Gesprächen nicht eindeutig klar. Die Festlegung des Stundenlohns erfolgt jedenfalls nach objektiven Tätigkeitsmerkmalen sowie einheitlich. Der Geschäftsleiter achtet darauf, dass für gleiche Tätigkeiten das Gleiche bezahlt wird. Ihm ist die hohe Konflikthaltigkeit des Themas Lohn bewusst, ebenso wie der Sachverhalt, dass die Beschäftigten untereinander über ihre persönlichen Entgelte diskutieren und diese vergleichen. Diese Transparenz des betrieblichen Lohnsystems erfordert eine Objektivierung der Eingruppierungsnormen, um diese intersubjektiv rechtfertigen zu können. Zugleich pocht der

Geschäftsleiter klar auf seine Autorität bei der Lohnfestsetzung. Ebenso wie beim Thema Arbeitszeit existiert zwar ein gewisser Begründungszwang, entscheidend ist jedoch das Direktionsrecht des ›Chefs‹:

»Sie müssen sagen können, der kriegt jetzt so viel, weil das so und so ist. Natürlich ist das so, dass die Leute dann immer denken: Aber ich arbeite doch viel mehr als der – und so weiter. Und dann sag ich: Gut. Das ist ja net die Frage. Die Frage bist doch du. Du musst sagen: Bin ich mir gut genug? Und wenn du dir selber gut genug bist, dann sag ich: Das ist mir so viel wert. Und wenn du net willst hier, dann schaust mal. Vielleicht kriegst woanders mehr. [...] Dann geb' ich ihm ne Woche Zeit oder irgendetwas. Dann kann er sich's überlegen. Und dann kann er sagen, er fängt hier an oder nicht an. Also ich werd mit Sicherheit keinen einstellen, der nicht in das Lohnsystem passt. Es gibt nichts Schlimmeres, wie wenn Sie da Zoff haben.« (DA5-GL)

Echte Aushandlungen zum Thema Lohn finden bei Dorfmaschinenbau offenbar kaum statt. Gerade aufgrund der Konflikthaltigkeit des Themas achtet der Geschäftsleiter auf ein vergleichsweise egalisiertes Entgeltniveau mit nur geringen leistungsbezogenen Unterschieden. Die einzige Möglichkeit der Honorierung individueller Leistungen existiert einmal jährlich im Rahmen individueller Lohngespräche. Diese finden im Zuge der regelmäßigen Entgelterhöhungen statt, die sich in der Höhe am Flächentarifvertrag der Metallindustrie orientieren. In dieser Hinsicht strahlt das ehemalige Mutterunternehmen der Firma, das nach wie vor tarifgebunden ist, noch immer auf Dorfmaschinenbau aus. Es *»vermittelt«* die Tarifvorgaben regelmäßig an Dorfmaschinenbau:

»Deshalb werden auch immer die Lohnerhöhungen mit vollzogen. Und es ist auch noch nie überlegt worden, aus wirtschaftlichen Gründen darauf zu verzichten.« (DA5-BL3)

Neben einem prozentualen Grundbetrag, den alle Beschäftigten erhalten, gibt es Differenzierungen bei den Lohnerhöhungen entsprechend der individuellen Performance im letzten Jahr. Die Einschätzung der Arbeitsleistung durch die Vorgesetzten sowie der individuelle Betrag der Lohnerhöhung wird den Mitarbeitern im Rahmen eines persönlichen Gesprächs mit dem Vorgesetzten und dem Geschäftsleiter mitgeteilt. Einen Aushandlungsspielraum in puncto Lohnhöhe gibt es während dieser Gespräche nicht – ebenso wenig wie jenseits dieser Gespräche. Für leistungsbewusste und aufstiegsorientierte Beschäftigte gibt diese Praxis zuweilen Anlass für Kritik und Unzufriedenheit:

»Da schafft einer wenig an einer Maschine und macht viel kaputt und der verdient genauso viel wie ich. Das stinkt mir schon gewaltig. [...] Akkordlohn und leistungsabhängige Bezahlung wäre keine Fehler, das wäre gerechter.« (DA5-BL2)

In der Perspektive mancher Beschäftigter bei Dorfmaschinenbau ist somit die Lohngerechtigkeit nicht nur in absoluter, sondern auch in relativer Hinsicht problematisch. Da sie selbst kaum die Chance haben für ihre vermeintlich besseren Leistungen ein höheres Entgelt zu erhalten, drückt sich ihre Unzufriedenheit in der Forderung aus, manche ihrer Kollegen sollten für ihr Entgelt eine höhere Arbeitsleistung an den Tag legen (»Die hängen dauernd am Kaffeeautomaten rum«; DA5-BL2). Und sogar die Kontrollpraxis der Vorgesetzten wird als zu lax kritisiert. Es gebe keine sichtbaren Versuche, weniger leistungsstarke Beschäftigte zu verstärkten Anstrengungen anzuhalten. Die Meister werden als relativ sozial geschildert, »manchmal zu sozial« (DA5-BL1). Entlassungen wegen zu geringer Arbeitsleistung gab es noch nie. Dies weist darauf hin, dass ähnlich wie auch beim Thema Arbeitszeit eine Art kollektiv geteilter Leistungskonsens existiert, dessen Einhaltung von den Beschäftigten auch intersubjektiv kontrolliert wird.

Insgesamt stellt sich die Situation bei Dorfmaschinenbau als ein immer neu ausgehandelter Interessenkompromiss dar, der den verschiedenen Seiten im Wesentlichen akzeptabel erscheint. Insbesondere die hohe Arbeitsplatzsicherheit, die berechenbar soziale, als weitgehend gerecht empfundene und gesprächsoffene Führungskultur der Geschäftsleitung sowie die Berücksichtigung von Beschäftigteninteressen bei der Arbeitszeitpolitik sind aus Sicht der Beschäftigten wichtige Vorteile, die das unterdurchschnittliche Lohnniveau kompensieren:

»Manche, und ich selbst auch, denken sich dann, Hauptsache ich hab' Arbeit und verdiene lieber nicht so viel. In anderen Betrieben verdienen sie wohl mehr, die müssen dann aber Samstagarbeit machen, die müssen dann Überstunden machen und bei uns ist der Samstag immer noch frei.« (DA5-BL2)

3.4.5 Mitarbeitersprecher als alternatives Vermittlungsgremium

Das Thema ›gerechter Lohn‹ ist bei Dorfmaschinenbau dennoch nicht grundsätzlich befriedet, sondern permanent heikel. So führte ein Streit über Entgeltunterschiede in der Vergangenheit dazu, dass der Geschäftsleiter eine zusätzliche Kommunikations- und Verhandlungsinstitution im Unternehmen initiierte: die so genannten Mitarbeitersprecher. In den einzelnen Abteilungen wurden Sprecher von den Beschäftigten gewählt, die jedoch keinen offiziellen Status im Sinne des Betriebsverfassungsgesetzes besitzen. Die Idee zur Einrichtung dieser Institution kam dem Geschäftsführer im Rahmen eines Führungskräfteseminars zum Thema ›Steigerung der Mitarbeiterzufriedenheit‹, das von einem externen Experten in der Firma durchgeführt wurde. Mit der Implementation der Mitarbeitersprecher reagierte der Geschäftsführer auf virulente informelle Kritik innerhalb der Belegschaft, die er in offizielle und formalisiertere Bahnen lenken wollte, ohne jedoch das Risiko einer Betriebsratswahl einzugehen. Er sorgte dafür, dass bei den Sprecherwahlen

»auch die gewählt wurden, die in diesem Streit die größte Klappe hatten.[...] Aber die, die so am schlimmsten sind, da hat sich herausgestellt, wenn die dann hier sitzen, ja dann sind die zahm, die Brüder.« (DA5-GL)

Drei Jahre nach der Einführung dieser neuen Institution existiert sie noch immer. Die insgesamt fünf Mitarbeitersprecher treffen sich jedoch nicht regelmäßig, sondern nur, wenn es ein konkretes Anliegen gibt. Aus Sicht der Geschäftsleitung ist dies vor allem die Absprache von zeitlich begrenzt anfallenden zusätzlichen Schichten. Ein weiteres Thema war die Belüftung der Produktionsräume, was durch den Einbau neuer Oberlichter gelöst wurde. Nach Meinung der Beschäftigten sind die Sprecher vor allem für jene Mitarbeiter sinnvoll, die sich selbst nicht trauen, ihre Anliegen mit den Vorgesetzten zu besprechen. Sie bewerten die Institution insgesamt durchaus positiv, messen ihr jedoch zugleich nur eine geringe Wichtigkeit und Vertretungsintensität zu:

»Das ist gut, dass es die gibt, das ist ein großer Vorteil und ist besonders für die gemacht, die sich nicht zu den Meistern trauen.« (DA5-BL2)

»Das Gremium wird nur spärlich genutzt, also jedes Jahr ein kleines Problemchen, oder irgendwas in der Richtung.« (DA5-BL3)

3.4.6 Das Thema Betriebsrat

Dass bei Dorfmaschinenbau kein Betriebsrat existiert, liegt vor allem daran, dass der Geschäftsleiter eine solche Institution dezidiert ablehnt:

»Also ich muss schon sagen: Mein Bestreben ist es, möglichst keinen Betriebsrat zu kriegen. Muss ich ganz ehrlich sagen, ja.« (DA5-GL)

Aus seiner Sicht ist ein Betriebsrat ein lästiges Gremium, das Ärger bereitet, viel Zeit kostet und Entscheidungsprozesse verzögert. Als wesentlicher Vorteil der Betriebsratslosigkeit wird die Tatsache gesehen, dass sich kurzfristig Maßnahmen durchsetzen lassen, die ansonsten ein oder zwei Wochen Vorlauf benötigen würden. Da die betriebliche Flexibilität und das schnelle Reagieren auf Kundenwünsche einen zentralen Stellenwert in der Konkurrenzstrategie des Betriebes besitzt, berührt das Mitbestimmungsrecht des Betriebsrats vor allem in Arbeitszeitfragen einen ausgesprochen sensiblen Bereich. Das kurzfristige Ansetzen von Samstagsarbeit oder einer zusätzlichen Nachtschicht wäre in einem mitbestimmten Betrieb möglicherweise deutlich schwieriger. Dem Geschäftsführer behagt offensichtlich auch der mit einer Betriebsratswahl verbundene Verlust alleiniger Autorität im Unternehmen nicht. Er zitiert diesbezüglich eine konkrete Erfahrung aus seiner Berufslaufbahn:

»Also ich war früher in 'nem Betrieb, da hat's einen Betriebsrat gegeben. Das war nicht einfach. Da hab ich mal einem gesagt, dass das a Mist ist, was er da macht. Da ist der Betriebsrat angekommen. Da musste ich mich vor dem rechtfertigen. Das hab' ich so was von übel gefunden. Das ist: Über jedes bisschen musst du dich da vor dene Kerle rechtfertigen.« (DA5-GL)

Der Geschäftsführer äußert deutlich seine Absicht, einen Betriebsrat, wenn möglich, verhindern zu wollen. Zwar ist ihm bewusst, dass es nicht wirklich in seiner Macht stünde, Wahlen zu verhindern. Er könnte und müsste wohl letztlich mit einem solchem Gremium leben, wenn es dazu käme. Zugleich betont er jedoch, dass er auf jeden Fall den Versuch machen würde, den Gang der Dinge in eine andere Richtung zu lenken. Er vermutet (ganz richtig), dass die Beschäftigten immer wieder einmal über die Wahl eines Betriebsrats diskutieren, dass dies eine Option im Bereich des Möglichen ist. Als Betrieb einer Branche mit ausgesprochen starker Tarif- und Mitbestimmungstradition ist die Möglichkeit der Wahl eines Betriebsrates grundsätzlich allen präsent, wenngleich unter den Beschäftigten eine gewisse Unkenntnis über dessen Rechte sowie die Wahlmodalitäten existiert. Der Mutterbetrieb des Unternehmens, der auch sein Hauptauftraggeber und regional nicht sehr weit entfernt ist, hat einen Betriebsrat. Ebenso wie die dortige Tarifanbindung auf den Betrieb Dorfmaschinenbau zumindest partiell ausstrahlt, hat auch dessen Betriebsrat eine gewisse Exempelfunktion. Auf diese wird vom Geschäftsleiter sowie im folgenden Zitat auch von einem interviewten Abteilungsleiter verwiesen – als dezidiert negativer Vergleichshorizont:

»Der hat das Unternehmen halb verklagt, weil sie dort über Weihnachten gearbeitet haben. Da denk' ich mir als Arbeitnehmer auch: Moment einmal, das kann doch nicht sein. Die haben da Aufträge und es geht so richtig volles Rohr, aber sie können das nicht, weil der Betriebsrat sein Veto da einlegt. Und jetzt: Dem Kunden, dem ist das wurscht. Der Kunde der sagt: Na gut, da gibt's 'nen andern, der verkauft mir die gleiche Anlage. Bei der Konkurrenzsituation heute, da geht er zum andern.« (DA5-BL3)

Während die Haltung der Führungskräfte zum Thema Betriebsrat eindeutig negativ ist, sind die Beschäftigten eher unsicher, ob und was ihnen die Wahl eines Betriebsrates nützen könnte. Verglichen mit den klaren Ansichten der beiden Führungskräfte, wirken die Meinungen der interviewten Beschäftigten eher vage und wenig profiliert. Grundsätzlich schimmert durch, dass man eine solche Institution vermutlich schon irgendwie sinnvoll fände. Der Horizont der Beschäftigten beschränkt sich jedoch stark auf den eigenen Betrieb – und da hatte man bisher nicht die Gelegenheit, Erfahrungen mit dem Thema zu machen. Man weiß sehr genau, dass die Geschäftsleitung die Einrichtung eines Betriebsrates ablehnt. Insgesamt ist die Situation nicht so problematisch und man ist von den potenziellen Vorteilen eines Betriebsrates nicht so überzeugt, dass man deshalb einen Konflikt riskieren würde

»Wir hätten es gerne mal probiert, wie es in der Firma wäre mit Betriebsrat, aber an dem Punkt, es wirklich zu machen, waren wir noch nicht.« (DA5-BL2)

In der bisherigen (mit 20 Jahren nicht allzu langen) Betriebsgeschichte gab es schlicht noch keine Situation, die so problematisch war, dass die Beschäftigten ernsthaft über die Gründung eines Betriebsrats nachgedacht hätten.

3.5 Ein französischer Betrieb ohne Gewerkschaft: Recycling

Der Betrieb Recycling (FA3) hat insgesamt drei Standorte, von denen zwei in einer mittelgroßen französischen Industriestadt angesiedelt sind, einer befindet sich ein Stück weit entfernt in einer ländlich geprägten Gegend. Die Firma entstand historisch aus einer gemeinnützigen *»association«* im Umweltbereich. Im Kontext staatlicher Reorganisation der Abfallwirtschaft, wurde im Jahr 1999 das privatwirtschaftliche Unternehmen gegründet. Tätigkeitsschwerpunkt ist die Sortierung von Haushaltsmüll, die in zwei Sortierzentren (centres de tri) durchgeführt wird. Seit der Gründung ist das Unternehmen permanent gewachsen. Die wirtschaftliche Situation ist gut und auf dem regionalen Markt gibt es kaum Konkurrenz.

GL2: »Das Unternehmen ist gewachsen, gewachsen, gewachsen.«

I: »Ist es denn schwierig, Aufträge zu erhalten?«

GL2: »Nein, eigentlich nicht. Das läuft relativ geplant (planifié). Wenn man den Markt einmal bekommen hat, hat man drei Jahre Ruhe. Das ist also nicht sehr kompliziert. Alle drei Jahre wird der Markt erneuert und wir müssen ihn neu zugesprochen bekommen.«

I: »Und gibt es dann hier Konkurrenz?«

GL2: »Hmm. (überlegt kurz). Nein. (lacht). Wir bekommen das recht einfach. Es gibt nicht viel Konkurrenz. In [Standort auf dem Land] gibt es gar keine. Hier gibt es ein bisschen, aber gut, wir haben trotzdem ziemliche Ruhe. Gut, naja, das Risiko ist trotzdem da. Der Markt muss schon erhalten bleiben.« (FA3-GL2)[144]

Am größeren Sortierstandort von Recycling sind etwa 50 Beschäftigte tätig, am kleineren rund die Hälfte. Die übrigen Beschäftigten sind Verwaltungsangestellte, die sich vor allem dem zweiten Metier des Betriebs widmen: der Wie-

144 Sämtliche französischen Interviewzitate wurden von der Verfasserin übersetzt. Zentrale französische Begriffe werden nicht nur in der Übersetzung, sondern ergänzend auch im französischen Original wiedergegeben.

dereingliederung von Arbeitslosen in den Arbeitsmarkt (insertion professionnelle), die durch staatliche Mittel unterstützt wird. Von den insgesamt 105 Beschäftigten sind knapp die Hälfte im Rahmen von Eingliederungsmaßnahmen beschäftigt, die maximal eine Dauer von 18 Monaten haben. Alle diese Beschäftigten verwenden etwa 10–15 Prozent ihrer Arbeitszeit für ein Projekt, das anschließend ihre Beschäftigungsmöglichkeiten verbessern soll. Dies kann zum Beispiel ein PKW- oder LKW-Führerschein sein, ein französischer Sprachkurs, eine berufliche Weiterbildung oder auch einfach eine intensive Wohnungssuche.

Die Belegschaft zerfällt damit in eine befristet beschäftigte und stark fluktuierende Randbelegschaft ehemals arbeitsloser Sortierarbeiter (agents de tri) und eine dauerhaft beschäftigte Kernbelegschaft. Mitglieder Letzterer sind teilweise als einfache ArbeiterInnen beschäftigt, sie stellen jedoch insbesondere die *maîtrises*, das heißt die Team- und Gruppenleiter in der Produktion. Die wichtigste Eigenschaft der fest angestellten Gruppenleiter ist, dass sie Führungsqualitäten besitzen, kommunikationsfähig sind und mit Konflikten umgehen können. Ein Großteil von ihnen war zuvor in anderen Industriebetrieben tätig und hat sich dort als »guter Arbeiter« oder »gute Arbeiterin« bewährt.

3.5.1 Kommunikations- und Informationskultur: Permanenter Informationsfluss von unten nach oben

Die prägendste Person für die betrieblichen Interaktionsbeziehungen ist die Geschäftsführerin, die bei der Gründung des privatwirtschaftlichen Betriebs extern rekrutiert wurde. Ihr wird von allen Seiten eine hohe Kompetenz und Professionalität attestiert, nicht nur in wirtschaftlichen Fragen, sondern auch in sozialen Angelegenheiten. Ihre Führungsphilosophie ist dialogorientiert. Sie setzt auf flache Hierarchien, direkte Kommunikation und eigenverantwortliches Arbeiten. Wichtig ist ihr, »dass der Laden auch ohne mich läuft« und dass die »Tür immer offen« ist. Auch die interviewte gewählte Belegschaftsrepräsentantin bestätigt, dass die Geschäftsführerin bei den monatlich obligatorischen Treffen »gut zuhört« (»elle est à l'écoute«) und den Beschwerden und Problemen Aufmerksamkeit zollt. Eine weitere wichtige Führungsfunktion hat der Produktionsleiter, der die Geschäftsführerin in ihrer Abwesenheit auch vertritt. Aus Sicht der Belegschaftsrepräsentantin ist mit beiden Führungskräften »ein echter Dialog« möglich. Insbesondere der Geschäftsführerin wird jedoch zugleich attestiert, »dass sie ihre Positionen hat, vor allem was den Lohn angeht.«

Der Produktionsleiter pflegt ebenfalls einen sehr direkten, informellen Kommunikations- und Führungsstil und legt viel Wert auf einen permanenten

Informationsfluss. Diesen garantiert er, indem er systematisch Pausengespräche mit den Vorgesetzten in der Produktion führt. Die wichtigsten Personen sind dabei die *chefs d'équipes* (Gruppenleiter), die jeweils die Sortierung an einem Band mit rund 25 Personen leiten.[145]

»Die machen ihre Pause hier in meinem Büro. Dann sind die Gruppenleiter (chefs d'équipes) alle da und erzählen mir: Hör mal, vor einer Stunde ist das und das passiert. Ich sehe die ohnehin zwei-, dreimal täglich, aber eben auch während der Pausen. Manche der Gruppenleiter haben noch andere Aufgaben und müssen dabei manchmal auch etwas am Computer erledigen. Das machen sie auch in meinem Büro. Ich sehe sie also dauernd sozusagen.« (FA3-GL2)

Der Informationsfluss erfolgt zwar weitgehend auf informellem Weg, die Gruppenleiter werden jedoch vom Produktionsleiter auf die systematische Weitergabe aller Informationen nach oben verpflichtet (»remonter l'info«).

»Das ist mein Managementansatz. Jeder Verantwortliche muss mir systematisch Informationen zukommen lassen, nicht in formaler Form, nicht staatlich-bürokratisch (étatique), sondern weil sie ein Interesse daran haben, damit das Gesamte funktioniert, damit die Maschine läuft.« (FA3-GL2)

3.5.2 Normierung der Arbeitsbedingungen und betriebliche Konflikte: Das vorausschauende Reagieren des Managements

Die Produktions- und Arbeitsbedingungen bei Recycling bergen einigen Stoff für Konflikte, sei es beim Thema Arbeitszeit, Lohn oder Arbeitsbedingungen.

Die Auftragslage des Betriebs hat sich in der Vergangenheit stetig verbessert, so dass der Betrieb permanent ausgelastet und sogar überlastet war. Vor kurzem wurde daher in der Produktion ein Zweischichtsystem eingeführt. Dieses beinhaltet für manche Beschäftigten eine relativ ungünstige Arbeitszeit im Rahmen permanent wechselnder Schichten. Die *Élus* waren an der Ausarbeitung des Schichtsystems nicht beteiligt. Nach Darstellung der Schatzmeisterin der *Délégation Unique*, die zugleich Gruppenleiterin in der Produktion ist, bemühte sich die Geschäftsleitung jedoch sehr, die Arbeitszeiten im Rahmen existierender Sachzwänge so sozialverträglich wie möglich zu gestalten:

I: »Hatten Sie denn damals die Möglichkeit, bei der Einführung der neuen Arbeitszeiten mitzudiskutieren? Zu partizipieren?

DU: »Nein. Es war vor allem [die Geschäftsleiterin], die sich damals sehr den Kopf zerbrochen hat, denn wenn sie so wollen, hatten wir sehr große Zwänge. Man musste so und so

145 Sie werden unterstützt und in Abwesenheit vertreten von den *Chefs de Chaine* (Bandleiter). In dem größeren der beiden Sortierzentren gibt es drei Sortierbänder.

viel Zeit arbeiten, aber nicht den Montag Nachmittag, also so und soviel Wochenarbeitszeit für so und so lange Maschinenlaufzeiten, also da gab es sehr große Zwänge. Und was die Geschäftsleitung vor allem nicht wollte, war, eine kleine Anzahl von Leuten morgens kommen lassen, mittags wieder nach Hause schicken und sie dann abends wieder arbeiten lassen, wie die Kassiererinnen im Supermarkt. Da haben sie sich also ziemlich den Kopf zerbrochen und es ist wahr, man hat nicht sehr viel mit uns darüber gesprochen (ils nous ont pas trop sollicité), weil, na ja, schließlich....[der Produktionsleiter] hat zu uns gesagt, wenn ihr Ideen habt, weil, es gab einen Augenblick (lacht), da waren sie völlig überfordert, und schließlich haben sie das gefunden, damit es für die Leute passt (pour arranger les gens).« (FA3-IRP)

Die Arbeitszeitverkürzung wurde erst relativ spät, nämlich im Jahr 2002 umgesetzt. In Abwesenheit eines *Délégués Syndical* kam es zu einem *Mandatement* (vgl. Kapitel II.2.9) und es wurde ein Vertrag mit der *CFDT* abgeschlossen. Diese erschien der Geschäftsleiterin als die vernünftigste und in ihren Forderungen nicht zu unnachgiebige Gewerkschaft. Der Vertrag wurde weitgehend von der Geschäftsleitung ausgearbeitet, in Absprache mit der *Délégation Unique.* Das Prozedere des *Mandatements* war dann eher eine Formsache. Die Geschäftsführerin konnte sich im Interview nicht einmal mehr daran erinnern, wer von den Beschäftigten offiziell als Bevollmächtigter der Gewerkschaft auftrat. Dies haben die Mitglieder der *Délégation Unique (DU)* damals unter sich ausgemacht und es gab keinerlei Schwierigkeiten mit der Gewerkschaft. Inzwischen ist die Geschäftsleiterin mit der getroffenen Regelung allerdings unzufrieden, weshalb sie den Vertrag demnächst erneuern möchte. Dies scheint aus ihrer Sicht ohne größere Umstände möglich. Das Hauptproblem sieht sie weniger in einer möglicherweise mangelhaften Kooperation der *Délégation Unique* oder der *CFDT*, sondern darin, dass manche Beschäftigten möglicherweise nicht auf erworbene Besitzstände (etwa in der Form garantierter freier Nachmittage) verzichten wollen.

Recycling ist tarifgebunden. Die niedrigste Tariflohngruppe des einschlägigen Branchentarifvertrags liegt allerdings nur leicht über dem gesetzlichen Mindestlohn, so dass das Lohnniveau in der Produktion kollektiv niedrig ist. Der Bruttomonatslohn der Sortierarbeiter am Band beträgt zwischen 1220 und 1320 Euro. Nach Aussage des Produktionsleiters ist das Thema Lohn »immer« konfliktträchtig. Einen akuten größeren Konflikt gab es allerdings bislang nicht. Die Normen der Lohnfestlegung werden weitgehend akzeptiert. Ein wichtiger Grundsatz der Geschäftsleitung ist dabei, dass es (zumindest im Bereich der Produktion) keinerlei individuelle Aushandlungsspielräume gibt:

»In allen Fällen sind Lohnerhöhungen auf jeden Fall kollektiv. Das ist nie individuell.« (FA3-GL2)

Leichte Differenzen in der Entlohnung werden durch die Dauer der Betriebszugehörigkeit sowie personenspezifisch etwas unterschiedliche Tätigkeiten als objektiv gerechtfertigt. Die Lohnfestsetzung erfolgt ausschließlich im Rahmen von Aushandlungen innerhalb des Führungskreises:

»Wir machen die Vorschläge; sie [die Geschäftsleiterin] bestätigt diese (c'est elle, qui valide).« (FA3-GL2)

Ein ausgesprochenes Ärgernis für die Beschäftigten besteht aktuell darin, dass der Betriebsablauf häufig durch Pannen unterbrochen wird. Ursache ist die Ausweitung der Produktion im Rahmen der Schichtarbeit. Durch die verlängerten Maschinenlaufzeiten hat sich die Störungsanfälligkeit der Anlage erhöht. Wenn die Maschinen nicht innerhalb von ein oder zwei Stunden repariert werden können, werden die Beschäftigten nach Hause geschickt und müssen die verlorene Arbeitszeit anschließend über Mehrarbeit wieder einarbeiten. Die Schatzmeisterin der *DU* schildert die Auswirkungen:

»Deshalb fangen die Leute an, ein bisschen zu schimpfen, weil es ist wahr, dass, na ja, wir können nichts dafür, wenn eine Panne auftritt, und dann, wenn wir zum Arbeiten reinkommen, dann ist das normalerweise für den ganzen Tag. Deshalb ist es nervig, wenn sie uns sagen, geht wieder heim. Ich seh' das schon, O.K., wir können auch nicht bleiben und einfach nichts tun. Wenn man es nicht reparieren kann, dann kann man es nicht reparieren. Aber der Punkt ist auch, das macht sehr lange Tage, weil zum Beispiel, die, die immer am Abend arbeiten, von 12.30 Uhr bis 20.30 Uhr, das ist schon ein langer Tag, die haben nicht unbedingt Lust, noch zwei Stunden mehr am Vormittag zu arbeiten. Es stimmt schon, dass es schwierig ist, das wieder reinzuarbeiten.« (FA3-IRP)

Eine wirklich »delikate Situation« (FA3-IRP) ergab sich schließlich im Fall einer großen Panne, die dazu zwang, die Produktion sechs Tage lang still zu legen. Die Geschäftsleiterin löste sie, durch einen Antrag auf Kurzarbeit (chômage technique). Die Arbeitsinspektion unterstützte den komplizierten Beantragungsprozess damals durch Beratung und Hilfestellung. Die gesetzlichen Regelungen sehen allerdings nur für niedriger entlohnte Beschäftigte staatliche Lohnersatzleistungen zu 100 Prozent vor. Besser bezahlte Beschäftigte hätten Lohneinbußen hinnehmen müssen, was zu Diskussionen unter den Beschäftigten führte. Letztlich fand die Geschäftsleitung eine Regelung, bei der die entgangene Arbeitszeit teilweise nachgearbeitet werden konnte und teilweise aus der Kasse des Unternehmens ausgeglichen wurde. So konnte die »delikate Situation« letztlich im Rahmen eines Interessenkompromisses bewältigt werden, wie auch die Vertreterin der *Délégation Unique* bestätigt:

»Naja, da im Fall der sechs Tage, da waren sich sowieso alle einig, da mussten wir gar nicht viel verhandeln, weil die Direktorin selbst, die war sich darüber völlig im Klaren, sie hat gesagt, ich kann die Leute ja nicht bitten, sechs Tage Urlaub zu nehmen für eine Panne. Deshalb hat sie gesagt, sie wird Kurzarbeit beantragen und den kleinen Lohnunterschied, den nehme ich auf meine Rechnung. Also in dem Fall waren die Leute total zufriedengestellt.

Also es ist wahr, damals mussten wir gar nicht verhandeln, sie hat es uns direkt vorgeschlagen. Aber es ist auch so, wir hatten schon vorher eine ziemlich große Panne im Oktober. Sie hat sich vielleicht gesagt, die Leute werden genug davon haben. Ich muss da was tun. Wir wollen uns gerne ein bisschen anstrengen (faire des efforts), aber das muss auch beidseitig sein. Aber es stimmt auch, wir haben nie große Konflikte gehabt. Über so etwas geht es nicht hinaus. Es werden auch trotzdem Anstrengungen gemacht (des efforts sont faits aussi quand même).« (FA3-IRP)

Die Konfliktlösung im Fall des Betriebsstillstandes ist laut *DU*-Vertreterin ein durchaus typischer Fall. »Sie [die Betriebsleitung] bemühen sich«. Häufig sei es so, dass im Fall einer kritischen Situation oder eines Konflikts

»die Lösung auch schon fertig dasteht. In vielen Fällen gibt es ohnehin gesetzliche Vorgaben, die nur angewendet (décliner) werden müssen. Wir können nicht verhandeln, was nicht verhandelbar ist. Aber es ist wahr, ich kann mich nicht an einen Fall erinnern, wo wir wirklich enttäuscht rausgegangen sind, weil wir nichts bekommen haben. [...] Wir kriegen nicht alles, was wir wollen, aber es gibt einen kleinen Teil, der gegeben wird. Vielleicht auch deshalb, weil wir ein kleines Unternehmen sind. [Die Geschäftsführerin] sagt oft, ich hab' Festangestellte, die sorgen dafür, dass der Laden läuft. Ich würde gerne dafür sorgen, dass sie dem Betrieb treu bleiben (les fidéliser un peu).« (FA3-IRP)

Ein ausgesprochen heikles Thema bei Recycling ist die Heizung sowie Belüftung in den Sortierzentren für Hausmüll: Im Sommer steigen die Temperaturen in der Halle manchmal auf über 40 Grad, im Winter können sie auf drei bis vier Grad absinken. Das Unternehmen bemüht sich, die Arbeitsbedingungen einigermaßen erträglich zu gestalten. Nach längeren Verhandlungen zwischen *DU* und Geschäftsleitung erhielten die Beschäftigten etwa die Erlaubnis, dass sie an besonders heißen Tagen die Arbeitskittel ausziehen dürfen, obwohl dies arbeitsschutzrechtlich bedenklich ist. Im Winter werden zusätzliche Öfen installiert und zuweilen heiße Getränke und Suppen an die Beschäftigten verteilt.

DU: »Unter uns gesagt, wenn es drei oder vier Grad hat und man in den Kabinen ist, sich nicht bewegt, irgendwann kommt einem das in den Sinn, also jetzt hab' ich es satt. Naja, wenn man dann sieht, sie haben sich um Heizungen gekümmert, sie haben sich bemüht, es gab einen Winter, wo sie heiße Suppen an uns ausgeteilt haben, damit wir uns ein bisschen aufwärmen können, wenn wir wollen.« (FA3-IRP)

Dennoch kam es an einem besonders kalten Wintertag zu einer kollektiven Arbeitsniederlegung der Beschäftigten, die der Produktionsleiter als »Beinahe-Krise« bezeichnet. Die Produktion stand etwa eine Dreiviertelstunde lang still. Die Arbeitsniederlegung erfolgte spontan, mehr oder weniger ohne Führungspersonen und ohne Ankündigung. Es gibt insgesamt drei Bänder in der Produktion. Zunächst hörte ein Band auf zu arbeiten, die beiden anderen folgten. Nach Darstellung des Produktionsleiters waren zwei Beschäftigte

»ein bisschen wichtiger als die anderen, haben ein bisschen mehr ihre Meinung vertreten als die anderen, die haben ›tac‹ gemacht, Schluss jetzt. […] Das sind nicht unbedingt die Beschäftigtenrepräsentanten, die da die Anführer sind, aber im Allgemeinen, bei solchen Dingen, wenn so etwas passiert, dann werden die Beschäftigtenrepräsentanten die Sache systematisch in die Hand nehmen.« (FA3-GL2)

Der *DU* wird hier vom Produktionsleiter eindeutig eine eher konfliktregulierende und disziplinierende Funktion zugeschrieben. Konkret war in der betreffenden Situation allerdings kein Mitglied der *Délégation Unique* anwesend. So informierten die Gruppenleiter umgehend den Produktionsleiter davon, »dass die Arbeit stillsteht und wir schaffen es nicht, die Leute wieder zu aktivieren« (FA3-GL2). Daraufhin eilte der Produktionsleiter selbst an die Sortierbänder, forderte die Beschäftigten auf, weiterzuarbeiten und versprach, für zusätzliche Heizung zu sorgen. Die Beschäftigten fanden seine Beteuerungen offenbar glaubwürdig,

»weil sie wissen, wenn ich etwas sage, dann mache ich das auch immer. Systematisch. Sie haben dann auch ohne Probleme wieder angefangen zu arbeiten. Sie wollten…, es war ihnen kalt, das ist wahr, aber sie wollten, dass ich sehe, dass ihnen kalt ist. Sie wollten, dass ich ihnen sage, dass sie unter Bedingungen arbeiten…, sie wollten Anerkennung. Darum ging es vor allem. Uns ist kalt. Wir können nicht mehr arbeiten. Sie wollten Anerkennung. Also hab ich ihnen die Anerkennung verschafft (Ils voulaient de la réconnaissance. Alors je suis y allé, je leur ai donné la reconnaissance).« (FA3-GL)

Das Management besorgte tatsächlich noch am selben Tag zusätzliche Öfen. Der Produktionsleiter interpretiert diese »Beinahe-Krise« letztlich vor allem als ein Versagen der Gruppenleiter. Diese hätten ihn früher über die kritische Situation informieren müssen, statt einfach auf ein Weiterarbeiten der Beschäftigten zu dringen.

»Aber das ist einer der wenigen Fälle. Normalerweise hab ich immer meine Antennen, die es mir erlauben, Probleme zu bearbeiten, bevor sie geboren sind (desamorcer les problèmes avant qu'ils sont nés) und vor allem bevor sie an Umfang gewinnen (prennent de l'ampleur).« (FA3-GL)

Insgesamt gibt es in der Darstellung des Produktionsleiters also »Situationen, die ein bisschen delikat sind, aber es gab nie ernsthafte soziale Konflikte.« Dies hat vor allem zwei Gründe: Zum einen existiert ein dichter informeller Informationsfluss über die Hierarchieebenen hinweg sowie eine permanente intensive Kommunikation. Heikle Punkte und mögliche Konflikte können dadurch schnell erkannt und behoben werden:

»Was wichtig ist, das ist, wir haben ein bisschen direkte Ohren (on a des oreilles un peu directes). Ich pass' auf alles in der Hinsicht auf (je suis attentif) und ich kann ganz schnell alles nach oben weitergeben. Ein Konflikt, der sich anbahnt, den werden wir regeln, bevor er überhaupt aus dem Ei ausgeschlüpft ist (avant même, qu'il sort de l'oeuf.)« (FA3-GL2)

Zum anderen zeigt sich das Management im Fall delikater Situationen flexibel und ist zu Zugeständnissen bereit:

»Das Unternehmen findet die geeigneten Mittel. Man hält nicht an festgefahrenen Positionen fest, daran, was das Gesetz vorgibt. Das ist das Entscheidende. Wir versuchen immer weiterzugehen. Wenn nötig, wenn es eine Forderung gibt, dann gehen wir weiter, um einen Konflikt zu vermeiden.« (FA3-GL2)

3.5.3 Die Tätigkeit der Élus: Geringe Vertretungsintensität, mangelhafte Repräsentativität, Betonung sozialer Angelegenheiten

Bei Recycling gab es früher einmal *Délégués du Personnel* und ein *Comité d'Entreprise.* Im Jahr 2001 wurde jedoch eine *Délégation Unique (DU)* gewählt, die die Funktion der *Délégués du Personnel (DP)* und des *Comité d'Entreprise (CE)* integriert wahrnimmt (vgl. Kapitel II.2.9). Die Beschäftigten und auch die *Élus* haben diese Veränderung kaum wahrgenommen. Im betrieblichen Alltagsjargon wird die *DU* nach wie vor als *»DPCE«* bezeichnet und nach Meinung des Produktionsleiters ist sogar den *Élus* selbst der offizielle Begriff ihres Gremiums weitgehend unbekannt.

Bei Recycling existiert ein chronischer Mangel an KandidatInnen für die Repräsentationsämter. Gegenwärtig gibt es fünf Mitglieder der *DU.* Drei davon sind *Titulaires* (Amtsinhaber), zwei sind *Suppléants* (Stellvertreter). Der Posten des dritten Stellvertreters konnte nicht besetzt werden. Von den derzeitigen AmtsinhaberInnen sind zwei in ihrer zweiten Wahlperiode, die drei anderen sind neu gewählt. Neben der *DU* gibt es im Betrieb auch das ab 50 Beschäftigten obligatorische *Comité d'Hygiène, de Sécurité et des Conditions de Travail (CHSCT)* (vgl. Kapitel II.2.8). Die drei Mitglieder des *CHSCT* sind nicht identisch mit den *DU*-VertreterInnen. Die Geschäftsleiterin betont im Interview, dass das *CHSCT* »wirklich nützlich ist«, was im Umkehrschluss beinahe den Eindruck macht, also ob an der Sinnhaftigkeit der *DU* gewisse Zweifel angebracht seien. Grund für ihre Einschätzung ist zum einen die große Bedeutung des Themas Arbeitssicherheit bei Recycling; zum anderen schätzt sie es, dass am *CHSCT* neben Beschäftigten auch externe ExpertInnen (zum Beispiel ArbeitsmedizinerInnen, teilweise *Inspecteurs du Travail*) beteiligt sind, die eine betriebsübergreifende Perspektive in die Diskussionen einbringen.

Personell und inhaltlich werden beide *IRP*-Gremien durch die *Maîtrises* aus dem Produktionsbereich dominiert. Eine zentrale Rolle spielen klassischerweise die Gruppenleiter:

»Wir haben jetzt als Belegschaftsrepräsentanten immer Vorgesetzte (maîtrises) gehabt. Sie sind es, die die Sache leiten (C'est eux, qui dirigent le truc). Es gab auch Arbeiter, aber die Vorgesetzten leiten (cadrent) oft die Arbeiter an.« (FA3-GL2)

Die im Rahmen von Wiedereingliederungsmaßnahmen befristet Beschäftigten besitzen keinerlei Einfluss innerhalb der Repräsentationsgremien. Ihre auf 18 Monate befristete Betriebszugehörigkeit schließt nach Auffassung der Geschäftsleitung eine Kandidatur aus. Insgesamt zeichnet sich die institutionelle Situation also durch eine mangelhafte Repräsentativität sowie ein eher kurzzeitiges Engagement der VertreterInnen aus.

Die beiden zentralen Personen in der *DU* sind der Sekretär und die Schatzmeisterin. Der dritte *Titulaire* repräsentiert vor allem die Belegschaft des anderen Produktionsstandortes. Zwischen dem Sekretär und der Schatzmeisterin existiert eine Aufgabenteilung dahingehend, dass der eine für den klassischen Arbeitsbereich der *Délégués du Personnel (DP)* zuständig ist, die andere für das *Comité d'Entreprise (CE)*. Beide nehmen die einschlägigen Aufgabenbereiche allerdings in eher reduzierter Form wahr:

Die Hauptaktivität des Sekretärs der *DU* besteht in der Protokollierung der gesetzlich obligatorischen monatlichen Treffen zwischen Geschäftsleitung und Belegschaftsrepräsentation. In gewerkschaftlich organisierten Betrieben können diese Protokolle eine kritische sowie politische Funktion haben. In solchen Fällen informieren die *DP* die Beschäftigten zum Beispiel durch einen öffentlichen Aushang über ihre Forderungen und Reklamationen, die sie der Geschäftsleitung vorgetragen haben sowie über deren Reaktion. Bei Recycling haben diese Protokolle hingegen eher bürokratischen Charakter. Sie werden vom Sekretär der *DU* und der Geschäftsleiterin gemeinsam verfasst. Der Sekretär macht Vorschläge, die Geschäftsleiterin formuliert dann den Text und ihre Sekretärin schreibt es nieder. Abschließend redigiert man den Text noch einmal gemeinsam.

»Wir einigen uns auf eine Fassung. Das ist eine Gemeinschaftsproduktion.« (FA3-GL1)

Die Schatzmeisterin der *DU* konzentriert sich hingegen stark auf die klassischen *CE*-Aufgaben, was in ihrem Fall bedeutet, dass sie sich vor allem mit der Verwendung des obligatorischen Sozialbudgets beschäftigt. Dieses beträgt bei Recycling immerhin 10.000 Euro pro Jahr. Die Schatzmeisterin besorgt von diesem Geld Einkaufsgutscheine, verbilligte Kinoplätze, Geschenke für die Kinder der Beschäftigten und organisiert kleinere Imbisse. Ihre Motivation, sich als Kandidatin für die *DU* aufstellen zu lassen begründet sie wie folgt:

»Also, da war mein Kollege, auch Gruppenleiter, der Mitglied im CE war. Also, das ist jetzt drei Jahre her, das ist mein zweites Mandat jetzt, also am Ende seines Mandats hat er zu mir gesagt, ich weiß nicht, ob ich mich wieder aufstellen lasse und es gibt nicht viele Kandidaten.

Also waren wir dabei, unser CE zu verlieren. Da hab ich mir gesagt, das ist ein bisschen schade, weil, na ja, das ist ein kleines Unternehmen, es ist doch nett (sympa), wenn wir kleine Vergünstigungen (petits avantages) haben, also hab ich mir gesagt, warum nicht sich ein bisschen einbringen (pourquoi pas m'investir). Also war mein Kollege gern dazu bereit, sein Mandat zu erneuern, damit wir ein Jahr zusammen machen können, damit er mir alles erklärt, weil er ja das alles gut kannte. Na, und letztes Jahr hab ich mich dann wieder aufstellen lassen. Ich hab' gesagt, das gefällt mir gut. [...] Ich finde es schön (sympa), wenn in so einem Unternehmen auch so ein bisschen was zusätzlich existiert (dans une entreprise y est ce petit plus aussi). Wir haben geschaffen..., na ja, wir sind kein großes, großes CE, aber wir haben ein bisschen was geschaffen, gut, verbilligte Kinoplätze. Ich finde, das gibt den Leuten ein bisschen was zusätzlich (un plus au gens), das ist schön, ne (sympa).« (FA3-IRP)

Die eher geringe Intensität der Vertretungstätigkeit dokumentiert sich auch darin, dass die zeitlichen sowie finanziellen Ressourcen, die der *DU* rechtlich zustehen, nur zu einem geringen Teil genutzt werden. Die *Élus* nehmen (nach einhelliger Aussage) »nie« ihre gesetzlich möglichen 20 Stunden Freistellung pro Monat,

»weil sie auch sehr beschäftigt sind. Es fällt ihnen schwer diese Zeit zu nehmen, vielleicht auch, weil wir ein kleines Unternehmen sind.« (FA3-GL1).

Das Budget von 0,2 Prozent der Lohnsumme, das der DU rechtlich für ihr eigenes Funktionieren zusteht, bleibt nahezu unangetastet. »Sie haben nur geringe Kosten« (FA3-GL1).

Die *DU* übernimmt somit zweifellos eine gewisse Informations- und Kommunikationsfunktion zwischen Geschäftsleitung und Belegschaft. Sie organisiert auch »das kleine bisschen Mehr« an Sozialleistungen, das das Arbeiten bei Recycling »sympathisch« macht. Sie hat jedoch nicht die Funktion einer kollektiven Interessenvertretung und besitzt kaum ein eigenständiges Gewicht im innerbetrieblichen Verhandlungsgeschehen. Dies liegt nach Einschätzung der *DU*-Schatzmeisterin auch daran, dass man im Grunde über keinerlei Druckmittel verfüge, »außer wir sagen, wir halten alles an, wir streiken«. Dies scheint allerdings utopisch und auch nicht erstrebenswert. Der Produktionsleiter beschreibt das Verhältnis zwischen Belegschaftsvertretung und Geschäftsleitung somit als rundherum »gut« – fast schon zu gut:

»Die Beziehungen Direktion – Repräsentanten sind sehr gut, waren es stets, es gab nie einen Konflikt, also die Beziehungen sind sehr gut. Dafür gibt es mehrere Gründe. Das allgemeine Umfeld des Unternehmens ist gut, die Situation ist gesund, das ist wichtig, ne, all das, [die Geschäftsleiterin] ist eine gute Direktorin (une bonne directrice), naja (lacht), die ihre Funktion gut ausfüllt, die leicht Dinge aushandelt, die sich in ihren Funktionen sehr wohl fühlt, und dann haben wir Beschäftigtenrepräsentanten, die nicht sehr aggressiv sind. Das zählt auch, ne, zählt auch, muss man betonen. All das bewirkt tatsächlich, dass das gut läuft. [...] Wenn wir Belegschaftsrepräsentanten hätten, die ein bisschen bissiger wären (un peu plus mordant), dann könnte das weniger gut funktionieren.«

I: »Wenn sie ein bisschen bissiger wären, wo würden sie denn zubeißen? Oder warum?«

GL2 (ohne zu zögern): »Es gab bisher noch nie Lohnforderungen, obwohl es welche geben könnte. Die DU könnte sagen, dieses Jahr möchten wir die Geschäftsleitung treffen, weil wir kollektiv zwei Prozent oder fünf Prozent zusätzliche Entgelte haben wollen. Niemals haben wir so was. Niemals.«

I: »[Die Geschäftsleiterin] hat mir gesagt, dass es aktuell Verhandlungen über eine Gewinnbeteiligung gibt?«

GL2: »Ja, das ist richtig.«

I: »Das heißt, das geht wirklich von Seiten der Geschäftsleitung aus?«

GL2: »Ja. Auf alle Fälle. Sie ist es, die etwas präsentiert. Sie ist es, die stets Dinge vorschlägt. Und die DU stimmt systematisch dem zu, was vorgeschlagen wurde.«

I: »Gibt es da nie Diskussionen drüber? Oder Kritik?«

GL2: »Wenig. Wenig Kritik.«

I: »Normalerweise ist das eher eine Art Information?«

GL2: »Ja.«

I: »Und ein Prozess des Akzeptierens?«

GL2: »Ja, ja, ja. Das ist eher so etwas als ein echtes Verhandeln, das eine gegen das andere (ça contre ça)«.

I: »Ist es noch nie passiert, dass sie [die DU] mit irgendwas nicht einverstanden waren?«

GL2 (überlegt kurz): »Ich kann mich nicht dran erinnern.«

I: »Da haben sie ja Glück.« (FA3-GL2)

3.5.4 *Das Thema Gewerkschaft*

Die Geschäftsleiterin begrüßt es explizit, dass es im Unternehmen bislang keine gewerkschaftliche Organisierung gibt. Die sozialen Beziehungen seien daher »einfach« (faciles). Wenn es Gewerkschaften gäbe, würde sie eine gewisse »Schwere« (lourdeur) in den Beziehungen erwarten. »Das würde die Dinge komplizieren«. Sie glaubt, dies könnte die Beschäftigten und die Geschäftsleitung eventuell »voneinander entfernen« (éloigner) und »Spannungen schaffen« (créer des tensions), die »schädlich« (nefaste) für das Funktionieren eines kleinen Betriebs seien. Auf überbetrieblicher Ebene findet sie die Gewerkschaften als Sozialpartner durchaus nützlich. Repräsentations- und Verhandlungsprozesse seien wichtig, allerdings nur dann, »wenn sie konstruktiv sind«. In einem großen Unternehmen mit 500 Beschäftigten oder mehr sei es zudem normal, dass es eine »Gegenmacht« (contrepouvoir) gebe. Aber in einem so kleinen Unternehmen wie Recycling bezweifelt sie, ob es »so eine starke Gegenmacht« wie die Gewerkschaften wirklich brauche. Schließlich gebe es hier ein »Verhältnis der Nähe« (relation de proximité) zwischen Beschäftigten und Betriebsleitung. Problematisch sei ferner, dass zum Beispiel die *CGT* Betrieben wie Recycling mit einem hohen Anteil von Eingliederungsmaßnahmen grundsätzlich ablehnend gegenüber stehe, mit dem Argument, man solle lieber »richtige Arbeitsplätze« schaffen. Auch der Produktionsleiter würde in Zukunft lieber weiterhin ohne Gewerkschaften leben: »Oft zerstört das mehr als es nützt.«

Sowohl die Geschäftsleiterin als auch der Produktionsleiter rechnen allerdings damit, dass es zukünftig zur Implementation einer Gewerkschaftssektion im Unternehmen kommen könnte. Dass dies bislang noch nicht geschehen ist, erklärt sich der Produktionsleiter vor allem damit, dass

»es keinen heftigen Konflikt gibt, vielleicht, weil die Tatsache, seine Antennen da zu haben, macht, dass wir vor dem Konflikt und vor dem Problem intervenieren können.« (FA3-GL2)

Die Geschäftsführerin führt es auch darauf zurück, dass die Gewerkschaften in Unternehmen mit einem Produktions- und Tätigkeitsprofil, wie Recycling es aufweist, generell bislang noch wenig verankert sind.

»In dem Bereich wissen sie [die Gewerkschaften] nicht sehr gut Bescheid. Das kennen sie nicht, unsere Betriebe.« (FA3-GL1)

Im Fall einer gewerkschaftlichen Organisierung würde sie auf jeden Fall eine Schulung besuchen.

»Man muss lernen damit umzugehen, nicht wahr. Ja, ich glaube, ich würde ganz bestimmt auf Schulung gehen, um diese Verhandlungen zu führen, die, denk' ich mir, sicherlich ein bisschen anders sind, aber na ja. Man sagt oft, dass das das Klima verändern kann in einem kleinen Betrieb, wo man die Gewohnheit eines sehr direkten Dialogs zwischen der Direktion und den Beschäftigten hat. Was ich befürchte ist, dass das eine Barriere zwischen der Direktion und den Produktionsteams (équipes) schafft. Weil sie [die Gewerkschaften] ja auch ihren Platz finden müssen. Und ich denke mir, das würde eine Barriere schaffen. Wenn man die Größe unseres Unternehmens bedenkt, die Tür ist offen, aber das kann passieren.« (FA3-GL1)

3.6 Charakteristika peripherer Institutionenpraxis

Die beiden Betriebsfälle Dorfmaschinenbau und Recycling sind in diversen Punkten recht unterschiedlich, in anderen Punkten wiederum sehr ähnlich. Sowohl die Varianz als auch die Konstanz bestimmter Faktoren scheinen jedoch typisch für periphere Mittelbetriebe, die ohne das komplette Institutionenset formaler Beschäftigtenrepräsentation auskommen: Ihre Sozialverfassung kann durchaus variabel gestaltet sein. Im Rahmen unterschiedlicher Kontexte existieren jedoch ›Do-ut-des‹-Beziehungen zwischen Management und Beschäftigten, die im kollektiven Konsens der prägenden Akteure als fair gelten. Die betriebliche Situation ist von demokratischen Verhältnissen weit entfernt; allerdings ist die Anerkennung der Bedürfnisse der Beschäftigten durch das Management die Grundlage für dessen ›legitime Herrschaft‹ (Kapitel III.3.6.1). Die Absenz einer formalen Interessenvertretung der Beschäftigten rechtfertigt sich nicht nur aufgrund des Anerkennungsmodus betrieblicher Austauschbeziehungen, sondern auch angesichts vielfältiger, informeller Kommunikations- und Informationsbeziehungen im Alltag. Statt formaler Repräsentation existieren vielfach informelle Mediationsformen (Kapitel III.3.6.2). Das Fehlen eines Betriebsrats bzw. der Gewerkschaft ist nicht nur ein reines Größenphänomen, sondern vor allem die Folge des Fehlens größerer Konflikte in der bisherigen Betriebsgeschichte. Dies hat mit der spezifischen Sozialverfassung zu tun, jedoch auch mit strukturellen Faktoren. Eine günstige wirtschaftliche Situation, die Tätigkeit in einer ›gewerkschaftsfernen Branche‹, eine noch recht kurze Betriebsgeschichte oder die Einbindung des Betriebs in ländliche Sozialbeziehungen können hier eine Rolle spielen. Diese Verhältnisse haben jedoch keinen Endgültigkeitsstatus. Die Institutionalisierung eines Betriebsrats bzw. die gewerkschaftliche Anbindung ist eine präsente Möglichkeit, die als glaubwürdige Drohung das betriebliche Interaktionsgeschehen permanent beeinflusst und unter bestimmten Umständen auch realisiert werden kann. Als latente Machtressource besitzt sie einen wirksamen Einfluss auf die Geschäftsleitungspolitik (Kapitel III.3.6.3).

3.6.1 Betonung gemeinsamer Interessen und legitime Dominanz des Managements

Die beiden oben dargestellten Betriebsfälle gleichen sich zunächst darin, dass zwar unterschiedliche Interessen zwischen Beschäftigten und Geschäftsleitung gesehen werden, diese werden jedoch nur in reduziertem Maße innerbetrieblich thematisiert. Sie werden im Rahmen individueller Abstimmungsprozesse teilweise verhandelt und scheinen manchmal sogar als kollektive Interessen auf (etwa beim Thema Lohn oder Arbeitsbedingungen). Dennoch sieht die innerbetriebliche Interessenkonstellation keine systematische Verhandlung differenter Interessen von Kapital und Arbeit als *kollektive* Interessen vor. Prägender Rahmen ist vielmehr die Vorstellung von dominanten gemeinsamen Interessen. Die betriebliche Realität ist nicht ausdifferenziert nach Vorstellungen von Kapital und Arbeit. Wesentlicher scheint etwa im Fall Recycling die Differenzierung zwischen Stamm- und Randbelegschaft. Und bei Dorfmaschinenbau legt man Wert darauf, dass alle Beschäftigten in die Betriebsgemeinschaft passen: Auf Leute mit rot gefärbten Haaren und »spinnerten Ideen« legt niemand Wert – nicht »der Chef« und nicht die Belegschaft. Die klassenübergreifende innerbetriebliche Loyalität ist die Grundlage für die Etablierung alltäglicher ›Do-ut-des‹-Beziehungen. Dass diese Beziehungen strukturell ungleich gestaltet sind, stellt niemand in Frage.

Trotz ähnlicher Interessendefinition unterscheiden sich die beiden Betriebsfälle wesentlich in ihrem Interaktionsmodus und in ihrer Sozialverfassung: Im deutschen Betrieb Dorfmaschinenbau existiert eine Art Patronat des Geschäftsführers, der als Person nahezu unumschränkt die Verhältnisse prägt. Das soziale Arrangement in dem Maschinenbaubetrieb mit qualifizierter Facharbeiterproduktion ist allerdings vergleichsweise egalitärer als in manch anderen Untersuchungsbetrieben, etwa traditionell weiblicher Industriearbeit. In der Schuhindustrie (DA1) sowie der Polstermöbelherstellung (DA8) finden sich beispielsweise noch deutlich archaischer anmutende Verhältnisse. Die Geschlechterordnung verstärkt in diesen Fällen das betriebliche Hierarchiegefälle noch zusätzlich. In beiden Fällen handelt es sich hier um Familienbetriebe mit einer Tradition über mehrere Generationen hinweg. Das Sozialarrangement gleicht klassisch paternalistischen Mustern, in denen der *Pater Familiae* einer Gruppe von vermeintlich Unmündigen und Schutzbefohlenen vorsteht. Dies stellt die soziale Verantwortlichkeit der Führungspersonen keineswegs in Frage, eher das Gegenteil ist der Fall. Im Betriebssample peripherer Mittelbetriebe finden sich jedoch auch versachlichtere Betriebskulturen. Hier wurden oft Führungskräfte mit einer professionellen Ausbildung ›von außen‹ rekrutiert und agieren im Rahmen instrumentell kalkulierter Unternehmensstrategien. Der Betrieb Recycling kann durchaus als Beispiel einer solchen Managementkultur gelten, aber auch der Maschinenbaubetrieb DA4, die Druckerei FA2 oder die Unternehmensberatungsfirma FA1. Alle drei Betriebe gehören zu großen Konzernen, deren rational-strategische Unternehmensführung auf die einzelnen Standorte ausstrahlt.

Die Varianz der Sozialarrangements in den untersuchten peripheren Mittelbetrieben illustriert somit die auch in der Literatur vielfach getroffene Feststellung, wonach die Situation in kleineren Unternehmen in starkem Maße mit den lokalen Gegebenheiten und der Person des Eigentümers bzw. des Geschäftsführers variiert. Durchgängig prägend ist jedoch ein Sachverhalt: Die Geschäftsleitung dominiert die betrieblichen Interaktionsbeziehungen in sehr starkem Maße. Diese Dominanz kann sich in emphatisch-normativer Form äußern: »Was der Chef sagt, ist Evangelium« (DA7-GL). Im Rahmen stärker versachlichter Unternehmenskulturen schlägt sie sich eher in einer strikten Anweisungskultur nieder, der sich die Beschäftigten zu beugen haben:

»Es gibt viele Anweisungen, die die Beschäftigten vielleicht auch nicht verstehen, die aber befolgt werden müssen, weil man Teil des Konzerns ist. Wer das nicht versteht, wird Probleme haben und Probleme machen. Die Dinge müssen eben als gegeben hingenommen werden. Man kann nicht jedem in der Produktion jede einzelne Maßnahmen erklären.« (DA4-GL)

Aufgrund der beschränkten Betriebsgröße können die Herrschaftsbeziehungen zwischen Kapital und Arbeit vergleichsweise ungefiltert und direkt wirksam werden. Die geringe Distanz zwischen Betriebsleitung und Untergebenen sorgt jedoch zugleich auch für Abhängigkeitsbeziehungen, die gewöhnlich nicht ausschließlich einseitig sind. Das überblickbare Beziehungsgeflecht konstituiert auch einen Raum dichter interpersonaler Kontrolle: Gerade in kleineren Betrieben ist der Beitrag jedes Einzelnen zum Betriebsergebnis sichtbar und überprüfbar. Die Beschäftigten wissen ebenso wie das Management recht genau, wer mit welchen Kompetenzen und welchem Leistungsverhalten die Profitmargen des Betriebs beeinflusst. Dies gilt insbesondere für Bereiche qualifizierter Facharbeit sowie hoch qualifizierter Wissensarbeit. Zugleich passiert das Führungshandeln »des Chefs« nicht weit weg in einem Büro der obersten Etage, sondern permanent vor Ort. Es ist sozusagen ein betriebsöffentliches Ereignis, Gegenstand alltäglicher Diskussionen und potenzieller Kritik.

In allen untersuchten Betriebsfällen war daher die betriebliche Realität – trotz eines starken innerbetrieblichen Machtgefälles und klarer einseitiger Dominanz des Managements – typischerweise von einer Logik des Tausches und der wechselseitigen Anerkennung gekennzeichnet. Dabei handelt es sich keineswegs um eine Anerkennung ›unter Gleichen‹. Die Bedürfnisse der Beschäftigten werden jedoch als relevante Faktoren anerkannt und nicht einfach negiert. Dominant sind eindeutig die betrieblichen Erfordernisse, die als vermeintliche Sachzwänge nicht zur Diskussion stehen. Was als betriebliche Notwendigkeit zu gelten hat, wird dabei klar und einseitig vom Management definiert. Innerhalb des Spielraums, der dann noch verbleibt, spielen allerdings die Interessen der Beschäftigten durchaus eine Rolle. Ihre Berücksichtigung und Anerkennung im Rahmen individualisierter und kontextspezifischer Regelungen ist die zentrale Grundlage für die Bewertung der Austauschverhältnisse als fair.[146]

146 Vgl. hierzu Dufour u.a. (2006: 64): »Die Logik des Tausches und der Verhandlung fehlt auch in solchen Kleinbetrieben nicht, die keinerlei Repräsentationsinstitutionen haben. Trotzdem

Bei Dorfmaschinenbau drückt sich die symbolische sowie in beschränktem Maße auch materielle Anerkennung von Beschäftigteninteressen in der Vielzahl individualisierter Arbeitszeitmuster aus. Bei Recycling werden die konfliktträchtigen Produktionsbedingungen immer wieder dadurch befriedet, dass die Geschäftsleitung demonstrativ Anstrengungen unternimmt, heikle Situationen zu entschärfen und sich »den Kopf zerbricht«, wie man die Produktion im Rahmen (vermeintlich) gegebener Sachzwänge erträglicher gestalten kann. Typisch ist allerdings in nahezu allen peripheren Mittelbetrieben ohne Betriebsrat bzw. gewerkschaftliche Anbindung, dass die Lohnfestsetzung ausschließlich der Definitionshoheit der Geschäftsleitung unterliegt.

Für die Bestimmung der Lohnhöhe und des Lohngefüges werden in den französischen Betrieben häufig tarifliche Normen angewendet, die allerdings sehr niedrig liegen. Zugleich spielt daher auch der *SMIC* (gesetzlicher Mindestlohn) eine wichtige Rolle als Untergrenze. Im Bereich einfacher Produktionsarbeit und in ländlichen Betrieben liegt der Lohn nur selten und unwesentlich darüber. Die deutschen Mittelbetriebe ohne Betriebsrat waren ausnahmslos nicht tarifgebunden, orientierten sich jedoch häufig ebenfalls an den branchenspezifischen Tarifnormen. Diese liegen in Deutschland typischerweise etwas höher. Die peripheren Mittelbetriebe weichen allerdings meist mehr oder weniger weit nach unten von ihnen ab. Typisch ist in beiden Ländern, dass sich die Geschäftsleitungen in den heiklen Bereich der Lohnfestsetzung in keiner Weise hineinreden lassen. Kollektive Lohnreduktionen oder fehlende Lohnerhöhungen werden den Beschäftigten gewöhnlich kollektiv mitgeteilt und begründet. Die häufige Praxis individueller ›Nasenprämien‹ erfolgt zuweilen im Rahmen formalisierter alljährlicher Lohngespräche. Häufig finden die Beschäftigten jedoch auch einfach einen bestimmten Betrag auf ihrem Konto als Anerkennung für ihre Dienste – oder eben nicht.

In vielen der untersuchten Betriebsfälle werden die materiellen Interessen der Beschäftigten an angemessenen Löhnen, sozialverträglichen Arbeitszeiten und guten Arbeitsbedingungen – gemessen an großbetrieblichen Standards – eher unzureichend verwirklicht. Diese potenziell konflikthafte Situation mündet jedoch typischerweise nicht in akute Interessenauseinandersetzungen, da die Verhältnisse einerseits als unvermeidlich hingenommen werden, andererseits werden die Beschäftigten zumindest auf symbolischer Ebene dezidiert ernst genommen. Dies drückt sich zwar im Regelfall nur punktuell in materiellen Vergünstigungen aus, vor allem in solchen, die der Betrieb ohne Schaden für seine Profitabilität zur Verfügung stellten kann. Diese kleinen Vorteile,

gilt, dass die Vorherrschaft der Figur des Patrons nur selten in Frage gestellt wird« (Übers. d. Verf.).

die das Arbeiten in dem betreffenden Betrieb »sympathischer« machen, haben jedoch die wichtige Funktion symbolischer Anerkennung und Wertschätzung.

Wichtig als Grundlage materieller Verzichtsbereitschaft der Beschäftigten ist insbesondere in den deutschen Betriebsfällen eine Interessendefinition, die eine solide Grundlage an Gemeinsamkeiten betont. Gerade in den ländlich angesiedelten Betrieben hat der Arbeitsplatzerhalt für die Beschäftigten unbedingte Priorität, wie die folgenden Betriebsfälle illustrieren.

Der Polstermöbelhersteller DA8 hat stark mit der Billiglohnkonkurrenz in Osteuropa zu kämpfen. Angesichts eines Lohnkostenanteils von 30 Prozent können diese deutlich günstiger produzieren und die großen Versandhäuser beziehen ihre Waren nur noch aus dem Ausland. Viele der Betriebe in der Region mit einer Tradition der Polstermöbelherstellung mussten daher in der Vergangenheit schließen. DA8 hat sich auf eine hochwertige Nischenproduktion spezialisiert. Trotz der nicht rosigen wirtschaftlichen Lage konnte die Belegschaft in den letzten Jahren konstant gehalten werden. Die Fluktuation ist gering. In der Regel haben die Polsternäherinnen ihre Ausbildung bei DA8 gemacht und bleiben ihr gesamtes Berufsleben hindurch in der Firma. Es gibt viele Beschäftigte, die seit 20 oder 25 Jahren in dem Landbetrieb arbeiten. Der Betrieb hat in der Vergangenheit mehrfach den Umsatz durch verbilligte Sonderpreise angekurbelt. Die billigeren Verkaufspreise wurden durch eine Reduktion des Stücklohns in der Produktion erwirtschaftet. Solche Aktionen wurden vorher den Beschäftigten mitgeteilt. Die betroffenen ArbeiterInnen wurden kollektiv gefragt: »... seid ihr mit 5 Prozent Abschlag einverstanden?.« Die Notwendigkeit der Maßnahme wurde mit der generell schwierigen Situation der Branche begründet. Die Beschäftigten reagierten (nach Aussage der Geschäftsleitung) durchwegs verständnisvoll. Sie seien froh, einen Arbeitsplatz zu haben und bereit, für dessen mittelfristige Sicherung auch Gehaltseinbußen hinzunehmen.

In Frankreich besitzt die Vorstellung gemeinsamer Interessen von Kapital und Arbeit eine deutlich geringere Prägekraft als in Deutschland. Dies gilt für Beschäftigte wie für ManagementvertreterInnen. In beiden Ländern wird die »Fairness« der Austauschbeziehungen jedoch gleichermaßen daran festgemacht, dass die Unternehmenseigner nicht ausschließlich nach Profitinteressen handeln, sondern die Beschäftigten auch als Individuen wahrnehmen und ihre Leistungen honorieren – sei es materiell oder immateriell.

Der französische Kleinbetrieb FA5 stellt Eichenhölzer als Zulieferer für die Produktion von Eichenfässern zur Lagerung edler Weine und Cognacs her. Der Beschäftigte XY arbeitet seit 15 Jahren dort und hat eine Art Mittlerfunktion zwischen Beschäftigten und Geschäftsleitung. Diese besteht aus zwei Brüdern, deren Großvater das Unternehmen einst als Sägewerk gründete. Die

Mutter führt die Bücher. XY beschreibt sein Verhältnis zu den beiden Chefs folgendermaßen: »Wir sind fast gleich alt. Wir funktionieren ein bisschen ähnlich. Wir sind auch persönlich befreundet und sehen uns auch am Wochenende. Manchmal leihen sie mir ihr Wohnmobil.« Wenn er von der Firma spricht, spricht er von »chez nous« (»bei uns«). Der soziale Kontakt zwischen Geschäftsleitung und Beschäftigten beschränkt sich nicht nur auf XY. Der Betrieb hat vor kurzem erstmals zwei polnische Saisonarbeiter beschäftigt. XY beteuert, dass er und »die Chefs« sich gut um die beiden Polen gekümmert hätten. Man habe ihnen einen Wohnwagen gekauft und sogar ein Auto sowie einen Fernseher für sie angeschafft. Neulich habe man mit ihnen am Wochenende einen Ausflug ans Meer unternommen. Vor kurzem hat XY ein Darlehen bei den beiden Chefs aufgenommen, um sich eine notwendige, sehr teure medizinische Behandlung leisten zu können. »Sie sind auch meine Bank.« Das geliehene Geld wird ihm in kleinen Raten vom Lohn abgezogen. Als vor einigen Jahren die 35-Stunden-Woche im Betrieb eingeführt wurde, hätten die Geschäftsleiter »nicht gemeckert. Das sind keine Kapitalisten, die nur Profit wollen.« Es seien »patrons raisonables« (vernünftige Patrons). Wenn Arbeiter und »patrons« gleichermaßen »raisonables« seien, dann seien alle zufrieden und es laufe gut. Dann brauche es auch keine Gewerkschaft, die ohnehin nur Unfrieden stifte und nicht in die Betriebskultur passe. (FA5-BL)

Gerade *weil* in den einschlägigen Betrieben das Verhältnis zwischen Geschäftsleitung und Management jedoch typischerweise nicht nur als instrumentelles Vertragsverhältnis, sondern auch als soziale Beziehung aufgefasst wird, ist für die Beschäftigten eine Distanzierung vom Herrschaftsanspruch der Geschäftsleitung oft besonders schwierig. Es kommt zu einem Phänomen, das in der französischen Arbeitssoziologie zuweilen mit dem Begriff der Naturalisierung der Herrschaftsverhältnisse belegt wird. »Der Chef« ist der Herrscher im Unternehmen – nicht nur befristet während der Arbeitszeit und bedingt durch die Notwendigkeit des Geldverdienens, sondern weil er eben »der Chef« *ist*. Eine Infragestellung dieses personalen Dominanzverhältnisses würde einen grundlegenden Bruch der Sozialverfassung des Unternehmens konstituieren.

Insgesamt lässt sich das Sozialarrangement in den einschlägigen Betrieben daher – jenseits betrieblicher Spezifika – dahingehend charakterisieren, dass es sich in einem Spannungsverhältnis zwischen managerialer Dominanz und wechselseitiger Anerkennung bewegt. Die Unterwerfung unter den Herrschaftsanspruch der Geschäftsleitung wird von den Beschäftigten gerade deshalb akzeptiert, weil sie sich zugleich in ihrer Individualität (zumindest in begrenztem Umfang) anerkannt fühlen. Die Form des Herrschaftsverhältnisses als personalisierte Sozialbeziehung gestaltet dieses sowohl erträglich als auch nur schwer überwindbar. Ein solches Verhältnis ist von demokratischen Verhältnissen mit formal anerkannten Partizipationsrechten weit entfernt. Es handelt sich eher um ein Verhältnis legitimer Herrschaft. Weil und solange die Legitimität betrieblicher Herrschaft in den einschlägigen Betrieben nicht in Frage steht, steht auch die Wahl eines Betriebsrats bzw. die gewerkschaftliche Verankerung der gesetzlichen *Élus* nicht wirklich auf der betrieblichen Agenda. Erst wenn die Glaubwürdigkeit der Geschäftsleitung als fairer Wahrer auch von Belegschaftsinteressen unter gegebenen Sachzwängen in Frage steht und daher der betriebliche Interessenkompromiss nicht mehr als gerecht erscheint, kann sich das ändern.[147]

3.6.2 Dichte Kommunikationsbeziehungen und informelle Mediation

Kennzeichen des Interaktionsmodus legitimer Herrschaft ist nicht die komplette Absenz von Konflikten oder konflikthaltigen Themen. Diese existierten vielmehr in allen untersuchten Betriebsfällen, teilweise in erheblichem Umfang. Entscheidend ist jedoch, dass Probleme erkannt werden, »sobald sie aus dem Ei schlüpfen« und systematisch verhindert wird, »dass aus kleineren Problemen größere werden« (FA3-GL2). Das Management ignoriert die Bedürfnisse der Beschäftigten nicht, sondern ist durchaus sensibel für Unmut in der Belegschaft. Konflikthafte Themen werden bearbeitet – und sei es auch »nur« auf symbolischer oder argumentativer Ebene. Die Kapazität zur Konfliktentschärfung korreliert dabei mit der Informiertheit des Managements über betriebliche Problemlagen. Diese ist in kleineren Unternehmen freilich insgesamt leichter zu gewährleisten als in Großbetrieben.[148] Dennoch braucht es permanente »Antennen« in der Produktion und insbesondere eine Weitergabe von Informationen »von unten nach oben« (»remonter l'info« – FA3-GL2). In allen

147 Vgl. hierzu auch Rudolph/Wassermann (2006: 83): Wenn viele Beschäftigte in kleineren Betrieben der Meinung sind, dass sie nicht unbedingt einen Betriebsrat brauchen, liegt dies nicht an einer »grundsätzlichen Ablehnung der formellen betrieblichen Mitbestimmung«, sondern an der »Zufriedenheit mit den herrschenden informellen Formen der Verständigung. [...] Wo die Verständigung klappt, befürchtet man eher, dass durch die Installation eines Betriebsrats die Dinge verkompliziert werden könnten, dass durch eine Polarisierung zwischen Arbeitgeber und Belegschaft Spielräume und Besitzstände verloren gehen können.«

148 Vgl hierzu Lepley (2003: 36): »Die industriellen Beziehungen in den kleinen Unternehmen unterscheiden sich von denen in großen Unternehmen durch ihren informellen Charakter, was nicht bedeutet, dass es keine Verhandlungen gibt, im Gegenteil, die Austauschbeziehungen sind permanent und die Kommunikationsbeziehungen zwischen Leitung und Belegschaft sind direkt und häufig. Man muss daher vorsichtig mit den Begriffen sein. Die kleinen Betriebe sind weniger die Bühne einer Schwäche von Aushandlungsbeziehungen im Sinne sozialer Interaktionen sondern der kollektiven Verhandlung im Sinn industrieller Beziehungen.«

untersuchten Unternehmen betonten die Führungskräfte, dass sie viel Wert auf ein dichtes Kommunikations- und Informationsnetz legen:

»Das System läuft auf Kommunikation. Das Allerwichtigste ist Kommunikation. Jeder ist zum Scheitern verurteilt, der glaubt, er könne sich in sein Büro zurückziehen, die Tür absperren, alles an sich ziehen, bis 12 Uhr nachts arbeiten und die Kommunikation mit den anderen Mitarbeitern nicht sehr intensiv pflegen.« (DA4-GL)

Umgekehrt wird jedoch nicht immer viel Wert darauf gelegt, die Beschäftigten über die betrieblichen Belange zu informieren. Im Gegenteil: Den Dominanzverhältnissen entsprechend werden ihnen wirtschaftliche Informationen oft nur spärlich und nicht systematisch mitgeteilt. Wiederholt formulierten die Geschäftsleitungen, dass solche Informationen nur zu Missverständnissen führen würden. In den Argumentationen klang immer wieder durch, dass die Beschäftigten in gewisser Weise für unmündig und unfähig gehalten werden, mit so viel Wissen umzugehen.

»Wenn Beschäftigte aber fragen ›was der Scheiß soll‹, dann wird es ihnen schon erklärt. In manchen Fällen übersteigt die Erklärung allerdings den Begriffshorizont. [...] Es ist besser, den Beschäftigten nicht zu viel zu sagen, weil sie sich dann auch oft einen falschen Reim darauf machen. [...] Da muss man schon ein bisschen vorsichtig sein, was man an Informationen weitergibt, nicht weil man mit Informationen hinter dem Berg halten will, sondern weil es häufig falsch verstanden wird.« (DA4-GL)

Zugleich wird allerdings betont, dass auch ohne formalisierte Informationsprozesse die Betriebsgeschehnisse teilweise sogar in unerfreulichem Ausmaß publik werden. Die sozialen Beziehungen im Betrieb sind zu eng, die Kontaktnetzwerke zu dicht, um größere wirtschaftliche Ereignisse geheim zu halten. Und selbst die Kostenstruktur kleinerer Betriebe lässt sich für den interessierten Beobachter relativ leicht erschließen:

GL: »Die wissen, wie wir als Unternehmen im Konzernzusammenhang dastehen, die wissen, dass sie vergangenes Jahr erhebliche Lohnerhöhungen bekommen haben und sie wissen, dass das nicht so weitergehen kann.«

I: Woher wissen die Beschäftigten solche Dinge?

GL:»Wir leben hier auf dem Dorf, der Großteil der Mitarbeiter ist aus dem Ort, der Großteil des Managementteams ist auch aus dem Ort. Es gibt also auch so was wie eine Kommunikation jenseits der vier Wände des Betriebs. Es ist auch so, dass viele Sachen in der ganzen Ortschaft bekannt sind. Es gibt die Kommunikation am Stammtisch, die funktioniert ganz gut. Es ist nicht so, dass jeder nur mit seinem Vorgesetzten und mit dem neben ihm spricht, sondern es spricht jeder mit jedem, zum Beispiel auf dem Sportplatz, deshalb sind solche Sachen bekannt.« (DA4-GL)

GL: »Viel wichtiger aber ist, was dann so en passant stattfindet. Ganz einfach, wenn der eine oder andere mal fragt: ›Na, wie isses? Ihr habt doch jetzt den Auftrag.‹ Die wissen ganz genau – warum auch immer, ich weiß es nicht – wir sind im Moment ganz heiß an zwei Riesenprojekten dran. Und die wissen das, und die fragen: ›Habt ihr'n schon? Gibt's was Neues?‹« (DA2-GL1)

XY: »Sie [die Chefs] haben gemerkt, dass ich das alles ausrechnen kann, dass sie mir nichts verheimlichen können. Mit etwas gesundem Menschenverstand kann man sich die Kostenstruktur des Betriebs relativ genau erschließen.« (FA5-BL)

Die Inexistenz formaler Informationsprozesse ist also gerade in kleineren Betrieben mit dichten Sozialarrangements nicht gleichzusetzen mit einer kollektiven Uninformiertheit der Beschäftigten. Sicherlich sind die weitergegebenen Informationen weniger komplett und detailgenau als in einem Großbetrieb mit Wirtschaftsausschuss des Betriebsrats. Über individuelle Kontaktnetzwerke ›sickern‹ wesentliche Ereignisse und Daten jedoch in Kleinbetrieben möglicherweise schneller sowie flächendeckender ›durch‹ als in mitbestimmten Großunternehmen.

Ebenso wie der Informations- und Kommunikationsfluss nicht formell geregelt, jedoch real existent ist, gibt es in nahezu allen untersuchten Betriebsfällen informelle Instanzen der Interessenvertretung. Im Regelfall betonen die Geschäftsleitungen, dass sie eine Politik der offenen Tür pflegen und durch ihre häufige Präsenz im Unternehmen auch unmittelbar ansprechbar seien. Allerdings ist selbst in kleineren Betrieben der direkte Kontakt zwischen ProduktionsarbeiterInnen und Geschäftsleitung die Ausnahme. Eine wichtige Vermittlungsfunktion übernehmen freilich die Gruppenleiter, Vorgesetzten und Abteilungsleiter. Formale Hierarchien und reale Mediationsprozesse sind im Regelfall jedoch nur bedingt deckungsgleich. In vielen Betrieben finden sich – jenseits der formalen Hierarchien – informelle SprecherInnen, deren Vermittlungsleistungen nicht durch einen formalen Status als RepräsentantIn oder InteressenvertreterIn ausgewiesen ist, die im Alltag jedoch als solche fungieren.

In der Polsterei und Näherei des Betriebs DA8 gibt es langjährige MitarbeiterInnen, die für die KollegInnen eine Art »Anlaufstation« darstellen, wenn es Probleme gibt. Die SprecherInnen qualifizieren sich für ihre Funktion hauptsächlich über ihre fachliche Kompetenz: »…das sind die, die das meiste können.« (DA8-GL)

Die langjährige Beschäftigte AB der Bekleidungsfirma DA6 macht Ungerechtigkeiten, die anderen Beschäftigten in der Firma widerfahren, immer wieder zu ihrer eigenen Sache:

»Viele trauen sich ganz einfach nicht, was zu sagen, haben da große Skrupel. Manche haben sie schon so niedergebuttert, die sagen gar nichts mehr. […] Ich sprech' das dann an, wenn ich des halt nicht mehr mit anschauen kann. Ich kann mir das erlauben, weil alle wissen, dass ich in meiner Arbeit engagiert bin und loyal bin.«

Neben der Interviewpartnerin gibt es noch ein oder zwei weitere Personen im Unternehmen, die als Vermittlungsinstanzen zwischen Geschäftsleitung und Beschäftigten fungieren. Diese haben mit AB die langjährige Betriebszugehörigkeit und das Monopolwissen in ihrem jeweiligen Bereich gemeinsam. Sie verstehen sich allerdings weniger als diejenigen, die Probleme der Beschäftigten aufgreifen und weitertragen. Sie halten vielmehr, häufig auf eigene Initiative und mit wohlwollender Unterstützung der Geschäftsleitung, der Geschäftsleitung den Rücken frei, das heißt wirken darauf hin, dass Beschäftigte ihre Probleme untereinander lösen oder sie versuchen, Probleme als »nicht so dramatisch« abzuqualifizieren. Nur in Einzelfällen tragen auch diese Personen Anliegen der Beschäftigten an die Geschäftsleitung heran. (DA6-BL)

Auch in kleineren Unternehmen findet sich also jene Logik alltäglicher Repräsentationsarbeit, wie sie Dufour/Hege (2002) als gleichsam ursprünglichen Prozess informeller betrieblicher Interessenvertretung beschreiben (vgl. Kapitel I.2.2). Jene SprecherInnen oder Vertrauenspersonen, die im Betriebsalltag eine intermediäre Rolle übernehmen, ohne dafür notwendig durch ein formales Amt qualifiziert zu sein, zeichnen sich häufig durch eine lange Betriebszugehörigkeit, fachliches Können und soziale Akzeptanz aus. Wichtig sind auch bestimmte persönliche Merkmale, etwa ein überdurchschnittliches soziales Engagement und Wertvorstellungen, die an Solidarität und Gerechtigkeit orientiert sind. Ihre betriebliche Position ist häufig vergleichsweise unangreifbar (zum Beispiel aufgrund langer Betriebszugehörigkeit und Monopolwissen) und ihre Meinung gilt den verschiedenen Seiten als glaubwürdig und objektiv. Deshalb können sie auch einmal eine kritische Stimme erheben, oder informell gewisse Forderungen stellen. Häufig arbeiten sie nicht unmittelbar auf der Shop-Floor-Ebene, sondern haben auch funktional eine etwas herausgehobene Stellung. Zuweilen handelt es sich um Personen, bei denen tätigkeitsspezifisch permanent viele Informationen und Kontakte zusammenlaufen, etwa die Sekretärin der Geschäftsleitung oder der/die EDV-BetreuerIn für alle Arbeitsplätze.

Die Existenz solcher SprecherInnen scheint ubiquitär und international verbreitet. Es ist davon auszugehen, dass in allen Unternehmen einer gewissen Größe ein solches komplexes Netz informeller Mediationsprozesse existiert. National different ist jedoch der *Formalisierungsgrad* betrieblicher Interessenvertretung. Das französische Institutionensystem tendiert wesentlich stärker als das deutsche dazu, informelle Repräsentationsbeziehungen zu formalisieren.

3.6.3 Machtlose Interessenvertretung zwischen Informalität und Formalisierung

In den untersuchten deutschen Betrieben blieben die SprecherInnen häufig dauerhaft informell, da die Sozialbeziehungen im normativen Konsens des Betriebsalltags insgesamt als »fair« und »vernünftig« erlebt wurden. Aus demselben Grund verzichtete man in den französischen Betrieben auf eine gewerkschaftliche Organisierung. Die Interaktions- und Verhandlungsprozesse lieferten Ergebnisse, die insgesamt akzeptabel erschienen oder mit denen man zumindest leben konnte. Im Fall aufbrechender Konflikte zeigt sich jedoch gewöhnlich eine Tendenz zur Formalisierung der Austauschbeziehungen. Wenn die Legitimität der Herrschaftsverhältnisse in Frage steht, wird die Suche nach Machtmitteln zum Thema: Gesetzliche Rechte der Interessenvertretung und die Möglichkeiten kollektiver gewerkschaftlicher Organisierung können plötzlich aktuell werden. In solchen Fällen ergreift nicht selten die Geschäftsleitung die Initiative und versucht, über Zugeständnisse die traditionelle Betriebskultur zu erhalten. Dabei kann es sich sowohl um materielle Zugeständnisse handeln als auch um Regelungen zur Aufwertung der Beschäftigtenpartizipation. In Deutschland findet sich in solchen Situationen nicht selten die Einführung alternativer Formen der Belegschaftsrepräsentation – mit dem expliziten Ziel der Verhinderung einer Betriebsratswahl. Ein solches Beispiel ist etwa der zuvor ausführlich geschilderte Fall von Dorfmaschinenbau, wo die Geschäftsleitung die informellen Sprecher der Belegschaft (»die mit der größten Klappe«) zu Vertrauensleuten erklärte. Eine ähnliche Übergangssituation zwischen rein informeller Interessenvertretung und semiinstitutionalisierten Formen der Mitarbeitervertretung existierte im Maschinenbaubetrieb DA7.

> »Es hat ja mal – auch wieder lange vor meiner Zeit – Bestrebungen gegeben, hier einen Betriebsrat zu installieren, wobei dann der Mehrheitsgesellschafter etwas heftig reagiert hat. Und dann ist es also nicht dazu gekommen.« Der neue Geschäftsführer des Unternehmens DA7 formulierte dezidiert, dass er im Fall einer Betriebsratsinitiative versuchen würde, »das zu kanalisieren«. Das heißt, er würde den Beschäftigten ein Gremium jenseits des Betriebsverfassungsgesetzes anbieten. Ein solches gab es in der Vergangenheit bereits einmal, schlief jedoch zwischenzeitlich wieder ein. Dessen mangelhafte Vertretungseffizienz wurde jüngst auf einer Mitarbeiterversammlung mit den Worten kritisiert: Wir durften entscheiden, was für 'ne Suppe es bei der Betriebsversammlung gibt.« (DA7-GL)

Das Verhältnis und die Bedeutung von Formalität und Informalität betrieblicher Belegschaftsrepräsentation ist im deutschen und französischen Institutionensystem unterschiedlich gestaltet. Das deutsche System der Betriebsverfassung konzipiert den Betriebsrat als optionale Institution der Beschäftigten. Seine Ausstattung mit vergleichsweise harten Mitbestimmungsrechten verleiht ihm zudem ein erhebliches ›Drohpotenzial‹. Das Pochen der Beschäftigten auf betriebsverfassungsrechtlich verankerte Gesetzlichkeiten kommt damit häufig einer Misstrauenserklärung und dem Bruch der kleinbetrieblichen Sozialverfassung gleich. Die Formalisierung der Austauschbeziehungen stellt die bislang eher individualisierten und personalisierten Interaktionsformen in Frage; die gesetzlichen Mitbestimmungsrechte bedrohen die Allgewalt der Geschäftsführung. Die französischen *Élus* hingegen passen sich vergleichsweise bruchloser in die Unternehmenskultur kleinerer Betriebe ein. Hier ist es der Staat, der gleichsam als externe Instanz die Notwendigkeit formalisierter Institutionen der Belegschaftsrepräsentation einfordert, was deren Implementation ein Stück weit entpolitisiert. Die Existenz formaler Institutionen der Belegschaftsrepräsentation, die zugleich eher schwache Informations- und Konsultationsrechte besitzen, ist relativ problemlos vereinbar mit der Aufrechterhaltung einer weitgehend unumschränkten legitimen Herrschaft der Geschäftsleitung. Dies bedeutet jedoch auch im französischen Institutionenkontext noch nicht die unbedingte Umsetzung der gesetzlichen Vorgaben:

Im Kleinbetrieb FA5 mit knapp 20 Beschäftigten gibt es keine *Délégués du Personnel.*

XY: »Wir haben vor etwa drei Jahren 'mal eine Art Betriebsversammlung gemacht. Da haben wir beschlossen, dass wir keine Délégués du Personnel wählen wollen.«

I: »Aber ist denn das nicht zwingend, außer es gibt keine Kandidaten?«

XY: »Na eben, es ist nicht zwingend. Wir haben beschlossen, dass das nicht nötig ist.«

I: »Gab es denn wirklich niemanden, der das machen wollte?«

XY: »Sie haben mich gefragt, ob ich das machen will. Aber das hab' ich strikt abgelehnt. Ich bin zu nahe an den Patrons. Die Kollegen wollten das, aber das geht nicht. Ich kann sie doch nicht vor Gericht verteidigen und dann mit den Chefs in Urlaub fahren. Im Grunde hat es auch niemanden so richtig interessiert, ob es DP gibt oder nicht. Es war ihnen nicht wichtig. Das kann sich vielleicht 'mal ändern, wenn's mal nötig ist.«

Die betrieblichen Akteure können also auch in Frankreich überein kommen, dass sie die gesetzlich vorgesehenen Institutionen der Belegschaftsrepräsentation für unnötig halten. Zuweilen finden sich tatsächlich keine KandidatInnen. Gerade in kleineren Betrieben unter 50 Beschäftigten »überzeugt« aber auch manchmal die Geschäftsleitung die Beschäftigten davon, dass es überflüssig sei, für ein Amt als *Délégué du Personnel* zu kandidieren.

Stärker ist der Anreizcharakter für die Wahl eines *Comités d'Entreprise* ab einer Schwelle von 50 Beschäftigten. Die Existenz eines *CE* wird von der Belegschaft gewöhnlich mit der Gewährung sozialer Vergünstigungen gleichgesetzt. Etwas verkürzt gesagt: Ohne *CE* gibt es keine verbilligten Kinoplätze, Einkaufsgutscheine und Weihnachtsgeschenke. Das *CE* ist zwar gesetzlich zugleich eine Institution kollektiver Interessenvertretung, wird jedoch im Betriebsalltag vielfach nur bedingt als solche wahrgenommen. So ist die Wahl eines *CE* ab einer Betriebsgröße von 50 Beschäftigten häufig ein weitgehend entpolitisierter Sachverhalt, der den typischen kleinbetrieblichen Interaktionsmodus legitimer Herrschaftsbeziehungen kaum beeinträchtigt. Im Gegenteil: Der Patron besitzt den formalen Vorsitz im *CE*. Das gewährte Sozialbudget wird ihm nicht selten als zusätzliche soziale Leistung von den Beschäftigten positiv angerechnet und dient der Verbesserung des Betriebsklimas. Es macht das Arbeiten im Betrieb »sympathisch« (FA3-IRP). Dies schließt nicht aus, dass Unternehmenspolitiken strategisch darauf gerichtet sein können, die Beschäftigtenschwelle von 50 Personen nicht zu überschreiten, zum Beispiel um eben jene Sozialleistungen einzusparen. Ist sie jedoch einmal überschritten, so ist die Einleitung von *CE*-Wahlen häufig eher ein technischer Akt, denn eine politische Prozedur.

Die Druckerei FA2 ist vor kurzem von einem Konzern übernommen worden und hat daraufhin neue Beschäftigte eingestellt. Die Größe des Betriebs ist damit auf rund 70 Beschäftigte angestiegen, wodurch aus der Sicht des Beschäftigten Z »automatisch« ein *CE* Pflicht wurde. Alle warten nun gespannt darauf, welche sozialen Vergünstigungen das neue *CE* aushandeln wird. Z assoziiert mit *»CE«* eindeutig eine Institution, die Geld bekommt, um Sozialleistungen für die Belegschaft zu initiieren. Als ich ihm erkläre, dass das *CE* im Rahmen des Forschungsprojektes als Interessenvertretungsinstitution interessiert, die zum Beispiel hilft, Konflikte zu lösen, meint er: »Nein, dafür ist doch das *CE* nicht zuständig. Das machen die *DP*.« (FA2-BL)

Diese Sichtweise, wonach das *CE* primär eine Sozialinstanz sei, teilt auch die *CE*-Sekretärin einer regionalen Niederlassung der Unternehmensberatungsfirma FA1. Sie beschreibt ihre Tätigkeit als eine Mischung aus Verwaltung des Sozialbudgets und Repräsentationstätigkeit. Letzteres versteht sie als Aufgabe der Mediation und Information, nicht direkt der Vertretung oder gar Durchsetzung von Belegschaftsinteressen.

»Wenn Beschäftigte unzufrieden sind mit irgendetwas, dann gebe ich die Information nach oben weiter (remonter l'info). Es gibt auch oft Gerüchte auf dem Gang (bruits du couloir), deren ich mich annehme. Und ich frage dann die Geschäftsleitung, ob an den Gerüchten etwas Wahres dran ist und gebe die Informationen weiter. Meine Hauptaufgabe ist, die Informationen hochzugeben (remonter l'info).«

I: »Ist ihrer Tätigkeit dann eher eine Vermittlungtätigkeit (médiation)?«

CE: »Jaja. Ich gebe die Informationen weiter. Ich bin eine Art Vermittler (médiateur) zwischen der Belegschaft und den Patrons. Alles was ich höre und was mir unwahrscheinlich oder problematisch scheint, gebe ich weiter. Ich frage nach und gebe die Auskunft dann an die Beschäftigten. Manchmal ist es aber auch schwierig, weil ich weiß mehr als die Beschäftigten. Es gibt Dinge, die man nicht weitersagen darf. Man muss Stillschweigen bewahren können (»savoir taire«). Ich weiß manchmal deutlich mehr als die anderen und dann muss ich zuhören, wie die anderen irgendetwas vermuten, und darf nicht sagen, da habt ihr nicht recht.«

I: »Was würden Sie sagen, ist ihre Hauptaufgabe als Sekretärin des CE?«

C: »Die Belegschaft zu repräsentieren (représenter le personnel), wenn es irgendwas gibt. Die Leute wissen, dass ich das anspreche.« (FA1-IRP)

Bemerkenswert ist, dass die Sekretärin des *CE* im obigen Zitat ihre Tätigkeit als »*mediateur*« wiederholt durch genau jenen Ausdruck beschreibt, den in der Fallstudie Recycling der Produktionsleiter für die Tätigkeit der Gruppenleiter (chef d'equipes) verwendete (vgl. Kapitel III.3.51). Es geht um einen dichten Informationsfluss von unten nach oben: »Remonter l'info.« In dieser Rolle ist die Funktion vieler *Élus* häufig nicht weit entfernt von jener der unteren oder mittleren Führungsebene, weshalb genau dieser Personenkreis auch häufig mit der Übernahme der Wahlämter betraut wird. Ob der *DP* oder das *CE*-Mitglied von den Beschäftigten in seiner Funktion als Vorgesetzter oder als Repräsentationsinstanz angesprochen wird, ist daher in vielen Fällen gleichbedeutend:

In der Druckerei FA2 sind es – ebenso wie bei Recycling – regelmäßig die Vorarbeiter (chefs d'équipes) mit längerer Betriebszugehörigkeit, die den Posten der (gewerkschaftlich nicht organisierten) *Délégués du Personnel* übernehmen.

I: »Hast Du Dich schon einmal mit einem Problem an einen DP gewandt?«

Beschäftigter Z: »Nein. Noch nie. (überlegt kurz) Doch. Einmal. Mein Arbeitsplatz hatte sich verändert und ich hab' mehr Verantwortung bekommen. Ich hab' mich also an den DP gewandt, der damals auch mein Chef d'Èquipe war und habe nachgefragt wegen einer Entgelterhöhung.«

I: »Hast Du Dich an ihn gewandt als Chef d'Équipe oder als DP?«

Z: »Na, als höhere Instanz (qualité supérieure).«

Die *DP* sind gesetzlich als Vertretungsinstitutionen der Beschäftigten im Fall individueller Problemlagen und Beschwerden konzipiert. Ihnen (und nicht dem *CE*) kommt daher im Alltag kleinerer Betriebe meist die Funktion zu, Beschäftigte auch in Konfliktfällen zu unterstützen (vor allem im Fall von Abmahnungen und Kündigungen). Auch sie übernehmen eine Rolle der Mediation. In ihrer Funktion als Sprachrohr werden sie jedoch gewöhnlich eindeutig auf der Seite der Beschäftigten verortet. Eine zu hohe hierarchische Position und zu große Nähe zur Geschäftsleitung schließt daher gewöhnlich die Übernahme eines Postens als *DP* aus.

Dies formuliert etwa der oben zitierte Beschäftigte XY des Sägewerks FA5, wenn er meint, er könne nicht einerseits die Beschäftigten vertreten und andererseits mit den »Chefs in Urlaub fahren«. Auch in der Druckerei FA2 geben die *Chefs d'Équipes* ihr Amt als *DP* gewöhnlich auf, wenn sie innerbetrieblich aufsteigen, etwa zum *Chef d'Atélier* (Werkstattleiter).

Die (gewerkschaftlich nicht organisierten) französischen *Élus* beschreiben ihre Funktion häufig selbst begrifflich korrekt als Repräsentationstätigkeit, seltener als Interessenvertretung. Für eine durchsetzungsfähige Vertretungspolitik fehlt ihnen im Regelfall nicht nur die kollektive Unterstützung der Beschäftigten, ihre Kenntnisse über ihre (ohnehin beschränkten) rechtlichen Möglichkeiten betrieblicher Einflussnahme sind zudem häufig begrenzt. So berichtete etwa die *CE*-Sekretärin in der Unternehmensberatungsfirma FA1 von dem seltenen Fall der Entlassung einer Kollegin. In dieser Situation war es ihrer Ansicht nach problematisch, dass es keine *Délégués du Personnel* im Unternehmen gibt. Diese hätten die betroffene Kollegin – im Gegensatz zu ihr – verteidigen können. Der damalige Fall sei besonders »tragisch« gewesen, da es sich um eine junge Frau handelte, die gerade ein Kind bekommen hatte und deren Ehemann zeitgleich ebenfalls arbeitslos wurde. Wenn es einen *Délégué du Personnel* im Unternehmen gegeben hätte, so beteuert sie, »dann hätten wir ihren Fall besser verteidigen können als wir das so konnten.« In ihren Erläuterungen wird deutlich, dass sie die Institution der *DP* (fälschlicherweise) mit gewerkschaftlicher und juristischer Hilfestellung gleichsetzt. Sie selbst sah sich damals außer Stande, etwas für die junge Frau zu tun und interpretiert dies zugleich auch als außerhalb ihres Aufgabenbereiches liegend.

Die französischen *Élus* übernehmen somit in gewerkschaftlich nicht organisierten Betrieben häufig sehr ähnliche Funktionen wie informelle SprecherInnen in Betrieben ohne formale Institutionen der Interessenvertretung. Ihre formal weiter gehenden Rechte nutzen sie in der Praxis häufig nicht oder nur in geringem Umfang. Sie fungieren in erster Linie als Sprachrohr der Belegschaft, fördern den Informationsfluss, klären Missverständnisse oder Gerüchte im Betriebsalltag und weisen auf betriebliche Problemlagen hin. Manchmal unterstützen sie auch einzelne Beschäftigte in Konfliktfällen. Das *CE* hat die zusätzliche Funktion der Organisierung sozialer Angelegenheiten. Von den informellen SprecherInnen unterscheidet sie im Wesentlichen die Tatsache, dass die Häufigkeit und Form der Kontakte zwischen RepräsentantInnen und Geschäftsleitung gesetzlich vorgeschrieben sind und sie gewisse Informations- und Konsultationsrechte besitzen. Diese Gesetzlichkeiten garantieren jedoch häufig keine höhere Vertretungseffizienz als sie auch informellen SprecherInnen zukommt. Von ihren rechtlich garantierten Ressourcen auf Freistellung machen sie im Regelfall nur in sehr bescheidenem Maße Gebrauch. Sofern die *Élus* überhaupt die Vertretung von Beschäftigteninteressen dezidiert als ihre Aufgabe betrachten, so existieren in ihrer Sicht nur sehr beschränkte bzw.

»überhaupt keine« Machtmittel zu diesem Zweck. Ohne Rekurs auf die Primärmacht der Beschäftigten und ohne gewerkschaftliche Organisierung, gehen ihre Aktionsmöglichkeiten daher über ein »Ansprechen« (FA1-IRP) bestimmter Sachverhalte und »ein bisschen Verhandeln« (FA3-IRP) nicht hinaus.[149] Auf die Frage nach verfügbaren Machtmitteln antworten die *Élus* typischerweise – ganz ähnlich wie die Beschäftigten in Betrieben ohne Betriebsrat – dass sie »keine« solchen zur Verfügung hätten, es sei denn, man bringe die gesamte Produktion zum Erliegen. Letzteres erscheint allerdings als völlig utopisch. Französische *IRP*, die eingebunden sind in eine Kultur legitimer Herrschaft des Managements und sich nicht auf eine gewerkschaftliche Organisierung, eine kollektive Unterstützung und Mobilisierung der Belegschaft stützen können, sind somit sehr schwache Institutionen. Angesichts fehlender Mitbestimmungsrechte und nur sehr beschränkter Nutzung existierender Einflussrechte übernehmen sie in der Regel die Rolle von Informations- und Kommunikationsorganen sowie von Sozialinstanzen, die für »das sympathische kleine bisschen Mehr« im Unternehmen sorgen. Für die Normierung der Arbeitsbedingungen haben sie nur geringe Bedeutung. Hier besitzt die Geschäftsleitung weitgehend autonome Dispositionsgewalt. Eingeschränkt wird diese teilweise durch gesetzliche und tarifliche Prämissen, kaum jedoch durch eine betriebliche Gegenmacht der Beschäftigten. Dies ändert sich in Frankreich gewöhnlich erst, wenn die *IRP* von eher formalen Repräsentationsinstanzen zu glaubwürdigen kollektiven Vertretungsinstanzen werden, die ein gewisses Maß an Primärmacht für sich in Anspruch nehmen können.

Die gewerkschaftliche Anbindung der *IRP* in Frankreich symbolisiert ähnlich wie die Wahl eines Betriebsrates in Deutschland häufig einen grundlegenden Bruch mit der angestammten Betriebskultur legitimer Herrschaft. In beiden Fällen spielen Gründungskonflikte im Regelfall eine zentrale Rolle. Diese können zum Beispiel durch einschneidende Ereignisse (vor allem Entlassungen) oder auch durch einen personellen Herrschaftswechsel an der Spitze des Unternehmens verursacht werden. In beiden Fällen kann die Glaubwürdigkeit der informellen ›Do-ut-des‹-Beziehungen in die Krise geraten, weshalb die

149 Nach Einschätzung von Dufour u.a. (2006) ist die Ursache für den weit verbreiteten KandidatInnenmangel bei der Besetzung der Ämter der Élus weniger auf Angst vor Repression durch die Geschäftsleitung zurückzuführen, sondern eher dem Bewusstsein der Irrelevanz bzw. der beschränkten Einflussmöglichkeiten der Institutionen geschuldet – bei gleichzeitiger Rechtfertigungspflicht gegenüber den KollegInnen. Häufig sind es daher sogar die Gewählten selbst, die »im Allgemeinen sowohl das Gewicht der Strukturen als auch die Bedeutung und Besonderheit von Personen zu relativieren versuchen: ›Tatsächlich ändert das nicht viel.‹« (ebd.: 72f.; Übers. d. Verf.).

Beschäftigten Zuflucht suchen in stärker formalisierten, verrechtlichten und interessenbetonten Formen kollektiver Verhandlungen.

3.7 Resümee: Not all institutions do always matter

Es existieren frappierende Ähnlichkeiten in den Akteurspraktiken peripherer Mittelbetriebe ohne Betriebsrat in Deutschland sowie mit gewerkschaftlich nicht organisierten *Élus* in Frankreich: Ein Großteil der alltäglichen Interessenvermittlung erfolgt im Rahmen individualisierter Aushandlung. In Frankreich existiert zwar ein größeres Maß an formalisierter Kommunikation, die französischen *Élus* sind jedoch vor allem für jene zuständig, die sich »nicht allein zum Chef trauen« – ähnlich wie die informellen SprecherInnen in Betrieben ohne Betriebsrat. Die Existenz der *Élus* ist im Hinblick auf die Interessenvertretungssituation der Beschäftigten häufig vergleichsweise folgenlos. Ähnliche Vertretungsleistungen erbringen in deutschen Betrieben ohne Betriebsrat (und in französischen Betrieben ohne *Élus*) häufig auch informelle SprecherInnen oder managementseitig initiierte Gremien jenseits des Betriebsverfassungsgesetzes. Die betriebliche Herrschaft der Geschäftsleitung bleibt weitgehend unangetastet. Dies liegt nicht nur und vielleicht nicht einmal in erster Linie an der rechtlich schwachen Ausstattung der *Élus*, die ohnehin ihre Ressourcen und Vertretungsrechte häufig nicht ausschöpfen. Ein Grund ist auch, dass unter den Beschäftigten häufig nur eine geringe Nachfrage nach formalisierten Formen kollektiver Interessenvertretung existiert. »Es ist ihnen [den Beschäftigten] nicht wichtig« (FA5-BL). Dies wiederum liegt auch an einer weit verbreiteten Unkenntnis der rechtlichen Möglichkeiten kollektiver Interessenvertretung. Zugleich wollen die Beschäftigten jedoch die informell ausgehandelten Interessenkompromisse nicht durch die Implementation von Mitbestimmungsrechten oder gewerkschaftliche Organisierung in Frage stellen. Etwas pathetisch könnte man davon sprechen, dass sie sich das Wohlwollen des gerechten Herrschers nicht dadurch verscherzen wollen, dass sie das Risiko der sozialen Distanzierung und des Konflikts eingehen. Das Desinteresse und die Skepsis gegenüber der Wahl eines Betriebsrats (bzw. die Gründung einer Gewerkschaftssektion) ist somit auch »ein mittelbares Ergebnis der Herrschaftssituation im Betrieb« (Rudolph/Wassermann 2006: 84).

Insgesamt lässt sich somit die These vertreten, dass die wesentlich flächendeckendere Existenz von *Èlus* in Frankreich (vgl. Kapitel 1) in der Praxis kaum einen Unterschied macht, da sie mit einer vergleichsweise geringen Vertretungseffizienz einhergeht. Gewerkschaftlich nicht organisierte *Élus* passen sich häufig relativ bruchlos ein in den Interaktionsmodus legitimer Herrschaft, wie er für periphere Mittelbetriebe typisch ist. Ihr im Vergleich zum deutschen Betriebsrat höherer Institutionalisierungsgrad lässt sich somit auch dadurch erklären, dass sie die bestehenden Herrschaftsverhältnisse häufig unangetastet lassen. Oder anders: Der ubiquitären Verbreitung der *Élus* entspricht ein reduziertes Emanzipationspotenzial.

Die optionale statt obligatorische Gestaltung von Betriebsratswahlen in Deutschland ist – zumindest im Bereich peripherer Mittelbetriebe – in diesem Zusammenhang ambivalent zu bewerten: Im Kontext legitimer Herrschaft sind Betriebsratswahlen nicht einfach zu initiieren, weshalb in der Praxis vielen Beschäftigten das Recht auf Mitbestimmung vorenthalten bleibt. Die Notwendigkeit einer gewissen kollektiven Unterstützung für den entstehenden Betriebsrat bildet jedoch zugleich eine Sicherung gegen das Entstehen einer rein formalen Repräsentationsinstanz ohne reale Basisverankerung und Vertretungseffizienz. Unterhalb einer gewissen Schwelle kollektiver Entschlossenheit sowie Information ist ein Betriebsrat nicht zu haben.

Diese Analyse verweist einmal mehr darauf, dass die statistische Gegenüberstellung internationaler quantitativer Deckungsgrade betrieblicher Interessenvertretungen ohne nähere Bestimmung ihrer Qualität nur wenig aussagt über die realen Verhältnisse in den Betrieben. Diese lassen sich in Deutschland und Frankreich beispielsweise als ein Kontinuum von Praktiken mit unterschiedlicher Vertretungseffizienz vorstellen, die sich jedoch – entlang national spezifischer Institutionenlogiken – in differenter Weise in formalisierten Vertretungsinstitutionen niederschlagen. Während das deutsche Institutionensystem vergleichsweise hohe Anforderungen bezüglich der Durchsetzungsfähigkeit und des Konfliktwillens der Belegschaft stellt, damit es zu einem qualitativen Wechsel von informeller zu formalisierter Interessenvertretung kommt, setzt das französische Institutionensystem vergleichsweise früher systematische Anreize zur Formalisierung der Beschäftigtenrepräsentation. Der differente Deckungsgrad formaler Institutionen betrieblicher Interessenvertretung in Deutschland und Frankreich indiziert somit nicht notwendig eine qualitative Differenz der Verhältnisse, sondern möglicherweise nur einen gesetzlich vorgeschriebenen höheren Formalisierungsgrad betrieblicher Kommunikation zwischen Management und Belegschaft.

Eine Abkehr von einer Situation legitimer Herrschaft der Geschäftsleitung wird in Deutschland häufig durch die Existenz von Betriebsräten angezeigt, in Frankreich durch die gewerkschaftliche Organisierung der *Élus*. Die Zentrierung des deutschen Betriebsrats auf seine Funktion als Interessenvertretung (und nicht Repräsentationsinstanz) der Belegschaft sowie seine Ausstattung mit vergleichsweise harten Mitbestimmungs- und Vetorechten machen ihn für Geschäftsleitungen von vorneherein zu einer potenziell bedrohlicheren Instanz. Ähnliches gilt für die Einrichtung von Gewerkschaftssektionen und Gewerkschaftsdelegierten in Frankreich – nicht deshalb, weil sie besonders starke Vertretungsrechte besitzen, sondern weil mit ihnen häufig die Vorstellung eines Interessengegensatzes Einzug hält in den Betrieb. In beiden Fällen kommt es typischerweise zu einem Bruch mit der Betriebskultur legitimer Herrschaft. Gründungskonflikte spielen dabei meist eine zentrale Rolle. Sie sind teilweise die Ursache, teilweise der Ausdruck für die Delegitimierung der Herrschaftsverhältnisse. In der Folge kommt es zu einer Veränderung der institutionellen Konfiguration: Die Beschäftigten wählen einen Betriebsrat oder gründen eine Gewerkschaftssektion. Das Auftauchen dieser neuen Institutionen impliziert gewöhnlich eine Art ›Lock-in‹-Effekt für die Veränderung der Betriebskultur. Sie stellen die Prozesse betrieblicher Interessenvertretung auf eine neue Grundlage. Die VertreterInnen erhalten teilweise wichtige Schutzrechte (vor allem Kündigungsschutz), neue Machtressourcen und Handlungsspielräume. Eine Rückkehr zu den alten Verhältnissen unumschränkter Geschäftsleitungsdominanz scheint unter diesen Bedingungen schwierig.

Dennoch ist die Existenz einer bestimmten institutionellen Konfiguration keine Garantie für eine bestimmte institutionelle Praxis. Die Gründung eines Betriebsrats und die gewerkschaftliche Organisierung der *Élus* legt die Etablierung durchsetzungsfähigerer Praktiken der Interessenvertretung nahe – erzwingt diese jedoch nicht. Sie sind eine Art *conditio sine qua non*, eine notwendige, jedoch keineswegs hinreichende Bedingungskonstellation. Die Spezifik institutioneller Regeln grenzt vielmehr gewöhnlich einen Handlungsraum ab, innerhalb dessen bestimmte Handlungslogiken wahrscheinlicher oder unwahrscheinlicher sind. Dennoch existiert stets eine Vielzahl von Interpretationsmöglichkeiten der institutionellen Regeln. Die Implementierung eines Betriebsrates garantiert somit noch lange nicht die Emanzipation von einer Betriebskultur relativ unbeschränkter managerialer Dominanz. Ebenso wenig garantiert die gewerkschaftliche Organisierung der *Élus* die Entstehung durchsetzungsfähiger kollektiver Formen der Interessenvertretung. In der einschlägigen Literatur findet sich eine Vielzahl von Beispielen für ineffiziente und defizitäre Formen von Betriebsratspolitik, insbesondere in Klein- und Mittelbetrieben (Kotthoff/Reindl 1990; Bosch 1999; Artus 2001, 2003).[150] Gleiches gilt für die Praxis gewerkschaftlich organisierter VertreterInnen in französischen Betrieben (Dufour u.a. 2005).[151]

150 Die einschlägigen Beschreibungen gleichen teilweise in frappierendem Maße den zuvor beschriebenen Verhältnissen in peripheren Mittelbetrieben ohne Betriebsrat. Da ist etwa von »stark einseitig vom Management geprägten innerbetrieblichen Austauschbeziehungen« die Rede. »Das Deutungsmonopol der Unternehmensleitung bezüglich der Frage, was betrieblich notwendig und für die Sicherung der Arbeitsplätze angemessen sei, bleibt in diesen (überwie-

Summa summarum bleibt also festzuhalten, dass nicht jede Institution betrieblicher Interessenvertretung allein durch ihre formale Existenz in der Praxis einen Unterschied macht. Insbesondere im wirtschaftlichen Segment peripherer Mittelbetriebe sowie bezogen auf die französischen *Élus* ohne gewerkschaftliche Anbindung gilt vielmehr typischerweise, dass ihre Existenz vergleichsweise folgenlos für die betriebliche Praxis bleibt: Not all institutions do always matter. Ein umfassender sowie differenzierter Institutionenvergleich kann sich daher in keiner Weise damit zufrieden geben, die schiere Existenz oder Nicht-Existenz von Institutionen und ihren Verbreitungsgrad zu konstatieren. Er muss vielmehr danach fragen, welche Einflussmacht die jeweils existierenden Institutionen unter spezifischen Rahmenbedingungen in der Praxis besitzen. Die Frage ist also weniger: Do institutions matter? Sondern eher: Which institutions matter, in which way and within which context?

4 Deutsch-französische Institutionenpraxis im prekären Dienstleistungsbereich

Im Folgenden geht es um ein Wirtschaftssegment, in dem sich – ähnlich wie in den zuvor diskutierten peripheren Sektoren – häufig institutionell deviante Formen betrieblicher Interessenvertretung finden: den Bereich prekärer Dienstleistungsarbeit. Sowohl die Arbeitssituation der Beschäftigten als auch die Prozesse betrieblicher Interessenvertretung sind in diesem Bereich als prekär einzuschätzen. Eine Auseinandersetzung mit dem Begriff der Prekarität scheint angebracht (4.1), bevor einige typische Charakteristika des Wirtschaftssegments prekärer Dienstleistungsarbeit beschrieben werden (4.2). Anschließend wird kurz auf einige wichtige länderspezifische institutionelle sowie kul-

---

gend kleineren) Betrieben weitgehend unangetastet. Angesichts der expliziten Akzeptanz der Direktionsgewalt der Geschäftsleitung ist die Forderungshaltung der Betriebsräte gewöhnlich sehr moderat, die betriebliche Interaktionskultur ausgesprochen konfliktarm. Der Einsatz von Macht und Druckmitteln im Rahmen des Betriebsratshandelns ist nahezu ausgeschlossen.« Die Betriebsräte selbst werden mit den Worten zitiert: »Man sollte nicht auf sein Recht pochen, sondern das Verhältnis zur Geschäftsleitung ist ein Geben und Nehmen« (vgl. Artus 2003: 264).

151 Die empirische Studie von Dufour u.a. (2005) über den Trend zur Re-Vergewerkschaftlichung betrieblicher Interessenvertretung in Frankreich hat ergeben, dass diese zu einem Teil auf rein instrumentelle Beweggründe zurückgeht: Die Beschäftigten wollen für sich das gewerkschaftliche KandidatInnenmonopol im ersten Wahlgang nutzen oder sie gehorchen dem Wunsch der Geschäftsleitung, die sich eine innerbetriebliche Instanz zum Abschluss kollektiver betrieblicher Vereinbarungen wünscht.

turelle Kontextfaktoren eingegangen (4.3). Die Praxis betrieblicher Interessenvertretung im prekären Dienstleistungsbereich wird zunächst am Beispiel eines deutsch-französischen Unternehmens aus dem Einzelhandel diskutiert. Dessen Interaktionsmodus kann als Angstkultur oder auch als Dialektik zwischen Angst und Ohnmacht bezeichnet werden (4.4). Etwas anders gelagert sind die Verhältnisse in dem Paketdienstunternehmen American Transport sowie in den Restaurantbetrieben der Firma Fast Food. Hier findet sich eine spezifische Mixtur von Integration und Repression im Rahmen einer emphatischen Corporate Culture (4.5). Unter Einbeziehung weiterer Fallbeispiele sowie einschlägiger Literatur werden schließlich die Charakteristika prekärer Institutionenpraxis betrieblicher Interessenvertretung zusammenfassend diskutiert (4.6). Dabei wird deutlich, dass das französische Institutionenmodell einige Vorteile in diesen Bereichen besitzt. Auch im prekären Dienstleistungsbereich zeigt sich jedoch, dass die schiere Etablierung gesetzlich vorgesehener Institutionen der Interessenvertretung längst keine Garantie für eine durchsetzungsfähige Vertretungspraxis ist (4.7).

4.1 Der Begriff der Prekarität[152]

In Frankreich diskutierte man bereits vor knapp zehn Jahren darüber, dass »die Prekarität heute überall ist« (Bourdieu 1997). Die deutsche Debatte zum Thema hat zwar mit einer gewissen Zeitverzögerung eingesetzt, seit einigen Jahren wird jedoch der Begriff der Prekarität hier ebenso häufig wie vieldeutig verwendet. Es handelt sich um ein »fluides Konzept«, einen nahezu »banalisierten Terminus« (Barbier 2005), der in seltener Einigkeit von politischen Parteien unterschiedlichster Couleur, von Gewerkschaften wie Wissenschaft benutzt wird, um ein soziales Phänomen zu beschreiben, das als negativ gekennzeichnet wird. Er dient gewöhnlich gleichermaßen dazu, neue Formen von Armut und gesellschaftlicher Exklusion, soziale Unsicherheitsgefühle und Abstiegsängste zu kennzeichnen und bezieht sich auf Personengruppen von der Studentin und dem freiberuflich tätigen Webmanager bis hin zur illegalen Migrantin oder Dauerarbeitslosen. Eine nähere Klärung des Begriffs scheint notwendig.

Der Begriff dexr Prekarität stammt etymologisch von *»precarius«* ab: »zum Bitten gehörig«. Die prekären Personen sind jene, für die gebetet werden muss oder denen Dinge nur auf Bitten hin gewährt werden, die Armen. Es existiert

152 Teile der folgenden Abschnitte wurden bereits im Rahmen von Aufsätzen veröffentlicht (vgl. Artus 2007b, c, d).

also eine begriffliche Nähe zwischen Prekarität und Armut. Die ersten Studien, die (in Frankreich) von prekären Verhältnissen sprechen, sind Studien über die so genannte neue Armut in den achtziger Jahren (ebd.). Der Prekaritätsdiskurs stammt somit ursprünglich aus der Sozialstrukturanalyse.[153] Er ist auch als konkurrenzieller, alternativer oder ergänzender Begriff zu Konzepten gesellschaftlicher Exklusion aufzufassen (Bude/Lantermann 2006; Kronauer 2002). In beiden Konzepten steht die »Gefährdung des Sozialen im hoch entwickelten Kapitalismus« (Kronauer 2002) im Zentrum der Analyse, das Brüchigwerden und die Destabilisierung sozialer Absicherung.

Die Übertragung des Begriffs der Prekarität auf den Bereich der Erwerbstätigkeit und der Lohnarbeit erfolgte vergleichsweise später. Die zentrale theoretische Referenz hierfür ist Robert Castel (2000), der – inspiriert von den Analysen der französischen Regulationsschule (Boyer 1986) – die »Metamorphosen der sozialen Frage« und den Wiedereinzug der sozialen Unsicherheit in die entwickelten Industriegesellschaften beschreibt. Ihm zufolge ist im Zuge von Individualisierung und Deinstitutionalisierung seit Beginn der achtziger Jahre eine neue Form der »Verwundbarkeit vor dem Hintergrund von Sicherungen« entstanden (Castel 2000: 401). In der Konsequenz lassen sich in der aktuellen Arbeitsgesellschaft drei soziale Zonen unterscheiden: die Zone der Integration mit geschützten Normalarbeitsverhältnissen; die Zone der Prekarität oder auch der Verwundbarkeit, in der Beschäftigte zu Bedingungen arbeiten, die deutlich unsicherer und ungeschützter sind, und schließlich die Zone der Entkoppelung, in der sich Personen befinden, die dauerhaft aus dem regulären Erwerbsleben ausgeschlossen sind.

Durchaus im Sinne und im Anschluss an diese Ansätze wird auch im Folgenden von Prekarität gesprochen, um Arbeitsverhältnisse zu bezeichnen, die von gesellschaftlichen Normalstandards sozialer Sicherung und Regulierung negativ abweichen. Es handelt sich somit sowohl um eine relationale als auch um eine normative Kategorie. Relational ist sie insofern, als sie »von der Definition gesellschaftlicher Normalitätsstandards abhängt« (Dörre u.a. 2004: 380f.). Normativ ist sie, da die Abweichung von dieser Normalität als negativ bewertet wird. »Als normative sowie polemische Kategorie wird sie vor allem

153 Hier ist er auch in Deutschland inzwischen angekommen (zum Beispiel Bude/Lantermann 2006; Vogel 2004). Das »abgehängte Prekariat« und der perspektivlose »Prekarier« ersetzen dort inzwischen teilweise – oft ohne genauere analytische Klärung - ältere Klassen- oder Schichtbegriffe (zum Beispiel Friedrich-Ebert-Stiftung 2006). Der Begriff der Prekarität oder auch prekärer Zonen wird dabei im Regelfall als Alternativkonzept zu einem »dichotomen Bild der ›Innen-Außen‹-Spaltung der Gesellschaft« verwendet. »Stärker als bislang« soll »die sozialwissenschaftliche Aufmerksamkeit auf eine dynamische soziale Übergangszone« gelenkt werden (Vogel 2004: 174f.).

benutzt, um eine Situation oder Bedingung als anormal zu kennzeichnen im Hinblick auf eine positiv bewertete Norm der Stabilität und der Sicherheit« (Bouffartigue 2007: 2; Übers. d. Verf.).

Relational ist der Begriff der Prekarität sogar in doppeltem Sinne, das heißt er grenzt eine Situation nicht nur von regulären Arbeits- und Mitbestimmungsformen ab, sondern auch von einem Zustand kompletter Deregulierung und des Ausschlusses aus der Erwerbsarbeitsgesellschaft. Prekarität liegt somit in einer Zwischenzone zwischen Inklusion und Exklusion, zwischen Integration und Abkopplung. Sie lässt sich auch als erste Stufe einer schrittweisen Exklusion begreifen oder auch als ein Dasein an der Eintrittsschwelle von Erwerbsarbeit. Da der Begriff also per definitionem ein Zwischen- oder auch Zwitterdasein zwischen zwei relativ klar abgrenzbaren Zuständen beschreibt, haftet ihm als Geburtsfehler eine gewisse Fluidität und Ungenauigkeit an. Je nachdem, was man als normal oder anormal definiert, kann die Grauzone dazwischen größer oder kleiner ausfallen. »Als eine stets relative und relationale Kategorie ist dies eine soziale Konstruktion, die empfindsam ist für sehr differente Kontexte und Akteurskonstellationen und dementsprechend große Variationen kennt« (ebd.; Übers. d. Verf.). Seine Polysemie und vielseitige Verwendbarkeit machen den Begriff sowohl fluide als auch anschlussfähig für verschiedene soziale Problemlagen. In seiner Eigenschaft als Zwischen-Begriff ist der Prekaritätsbegriff zudem geeignet, nicht nur Strukturen, sondern auch gesellschaftliche Prozesse abzubilden, das heißt auf die Dynamik im Arbeits- und Beschäftigungssystem moderner Industriegesellschaften aufmerksam zu machen.

Ohne also die Vieldimensionalität des Begriffs grundsätzlich in Frage stellen zu wollen, scheint doch eine gewisse Eingrenzung notwendig, um ihn nicht zu entwerten und damit sein kritisches Potenzial zu verschenken. Dies droht etwa im Fall einer Gleichsetzung des Begriffs der Prekarität mit dem der Anormalität. Verschiedene AutorInnen haben zu Recht argumentiert, dass nicht jede atypische Beschäftigung jenseits des Normalarbeitsverhältnisses automatisch als prekär einzustufen sei (vgl. Mayer-Ahuja 2003; Keller/Seifert 2006). Des Weiteren ist eine Konzentration auf strukturelle Merkmale von Prekarität sinnvoll, will man nicht in die Gefahr einer subjektivistischen und damit sozialstrukturell beliebigen Definition von Prekarität geraten. Die Definition prekärer Lebenslagen und Beschäftigungsverhältnisse anhand struktureller Merkmale bedeutet nicht, deren subjektive Rückwirkungen in den Kernbereichen von Erwerbsarbeit und Gesellschaft zu ignorieren. Die »Verunsicherung« und »Drohung des sozialen Abstiegs« wirkt bis weit in die »Zone der Integration« hinein (Dörre 2005, 2007). Auch der subjektive Umgang der prekär Beschäftigten mit ihrer Situation kann in starkem Maße voneinander abweichen. Möglicherweise werden prekäre Lebenssituation subjektiv nicht als solche erlebt oder nicht (nur) negativ bewertet. Dennoch gilt es zu unterscheiden zwischen materiellen Dimensionen von Beschäftigungs- und Existenzunsicherheit und subjektiven Verarbeitungsweisen. Im Folgenden wird Prekarität daher ausschließlich als ein Begriff verwendet, der auf objektive Charakteristika von Erwerbsarbeit zielt.[154] Als solcher besitzt er einige unleugbare Stärken:

Zentral ist zunächst seine theoretische Anschlussfähigkeit an neuere Gesellschafts- sowie Kapitalismustheorien, in denen der Begriff der Prekarität nicht nur deskriptiv gebraucht wird, sondern ein analytisches Potenzial besitzt. Im Rahmen regulationstheoretischer oder kapitalismuskritischer Analysen wird die Zunahme prekärer Arbeit häufig als Ausdruck einer Neuformierung gesellschaftlicher Produktionsverhältnisse gewertet. Es wird davon ausgegangen, dass sich im Bereich der *travail précaire* eine neue Qualität sozialer Widersprüche entwickelt. Diese können als Folge grundlegender Veränderungen in einem finanzmarktdominierten, entfesselten Kapitalismus einer neuen Weltordnung begriffen werden (vgl. zum Beispiel Hardt/Negri 2002; Dörre/Röttger 2003; Lohoff u.a. 2004). In dieser Perspektive könnten die ›PrekarierInnen‹ die traditionelle Arbeiterbewegung in der Rolle des zentralen gesellschaftlichen Konfliktakteurs ergänzen oder ersetzen.[155] Eine solche Sichtweise impliziert wichtige Konsequenzen für die Gewerkschaften. Ihre Schwierigkeiten, in den neu entstehenden Segmenten prekärer Erwerbsarbeit Fuß zu fassen, lässt sich als Adaptionskrise begreifen: Ein Syndikalismus, der seine Werte und Normen in einer Periode fordistischer Facharbeit mit wachstumsbedingten Aushandlungsspielräumen zwischen Kapital und Arbeit entwickelt hat, ist nur bedingt geeignet für die gewerkschaftliche Organisierung jener prekären Sektoren mit geringer Professionalisierung, hoher Fluktuation, einer sehr häufig weiblichen und ausländischen Belegschaft sowie oft stark konflikthaltigen Austauschbeziehungen. Die Transformation gewerkschaftlicher Normen, zentraler Leitbilder, Organisationsmethoden sowie Konfliktformen wird damit zu einer Überlebensfrage der Gewerkschaften.

Der Prekaritätsdiskurs ist zudem anschlussfähig für genderpolitische Problemstellungen. Schließlich bedeutet der Trend zur Prekarisierung von Beschäftigungsbedingungen auch die Normalisierung von Verhältnissen, wie

---

154 Eine prekäre Beschäftigungssituation ist dabei weder notwendige noch eine hinreichende Bedingung für prekäre Lebenslagen. Insbesondere die Haushaltssituation spielt eine wichtige Rolle dafür, ob prekäre Beschäftigungsverhältnisse zu prekären Lebenslagen führen oder nicht.

155 Die einschlägigen Diskussionen sind allerdings weniger neu als dies auf den ersten Blick scheinen mag. Ähnliche Sachverhalte wurden historisch etwa unter den Begriffen der Pauperisierung oder der Marginalisierung diskutiert.

sie für weibliche Erwerbsarbeit schon immer typisch waren. Frauenarbeit ist sowohl »Bewahrerin« als auch »Wegbereiterin prekärer Beschäftigung« (Mayer-Ahuja 2003: 89). Prekarisierung ist die Verallgemeinerung der »feminisierten Arbeitsweise« (Wichterich 2003: 30).

Nicht adäquat diskutieren lässt sich die Thematik der Prekarität zudem ohne Bezug auf die Analyse ethnisch bedingter sozialer Ungleichheit. Das Thema internationaler Migrationsbewegungen und gesellschaftlicher Integration von Menschen mit Migrationshintergrund ist eng mit der Frage prekärer Beschäftigungs- und Lebensverhältnisse verwoben. Während solche Fragestellungen in Frankreich im Bereich der *Sociologie du Travail* (Arbeitssoziologie) einen festen, wenngleich nicht allzu großen Platz einnehmen, steht ihre intensivere Diskussion in der deutschen Arbeits- und Industriesoziologie (hoffentlich) noch bevor.

Der Terminus der Prekarität besitzt somit die Qualität eines im klassischen Sinne kritischen Begriffs, der Realität nicht nur abbildet, sondern in einem Spannungsverhältnis zu dieser steht und Gesellschaft im Licht ihrer Potenzialität beschreibt. Er impliziert gleichzeitig die Aspekte der Widerruflichkeit, der Unsicherheit und der Gefährdung. Damit scheint er geeignet, den aktuellen Prozess der Aufkündigung tradierter Selbstverständlichkeiten, der Entstehung neuer Unsicherheiten sowie gesellschaftlicher Gefahren nicht nur adäquat zu beschreiben, sondern auch zu kritisieren.

4.2 Prekäre Dienstleistungsarbeit als Wirtschaftssegment

Im Folgenden geht es um ein Segment von Dienstleistungsarbeit, das aufgrund seiner strukturellen Beschäftigungsmerkmale als prekär bezeichnet wird. Einschlägige Branchen sind etwa der Groß- und Einzelhandel, der Transportsektor, die Sicherheitsdienste, das Reinigungs-, Hotel- und Gaststättengewerbe, Call Center, soziale Dienste, das Friseurhandwerk und vieles mehr.[156] Merkmale prekärer Dienstleistungsarbeit sind im Einzelnen:

156 Daneben existieren inzwischen diverse Branchen, in denen die Beschäftigungsbedingungen ebenfalls prekär gestaltet sind, die Beschäftigten allerdings relativ hoch qualifiziert und auch etwas besser bezahlt sind (zum Beispiel der Aus- und Weiterbildungsbereich oder der Bereich neue Medien). Dieses Segment wäre vermutlich gesondert zu beschreiben, da sich die Arbeitsmarktsituation und auch die sozialstrukturelle Zusammensetzung der Beschäftigten in typischer Weise von dem hier diskutieren Segment prekärer Dienstleistungsarbeit unterscheidet.

- Es handelt sich um Beschäftigung im Niedriglohnbereich.[157] In den betreffenden Bereichen erhalten die Beschäftigten selbst in Vollzeitarbeit oft kein Einkommen, das ihnen eine unabhängige Existenz sichert.[158]
- Ein großer Teil des Beschäftigungsvolumens besteht aus Teilzeitarbeit und geringfügigen Beschäftigungen. Zeitlich begrenzte Beschäftigungsverhältnisse müssen nicht immer Ausdruck von Prekarität sein. In den einschlägigen Bereichen handelt es sich jedoch häufig um unfreiwillige sowie hochflexible Formen von Teilzeitarbeit. Sie geben marktbedingte Flexibilitätsanforderungen direkt als Zumutungen an die Beschäftigten weiter. Geringe vertraglich garantierte Stundenkontingente dienen als systematischer Anreiz für die Beschäftigten, zusätzliche Arbeitsstunden ›auf Abruf‹ zu machen. Man kann daher berechtigterweise von einer »Arbeit in Häppchen für wenig Geld« (Jaehrling u.a. 2006) oder auch »Beschäftigungsbröseln« (miettes d'emploi) sprechen (Angeloff 1999).
- Überdurchschnittlich häufig sind die Arbeitsverhältnisse befristet und werden sukzessive verlängert und erneuert – oder auch nicht. Dies impliziert nicht nur eine permanente Zukunftsunsicherheit und reduzierte Planungsmöglichkeiten für die Beschäftigten, sondern auch erhebliche Selektionsmöglichkeiten der Unternehmer sowie Zumutungen der Selbst-Disziplinierung und Dokumentation von Leistungsbereitschaft für die Beschäftigten.
- Prekär sind nicht nur die Beschäftigungsbedingungen, sondern auch die Möglichkeiten innerbetrieblicher Partizipation und Interessenvertretung. In Deutschland handelt es sich häufig um tarifschwache sowie mitbestim-

157 Nach der OECD ist dieser definiert als Lohn unterhalb der Schwelle von zwei Dritteln des Medianlohns von Vollzeitbeschäftigten (vgl. ausführlich Eichhorst u.a. 2005; Schäfer 2006). Ein weiteres gängiges Konzept ist die Bestimmung der Niedriglohngrenze bei 50 Prozent des arithmetischen Mittels der Bruttolöhne und -gehälter aller Vollzeitbeschäftigten. Nach der letztgenannten Definition läge die Niedriglohngrenze, berechnet auf Basis der Beschäftigtenstichprobe des Instituts für Arbeitsmarkt- und Berufsforschung aus dem Jahr 2003, in Ostdeutschland bei 1.034 Euro, in Westdeutschland bei 1.442 Euro (Bispinck u.a. 2004; Becker 2006). In Frankreich ist eine Entlohnung im Bereich des gesetzlichen Mindestlohns *SMIC* als Niedriglohn zu bezeichnen. Der gesetzliche Mindeststundenlohn liegt gegenwärtig bei 8,44 Euro brutto, das heißt rund 1.200 Euro brutto im Monat.

158 In vielen Fällen sind die geringen Stundenlöhne Ausdruck der niedrigen gesellschaftlichen Bewertung des weiblichen Arbeitsvermögens in typischen Frauenbranchen. Nach Becker (2006: 71) existiert »für Frauen eine weit überdurchschnittliche relative Häufigkeit von Niedriglöhnen. Etwa jede zehnte Vollzeitarbeitnehmerin in den alten Ländern und sogar jede vierte vollzeitbeschäftigte Frau in den neuen Ländern arbeitet für weniger als die Hälfte des durchschnittlichen Bruttolohns – in der jeweiligen männlichen Vergleichsgruppe ist es nur jeder Vierundzwanzigste bzw. jeder Sechste.« In Frankreich arbeitet jede vierte weibliche Beschäftigte im Niedriglohnbereich, jedoch nur knapp jeder zehnte männliche Beschäftigte (Milewski 2006: 31).

mungsschwache Bereiche (vgl. Bosch/Kalina 2004: 40f.). Als solche stehen sie im Zentrum der aktuellen gewerkschaftlichen Mindestlohninitiative (vgl. Sterkel u.a. 2006). Auch in Frankreich wird der Begriff der »Prekarität der industriellen Beziehungen« definiert als »ineffiziente oder schwache Anwendung des Arbeitsrechts und des Rechts gewerkschaftlicher Organisierung (Bouffartigue 2007: 2).[159]

Wie sich auch in der folgenden empirischen Analyse zeigen wird, existieren einige strukturelle Ursachen dafür, dass im Wirtschaftssegment einfacher Dienstleistungsarbeit prekäre Beschäftigungsbedingungen häufig mit einer prekären Interessenvertretungssituation gekoppelt sind.

Erstens erschwert die besonders ausgeprägte *Fragmentierung der Beschäftigten* die Organisierung kollektiven Handelns. Diese Fragmentierung setzt sowohl an den räumlichen als auch an den zeitlichen Dimensionen des Beschäftigungsverhältnisses an: Typisch für die einschlägigen Branchen sind relativ kleine betriebliche Einheiten, sei es im Rahmen von kleinbetrieblichen Unternehmensstrukturen oder von Filialnetzen, die eine Belegschaft von vielen Tausend Beschäftigten auf eine Vielzahl kleiner und kleinster Einheiten zersplittert. Beschäftigungsverhältnisse mit reduziertem Stundenkontingent, sehr komplizierte und permanent wechselnde Arbeitszeitmodelle sowie die hohe Fluktuation in der Belegschaft machen die Herausbildung kollegialer Beziehungen und verlässlicher Teamstrukturen äußerst schwierig.[160] Konträr also etwa zur Situation in industriellen Großbetrieben, in denen eine Gruppe von Beschäftigten räumlich konzentriert, gleichzeitig, zeitlich langandauernd sowie langfristig zusammenarbeitet und womöglich noch aus einem ähnlichen Milieu stammt, erfolgt prekäre Dienstleistungsarbeit typischerweise räumlich zersplittert, diskontinuierlich, kurzzeitig, in häufig wechselnder personeller Zusammensetzung oder sogar vereinzelt sowie durch Belegschaften mit stark heterogener sozialer Zusammensetzung. Die Definition gemeinsamer Interessen und die Herausbildung einer Gruppenidentität als Voraussetzung kollekti-

159 International ist allerdings zu beobachten, dass sich gewerkschaftliche Organisierungsstrategien zunehmend auf jenes quantitativ wachsende Wirtschaftssegment des prekären Dienstleistungsbereichs richten, in dem die Gewerkschaften bislang nur schwach vertreten sind (vgl. Frege 2000; Dribbusch 2003; Frege/Kelly 2003, 2004; Choi 2004; Featherstone 2004; Renneberg 2005; Schreieder 2005; Sterkel u.a. 2005; Ver.di 2005, 2007; Aust/Holst 2006; Hälker/Vellay 2006; Geiselberger 2007).

160 Vgl. die statistischen Überblicksdaten zum Thema Teilzeitarbeit, geringfügige Beschäftigung, Fluktuation, Befristungen etc. im einfachen Dienstleistungsbereich zu Deutschland bei Dribbusch 2003; Bosch/Kalina 2005; Jaehrling u.a. 2006; Kalina/Voss-Dahm 2005; zu Frankreich bei Avenel/Thibault 2006; Bouffartigue u.a. 2007.

ver Repräsentation sowie gemeinsamen Interessenhandelns ist unter diesen Bedingungen extrem schwierig.

Zweitens ist das für Lohnarbeit allgemein typische *Machtungleichgewicht zwischen Kapital und Arbeit besonders ausgeprägt:* In den meisten einschlägigen Branchen haben in der Vergangenheit massive wirtschaftliche Konzentrationsprozesse stattgefunden.[161] In der Konsequenz entstanden vielfach international tätige, mächtige Konzerne. Diese besitzen nicht nur eine erhebliche Arbeitsmarktmacht, sondern auch die Verfügungsgewalt über die Schneidung der Unternehmens- und Betriebsstrukturen. Bei Bedarf können sie relativ einfach ganze Filialen umstrukturieren, schließen, verlagern oder fusionieren. Auch Franchising-Konzepte erhöhen die ökonomischen Dispositionsfreiheiten. Diesen potenten Konzernen stehen Beschäftigte gegenüber, die auf dem Arbeitsmarkt unterdurchschnittliche Beschäftigungsperspektiven besitzen. Dies liegt weniger daran, dass sie über besonders geringe Qualifikationen verfügen. Zumindest für Deutschland belegen diverse Studien, dass fast zwei Drittel der Niedriglohn-EmpfängerInnen über eine qualifizierte Berufsausbildung oder höhere Qualifikation verfügen (Schäfer 2006: 46).[162] Für Frankreich gilt, dass prekäre Dienstleistungen klassischerweise Berufseinstiegsbranchen für sehr junge Menschen sind. Darunter befinden sich auch viele StudentInnen, die sicherlich nicht als unqualifizierte Arbeitskräfte betrachtet werden können (Weber 2005; Choquet 2005). Die niedrigen Löhne haben auch hier weniger mit einer – in Frankreich ohnehin deutlich geringeren – Professionalisierung der Beschäftigten zu tun. In beiden Ländern rekrutieren vielmehr die Unternehmer der betreffenden Sektoren »die Arbeitskraft in den verwundbarsten Segmenten des Arbeitsmarktes: Frauen, Jugendliche, Immigranten« (Puech 2004: 153; Übers. d. Verf.). Aus diesem Grund wird im Folgenden der häufig benutzte Begriff gering qualifizierter Dienstleistungen systematisch durch den der prekären Dienstleistungsarbeit ersetzt. Typische Handicaps der hier Be-

161 In manchen Fällen handelt es sich um Branchen, die gewissermaßen die ökonomische Kehrseite des virulenten Outsourcing-Prozesses der industriellen Kernbereiche darstellen und infolgedessen einen enormen ökonomischen Aufschwung erlebten (zum Beispiel Reinigungsgewerbe, Sicherheitsdienste). In anderen Fällen profitierten die Branchen von der Privatisierung ehemals staatlicher Dienstleistungen sowie der Abschaffung staatlicher Marktmonopole (Transportsektor). Aber auch in ›klassischen‹ Branchen wie dem Groß- und Einzelhandel waren im Zuge eines verschärften Marktwettbewerbs und der Internationalisierung der Konkurrenz in den vergangenen 20 Jahren erhebliche Konzentrationsprozesse zu beobachten.

162 »Niedrige Entlohnungen sind also nur zu einem kleinen Teil mit einer fehlenden Berufsausbildung verbunden – bei Frauen mit knapp 12 Prozent noch seltener als bei Männern (gut 18 Prozent)« (Becker 2006: 74). Im Einzelhandel und im Gesundheitssektor liegt der Anteil von Beschäftigten mit abgeschlossener Berufsausbildung sogar über dem gesamtwirtschaftlichen Durchschnitt (Kalina/Voss-Dahm 2005).

schäftigten sind nicht durchgängig eine geringe formale Qualifikation, sondern oft mangelnde räumliche sowie zeitliche Flexibilität (etwa aufgrund von Familienarbeit oder beschränkter Arbeitserlaubnis), eine mangelhafte Beherrschung der deutschen bzw. französischen Sprache, diskontinuierliche Erwerbsbiografien, die Nicht-Anerkennung von ausländischen Bildungs- und Berufsabschlüssen sowie körperliche Einschränkungen des Arbeitsvermögens. In Frankreich kommt noch der Effekt der sozialen Zugehörigkeit zur Bevölkerung sozial stigmatisierter Stadtviertel hinzu (Lainé u.a. 2005). Das Machtgefälle am Arbeitsplatz hat jedoch auch mit den oben genannten strukturellen Schwierigkeiten kollektiver Organisierung, historisch etablierten gewerkschaftlichen Vertretungstraditionen sowie der gesellschaftlichen Bewertung von Frauen- und MigrantInnenarbeit, also mit Sexismus und Rassismus, zu tun.

Im Folgenden werden Unternehmen und Betriebe aus verschiedenen Branchen des prekären Dienstleistungsbereichs untersucht. Ein Schwerpunkt liegt dabei auf den Branchen des Einzelhandels, der Systemgastronomie und des Pakettransports. In diesen drei Branchen konnte je eine deutsch-französische Fallstudie in einem einschlägigen Großkonzern durchgeführt werden, die im Folgenden als Kaufbillig, Fast Food sowie Transport bezeichnet werden.[163] Sowohl in die Analyse der drei Fallstudien als auch in die zusammenfassende Darstellung der Charakteristika prekärer Interessenvertretungspraxis fließen jedoch explizit sowie implizit die Kenntnisse aus einer Vielzahl von Interviews in insgesamt 13 Untersuchungsbetrieben verschiedener Branchen ein. Die folgende Tabelle gibt daher noch einmal einen kompletten Überblick über alle Untersuchungsbetriebe im Segment prekärer Dienstleistungsarbeit sowie einige ihrer Charakteristika:

163 Die Namen der untersuchten Konzerne wurden verändert. Obwohl aufgrund ihrer Größe eine tatsächliche Anonymisierung kaum zu bewerkstelligen ist, verweist die Anonymisierung auf das Anliegen, weniger die Einzigartigkeit der Bedingungen bei einem bestimmten Konzern darzustellen, sondern die teils länderspezifischen, teils allgemeinen Systematiken betrieblicher Interessenvertretung im prekären Dienstleistungsbereich herauszuarbeiten.

Tabelle 12: Übersicht über Charakteristika der Untersuchungsbetriebe im Segment prekärer Dienstleistungsarbeit

	Branche	**Beschäftigtenzahl in Deutschland/ in Frankreich/ ca. pro Standort**	**Unternehmensstruktur Eigentumsverhältnisse**
DB1 = FB2 Kaufbillig	Einzelhandel Lebensmittel	80.000/ 14.000/ 20–200	Gruppe unabhängiger Einzelunternehmen, die sich im persönlichen Besitz eines Hauptgesellschafters befinden; Hauptsitz in Deutschland; Niederlassungen in fast allen EU-Ländern
DB2 = FB1 Fast Food	Systemgastronomie	50.000/ 43.000/ 20–100	International tätiger US-amerikanischer Konzern
DB 3	Einzelhandel Lebensmittel	ca. 30.000/ ca.10.000 20–200	Konzern mit mittelständischer Tradition
DB4 = FB3 Transport	Pakettransport	14.000/ 1.700/ 10–200	International tätiger US-amerikanischer Konzern
DB5	Kfz-Reparatur und -Teileeinzelhandel	11.000/ –/ 40–600	Deutsche ehemals mittelständische Firma, seit kurzem an Finanzinvestor verkauft
DB6	Facility Services/ Großküche	ca.1.000/ –/ 25	Deutscher Mittelstand
DB7	Reinigungsgewerbe	650/ –/ 10–50	Deutscher Mittelstand
DB8	Einzelhandel Bekleidung	400–500/ –/ 100–200	Deutscher Mittelstand
DB9	Altenheime	180/ –/ 90	Deutsche AG mit drei Standorten, Lizenznehmerin einer Schweizer Gesellschaft
DB10	Großhandel Baustoffe	70	Deutscher Mittelstand
FB4	Selbstbedienungs-cafeteria	–/ über 1.000/ 60–80	Französischer Konzern
FB5	Buchhandelskette	–/ 500–600/ 4–10	Französischer Konzern; im Besitz von Finanzinvestoren
FB6	Reinigungsgewerbe	–/ mehrere Hundert/ 33	Subunternehmen eines französischen Konzern

4.3 Der institutionelle und kulturelle Kontext arbeitspolitischer Regulierung im prekären Dienstleistungsbereich

Noch grundlegender als im Fall peripherer Mittelbetriebe gilt für das Segment prekärer Dienstleistungsarbeit, dass für ein Verständnis der Prozesse arbeitspolitischer Regulierung einige national spezifische Kontextfaktoren von Bedeutung sind. Für ein besseres Verständnis der nachfolgenden empirischen Fallbeispiele sollen insbesondere drei dieser Faktoren vorab kurz skizziert werden:

1.) Die gesetzlichen Regelungen zur unternehmensweiten Integration der Interessenvertretung in einer Vielzahl kleiner dezentraler Betriebseinheiten sind in Deutschland und Frankreich unterschiedlich.

Der deutsche Betriebsrat wird für den Einzelbetrieb gewählt. Die institutionelle Situation von Großunternehmen mit einer Vielzahl kleiner Betriebsstandorte oder Filialen ist somit die Summe der Situationen in einer Vielzahl von Kleinbetrieben. Für eine flächendeckende Implementation von Betriebsräten müssen in jeder einzelnen Filiale Wahlen initiiert und gegebenenfalls durchgesetzt werden. Die Wahl von Regionalbetriebsräten kann zwar mit den Unternehmen vereinbart werden, ist jedoch rechtlich nicht erzwingbar. Während die Zentralisierung des Unternehmens als Wirtschaftseinheit existiert, muss die Vereinheitlichung der Interessenvertretung häufig mühsam über eine Vielzahl von verstreuten und vereinzelten Basisprozessen errungen werden, bevor irgendwann eventuell Regional-, Gesamt- oder gar Konzernbetriebsräte gegründet werden können. Im Rahmen stark dezentralisierter Unternehmensstrukturen ist somit selbst bei einer Gesamtbelegschaft von Tausenden von Beschäftigten keine Freistellung der InteressenvertreterInnen rechtlich garantiert, solange die einzelnen Betriebseinheiten unter 200 Beschäftigten bleiben. Im Rahmen der Reform des Betriebsverfassungsgesetzes 2002 hat der Gesetzgeber diese Problematik reflektiert und die Bestimmungen zum Thema Regionalbetriebsräte und betriebsspezifische Formen der Mitarbeitervertretung teilweise revidiert.[164] Nach wie vor ist die Zusammenfassung betrieblicher Einheiten nach Regionen und die gemeinsame Wahl betrieblicher Interessen-

164 Das reformierte Betriebsverfassungsgesetz sieht neuerdings explizit die Möglichkeit eines Tarifvertrages über alternative Formen der Mitbestimmung vor. So hatte sich beispielsweise im Untersuchungsunternehmen DB2 die NGG in den neunziger Jahren mit dem Unternehmen auf einen Tarifvertrag über eine Art »Gesamtbetriebsrat light« geeinigt. Dieser hätte die gesetzlich garantierten Mitbestimmungsrechte unterschritten, jedoch flächendeckende Strukturen der Interessenvertretung etabliert. Der Tarifvertrag wurde damals vom Bundesarbeitsministerium abgelehnt (vgl. Voswinkel u.a. 1995). Nach dem neuen Betriebsverfassungsgesetz wäre er vermutlich legal.

vertretungen für kombinierte Betriebseinheiten jedoch eine Kann-Bestimmung. Als solche muss sie häufig machtpolitisch durchgesetzt werden, was ein Mindestmaß an unternehmensweiter Verankerung interessenbewusster Belegschaftsvertretungen voraussetzt. Diese Situation ist nicht überall gegeben.

Die französischen Institutionen sind hingegen von vorneherein auf die Unternehmensebene ausgerichtet, nicht auf die Betriebsebene. Die Anzahl der gesetzlich obligatorisch zu wählenden *Élus* bemisst sich nach der Anzahl der im Unternehmen Beschäftigten.[165] Dabei spielt der Begriff der *Unité Économique et Sociale (UES)* (ökonomische und soziale Einheit) juristisch eine wichtige Rolle, die gegebenenfalls juristisch eingeklagt werden kann (und häufig eingeklagt werden muss). Der Begriff »tauchte in der Rechtsprechung auf als Antwort auf Versuche der Aufspaltung der Unternehmen in juristisch unabhängige Einheiten« (Bouquin 2006: 28; Übers. d. Verf.). Ähnlich wie auch in der deutschen Rechtsprechung wird die Einheit eines Betriebs durch ökonomische Interdependenzen sowie personell identische oder ähnliche Führungsstrukturen definiert. Basierend auf dieser Definition gilt in Frankreich für die großen Dienstleistungskonzerne, dass sie im Regelfall eine ökonomische und soziale Einheit bilden und somit für die Gesamtheit ihrer Belegschaft die gesetzlich obligatorischen Strukturen der Interessenvertretung implementieren müssen. Wie sie diese auf regionale Standorte oder Regionen ›herunterbrechen‹, zum Beispiel auf welchen Ebenen selbständige *CE* oder *CHSCT* existieren, kann dabei variieren und ist Spielball interessenpolitischer Auseinandersetzungen. Dennoch ist der Ansatz der Implementierung grundsätzlich ein flächendeckender.

Voswinkel u.a. (1995) stellen bezogen auf den Bereich der deutschen Systemgastronomie fest, dass »aufgrund der dezentralen Betriebsstruktur z.T. größerer Unternehmen [...] hier eine ›überbetriebliche‹ Institutionalisierung als Erfolg versprechender, ja in gewissem Sinne als Basis dezentraler Betriebsvertretungen« erscheint. Diese Feststellung lässt sich für den Bereich prekärer Dienstleistungsarbeit durchaus verallgemeinern. Zumindest in legaler Hinsicht

165 Die Feststellung der Beschäftigtenzahl im Vorfeld der VertreterInnenwahlen ist häufig ein kompliziertes Procedere sowie ein politisch aufgeladener Akt, dessen Ergebnis (nach zuweilen langen Verhandlungen) in einem Wahlprotokoll festgehalten wird. Im prekären Dienstleistungsbereich wird die Definition der Beschäftigtenzahl dadurch kompliziert, dass hier häufig eine große Zahl von Teilzeitbeschäftigten, geringfügig Beschäftigten und LeiharbeiterInnen tätig ist. Für die Anzahl der zu wählenden *Délégués du Personnel* und *CE*-Mitglieder ist die Zahl der Vollzeitbeschäftigten maßgeblich. Die Teilzeitbeschäftigten zählen – je nach Stundenzahl – zum Beispiel als halbe Vollzeitbeschäftigte. Die LeiharbeiterInnen zählen zwar bei der Bestimmung der Beschäftigtenzahl mit, nehmen jedoch nicht an ihrem Arbeitsplatz an den Wahlen teil, sondern im Verleihunternehmen.

ist eine überbetriebliche Institutionalisierung kollektiver Interessenvertretung in Frankreich eher garantiert als in Deutschland.

2.) Tarifverträge sind relativ flächendeckend im prekären Dienstleistungsbereich etabliert, sehen jedoch äußerst niedrige Normen vor. In Deutschland existieren zugleich mehr Lücken im ›tariflichen Netz‹ und es fehlt eine Mindestlohngesetzgebung.

Es wurde bereits erwähnt, dass es sich bei den einschlägigen Branchen zumindest *in Deutschland* vielfach um tarifschwache Bereiche handelt. Dies meint, dass die Gewerkschaften kaum über ein autonomes Durchsetzungspotenzial im Sinne eines Mindestmaßes gewerkschaftlicher Organisation sowie Mobilisierbarkeit der Belegschaften im Rahmen von Tarifrunden verfügen. Im Zuge der Erosion des Flächentarifvertrags und der Austrittsbewegung aus den Arbeitgeberverbänden haben in der jüngeren Vergangenheit auch im prekären Dienstleistungsbereich die tariffreien Zonen zugenommen. Dies gilt insbesondere für eher kleinbetrieblich strukturierte Branchen und Handwerksbereiche. Die deutschen Untersuchungsbetriebe des prekären Dienstleistungsbereichs waren jedoch mit nur wenigen Ausnahmen (DB9, teilweise DB5) tarifgebunden. Dies lässt sich erstens dadurch erklären, dass in Teilbereichen des prekären Dienstleistungsbereichs (zum Beispiel im Gaststättengewerbe und im Reinigungsbereich) allgemeinverbindliche Tarifverträge eine wichtige Rolle spielen. Des Weiteren handelte es sich bei vielen Untersuchungsbetrieben um sehr große Unternehmen, auch wenn die einzelnen Standorte vergleichsweise klein waren. Für diese hat die Tarifbindung nicht zu unterschätzende Ordnungs- und Legitimierungsfunktionen. Diese sind zudem vergleichsweise ›kostengünstig‹ zu haben, gerade *weil* die Tarifkultur in den einschlägigen Branchen schwach ist. In der Konsequenz gehen die tariflichen Normen beim Lohn kaum über den Niedriglohnbereich hinaus. Die einschlägigen Großkonzerne dominieren zudem aufgrund ihres ökonomischen Gewichts nicht selten die branchenspezifischen Arbeitgeberverbände und können die Tarifnormen nach ihren Wünschen beeinflussen. Die Legitimierungseffekte einer Tarifbindung sind erheblich. Die häufig schlechten Arbeits- und Entlohnungsbedingungen können immerhin als tarifgerecht oder gar übertariflich ausgewiesen werden. Im Extremfall kann daher davon gesprochen werden, dass die formale Tarifbindung der Unternehmen in erster Linie dazu dient, den Arbeitsbedingungen den moralischen Anschein von Gesetzlichkeit und Legitimität zu verleihen (vgl. Artus 2006). Die Nichtanwendung oder der Bruch tariflicher Normen trotz Tarifbindung ist angesichts fehlender Sanktionsmöglichkeiten der Beschäftigten und inexistenter Betriebsräte ohnehin unproblematisch möglich und weithin Praxis.

In Frankreich unterscheidet sich die Tarifsituation im prekären Dienstleistungsbereich nicht so wesentlich von jener anderer Wirtschaftssegmente wie in

Deutschland. Angesichts eines tariflichen Deckungsgrads von über 90 Prozent, gelten auch im prekären Dienstleistungsbereich weithin Branchentarifverträge. Eine gewisse tarifliche Schwäche äußert sich allerdings auch in Frankreich darin, dass die allgemeinverbindlichen Tarifnormen hier besonders häufig noch unterhalb des gesetzlichen Mindestlohns *(SMIC)* liegen[166] und daher in der Praxis irrelevant sind. Der *SMIC* spielt hingegen eine besonders große Rolle als unterste Mindestnorm. Er definiert den Normalstandard der Entlohnung auf der Shop-Floor-Ebene prekärer Dienstleistungsarbeit.

Sowohl in Deutschland als auch in Frankreich ist der prekäre Dienstleistungsbereich also eine tarifschwache Zone. In Deutschland existieren allerdings deutlich mehr ›absolute Löcher‹ im Netz garantierter Mindeststandards, durch die hindurch die Löhne ohne Auffanggrenze nach unten in die Tiefe fallen können. Es gibt nicht nur mehr Bereiche ohne Tarifbindung, auch wenn diese im Rahmen der vorliegenden Untersuchung nicht im empirischen Fokus standen (vgl. hierzu Bispinck 2007). Tariffreie oder tarifbrüchige Situationen werden zugleich nicht durch einen gesetzlichen Mindestlohn reguliert.

3.) Die soziale Stellung des ›Dienstleistungsprekariats‹ ist in Deutschland und Frankreich kulturell unterschiedlich.

Im Bereich prekärer Dienstleistungsarbeit ist ein ausgesprochen deutlicher *effet sociétal* zu konstatieren, der hier allerdings nur angedeutet, nicht wirklich ausgeführt werden kann: Auf den ersten Blick erscheint die Zusammensetzung der Belegschaften in Deutschland und Frankreich relativ ähnlich. Es handelt sich vielfach um Frauen, Beschäftigte mit Migrationshintergrund sowie Jugendliche. Was auf den ersten Blick gleich scheint, erweist sich bei näherer Betrachtung als in hohem Maße kulturell unterschiedlich. Die gesellschaftliche Stellung, der Platz im Erwerbsleben, die kollektiven Normen, Werthaltungen und Solidarisierungsmuster von Frauen, MigrantInnen und Jugendlichen in Deutschland und Frankreich sind systematisch andere. Eine eingehende Analyse dieses Sachverhalts müsste sich unter anderem mit der Geschichte und Gegenwart der Frauenerwerbsarbeit, geschlechtlichen Rollenmustern, der Geschichte von Migrationsbewegungen, dem französischen Kolonialismus, dem deutschen Faschismus, den Systemen sozialstaatlicher Absicherung generell sowie insbesondere für Frauen und Jugendliche, Bildungssystemen und typischen Bildungswegen sowie mit der geografischen Konzentration marginalisierter Bevölkerungsgruppen in bestimmten Stadtvierteln auseinandersetzen. Dies kann hier leider nicht geleistet werden. Als summarischer Hinweis muss

166 Nicht nur die Tarifstandards liegen sehr niedrig, in der prekären Branche des Gaststättengewerbes gilt sogar ein reduzierter gesetzlicher Mindestlohn, der formal mit der zusätzlichen Bezahlung von Trinkgeldern gerechtfertigt wird, real jedoch vor allem mit einer einflussreichen Branchenlobby der Unternehmer zu tun hat.

an dieser Stelle genügen, dass es in Frankreich seit etwa Mitte der neunziger Jahre wiederholt zu starken soziale Bewegungen kam, in deren Zentrum genau jene Bevölkerungsgruppen standen, die typischerweise das ›Dienstleistungsprekariat‹ stellen oder eine erhebliche Nähe zu diesem besitzen. Zu nennen wären etwa die Arbeitslosenbewegung 1997/98, die Bewegung der *Sans Papiers* im gleichen Zeitraum, die seit Beginn der neunziger Jahre immer wieder aufflackernden Aufstände in den französischen *Banlieues* sowie die massenhafte Demonstrationsbewegung der SchülerInnen und StudentInnen gegen den geplanten *Contrat Première Embauche (CPE)* im Frühjahr 2006. Diese sozialen Bewegungen hatten und haben auch deshalb eine erhebliche Breitenwirkung, da sie (mit Ausnahme der Aufstände in den *Banlieues*) auf eine relativ starke gesellschaftliche Unterstützung zählen können. Sowohl für die Entstehung als auch für die gesellschaftliche Sprengkraft der Proteste marginalisierter und prekarisierter Bevölkerungsgruppen spielt in Frankreich das staatsbürgerliche Ideal der *égalité* (Gleichheit) eine zentrale Rolle. Es verbürgt einen individualistisch gedachten, moralischen Anspruch aller auf gleiche staatsbürgerliche Teilhabe. Diese kann berechtigterweise eingefordert werden und wird genau deshalb vielfach nachdrücklicher eingefordert als in Deutschland.[167] Auch Werte einer (protestantischen) Arbeitsethik sowie die Verpflichtung auf harmonisierende Gemeinschaftsideale sind in Frankreich deutlich geringer verbreitet als in Deutschland. Insgesamt sind also die Beschäftigungsverhältnisse und Belegschaftsstrukturen im prekären Dienstleistungsbereich in Deutschland und Frankreich ziemlich ähnlich, ihre soziale Bewertung differiert jedoch und mit dieser auch die gesellschaftliche Stellung sowie kollektive Handlungsfähigkeit des ›Dienstleistungsprekariats‹.

4.4 Repression betrieblicher Interessenvertretung: Der Einzelhandelskonzern Kaufbillig

Im Folgenden werden drei Fallbeispiele betrieblicher Interessenvertretung in Unternehmen des prekären Dienstleistungsbereichs vorgestellt. Der zunächst beschriebene Einzelhandelskonzerns Kaufbillig[168] illustriert dabei einen Fall

167 Auch die allgemein höhere Akzeptanz von Protestkulturen in Frankreich spielt freilich eine Rolle, vgl. hierzu Kapitel II.3.3.

168 Die Fallstudie beruht auf 12 Interviews sowie umfangreicher Dokumentenauswertung. In Deutschland wurden sieben Interviews geführt (ein Interview mit zwei Managementvertretern, zwei Interviews mit teilweise mehreren ehemaligen Beschäftigte, zwei Gespräche mit je zwei Betriebsräten, zwei Gespräche mit Gewerkschaftssekretären, die intensiv mit Kaufbillig befasst sind). In Frankreich waren es fünf Gespräche (ein *Délégué Syndical CGT*, eine *Déléguée du*

unverhohlener Repression der kollektiven Vertretung von Beschäftigteninteressen. Die Unternehmen Fast Food und Transport hingegen kombinieren repressive Motive mit einer Überwindungsstrategie kollektiver Interessenvertretung im Rahmen einer managementdominierten betrieblichen Integrationskultur.[169]

4.4.1 *Unternehmensstrukturen und Betriebsgeschichte*

Kaufbillig ist Teil einer Gruppe von etwa 600 Unternehmen des Einzelhandels. Die Unternehmensgruppe ist dadurch konstituiert, dass sie alle sich (in der Regel zu 100 Prozent) in direktem oder indirektem Besitz einer Einzelperson befinden, die zu den reichsten Personen Deutschlands zählt. Es handelt sich jedoch nicht um einen einheitlich strukturierten Konzern, sondern der Unternehmensgründer bevorzugte die Kreation einer Vielzahl von formal unabhängigen GmbH und GmbH & Co KG, die in ihrer Zusammensetzung für Außenstehende nur schwer zu überblicken ist. Deren wechselseitige Verflechtung und Abgrenzung erfolgt entlang wechselnder Kriterien und unterliegt einem permanenten Umgestaltungsprozess, unter anderem zur Verhinderung von Mitbestimmungsstrukturen in Deutschland.

Die historischen Ursprünge des Unternehmens liegen in Süddeutschland, wo auch bis heute die europaweite Unternehmenszentrale angesiedelt ist. Ende der siebziger Jahre begann der rasante Expansionsprozess der Firma, in dessen Verlauf zunächst deutschlandweit einheitlich strukturierte, kleinere Lebensmitteldiscountmärkte aufgebaut wurden. Ende der achtziger Jahre wurden die

---

Personnel, ein einschlägig befasster Wissenschaftler, ein Gewerkschafter (*CGT*) sowie eine eintägige Gruppendiskussion mit sechs Mitgliedern einer *Section Syndicale* der *CGT*, die alle Funktionen als *Délégué(e)s du Personel* und/oder *Délégués Syndicales* hatten).

169 Böhm/Lücking (2006) geben einen differenzierten Überblick über Managementorientierungen in Betrieben ohne Betriebsrat (vgl. Böhm/Lücking 2006). Diese lassen sich grob in zwei Kategorien einteilen (vgl. Artus 2007d): Repressive Vermeidung oder offensive Überwindung von Interessenvertretungsinstitutionen. Repressive Konzepte argumentieren typischerweise damit, dass ein Betriebsrat nicht nötig sei, weil es keine besonderen Interessen gibt, die er legitimerweise vertreten könnte. Im Rahmen offensiver Überwindungskonzepte erhebt das Management hingegen den Anspruch, die Interessen der Beschäftigten in angemessenerer Weise zu repräsentieren als ein Betriebsrat oder die Gewerkschaft dies könnte. Im Rahmen der letztgenannten Konzepte kann ein Betriebsrat oder eine Gewerkschaft zwar toleriert werden, insbesondere da damit den legalen Vorschriften Genüge getan wird (vgl. Trinczek 2004: 196ff.); dennoch wird das ›Modell Betriebsrat‹ und ›Gewerkschaft‹ aufgrund seiner Konzeption eines grundlegenden Interessenwiderspruchs als im Grunde für nicht mehr zeitgemäß erklärt, da man sich am »Leitbild einer Leistungsgemeinschaft aufgeklärter Mitarbeiter« (ebd.) und emphatisch besetzter Teamarbeit orientiert. Das Unternehmen Kaufbillig ist eindeutig den repressiven Orientierungen zuzurechnen. Fast Food und Transport kombinieren hingegen die Motive beider Orientierungsmuster.

Unternehmensaktivitäten europaweit ausgedehnt. Inzwischen beschäftigt die Gruppe etwa 150.000 Menschen in 23 europäischen Ländern, davon etwa 100.000 in Deutschland. In Frankreich wurde 1989 der erste ausländische Kaufbillig-Markt eröffnet. Inzwischen gibt es dort über 1.200 Discountmärkte und das Unternehmen beschäftigt mehr als 14.000 Menschen.

Die Unternehmensstrukturen der Gruppe unterscheiden sich in Deutschland und Frankreich. Jenseits der schieren Größendifferenz besteht ein Unterschied darin, dass in Frankreich ausschließlich kleinere Lebensmitteldiscountmärkte der Marke Kaufbillig existieren, in Deutschland hingegen auch etwa 600 größere Lebensmittelmärkte (mit jeweils rund 100 bis 200 Beschäftigten). Diese firmieren unter einem anderen Markennamen (im Folgenden: Kaufviel). In Deutschland und Frankreich identisch ist die Aufteilung der Discountmärkte auf Vertriebsregionen. In jeder Vertriebsregion existiert eine regionale Geschäftsleitung sowie Lebensmittellager zur Versorgung der Märkte. Die regionale Geschäftsleitung ist an den Lagerstandorten ansässig. Die Lager sind in Deutschland wie Frankreich wesentlich besser gewerkschaftlich organisiert als die Verkaufsfilialen. Als in Deutschland Lagerbereiche jedoch versuchten, ihren Vertretungsanspruch auf die Vertriebsbereiche und Discountmärkte auszuweiten, erfolgte hier im Jahr 2002 die strikte formalrechtliche Trennung zwischen Lager und Vertrieb. In Frankreich integrieren die Vertretungsstrukturen hingegen Lager- und Verkaufsbereiche.

4.4.2 *Interaktionsmodus: ›La pression‹ und Angstkultur*[170]

Managementmethoden und Personalpolitik ähneln sich bei Kaufbillig in Deutschland und Frankreich in hohem Maße – oder anders: Das deutsche Geschäftskonzept und die deutsche Führungskultur wurden nahezu eins zu eins nach Frankreich transplantiert: Den FilialleiterInnen der Discountmärkte (responsables/chefs du magasin) werden Umsatzvorgaben bei fixer, sehr geringer Personalausstattung gemacht. Sie werden von Bereichsleitern (responsables de réseau) nahezu täglich kontrolliert. Die FilialleiterInnen haben zwar die Gesamtverantwortung für das Funktionieren der Filiale, jedoch kaum personalpolitische Kompetenzen. Diese sind in den landesweiten Unternehmenszentralen angesiedelt. Niedrige Personalkosten sind in Frankreich wie Deutschland ein zentraler Bestandteil der erfolgreichen Kaufbillig-Konkur-

170 Der Begriff »la pression« wird hier im französischen Original beibehalten, da er in den Interviews in Frankreich in nahezu stereotyper Weise wiederkehrte. In dieser Eigenschaft entspricht er dem Begriff der Angst in Deutschland. Die Differenz der Begriffe, die die Beschäftigten für die Beschreibung ihres Arbeitsalltags benutzten, weist auf graduell variierende typische subjektive Befindlichkeiten bei Kaufbillig in Deutschland und Frankreich hin.

renzstrategie. Der Personalkostenanteil liegt deutlich niedriger als in vergleichbaren Märkten. Grund ist nicht so sehr ein besonders niedriger Stundenlohn der Beschäftigten. Das Unternehmen respektiert in Deutschland wie Frankreich die landesüblichen (branchenspezifisch niedrigen) Tarifnormen, obwohl die Eingruppierungspraxis nicht immer tarifgerecht ist. Nach Gewerkschaftsangaben sind die Entgelte bei Kaufbillig aber bezogen auf den Branchenstandard immerhin »mittelmäßig«, manche Beschäftigte werten sie sogar als »gut«. Dafür muss allerdings deutlich mehr geleistet werden als in anderen Firmen.

Die Arbeitszeiten sind unmittelbar an Unternehmensbedürfnissen, das heißt am Kundenaufkommen, orientiert und beinhalten für die Beschäftigten teilweise ausgesprochen ungünstige Schichteinteilungen. In Frankreich wurde berichtet, dass MitarbeiterInnen häufig mittags arbeiten, anschließend nach Hause geschickt werden und abends zu den Stoßzeiten wieder in die Filiale kommen. Auch in den Lagerbereichen sind gesundheitlich belastende und häufig wechselnde Schichtsysteme die Regel. Zudem existieren sehr rigide und hohe Leistungsstandards. Deren Einhaltung wird zum einen durch die strukturell geringe Personalbesetzung durchgesetzt, zum anderen durch eine Managementpolitik, die stark auf die Verbreitung von Angst und Druck (»la pression«) angelegt ist.[171]

Systematischer Bestandteil der Personalpolitik ist daher die Prekarisierung der Beschäftigungsverhältnisse. Der Kreis der Stammbelegschaft, das heißt der fest angestellten Vollzeitbeschäftigten, ist stark begrenzt und beginnt tendenziell auf der Ebene der FilialleiterInnen. Die Befristung der Arbeitsverhältnisse sowie eine flächendeckende Abmahnungspolitik ermöglichen den permanenten Austausch der Belegschaft nach Kriterien der Folgebereitschaft, Leistungsfähigkeit und -willigkeit. Das Ausmaß der betrieblichen Fluktuation und der damit verbundenen Selektionsmöglichkeiten spiegelt sich etwa darin wider, dass für eine Gesamtbelegschaft von rund 13.000 französischen Beschäftigten im Jahr 2004 rund 30.000 Arbeitsverträge ausgestellt wurden. Die Rekrutierungsstrategie des Unternehmens beschreibt einer der befragten Filialleiter mit der kurzen Formel *»willig und billig«*. In den Verkaufsmärkten arbeiten 80 Prozent bis 90 Prozent Frauen, teilweise ohne einschlägige Berufsausbildung,

171 In der Konsequenz sind arbeitsbedingte Krankheiten unter den Beschäftigten weit verbreitet und Teil der betrieblichen Normalität. Sie wurden in den Interviews kaum dezidiert thematisiert, sondern tauchten eher in Nebensätzen auf, sozusagen als kaum zu erwähnende Selbstverständlichkeit: Schulter-, Gelenk- und Hüftleiden der Kassiererinnen, Rückenprobleme der LagerarbeiterInnen, Bandscheibenvorfälle und Nervenzusammenbrüche der FilialleiterInnen. »La pression« führte dazu, dass Frauen mit langer Gewerkschaftstradition noch während ihrer Krankheitszeit Aufhebungsverträge unterschrieben und dass Filialleiter mit 20-jähriger Berufserfahrung sich auf der Toilette einschlossen, um zu heulen.

häufig mit Migrationshintergrund.[172] Die Einstellung von Fachkräften wird eher vermieden und auch ältere Beschäftigte mit längerer Betriebszugehörigkeit stehen nicht auf der Wunschliste der Firma. Beides hat nach Einschätzung der Befragten nicht nur mit den höheren Eingruppierungen dieser Beschäftigtengruppen zu tun, sondern auch mit deren potenziell erhöhter Widerständigkeit. Eine ehemalige Beschäftigte, die viele Jahre im Bereich der Personalverwaltung tätig war, betont:

»Das, die mit guter Ausbildung, das hat man nicht eingestellt. Weil die hätten von vornherein mehr Geld verlangt. Weil die Leute, die wirklich was gelernt haben, die stehen auch auf und sagen [...] Herr B., das war's dann. Danke.« (DB1-BL1)

»La pression« und die systematische Selektion einer willigen und billigen Belegschaft bewirken ein weit verbreitetes Klima der Angst. Durchgängig findet sich die Klage über ausgesprochen autoritäre Managementmethoden, die Leitung mit Kontrolle gleichsetzen und Führung mit Disziplinierung. Hintergrund dieser repressiven Managementkultur ist neben den rigiden Leistungsvorgaben der Zentrale auch der Umstand, dass die häufig intern rekrutierten Mitglieder des mittleren Managements im Schnitt eher geringe formale Qualifikationen besitzen und kaum in personalpolitischen oder arbeitsrechtlichen Fragen geschult werden. In der Darstellung der Beschäftigten dominiert das Bild von Vorgesetzten, die beim kleinsten Anlass herumschreien, permanent mit Entlassung und der Ersetzbarkeit der Angestellten drohen, eigene Fehler nie zugeben, sondern andere dafür verantwortlich machen, keineswegs ansprechbar sind, sondern Auskünfte verweigern mit dem Hinweis: »Das müssen Sie nicht wissen«, ihre Machtposition ausnutzen, um Frauen sexuell zu bedrängen, Angestellte in der Anwesenheit von Kunden demütigen, oder indem sie ihnen befehlen, dreckige Regalbretter mit der Zahnbürste zu reinigen.

»Wir haben ja Vorgesetzte [gemeint sind die Bereichsleiter], die sind ja keine Menschen mehr, das muss man wirklich so sagen.« (DB1-BL2)

»Im Supermarktbereich, da bleibt die Menschenwürde schon manchmal ganz schön auf der Strecke.« (DB1-BR1)

»Man ist mit den Leuten umgegangen wie mit einem Stück Dreck.« (DB1-BR2)

Dieses monolithische Bild vom autoritären Vorgesetzten bekommt bei näherem Hinsehen allerdings einige Brüche: Sowohl unter den FilialleiterInnen als

172 In Deutschland sind dies oft Türkinnen oder Aussiedlerinnen aus Osteuropa, in Frankreich vielfach Menschen algerischer oder schwarzafrikanischer Herkunft. Angeblich werden auch mit Vorliebe »besonders verwundbare« Personen eingestellt, »die den Job dringend brauchen« (DB1-BL1), etwa alleinerziehende Mütter, Frauen mit einem arbeitslosen Ehemann oder generell junge Leute in der Familiengründungsphase.

auch unter den darüber stehenden Bereichsleitern (responsables de réseau) ist die Fluktuation ebenfalls ausgesprochen hoch. Auch hier existiert eine recht rigide Selektions- und Entlassungspolitik der Unternehmensleitung. Viele Vorgesetzte scheinen ihren Posten auch ›freiwillig‹ aufzugeben, da sie den Anforderungen physisch und/oder psychisch auf Dauer nicht gewachsen sind oder diese nicht (mehr) erfüllen wollen.

Der für Kaufbillig prägende Interaktionsmodus von »la pression« und Angstkultur impliziert im Regelfall[173] auch die Unterdrückung jeglicher Form direkter oder repräsentativer Interessenartikulation und -vertretung. Individuelle Voice-Strategien sind nicht vorgesehen und auch nicht zugelassen. Einhellig wird von der Praxis berichtet, unbotmäßige Beschäftigte ›fertig zu machen‹, etwa durch die Zuteilung schlechter Schichten und schwerer Arbeiten, wiederholte Vorladungen und Vier-Augen-Gespräche mit den Vorgesetzten, unausführbare oder widersprüchliche Arbeitsanweisungen, deren Nicht-Erfüllung sanktioniert wird, oder sogar frei erfundene Vorwürfe (etwa des Diebstahls). Die meisten Beschäftigten halten dies nicht lange aus. Sie fügen sich entweder in die Verhältnisse oder sie verlassen das Unternehmen. Exit-Optionen sind dementsprechend weit verbreitet.

Dennoch ist der repressive Interaktionsmodus bei Kaufbillig keineswegs als instabiles Muster aufzufassen – im Gegenteil. Die hohe Fluktuation ist nicht nur dessen Folge, sondern auch dessen wesentlicher Stabilisierungsmechanismus. Da sowohl die Arbeit in den Discountfilialen als auch in den Lagern kaum spezifische Qualifikationen verlangt und die Entlohnung vergleichsweise akzeptabel ist, ermöglicht die aktuelle Arbeitsmarktsituation einen relativ leichten Ersatz der ›verschlissenen‹ Arbeitskräfte. Zumindest in Deutschland herrschte bei den InterviewpartnerInnen generell die Einschätzung vor, dass das Unternehmen sich die hohe Fluktuation problemlos erlauben könne und immer wieder neue willige und billige Arbeitskräfte finde. In Frankreich schien die Situation dagegen etwas schwieriger. An einem erst vor fünf Jahren neu aufgebauten Lagerstandort berichteten die Beschäftigten, dass

173 Angesichts der sehr großen Zahl betrieblicher Einheiten finden sich bei Kaufbillig freilich auch Filialen mit anderen betrieblichen Kulturen. Manche GesprächspartnerInnen berichteten von Filialen oder Phasen, in denen der Führungsstil eher teamorientiert oder paternalistisch geprägt war. In der Konsequenz existierten dann auch individuelle Aushandlungsspielräume der Beschäftigten gegenüber den Vorgesetzten und die Arbeitsbedingungen wurden als weniger belastend empfunden. Solche Führungsstile sind innerhalb des Kaufbillig-Konzerns jedoch tendenziell als transitorisch einzuschätzen. Die hohen Leistungsvorgaben und die rigide Personalpolitik des Unternehmens erschweren auf Kooperation angelegte Führungsstrategien. Dies gilt zumindest für den Fall, dass die FilialleiterInnen nicht zugleich durch gewerkschaftliches Engagement eine Form von Gegenmacht aufbauen und eventuell sogar die strukturellen Vorgaben für ›ihre‹ Filiale beeinflussen können.

Kaufbillig inzwischen in der Region als »schlechter Arbeitgeber« bekannt sei. Die Zahl der BewerberInnen habe sich trotz hoher regionaler Arbeitslosigkeit daher deutlich verringert und das Unternehmen habe bereits seine Einstellungskriterien verändern müssen. Auch ein Gewerkschaftsdelegierter der *CGT* in einer anderen Region bei Kaufbillig war der Ansicht, dass sich die Unternehmensgruppe in ihrer rigiden Personalpolitik in den letzten Jahren etwas »beruhigt« habe (»ils se sont calmés«; FB2-IRP2). Es habe zunehmend Klagen der FilialleiterInnen gegeben, man könne die hohen Leistungsnormen mit permanent wechselndem Personal nicht länger erfüllen und es sei nicht so einfach, für weggegangene Beschäftigte gleichwertigen Ersatz zu finden. Die national unterschiedlichen Einschätzungen des Marktes bei der Rekrutierung von »willigem und billigem« Personal lassen sich kaum mit landesspezifisch unterschiedlichen Arbeitslosenquoten erklären. Wahrscheinlicher ist, dass dies etwas mit national unterschiedlich gestalteten Teilarbeitsmärkten im Bereich von ›Jedermenschtätigkeiten‹ zu tun hat, mit einer verschiedenen institutionellen Absicherung des Arbeitslosigkeitsrisikos sowie mit kulturell variierenden Normen der Willigkeit von Arbeitskräften, auch individuell stark belastende Arbeitsbedingungen auf Dauer widerspruchslos in Kauf zu nehmen.

Insgesamt lässt sich jedoch festhalten, dass die Ausgangsbedingungen für eine betriebliche Interessenvertretung der Beschäftigten und die Etablierung durchsetzungsfähiger Collective-Voice-Strategien in den deutschen und französischen Filialen von Kaufbillig weitgehend identisch sind – man könnte auch sagen: Sie sind gleich schlecht. Die Belegschaft ist in hohem Maße fragmentiert, das innerbetriebliche Machtgefälle enorm, die Geschäftsleitungspolitik stark repressiv. Wie bewährt sich nun unter diesen nahezu identischen Bedingungen bei Kaufbillig das deutsche und das französische Institutionensystem betrieblicher Interessenvertretung?

4.4.3 Institutioneller Deckungsgrad und Strukturen betrieblicher Interessenvertretung

Angesichts abweichender gesetzlicher Regelungen erstaunt es zunächst nicht, dass der formale Deckungsgrad betrieblicher Interessenvertretung in den französischen Kaufbillig-Niederlassungen deutlich höher liegt als in Deutschland:

In Deutschland sind etwa die Hälfte der Kaufviel-Lebensmittelgroßmärkte (mit 100 bis 200 Beschäftigten) mitbestimmt. Auch in der Mehrheit der Lager existieren Betriebsräte. Im Jahr 2005 gab es jedoch nur in vier der rund 2.500 kleineren Discountmärkte eine betriebliche Interessenvertretung. Die Schließung, Zusammenlegung oder Veränderung der Geschäftstätigkeit von mitbestimmten Verkaufsfilialen sind in Deutschland systematische Unternehmensstrategie – ebenso wie massiver und sofortiger Druck der Vorgesetzten, sobald ihnen das Vorhaben einer Betriebsratswahl zu Ohren kommt. In der Konsequenz ist der Discountbereich von Kaufbillig in Deutschland eine weitgehend mitbestimmungsfreie Zone. Initiativen von ver.di zur Bildung von Regionalbetriebsräten, in denen eine Vielzahl von Verkaufsfilialen zusammengefasst und gemeinsam vertreten würden, lehnte das Unternehmen bislang ab. Durch die Umstrukturierung des Unternehmens wurde nicht nur eine Mitvertretung der Discountmärkte durch die besser organisierten Lagerbereiche verhindert, auch ein ehemals existierender Gesamtbetriebsrat der größeren Kaufviel-Lebensmittelmärkte konnte durch eine Neuschneidung der Unternehmensgrenzen abgeschafft werden. Neben direkter Repression nutzt die Geschäftsleitung also vor allem ihre Definitionsmacht über die Unternehmensstrukturen und die wirtschaftliche Tätigkeit der Filialen, um Mitbestimmungsinitiativen unschädlich zu machen. Das Prinzip des ›teile und herrsche‹ hatte bislang Erfolg: Verteilt auf viele kleine Betriebseinheiten sind lokale Initiativen für Mitbestimmung selten und haben umgehend mit der Repression der bundesweit organisierten und agierenden Unternehmenshierarchie zu rechnen. Angesicht deren machtpolitischer Überlegenheit können die wenigen lokalen Organisierungsversuche im Regelfall früher oder später unschädlich gemacht werden. Die gesetzlichen Mitbestimmungsrechte bleiben einem Großteil der Beschäftigten somit vorenthalten. Sie besitzen keinerlei Ansprechpartner im Fall von Beschwerden und müssen auf eigene Faust innerhalb der repressiven Unternehmenskultur zurechtkommen.

In Frankreich dagegen existiert bei Kaufbillig flächendeckend das gesamte legal vorgesehene Set der *Institutions Représentatives du Personnel (IRP)*. In jedem der 17 Regionalbezirke werden *Délégués du Personnel (DP)* gewählt und es gibt ernannte *Délégués Syndicaux (DS)*, die jeweils für alle Discountmärkte sowie Lager einer Region gemeinsam zuständig sind. Somit gibt es zwar nicht in jeder Einzelfiliale eine Interessenvertretung; es existieren jedoch je nach Beschäftigtenzahl pro Region etwa acht bis 15 *Délégués du Personnel* und ebenso viele StellvertreterInnen, die bei Problemen und Konflikten ansprechbar und zumindest fallweise auch vor Ort sind. Die Struktur ähnelt damit Verhältnissen, wie sie im Fall von flächendeckenden Regionalbetriebsräten in Deutschland existieren würden. Die Repräsentationsgremien *(IRP)* sind überwiegend gewerkschaftlich organisiert. Alle fünf staatlicherseits als repräsentativ anerkannten Gewerkschaften und dazu noch die Gewerkschaft *UNSA* sind bei Kaufbillig vertreten. Eine gewisse Irregularität der Vertretungsstrukturen besteht allenfalls darin, dass es nur auf nationaler Ebene ein *Comité d'Entreprise (CE)* gibt, nicht in jeder Regionaleinheit. Den BeschäftigtenvertreterInnen in den Regionen entgehen damit Informationsmöglichkeiten und das unternehmensweite Freistellungsdeputat wird reduziert. Diese Struktur scheint jedoch viel mit der Indifferenz der betrieblichen *CGT*-AktivistInnen gegenüber der Institution des *Comités d'Entreprise (CE)* zu tun zu haben sowie mit *CGT*-internen Machtkämpfen. Das *CE* wird als paternalistisch geprägte Sozialinstanz eher skeptisch beäugt und in seiner Bedeutung relativiert. Dass im *CE* zudem die von der Unternehmensleitung geförderte, sozial friedlicher agierende *CFDT* die Mehrheit besitzt, dürfte ebenfalls ein Grund sein, warum die *CGT* ihre unternehmensweiten Einflusspotenziale bislang nicht für die Etablierung regionaler *CE* einsetzte. Über die Initiative zur Einrichtung eines europäischen Betriebsrats wird derzeit diskutiert. Bislang existiert ein solches Gremium nicht. Die Unternehmensleitung von Kaufbillig rühmt sich in Frankreich, insgesamt gute Beziehungen zu den rund 500 *Élus* zu pflegen. In der Praxis gilt dies allenfalls für die zentralen Delegierten der Gewerkschaften, die auf oberster Ebene für den gesetzlich verpflichtenden sozialen Dialog zuständig sind. Insbesondere die VertreterInnen der *CGT* haben vor Ort häufig mit recht rigiden Formen der Diskriminierung zu kämpfen. Und generell betreibt die Geschäftsleitung auch in Frankreich eine Politik der Nadelstiche gegenüber den *IRP*: Bei den letzten Vertreterwahlen versah die Unternehmensleitung etwa die Wahlumschläge nicht mit Briefmarken, da dies nicht explizit im vorausgehenden Wahlprotokoll vereinbart worden war.

4.4.4 Vertretungspraxis bei Kaufbillig in Deutschland und Frankreich

Wenngleich in den französischen Kaufbillig-Niederlassungen das Institutionennetz betrieblicher Interessenvertretung also wesentlich kompletter ist als in Deutschland, so ist dies nicht a priori gleichzusetzen mit der flächendeckenden Existenz ›realer‹ Repräsentationsstrukturen im Sinne eines Bezugs zwischen VertreterInnen und Basis – oder gar mit einer durchsetzungsfähigen und machtpolitisch einflussreichen kollektiven Interessenvertretung. Hierzu einige Fakten:

Die rund 100 Beschäftigten eines im Jahr 2001 in Westfrankreich neu gebauten Kaufbillig-Lagers wurden formal seit Betriebsgründung von *Délégués du Personnel* vertreten, die auf regionaler Ebene bereits existierten. Allerdings arbeitete kein einziger Delegierter vor Ort – oder umgekehrt: Keiner der Lagerbeschäftigten hatte sich auf die Wahllisten setzen lassen. Auch gewerkschaftliche Organisationsstrukturen existierten zwar auf Regionalebene, aber nicht am Standort. In einer Gruppendiskussion mit der inzwischen etablierten *CGT*-Sektion beschrieben die Anwesenden die Anfangszeit ihrer Tätigkeit im Lager einhellig mit dem folgenden Satz: »Am Anfang gab es nichts« (Au début il y avait rien; FB2-IRP1). Erst seit der Gründung der Sektion der *CGT* und der

Kandidatur einiger Lagerbeschäftigter für die Vertreterwahlen im Jahr 2003 existiert in ihrer Perspektive eine Beschäftigtenvertretung am Standort.

In einer anderen Kaufbillig-Region in Frankreich sind formal 15 *Délégués du Personnel* für die Betreuung von etwa 70 Discountfilialen plus Regionallager zuständig. Etwa die Hälfte der Delegierten arbeitet jedoch in dem Lager, beschränkt sich weitgehend auf dessen Betreuung. Von den übrigen engagieren sich nur drei oder vier tatsächlich halbwegs systematisch für die Betriebsbetreuung und bemühen sich, auch die teilweise 100 bis 200 km entfernten Verkaufsfilialen ab und zu zu besuchen. Dabei dürfen sie das ihnen zustehende Freistellungsdeputat von 20 Stunden pro Monat allerdings nicht überschreiten. Die Situation in vielen französischen Kaufbillig-Betriebseinheiten unterscheidet sich somit – trotz formal existierender Interessenrepräsentation – qualitativ kaum von Kaufbillig-Betrieben ohne Betriebsrat in Deutschland: Für die Beschäftigten gibt es keine wahrnehmbare Instanz der Interessenvertretung.

In der Region des oben erwähnten westfranzösischen Lagers wären im Jahr 2005 rund 700 Beschäftigte wahlberechtigt gewesen für die Vertreterwahlen, aber nur etwa 170 von ihnen haben ihre Stimme abgegeben. Damit lag die Wahlbeteiligung deutlich unter dem französischen Durchschnitt (von über 60 Prozent). Die niedrige Wahlbeteiligung mag zwar teilweise auch auf die erwähnte Briefmarken-Sparpolitik des Unternehmens zurückgehen, die *Élus* selbst erklären sie allerdings folgendermaßen:

I: »Was ist der Grund [für die niedrige Wahlbeteiligung]?«

BL1: »Die Angst. Das ist die Angst.«

BL2 (zustimmend): »Hmm.«

BL11: »Die Angst, dass, wenn ich einmal meinen Namen auf den Wahlzettel schreibe, weil die Hierarchie, sie schaffen eben ein Verhältnis von Angst gegenüber den Leuten (une relation de peur avec les gens). […] Wenn wir zum Beispiel in die Läden gehen zu den Leuten, dann erzählen sie uns ihre Probleme und wir sprechen das dann auf der monatlichen DP-Konferenz [gegenüber der Geschäftsleitung] an und das geht dann an die Vorgesetzten und die Leute bekommen dann Ärger mit ihren Vorgesetzten und erzählen das nächste Mal nichts mehr. Sie haben Angst. Es geht darum, ein Vertrauensverhältnis aufzubauen, ihnen zu zeigen, dass wir vor Ort sind (du locaux), dass wir ihre Interessen vertreten, aber das ist schwierig, das ist wirklich schwierig.« (FB1-IRP1).

Viele *Élus* schilderten ihre eigene Vertretungspraxis zudem als einen unendlichen Prozess des Redens, auf den sich die Geschäftsleitung in keiner Weise genötigt sieht, zu reagieren:

BL2: »Sie sind stark. Sie sind stark.«

BL1: »Sie finden immer eine Antwort auf alles, was wir ihnen sagen. Selbst wenn sie sich verstellen, manchmal ist das schwierig zu akzeptieren, weil das erschlägt einen (c'est flagrant), das ist zu viel (c'est gros). Das ist einfach zu verstehen, aber sie wollen's nicht verstehen. Sie wollen's nicht verstehen.«

BL2: »Sie haben ihre Position und von der wollen sie nicht abrücken.«

BL1: »Das Thema Gleichbehandlung (équité), darüber haben wir so viel gesprochen, darüber sprechen wir, darüber werden wir auch wieder sprechen…« (FB1-IRP1)

Bei näherer Betrachtung tut die Blockadehaltung des Unternehmens gegenüber betrieblicher Interessenvertretung sowie das weit verbreitete Klima der Angst also auch in Frankreich durchaus seine Wirkung. Während es in Deutschland weithin die Implementation von Interessenvertretungsstrukturen verhindert, verhindert es (teilweise) in Frankreich deren effektives Funktionieren. In beiden Fällen ist der Aufbau von Vertrauensbeziehungen zwischen den Beschäftigten und ihren (potenziellen) Repräsentationsinstanzen die schwierige Arbeit, die zu leisten ist, um entweder überhaupt Vertretungsstrukturen zu installieren, oder aber die formal installierten Strukturen mit Leben zu füllen. Der in Frankreich staatlicherseits implementierte Vertretungszwang ist allenfalls eine Art Initialhilfe, im Sinne der garantierten Bereitstellung einer formalen Struktur mit gewissen Ressourcen und Regularien – deren sich die Beschäftigten allerdings be-mächtigen müssen, damit sie real von Nutzen sind. Auch die gewerkschaftliche Anbindung der betrieblichen Repräsentationsstrukturen ist nur eine unzureichende Garantie für die Durchsetzungsfähigkeit betrieblicher Vertretungspolitik. Es bedarf vielmehr des Aufbaus einer kollektiven Handlungsfähigkeit und damit einer realen Vertretungsmacht der *Élus*. Diese ist im Rahmen des französischen Institutionensystems in noch geringerem Maße rechtlich abgesichert als in Deutschland. Ohne eine solche glaubwürdige Gegenmacht ist aus Sicht der Beschäftigten jegliche Allianz mit ›ihren‹ Repräsentanten stark risikobehaftet – zumindest dann, wenn diese RepräsentantInnen, wie im Fall der *CGT*, als geschäftsleitungskritisch gelten. Gelingt diese Bemächtigung nicht, kann das umfassende und komplexe Gebäude der französischen Institutionen ein Papiertiger bleiben mit nur sehr geringen realen Einflussmöglichkeiten, deren Wahl die Beschäftigten logischerweise kaum interessiert.

Trotz eines hohen institutionellen Deckungsgrads ist die betriebliche Interessenvertretung in den französischen Kaufbillig-Filialen also in der Praxis durchaus stark variabel bezüglich ihrer Intensität vor Ort sowie häufig beschränkt bezüglich ihrer Durchsetzungsmacht. Dennoch existiert in Frankreich – so die These – insgesamt real eine wirkungsmächtigere Interessenvertretungspraxis der Beschäftigten als in Deutschland. Dies hat jedoch wenig mit der formalen Existenz gesetzlich obligatorischer Vertretungsinstitutionen zu tun, sondern damit, dass – um hier einen typischen Begriff der französischen *Élus* zu gebrauchen – zumindest in Teilbereichen des Unternehmens ein *rapport de force* (Verhältnis von Macht/Stärke) existiert.[174] Damit ist ein Beziehungsmuster gemeint, in dem zumindest klar ist, dass man mit den Beschäftigten ›nicht alles machen kann, was man will‹, dass es Grenzen im wechselseitigen Umgang gibt, bei deren Überschreiten die (zweifellos mächtigere) Geschäftsleitung mit Sanktionen zu rechnen hat. In dieser Hinsicht unterscheidet sich die französische Situation tatsächlich qualitativ von der deutschen.

Der *rapport de force* in den französischen Niederlassungen leitet sich direkt aus der virulenten Fähigkeit betrieblicher Gewerkschaftssektionen ab, *débrayages* (Arbeitsunterbrechungen) und *grèves* (Streiks) zu organisieren. Seine Etablierung verläuft typischerweise über einen Gründungskonflikt, dem als konstituierende Quelle der Einflussmacht einer bestimmten Gruppe von *Élus* und als zentralem Moment für die Begründung von Kollektivität häufig eine fast mythische Bedeutung zugemessen wird:

Der zentrale Gründungskonflikt der *CGT* war bei Kaufbillig ein 34-tägiger Streik in einem der Discountmärkte im Jahr 1998. Auslöser dieses selbst für französische Verhältnisse ausgesprochen langen Streiks war die Kündigung mehrerer Kaufbillig-Beschäftigter unter dem Vorwurf des Diebstahls einer erheblichen Geldsumme. Die Geschäftsleitung alarmierte damals die Polizei, die vermeintlichen Delinquenten wurden sogar in Handschellen abgeführt und es erfolgte eine Hausdurchsuchung – jedoch ohne Ergebnis. In dieser Situation unterstützte die *CGT* die Angeschuldigten unter anderem durch eine Flugblattaktion, in der die Kunden über die Geschehnisse informiert wurden. Auch der regionale Gewerkschaftsdelegierte der *CGT*, zugleich der Leiter einer Discountfiliale, nahm an der Flugblattaktion teil. Er wurde dabei vom zuständigen Bereichsleiter gesehen und von diesem fristlos entlassen. Daraufhin solidarisierten sich die Angestellten der Filiale des *CGT*-Delegierten mit ihrem Filialleiter und traten in den unbefristeten Streik. Die streikende Filiale war in einer traditionell kommunistisch regierten Stadt ansässig und erhielt eine immense Solidarität aus *CGT*-Kreisen sowie von anderen Kaufbillig-Standorten in ganz Frankreich. Die streikenden Kassiererinnen saßen täglich demonstrativ an der Kasse, ohne jedoch zu arbeiten, und empfingen eine Vielzahl solidarischer

174 Der Begriff des *rapport de force* ist vom wissenschaftlichen Standpunkt aus freilich unkorrekt. Begreift man Macht als relationale und ubiquitär verbreitete Kategorie, so existiert immer und überall ein Machtverhältnis zwischen Belegschaft(svertretung) und Geschäftsleitung, nicht nur dann, wenn über kollektive Vertretungsstrategien eine glaubwürdige Gegenmacht aufgebaut werden kann. Dennoch wird der Begriff des *rapport de force* im Folgenden sporadisch benutzt, da er an die alltagsweltliche Perspektive der Akteure anschließt.

BesucherInnen. Viele Kaufbillig-Filialen führten kurzfristige Solidaritätsstreiks durch. Die Beschäftigten in einem der Regionallager stellten zusätzlich eigene Forderungen auf und legten ihrerseits für 20 Tage die Arbeit nieder. Als der entlassene *Délégué Syndical* der *CGT* die (rechtlich obligatorische) Vorladung vor die Geschäftsleitung (im weit entfernten Elsass) erhielt, begleiteten ihn etwa hundert *CGT*-GenossInnen und sorgten in der Unternehmenszentrale für einige Unruhe. Sowohl die Entlassung des *Délégué Syndical* als auch der übrigen Beschäftigten wurde schließlich vor Gericht als unrechtmäßig erklärt. Die Geschäftsleitung war gezwungen, sie wieder einzustellen und den entgangenen Lohn nachzuzahlen.

Auch in dem bereits mehrfach erwähnten 2001 neu gegründeten Regionallager von Kaufbillig gab es im Jahr 2005 einen Initialkonflikt des neu etablierten *CGT*-Vertretungskollektivs. Auslöser war die Beschimpfung von zwei Mitarbeiterinnen als »Faulpelze« (feignasses) durch den Lagerleiter. Dieser hatte zuvor selbst einen Fehler in der Arbeitsorganisation begangen, den die Mitarbeiterinnen durch möglichst schnelles Arbeiten hätten beheben sollen.

»Die Leute kamen zu uns, weil das dabei war, zu explodieren (péter) und dabei war, schlecht zu enden, und was wir von der CGT aus beschlossen haben, das war zur Arbeitsniederlegung aufzurufen, um der Direktion zu zeigen, dass da doch ein Unbehagen (malaise) da ist.« (FB1-IRP1)

In der Darstellung der *CGT*-AktivistInnen erscheint die zweistündige Arbeitsniederlegung (débrayage) wie eine Art des ›Dampfablassens‹, um Schlimmeres (zum Beispiel strafrechtlich relevante Aktionen der wütenden Beschäftigten) zu verhindern. Man habe zeigen wollen, dass »eine Grenze überschritten wurde«. Die Organisation der Arbeitsniederlegung erfolgte in enger Zusammenarbeit mit der *Union Locale* (Gewerkschaftsbüro) der örtlichen *CGT*, »weil wir wussten ja nicht, wie man das macht, eine *›débrayage‹*.« Auf den Flugblättern, die im Vorfeld auch der Geschäftsleitung übergeben wurden, wurden die unzumutbaren Arbeitsbedingungen angeprangert: kaum zu realisierende tägliche Arbeitsvorgaben, viele Arbeitsunfälle, mangelnder Respekt gegenüber den Beschäftigten. Der Aufruf zur Arbeitsniederlegung wurde von 95 Prozent der Lagerbeschäftigten befolgt.[175] Nach Ende der Arbeitsniederlegung wurden alle Beschäftigten, die am Streik teilgenommen hatten, von der Geschäftsleitung zu einem Disziplinargespräch vorgeladen – und die Sektion der *CGT* assistierte in der Rolle gewählter *Délégués du Personnel* bei allen Vorladungen. Zur großen Befriedigung der Beteiligten war der Lagerleiter infolge des Konflikts gezwungen, sich öffentlich bei den betroffenen Beschäftigten zu entschuldigen. Auch

175 Lediglich die befristet Beschäftigten nahmen auf Anraten der *CGT* nicht am Streik teil, da sie sonst sicherlich nicht weiter beschäftigt worden wären.

die Arbeitsbedingungen haben sich ein bisschen gebessert, allerdings nicht besonders viel und nicht allzu dauerhaft. Bereits ein halbes Jahr später riefen die *CGT*-Beschäftigten daher erneut zur ›*débrayage*‹ auf, um auf die hohe Arbeitsbelastung und die zu niedrige Personalbesetzung hinzuweisen. Auch diesmal war der Aufruf erfolgreich. Im Rahmen der zweiten ›*débrayage*‹ solidarisierte man sich zudem mit dem zeitgleich stattfindenden Streik eines benachbarten Regionallagers. Dieses Lager (sowie zwei weitere) erschienen in den Erzählungen der *CGT*-AktivistInnen häufig ein bisschen wie ›große starke Brüder‹, die man bewunderte und denen man nacheiferte. Dort hat man nicht nur zweistündige ›*débrayages*‹ durchgeführt, sondern mehrwöchige Streiks. Angesichts einer längeren Betriebsgeschichte haben die AktivistInnen dort »mehr Erfahrung« und zudem die mittleren Hierarchieebenen (Meisterebene) auf ihrer Seite. Mittelfristig ist es das erklärte Ziel, die Streikaktivitäten zwischen dem Nachbarlager und dem eigenen Standort zu koordinieren.

Die geschilderten Konfliktbeispiele verdeutlichen, wie es unter französischen Rahmenbedingungen über kollektive Mobilisierungs- und Streikaktionen zu einem sukzessiven Aufbau von Gegenmacht und zum *Empowerment* der gesetzlichen Vertretungsinstanzen kommen kann. Dies ist auch bei Kaufbillig in Frankreich bislang bei weitem nicht flächendeckend erfolgt. Es existieren jedoch diverse Hochburgen gewerkschaftlicher Organisierung, die eine Ausstrahlungswirkung auch auf andere Bereiche haben. Positiv wirkt sich in diesem Zusammenhang auch der engere organisatorische Zusammenhang zwischen Lager- und Verkaufsbereichen im Rahmen einer einheitlichen gewerkschaftlichen Vertretungsstruktur aus. Allerdings konnte auch in den Verkaufsbereichen teilweise ein originärer *rapport de force* etabliert werden. In solchen Fällen haben die gewählten, gesetzlichen Vertretungsinstitutionen den Status legitimer kollektiver Repräsentationsstrukturen mit einem glaubwürdigen Drohpotenzial.

4.5 Repressive Integration: Die Unternehmen Fast Food und Transport

Der Fall des Einzelhandelskonzerns Kaufbillig kann als Beispiel systematischer Repression gegenüber der Artikulation abweichender Beschäftigteninteressen gelten. Deren Vertretung wird als illegitim stigmatisiert und Institutionen zu deren Vertretung soweit wie möglich unterdrückt. Dies gelang in Deutschland bislang wesentlich flächendeckender als in Frankreich. Im Folgenden geht es um zwei ähnliche, in Teilbereichen jedoch etwas anders gelagerte Betriebsfälle des prekären Dienstleistungsbereichs. Fast Food und Transport sind zwei weltweit tätige US-amerikanische Konzerne.[176] Der eine ist im Bereich der Systemgastronomie tätig, der andere in der Branche des Pakettransports. Sie zeichnen sich durch eine Unternehmenskultur aus, die Motive der Repression kollektiver Interessenvertretung kombiniert mit einer emphatischen Kultur korporatistischer Betriebsgemeinschaft, in deren Rahmen die Beschäftigten individuell in das Unternehmen integriert werden sollen und die kollektive Vertretung von Beschäftigteninteressen somit für überflüssig erklärt wird.

4.5.1 Unternehmensstrukturen und Betriebsgeschichte

Während Kaufbillig ein großer Konzern im europäischen Maßstab ist, handelt es sich bei Fast Food und Transport um internationale Wirtschaftsgiganten. Sie besitzen weltweit eine dominante Marktstellung im Bereich der Systemgastronomie bzw. des Pakettransportes und sind hochprofitabel. Gegenüber Fast Food mit seinen (geschätzten) weltweit etwa 1,5 Millionen Beschäftigten in weit über 100 Ländern nimmt sich Transport noch eher klein aus: Von den rund 370.000 KonzernmitarbeiterInnen sind knapp 300.000 in den USA beschäftigt. Immerhin besitzt man jedoch eine eigene Flugzeugflotte und einen Konzernsitz in der Größe einer US-amerikanischen Kleinstadt. Beide Giganten blicken in den USA auf eine lange Unternehmensgeschichte zurück (Transport: seit 1907, Fast Food: seit den fünfziger Jahren). Sie weiteten ihre Unternehmensaktivitäten in den siebziger Jahren auf Europa aus, unter anderem auf Deutschland und Frankreich.

Die Unternehmensstrukturen von Fast Food sowie Transport sind in ähnlicher Weise fragmentiert wie jene von Kaufbillig. Zusätzlich finden sich in beiden Konzernen zudem Varianten einer Externalisierung der Unternehmensaktivitäten:

Fast Food beschäftigt in Deutschland etwa 50.000 Menschen, die verteilt sind auf rund 1.200 Restaurants. In Frankreich sind es fast genauso viele: 43.000 Beschäftigte in knapp 1.100 Restaurants. Der Konzern ist nach wie vor in Expansion begriffen und eröffnet kontinuierlich neue Filialen. Ein Spezifi-

176 Die Fallstudie Fast Food beruht auf drei Interviews in Deutschland (zwei Beschäftigte, ein Gewerkschaftsmitglied) und sechs Interviews in Frankreich (ein Mitglied des Managements, zwei *Délégués Syndicaux*, ein Gewerkschaftsmitglied, zwei ExpertInnen). Für die Fallstudie Transport wurden in Deutschland neun Gespräche (ein Mitglied des Managements, vier Betriebsräte, drei Beschäftigte, ein Mitglied der Gewerkschaft) und eine Betriebsbesichtigung durchgeführt, in Frankreich vier Interviews (zwei Mitglieder des Managements, ein *Délégué Syndical*, ein Gewerkschaftsmitglied). Zu beiden Firmen existieren zudem umfangreiche Informationen im Internet sowie eine Menge wissenschaftlicher Literatur. Vgl. zu Fast Food: Ritzer 1995; Voswinkel u.a. 1995; 1996; Royle 1998; 2000; Burnod u.a. 2000; Hennequin u.a. 2002; Nölting 2004; Weber 2005; Perrin/Peroumal 2007; vgl. zu Transport Poignant 2001.

kum von Fast Food ist sein Franchise-System. Sowohl in Deutschland als auch in Frankreich werden rund 80 Prozent der Restaurants nicht von Fast Food selbst betrieben, sondern von formal unabhängigen Franchisenehmern. Diese werden im Rahmen eines aufwendigen Ausleseprozesses von Fast Food ausgewählt, intensiv geschult und tragen ein erhebliches finanzielles Risiko. Fast Food stellt nicht nur den Namen der Restaurants, sondern legt auch die Preise, die Zulieferer sowie die genaue Qualität der Produkte fest und streicht einen Anteil an den Gewinnen ein. Auch im Bereich der Personalpolitik besitzen die Franchisenehmer nur eine begrenzte Unabhängigkeit (vgl. Royle 2000: 35 ff.), bezüglich der Interessenvertretungssysteme konstituieren sie jedoch eigene betriebliche Einheiten.

Transport hat in Deutschland rund 14.000 MitarbeiterInnen an 80 Standorten. Damit bildet Deutschland das Zentrum seiner europäischen Unternehmensaktivitäten. In Frankreich hat sich der Konzern erst etwas später engagiert und Anfang der neunziger Jahre ein größeres französisches Pakettransportunternehmen aufgekauft. Mitte der neunziger Jahre erfolgte eine Restrukturierung des Konzerns in Europa. Die Organisationsstrukturen wurden vereinheitlicht und dem US-amerikanischen Modell angepasst. In Frankreich kam es zu diesem Zeitpunkt zur Entlassung von rund 1.000 der damals etwa 2.500 Beschäftigten. In Deutschland musste ein Teil des mittleren Managements die Firma verlassen, denn »das Management war zu dick damals. Hat man nicht gebraucht« (DB4-BR1). Seit den neunziger Jahren ist der Markt des Pakettransports sowohl in Deutschland als auch in Frankreich stärker umkämpft als in den Jahren zuvor und es sind einige ernst zu nehmende Konkurrenten für Transport entstanden. Bislang konnte sich der Konzern jedoch gut behaupten und gewinnt eher neue Marktanteile hinzu. Ein Spezifikum von Transport ist die Vergabe eines Teils des Pakettransportes an formal selbständige Subunternehmer. Ähnlich wie beim Franchisesystem von Fast Food werden den Subunternehmern Arbeitsweise, Qualität und Preise von Transport diktiert. Die Subunternehmer benutzen identische Fahrzeuge und tragen dasselbe Outfit wie Transport-FahrerInnen. In Bezug auf die Interessenvertretungsstrukturen sind sie jedoch ›outgesourct‹. Sie konstituieren zudem eine permanent präsente Konkurrenz zu den Transport-FahrerInnen, indem sie im Regelfall zu niedrigeren Preisen und Löhnen ähnliche Leistungen erbringen. In Frankreich arbeitet der Konzern zudem in erheblichem Umfang mit LeiharbeiterInnen (intérimaires). Diese stellen dort rund 15 Prozent der Belegschaft.[177]

177 Nach dem französischen Arbeitsrecht werden die LeiharbeiterInnen zur Zahl der Beschäftigten von Transport hinzugerechnet, wenn es um die Bestimmung der Delegiertenzahlen für die *IRP* geht. Sie wählen allerdings bei den Wahlen nicht bei Transport mit, sondern in ihrem Verleihunternehmen. Die *CFDT* hat bei Transport zudem ein Gerichtsverfahren angestrengt

Sowohl das Franchisesystem von Fast Food als auch das Subunternehmertum bei Transport gehorcht der Logik, Kernbereiche der Wertschöpfung direkt unter eigener Regie zu behalten, während man weniger profitträchtige Bereiche an Unterauftragnehmer auslagert. Dies ermöglicht zum einen die Aufrechterhaltung ökonomischer Verfügungsgewalt über ausgedehnte Bereiche des Marktes bei reduziertem unternehmerischem Risiko, zum anderen eine flexible Reaktion auf Marktschwankungen (vor allem im Bereich des Pakettransports).[178] Die Externalisierung von Teilen der Geschäftstätigkeit impliziert zugleich eine zusätzliche Fragmentierung der Interessenvertretungssituation und damit eine Schwächung der Institutionen: Während in Deutschland die Etablierung von Betriebsräten ohnehin als dezentraler Prozess angelegt ist, wird in Frankreich über Formen der Externalisierung die eher unternehmensweit angelegte Struktur der *Élus* grundlegend ausgehebelt. So unterscheidet sich in Deutschland die Interessenvertretungssituation in Restaurants, die direkt von der Fast-Food-Company geführt werden, nur unwesentlich von jener der Franchiserestaurants. In beiden Fällen müssen Einzelbetriebsräte durchgesetzt werden. In Frankreich sind die Differenzen zwischen Company-Restaurants und dem Franchisebereich wesentlich größer: Die Company-Restaurants besitzen flächendeckende gesetzliche Vertretungsstrukturen und sind zumindest auf oberster Hierarchieebene Gegenstand eines sozialen Dialogs zwischen Gewerkschaften und Unternehmen. In den Franchise-Betrieben existieren hingegen häufig keine gewerkschaftlichen RepräsentantInnen und zuweilen nicht einmal die gesetzlich obligatorischen Vertretungsinstitutionen. Ihre Situation gleicht jener ›echter‹ Kleinbetriebe.

4.5.2 *Arbeitsbedingungen: Flexible Hochleistungsarrangements im Niedriglohnsektor*

Ähnlich wie bei Kaufbillig arbeiten bei Fast Food und Transport häufig Beschäftigte mit geringen formalen Qualifikationen. Die Belegschaft besteht etwa zu gleichen Teilen aus Männern und Frauen, der Anteil von MigrantInnen ist ausgesprochen hoch. Die Belegschaft ist zudem sehr jung. Insbesondere Fast Food ist bekannt dafür, dass hier SchülerInnen und StudentInnen vielfach ihre

---

mit dem Ziel, dass auch die Subunternehmer als Beschäftigte gezählt werden und unter die Interessenvertretung der *IRP*-Strukturen von Transport fallen. Die Rechtslage, wonach dies prinzipiell möglich war, ist allerdings im Jahr 2006 im Rahmen der so genannten Gesetzesnovelle »für mehr Chancengleichheit« vom konservativen Premierminister de Villepin so verändert worden, dass dies nun nicht mehr möglich ist und der Rechtsstreit hinfällig wird.

178 Als weitere Gründe für das Franchisesystem bei Fast Food nennt Royle (2000: 35ff.) die damit erhöhte Liquidität des Konzerns, die für die Eröffnung immer neuer Restaurants notwendig ist bzw. die Kreditaufnahme begrenzt. Durch die Franchisenehmer erwirbt Fast Food zudem lokales Know-How an seinen weltweiten Standorten.

ersten Berufserfahrungen sammeln. Die Hauptanforderung an die Beschäftigten, ist ihre Willigkeit und Fähigkeit, die genau vorgegebenen Arbeitsanweisungen bis ins Detail zu erfüllen. »Schnelligkeit und Genauigkeit« sind die geforderten Qualitäten. Zudem spielt die Anforderung der *polyvalence* eine große Rolle, das heißt der Vielseitigkeit in der Übernahme diverser bis ins Detail vorgeschriebener Tätigkeiten. Bei der Einstellung achten die Personalleitungen ferner im Regelfall auf das allgemeine Erscheinungsbild, ein Mindestmaß an Beherrschung der einheimischen Sprache sowie darauf, dass der Kandidat glaubhaft vermittelt, er wolle »wirklich arbeiten«.

»Du musstest deutsch sprechen können. Unbedingt. Dazu musstest du ein gepflegtes Erscheinungsbild haben. Und einfach so, Motivation auch und dieses Gschmarri.« (DB2-BL1)

Für die Beschäftigung bei Transport, bei der es um einen permanenten Umgang mit schweren Paketen geht, ist zudem eine erhebliche körperliche Leistungsfähigkeit Grundvoraussetzung:

»Generell ist die Qualifikation der Leute, dass sie alle ganz dringend Geld brauchen. Ganz im Ernst, also, oft sind's Ungelernte oder kommen aus anderen Berufen, sind Scheinselbständige oder dergleichen. Einige wenige studieren oder sind Schüler. Ausländeranteil ist sehr hoch, das heißt die Leute verdienen dort ganz gut und sind befähigt, und das ist die eigentliche Qualifikation, sind befähigt, körperlich extrem anstrengende Arbeit zu machen. Was anderes braucht man da nicht.« (DB4-BR1)

Von den Beschäftigten wird zudem eine hohe Bereitschaft zum flexiblen Arbeitseinsatz erwartet sowie die Akzeptanz von Arbeitszeitmodellen, die das soziale Leben stark beeinträchtigen. Die Arbeit bei Transport ist überwiegend Abend- und Nachtarbeit oder beginnt sehr früh am Morgen (gegen 4.00 Uhr), um am späteren Morgen (gegen 7.00 Uhr) schon wieder zu enden. Die Öffnungszeiten der Fast-Food-Restaurants sind ebenfalls sehr ausgedehnt mit einem besonders hohen Arbeitsaufkommen am Samstag und Sonntag und im Tagesverlauf stark schwankendem Kundenverkehr. In beiden Unternehmen hat ein Großteil der Beschäftigten Teilzeitverträge, deren Verdienst als alleinige Existenzsicherung kaum ausreicht. Teilzeitarbeit ist sowohl bei Fast Food als auch bei Transport integraler Bestandteil des Unternehmenskonzeptes, das darauf beruht, schwankenden Arbeitsanfall durch eine hohe Arbeitszeitflexibilität der Beschäftigten lohnkostengünstig zu bewältigen. Die Abkehr von Normalarbeitsverhältnissen[179] hat sich in beiden Unternehmen zudem in den

179 Die Unternehmensstrategien differieren etwas beim Thema der Befristung von Arbeitsverhältnissen. Während Fast Food zumindest in Frankreich damit Werbung macht, dass man fast ausschließlich unbefristete Beschäftigungsverhältnisse schaffe, ist bei Transport die systematische Befristung der Arbeitsverträge die Regel. Angesichts einer Fluktuationsrate von nahezu 100 Prozent in beiden Unternehmen auf Shop-Floor-Ebene ist die Frage der Befristung aller-

letzten Jahren noch radikalisiert. Vollzeitverträge wurden in Teilzeitverträge verwandelt, Teilzeitbeschäftigung in geringfügige Beschäftigungen oder Zeitarbeit. In beiden Unternehmen wissen die Beschäftigten häufig nicht im Voraus, wie lange ihre tägliche Arbeitszeit sein wird. Während dies bei Transport je nach Menge der Pakete um ein bis zwei Stunden täglich schwanken kann, ist bei Fast Food das Maß einkalkulierter obligatorischer Überstunden noch größer. Identisch ist die Strategie einer systematischen Unterbeschäftigung der Belegschaft, das heißt den Beschäftigten wird nur ein Teil der von ihnen real gearbeiteten Stunden arbeitsvertraglich garantiert. Dies generiert für die Beschäftigten häufig die existenzielle Notwendigkeit, möglichst viele Überstunden zu machen, deren Lage die Geschäftsleitung flexibel nach den Bedürfnissen des Unternehmens bestimmt.[180] Infolge dieser Situation ist in beiden Unternehmen die Frage der Stundenzahl der Arbeitsverträge ein ausgesprochen konfliktträchtiges Thema. Während das Lohnniveau vergleichsweise egalitär gestaltet ist, drücken sich Beförderungen wie Strafmaßnahmen im Regelfall in der Gewährung oder Reduktion von Arbeitsstunden aus.

Sowohl bei Fast Food als auch bei Transport wird permanent ein sehr hohes Maß an Leistungsverausgabung gefordert. Typisch ist daher, dass viele Beschäftigte eine solche Arbeitssituation nicht auf Dauer ertragen können oder wollen und das Unternehmen schon nach kurzer Zeit wieder verlassen. Die Personalleitungen klagen daher darüber, es sei trotz der angespannten Arbeitsmarktsituation nicht einfach, geeignete Leute auf Dauer für das Unternehmen zu finden.

> »Die Arbeit ist körperlich sehr anstrengend. Man muss sehr schnell arbeiten, manchmal auch mehrere Aufgaben gleichzeitig erledigen. Das ist nicht jedem zumutbar, diese Tätigkeit zu machen. Von den sieben Kolleginnen, mit denen ich angefangen habe, bin ich als Einzige übrig geblieben. Die ersten fünf haben schon in den ersten paar Wochen wieder aufgehört.« (DB4-BL1)

Bei Transport werden die körperlich ausgesprochen harten Arbeitsbedingungen immerhin mit einem Stundenlohn entgolten, der für eine Un- und Angelerntentätigkeit deutlich überdurchschnittlich ist. In Deutschland verdienen die einfachen ArbeiterInnen etwa zehn Euro pro Stunde plus Schichtzulagen. Bei

dings eher von symbolischer denn realer Bedeutung. Der französische Personalchef von Fast Food bezeichnete die unbefristeten Arbeitsverträge dementsprechend auch als eine »*question de principe*« (Prinzipienfrage). Man wolle den Beschäftigten damit Wertschätzung entgegenbringen – und vermutlich auch die eigene Außendarstellung pflegen.

180 Die Überstunden werden im Regelfall bezahlt, jedoch ohne Zuschläge. Auch die Lohnfortzahlung im Krankheitsfall (sofern diese erfolgt, was bei Fast Food nicht immer der Fall ist) wird freilich nur nach der garantierten Stundenzahl berechnet, ebenso wie die Sozialversicherungsbeiträge, Weihnachts- und Urlaubsgeld.

Fast Food ist dies nicht der Fall. Hier findet sich unter den Beschäftigten daher die systematische Klage über ein ungerechtes Verhältnis von Lohn und Leistung:

»Normalerweise macht das keinen Spaß, die Arbeit bei [Fast Food]. Nur wenige Mitarbeiter sagen, dass ihnen das Spaß macht. Der Grund dafür ist das Arbeitsklima und dieser ganze Druck. Ich versteh auch manchmal, wenn du siehst die Leistung, was pro Stunde bezahlt wird. Ich, als Schichtführer, hab' ich wirklich wenig zu tun. Und ich jammere auch wenig, wenn es auch nicht gerecht bezahlt wird, aber manche, wenn sie sehen, dass sie sechs Euro pro Stunde bezahlt bekommen, aber *wirklich*, wenn sie acht Stunden arbeiten, *wirklich* acht Stunden arbeiten, dann verstehe ich, dass die Leute zu mir kommen und sagen, das ist zu wenig.« (DB2-BL1)

Das Lohnniveau bei Fast Food liegt in Frankreich im Bereich des Mindestlohns (8,44 Euro pro Stunde); in Deutschland ist das Unternehmen zwar tarifgebunden, als dominante Partei des entsprechenden Arbeitgeberverbandes weigerte es sich jedoch in den letzten Jahren, über tarifliche Lohnerhöhungen zu verhandeln. So liegen die deutschen Löhne in den unteren Tarifgruppen inzwischen unter dem französischen Mindestlohn.

Sowohl Fast Food als auch Transport gelten bezüglich der Arbeitsbedingungen jedoch noch als der ›Mercedes‹ ihrer Branche. Bei Transport liegt das Lohnniveau vergleichsweise hoch und auch Fast Food gewährt einige soziale Vergünstigungen, die im Bereich der Systemgastronomie nicht selbstverständlich sind. Zudem findet sich in beiden Unternehmen der dezidierte Versuch, sich in der Öffentlichkeit als ›sozialer Arbeitgeber‹ darzustellen. Dies liegt auch daran, dass beide Firmen in der Vergangenheit im Kreuzfeuer öffentlicher Kritik standen. So fördert Transport inzwischen Kindergärten und Behinderteneinrichtungen. Fast Food erhielt durch einige werbewirksam vermarktete personalpolitische Programme (zum Beispiel für die Vereinbarkeit von Familie und Erwerbsleben oder zum Thema Chancengleichheit) sogar einige Preise beim Ranking ›guter Arbeitgeber‹. Insgesamt ist es sicherlich richtig, dass in anderen Unternehmen der Systemgastronomie sowie des Pakettransportes die Beschäftigungsbedingungen noch schlechter sind und auch das Lohnniveau niedriger liegt.

4.5.3 Interessendefinition und Interaktionskultur: Repressive Integration in die Betriebsfamilie

Die Arbeitsbedingungen bei Fast Food sowie Transport sind also durchaus typisch für den prekären Dienstleistungsbereich und gleichen in vielerlei Hinsicht den zuvor beschriebenen Verhältnissen bei Kaufbillig. Die Interessendefinition und der Interaktionsmodus sind jedoch deutlich anders gestaltet. Während bei Kaufbillig das Management offen repressiv agiert, finden sich sowohl bei Fast Food als auch bei Transport komplexe personalpolitische Strategien, die auf eine Integration der Beschäftigten in eine auf Vergemeinschaftung angelegte Organisationskultur zielen (vgl. Krell 1994). Ein zentraler Unterschied zwischen beiden Varianten prekärer Dienstleistungsarbeit liegt in der Kommunikations- und Anerkennungskultur. Bei Kaufbillig werden die Beschäftigten als Individuen weitgehend negiert; es existieren kaum explizite personalpolitische Kommunikations- und Informationsstrategien; eine Kultur der Missachtung ist mit einer Kultur des Misstrauens sowie sehr rigiden Kontrollstrategien gekoppelt. Bei Fast Food und Transport wird hingegen vor allem auf symbolischer Ebene versucht, den Beschäftigten das Gefühl zu geben, dass sie als Individuen respektiert und geschätzt werden. Es wird versucht, innerbetrieblich ein Bild harmonischer Interessenidentität aufzubauen. Dies impliziert zugleich die radikale Eliminierung der Idee gegensätzlicher Interessen von Beschäftigten und Management.

Fast Food und Transport sind Unternehmen mit einer sehr entwickelten und professionell organisierten Managementkultur. Ein Großteil der Führungskräfte wird intern rekrutiert. Sie besitzen typischerweise zu Beginn ihrer betriebsinternen Karriere nur beschränkte formale Qualifikationen und durchlaufen eine lange Reihe vorgegebener unternehmensspezifischer Schulungen. Ein wesentlicher Teil dieser Schulungen besteht in der Vermittlung firmenspezifischen Wissens sowie organisationsinterner Normen und Werte. Beschäftigte der Shop-Floor-Ebene, die ein überdurchschnittliches Maß an Leistungsbereitschaft sowie Betriebsloyalität an den Tag legen, besitzen bei Fast Food und Transport reale Aufstiegschancen – sogar dann, wenn es sich um Frauen oder ArbeiterInnen mit Migrationshintergrund handelt. Typisch ist allerdings, dass die Aufstiegsspielräume im Rahmen eines ausgeprägten Mythos »vom Tellerwäscher zum Millionär« deutlich überzeichnet werden.

Allgegenwärtig ist in beiden Unternehmen das Bild des Betriebs als Familie, zu der angeblich alle Beschäftigten in egalitärer Weise gehören. Diese Begrifflichkeit wird alltäglich verwendet, etwa wenn wir als InterviewerInnen von uninformierten Betriebsmitgliedern danach gefragt wurden, ob wir »denn auch zur Familie gehören«. In den Verwaltungsräumen von Transport sind – gleich Ahnenbildern – die Konterfeis der Unternehmensgründer zu besichtigen. Die Zusammengehörigkeit wird symbolisch auch durch einheitliche Betriebsuniformen und die permanente Präsenz von Firmenlogos zum Ausdruck gebracht. »We are family« und eine einheitliche Corporate Identity sind Kernbestandteile der Firmenphilosophie. Neben der Familienmetapher spielt die Begrifflichkeit des Teams, der Teamarbeit und des Teamgeistes ideologisch eine große Rolle.

BR1: »Ja, das ist der Kern. Ohne Team kann man eben auch nicht das arbeiten, weil kommen wir auf unseren Firmengründer zurück,[James Cormack] (Name verändert) hat irgendwann einmal gesagt: Im Team sind wir stark und im Team können wir mehr leisten als jeder Einzelne alleine. Das ist eben so 'n Spirit und das ist so die Philosophie, die eben auch gelebt wird. Und die wird wirklich gelebt.«

BR2: »Und die wird vor allem auch in der Trainingsphase ab dem allerersten Tag (klopft zu seinen Worten mehrfach rhythmisch auf den Tisch), wenn die Mitarbeiter bei uns reinkommen, wird das eigentlich auch immer wieder vorgelebt, angesprochen, aufgefordert und so weiter, dass die Leute wirklich im Team zusammenarbeiten. Also nicht jeder für sich, sondern dass die Leute wirklich *zusammen* arbeiten.« (DB4-BR2)

Jenseits der Betonung von Egalität und Teamgeist auf ideologischer Ebene existiert in beiden Unternehmen jedoch eine ausgesprochen fein gestaffelte betriebliche Hierarchie. Ein diffizil abgestuftes Set von Privilegien und Statuskennzeichen dient der Suggerierung von Aufstiegschancen sowie der Vermittlung von Anerkennung auf symbolischer Ebene (die nur in sehr geringem Maße mit materiellen Vorteilen gekoppelt ist). Bei Fast Food vermitteln etwa unterschiedliche Kleidung und Namensschilder (in Plastik, Bronze, Silber, Gold) den Eindruck eines differenten betrieblichen Status und vermeintlicher Beförderungschancen. Bei Transport drückt sich der ›Aufstieg‹ bereits der Vorarbeiter ›ins Management‹ dadurch aus, dass sie – wie das gesamte Transport-Management – der Krawattenpflicht unterliegen[181] und sich damit auch optisch von den einfachen Beschäftigten absetzen. Die integrative Wirkung dieser Maßnahme schildert ein ehemals in dieser Position Tätiger:

»Man hat mir die Krawatte um den Hals gebunden und zehn, zwölf Leute gegeben, dann war ich halt die ersten sechs Monate nicht mehr runterzuholen. So im Nachhinein, sag ich mal, [Transport] weiß schon genau, was sie tun. Allein schon jemandem eine Krawatte um den Hals hängen und denjenigen springen zu lassen, und wenn ich dann sehe, dass 18-, 20-jährige Jungs das machen, die plötzlich für zehn, zwölf Leute was zum Sagen haben, die reißen sich den Arsch auf, die schaffen für drei.« (DB4-BR3)

Nur die Managementmitglieder von Transport erhalten zudem ein persönliches Exemplar des *policy books*, in dem die Führungsgrundsätze der Firma expliziert sind. Diese werden direkt auf die Firmengründer zurückgeführt. Der deutsche Gesamtbetriebsratsvorsitzende von Transport hatte – als Manage-

181 Ausführlich diskutiert wird dieser Sachverhalt etwa bei Poignant (2001). Er wertet ihn als Beispiel für »partizipatorische Managementmethoden«, die »konvergierende Sichtweisen privilegieren, während sie Divergenzen und Widersprüche kaschieren oder vernachlässigen« (ebd.: 85; Übers. d. Verf.). »Some firms, management goes so far as to integrate foremen within the managerial group, either in a symbolic or genuine manner. A perfect example of this can be found in an American transportation firm«, bei der es sich um das Unternehmen Transport handelt (ebd.: 86).

mentmitglied – im Interview dieses kleine Büchlein sofort zur Hand und erläuterte:

»Das sind so die Grundprinzipien. Manche würden sagen, die Bibel, aber ich würde das nicht unbedingt als Bibel darlegen, weil, das ist mehr so, das ist die Philosophie, das ist der Spirit, den [Transport] einfach verkörpert, und der auch versucht wird, an die Mitarbeiter weiterzugeben. Nicht jeder hat die absolute Identifikation mit dem Unternehmen. Das liegt natürlich auch daran, dass es Teilzeitmitarbeiter sind. Aber man versucht eben, das an die Mitarbeiter weiterzugeben«. (DB4-BR2)

Die »absolute Identifikation mit dem Unternehmen« und die Durchsetzung eines »teamorientierten Spirits« sind explizite personalpolitische Ziele. In beiden Unternehmen existierten eine Reihe von kollektiven Riten, die darauf zielen, alle Führungskräfte ab einer bestimmten Ebene auf diese Ziele einzuschwören. Die äußerst umfassende und professionelle Sozialisierung des Managements in beiden Firmen wird von kritischen KommentatorInnen häufig als ›Gehirnwäsche‹ oder auch ›sektenähnliche Prozedur‹ beschrieben. Bei Fast Food finden beispielsweise alle zwei Jahre so genannte Management Conventions statt, zu der aus ganz Deutschland über 2.500 TeilnehmerInnen kommen. Die einwöchige Beherbergung in einem Luxushotel kostet mehrere Millionen Euro. Für das höhere Management finden ähnliche Festivitäten auf internationaler Ebene statt. Bei Transport werden alle neuen Führungskräfte im Rahmen einer festlichen Veranstaltung in ihre neue Funktion ›eingeweiht‹. Der nationale Geschäftsführer begrüßt sie durch persönlichen Handschlag, sie erhalten die erwähnte Management-›Bibel‹ des Firmengründers sowie diverse Devotionalien mit Firmenlogo. Sie müssen allerdings noch eine weitere Stufe in der Unternehmenshierarchie aufsteigen, damit sie auch in den ›Genuss‹ kommen, einen Teil ihres Gehaltes in der Form von Unternehmensaktien zu erhalten. Die managementseitig gepflegte Corporate Culture zeitigt im Bereich der Führungskräfte eindeutige Wirkung:

»Ich glaube, für die ist es ein wichtiges Kriterium, dass die Leute, die nach oben kommen, [Transport] lieben sollen. Und zwar nicht unbedingt nur so tun sollen. Also bei denen gibt's genug kranke Leute, die tun nicht nur so, die lieben die Firma wirklich. Bei anderen Firmen, denke ich, ist das seltener. Dass im Management sich die Leute sehr wohl für die Zeit, in der sie da arbeiten, mit der Firma identifizieren, oder so tun als ob, aber letztendlich ist da nichts dahinter. Aber bei [Transport], da stimmt das Bild auf der Managementebene, mit der Familie schon. Deswegen wird's, denk ich, auch recht häufig mit 'ner Sekte verglichen« (DB4-BR1)

Grundsätzlich wird der Anspruch formuliert, dass nicht nur die Managementmitglieder, sondern alle Beschäftigten zur Betriebsfamilie gehören. Dementsprechend reichen systematische Kommunikations- und Partizipationsmechanismen bis hinunter auf die Shop-Floor-Ebene. Anders als in den rein repressiv agierenden Unternehmen wird hier der Anspruch der Beschäftigten auf innerbetriebliche Partizipation nicht in autoritärer Weise negiert. Es wird im Gegenteil Wert gelegt auf Information und Kommunikation. In beiden Betriebsfällen existieren diverse unternehmensspezifisch definierte Elemente betrieblicher Partizipation, zum Beispiel Mitarbeiterstammtische und Informationszirkel. Es gibt systematische Beschäftigtenbefragungen über die Zufriedenheit mit der Arbeitssituation und den Vorgesetzten. Die *open-door-policy* ist offenbar nicht nur eine ideologische Doktrin, sondern gelebte Praxis. Im Fall von Konflikten sind die Beschäftigten zudem nicht ausschließlich auf die »immer offene Tür« ihrer Vorgesetzten verwiesen, sondern können sich auch an die nächst höhere Hierarchieebene wenden oder sogar an die weit entfernte Personalleitung in der Unternehmenszentrale. Die Betonung von Teamarbeit und ein insgesamt lässiger Umgangston führen tatsächlich in manchen Fällen zu einem Betriebsklima, in dem Arbeitsbeziehungen und persönliche Freundschaften eng verwoben sind (vgl. Weber 2005). Auch systematische Elemente symbolischer Anerkennung, zum Beispiel interne Wettbewerbe (etwa um den Titel des Mitarbeiters des Monats), Qualitätszirkel und der Anspruch einer respektvollen Führungskultur, erreichen zuweilen durchaus ihr Ziel, auf kostengünstigem Weg eine Identifikation der Beschäftigten mit dem Unternehmen zu fördern und diese zu erhöhter Leistungsbereitschaft zu motivieren. Für Beschäftigte, die zur Lohnarbeit im Segment von Un- und Angelerntentätigkeiten gezwungen sind, ist eine solche Anerkennung eher ungewöhnlich. Die ArbeiterInnen, die den hohen Leistungsanforderungen dauerhaft gerecht werden können und die innerbetrieblich kleinere Aufstiegsprozesse durchmachen, sind daher nicht selten in hohem Maße unternehmensloyal:

> »Also ich finde die amerikanische, dieses System finde ich sehr gut, empfehlenswert auch für andere deutsche Firmen, wenn die Mitarbeiter direkt in die Firma reingebracht werden, das heißt, dass die auch 'n bisschen mehr erfahren von der Firma. Das würde, denke ich, vielen auch nicht schaden. […] Man wird wirklich mit Respekt behandelt. Man wird auch informiert.« (DB4-BL1)

Die nachhaltige Prägekraft der Identifikation mit der Unternehmenskultur zeigte sich auch in eindrücklicher Weise in Interviews mit Personen, die als explizite Kritiker der einschlägigen Unternehmen gelten können, so etwa bei einem wegen mangelnder persönlicher Opferbereitschaft entlassenen Angehörigen des mittleren Managements sowie einem Betriebsratsvorsitzenden, der vom Unternehmen mit erheblichen Repressalien bedacht wurde. Selbst in solchen Situationen persönlicher Betroffenheit schimmerte häufig noch eine gewisse Identifikation mit den Unternehmen durch – oder zumindest Trauer darüber, dass die Zeit, in der man sich noch ungebrochen mit ›der Familie‹

identifizieren konnte, vorbei ist. Auf der untersten Shop-Floor-Ebene einer stark fluktuierenden Randbelegschaft mit ausgesprochen rigiden Arbeitsbedingungen besitzt die Corporate Identity allerdings ihre Grenzen:

»Manager sind die Herrscher. Das wichtige für [Transport] sind die [Vorgesetzten in der Produktion]. Das sind die, die sagen, das ist meine Firma. Ihr unten, wenn's Euch net passt, könnt ihr gehen. Also, die sind Viecher, wechselnde Viecher. Sie sind nicht wichtig als Person. Du arbeitest, dir passt es net, dann gehst du. Aber ich als Manager, als [Vorgesetzter in der Produktion], ich bin hier eine wichtige Person.« (DB4-BR3)

»Die Unzufriedenheit bei [Transport] ist konstant, würd' ich sagen, und auch verbreitet. Und es liegt nicht an der Kohle. Die meisten wissen sehr wohl, dass sie woanders als Hilfsarbeiter nicht so viel verdienen würden. Wollen aber für die extrem harte Arbeit, die sie da leisten, also es ist wirklich viel härter als alles andere was ich kenn', woll'n se auch fair behandelt werden« [...]

I: »Das heißt, dass sie irgendwie missachtet werden, also sie werden nicht als Personen, als Gegenüber...«

BR1: »Doch, das sogar schon. Das ist ja [Transport-]-Politik, genau das den Leuten zu vermitteln. Der Typ mit der Krawatte vor ihnen, der Manager, der duzt sie und sie duzen ihn. Das ist ne ganz wichtige Geschichte bei [Transport], eben, wir sind 'ne Familie. Das bringt er auch so rüber, also der ist weder herablassend, also in der Regel, manche sind's schon, kommt vielleicht auch tatsächlich und erzählt einem, wie super er arbeitet, oder so, aber gut, das ist Fassade und das ist natürlich dünne Fassade und das kriegen die Leute sehr schnell mit, also, so blöd sind se nicht. Und wenn's dann wirklich nur kleinere Konflikte gibt oder kleinere Kritikpunkte, äh, dann gehen se damit normalerweise eben komplett unter. Da sehen se, dass hinter diesem ›Wir sind 'ne Familie‹, und ›ihr könnt immer kommen‹ und ›wir sind alle auf der gleichen Ebene mehr oder weniger‹ halt nix ist.«

I: »Also kann man's dann eher so sagen, dass generell eher die Interessen der Beschäftigten negiert werden, also dass sie als Person zwar gewertschätzt werden durch den allgemeinen Umgang, durch die Kultur, aber wenn's konkret um Interessenkonflikte geht, dann werden ihre Interessen eigentlich negiert?«

BR1: »Dann gilt, dass 'n Mitarbeiter ersetzbar ist wie ein Stück Bandanlage, was 'n Spruch von 'nem [Vorgesetzten] ist.« (DB4-BR1)

Wenngleich sich also diverse Elemente einer Anerkennungskultur finden, so bleiben diese weitgehend auf symbolischer Ebene und drücken sich kaum in materiellen Kompromissen aus. Die Anerkennungskultur strahlt zudem nur beschränkt auf die unterste Ebene der einfachen ArbeiterInnen aus. Sie wirkt typischerweise bis auf die unterste Vorgesetztenebene sowie auf jene Beschäftigten, die dorthin aufsteigen wollen. Interessen der Belegschaft, die sich nicht im Rahmen von Partizipation und Kommunikation unternehmensgerecht einbinden lassen, werden jedoch negiert und falls nötig bekämpft. Die betriebliche Sozialordnung ist auf Harmonie angelegt und lässt die Vorstellung von divergierenden Interessen oder gar eines kollektiven Gegenübers der Belegschaft nicht zu. Ein Leitsatz der vergemeinschaftenden Personalpolitik ist die strukturelle Interessenidentität von Beschäftigten und Unternehmen. Dies impliziert zwar eine gewisse pluralistische Vorstellung von unterschiedlichen Meinungen und Bedürfnissen, die über demokratische Verfahren und eine entwickelte Kommunikationskultur bearbeitet und ›ausgeglichen‹ werden müssen. Es gilt allerdings die Prämisse, dass es keine grundlegenden Konflikte oder Interessenwidersprüche im Unternehmen gebe und alle Beschäftigten (ob im Vorstand oder am Fließband) in gleicher Weise ein Interesse am betrieblichen Erfolg hätten – oder haben sollen. Ein Beharren auf einem gegenteiligen Standpunkt bedroht das soziale Arrangement in seinem Kern und wird daher rigoros bekämpft.[182]

4.5.4 *Formale Strukturen der Interessenvertretung: Zwischen Repression und Akzeptanz*

Sowohl Fast Food als auch Transport besitzen eine lange internationale Geschichte des Kampfes gegen Gewerkschaften und betriebliche Interessenvertretung, die den zuvor beschriebenen Verhältnissen bei Kaufbillig in keiner Weise nachsteht. In den siebziger Jahren übertrugen die Konzerne zunächst ihre bewährten US-amerikanischen Anti-Unionism-Strategien[183] nach Europa. Dies führte sowohl in Deutschland als auch in Frankreich zu heftigen Konflikten und schließlich zu einer graduellen Korrektur der Unternehmenspolitik. Hintergrund dafür war weniger eine gewerkschaftliche Organisierung und reale Kampfkraft in den Betrieben, sondern eher punktuelle Konflikte, die jedoch ein erhebliches Medienecho hervorriefen, sowie die öffentliche Anprangerung der Verhältnisse durch prominente Berichterstatter (in Deutschland unter anderem Günther Wallraff, vgl. Royle 2000: 97ff.). Das Management wollte offenbar einen größeren Imageschaden vermeiden, der sich im Bereich kundenorientierter Dienstleistungen erheblich auf das Geschäftsergebnis auswirken könnte. Sowohl bei Fast Food als auch bei Transport ist daher in den letzten zehn bis fünfzehn Jahren ein gewisser Wandel in der offiziellen Politik der Unternehmen festzustellen:

---

182 Beschäftigten, die sich negativ über das Unternehmen äußern, kann es bei Transport passieren, dass sie zu einem Vier-Augen-Gespräch mit dem Vorgesetzten zitiert werden und eine Abmahnung erhalten. »Jeder weiß, wenn er schlecht über die Firma redet, kann das Konsequenzen haben« (DB4-BR1). Für befristet Beschäftigte oder Leute in der Probezeit können solche negativen Äußerungen zur Entlassung führen.

183 Vgl. hierzu Royle (2000: 85ff.), der für Fast Food unter anderem berichtet, dass die Firma in den siebziger Jahren in San Francisco sogar Lügendetektoren einsetzte, um GewerkschaftssympathisantInnen ausfindig zu machen, bis die Gerichte diese Praxis untersagten.

Fast Food fand sich in Deutschland nach 15 Jahren des frontalen Kampfes gegen Gewerkschaften im Jahr 1989 erstmals bereit, mit der Gewerkschaft Nahrung-Genuss-Gaststätten (NGG) einen Tarifvertrag abzuschließen. Zu diesem Zweck gründete die Firma allerdings zuvor einen eigenen Arbeitgeberverband, den sie komplett dominieren konnte. In Frankreich dauerte die rigorose Ablehnungspolitik gegenüber den Gewerkschaften noch etwas länger. Zu ihrer Modifizierung kam es erst, als im Jahr 1994 ein großer Konflikt Fast Food landesweit negative Schlagzeilen bescherte.[184] Der amerikanische Geschäftsführer wurde durch einen Franzosen ersetzt. Dieser gelobte, fortan »die Logik der Konsultation und Partnerschaft« zu pflegen und nicht mehr jene »der Konfrontation« (Royle 2000: 104). Nach über 15 Jahren einer »Empty-Chair-Politik« (ebd.: 103) im französischen Arbeitgeberverband der Systemgastronomie *(SNARR – Syndicat National d'Alimentation et de la Restauration Rapide)* übernahm Fast Food nunmehr dessen Vorsitz. Der mit der *CFDT* kurz darauf abgeschlossene Tarifvertrag galt allerdings nur für die (etwa 20 Prozent) Company-geführten Restaurants, nicht für die Franchisebetriebe.

Der amtierende französische Personalleiter bezog sich im Interview (FB1-GL) auf jene Zeit als die »Jugendphase« des Unternehmens in Europa. Fast Food habe damals den Ruf gehabt, die Gesetze nicht zu respektieren. Man habe anfänglich versucht, die amerikanische Unternehmenskultur in Europa zu verwirklichen, später jedoch eingesehen, dass man das Unternehmen besser in die nationalen Strukturen integrieren müsse. Inzwischen sei Fast Food »zugleich jung und schon erwachsen (dans la maturité)«. Der *»dialogue social«* sei »in Ordnung«. Seit rund zehn Jahren seien die Gewerkschaften nun im Unternehmen integriert und es gebe eine flächendeckende Struktur von *Comités d'Entreprises*. Der interviewte Personalleiter ist seit dem Jahr 2001 im Unternehmen. Man holte ihn als Spezialisten für »Personalarbeit unter sensiblen Bedingungen«. Zuvor hat er bei Bouygues gearbeitet, zu einem Zeitpunkt, als es »große Probleme mit Leiharbeitern« gab. Fast Food scheint ihn als Spezialisten zur Imageverbesserung eingestellt zu haben.

Die Verhältnisse bei Transport sind auf den ersten Blick undramatischer. Das Unternehmen war und ist in Deutschland relativ fraglos führendes Mitglied im branchenspezifischen Arbeitgeberverband. In Frankreich ›erbte‹ man

---

184 Nach einem acht Jahre dauernden Prozess hatte ein Gericht in Lyon entschieden, dass 14 Fast-Food-Restaurants eines Franchisenehmers eine »ökonomische und soziale Einheit« bilden und daher ein *Comité d'Entreprise* zu gründen sei. Als die Wahlen jedoch von den Filialleitern massiv behindert wurden, kam es zu einer spektakulären Polizeiaktion, bei der zehn Filialleiter vorübergehend festgenommen wurden. Zeitgleich kam es zu mehreren Streiks in Nancy sowie in den Pariser Vorstädten wegen ähnlicher Vorfälle, die ein erhebliches Medienecho auslösten (vgl. Voswinkel u.a. 1995).

mit dem Aufkauf eines großen französischen Pakettransportunternehmens Anfang der neunziger Jahre auch dessen solide gewerkschaftliche Organisierung. Eine allzu rigide Anti-Gewerkschafts-Politik empfahl sich unter diesen Bedingungen kaum. In den neunziger Jahren betrieb Transport allerdings in Deutschland ausgesprochen militante Abwehrstrategien gegenüber gewerkschaftlich organisierten Betriebsräten. In Gewerkschaftskreisen wird etwa die Geschichte kolportiert, wonach das mittlere Management mit Baseballschlägern auf einer Betriebsversammlung erschienen sei.

»Da kommt die Polizei und die behaupten, ja, sie wollten da an der Betriebsversammlung teilnehmen und danach Baseball spielen gehen. [...] Die schlechte öffentliche Presse war der Hauptgrund dafür, dass sie einen Politikwechsel gemacht haben. Sowas macht man halt nicht mehr, zumindest in Deutschland nicht.« (DB4-BR1)

Sowohl Fast Food als auch Transport haben inzwischen – zumindest in der Außendarstellung – eine ausgesprochen legalistische Praxis der Personalarbeit angenommen. Damit ist gemeint, dass der offene Bruch kollektiv gültiger Regelungen vermieden wird. Dies gilt auch für die Frage der Tarifbindung. Gerade in Konfliktfällen wird zudem versucht, das Arbeitsrecht eher strategisch als Instrument zu nutzen, statt es frontal zu brechen. Zu diesem Zweck besitzen beide Konzerne sehr umfangreiche juristische Abteilungen, die viel beschäftigt sind. In beiden Unternehmen kommt es trotz offizieller Bekenntnisse zur Rechts- und Tariftreue ausgesprochen häufig zu Arbeitsgerichtsprozessen, die im Regelfall zugunsten der klagenden Beschäftigten ausgehen.[185]

»Es gibt enorm viele Konflikte, die vor Gericht ausgetragen werden, und dabei verliert [Transport] enorm. Dabei geht es häufig um Konflikte von einzelnen Beschäftigten. Ich kann keine Zahlen nennen, aber es sind enorm viele.« (FB3-IRP)

Während also der Tarifrahmen sowohl bei Fast Food als auch bei Transport als formal akzeptiert angesehen werden kann, werden die tariflichen und gesetzlichen Regelungen jedoch häufig in ihrer Substanz unterlaufen[186] oder sogar gebrochen. Durchsetzungsfähige Formen innerbetrieblicher Mitbestimmung und Repräsentation werden zudem in beiden Konzernen nach wie vor massiv bekämpft.[187] Vieles deutet somit darauf hin, dass die Unternehmen ihre aggressive Ablehnung von Gewerkschaften und durchsetzungsfähigen betrieb-

185 Häufigstes Thema sind personell bedingte Abmahnungen und Entlassungen, bei Fast Food jedoch auch das Thema Lohnfortzahlung im Krankheitsfall und tarifliche Eingruppierung.

186 Im Jahr 1999 beendete der von Fast Food gegründete Arbeitgeberverband seine Tarifpartnerschaft mit der NGG, indem er einen Tarifvertrag mit einer Gewerkschaft abschloss, die dem Christlichen Gewerkschaftsbund angehört.

187 Für einen (keineswegs vollständigen) Überblick über einschlägige Konflikte bei Fast Food in Deutschland vgl. Nölting 2004: 15ff.

lichen Interessenvertretungen keineswegs abgelegt haben. »The leopard has not changed its spots« (Royle 2002: 99). Dies erscheint immanent logisch: Eine interessenbewusste Politik der Beschäftigtenvertretung ist grundlegend unvereinbar mit der ausgeprägt korporatistischen Unternehmenskultur.

Im Rahmen der *policy* von Fast Food sowie Transport sind Gewerkschaften und Mitbestimmung systematische Fremdkörper. In der managerialen Weltsicht mag es zwar zuweilen Vermittlungs- und Kommunikationsprobleme im Unternehmen geben, die im Rahmen organisatorischer und personalpolitischer Strategien explizit zu bearbeiten sind. Es existieren jedoch keine dauerhaft unterschiedlichen Interessen. Die »absolute Identifikation« mit dem Unternehmen ist ein realistisches und unbedingt anzustrebendes Ziel, das über eine entsprechende Personalpolitik technisch organisierbar ist. Dabei wird vielleicht noch so etwas wie ein allgemeiner Interessenpluralismus mitgedacht, aber keineswegs werden vom Betriebsziel systematisch abweichende Belegschaftsinteressen zu Grunde gelegt. Wenn überhaupt, so sei der Interessengegensatz zwischen Beschäftigten und Geschäftsleitung »nur vordergründig. Langfristig wollen beide dasselbe: ein erfolgreiches Unternehmen« (FB3- GL1).

In dieses vergemeinschaftende Deutungsmuster passen weder das deutsche System der Mitbestimmung noch gewerkschaftliche Formen der Interessenvertretung. Bei Transport wurden dementsprechend von den befragten deutschen und französischen Managern solche Institutionen ganz offen als »insgesamt nachteilig« (DB4-GL) bewertet.[188] Dass es dennoch zuweilen zu Betriebsratswahlen kommt, wird im Wesentlichen mit traditionellen Gewohnheiten, Dummheit, egoistischen Eigeninteressen oder ideologischer Verblendung der Initiatoren erklärt – sowie mit der vermeintlich sachfremden Regelung des Betriebsverfassungsgesetzes, »dass drei, vier, fünf Leute reichen«, um eine solche Institution zu initiieren:

> »Das ist erst 'mal ein Argument der Größe. Allen Mitarbeitern kann man's nicht Recht machen. Manche sind einen Betriebsrat noch von ihrem früheren Arbeitgeber gewohnt. [...] Die kennen das einfach nicht anders, die kennen nur den Betriebsrat. Die kennen eben nicht die offene Tür. Die kennen keinen persönlichen Ansprechpartner. Die sagen: Wir wollen das jetzt eben hier – ob das notwendig ist oder nicht. Das ist so der Hauptgrund. Manchmal stecken auch Eigeninteressen dahinter. Da wird eine eigene Karriere als Betriebsrat angesteuert. Die wollen die Freistellung. [...] Typischerweise gibt es zwei Möglichkeiten für die Gründung eines Betriebsrats, nämlich wenn Mitarbeiter individuelle Ziele verfolgen statt das Gesamtinteresse im Auge zu haben, oder wenn sie ferngesteuert sind von der Gewerkschaft.« (DB4-GL)

188 Der interviewte französische Fast-Food-Personalleiter blieb als Spezialist für Außendarstellung in seinen Aussagen unbestimmter. Er beschränkte sich darauf den existierenden Zustand normativ neutral als »O.K.« zu bezeichnen.

Nach Auffassung des zitierten Personalleiters »verzögert und behindert« ein Betriebsrat als bürokratische Instanz die unternehmerische Flexibilität und ist damit im internationalen Wettbewerb eindeutig ein Standortnachteil. Vielleicht seien Gewerkschaften in anderen, weniger dialogorientierten Unternehmen notwendig, aber sicherlich nicht im eigenen Fall. Im Sinne der monolithischen Interessenkonzeption wird auch den Beschäftigten keineswegs eine andere Interessenlage attestiert als der Geschäftsleitung:

»Übrigens nicht nur aus Arbeitgebersicht ein Nachteil, sondern vielfach auch aus Mitarbeitersicht, denn auch für den Mitarbeiter verlängert sich ja der Weg, um schnell individuelle Lösungen zu finden. Macht vieles komplizierter.« (DB4-GL)

Sowohl bei Transport als auch bei Fast Food wird die kollektive Vertretung der Beschäftigteninteressen durch unabhängige Institutionen als weitgehend überflüssig und tendenziell schädlich betrachtet. Unter diesen Bedingungen ist ihr Deckungsgrad sowohl in Deutschland als auch in Frankreich lückenhaft. Wie bereits im Fall von Kaufbillig ist der Institutionalisierungsgrad in Frankreich jedoch – trotz prekärer Bedingungen – deutlich höher als in Deutschland.

Bei Fast Food existieren in Deutschland nur in einigen wenigen Restaurants Betriebsräte. Deren Wahl konnte typischerweise nur über juristisch ausgefochtene Konflikte sowie mit massiver gewerkschaftlicher Hilfe durchgesetzt werden. Es ist ein offenes Geheimnis, dass die Forderung nach einem Betriebsrat bei Fast Food schnell zur Kündigung oder Abfindung potenzieller AktivistInnen führt und solche Wahlen immer Opfer kosten.[189] Das ›Herauskaufen‹ von BetriebsratsaktivistInnen ist eine systematische Strategie. Wiederholt wurden existierende Mitbestimmungsstrukturen vernichtet, indem einem Großteil der Mitglieder beträchtliche Abfindungssummen geboten wurden. Auch die Schließung von Restaurants und die Neuschneidung von Unternehmens- und Franchisestrukturen ist eine typische Praxis zur Erschwerung von Mitbestimmungsinitiativen.

In Frankreich existiert hingegen im Company-Bereich von Fast Food flächendeckend das reguläre Institutionensystem. Es gibt vielfach *Délégués du Personnel*, ein zentrales *Comité d'Entreprise* (allerdings keine regionalen *CE*) sowie

189 In Reaktion auf diese Verhältnisse findet sich teilweise die Gegenstrategie, nur dort Betriebsratsinitiativen voranzutreiben, wo einige Menschen dezidiert gewillt sind, ihren Arbeitsplatz zu opfern. Das heißt, dass einige Beschäftigte, die ohnehin das Unternehmen verlassen wollen, als InitiatorInnen der Betriebsratswahl auftreten. Sie decken damit jene Beschäftigten, die mit einer solchen Initiative einverstanden sind, ihren Arbeitsplatz jedoch nicht riskieren wollen und kommen im besten Fall noch in den Genuss einer Abfindungszahlung.

Delegierte von sechs Gewerkschaften.[190] Im Franchisebereich sind die Strukturen allerdings wesentlich lückenhafter. Teilweise gibt es *Délégués du Personnel*, nur selten jedoch *Comités d'Entreprise*. Diese wären häufig zwar möglich, da mehrere Restaurants von einem einzigen Franchisenehmer geführt werden und damit eine ökonomische und soziale Einheit bilden; sie müssen jedoch im Regelfall gerichtlich eingeklagt werden, was nur selten geschieht. Dennoch können die Verhältnisse – in formaler Hinsicht – im Franchisebereich als relativ typisch für Kleinbetriebe im prekären Dienstleistungsbereich gelten, während die institutionelle Situation in den Company-Betrieben in formaler Hinsicht weitgehend dem Standard in französischen Großunternehmen entspricht.

Bei Transport existieren in Deutschland an 25 von insgesamt 80 Standorten Betriebsräte. Insbesondere an den größeren Standorten mit mehreren Hundert Beschäftigten konnten in den meisten Fällen – nach teilweise heftigen und juristisch ausgefochtenen Auseinandersetzungen – inzwischen Betriebsräte etabliert werden, während die kleineren Standorte (zum Beispiel mit weniger als 100 Beschäftigten) sowie die Unternehmenszentrale mit mehreren hundert Angestellten mitbestimmungsfreie Zonen sind. In Frankreich unterscheidet sich die Situation bei Transport hingegen keineswegs in negativer Weise von den gesetzlichen Normen. Im Gegenteil: Transport gilt innerhalb seiner Branche als Beispiel guter gewerkschaftlicher Organisierung. Dies geht vor allem auf die Persistenz der Gewerkschaftskultur zurück, die bereits im Vorgängerunternehmen existierte, welches von Transport Anfang der neunziger Jahre aufgekauft wurde. Im Zuge der Restrukturierung des Unternehmens Mitte der neunziger Jahre und der Entlassung fast der Hälfte der Belegschaft, kam es zu einem weiteren gewerkschaftlichen Organisierungsschub. Es existiert eine flächendeckende Struktur von elf gewerkschaftlich organisierten regionalen *Comités d'Entreprise* und einem zentralen *Comité d'Entreprise* darüber. Die dominante Gewerkschaft ist die *CFDT*, deren zentraler Delegierter vom Unternehmen faktisch für Interessenvertretungsarbeit freigestellt ist.[191]

Insgesamt lässt sich also, wie auch bereits im Fall von Kaufbillig, feststellen, dass die formale Institutionalisierung betrieblicher Strukturen der Beschäftigtenrepräsentation in Frankreich deutlich flächendeckender gestaltet ist als in Deutschland. Zudem entspricht die Situation in den Untersuchungsbetrieben in Frankreich den branchenspezifischen nationalen Verhältnissen. In

190 Neben den fünf repräsentativen Gewerkschaften ist in der Pariser Region zusätzlich die *UNSA* präsent. Die stärkste Gewerkschaft ist die *CGT-FO*, gefolgt von der *CFDT* und knapp dahinter der *CGT*.

191 Dem zentralen Delegierten der – fast gleich starken – *CGT* wurde dieses Privileg allerdings bislang nicht gewährt.

Deutschland kann hingegen davon gesprochen werden, dass der betriebsrätliche Deckungsgrad selbst von den eher niedrigen Branchenstandards noch in defizitärer Weise abweicht. Die besonders repressive Politik der Untersuchungsunternehmen gegenüber betrieblicher Interessenvertretung hat also auf der Ebene formaler Institutionalisierung in Deutschland wesentlich deutlichere Konsequenzen als in Frankreich.

4.5.5 Die Praxis kollektiver betrieblicher Interessenvertretung: Zwischen Repression und Korruption

Sowohl Fast Food als auch Transport haben eine Art kulturellen Lernprozess durchgemacht, mit dem Ergebnis, dass die institutionellen Normen des Sozialdialogs in Europa zumindest formal akzeptiert werden. Während die Akzeptanz der *Institutions Représentatives du Personnel* in Frankreich offenbar zum Kernbestand dieser Normen gezählt wird, gilt dies für die optional gestaltete Mitbestimmung in Deutschland nur bedingt. Sowohl in Deutschland als auch in Frankreich gilt jedoch zudem, dass die pure Existenz von Vertretungsinstitutionen in keiner Weise eine Garantie für effiziente Vertretungsleistungen darstellt. Dies hat teilweise ähnliche Gründe wie auch im Fall von Kaufbillig: Die Beschäftigten haben Angst, sich mit durchsetzungsfähigen Formen der Interessenvertretung zu identifizieren oder identifiziert zu werden:

> »Einschüchtern der Mitarbeiter, Angst schüren. Sie nehmen zwei, drei, hängen sie auf, sag' ich mal. […] Keiner ist mehr bereit, etwas zu tun. Jeder hat seine Scheuklappen. Jeder sagt: ›Einen von uns vier wird's treffen, aber jeder glaubt, ich will's nicht sein.‹ Ich will so gut es geht, unauffällig sein. Und wenn man sagt: ›Jetzt ist Streik, alle gehen‹ – ›Ich gehe nicht‹, und das denken alle vier. Weil man dann weiß, dass dann 'ne Sanktion kommen könnte und man unter Umständen den Arbeitsplatz verliert. Vor diesem Problem stehen wir. Und der Arbeitgeber hat diese Stärke und die Macht.« (FB4-BR3)

Während sich bei Kaufbillig die Abwehrstrategie des Unternehmens jedoch weitgehend auf eine Repressions- und Blockadepolitik beschränkte, kommt bei Fast Food und Transport noch ein weiteres Element hinzu: Jene Mitbestimmungs- und Repräsentationsinitiativen, die man nicht verhindern kann, versucht man systematisch im Sinne der eigenen Unternehmenskultur zu beeinflussen – und das mit beachtlichem Erfolg. Unternehmensnah agierende Kräfte in den Betriebsräten und Belegschaftsvertretungen werden systematisch gefördert bzw. gesucht; unternehmenskritische Akteure haben mit der ganzen Wucht des unternehmerischen Unterdrückungspotenzials zu rechnen. Mitbestimmungs- und Repräsentationsinitiativen werden unschädlich gemacht, indem unternehmensloyale Mitglieder des mittleren Managements aufgefordert werden, sich an deren Spitze zu stellen bzw. konkurrierende Initiativen anzustrengen. Diese sind im Rahmen ihrer dezidierten Unternehmensloyalität häufig vom Sinn einer solchen Aktivität überzeugt. Im Regelfall ist ein solches Engagement zudem nützlich für ihre innerbetriebliche Karriere. Die Solidarisierung der Beschäftigten mit diesen vom Management offen propagierten Kräften wird systematisch belohnt, die Unterstützung managementkritischer Strömungen sanktioniert. Auf dem Weg zu wirkungsmächtigen Belegschaftsvertretungen in den verstreuten Betriebseinheiten ist der mühsame Kampf um die Etablierung betrieblicher Institutionen daher nur die erste Hürde. Dieser folgt typischerweise ein zweiter Kampf, der noch wesentlich verbissener geführt wird und häufig permanenten Charakter hat: der Kampf um die Unabhängigkeit der Institutionen von der unmittelbaren Hegemonie des Managements. Dieser Kampf ist bei Fast Food und Transport bislang in weiten Bereichen verloren worden:

Im Jahr 1995 wurde bei Fast Food in Deutschland der erste Gesamtbetriebsrat der Unternehmensgeschichte gegründet. Das Unternehmen verweigerte allerdings die Zusammenarbeit mit diesem. Seine Arbeit kam bereits ein dreiviertel Jahr später wieder zum Erliegen, weil acht Betriebsratsgremien mit rund 45 Betriebsratsmitgliedern nach Zahlung von Abfindungen aus dem Unternehmen ausschieden. Angeblich hat Fast Food zwischen 5.000 DM und 100.000 DM pro Person bezahlt.[192] Auch die Arbeit des 1996 neu konstituierten Gesamtbetriebsrats wurde torpediert, unter anderem durch die Vergabe von Restaurants mit aktiven Betriebsräten an Franchisenehmer (Nölting 2004: 15). Nach Jahren der Blockade und des Kampfes gegen den Gesamtbetriebsrat, entschied sich Fast Food im Jahr 1998, einen eigenen Gesamtbetriebsrat unter der Ägide des Managements zu etablieren. So existierte vorübergehend die originelle Situation von zwei Gesamtbetriebsräten, die beide die legitime Repräsentationsfunktion für sich reklamierten (Royle 2000: 126f.). Auch der aktuelle Gesamtbetriebsrat von Fast Food wird von Vertretern der NGG als »gekauft« bezeichnet.

In Frankreich war die Erhebungstiefe der empirischen Untersuchung bei Fast Food beschränkt, so dass die Situation nicht abschließend eingeschätzt werden kann. Es ist allerdings auffallend, dass dort die eher unternehmens-

192 Vgl. hierzu Royle (2000: 127): »Although the corporation appears to have used a variety of tactics to try to rid itself of works councils, its most effective weapon appears to be the ›buy out‹ (Royle 1998). The union has no answer for this tactic; in 1995 alone, union officials state that [Fast Food] spent close to 250.000 Pounds to buy out forty-six works councillors and their supporters, and this was also reported in the press (.). More recently, according to union officials […] a works council chairman in Wiesbaden was allegedly offered DM 200.000 (almost 70.000 pounds) to leave [Fast Food]. He refused and, according to the same sources, management have since tried to block his works council activities by various means.«

freundlich agierende *CGT-FO* die Mehrheit im landesweiten *Comité d'Entreprise* besitzt. Während die Aktivität in den Reihen der *CGT-FO* vom Unternehmen in keiner Weise negativ bewertet wird, gelten für AktivistInnen etwa der *CGT* deutlich andere Regeln. Im Interview mit einem regionalen *Délégué Central* der *CGT-FO* bei Fast Food wurde deutlich, dass sich die Gewerkschaftspolitik der *CGT-FO* relativ bruchlos einpasst in die vergemeinschaftende Unternehmenspolitik:

Der *Délégué Central* der *CGT-FO* arbeitet seit drei Jahren bei Fast Food. Er finanziert dadurch sein Studium. In den letzten 16 Monaten ist er vom einfachen Beschäftigten in die Position eines Gruppenleiters aufgestiegen – zu einem Zeitpunkt also, zu dem er bereits gewerkschaftlich aktiv war. Er stammt aus Algerien und besitzt das ausgesprochen hohe formale Qualifikationsniveau von »Bac +5« (Baccalauréat = Abitur plus fünf Jahre Studium mit Abschluss). Derzeit promoviert er im Bereich Arbeitssoziologie, konkret zum Thema »restructuration du management«. Mitglied der *CGT-FO* ist er erst seit 16 Monaten. Der Anreiz zum Beitritt war die Übernahme des Repräsentationsamtes als *Délégué Central*, was in der betrieblichen Gewerkschaftshierarchie ein durchaus gehobener Posten ist. Er habe die Gewerkschaftsvertreter der *CGT-FO* kennengelernt, da diese immer wieder einmal in der Filiale vorbeischauten. Man habe diskutiert und dann hat man ihm den Posten als Gewerkschaftsdelegierter angeboten – aufgrund seiner Kompetenzen. Dies war der Grund für seinen Gewerkschaftsbeitritt. Mit der *CGT-FO* identifiziert er sich, da dies »keine radikale Gewerkschaft« sei; sie sei »konstruktiv und intelligent«, keine Gewerkschaft, die »aus Prinzip in Opposition« geht. Mehrfach verwendet er das Negativbild einer Gewerkschaftspolitik, die die Gewerkschaftspolitik umbringt (»syndicalisme, qui tue le syndicalisme«). Diese Anmerkung zielt in erster Linie auf die *CGT*. Eine Gewerkschaftsarbeit, die prinzipiell gegen das Unternehmen arbeite, sei nicht mehrheitsfähig unter den Beschäftigten, so seine Überzeugung. Sie hätten Angst, sich mit einer solchen Politik zu identifizieren bzw. damit identifiziert zu werden. Das Interesse der *CGT-FO* sei, dass »die Beschäftigten gemeinsam mit dem Unternehmen vorankommen« (»les employées avancent avec l'entreprise«). Ein solches Vorgehen »hilft den Leuten und der Gewerkschaft, weil die Leute keine Angst vor der Gewerkschaft haben.« (FB1-IRP2)

Sowohl die Interessendefinition als auch die konkrete gewerkschaftliche Praxis der *CGT-FO* ist recht gut kompatibel mit der Unternehmenskultur von Fast Food. Neben den gesetzlich vorgeschriebenen, alljährlichen Lohnverhandlungen übernehmen die VertreterInnen der *CGT-FO* in erster Linie die Rolle von neutralen Vermittlungsinstanzen im Fall von Konflikten. Bei Klagen von Beschäftigten gehe es darum, die objektiven Tatsachen festzustellen, indem man den Fall möglichst genau untersucht – so der Gewerkschaftsdelegierte der *CGT-FO*. Zu diesem Zweck werde eine Art unabhängige Untersuchung des Sachverhalts angestrengt (»enquête«). Es gehe ihnen darum, »die Fronten aufzuweichen« (»assouplir«), nicht darum, »abzustrafen« (»sanctionner et pénaliser«). Anders als etwa bei der *CGT* üblich, sei es nicht die Art der *CGT-FO* »Feindbilder aufzubauen« (»créer des ennemis«). »Wir spalten nicht«. Man spreche vielmehr mit den verschiedenen Seiten.[193] Die Tätigkeit der Gewerkschaftsdelegierten scheint somit nicht allzu weit entfernt von der Funktion ›neutraler Schiedsinstanzen‹, wie sie etwa in den USA zuweilen im Rahmen einer dezidierten Anti-Gewerkschaftspolitik eingerichtet werden (Colvin 2001).

Nach seinen persönlichen Berufsperspektiven gefragt, formulierte der Gewerkschaftsdelegierte relativ klar seine Absicht, auch nach Ende seines Doktorats bei Fast Food zu bleiben. Sein Ziel sei ein interner Aufstieg und er sieht dafür durchaus gute Möglichkeiten für sich. Er glaubt nicht, dass sein Gewerkschaftsengagement ihn in seinen Karrieremöglichkeiten behindert. Voraussetzung sei allerdings: »Il faut pas abuser« (man darf keinen Missbrauch betreiben), zum Beispiel indem man zu viele Stunden für gewerkschaftliche Aktivität aufschreibt. Wichtig sei es außerdem, seine Arbeit gut zu tun (»faire le boulot correctement«), sowohl als Gruppenleiter in der Filiale als auch als Gewerkschaftsdelegierter. Man müsse Engagement, sowohl in beruflicher wie moralischer Hinsicht zeigen (»engagement professionnel et morale«), das heißt Leistungsbereitschaft und Unternehmensloyalität. Nach seinen konkreten Zielen gefragt, wie hoch er hinauswolle, meinte er scherzend, vielleicht würde er ja einmal Chef von Fast Food in Frankreich werden, man wisse ja nie. Mit seinem Ausbildungsniveau scheint ihm zumindest ein Aufstieg zum Manager durchaus erreichbar.

Die skizzierte Gewerkschafts- und Interessenvertretungskonzeption des französischen *CGT-FO*-Vertreters von Fast Food gleicht in frappierender Weise jenen Grundsätzen, wie sie in Deutschland von einer Mehrheit der Transport-Betriebsräte vertreten wird. Hier wie dort sind die Repräsentationsinstitutionen weniger Interessenvertreter, sondern primär Vermittlungsinstan-

---

193 Nach einem konkreten Fallbeispiel einer solchen Vermittlungsleistung gefragt, schildert der *CGT-FO*-Vertreter einen Konflikt zwischen einem einfachen Arbeiter und einem Manager. Damals hätten »beide Unrecht gehabt«, was durchaus typisch sei. Als man dies nach einer objektiven Bestandsaufnahme erkannt habe, diskutierte man erst mit dem Manager, anschließend mit dem Arbeiter und versuchte beiden klarzumachen, wo sie jeweils falsch gehandelt hatten. Am Ende hätten sich die beiden wechselseitig entschuldigt und sich sogar »bisous« (Küsschen auf die Wange) gegeben. In dieser Schilderung zeigt sich sehr gut, in welcher idealtypischen Rolle sich die *CGT-FO* im Unternehmen sieht: in der Rolle als Vermittler zwischen Arbeitern und Management, mit dem Ziel, dass sich alle gut vertragen.

zen. Man sieht sich als »Moderator«, »Mediator« oder – in der berufsspezifisch geprägten Perspektive eines Transport-Fahrers – auch als »Kupplung«:

»Ich sag' immer: Betriebsrat ist die Kupplung. Er ist die Kupplung zwischen Motor und Getriebe. Man kann's denen nicht Recht machen und denen kann man's auch nicht richtig machen. Man muss es aber immer irgendwie verkaufen können.« (DB4-BR4)

Zuweilen tun sich die befragten Betriebsräte etwas schwer damit, den spezifischen Nutzen ihrer Tätigkeit zu beschreiben. Das liegt daran, dass sie die Auffassung des Managements teilen, wonach es im Unternehmen keine grundlegend differenten Interessen gibt und ein Betriebsrat im Rahmen der vergemeinschaftenden Unternehmenskultur nicht benötigt wird. Ein originäres Anliegen ist es ihnen jedoch häufig, zur Verbesserung des Betriebsklimas beizutragen, indem sie sich als positiver Bestandteil der unternehmensseitig gepflegten Informations- und Kommunikationskultur begreifen:

»Also sicherlich ist in Betrieben mit Betriebsrat, wenn der Betriebsrat seine Arbeit anständig macht, die Belegschaft aufgeklärter, weil der Betriebsrat hat mehr Zeit, um mit den Mitarbeitern zu reden. Und wenn das Management oder die Führungskräfte vor Ort Entscheidungen, die das Unternehmen getroffen hat, umsetzt, dann ist manchmal von Seiten der Vorgesetzten die Zeit nicht da, das vernünftig zu erläutern, in die Diskussion mit den Mitarbeitern einzusteigen, Vor- und Nachteile darzulegen. Und die Möglichkeit hat der Betriebsrat, dieses Co-Management. Das ist mit Sicherheit 'n Vorteil, dass die Belegschaft aufgeklärter ist, dass die Belegschaft informierter ist. 'N Nachteil isses halt, dass manche Sachen verkompliziert werden.« (DB4-BR2)

Die bei Transport mehrheitlich etablierten Betriebsratsgremien definieren ihre Rolle weitgehend im Einklang mit der dominanten Unternehmenskultur: Sie vermitteln betriebliche Notwendigkeiten an die Beschäftigten, verstehen sich als zusätzliche Instanz für jene Beschäftigten, die (leider noch) den direkten Weg zu den Vorgesetzten scheuen und dienen letztlich dem Ideal der »absoluten Identifikation« und Förderung der Interesseneinheit, denn »wenn die eigenen Interessen nicht mit den Interessen des Arbeitgebers in Einklang gebracht werden, führt dies in eine Sackgasse« (DB4-BR2).

Es erstaunt nicht, dass Betriebsräte, die ihren Aufgabenbereich in dieser Weise interpretieren, auch in die unternehmensinternen Managementschulungen einbezogen sind und zum Beispiel bei Transport der Wechsel vom Gesamtbetriebsratsvorsitzenden in eine personalpolitische Leitungsfunktion im oberen Führungskreis auf europäischer Ebene ein typischer Karriereweg ist.

Die ideologische Einbindung dieser BelegschaftsrepräsentantInnen in die vergemeinschaftende Unternehmenskultur hat zur Konsequenz, dass die primären Fronten nicht zwischen ihnen und dem Management verlaufen, sondern zwischen ihnen und einer Minderheit von RepräsentantInnen, die ihr

Vertretungsamt in anderer Weise interpretieren. Der oben zitierte *CGT-FO*-Gewerkschafter bei Fast Food in Frankreich grenzt sich etwa wiederholt im Interview von der *CGT* negativ ab. In Deutschland ist der negative Vergleichshorizont der Betriebsräte, die ihre Aufgabe als Co-Management auffassen, die Politik jener (minoritären) Betriebsratsgremien, die stärker divergierende Interessenpositionen vertreten. In der Beurteilung dieser gewerkschaftlichen Kräfte bzw. Betriebsräte existiert eine solide Koalition zwischen dem Management und den Co-ManagerInnen.[194] Sie werden als schwarze Schafe stigmatisiert, die – so wörtlich – »den Pfad der Tugend verlassen haben« (DB4-BR2). Die Kehrseite der starken Verpflichtung auf die Unternehmenskultur und die Einheit der Betriebsfamilie ist eine stark ausgeprägte Tendenz zur Ausgrenzung jener, die das Bild der betrieblichen Interessengemeinschaft gefährden. Es gibt nur ein ›pro oder contra‹, ein ›schwarz oder weiß‹, ein ›für oder gegen das Unternehmen‹. Dass jene Betriebsräte, die sich in ihrer Vertretungspolitik nicht am betrieblichen Gemeinschaftsideal orientieren, mit keinerlei Verständnis rechnen können, machte etwa der folgende Transport-Betriebsrat im Interview deutlich:

»Die Nützlichkeit eines Betriebsrats hängt stark von den Personen und deren persönlicher Einstellung ab. [...] Es gibt Betriebsräte, die arbeiten *mit*, sag ich mal, *mit* dem Betrieb und *mit* dem Unternehmen, *mit* den Mitarbeitern. Und es gibt eben Betriebsräte die tun das *nicht* (deutlich verärgert). Das, das gibt's. Ich mein', das kann man ja auch nicht irgendwie aus der Welt schaffen diese Thematik. Die ist einfach da. Es gibt halt Leute, die ham ein Interesse daran, dass es vorwärts geht und es gibt eben Leute, die ham 'n Interesse dran, (kurze Pause), die ham erstmal 'n sehr ausgeprägtes Eigeninteresse, sagen wir's mal so. Und das ist 'ne Betriebsratspolitik, mit der kann ich mich einfach *nicht* einverstanden erklären. Damit kann ich auch nicht leben. Weil das ist *gegen* den Betrieb, das ist *gegen* die Mitarbeiter, das ist *gegen* das Unternehmen, das ist einfach gegen alles. Und da verliert, meiner Meinung nach, verliert langfristig gesehen da jeder. Das Unternehmen, wenn der Laden nicht mehr funktio-

194 Der Begriff des Co-Managements ist bekanntlich ein ausgesprochen schillernder (vgl. Hälker 2005: 16ff.). Er wurde in der wissenschaftlichen Diskussion vielfach primär positiv besetzt als eine Form des besonders ambitionierten Betriebsratshandelns, das über die betriebsverfassungsrechtlich festgelegten Aufgabenbereiche hinausgeht und von einer sehr professionellen Vertretungspolitik gekennzeichnet ist (zum Beispiel Müller-Jentsch/Seitz 1998; Minssen/Riese 2005). Zuweilen wurde der Begriff auch mit kritischeren Konnotationen verwendet, im Sinne einer systematisch angelegten Ambivalenz von Rollenmustern und einer gewissen Unvereinbarkeit von Co-Management-Politik mit überbetrieblichen, gewerkschaftlichen Zielstellungen (zum Beispiel Artus u.a. 2001; Artus 2003; Hälker 2005) – bis hin zu einer Charakterisierung von Co-Management als »reaktive und erzwungene Anpassung« (Bergmann u.a. 2002: 14). Im Folgenden wird der Begriff in erster Linie als Selbstbeschreibung der betreffenden Betriebsräte benutzt, der in Bezug auf ihre funktionale Rolle im Unternehmen ja auch durchaus adäquat scheint. Ob den oben genannten ›Typen von Co-Management‹ aufgrund der hier geschilderten empirischen Fälle nicht noch eine weitere Variante hinzuzufügen wäre, scheint bedenkenswert.

niert, damit verlieren ganz eindeutig auch die Mitarbeiter und der Betriebsrat sowieso, weil irgendwann gibt's dann keine Mitarbeiter mehr und damit gibt's dann auch keinen Betriebsrat mehr.« (DB5-BR2)

Bei Transport in Deutschland gibt es nur wenige Betriebsratsgremien, die »vom Pfad der Tugend« abweichen. In der Vergangenheit ist eine Niederlassung mit einer sehr kämpferischen Interessenvertretung komplett geschlossen worden. Diese Standortschließung, die vermutlich nicht (nur) auf die Betriebsratspolitik zurückzuführen war, sondern ohnehin eine gewisse unternehmerische Rationalität besaß, dient in der unternehmensinternen Propaganda immer wieder als handfester Beweis für die negativen Auswirkungen gewerkschaftlich verblendeter Vertretungsstrategien. Die Angst der Beschäftigten vor solchen Auswirkungen ist einer der Gründe für die nahezu unangefochten dominante Stellung der co-managenden Betriebsräte bei Transport. Ein anderer liegt in der systematischen Einflussnahme des Managements auf Betriebsratswahlen und in der oft unbeholfenen oder unentschiedenen Politik der Gewerkschaften im Umgang mit solchen Managementstrategien:

An einem 1992 gegründeten Transport-Standort mit fast 600 Beschäftigten wurde erst im Jahr 2000 ein Betriebsrat gegründet. Zuvor hatte es zwar bereits »vier oder fünf« einschlägige Initiativen gegeben. Die Wahlen konnte das Management jedoch stets »verhindern mit eben kaufen, so was, oder kündigen« (DB4-BR1). In einem Fall war es sogar zu einer Wahlversammlung gekommen, die jedoch »unvorsichtigerweise« in einer öffentlichen Gaststätte abgehalten wurde. Zu dieser wurden leitende Angestellte aus diversen Standorten hinmobilisiert, die den Ablauf der Veranstaltung in die Hand nehmen konnten. Sie sorgten dafür, dass es zu einer Abstimmung kam, auf der eine Mehrheit der Anwesenden gegen die Einleitung von Betriebsratswahlen stimmte. Ende der neunziger Jahre wandten sich einige Beschäftigte erneut an die Gewerkschaft:

BR1: »und die ham gesagt…«

BR2: »macht's bloß nicht.«

BR1: »Genau, (lacht), ob wir lebensmüde sind oder so was. Die ham 'n paar Horrorgeschichten erzählt. Der Gewerkschaftssekretär, der hat halt eben die Zeit mitbekommen, wo sie ganz andre Sachen gemacht haben, um das zu verhindern. Das hat er uns erzählt und dann sind wir da raus, alle schockiert, (lacht), einige ham gesagt, ich hab' Familie und Kinder, nee danke, ich will mich nicht mit der Mafia anlegen, (lacht), und dann wurde es wieder verschoben. Irgendwann kam dann Peter (Name geändert), ich und noch 'n paar Verrückte.« (DB4-BR1)

Erst Ende 1999 begann eine kleine Gruppe von Beschäftigten erneut, zunächst Leute anzusprechen, »von denen man sicher wusste, dass sie erstens die

Klappe halten und wahrscheinlich bereit sind, auch aktiv mitzumachen« (DB4-BR1).

In einer zweiten Phase ging es dann darum, kurzfristig möglichst viele Menschen anzusprechen, wohl wissend, dass nun auch die Geschäftsleitung von der geplanten Initiative informiert würde.

»Die Geschäftsleitung, die hat an uns rangetragen, also teilweise auch persönlich zu uns gesagt, man kann sich doch einigen, man kann sich auch ohne Betriebsrat einigen. Mir ist sogar ein Posten angeboten worden, wo ich mich dann um die Leute kümmern soll, um ihre Probleme und so weiter, also so a quasi Betriebsrat, aber nicht offiziell als Betriebsrat, das wär' im Sinne des Unternehmens, wenn die Leute zufrieden sind, aber dafür natürlich keinen Betriebsrat gründen. [...] Und dann sind die [mittleres Management], sind einfach den ganzen Abend rumgelaufen, ham halt mit jedem geredet oder haben Leute raufgeholt oder in den Kaffeeraum.« (DB4-BR1)

Dennoch hielten die InitiatorInnen an ihrem Vorhaben fest. Sie wandten sich an die Gewerkschaft und diese lud zur Betriebsversammlung zwecks Bestellung eines Wahlvorstands ins Gewerkschaftshaus ein. »Wir dachten, das sei die sicherste Geschichte.« Gegen den Wunsch und den Rat der Transport-AktivistInnen brachte die Gewerkschaft jedoch bereits an einem Vormittag (statt, wie empfohlen, am späten Nachmittag) die Einladung zur Wahlversammlung zum Transport-Management, wodurch dieses »vier, fünf Stunden Zeit gewann, um hektisch rumzutelefonieren«. Am Ende desselben Tages hatte das Management dann tatsächlich fünf Personen gefunden, »die selbst zu einer Betriebsversammlung einladen«. Es wurde also eine Konkurrenzveranstaltung initiiert, die vom Regionalleiter der Unternehmens »koordiniert« wurde.

»Und die ham ihre Einladung rausgebracht. Unsere Einladung, die die Gewerkschaftssekretäre überbracht hatten, die ham se erstmal liegen lassen, eben nicht verteilt, wie sie's hätten machen müssen. Und so kam's dann, dass [Transport], oder eben nicht [Transport], sondern fünf unabhängige Kolleginnen und Kollegen von [Transport] eingeladen haben zu 'ner Betriebsversammlung. Da war dann auch die Gewerkschaft lau. Die ham gesagt, Hauptsache, ihr habt überhaupt ´nen Betriebsrat. Sind auch nicht gegen diese Umstände vorgegangen, die's da gab bei der Betriebsversammlung. Hätte man ja machen können. Das wäre ja auch nachweisbar gewesen, dass da eben leitende Angestellte dabei waren. Aber das war der Gewerkschaft damals wurscht. War keine gute Zusammenarbeit damals. Heute ist das wesentlich besser.« (DB4-BR1)

Während der Wahlversammlung waren dann offenbar diverse leitende Angestellte auch aus anderen Transport-Standorten anwesend.

»Sie haben ihre Leute verteilt im Saal, Raum. Und Leute, die sich überhaupt nicht ausgekannt haben, konnten sich dann an einem orientieren, den sie kannten. So wie der abgestimmt hat, haben auch die andern abgestimmt. Wurde 'n fünfköpfiger Wahlvorstand gewählt. Und da sind ihnen auch Fehler unterlaufen. Die haben zwei von unseren Leuten mit gewählt, weil sie das gar nicht gecheckt haben, dass die zu uns gehören, aber sie hatten da auch trotzdem die Mehrheit. Und das ist auch 'ne Politik. Die Mehrheit im Wahlvorstand ist halber Sieg, weil man da auch mit dem Wahlvorstand weiterhin manipulieren kann.« (DB4-BR1)

Die Initiative zur Betriebsratsgründung, die von einer kleinen Beschäftigtengruppe gemeinsam mit der ÖTV gestartet worden war, wurde somit letztlich von Transport übernommen. Als im Jahr 2000 tatsächlich eine Betriebsratswahl stattfand, erfolgte diese nach Listenwahl: Es gab eine ÖTV-Liste und eine »so genannte unabhängige Liste vom Management« (DB4-BR1). Als Problem der ÖTV-Liste erwies sich, dass deren KandidatInnen in bestimmten Unternehmensbereichen kaum direkte, persönliche Kontakte besaßen.

»Denen hat man zum Beispiel erzählt, wenn es eine Mehrheit ÖTV gibt, wird alles an Subunternehmer weitergegeben, wird das alles so umgestellt, ihr verliert alle euren Arbeitsplatz.« (DB4-BR1)

Im Ergebnis wurden lediglich zwei Mitglieder der ÖTV-Liste in den neuen neunköpfigen Betriebsrat gewählt. Freigestellter Vorsitzender wurde ein Mitglied des mittleren Managements, das sich bereits bei der Wahlversammlung als Betriebsratsinitiator hervorgetan hatte. Dieser ist inzwischen auch Mitglied des Gesamtbetriebsrats und auch teilweise für den Europäischen Betriebsrat von Transport engagiert. In dieser neuen Rolle trat er auch der Gewerkschaft bei. Der regional zuständige ver.di-Sekretär, der den Ablauf der Ereignisse kannte, verweigerte anfänglich die Gewerkschaftsaufnahme des frisch gebackenen Betriebsratsvorsitzenden. Der amtierende Gesamtbetriebsratsvorsitzende von Transport wandte sich daraufhin an den ver.di-Bundesvorstand.

»Und die haben dann Druck auf den Sekretär hier gemacht, was das soll, da will jemand Mitglied werden, der ist auch noch Vorsitzender im Betriebsrat und du nimmst ihn nicht auf. Also hin und her, dann wurde er halt aufgenommen.« (DB4-BR1)

Der neue Betriebsratsvorsitzende repräsentierte in der Folgezeit sogar ver.di auf internationalen Treffen von Transport-Gewerkschaftsvertretern in Brüssel.

»Der am Anfang gegen 'nen Betriebsrat war, dann plötzlich Vorsitzender wurde. Dann hat er gesagt, Betriebsrat ist nicht schlecht, aber eben die Gewerkschaft draußen lassen und dann war er plötzlich auch noch überzeugt, Gewerkschafter zu sein.« (DB4-BR1)

Da die Betriebsratswahlen am oben erwähnten Standort von Transport außerhalb des regulären Turnus erfolgt waren, standen im Jahr 2002 Neuwahlen an. Aufgrund des veränderten Betriebsverfassungsgesetzes hatte dieser nunmehr sogar elf Mitglieder. Unter diesen befand sich allerdings zunächst kein einziges Mitglied der ver.di-Liste mehr, da die Geschäftsleitung diese aufgrund eines Formfehlers für ungültig erklären ließ. Die ver.di-VertreterInnen strengten einen Arbeitsgerichtsprozess an, den sie gewannen, auch in zweiter Instanz.

Die Neuwahlen wurden allerdings erheblich zeitlich verschleppt und auch im neu gewählten Betriebsrat war die ver.di-Liste wieder in der Minderheit. Im Vorfeld der Betriebsratswahlen im März 2006 kam es zu einem neuen Eklat: Der nach wie vor amtierende Betriebsratsvorsitzende diffamierte im Rahmen einer Flugblattaktion einzelne Mitglieder der ver.di-Liste, indem er Aussagen über sie zitierte, die aus einer Internetseite polizeilich bekannter Rechtsextremisten stammten. Eine Unterlassungsklage der Betroffenen wegen Diffamierung hatte vor Gericht Erfolg. Dies änderte jedoch nichts am Ausgang der Betriebsratswahlen, die erneut eine Mehrheit der unternehmensloyalen Managementliste ergaben. Der Betriebsratsvorsitzende wurde allerdings daraufhin von ver.di ausgeschlossen.

Das Fallbeispiel des Transport-Betriebsrats verdeutlicht nachdrücklich, dass der Kampf um managementunabhängige betriebliche Interessenvertretungen ausgesprochen schwierig ist. Er kann insbesondere nicht umstandslos auf die Unterstützung größerer Belegschaftsteile zählen. Das Schicksal der ver.di-Liste bei Transport in Deutschland erinnert etwa an den Fall von Vertreterwahlen, die im Jahr 1994 in Frankreich über massive Konflikte und juristische Auseinandersetzungen bei mehreren Franchisebetrieben der Fast-Food-Kette erzwungen wurden (vgl. Voswinkel u.a. 1995): Die ›freien‹ Wahlen, die letztlich über eine Aufsehen erregende Polizeiaktion durchgesetzt worden waren, führten zu sehr zweifelhaften Ergebnissen. Am ersten Wahlgang, in dem nur gewerkschaftlich organisierte KandidatInnen gewählt werden können, beteiligten sich nur 38 von 458 Beschäftigten. Im zweiten Wahlgang lag die Beteiligung mit 260 Beschäftigten dagegen ungleich höher, wobei jedoch ausschließlich nicht gewerkschaftlich organisierte KandidatInnen gewählt wurden. In der Konsequenz konnte zwar erstmals ein *Comité d'Entreprise* etabliert werden, dieses war jedoch nicht gewerkschaftlich organisiert. Für die *CFDT*, die sich stark in dem Konflikt engagiert hatte, war das Ergebnis eine klare Niederlage (vgl. Royle 2000: 135). Die Angst der Beschäftigten und vermutlich auch direkte und indirekte Drohungen von Managementseite spielen in beiden Fällen eine wichtige Rolle. So schätzt der zuvor zitierte *CGT-FO*-Vertreter die Verhältnisse sicherlich richtig ein, wenn er davon spricht, die Beschäftigten hätten mehrheitlich »Angst« vor einer Gewerkschaft, die »Feindbilder aufbaut«. Diese Angst ist der Widerschein des Drohpotenzials der Geschäftsleitung und der Schwäche der Gewerkschaften.

Spezifisch für Fast Food und Transport ist, dass die Kontrolle der betrieblichen Verhältnisse nicht nur über direkte Repression erfolgt. Es existieren zugleich wirksame Strategien einer vergemeinschaftenden Personalpolitik und eine hermetische betriebliche Organisationskultur, die die Interessen von Beschäftigten und Unternehmen weitgehend in eins setzt. Diese Organisationskultur wird von einem nicht unwesentlichen Teil der Beschäftigten geteilt. Die Belegschaftsteile, die sich außerhalb des gemeinschaftlichen Konsens stellen, werden marginalisiert und negativ sanktioniert. Sie finden sich ohnehin überwiegend auf der untersten Ebene des Betriebs und besitzen wenig Einfluss. Initiativen einer durchsetzungsfähigen Interessenpolitik mit gewerkschaftlichem Hintergrund stellen sich dezidiert außerhalb dieser Kultur. Sie gefährden sie sogar in ihrer Substanz. Um Erfolg zu haben, müssten sie die betriebliche Kultur repressiver Integration grundlegend verändern. Da diese jedoch vom Management als Herzstück der Corporate Identity massiv verteidigt und geschützt wird, ist eine solche Strategie bislang nur in Ausnahmefällen aufgegangen. In Frankreich scheinen die ›Brüche im System‹ allerdings vergleichsweise häufiger aufzutreten als in Deutschland, wie das folgende Kapitel zeigt.

4.5.6 Brüche im System: Konfliktbeispiele unter Verhältnissen repressiver Integration

Trotz lückenhafter Strukturen der Interessenvertretung sowie einer erfolgreichen Managementpolitik der Beeinflussung existierender Vertretungsinstitutionen lassen sich sowohl bei Fast Food als auch bei Transport Beispiele dafür finden, dass eine durchsetzungsfähige Vertretung von Beschäftigteninteressen auch unter prekären Verhältnissen möglich ist. Dies gilt sowohl für Deutschland als auch für Frankreich. Typisch ist allerdings in nahezu allen solchen Fällen, dass die einschlägigen Repräsentationsgremien den Unternehmen dauerhaft ›ein Dorn im Auge‹ sind. Anders als im Fall typischer Gründungskonflikte von Belegschaftsvertretungen etwa in Industriebetrieben, reicht es nicht aus, an bestimmten Stellen Standhaftigkeit zu beweisen, rechtliche Auseinandersetzungen erfolgreich durchzuhalten und eine gewisse Unterstützung in Belegschaftskreisen zu besitzen, um vom Management dauerhaft als Verhandlungspartner akzeptiert und ernst genommen zu werden. Die einschlägigen Gremien müssen vielmehr damit rechnen, in ihrer Vertretungspolitik systematisch bekämpft zu werden, möglicherweise umso heftiger, je länger diese anhält und je durchsetzungsfähiger sie sich gestaltet. Einen guten Eindruck von der Dynamik und Heftigkeit der Auseinandersetzungen, die sich beim Versuch ereignen, die hermetische Betriebskultur repressiver Integration in Frage zu stellen, gibt das folgende Beispiel eines Betriebsrats bei Transport:

An dem deutschen Transport-Standort mit knapp 600 Beschäftigten gab es zwar bereits seit Mitte der neunziger Jahre einen Betriebsrat, im Jahr 1998 wurden jedoch gegen den Willen der Geschäftsleitung einige Beschäftigte in das Gremium gewählt, durch die sich dessen bislang sehr moderate Forderungshaltung deutlich veränderte. Die Konflikte drehten sich in der Folgezeit vor allem um die Unternehmenspraxis, nur Teilzeitverträge zu bewilligen und zugleich extensiv Überstunden einzufordern. Anfänglich einigte man sich noch kompromisshaft: Das Unternehmen bewilligte mehr Vollzeitarbeitsverträge und der Betriebsrat stimmte einer Betriebsvereinbarung über die pauschale Bewilligung von Mehrarbeit zu. Im Zuge zunehmender Rechtskenntnisse des Betriebsrates, begann dieser jedoch seine Rechte einzufordern, auch auf juristischem Weg. Endgültig erschöpft war die Geduld des Unternehmens, als es im Rahmen der ver.di-Tarifrunde 2002 zu Warnstreikaktionen am Standort kam, an denen sich ein großer Teil der Belegschaft beteiligte. Der Betriebsrat weigerte sich zudem, die Betriebsvereinbarung über die pauschale Genehmigung von Überstunden zu verlängern. Das leitende Management wurde daraufhin ausgetauscht und die neue Geschäftsleitung nutzte alle zur Verfügung stehenden Informations- und Kommunikationsmittel intensiv für Propaganda gegen den Betriebsrat. Die hohe innerbetriebliche Fluktuation sorgte zudem für einen kontinuierlichen Austausch der Beschäftigten. Im September 2003 wurde die Niederlassung als einziger deutscher Standort von Lohnerhöhungen ausgenommen, mit dem Argument, der Betriebsrat sei verantwortlich für ein mangelhaft profitables Arbeiten. Das Management initiierte zudem eine Unterschriftenliste im Betrieb gegen den Betriebsratsvorsitzenden. Die Vorgesetzten forderten die Beschäftigten auf, einen Aufruf zur Auflösung des Betriebsrats »wegen Machtmissbrauchs« zu unterschreiben. Nur zwei Jahre nach dem erfolgreichen Streik unterzeichneten immerhin 315 der knapp 600 Beschäftigten den Aufruf. Die Unterschriftenliste war rechtlich irrelevant, diente jedoch sehr wohl der Stimmungsmache im Unternehmen und der Einschüchterung der Beschäftigten. Als der Betriebsrat ein weiteres Einigungsstellenverfahren zum Thema Mehrarbeit gewann, verlagerte die Geschäftsleitung Teile der Tätigkeit auf Subunternehmer und LeiharbeiterInnen. Es wurden Zulagen für die Beschäftigten gestrichen und Entlassungen vorgenommen. Auch zwei weitere anhängige Verfahren über seine Mitbestimmung beim Thema Gewinnbeteiligung sowie zur Leistungserfassung gewann der Betriebsrat. Ende des Jahres 2003 stellte die Geschäftsleitung schließlich Strafantrag gegen den Betriebsratsvorsitzenden sowie seinen Stellvertreter. Sie warf ihnen diverse Vergehen vor, unter anderem die Bedrohung von Betriebsratsmitgliedern, die nicht regelgerechte Einberufung von Betriebsratssitzungen, Erpressung der Geschäftsleitung und illegalen Aufruf zum Streik. Verschiedene managementloyale Mitglieder des Betriebsrats traten in der Gerichtsversammlung als Zeugen der Anklage auf. Ziel der Geschäftsleitung war der Ausschluss des Betriebsratsvorsitzenden aus dem Gremium wegen »grober Pflichtverletzung«. Mit Ausnahme des letzten Anklagepunktes (Aufruf zum Bummelstreik) wurde der Vorsitzende jedoch freigesprochen. Die Geschäftsleitung legte Beschwerde gegen das Urteil ein. Sie kündigte zudem dem Betriebsratsvorsitzenden sein

Arbeitsverhältnis, mit dem Argument, er habe in der Gerichtsverhandlung gelogen, indem er bestritt, zum Streik aufgerufen zu haben. Als der Betriebsrat der Kündigung seines Vorsitzenden widersprach, ging die Geschäftsleitung auch gegen diesen Betriebsratsbeschluss juristisch vor. Zwischenzeitlich gestaltete sich die Stimmung im Betriebsrat selbst ausgesprochen angespannt. Die interne Fraktionierung war massiv. Zwar gelang es dem Management nicht, eine Mehrheit des Betriebsrats gegen den Vorsitzenden zu mobilisieren; dieser stand jedoch zwischenzeitlich persönlich so stark unter Druck, dass er sich fragte, ob er die erheblichen Abfindungszahlungen der Geschäftsleitung, die man ihm vor der Eskalation des Konflikts angeboten hatte, nicht besser hätte annehmen sollen. Die Geschäftsleitung verlor jedoch die eingeleiteten Klagen. Bei den Betriebsratswahlen 2006 traten insgesamt sieben Listen an, die so poetische Namen trugen, wie »Miteinander – nicht gegeneinander«. Die Liste des amtierenden Betriebsratsvorsitzenden erhielt jedoch mit Abstand die meisten Stimmen und stellt gemeinsam mit einer ›befreundeten‹ Liste aktuell weiterhin eine – allerdings nach wie vor sehr knappe – Mehrheit im Betriebsrat.

Selbst unter so schwierigen Verhältnissen wie bei Fast Food[195] und Transport ist es also prinzipiell möglich, durchsetzungsfähige und managementunabhängig Formen der Interessenvertretung sowohl zu etablieren als auch dauerhaft zu verteidigen. Die vermeintlich Unorganisierbaren sind organisierbar. Dabei müssen jedoch harte Konflikte durchgestanden werden und es bedarf einigen Opfermutes und persönlicher Risikobereitschaft der AktivistInnen. Dies gilt für Deutschland wie Frankreich gleichermaßen. Im Folgenden soll allerdings gezeigt werden, dass die französischen Verhältnisse etwas bessere Voraussetzungen für diesen schwierigen Kampf bieten. In diesem Zusammenhang ist zunächst auf die – vor dem Hintergrund der deutschen Situation – erstaunliche Tatsache zu verweisen, dass bei Transport in Frankreich eine geradezu vorbildliche gewerkschaftliche Organisierung existiert. Die Wahlbeteiligung bei den Vertreterwahlen lag zuletzt bei deutlich überdurchschnittlichen 74 Prozent und der Personalleiter beklagte sich im Interview darüber, den Beschäftigten sei leider nicht klarzumachen, dass sie lieber erst im zweiten Wahlgang die gewerkschaftlich nicht gebundenen KandidatInnen wählen sollten. Alle Mitglieder der regionalen sowie des zentralen *CE* sind gewerkschaftlich organisiert, ebenso wie rund 80 Prozent der *Élus*.[196] Die *CFDT* ist

195 Für Fast Food in Deutschland ist etwa der Fall von fünf Restaurants in Dortmund bekannt, die Ende der neunziger Jahre dem massiven Druck des Unternehmens hartnäckig Widerstand leisteten (vgl. hierzu relativ ausführlich Royle 2000: 126).

196 Die Ergebnisse der Vertreterwahlen können in Frankreich als vergleichsweise aussagekräftigere Indikatoren für den gewerkschaftlichen Einfluss gelten als der gewerkschaftliche Organi-

die Mehrheitsgewerkschaft und scheint bei Bedarf relativ zuverlässig ›ihre Truppen‹ zum Streik aufrufen zu können. Dies tut sie zwar nicht allzu oft; das ist jedoch auch nicht nötig, denn das Management ist sich des latenten Drohpotenzials der Gewerkschaft bewusst. Der Personalleiter bestätigte, dass Streikdrohungen bei Transport in Frankreich jederzeit ernst zu nehmen seien – auch wenn er zugleich betonte, dass im Regelfall nur eine Minderheit der Beschäftigten daran teilnehme. Diese reiche jedoch aus, um erheblichen Schaden zu verursachen. In der Vergangenheit haben etwa gewerkschaftliche AktivistInnen mit nur wenigen Leuten ein zentrales Depot blockiert, so dass zwei Tage lang keine Paketauslieferungen stattfinden konnten. Die Firma sei praktisch machtlos gegen diese Praxis. Eine Gerichtsentscheidung gegen die Streikposten (»piquets de grève«) zu erwirken, dauere mehrere Tage, so dass ein zweitägiger Streik praktisch per Gesetz nicht zu verhindern sei. Insbesondere die *CFDT* wird verdächtigt, dass sie jederzeit wieder ähnliche Aktionen initiieren könnte. Zuletzt solidarisierten sich im Zuge der landesweiten Streikwelle gegen den *Contrat Première Embauche* (*CPE*; Ersteinstellungsvertrag) im Frühjahr 2006 die am besten organisierten zehn Transport-Niederlassungen im Rahmen kleinerer Streikaktionen symbolisch mit diesem Protest. Zu diesen hatten die *CFDT* und die *CGT* gemeinsam aufgerufen. Der zentrale Delegierte der *CFDT* beschrieb zusammenfassend seine Vertretungspraxis und seinen Umgang mit Machtmitteln als eine Mischung aus arbeitsrechtlichen Zwangsmaßnahmen und Nutzung des *›rapport de force‹*:

DS: »Es gibt zwei Möglichkeiten. Entweder wir wenden das Gesetz an. Wir versuchen, dass das Gesetz angewendet wird und wir gehen vor Gericht. Das dauert lange. Das dauert lange und wir sind nicht sicher, dass dabei etwas herauskommt (aboutir). Dagegen, wenn wir das mit dem ›rapport de force‹ machen, das dauert weniger lange und es ist wahrscheinlicher, dass was dabei herauskommt.«

I: »Wie oft streiken sie denn?«

DS: »Oh, wir streiken nicht sehr oft. Die meiste Zeit bedrohen wir sie und das klappt. Nein, wir streiken nicht oft.« (FB3-IRP)

Die gewerkschaftlich organisierte Interessenvertretung bei Transport in Frankreich befindet sich nach Aussage des zentralen *CFDT*-Gewerkschaftsdelegierten insgesamt in einer »Position der Stärke«. Damit sind die Verhältnisse vergleichsweise außergewöhnlich, nicht nur bezogen auf das Segment des prekä-

---

sationsgrad. Dieser wird bei Transport in Frankreich – alle Gewerkschaften zusammengerechnet - auf nur etwa 5 bis 8 Prozent geschätzt. Zum Vergleich: In der im Kapitel 4.5.5 erwähnten deutschen Niederlassung, in der die ver.di-Liste kontinuierlich in der Minderheit ist, beträgt der gewerkschaftliche Organisationsgrad immerhin 11 Prozent.

ren Dienstleistungsbereichs in Deutschland und Frankreich, sondern auch für die Verhältnisse bei Transport in Europa:

DS: »Man betrachtet uns als die hässlichen kleinen Entlein (les vilains petits canards).«

I: »Warum?«

DS: »Weil wir sie nicht machen lassen (On ne les laisse pas faire). Es gibt eine große Repräsentativität der Belegschaft, und das mögen sie nicht. Sie haben lieber Schafe, so wie in Deutschland. [...] In Deutschland sind die Belegschaftsrepräsentanten überwiegend [Angestellte der mittleren Leitungsebene] oder Manager. Das ist der Grund (lacht). Wenn ich da als französischer Gewerkschafter hinkomme, dann werden die verrückt (ils sont fous), wenn sie mich hören; sie werden verrückt, wenn ich einen Redebeitrag halte (fais des interventions).«

I: »Hier ist das nicht so, dass die Mehrheit der Repräsentanten Manager sind?«

DS: »Nein, hier ist es das Gegenteil. Wir, die meisten Repräsentanten sind Fahrer (conducteurs), sind Lagerbeschäftigte oder Leute aus dem Büro, Verwaltungsangestellte.« (FB3-IRP)

Die von der Unternehmenskultur abweichenden Verhältnisse in Frankreich lassen sich freilich auch darauf zurückzuführen, dass Transport hier ein Unternehmen mit gewachsener Gewerkschaftskultur in der Vergangenheit aufgekauft hat. Der zentrale *CFDT*-Delegierte war bereits in dem ›Ursprungsunternehmen‹ Gewerkschaftsdelegierter, bevor dieses von Transport erworben wurde. Es ist allerdings bemerkenswert, dass die Umgestaltung der ›ererbten‹ Organisationskultur im Sinne der Corporate Identity von Transport erhebliche Schwierigkeiten bereitete (vgl. Poignant 2001) und bislang nur unzureichend erfolgt ist. Im Bereich der Interessenvertretung scheint sie jedenfalls nach wie vor nicht geglückt. Ein solches ›Erbe der Vergangenheit‹ lässt sich allerdings unter französischen Verhältnissen offenbar auch relativ gut bewahren. Ein wichtiger Trumpf ist hier das Monopol der Gewerkschaften zur Aufstellung von KandidatInnen im ersten Wahlgang der VertreterInnenwahlen. Die Übernahme der betrieblichen Vertretungsinstitutionen durch Mitglieder des mittleren Managements ist unter solchen Verhältnissen – zumal mit ererbten gewerkschaftlichen Strukturen – schwierig.

I: »Hier haben sie das nicht versucht, [mittlere Führungskräfte] und Manager in die Belegschaftsvertretungen zu setzen?«

DS: »Sie schaffen es nicht. Sie schaffen es nicht, weil es ist die Gewerkschaftsorganisation, die bei [Transport] France die Mehrheit hat, die entscheidet, die ernennt. Und die CFDT wird keinen Cadre dorthin schicken«.

I: »Das ist richtig. Das ist interessant. Es ist tatsächlich das Monopol der Gewerkschaft im ersten Wahlgang, welches es verhindert, dass da zu viele Manager gewählt werden?«

DS: »So ist es (voilà).«

I: »Aber ich glaube, wenn ich [Transport] wäre, dann würde ich meine Cadres dazu auffordern, Mitglied in den Gewerkschaften zu werden. Machen sie das nicht?«

DS: »Nein. Nein. Ganz im Gegenteil. Im Gegenteil. Sie wollen sie nicht in den Gewerkschaften sehen. Und dann, innerhalb der Gewerkschaften gibt es die Délégué Syndicaux und es gibt mich, den Délégué Syndical Central, also, daher, selbst wenn es da die Cadres gibt, dann werden es nicht die Cadres sein, die entscheiden. Ich bin es, der bei der Gewerkschaft berichtet (C'est moi, qui rend compte à la fédération).« (FB3-IRP)

Im Fall von Transport wird – ähnlich wie bereits im Fall von Kaufbillig – zudem deutlich, dass das permissive und starke französische Streikrecht vergleichsweise konfliktorientierte punktuelle Streikpraktiken ermöglicht, die die betrieblichen Repräsentationsgremien mit gewissen Machtmitteln ausstattet, ohne dass sich notwendig eine Mehrheit der Beschäftigten solidarisch zeigen muss. Allerdings bleiben die materiellen Ergebnisse dieser Praktiken dennoch typischerweise beschränkt. Zwar wird die unumschränkte Dominanz der Geschäftsleitung durch ein glaubwürdiges Droh- und Gegenmachtpotenzial systematisch beschränkt, von einer dauerhaften Partizipation und Mitbestimmung bei der Normierung der Arbeitsbedingungen, wie sie etwa in deutschen industriellen Kernbereichen üblich ist, sind die Verhältnisse jedoch weit entfernt.

Während das Transport-Beispiel zeigt, dass das französische Gewerkschaftsmonopol im ersten Wahlgang der betrieblichen Vertreterwahlen einen gewissen Schutz vor einer allzu direkten Einflussnahme des Managements gewährt, so unterstreicht das folgende Fallbeispiel aus dem Bereich von Fast Food in Frankreich, dass auch die Solidarisierung zwischen punktuellen betrieblichen Kämpfen und einer breiteren gesellschaftlichen Öffentlichkeit in Frankreich eine ernst zu nehmende Machtquelle zur Durchsetzung von Belegschaftsinteressen sein kann. Gerade angesichts der zweifelhaften Primärmacht der prekär Beschäftigten und angesichts oft ausgeprägt repressiver Strategien der Geschäftsleitungen ist die Mobilisierung von Gegenmacht und solidarischer Unterstützung jenseits der engen Grenzen des Betriebs ein wichtiger machtpolitischer Trumpf. Und schließlich ist auch die Haltung des Staates zum Thema prekäre Interessenvertretung ein Faktor, der die betrieblichen Machtverhältnisse entscheidend beeinflussen kann – besonders, aber sicherlich nicht nur in Frankreich. Das folgende Konfliktbeispiel ist in Frankreich vergleichsweise berühmt und wird häufig als Beleg für eine neue Qualität der Auseinandersetzungen im Bereich prekärer Arbeit zitiert (vgl. Tie/AFP 2003; Mabrouki 2004; Soriano 2003, 2004b; Perrin/Peroumal 2007):

Ort des Geschehens war ein Fast-Food-Restaurant in der Pariser Innenstadt, das ursprünglich gemeinsam mit neun weiteren Filialen einem Franchisebetreiber unterstellt war. Für die zehn Betriebseinheiten existierte ein gemeinsames *Comité d'Entreprise (CE)*, das sich in der Vergangenheit eine gewisse Machtposition hatte aufbauen können. Dies drückte sich für die Beschäftigten in Lohnzulagen, einer zusätzlichen Krankenversicherung sowie Verbesserungen beim Krankengeld aus. Als Fast Food im Jahr 2001 seine Franchisingstruktur reorganisierte wurde der Zusammenschluss der zehn Restaurants aufgelöst. Der Gedanke lag nahe, dass damit auch das unbequeme *CE* beseitigt werden sollte. Einigen Mitgliedern des Gremiums wurden Abfindungszahlungen angeboten. Einer der zentralen Aktivisten nahm diese nicht an, sondern drohte mit dem Aufbau eines neuen *CE*. Seine darauf folgende Kündigung wurde von der Belegschaft sofort mit einem zweitägigen Streik beantwortet. Die Kündigung war juristisch unhaltbar und wurde relativ schnell wieder zurückgenommen. Kurze Zeit später wurde demselben Aktivisten jedoch erneut gekündigt, diesmal gemeinsam mit vier weiteren Beschäftigten, die zuvor zu dem zweitägigen Streik aufgerufen hatten. Begründung: Diebstahl von rund einer Million Francs. In dieser Situation kam es erneut zum Streik, der insgesamt 115 Tage dauern sollte und an dem sich nahezu die gesamte Belegschaft permanent beteiligte. Die Streikenden agierten zunächst weitgehend gewerkschaftsunabhängig. Relativ schnell schaltete sich jedoch die *CGT* in das Geschehen ein und unterstützte die Beschäftigten medial, durch Bereitstellung technischer Infrastruktur, Spendensammlungen und vor allem durch arbeitsrechtliches Know-How. Der Streik wurde zum Medienereignis, da die Streikenden permanent mit einem Informationsstand vor dem Restaurant in der Pariser Innenstadt präsent waren. Es gab ein Streikunterstützungskollektiv, in dem AktivistInnen verschiedener sozialer Gruppen und Bewegungen aktiv waren. Dieses organisierte Flugblatt- und Blockadeaktionen auch in anderen Fast Food-Restaurants. *ATTAC* identifizierte sich öffentlich mit dem Streik und diverse PolitikerInnen nutzten im zeitgleich stattfindenden Wahlkampf um das Präsidentenamt die Möglichkeit, sich mit dem Kampf des David gegen Goliath öffentlich zu solidarisieren. Nach zwei Monaten entschied das zuständige Gericht, dass der Filialleiter keine ausreichenden Beweise für den Diebstahl habe und die Kündigungen daher widerrechtlich seien. Das Gerichtsurteil, aber auch der öffentlich entfaltete Druck auf das Unternehmen führten dazu, dass die Forderungen der Streikenden im Wesentlichen erfüllt wurden: Wiedereinstellung der Gekündigten zu gleichen Konditionen, keine Repressalien gegenüber den Streikenden, partielle Lohnnachzahlungen. Die Forderung der Entfernung des neuen Franchisenehmers wurde formal zwar nicht erfüllt, erfolgte faktisch jedoch mit einigen Wochen Verzögerung. Als neuer Pächter wurde eine ehemalige Leitungskraft des Fast-Food-Konzerns eingesetzt. Relativ schnell stellte sich jedoch heraus, dass dessen Geschäftsführung höchst mangelhaft war. Der stellvertretende Filialleiter des Restaurants, der den ersten Streik solidarisch mitgetragen hatte und zugleich Mitglied im neu gegründeten

Comité d'Entreprise war, stellte nach etwa einem Jahr erhebliche Abweichungen der Unternehmensergebnisse von normalen Geschäftszahlen fest. Das *CE* machte daraufhin von seinem juristischen Warnrecht (droit d'alerte) Gebrauch, das eine Überprüfungsprozedur durch einen unabhängigen Sachverständigen in Gang setzt. Der Pächter reagierte mit der Entlassung des *CE*-Vorsitzenden. Begründung: Untergrabung der Autorität der Geschäftsführung und Insubordination. Unter den Beschäftigten herrschte die Einschätzung, dass der neue Pächter das Restaurant bewusst in den Ruin habe führen sollen. Ein zweiter Streik begann, der noch deutlich länger dauern sollte als der erste, nämlich insgesamt 363 Tage. Erneut kam es zu diversen Solidaritätsaktionen. Mit Hilfe der *CGT* gelang mehrfach im Rahmen nächtlicher Überraschungsaktionen die Blockade der Auslieferungslager für die Fast-Food-Filialen der gesamten Region Ile-de-France. Der Streik erhielt Unterstützung im Rahmen der zeitgleich stattfindenden sozialen Bewegung gegen die Rentenreform der Regierung, die Aktionen der *›intermittants du spectacle‹* (befristet Beschäftigte im Kulturbereich) und des Europäischen Sozialforums, das im Herbst 2003 in Paris stattfand. Es kam sogar zu internationalen Solidaritätsaktionen in Deutschland, Italien und Kolumbien. Dennoch war die Stimmung während des zweiten Streiks insgesamt gedrückter. Manche der streikenden Beschäftigten hatten Familien zu ernähren und die permanente Zukunftsunsicherheit machte sie müde. Die Kündigung des stellvertretenden Filialleiters wurde bereits nach drei Monaten für unrechtmäßig erklärt. Der Konzern Fast Food wandte sich allerdings an die nächst höhere Instanz, das staatliche Arbeitsministerium. Dieses entschied nach sieben Monaten, dass die Kündigung gerechtfertigt gewesen sei. Daraufhin wandte sich eine Delegation aus Spitzenfunktionären der *CGT* direkt an den Arbeitsminister, um eine Begründung für diese Entscheidung einzufordern. Das Ministerium machte eine Kehrtwende und verfügte nunmehr, Fast Food solle sich direkt mit den Vertretern der *CGT* einigen. Es drohte zudem, andernfalls werde es die Kündigung doch wieder für unrechtmäßig erklären. Nach 363 Streiktagen und einer immensen Politisierung des Konflikts bis in die obersten politischen Führungsetagen der Nation kam es schließlich zu einem Kompromiss: Der stellvertretende Restaurantleiter wurde wieder eingestellt, jedoch zunächst in einer anderen Filiale. Einige AktivistInnen nahmen Abfindungszahlungen an. Ein Teil der während des Streiks entgangenen Entgelte wurde nachgezahlt, geforderte Verbesserungen beim Thema Lohn sowie Personalbesetzung wurden jedoch nicht erfüllt.

4.6 Charakteristika prekärer Institutionenpraxis

Kaufbillig, Fast Food und Transport sind drei Fälle von Institutionenpraxis im Bereich prekärer Dienstleistungsarbeit, in denen die deutschen und französischen Verhältnisse relativ intensiv erforscht und direkt verglichen werden konnten. Daneben wurden in Deutschland und in Frankreich diverse Interviews in weiteren Dienstleistungsbranchen und -betrieben geführt, in denen die Beschäftigungs- und Vertretungsverhältnisse ebenfalls prekär sind. Es handelte sich um weitere Firmen aus dem Bereich des Einzelhandels, der Systemgastronomie sowie des Reinigungsgewerbes. Als Grundproblem eines effizienten Vertretungshandelns erwies sich in allen Fällen die Schwierigkeit einer kollektiven Organisierung von Beschäftigten mit sehr heterogenen Interessenlagen unter den Bedingungen massiv asymmetrisch gestalteter Machtverhältnisse (Kapitel 4.6.1). Der – trotz partiell integrativer Momente – insgesamt stark repressiv geprägte Interaktionsmodus einer machtpolitisch weit überlegenen Geschäftsleitung fordert eine ausgesprochen hohe Konfliktfähigkeit sowie Risikobereitschaft von Akteuren, die gegen das Postulat einer harmonischen Interessenkonzeption verstoßen. Verbissen geführte Auseinandersetzungen um die Durchsetzung rechtlicher Standards sind häufig weniger durch materielle Zielstellung motiviert als vielmehr Kämpfe um Respekt, Anerkennung und die Einhaltung wenigstens rudimentärer Gerechtigkeitsstandards (Kapitel 4.6.2). Insbesondere im prekären Dienstleistungsbereich erscheint dabei eine enge Zusammenarbeit zwischen betrieblichen Interessenvertretungen und Gewerkschaften unabdingbar für eine erfolgreiche Vertretungspraxis. Diese Zusammenarbeit gestaltet sich jedoch sowohl in Deutschland als auch in Frankreich nicht unproblematisch (Kapitel 4.6.3).

4.6.1 Interessenheterogenität und Identifikation mit dem Stärkeren

Der typische Interaktionsmodus im Bereich prekärer Dienstleistungsarbeit lässt sich als ein Wechselspiel von Repression und Ohnmacht beschreiben (vgl. Artus u.a. 2007). Die Arrangements haben – deutlich anders als im Bereich peripherer Mittelbetriebe – nur bedingt den Charakter einer tatsächlich wechselseitigen Austauschbeziehung, in deren Verlauf und Dauer sich allmählich ein institutionalisiertes Set an Routinen und Umgangspraktiken herausbildet. Es handelt sich eher um einseitig vorgegebene Regeln, mit denen die Beschäftigten konfrontiert werden. Sie haben – je nach organisationskultureller Variante – die Wahl zwischen Gehorsam bzw. Integration oder Exit. Bemerkenswert sind dabei vielleicht weniger die Repressionsstrategien der Geschäftsleitungen gegenüber Kräften jeglicher Art, die vom Unternehmensinteresse abweichende Zielstellungen vertreten. Einer näheren Betrachtung wert ist vielmehr die verbreitete Passivität, mit der die oft sehr rigiden Repressions- und Kontrollstrategien von den Beschäftigten hingenommen werden. Die Idee divergierender Interessen ist in den einschlägigen Bereichen keineswegs absent, im Gegenteil. Die Arbeitsbedingungen sind zu belastend, die Managementpraktiken zu rigide, die Löhne zu niedrig, damit die Vorstellung von ausschließlich gemeinsamen Interessen tatsächlich weithin prägend sein könnte. Auch an Initiativen zur Durchsetzung von spezifischen Beschäftigteninteressen mangelt es im Grunde nicht. Die häufig aufbrechenden Konfliktsituationen bieten dazu systematisch Anreize. Solche Initiativen können jedoch im Regelfall nicht auf eine kollektive Unterstützung der Belegschaften rechnen.[197] Dies hat verschiedene Ursachen:

Ein Hauptproblem der Interessenvertretung im prekären Dienstleistungsbereich ist die heterogene Zusammensetzung und fragmentierte Arbeitssituation der Belegschaften. Prekäre ArbeiterInnen zeichnen sich vor allem durch ein gemeinsames Merkmal aus: ihre schwierige Situation auf dem Arbeitsmarkt. Prekäre Dienstleistungsarbeit ist häufig eine Erwerbsarbeit »faute de mieux«, das heißt die Beschäftigten akzeptieren die vergleichsweise belastenden Arbeitsbedingungen sowie prekären Beschäftigungskonditionen, da sie keine bessere Alternative haben. »Die Prekarität der Arbeitsbedingungen wird akzeptiert im Namen des Zugangs zur Beschäftigung« (Puech 2004: 159; Übers. d. Verf.). Und sie wird häufig ertragen unter der Perspektive ihrer zeitlichen Befristung. Prekäre Beschäftigte besitzen häufig einen Migrationshintergrund. In den einschlägigen Belegschaften wird eine Vielzahl von Sprachen gesprochen. Zuverdienende Ehefrauen arbeiten neben allein erziehenden Müttern, JobberInnen, SchülerInnen und StudentInnen neben ehemaligen Dauerarbeitslosen, entlassene Strafgefangene neben Menschen mit körperlichen Behinderungen, MigrantInnen mit hoher, jedoch nicht anerkannter Qualifikation neben solchen, die zum ersten Mal Lohnarbeit verrichten und kaum oder überhaupt nicht Lesen und Schreiben können. Mit der Diversität persönlicher Lebensläufe ist eine große Heterogenität individueller Normen und kultureller Orientierungsmuster verknüpft. Nicht wenige der Beschäftigten befinden sich zudem in schwierigen persönlichen Zwangslagen. Die prekäre Beschäftigungssituation ist häufig mit einer prekären Familiensituation assoziiert. Diese soziale Zusammensetzung konstituiert nicht nur erhebliche Prob-

197 Vgl. hierzu unter anderem Puech (2004: 160), die den »atypischen Fall« eines Streiks von weiblichen Beschäftigten im Hotel- und Gaststättengewerbe analysiert. Dieser Fall ist »atypisch«, denn »im Prinzip erschwert die Prekarität die Konstruktion einer gemeinsamen Identität und einer Kapazität zum kollektiven Widerstand gegenüber dem Unternehmer« (Übers. d. Verf.).

leme der Verständigung, sondern auch bezogen auf die Arbeitssituation reale Interessenunterschiede. Die Herausbildung einer kollektiven Identität und solidarischer Aktionsmuster ist unter diesen Bedingungen ausgesprochen schwierig. Es ergibt sich das Bild sozial stark heterogener sowie tendenziell ›schwacher‹ Beschäftigter auf der Shop-Floor-Ebene, die zudem unter massivem Leistungsdruck stehen und deren Zusammensetzung häufig wechselt. In dieser Situation verlaufen die Konfliktlinien oft nicht zwischen Beschäftigten und Vorgesetzten oder gar in der Form kollektiver Auseinandersetzungen zwischen ›Arbeit und Kapital‹, vielmehr sind die Beziehungen unter den Beschäftigten ausgesprochen heikel: Häufig wird von heftigen persönlichen Auseinandersetzungen berichtet. Gefragt nach Konflikten, nennen viele InterviewpartnerInnen Streitigkeiten innerhalb der Belegschaft an erster Stelle, wohingegen Konflikte um Arbeitsbedingungen oder mit den Vorgesetzten nur selten offen ausgetragen werden. Mobbing scheint weit verbreitet. Zuweilen kommt es sogar zu handgreiflichen Auseinandersetzungen. Die starke Heterogenität der Belegschaft, die autoritäre Anordnungskultur, die hohen Leistungsanforderungen und rigiden Arbeitsbedingungen bergen offenbar einen erheblichen zwischenmenschlichen Sprengstoff:

> »Die meisten Konflikte ergeben sich aus den Launen, die manche Frauen mitbringen. Man steht ja nicht jeden Morgen mit dem gleichen Fuß auf. Da hat man schlechte Laune und wird ein bisschen lauter. Und dann macht der eine Kollege das und man kriegt 'ne ganz andere Antwort. Und dann geht's so ab. Kleinigkeiten, aber die können zur, paff, zur Explosion kommen.« (DB1-BL1)

In repräsentationstheoretischer Perspektive hat die Defizienz betrieblicher Interessenvertretungsstrukturen im prekären Dienstleistungsbereich also viel mit der Schwierigkeit der Herausbildung integrierter sozialer Gruppen und einer gemeinsamen Identität zu tun. Ohne eine gewisse Kohärenz und Fähigkeit zur kollektiven Solidarisierung ist die repräsentative Vertretung der Beschäftigten und die Delegation von Vertretungsmacht ein Ding der Unmöglichkeit.

In interessenpolitischer Perspektive lassen sich die defizitären Vertretungsstrukturen weiterhin damit begründen, dass die Beschäftigten eine kollektive Vertretung divergierender Beschäftigteninteressen als kaum aussichtsreich und zugleich äußerst riskant einschätzen. Die weit verbreitete Apathie und sogar Ablehnung vieler Beschäftigter gegenüber Versuchen der Implementierung von durchsetzungsfähigen Formen betrieblicher Interessenvertretung ist somit – noch deutlicher als im Fall der peripheren Mittelbetriebe – als Widerschein der Allgewalt der Geschäftsleitungen zu betrachten und zugleich als pragmatischer Überlebensreflex angesichts der eigenen schwierigen Lebensumstände.

In einer Gesellschaft, in der Integration nach wie vor primär über den Status im Bereich der Lohnarbeit definiert wird, ist die Erwerbsarbeit im prekären Dienstleistungsbereich – trotz rigider Beschäftigungsbedingungen und fehlender Partizipationsmöglichkeiten – manchmal noch die beste aller denkbaren Alternativen. Prekäre Beschäftigungsbedingungen bedeuten soziale Unsicherheit und Instabilität, garantieren jedoch ein Leben jenseits der schieren gesellschaftlichen Exklusion.

»Es ist diese Arbeitsmarktsituation. Früher ham die Kollegen gesagt, scheiß drauf, ich arbeite hier 15, oder 30, 34 Stunden. Wenn sie mich hier rausschmeißen, geh ich zu [Konkurrenzunternehmen], oder rechts oder links. So. Wenn sie jetzt rausgeschmissen werden, dann können sie nicht sagen, ist mir egal, ich nehm' noch die 2.000 Euro mit und fang' morgen was anderes an. Dann sind sie erst 'mal auf der Straße. Wenn das jetzt noch dazukommt, mit diesen verhärteten Überprüfungen von, heißt ja jetzt nicht mehr Arbeitsamt, heißt Agentur, warum sind sie gekündigt worden, und wenn die dann ahnen, dass sie selbst teilweise was dazu beigetragen haben, dass sie ihren Arbeitsplatz verloren haben, dann kriegen sie 'ne Sperre. Und inzwischen wissen die Leute das. Spricht sich herum. Und bei fünf Millionen Arbeitslosen...« (DB4-BR3)

Dabei wäre es sicherlich verfehlt, die häufige Distanzierung der Beschäftigten von potenziell konflikthaften, kollektiv angelegten Vertretungsinitiativen als Ergebnis eines rationalen Kosten-Nutzen-Kalküls und bewusster Interessenabwägung zu interpretieren. Ebenso wenig drückt sich hierin allerdings eine Zufriedenheit mit den bestehenden Verhältnissen aus, wie dies gerne von ManagementvertreterInnen insinuiert wird. Am ehesten lässt sich diese Haltung vielleicht noch mit dem Bourdieu'schen Begriff des *›sens pratique‹* (Praxissinn) umschreiben: Auf einer halb bewussten, halb unbewussten Ebene verfestigen sich ritualisierte Verhaltensweisen, in denen die immanenten Logiken »des Laufs der Welt« festgeschrieben sind (Bourdieu 1987: 21; Übers. d. Verf.). Sie sind das Ergebnis konkreter Erfahrungen und damit variabel je nach sozialem Kontext und historischem Zeitpunkt. Für das Segment des prekären Dienstleistungsbereichs und die Lebenslage vieler prekär Beschäftigter existieren kaum Erfahrungen bezüglich der Sinnhaftigkeit oder schieren Möglichkeit kollektiv angelegter Interessenvertretungsstrategien. Es existieren hingegen viele Beispiele, die eher das Gegenteil nahe legen. Angesichts der machtpolitischen Überlegenheit der Geschäftsleitung und ihres vielfach dokumentierten Repressionswillens gegenüber Kräften, die diese Überlegenheit in Frage stellen, lässt es der *›sens pratique‹* geraten erscheinen, sich lieber mit den Mächtigeren zu identifizieren als einen Konflikt der Ohn-Mächtigen zu riskieren.

Interessenpolitisch gesehen ernst zu nehmen sind zudem auch die Effekte der zuvor geschilderten Corporate-Identity-Strategien, wie sie etwa bei Fast Food und Transport anzutreffen sind. Diese kombinieren eine umfassende

Kommunikations- und Informationspolitik, Prozesse der Interessenvermittlung in beschränktem Ausmaß, eine Politik abgestufter sozialer Vergünstigungen und symbolischer Verpflichtung auf das Unternehmen mit einem rigorosen Abstrafen von Meinungen und Interessen, die sich vom harmonistisch gedachten Unternehmensziel distanzieren. Es wäre sicherlich verfehlt anzunehmen, dass der überwiegende Teil der Beschäftigten die korporatistischen Managementpraktiken schlicht als »Fassade« (DB4-BR) begreift. Vielmehr existieren typischerweise differente Grade einer Identifikation mit der Unternehmenskultur. Relevante Differenzierungsmomente sind dabei der soziale und professionelle Hintergrund der Beschäftigten, ihre subjektiven Ambitionen im Unternehmen sowie ihre Stellung in der Hierarchie. Im Rahmen einer eher kurzfristig angelegten ›Job-Perspektive‹ existieren nur geringe Anreize und wenig Zeit, um sich die vergemeinschaftende Organisationskultur subjektiv anzueignen. Die Situation verändert sich jedoch, sobald jemand eine gewisse Anciennität erwirbt und zur Stammbelegschaft zählt. Im Regelfall sind damit kleinere Aufstiegsprozesse in der fein gestaffelten Hierarchie verbunden. Gerade prekär Beschäftigte mit eher geringen beruflichen Alternativen danken dies den einschlägigen Unternehmen oft durch eine erhebliche Unternehmensloyalität. Es entwickelt sich eine ausgeprägte normative Verpflichtung auf jene Organisation, im Rahmen derer man über kleine, jedoch hart erworbene Privilegien verfügt – zumal eben diese Identifikation auch explizit gefordert wird als Voraussetzung für das weitere Fortkommen. Eine französische Arbeitssoziologin, die selbst ein Jahr lang bei Fast Food gearbeitet hat, beschreibt den Prozess repressiver Integration wie folgt: »Die Mechanismen der Zugehörigkeit zur Organisation bewegen die Angestellten dazu, eine Wahl treffen zu müssen, ob sie dem System dienen wollen oder sich aus ihm ausschließen« (Weber 2005). In der Konsequenz favorisiert die Unternehmenspolitik die Entstehung einer prononcierten Organisationsidentität (identité organisationnelle). Der weit verbreitete Prozess der »Inkorporation in die Organisation« (ebd.) macht eine Vertretung von abweichenden Interessen oder gar eine Identifikation mit Interessengruppen, die von der Geschäftsleitung klar als ›feindlich‹ stigmatisiert werden, extrem schwierig. Unter diesen Bedingungen bedarf das Projekt der Etablierung einer durchsetzungsfähigen Interessenvertretung des Aufbaus einer kollektiven Identität, die gezwungen ist, sich innerhalb der Organisation gegen die Organisation zu richten. Dass dies zwar schwierig ist, jedoch nicht unmöglich, zeigen die zitierten Beispiele. Sie zeigen jedoch auch, dass es sich bei diesem Projekt – noch dezidierter als in anderen Wirtschaftssegmenten – keineswegs ›nur‹ um die Durchsetzung institutioneller Strukturen der Mitbestimmung und Beschäftigtenrepräsentation handelt. Die ausgeprägten Kontroll- und Hegemoniebestrebungen des Managements verwandeln den Versuch, unabhängige Beteiligungsrechte der Beschäftigten zu verwirklichen, vielmehr in eine Art ›permanenten Kulturkampf‹.

Die geschilderten symbolischen Anerkennungspolitiken und partiellen Gerechtigkeitsgarantien entsprechen typischen Praktiken zur Vermeidung gewerkschaftlicher Organisierung, wie sie bislang vor allem für die USA bekannt waren.[198] Zwar zeigt die Geschichte der beiden US-Konzerne deutlich, dass sich nicht alle US-amerikanischen Facetten der Organisationskultur auf europäische Verhältnisse übertragen lassen, insgesamt ist den Corporate-Identity-Konzepten jedoch eine erhebliche Effizienz bei der Eliminierung betrieblicher Konflikte und der Kreation von Unternehmensloyalität auch in Europa zu attestieren. Sie besitzen damit eine erhebliche Attraktivität auch in hiesigen Managementkreisen und sind in der einen oder anderen Variante inzwischen in diversen Unternehmen gerade des prekären Dienstleistungsbereichs verbreitet. Verglichen mit rein repressiven Managementpraktiken, wie etwa bei Kaufbillig, können sie als vergleichsweise intelligentere und vermutlich auch effizientere Form der Beschäftigtenkontrolle gelten. Gleiches gilt übrigens auch für die professionellen und strategisch angelegten Formen des Kampfes gegen Mitbestimmung in Deutschland. Nicht umsonst werden diese als legale Praktiken inzwischen auch als Expertenwissen im Rahmen offizieller Schulungen an interessierte ManagerInnen vermittelt.[199]

198 Eine Darstellung einschlägiger Formen der Konfliktschlichtung findet sich etwa bei Colvin (2001), der betont, dass »die Intention ihrer Einführung im Wesentlichen auf die Ausgrenzung der gewerkschaftlichen Vertretung im Betrieb gerichtet war« (ebd.: 744). »Auf der einen Seite werden sie mit dem Ziel eingeführt, gewerkschaftsfreie Unternehmen gegen den äußeren Zwang, ausgehend von gewerkschaftlicher Organisierung und Gerichtsverfahren, zu schützen, auf der anderen Seite soll dies dadurch erreicht werden, dass die Interessen der im Unternehmen Beschäftigten teilweise berücksichtigt werden. […] Da das Management um größtmögliche Effektivität bemüht ist, besteht ein Anreiz zur Entwicklung von nichtgewerkschaftlichen Streitbeilegungsverfahren, die zwar ein gewisses Maß an Gerechtigkeit garantieren, jedoch in einem Forum, dem Grenzen gesetzt sind, um zu verhindern, dass die Autorität des Managements grundlegend in Frage gestellt wird« (ebd.: 747). Einen umfassenden sowie aktuellen Überblick über die gesamte Thematik gibt Behrens (2006).

199 Im Rahmen des Projektes über »Betriebe ohne Betriebsrat« wurde uns wiederholt in Gewerkschaftskreisen von der Existenz einschlägiger Schulungen berichtet. Nach einiger Recherchearbeit konnten wir einen Gewerkschaftssekretär ausfindig machen, der selbst »interessehalber« an einer solchen Schulung teilgenommen und ein Protokoll darüber angefertigt hatte. Dieses stellte er uns ebenso zur Verfügung wie die offiziellen Seminarunterlagen. Es handelte sich dabei um die Schulung einer Anwaltskanzlei, die in mehreren Bundesländern aktiv ist.

4.6.2 Verrückte Kämpfe um Legalität und Anerkennung

In Unternehmen des prekären Dienstleistungsbereichs gibt es viele gute Gründe für die Beschäftigten, die Dominanz des machtpolitisch weit überlegenen Managements nicht in Frage zu stellen. Dennoch finden sich immer wieder einzelne Akteure sowie kleine Gruppen von Beschäftigten, die dies tun und versuchen, effiziente kollektive Formen der Interessenvertretung zu etablieren. Eine nähere Betrachtung der Akteure, Situationen und Motive in solchen Fällen scheint angebracht.

Die Grundvoraussetzung für Voice-Optionen jeglicher Art ist zunächst der Verzicht bzw. die Verhinderung von Exit. Diese organisationssoziologisch eher banale Feststellung ist für das Thema betrieblicher Interessenvertretung im prekären Dienstleistungsbereich fundamental. Der zentrale Stabilisierungsmodus repressiver Austauschbeziehungen in den einschlägigen Betrieben ist die ausgesprochen hohe Fluktuationsrate der Beschäftigten.[200] Initiativen zur Etablierung durchsetzungsfähiger Voice-Optionen kommen typischerweise aus dem Bereich der (eher kleinen) Stammbelegschaft.

> »Dort wo wir [die gewerkschaftlich organisierte Betriebsratsliste] am stärksten sind, das sind diese Doppelschichtler und Leute, die länger dabei sind. Das heißt Leute, die seit drei, vier Monaten dabei sind und selber noch kein Problem hatten, kommen nicht zu uns gerannt und sagen: Wir finden es toll, was ihr da macht. Das interessiert sie erstmal nicht. Das haben sie [das Management] natürlich auch bemerkt. Leute, die fünf, sechs, sieben Jahre dabei sind, da sind fast alle auf unserer Seite.« (DB4-BR1)

Die schiere Dauerhaftigkeit der Betriebszugehörigkeit ist eine Voraussetzung, jedoch freilich noch keine hinreichende Bedingung für ein Engagement im Bereich der Interessenvertretung. Vielmehr lassen sich sowohl in Deutschland als auch in Frankreich drei typische situative Akteurskonstellationen sowie Motivationsstrukturen ausmachen, in denen die repressiven Mechanismen der Einschüchterung und Zwangsintegration nicht mehr greifen:

Dies gilt *erstens* für Beschäftigte, die sich in der Vergangenheit in hohem Maße mit dem Unternehmen identifiziert und viel persönliche Energie und

---

200 In origineller Übertreibung dieses Sachverhaltes schildert etwa ein französischer Gewerkschaftsaktivist in der Fast-Food-Kette Pizza Hut seinen Werdegang wie folgt: »Ich bin Gewerkschafter geworden, weil ich kurzsichtig bin, sehr kurzsichtig«. Infolgedessen war die Geschäftsleitung gezwungen, ihn nicht als Pizzafahrer, sondern an der Geschirrspülmaschine einzusetzen – ein Posten, an dem man auch dauerhaft arbeiten konnte (Mabrouki 2004: 17). Vgl. ebd.: 11: »Der Turnover ist der Schlüssel des Erfolges der Systemgastronomie. In diesem Milieu ist der Beschäftigte nicht mehr produktiv nach einigen Monaten, wenn nicht sogar nach einigen Wochen. Man kann diesen Job einen Sommer lang ertragen, wenn man Student ist, aber das wird schnell empörend (il devient vite révoltant), wenn man sein Leben darum herumbauen muss« (Übers. d. Verf).

Leistungsbereitschaft in ihre Tätigkeit in den einschlägigen Unternehmen investiert haben, jedoch Enttäuschungsprozesse durchmachen. Häufig handelt es sich dabei um Beschäftigte auf der unteren oder mittleren Vorgesetztenebene (zum Beispiel Gruppenleiter, Filialleiter). Ihr Engagement ist manchmal auch eine Reaktion darauf, dass ihnen etwas zu verlieren droht (nämlich ihren beruflichen Status oder gar ihren Arbeitsplatz), was sie sich in der Vergangenheit mit viel Mühe erkämpft haben. Ihr Engagement für kollektive Formen der Interessenvertretung entspringt der Einschätzung, wonach die Durchsetzung ihrer individuellen Interessen im Alleingang kaum Aussichten auf Erfolg hat, zugleich jedoch auch der Erkenntnis, dass ihre individuelle Problemlage nicht wirklich individuell ist, sondern verallgemeinerbar.

Bei einer *zweiten* Gruppe von Beschäftigten handelt es sich eher um solche, die das Risiko des machtpolitisch ungleichen Kampfes um durchsetzungsfähige Vertretungsstrukturen eingehen, da sie mit ihrem prekären Beschäftigungsverhältnis im schlimmsten Fall nicht allzu viel zu verlieren glauben.

»Offen gesagt, was haben wir zu verlieren? Einen befristeten Vertrag über 20 Stunden pro Woche mit einer Bezahlung von 450 Euro im Monat? Unwürdige Arbeitsbedingungen? Einen Manager, der Ruhe in den Rängen fordert? Lieber den Mund aufmachen und etwas fordern, solange wir noch aufrecht genug sind, um das zu tun.« (Mabrouki 2004: 18; Übers. d. Verf.)

Eine Voraussetzung für solche oder ähnliche Motivationsstrukturen, wie sie hier etwa von einem *CGT*-Aktivisten der Firma Pizza Hut geäußert werden, ist allerdings, dass die persönlichen Situationen nicht allzu prekär sind, das heißt dass mit dem Verlust des Beschäftigungsverhältnisses nicht ein komplettes Abrutschen ins gesellschaftliche Abseits droht. Dies gilt etwa typischerweise für die prekär jobbenden StudentInnen, die in diversen Fällen eine wichtige Rolle in Konflikten um die Durchsetzung innerbetrieblicher Vertretungsstrukturen spielten. Es gilt zudem generell für Beschäftigte, die eine eher überdurchschnittliche formale Qualifikation besitzen (das heißt eine Berufsausbildung, Abitur, ein angefangenes oder abgeschlossenes Studium).

Im oben erwähnten Zitat klingt zudem bereits eine *dritte* Motivationsstruktur an, die im Regelfall stets vorhanden ist, jedoch unterschiedlich stark im Vordergrund stehen kann. Der machtpolitisch sehr ungleiche Kampf um die Etablierung durchsetzungsfähiger Vertretungsstrukturen im Bereich prekärer Beschäftigung lässt sich im Regelfall nicht durch im engeren Sinne materielle Zielstellungen begründen. Es handelt sich eher um eine Angelegenheit für »Verrückte« (DB4-BR1), das heißt es verlangt im Regelfall gerade keine rationale materielle Kosten-Nutzen-Kalkulation, sondern eine ausgeprägte Orientierung an immateriellen Werten wie Gerechtigkeit, Solidarität und

Würde. Ein typischer Auslöser für Konflikte, in deren Verlauf es zum unwahrscheinlichen Fall der Formierung eines handlungsfähigen Kollektivs in den einschlägigen Belegschaften kam, sind daher weniger Lohnforderungen oder Ähnliches, häufig geht es vielmehr (zumindest anfänglich) um die Verteidigung von Einzelpersonen gegenüber moralisch diskriminierenden Vorwürfen oder gegen eine Behandlung, die als unwürdig erlebt wird.[201] Die kollektive Verteidigung dieser Personen hat im Regelfall nicht nur das Ziel der Unterstützung betroffener KollegInnen, in ihrer Verteidigung erkennen sich die Beschäftigten vielmehr häufig wieder, da es hier um ihr kollektives Schicksal des ›Ausgeliefertseins‹ und der Ohnmacht geht, gegen das man an symbolisch prägnanten Stellen Widerstand leistet, um seine Individualität zu verteidigen.

Jenseits der oben erwähnten Motivationsstrukturen scheint es zudem einige weitere Charakteristika zu geben, die für bestimmte Beschäftigte des prekären Dienstleistungsbereichs ein Engagement für kollektive Vertretungsstrategien näher zu legen scheinen als für andere.

Häufig finden sich in der Biografie einschlägiger AktivistInnen Momente, die nicht originär aus dem kulturellen Segment prekärer Dienstleistungsarbeit stammen. Man könnte auch davon sprechen, dass es sich um Formen des kulturellen und sozialen Kapitals handelt, die jenseits des konkreten sozialen Milieus der Lohnarbeit erworben wurden. Solche Ressourcen können etwa darin bestehen, dass die »Eltern schon immer in der Gewerkschaft waren« (FB2-IRP3), der Ehemann im Metallbereich Betriebsrat ist, man eine Nähe zu linken politischen Gruppierungen besitzt oder einen christlich geprägten Sozialisationshintergrund. Eine weitere Beobachtung, die hier nur genannt, jedoch nicht wirklich analysiert werden kann, ist die Tatsache, dass es sich bei »den Verrückten« in überproportional vielen Fällen um Beschäftigte mit Migrationshintergrund handelt. Sowohl in Deutschland als auch in Frankreich fand sich so etwas wie ein Idealtypus des konfliktfähigen Interessenvertreters im prekären Dienstleistungsbereich. Dieser oder diese ist oft schwarzer Hautfarbe, oder jedenfalls nicht weiß, und hat viele Attribute, die auf eine vergleichsweise gute gesellschaftliche Integration hindeuten: Sie sprechen sehr gut deutsch bzw. französisch, sind oft bereits im Aufenthaltsland geboren und

201 Vgl. hierzu etwa das Zitat eines Beteiligten an dem ungewöhnlich langen Streik in der Pariser Fast-Food-Filiale (vgl. Kapitel III.4.5.6) bei Perrin/Peroumal (2007: 138): »Wir sind in den Streik gegangen, nicht für gewerkschaftliche Forderungen, so was wie Lohnerhöhungen oder gute Arbeitsbedingungen… nein, das war nicht der Grund… wir sind rausgegangen, weil unsere fünf Kollegen, die wir kannten, brutal als Diebe bezeichnet wurden…das waren Leute, die neben uns waren, sie waren seit mindestens drei, vier Jahren da…und nur, weil sie Wahlen [für ein CE] gefordert haben, hat man sie beschuldigt, Geld entwendet zu haben.« (Übers. d. Verf.)

besitzen im Regelfall die einheimische Staatsbürgerschaft. Nicht wenige von ihnen stammen aus Familien, die im Herkunftsland eine relativ gehobene Position einnahmen. Typisch ist auch ein politischer oder gewerkschaftlicher Erfahrungshintergrund im Familienzusammenhang. Häufig handelt es sich zudem um Personen mit abgeschlossenem Studium, deren hohe formale Qualifikation jedoch entweder vom einheimischen Bildungssystem oder vom Arbeitsmarkt nicht anerkannt wird. Dieser Personenkreis gehört gewöhnlich zur Stammbelegschaft und ist grundsätzlich prädestiniert für interne Aufstiegswege. Im nicht unwahrscheinlichen Fall von Konflikten zwischen diesen Beschäftigten und dem Unternehmen, tendieren sie jedoch nicht selten dazu, ihr soziales und kulturelles Kapital für kollektive Interessenvertretungsstrategien zu mobilisieren.[202] In diesen Kämpfen geht es gewöhnlich nicht nur um die Durchsetzung betrieblicher Ziele, sondern sie sind eingeschrieben in einen umfassenderen Kontext, der sich als Kampf um gesellschaftliche Anerkennung beschreiben lässt. Es drückt sich in ihnen sowohl das Bedürfnis nach Egalität und der Wille zur Integration aus als auch die alltägliche Erfahrung von Diskriminierung und gesellschaftlicher Exklusion.

Generell ist zudem festzuhalten, dass Initiativen kollektiver Interessenvertretung, die von Beschäftigten auf einer mittleren Hierarchiestufe gestartet werden, systematische Organisationsvorteile besitzen. Diese haben nicht nur im Regelfall einen etwas höheren Bildungsgrad und ein umfassenderes betriebliches Wissen. Als Vorgesetzte befinden sie sich zudem bereits alltäglich in der Rolle von SprecherInnen und kollektiven OrganisatorInnen. Sie kennen alle ihre Untergebenen und haben systematisch Kontakt zu ihnen. Aufgrund ihrer einflussreicheren Position ist es im Regelfall auch leichter, die Vertrauensbasis herzustellen, die für das Wagnis einer kollektiven Organisierung unter prekären Bedingungen unabdingbar ist. Das Risiko einer Organisierung der Ohnmächtigen lässt sich gewöhnlich leichter eingehen, wenn zumindest einige wenige Ein-Bisschen-Mächtige vorangehen. Positiv ist zudem die Existenz von ›Organisierungskernen‹, die zumindest punktuell bereits eine kollektive Identität besitzen, etwa eine Gruppe von StudentInnen, die sich gut kennen, Beschäftigte mit ähnlichem oder identischem ethnischen Hintergrund oder auch (insbesondere in Frankreich) mit der gemeinsamen Herkunft aus demselben sozial stigmatisierten Stadtviertel.

---

202 Vgl. hierzu auch Perrin/Peroumal (2007: 163ff.) sowie deren Verweis auf eine Studie über ›typische‹ politische Aktivisten in den sozial schwierigen Stadtvierteln der Banlieues (Masclet 2003). Diese besitzen im Regelfall eine überdurchschnittliche Schulbildung sowie eine moralische Disposition, die sie meist von ihrer Familie erworben haben. Das Engagement der Eltern im Bereich der Arbeiterbewegung oder im religiösen Bereich ›vererbt‹ gleichsam die Tendenz, im Namen jener zu sprechen, die keine eigene Stimme besitzen.

Häufig war in den Interviews auch die Einschätzung anzutreffen, wonach Beschäftigte mit Migrationshintergrund generell offener scheinen für kollektive Vertretungsformen.[203] Bei dem Treffen der Betriebsräte zweier Transport-Niederlassungen (die in ihrer Vertretungspolitik beide vom »Pfad der Tugend« abwichen) analysierten diese gemeinsam, in welchen Bereichen die meisten Gewerkschaftsmitglieder sitzen (»wo seid ihr stark?«).

»Es ist seltsam, dass das in beiden Werken fast gleich ist: Hauptsächlich Türken, Amerikaner, Afrikaner zum Teil, also wo sie auch schwach sind, sind die Deutschen. Sie haben auch so was gesagt: Mit den Deutschen kann man keinen Krieg gewinnen. (lacht). Und das ist bei uns ähnlich.« (DB4-BR1)

Trotz alltäglich wiederkehrender vielfältiger Konfliktkonstellationen sind prekär Beschäftigte jedoch im Allgemeinen nur selten »verrückt« genug, um sich bewusst aus politischen oder moralischen Gründen für ein Engagement im Bereich kollektiver Interessenvertretung zu entscheiden. Wesentlich häufiger haben die Initiativen den Charakter von unvorhergesehen ausbrechenden Konflikten, die zum Beispiel aus Akten unmittelbarer Selbstverteidigung resultieren. Im Laufe einer Konfliktgeschichte kommt es dann manchmal zu einer Politisierung der Forderungen und zu einer kollektiven Solidarisierung. Immer wieder beteuerten einschlägige AktivistInnen in den Interviews, dass sie von einer Art selbstläufigen Dialektik der Ereignisse an die Spitze eines Kampfes ›gespült‹ wurden, dessen Ausmaß sie nicht im Geringsten vorhergesehen hatten, als sie ihn begannen. In den meisten Fällen war eine Logik des »...denn sie wissen nicht, was sie tun« am Werk. Der Beginn der Auseinandersetzungen ist häufig eher von Naivität geprägt als von einer bewussten politischen Entscheidung. Manchmal geht es darum, Rechte geltend zu machen, von denen man eher zufällig Kenntnis hat. Oder man will kleinere Verbesserungen durchsetzen, die man für legitim hält.

»Ich hatte damals *nicht* gewusst, auf was ich mich einlass'. Ich dachte, Du gehst da hin [in den Betriebsrat], guckst, dass die Kollegen ihre Doppelschichtverträge kriegen, ja, guckst, dass

---

203 Erwägenswert ist dabei allerdings die These, wonach nicht jeder Migrationshintergrund als positive Prädisposition für kollektives und gewerkschaftliches Vertretungshandeln aufzufassen ist, sondern hier erhebliche Differenzierungen existieren entsprechend dem spezifischen kulturellen Hintergrund, nach Geschlecht sowie eventuell auch nach Klassenzugehörigkeit im Herkunftsland. Ob und inwiefern der kulturelle Hintergrund in einem Zusammenhang steht mit bestimmten Formen der Interessendefinition sowie mit der Fähigkeit zur Herausbildung einer kollektiven Identität, die sich als wenig empfindlich erweist für Versuche der Verpflichtung auf eine unternehmensbestimmte Organisationsidentität, kann hier nur als Frage aufgeworfen werden. Solche und ähnliche Fragen sind ein wichtiger Gegenstand zukünftiger Forschung, der bislang vor allem in der deutschen Arbeits- und Industriesoziologie stark vernachlässigt wurde.

man denen Weihnachtsgeld ausbezahlt und dass die [Vorarbeiter] auf der sicheren Seite sind, dass man denen nicht von heute auf morgen sagen kann, du machst das nicht mehr. Das hatten wir auch relativ schnell und dann wollte man uns sagen, man setzt sich zur Ruhe. Man hat sich beschäftigt, man hat hier gelesen und da gelesen, was man für Rechte hat, was einem verweigert wird, äh, egal jetzt, ob das Urlaub ist, Abwesenheit, krank, wie die Kündigungen ausgesprochen werden. Mit *dem* Wissen kam dieses ganze Chaos« (lacht etwas freudlos). (DB4-BR3)

Häufig ist es der Versuch, gesetzliche Rechte im Betrieb umzusetzen, welcher von den Unternehmen durch massive Repressionsmaßnahmen beantwortet wird. Nahezu immer impliziert dies den Versuch, den unbequemen Beschäftigten zu kündigen. Spätestens an dieser Stelle erhalten die Auseinandersetzungen eine neue Dramatik und Dimension: Es geht nicht mehr um ein Einklagen von Rechten oder um materielle Verbesserungen, sondern um eine existenzielle Selbstverteidigung der (formalen oder informellen) SprecherInnen. An dieser Stelle erweist sich, wie viel Rückhalt diese in der Belegschaft besitzen. Es ist der Punkt der Kreation eines Vertretungskollektivs, der Solidarisierung der Beschäftigten mit einem Repräsentanten, der Entstehung einer normativen Gruppenidentität – oder der Moment der Vereinzelung und Isolation in der Konfrontation mit dem übermächtigen Management.

Die Begründungen der Geschäftsleitungen für die Entlassung der formalen oder informellen SprecherInnen sind vielfältig. Ein besonders gebräuchlicher Vorwurf ist allerdings der des Diebstahls, gegen den sich die Beschäftigten häufig nur schwer wehren können. Selbst wenn der Vorwurf letztlich nicht bewiesen werden kann, sind die damit verknüpften polizeilichen Verfolgungsmaßnahmen häufig ›ehrenrührig‹ und sollen das moralische Ansehen der Beschäftigten schädigen. Erfahrene BelegschaftsvertreterInnen achten daher systematisch darauf, sich möglichst wenig der Gefahr solcher Vorwürfe auszusetzen:

»Ja, da muss ich [als ungeliebte Betriebsrätin] schon aufpassen. Ich kontrollier' immer meine Tasche, bevor ich das Haus [den Kleidereinzelhandelsmarkt] verlasse. Meinen Spind benutze ich nicht.« (DB8-BR)

Das Thema der Entlassung von Beschäftigten, die als BelegschaftsrepräsentantInnen einen besonderen Kündigungsschutz besitzen, hat in Frankreich eine noch stärkere Dramatik als in Deutschland. Ob dies auf autoritärere Formen der Managementpolitik zurückzuführen ist, ist schwer zu sagen. Teilweise hat es wohl mit der größeren Anzahl von *Élus* zu tun, aber auch mit deren – verglichen mit deutschen Verhältnissen – deutlich schwächerem Schutz vor Entlassungen (vgl. Kapitel II.2.9). In jedem Fall setzen solche Maßnahmen die betreffenden Beschäftigten moralisch und teilweise auch finanziell unter Druck. Sie setzen nicht selten eine Art Dialektik von Repression und verbissener Selbstverteidigung in Gang, in der der Kampf um betriebliche Rechte gekoppelt ist mit einem stark identitär besetzten Überlebenskampf um die Verteidigung der eigenen Individualität:

Eine Gewerkschaftsdelegierte der *CGT* (deren Eltern aus Algerien eingewandert sind), ist von der Bucheinzelhandelskette FB5 insgesamt viermal entlassen worden. Die Firma schickte ihr zwischenzeitlich den Gerichtsvollzieher auf den Hals und strengte einen Strafgerichtsprozess wegen Beleidigung (der Firma) gegen sie an. Sie hat alle Gerichtsverfahren gewonnen, aber diese waren teuer und sie erhielt keine ausreichende Unterstützung der Gewerkschaft. »Irgendwann arbeitest du nur noch für die Anwaltskosten«. Die massiven Repressionsstrategien des Managements kommentiert sie mit den Worten: »Entweder du verfällst in eine Depression oder du verteidigst dich« (»Soit tu déprimes, soit tu te défends«). Die Einleitung juristischer Klagen gegen Gewerkschaftsdelegierte sei eine generelle Strategie der Geschäftsleitung, die nicht nur ihr gegenüber angewandt wurde. Ziel sei es dabei, die Delegierten »zu beschäftigten«, damit die Geschäftsleitung ihre Ruhe vor ihnen habe (»et les patrons sont tranquiles«). Wenn sie morgens in die Firma ging, habe sie zwischenzeitlich das Gefühl gehabt, nicht in die Arbeit, sondern »in den Krieg« zu ziehen. Nie habe sie gewusst, was sie jetzt wieder erwarte. Man habe massiv versucht, »de me pousser à la faute« (sie zu einem professionellen Fehler zu bewegen), um sie entlassen zu können. Wichtig für ihr ›betriebliches Überleben‹ war zum einen eine permanente Selbstkontrolle ihres Verhaltens, zum anderen, dass sie die zuständige Arbeitsinspektion über alle Geschehnisse auf dem Laufenden hielt. Da dort die betrieblichen Verhältnisse bekannt waren, wusste man im Fall einer Entlassung immer gleich Bescheid und diese wurde abgelehnt. Sie habe anfangs absolut nicht gewusst, worauf sie sich mit ihrem Gewerkschaftsengagement einließ. Im Zuge der jahrelangen Auseinandersetzungen entwickelte sie jedoch die notwendige Härte, um der Repression der Geschäftsleitung standzuhalten:

> »Letztlich waren sie es [die Geschäftsleitung], die mich zu dem gemacht haben, was ich bin (Finalement, c'était eux, qui m'ont construit).« (FB5-IRP)

Der Vergleich der Auseinandersetzungen mit einem »Krieg« ist ein Topos, der die einschlägigen Interviews durchzieht und in Deutschland wie Frankreich gleichermaßen gebraucht wird. Ein solcher »Krieg« ist nicht allein zu gewinnen, sondern braucht in jedem Fall einen soliden Rückhalt unter den Beschäftigten – und möglichst Solidarität darüber hinaus. Rechtliche Druckmittel und Absicherungen garantieren weder den Erfolg bei dem Versuch der Etablierung von Institutionen der Belegschaftsrepräsentation noch das schiere betriebliche ›Überleben‹ konfliktbereiter AktivistInnen. Beides gelingt nur durch den Aufbau einer glaubwürdigen kollektiven Vertretungsmacht. Diese zu konstruieren ist die eigentliche Problematik. Und selbst wenn es einmal gelungen ist, eine solche Vertretungsmacht aufzubauen, so ist dies keineswegs eine Garantie für die auch nur mittelfristige Persistenz funktionsfähiger Vertretungsstrukturen. Der Kampf der Geschäftsleitungen gegen durchsetzungsfähige Belegschaftsvertretungen hat in den einschlägigen Sektoren einen ausgesprochen langen Atem. Die Organisierung der Beschäftigten hingegen gleicht angesichts einer Fluktuationsrate zwischen 40 Prozent und 100 Prozent einem permanenten ›Schwimmen gegen den Strom‹ – wobei die Geschäftsleitung sowohl die Geschwindigkeit des Stroms kontrolliert als auch die Fische, die darin schwimmen.

In dem zuvor erwähnten französischen Fast-Food-Restaurant (vgl. Kapitel III.4.5.6), in dem 2002 und 2003 zwei ausgesprochen lange Streiks stattfanden, während derer die Belegschaft als solidarisches Kollektiv »zusammengeschweißt« wurde, verlor die *CGT* im Februar 2007 die Vertreterwahlen. Im ersten gewerkschaftlich dominierten Wahlgang wurde das nötige Quorum an Stimmen nicht erreicht. Im zweiten Wahlgang wurden zwei Beschäftigte einer »unabhängigen« Liste als Delegierte gewählt, die faktisch dem Management nahe steht. Lediglich ein *CGT*-Vertreter erhielt einen Sitz in den Vertretungsinstitutionen. Von den 52 Beschäftigten der Belegschaft, die den ersten Streik organisiert hatten, sind nur noch 15 im Restaurant. Der einzige gewählte *CGT*-Vertreter im *Comité d'Entreprise*, ehemals ein prägender Akteur während der Streiks, wird zitiert mit den Worten: »Unser Gegner, das ist die Fluktuation. Es gibt kein Gedächtnis (notre adversaire, c'est le turn-over, il n'y a pas de mémoire)« (Perrin/Peroumal 2007: 146f.).

4.6.3 Prekäre betriebliche InteressenvertreterInnen und Gewerkschaften – eine schwierige Beziehung

Die bisherige Darstellung sollte deutlich gemacht haben, wie schwierig die Etablierung und dauerhafte Sicherung durchsetzungsfähiger kollektiver Vertretungsstrukturen im Segment prekärer Dienstleistungsarbeit ist. Typisch sind ausgesprochen zugespitzte sowie dauerhaft anhaltende Konfliktsituationen, bei denen eine kollektive Unterstützung der ProtagonistInnen durch die Belegschaft keineswegs gesichert ist. Zwar kommt es im Rahmen äußerst erbittert geführter Konflikte zuweilen zur Herausbildung solide ›zusammengeschweißter‹ Vertretungskollektive, die hohe Fluktuationsrate sowie erkaufte oder erzwungene Exit-Optionen von AktivistInnen sorgen jedoch für eine kontinuierliche Ausdünnung der kollektiven Basis des Vertretungshandelns. Und die Geschäftsleitung sitzt mit ihrer ökonomischen Dispositionsgewalt machtpolitisch am längeren Hebel. In einer solchen Situation ist die Integration punktueller Initiativen in einen größeren Zusammenhang eine Überlebensnotwendigkeit. Als ein solcher Zusammenhang kann erstens die Kooperation mit anderen lokalen Vertretungsgremien innerhalb des Unternehmens gelten, zweitens wirkt sich eine Einbindung in gewerkschaftliche oder politische Strukturen jenseits des Betriebs stabilisierend und stärkend aus. Auch eine Kombination beider ›Solidarisierungswege‹ hat sich vielfach als sinnvoll erwiesen.

In Frankreich ist das Institutionensystem ohnehin auf eine Kombination bzw. Identität von betrieblicher und gewerkschaftlicher Vertretungsarbeit angelegt. Entlang der ›Schiene‹ der Gewerkschaftsdelegierten lassen sich überbetriebliche Kooperationsstrukturen sowie deren Koordinierung mit dem gewerkschaftlichen Branchendachverband im Prinzip relativ leicht herstellen. Die betrieblichen Gewerkschaftsdelegierten, die auf lokaler Ebene in die Arbeit der Vertretungsgremien involviert sind, werden gewöhnlich von zentralen Gewerkschaftsdelegierten koordiniert, die zugleich den Kontakt zur Branchengewerkschaft halten. In diesem Rahmen kommt es systematisch zu unternehmensbezogenen gewerkschaftlichen Treffen, die angesichts des Gewerkschaftspluralismus freilich nach verschiedenen Einzelgewerkschaften getrennt stattfinden. In der Praxis setzt eine solche unternehmensübergreifende Koordinierung allerdings bereits eine flächendeckende gewerkschaftliche Organisierung voraus. Dies ist etwa im Unternehmen Transport in Frankreich gegeben, bei Kaufbillig nur teilweise, bei Fast Food nicht. Alternativ bzw. parallel dazu existiert im Bereich der *CGT* zudem die Möglichkeit einer Zusammenarbeit zwischen betrieblichen VertreterInnen und den *Union Locales*, den interprofessionell (das heißt branchen- und berufsübergreifend) angelegten lokalen *CGT*-Büros. In einigen untersuchten Fällen war diese Zusammenarbeit ausgesprochen fruchtbar und wichtig für die zunächst oft eher schwachen betrieblichen Vertretungsinitiativen. Sie sind häufig die erste Anlaufstelle lokaler Initiativen auf der Suche nach Rat und Unterstützung. Nicht untypisch waren jedoch auch Missverständnisse und Distanzierungsprozesse zwischen prekären InteressenvertreterInnen und den Mitgliedern der *CGT*-Basisgliederungen. Diese waren in erster Linie auf eklatant differente Vertretungskulturen in den Bereichen prekärer Dienstleistungsarbeit und den angestammten *CGT*-Organisationsdomänen (öffentlicher Dienst, Industriebetriebe) zurückzuführen. Auch in puncto Geschlecht, ethnische Herkunft und soziale Stellung existieren deutliche Differenzen zwischen den Beschäftigten des prekären Dienstleistungsbereichs und traditionellen GewerkschaftsaktivistInnen (nicht nur der *CGT*).

Unter diesen Bedingungen entwickelte sich in der Pariser Region eine Organisationsvariante, die zumindest vorübergehend ausgesprochen erfolgreich war: Gewerkschaftliche AktivistInnen aus verschiedenen prekären Dienstleistungsbetrieben (unter anderem Mc Donalds, Pizza Hut, Frog, Arcade, Euro-Disney, Maxilivres, Quick), in denen in etwa zeitgleich betriebliche Konflikte stattfanden, unterstützten sich im Rahmen eines Solidaritätskollektivs wechselseitig. Sie wurden zudem von AktivistInnen eines heterogenen linken Milieus verstärkt. Ihre über moderne Kommunikationsmittel effizient koordinierten, medienträchtigen Aktionen erwiesen sich als ausgesprochen wirkungsvolles Druckmittel zur Unterstützung betrieblicher Streiks (vgl. Tie 2003; Soriano 2003, 2004; Perrin/Peroumal 2007). Die Kooperation zwischen diesen unabhängigen Solidaritätsstrukturen und gewerkschaftlichen Kräften erwies sich auf Dauer jedoch als problematisch. Ihre Übertragbarkeit auf gesellschaftliche und politische Kontexte jenseits der Pariser Metropolregion müsste sich zudem erst erweisen.[204] Die konkreten Unterstützungsleistungen der französischen Gewerkschaften, etwa in der Form von Rechtsberatung und Information, für ›ihre‹ betrieblichen AktivistInnen sind insgesamt (noch) spärlicher als in Deutschland. Dafür scheint in Frankreich die Existenz eines solidarischen gesellschaftlichen Milieus für die Kämpfe prekär Beschäftigter eher gegeben.

In Deutschland ist die Trennung zwischen betrieblichen InteressenvertreterInnen und Gewerkschaften klarer. Möglicherweise gestalten sich die Kooperationsbeziehungen gerade deshalb insgesamt vielleicht etwas weniger problematisch. Sie haben weniger den Charakter und den Anspruch einer Solidarisierung (oder Distanzierung) zwischen ›Militanten‹[205]. Die Gewerkschaften sind in erster Linie als professionelle Schutz- und Beratungsinstanzen zentral. Ihre juristische Expertise ist ausgesprochen wichtig. Jenseits dessen spielen sie aber auch eine wichtige Rolle für die subjektive Versicherung, Bestätigung und moralische Unterstützung jener Beschäftigten, die ›vor Ort‹ häufig einen schwierigen Kampf kämpfen. Im besten Fall existieren überregionale Netzwerke der betrieblichen Vertretungsstrukturen unter gewerkschaftlicher Ägide, das heißt gewerkschaftlich betreute Gesamtbetriebsratstreffen (zum Beispiel im Unternehmen DB5) oder auch AktivistInnentreffen, die auf rein gewerkschaftlicher Ebene veranstaltet werden (zum Beispiel bei Kaufbillig). Während solche oder ähnliche Kontaktnetzwerke für Großunternehmen des prekären Dienstleistungsbereichs zuweilen existieren, fehlen weithin adäquate Strukturen, um prekäre InteressenvertreterInnen aus kleineren Betrieben gewerkschaftlich einzubinden und ›aufzufangen‹. Die lokale Organisierung von

204 In Deutschland scheint es im Fall des Streiks in dem Cateringunternehmen Gate Gourmet in Düsseldorf zu einer vergleichbaren Initiative gekommen zu sein (vgl. Flying Pickets 2007).

205 Der Begriff der/des »Militanten« wird hier in seiner französischen Bedeutungskonnotation gebraucht im Sinne eines normativ begründeten, aktiven Engagements für eine Organisation oder eine Partei. Ein »militant« ist ein politischer Aktivist.

Stammtischen oder Netzwerken prekär Beschäftigter wäre hier eine realitätsgerechte Lösung, ist jedoch bislang die Ausnahme.

Generell lässt sich jedoch feststellen, dass betriebliche Initiativen für den Aufbau von Vertretungsmacht prekär Beschäftigter in Deutschland wie in Frankreich früher oder später *immer* in Zusammenarbeit mit gewerkschaftlichen Organisationen stattfinden und *nur* in diesem Zusammenhang erfolgreich sind. Eine enge Zusammenarbeit bzw. Identifikation prekärer betrieblicher Vertretungsarbeit mit gewerkschaftlichen Strukturen kann als konstitutiv für betriebliche Vertretungserfolge betrachtet werden. Für diesen Sachverhalt existieren diverse positive Beispiele. Allerdings weist das Verhältnis zwischen prekären InteressenvertreterInnen und Gewerkschaften offenbar einige ›heikle Zonen‹ auf, die systematisch zu Problemen und Brüchen im wechselseitigen Verhältnis führen. Hierfür lassen sich vor allem zwei Ursachenkomplexe anführen:

1.) Die Verhältnisse im Bereich prekärer Dienstleistungsarbeit weichen in vielerlei Hinsicht von den gewohnten Mustern gewerkschaftlicher Organisierung ab, die primär auf die Verhältnisse industrieller Facharbeit sowie auf integrierte Großbetriebe ausgerichtet sind. Die Feststellung einer solchen *Inkongruenz zwischen gewerkschaftlichen Normen und den Verhältnissen prekärer Dienstleistungsarbeit* gilt für die Arbeitsbedingungen, die Managementpolitiken, die soziale Zusammensetzung der Beschäftigten, deren subjektive Orientierungen sowie für die typischen Konfliktverläufe. Viele Fehler in der gewerkschaftlichen Strategiebildung, die von prekären InteressenvertreterInnen in den Interviews beklagt wurden, gehen auf *Unerfahrenheit und mangelnde Kenntnis des prekären Terrains in Gewerkschaftskreisen* zurück:

Wiederholt wurde etwa von betrieblichen InteressenvertreterInnen beklagt, dass in Deutschland die zuständigen GewerkschaftsfunktionärInnen nicht ausreichend sensibel seien für die heiklen Umstände der Einberufung einer Wahlversammlung in prekären Dienstleistungsbereichen. Die Geschäftsleitungen wurden zu früh vorgewarnt, die GewerkschaftssekretärInnen erschienen nicht oder nur schlecht vorbereitet zu den angekündigten Treffen. Große Schwierigkeiten bereiteten den deutschen Einheitsgewerkschaften auch die Fraktionierungstendenzen zwischen managementnahen und managementkritischen InteressenvertreterInnen, die in einschlägigen Unternehmen aufgrund der systematischen Einflussnahme der Geschäftsleitungen eine gewisse Systematik besitzen. Betriebsfälle, wie etwa Transport, die nicht dem gewohnten Muster solidarischer Kooperation zwischen Gewerkschaft und Betriebsrat entsprechen (vgl. Kapitel III.4.5.5), stellen gewerkschaftliche Orientierungsmuster nachhaltig in Frage. Mag man zuweilen noch an einen gewissen Betriebsegoismus der Betriebsräte gewöhnt sein, so rechnet man doch kaum damit, an der Spitze betrieblicher Vertretungsgremien mit Personen konfrontiert zu sein, die normativ geradezu als Gewerkschaftsfeinde gelten können und dabei auch noch gewerkschaftlich organisiert sind. Ein Mitglied der managementkritischen ver.di-Liste bei Transport berichtet etwa:

»Die Koordinierung innerhalb von ver.di läuft da ziemlich schlecht. Ich hab' das 'mal erlebt, wie ein ÖTV-Sekretär auf einer Gesamtbetriebsratssitzung war und von den [Transport]-Betriebsräten massiv angegriffen worden ist und niedergemacht. Der hat sich dann nur noch hingehockt und hat halt nur noch da gesessen [...] Das sind ja eben auch Leiter [Angehörige des mittleren Managements], die dann auch in die Gewerkschaft eintreten, zum Beispiel, aber nie Mitglieder werben in ihrem Betrieb. Das sind immer einzelne Leute, die den Kontakt übernehmen wollen zwischen Belegschaft und Gewerkschaft, weil es ja auch einige Gewerkschafter gibt bei [Transport]. [...] Und die Gewerkschaften, oft wissen sie's eben nicht. Für sie sind das eben einfach Betriebsräte. [...] Die sind da im Allgemeinen sehr hilflos, denk ich, die Gewerkschaften. Das hat ja System, dass [Transport] versucht, den Apparat hier zu infiltrieren und für die eigenen Zwecke zu instrumentalisieren. Und das gelingt denen ohne weiteres, weil die Gewerkschaften, wie gesagt, die sind sowieso sehr betriebsratsfixiert und wenn se da einen haben, der im Betriebsrat sitzt, dann sind se eben erstmal glücklich, scheißegal, was der im Betrieb macht, äh, und dann, Fronten dürfen se nicht aufmachen, weil das wär' ja Fraktionsbildung innerhalb der Gewerkschaften und so weiter, die werden da unterliegen, wenn se so weitermachen.« (DB4-BR1)

In gewisser Weise erleichtert die französische Situation der Gewerkschaftskonkurrenz den Umgang mit derartigen internen Fraktionierungen. Diese drücken sich in der üblichen Form gewerkschaftlicher Spaltung aus und stellen damit die gewohnten Formen des inner- bzw. zwischengewerkschaftlichen Umgangs keineswegs in Frage.

Sowohl in Deutschland als auch in Frankreich finden sich zudem massive Schwierigkeiten der Gewerkschaften, mit den oft zugespitzten Konfliktsituationen und der verbreiteten Angstkultur unter den Beschäftigten umzugehen. Gewerkschaftliche Strategiebildung hat unter diesen Bedingungen im Regelfall zu wählen zwischen der Scylla einer interessenbewussten Vertretungspolitik, die mit der massiven Repression des Managements zu rechnen hat, und somit in Gefahr gerät, dass sich eine Mehrheit der Beschäftigten »aus Angst« von ihr distanziert, und der Charybdis einer Vertretungspolitik, die sich in die Managementstrategien vergleichsweise bruchlos einpasst, jedoch kaum substanzielle Vertretungserfolge erringt und sich zugleich von den aktivsten der betrieblichen InteressenvertreterInnen deutlich entfernt. Während in Frankreich etwa die *CGT* im Rahmen allgemein konfliktorientierterer Traditionen zur ersten Variante tendiert und unternehmensfreundlichere Gewerkschaften (wie etwa die *CGT-FO* oder die *CGC*) eher zur letzteren, kann das Problem der Strategiebildung im Bereich der deutschen Einheitsgewerkschaften als weitgehend ungelöst bezeichnet werden. Im Rahmen traditioneller Orientierungsmuster einer zugleich vertrauensvollen wie interessenorientierten Sozialpartnerschaft, wie sie für die deutschen Gewerkschaften weithin typisch sind, ist diese Problematik jedoch nicht zu lösen. Dabei ist es in erster Linie die dezidiert gewerkschafts- und betriebsratsfeindliche Managementpolitik, die hier keine Wahl lässt. Für substanzielle Vertretungserfolge müssen Konflikte riskiert und erfolgreich durchgestanden werden.

2.) Es wäre mit Sicherheit zu kurz gegriffen, die teilweise erheblichen Irritationen zwischen Gewerkschaften und prekären InteressenvertreterInnen allein auf mangelnde Erfahrung und Information im wechselseitigen Umgang zurückzuführen. Dass diese Interaktionsdefizite existieren, scheint vielmehr eine innere Logik zu besitzen, die sich nicht nur mit historischen Ursachen erklären lässt. Diese Logik besteht in einem systematischen *Missverhältnis zwischen den ausgesprochen hohen Anforderungen an gewerkschaftliche Unterstützungsleistungen durch die prekären AktivistInnen einerseits und den aus Gewerkschaftssicht erwartbaren kurzfristigen Ergebnissen dieser Unterstützungsleistungen für die gewerkschaftliche Organisationssicherung andererseits.* Knapp gesagt prallen in der Zusammenarbeit zwischen prekären InteressenvertreterInnen und gewerkschaftlichen Organisationen häufig differente Erwartungshaltungen und politische Perspektiven aufeinander: Die prekär Beschäftigten sind in ihrem Kampf um die Durchsetzung von Belegschaftsinteressen typischerweise massiven Bedrohungssituationen ausgesetzt und haben dauerhaft mit rigiden Repressionsmaßnahmen zu kämpfen. Ein solches »verrücktes« Engagement lässt sich nur als existenzieller Abwehrkampf oder/und durch eine starke moralische Verpflichtung auf allgemeine Standards von Gerechtigkeit und Solidarität rechtfertigen. Sie erwarten daher, dass auch bzw. insbesondere die Gewerkschaften diesen Normen entsprechen sollen. Die Erwartungen sind also groß. Es werden hohe Anforderungen an die Selbstlosigkeit, den Opfermut und die Durchhaltebereitschaft gewerkschaftlicher VertreterInnen gestellt. Dass die Beschäftigten in dieser Erwartungshaltung zuweilen (durchaus nicht immer) enttäuscht werden, hat nicht nur mit persönlichen Unzulänglichkeiten, sondern auch mit einer rationalen gewerkschaftlichen Organisationslogik zu tun: Die Durchsetzung effizienter betrieblicher Vertretungsstrukturen in den einschlägigen Bereichen kostet viel Aufwand, der sich meist nur bedingt in der Form einer Steigerung der Mitgliederzahlen ›auszahlt‹. Dies liegt zum einen daran, dass die betroffenen betrieblichen Einheiten – trotz national immens großer Belegschaften – im Regelfall bezogen auf die lokalen Gewerkschaftsstrukturen eher klein sind, zum anderen wirkt die hohe Fluktuationsrate einer dauerhaften Organisierung der Beschäftigten entgegen. In Zeiten verminderter gewerkschaftlicher Organisationsressourcen ist es daher kein Zufall, wenn Gewerkschaften eher wenig Zeit und Mittel investieren für die Betreuung prekärer Dienstleistungsbetriebe.

Das Engagement in Großbetrieben mit weniger rigiden Managementpraktiken und leichter organisierbaren Beschäftigten scheint lohnender. Eine solche Tendenz zur Aufgabe oder zumindest Hintanstellung vergleichsweise schwierig zu organisierender Beschäftigungsbereiche verträgt sich jedoch nicht nur schlecht mit dem normativen Anspruch der Gewerkschaften, für gerechtere und humanere Arbeitsbedingungen zu kämpfen, sondern dürfte sich in mittelfristiger Hinsicht auch fatal auf das Ziel gewerkschaftlicher Organisationssicherung auswirken.

Nicht überall sind die Reaktionen auf das Missverhältnis zwischen subjektiven Erwartungshaltungen und gewerkschaftlicher Organisationslogik so heftig, wie im Fall der oben erwähnten französischen *CGT*-Gewerkschaftsdelegierten in einem Einzelhandelskonzern des Buchhandels. Nachdem sie eine Vielzahl von neuen Mitgliedern geworben hatte und wegen ihres Gewerkschaftsengagements insgesamt viermal gekündigt worden war, kam es zwischen ihr und der *CGT* zunehmend zu Konflikten über die ›gewerkschaftliche Moral‹ und mangelhafte gewerkschaftliche Unterstützungsleistungen. In einem Presseinterview äußerte sie schließlich die Meinung:

»Ein Gewerkschaftsfunktionär (un permanent) ist im Grunde das gleiche wie ein Patron, nur dass er so tut, als wäre er dein Kumpel.« (FB5-IRP)

Infolgedessen ist sie inzwischen in der *CGT* eine ›persona non grata‹. Dennoch ist sie bislang nicht aus der *CGT* ausgetreten. Sie ist davon überzeugt, man müsse sich in die Gewerkschaftsarbeit einmischen, um diese »richtig« zu gestalten. In *CGT*-Kreisen wird ihr jedoch eine mangelnde Verpflichtung auf die Normen und Werte der Organisation vorgeworfen. Sie und ihrer Kolleginnen seien »freie Elektronen« (»éléctrons libres«). Sie selbst findet, dass die *CGT* »Politik macht«, während sie und ihrer KollegInnen einen Existenzkampf führen (»il y a l'urgence«).

4.7 Resümee: Institutions and institutional culture matter

Es gibt viele Ähnlichkeiten in den Verhältnissen prekärer Dienstleistungsarbeit in Deutschland und in Frankreich. Dies gilt etwa für die Produktions- und Beschäftigungsstrukturen, die Arbeitsbedingungen und die Managementkonzepte. Trotz kulturell etwas unterschiedlicher Schattierungen gleichen sich auch die Beziehungen zwischen den Beschäftigten sowie zwischen BelegschaftsrepräsentantInnen und Geschäftsleitung:[206] In den sehr heterogenen und stark fluktuierenden Belegschaften ist die Herausbildung kollektiver Formen der Interessenvertretung ausgesprochen schwierig. Die Austauschbeziehungen sind häufig von einer eklatanten Machtasymmetrie geprägt. Die Managementpolitiken sind stark repressiv und die Beschäftigten stehen dem weitgehend ohnmächtig gegenüber. In der Konsequenz sind auch die typischen Problemlagen und Defizite von Beschäftigtenrepräsentation länderübergreifend. Es handelt sich um prekäre Interessenvertretung.

Sowohl das deutsche als auch das französische Institutionenmodell hat nur eine beschränkte Funktionsfähigkeit in den einschlägigen prekären Bereichen. Deutlicher als im Bereich peripherer Mittelbetriebe sind allerdings hier gewisse länderspezifische Effekte zu beobachten. Diese sind nicht nur auf differente Institutionenregeln zurückzuführen, sondern auch auf differente Kulturen bei deren Anwendung und die Folgen darüber hinausweisender *effet sociaux*. Die vergleichende Analyse der drei Fallbeispiele von Großunternehmen im prekären Dienstleistungsbereich weist darauf hin, dass das französische Institutionenmodell gerade im Bereich prekärer Dienstleistungsarbeit insgesamt einige Vorteile besitzt. Zumindest scheint es eher geeignet als das deutsche Mitbestimmungsmodell, eine komplette Negation von Beschäftigteninteressen zu verhindern und zumindest punktuelle Brüche im System prekärer Angstkultur zu ermöglichen. Relevant sind in diesem Zusammenhang die folgenden drei Faktoren:

1.) Die ausgesprochen starke Machtasymmetrie zwischen Kapital und Arbeit im prekären Dienstleistungsbereich sowie die besonderen Schwierigkeiten kollektiver Organisierung weisen dem Staat als Schutzinstanz und Garant grundlegender Rechte hier eine besondere Bedeutung zu. Die staatliche Rahmensetzung ist in Frankreich deutlich stärker und zwingender als in Deutschland. Dies gilt zunächst für den gesetzlichen Zwang zur Einrichtung betrieblicher Repräsentationsinstitutionen (*DP* und *CE*). Der daraus folgende höhere institutionelle Deckungsgrad ist allerdings nicht gleichzusetzen mit einer wirkungsmächtigeren Vertretungspraxis. Er bedeutet nicht mehr als ein institutionelles Angebot, dessen sich die Beschäftigten im Rahmen kollektiver Vertre-

206 Zu einer ähnlichen Einschätzung gelangten auch Voswinkel u.a. (1996) bei ihrem deutsch-französischen Vergleich industrieller Beziehungen im Gaststätten- und Baugewerbe. Sie stellten »ein bemerkenswertes Maß an Gemeinsamkeiten bei der Regulierung der Arbeitsverhältnisse« fest, »in zwei so unterschiedlichen Branchen wie dem Bau- und dem Gastgewerbe und in zwei Ländern, bei denen von recht uneinheitlichen Grundmustern der Arbeitsbeziehungen ausgegangen werden muss« (ebd.: 303). Sie kommen bei ihrer vergleichenden Studie zu dem Schluss: »Die Branche setzt die Akzente...« (ebd.) »...der nationale Rahmen bestimmt die Nuancen« (ebd.: 307).

tungsstrategien bemächtigen können. Im Fall stark repressiv geprägter Unternehmenskulturen sollte die Bedeutung dieses Angebots allerdings nicht unterschätzt werden. Wichtig ist insbesondere der damit verbundene Kündigungsschutz gewählter VertreterInnen, auch wenn dieser in Frankreich schwächer gestaltet ist als für Mitglieder des deutschen Betriebsrats.

Ein wichtiger Unterschied zwischen dem deutschen und französischen Institutionensystem sind weiterhin die stärker auf das Gesamtunternehmen hin angelegten Vertretungsstrukturen in Frankreich. Im Licht der französischen Verhältnisse existieren hier eklatante Nachteile des deutschen Institutionensystems, das für die Etablierung flächendeckender Vertretungsstrukturen vielfach einen schwierigen Kampf von vielen kleinen, zersplitterten Betriebseinheiten notwendig macht.

Die These von der besonderen Bedeutung des Staates als Gesetzgeber im Bereich prekärer Dienstleistungsarbeit lässt sich zudem auch auf einige Aspekte industrieller Beziehungen erweitern, die eher mittelbar mit dem Bereich betrieblicher Interessenvertretung zu tun haben: Einrichtungen wie zum Beispiel die Arbeitsinspektionen sowie ein gesetzlicher Mindestlohn sind zwar in Frankreich kaum geeignet, die Verhältnisse in den einschlägigen Dienstleistungsbereichen grundlegend zu ›entprekarisieren‹, sie bilden jedoch wirkungsmächtige Standardisierungsinstrumente, die wenigstens den extremsten Formen von Ausbeutung entgegenwirken.

2.) In den schwierigen und lang andauernden Auseinandersetzungen im prekären Dienstleistungsbereich um die Etablierung eines *rapport de force* erweist sich die ausgeprägtere Konfliktkultur (eines Teils) der französischen Gewerkschaften als vorteilhaft. Die historisch tradierte Kultur von Gewerkschaftspolitik als dezentrale Widerstandshandlungen kleiner hoch motivierter AktivistInnengruppen ist passfähiger für die Verhältnisse im prekären Dienstleistungsbereich als das eher sozialpartnerschaftlich geprägte, zentralistische und auf professionelle Stellvertreterpolitik angelegte deutsche Vertretungsmodell. Die ausgeprägtere gewerkschaftliche Konfliktkultur basiert auf bzw. ergänzt sich zudem mit den dezentraler angelegten gewerkschaftlichen Organisationsstrukturen und dem individuell verfassten Streikrecht. Auch unter stark repressiven Bedingungen und ohne gesicherte Organisationsbastionen existieren dadurch zumindest punktuell Möglichkeiten für erfolgreiche Gegenwehr. Rein repressive Herrschaftsformen bleiben damit in Frankreich permanent unkalkulierbarer und ungesicherter als im deutschen System zentralisierter Einheitsgewerkschaften mit seinem stark beschränkten Streikrecht. Die in Frankreich breitere gesellschaftliche Akzeptanz von Streik als Mittel zur Interessendurchsetzung und die stärkere gesellschaftliche Sensibilisierung für das Thema Prekarität tun ein Übriges. Allerdings gehen die konflikthaft erkämpften Errungenschaften in Frankreich über Achtungserfolge meist nicht hinaus: Es werden zwar Grenzen bezüglich allzu menschenverachtender Verwertungsbedingungen aufgezeigt, eine Verstetigung von Partizipation im Sinne kontinuierlicher Teilhabe gelingt jedoch nur selten.

3.) Die Herausbildung einer kollektiven Identität, welche die Beschäftigten als handlungs- und repräsentationsfähige Gruppe mit gemeinsamen Interessen gegenüber der Geschäftsleitung konstituiert, ist im Bereich prekärer Dienstleistungsarbeit ein ausgesprochen schwieriger Prozess. In diesem Prozess erweist sich in Frankreich die engere Koppelung von betrieblicher Interessenvertretung und Gewerkschaftsarbeit als positiv. Diese Kopplung ist institutionell angelegt und abgesichert über das KandidatInnenmonopol der Gewerkschaften im ersten Wahlgang der VertreterInnenwahlen. Gerade unter Verhältnissen prekärer Dienstleistungsarbeit ist dieses Monopol auch wichtig als Absicherung gegen eine allzu umstandslose Einflussnahme des Managements auf die Besetzung der Repräsentationsämter.[207] Möglicherweise wichtiger ist jedoch das kulturell etwas differente Interpretationsmuster und Rollenverständnis betrieblicher InteressenvertreterInnen in Deutschland und Frankreich: Deutlich stärker als in Deutschland ist Gewerkschaftsarbeit in Frankreich (auch) ein politisch und ideologisch besetztes kollektives Projekt, das zwar auf den Betrieb zentriert, aber nicht völlig auf diesen beschränkt ist. Zumindest traditionell orientierte französische InteressenvertreterInnen fassen betriebliche Repräsentationstätigkeit und gewerkschaftliche Aktivität zudem als unmittelbar identischen Prozess auf. Die Herausbildung solide zusammengeschweißter Vertretungskollektive mit einer ausgeprägten Gruppenidentität entlang gewerkschaftlicher Normen liegt somit wesentlich näher. Entlang dieser gemeinsamen gewerkschaftlichen Identität lässt sich auch eine Integration der Vertretungsarbeit in verschiedenen Betrieben und eine spontane Solidarisierung in Konfliktfällen leichter erreichen als in Deutschland. Die Kehrseite dieser stärkeren normativen Integration betrieblicher Vertreterkollektive ist allerdings die teilweise ausgeprägte Tendenzen zur Distanzierung und Abspaltung gewerkschaftlich konkurrierender Gruppen. Der französische Gewerkschaftspluralismus wirkt sich allerdings im Bereich prekärer Dienstleistungsarbeit möglicherweise weniger negativ aus als in Wirtschaftssegmenten, in denen flächendeckendere Strukturen gewerkschaftlicher Organisation die Regel sind. Er erleichtert manchmal auch eine produktive Abgrenzung zwischen managementkritischen und managementnahen Vertretungsinitiativen.

207 Allerdings ist dieser Schutz vor Einflussnahme des Managements auf die VertreterInnenwahlen auch in Frankreich relativ: Die Geschäftsleitung kann Druck auf die Beschäftigten ausüben, erst im zweiten Wahlgang ihre Stimme abzugeben. Zudem ist es alles andere als sicher, dass alle Gewerkschaften als managementunabhängige Kräfte zu gelten haben.

Angesichts der Seltenheit durchsetzungsfähiger Belegschaftsvertretungen im prekären Dienstleistungsbereich geht es zudem häufig erst einmal um deren punktuelle Etablierung sowie Stabilisierung im Rahmen dezentraler und im Einzelfall stark zugespitzte Kämpfe. In dieser Situation sind normativ stark integrierte Gewerkschaftskerne (zunächst) von größerer Bedeutung als die flächendeckende Integration vieler verschiedener Gremien, die freilich in einem zweiten Schritt ein fundamentales Problem der französischen Gewerkschaften ist. Dennoch scheinen die in Frankreich stärker dezentral sowie interprofessionell angelegten gewerkschaftlichen Organisationsstrukturen (etwa im Bereich der *CGT* sowie *SUD*) für eine Bündelung zersplitterter Kräfte und die spontane und direkte Aktion vor Ort geeigneter als jene der – sowohl extern wie intern – stark auf Konsens und Kooperation angelegten deutschen Einheitsgewerkschaften.

Das Entsprechungsverhältnis zwischen gewerkschaftlichen Organisationsstrukturen und Vertretungserfordernissen im prekären Dienstleistungsbereich in Frankreich ist dabei kein Zufall. In gewisser Hinsicht kann das französische Institutionenmodell begriffen werden als eines, das sich historisch unter Bedingungen entwickelt hat, wie sie aktuell für den prekären Dienstleistungsbereich typisch sind: fragmentierte Belegschaften, eine sozial heterogene Zusammensetzung der Beschäftigten mit geringer professioneller Orientierung, schwache und zersplitterte Gewerkschaften. Das deutsche Institutionenmodell, das stark auf klassisch fordistische Verhältnisse industrieller Facharbeit ausgerichtet ist, hat hingegen gerade im Bereich prekärer Dienstleistungsarbeit massive Adaptionsprobleme. Sein Funktionieren setzt die Existenz einer gewissen gewerkschaftlichen Organisationsmacht in den Betrieben voraus, das heißt sowohl die Existenz von Betriebsräten als auch eine enge informelle Kooperationskultur zwischen diesen und den Gewerkschaften (vgl. Artus 2001, 2003). Beides existiert häufig nicht im Bereich prekärer Dienstleistungsarbeit. Dies bedeutet freilich nicht, dass deren Etablierung komplett illusorisch wäre, allerdings scheinen hierfür vielfache Umorientierungs- und Lernprozesse notwendig.

Aus den französischen Erfahrungen lässt sich dabei lernen, dass sich gewerkschaftliche Strategien im prekären Dienstleistungsbereich vermutlich zwischen der politischen Forderung nach erhöhtem staatlichem Zwang (zum Beispiel der Einführung von Mindestlöhnen, rechtliche Erzwingbarkeit von Regionalbetriebsräten), erhöhter gewerkschaftlicher Konfliktfähigkeit und neuen Bündnisformen bewegen müssen. Die verstärkte Nutzung vorhandener Streikmöglichkeiten, die kreative Suche nach neuen legalen Arbeitskampfformen und eine Repolitisierung der Frage des stark beschränkten deutschen Streikrechts scheinen essenziell. Für Deutschland wie Frankreich gleichermaßen gilt zudem, dass angesichts des ausgeprägten Machtgefälles am Arbeitsplatz und der starken Segmentierung der Belegschaften die unausweichlichen Konflikte vermutlich nur erfolgreich riskiert werden können, wenn es gelingt, den lokalen, individuellen und situativen Widerstand in den Betrieben nachhaltig durch ›Hilfe von außen‹ zu stützen. Dies kann durch basisorientierte gewerkschaftliche Organisierungsansätze gelingen. Auch kampagnenorientierte Organizing-Ansätze wurden nicht zufällig gerade im prekären Dienstleistungsbereich entwickelt und haben hier ihren spezifischen Anwendungsbereich. Insbesondere eine negative Medienpräsenz hat sich in der Vergangenheit als ausgesprochen wirksames Drohpotenzial und Druckmittel gegenüber Großkonzernen des prekären Dienstleistungsbereichs erwiesen. Insofern scheint es essenziell, dass betriebliche Kämpfe durch eine kritische Öffentlichkeitsarbeit unterstützt werden. Dies kann insbesondere im Rahmen solidarischer Aktionspraktiken zwischen Gewerkschaften und anderen sozialen Bewegungen gut gelingen. Eine solche Strategie erfordert jedoch eine Abkehr von einer gewerkschaftlichen Organisationslogik, die ausschließlich auf schnelle Mitgliedergewinne sowie auf eine zentralistische Steuerung und Beherrschung politischer Prozesse zielt. Es bedarf der Suche nach Berührungspunkten zwischen differenten kollektiven Identitäten als Voraussetzung für einen gemeinsamen Kampf unterschiedlicher Beschäftigtengruppen und sozialen Bewegungen gegen prekäre Lebens- und Arbeitsbedingungen. Sowohl in Deutschland als auch in Frankreich sind derartige Bündniskonstellationen bislang eher eine Seltenheit und mit vielen Schwierigkeiten behaftet – ebenso wie Erfolge im Kampf gegen prekäre Beschäftigungsverhältnisse. Nichtsdestoweniger existieren sie.

IV. Zusammenfassung und Schlussfolgerungen

In dieser Studie wurde die Praxis betrieblicher Interessenvertretung in deutschen und französischen Betrieben verglichen, die in Wirtschaftssegmenten jenseits der Norm angesiedelt sind. Es ging um Repräsentationsprozesse der Beschäftigten in Sektoren, in denen die gesetzlich vorgesehenen Institutionen nicht oder nur zum Teil existieren: Periphere Mittelbetriebe sowie der prekäre Dienstleistungsbereich. Dort haben in Deutschland viele Betriebe keinen Betriebsrat, in Frankreich sind die Repräsentationsgremien häufig nicht gewerkschaftlich organisiert. Jene peripheren und prekären Wirtschaftsbereiche sind in ihrer Bedeutung längst nicht mehr vernachlässigbar, sowohl in quantitativer als auch in qualitativer Hinsicht. Es ist vielmehr wahrscheinlich, dass sich in ihnen die Zukunftsprobleme industrieller Beziehungen in Europa andeuten. Die vorliegende Arbeit plädiert somit für eine segmentationstheoretische Perspektive im Bereich der Erforschung industrieller Beziehungen. Weniger denn je kann davon ausgegangen werden, dass ein einziges nationales Modell industrieller Beziehungen prägend sei für die Gesamtheit einer Volkswirtschaft. Vielmehr gilt es, eine Vielzahl segmentspezifischer Institutionenpraktiken im Rahmen identischer gesetzlicher Regelungen differenziert zu analysieren.

Welche Rolle spielen die nationalen Institutionensysteme zur Erklärung betrieblicher Interessenvertretungspraktiken? Welche Prägekraft besitzen die gesetzlichen Regelungen in institutionell devianten Wirtschaftssektoren? Sind sie irrelevant, oder haben sie eine Ausstrahlungs- und Orientierungsfunktion? Wie hängen die Qualität der Institutionenregeln und die quantitative Verbreitung von Institutionen zusammen? Ist die Bedeutung und Normierungskraft der gesetzlichen Regelungen unterschiedlich, je nach ihrem landesspezifischen Inhalt? Oder erweisen sich die wirtschaftssegmentspezifischen Rahmenbedingungen als so prägend, dass die national differente Gesetzgebung kaum einen Unterschied macht? Sind gesetzliche Institutionenregeln überhaupt ein wesentlicher Faktor in der betrieblichen Praxis oder spielen historisch etablierte Vertretungskulturen eine viel wichtigere Rolle? Do institutions matter? Dies sind zentrale Fragen der vorliegenden Studie.

Einleitend schärfte eine Auseinandersetzung mit einigen prominenten Theorieansätzen international vergleichender Forschung das eigene theoretische Konzept der Studie (Kapitel I). Dieses weist der Entstehungsgeschichte der nationalen Institutionensysteme eine zentrale Rolle zu als Erklärungsmoment für die Etablierung institutioneller Praktiken. Ein ausführlicher Blick auf die historische Entwicklung des deutschen sowie französischen Institutionenmodells betrieblicher Interessenvertretung ist daher unabdingbar für ein Verständnis der institutionellen Logiken und ihre vergleichende Analyse (Kapitel II). Anhand quantitativer Überblicksdaten sowie exemplarischer Betriebsfallstudien wurde schließlich empirisch untersucht, wie die deutschen und französischen Institutionen betrieblicher Interessenvertretung in peripheren und prekären Wirtschaftssegmenten aktuell funktionieren (Kapitel III).

I.

Der Ansatz der *Varieties of Capitalism* weist institutionellen Gegebenheiten einen zentralen Stellenwert zu für die Spezifik wirtschaftlichen Handelns. Das Verfahren, sämtliche Kapitalismen der entwickelten Industriegesellschaften in eine maximal kontrastierende Typologie (liberale versus koordinierte Marktwirtschaften) einzuordnen, operiert jedoch auf einem hohen Abstraktions- sowie Unschärfeniveau. Qualitativ differente Institutionensysteme sowie -logiken werden recht umstandslos in einheitliche Kategorien eingeordnet und mit generalisierenden Begriffen belegt. Die Heterogenität wirtschaftlichen Handelns sowohl auf binnennationaler als auch auf transnationaler Ebene wird damit untertrieben. Historisch entwickelte und kulturell verankerte Eigenlogiken werden im Rahmen eines stark rationalistisch sowie partiell funktionalistisch angelegten Theoriegebäudes nur in begrenztem Ausmaß berücksichtigt. Wenn der Einzelbetrieb zudem im Mittelpunkt der Analyse steht und dieser als weitgehend einheitlich gedachter, zentraler Akteur wirtschaftlichen Handelns gilt, geraten Interessendifferenzen und unterschiedliche Handlungslogiken von Beschäftigten und Management außer Blick.

Eine andere Vorgehensweise wählt der Ansatz des *effet sociétal.* Dieser wurde im Kontext eher institutionenskeptischer Theorieansätze diskutiert, obwohl er die Prägekraft institutioneller Gegebenheiten für Akteurshandeln keineswegs bestreitet. Er stellt jedoch die direkte Vergleichbarkeit von Institutionen im internationalen Maßstab in Frage und beharrt auf ihrer qualitativen Verschiedenheit. Folgt man der Logik des Ansatzes, so muss an die Stelle transnational einheitlich gedachter Institutionen (zum Beispiel Gewerkschaften, Tarifsystem, betriebliche Interessenvertretung) systematisch die Vorstellung treten, wonach jede Institution in jedem Land spezifisch ist aufgrund ihrer Einbettung in einen bestimmten gesellschaftlichen sowie institutionellen

Kontext. Es geht um eine systematische Reflexion der Tatsache, dass komparative sozialwissenschaftliche Forschung stets der Vergleich des Nicht-Vergleichbaren ist. Institutionensysteme müssen in ihrer Gesamtheit, institutionelle Teilbereiche in ihrer wechselseitigen Bedingtheit begriffen werden. Voraussetzung eines internationalen Vergleichs ist zunächst die Rekonstruktion national spezifischer institutioneller Eigenlogiken, die in jeder Gegenüberstellung national differenter Verhältnisse mitgedacht werden müssen.

Eine noch grundsätzlichere Kritik an institutionalistischen Ansätzen des internationalen Vergleichs üben Dufour/Hege (2002) auf Basis langjähriger empirischer Forschungsarbeiten über betriebliche Interessenvertretung in diversen europäischen Ländern. Ihrer Ansicht nach stellen internationale Vergleiche, die primär auf der Ebene institutioneller Regeln und gesetzlicher Normen operieren, eine methodologische Sackgasse dar. Ihr eigenes Konzept der *représentation au quotidien* misst hingegen den alltäglichen, lokalen Praktiken des betrieblichen Vertretungshandelns einen zentralen Stellenwert bei. Diese werden zunächst institutionenunabhängig betrachtet. Nicht Rechte und gesetzliche Regelungen stehen im Mittelpunkt der Analyse, zentral ist vielmehr, ob in der Belegschaft grundlegende Prozesse der Formierung sozialer Gruppen stattfinden, die eine glaubwürdige Repräsentation durch Vertretungskollektive erst möglich machen. Die zentralen Dimensionen für die Herausbildung von Vertretungsmacht und Repräsentationseffizienz liegen demnach jenseits institutioneller Vorgaben. Unterschiede strukturieren sich nicht primär entlang differenter nationaler Institutionensysteme, sondern entlang der betrieblichen Geschichte normativer Integration der Belegschaft und der Fähigkeit zur Herausbildung einer kollektiven Identität, die Belegschaft und RepräsentantInnen gleichermaßen einschließt. Die länderspezifisch vorgegebenen gesetzlichen Regelungen geben dann nur noch die Form, wo der Inhalt bereits vorhanden ist. In Belegschaften, in denen keine normativ integrierten sozialen Gruppen existieren, die als legitime ›Motoren‹ des Vertretungshandelns agieren könnten, nutzen daher auch formale Rechte und Institutionen der Belegschaftsvertretung nichts. Sie laufen ins Leere.

Der Ansatz der *représentation au quotidien* impliziert einige Schwächen und Verkürzungen, die kritisiert wurden: Indem er die Bedeutung normativer Integration und sozialer Gruppenbildung als Basis für Primärmacht und funktionierende Repräsentationsbeziehungen ausgesprochen stark betont, wird der Ansatz dem französischen (oder zum Beispiel auch dem englischen) Institutionensystem besser gerecht als dem ›verrechtlichteren‹ deutschen System der Mitbestimmung. Zumindest aus deutscher Sicht untertreibt der Ansatz die Bedeutung gesetzlich verbriefter Rechte sowohl als Machtressource existierender betrieblicher Interessenvertretungen als auch als Anreiz für die Beschäftigten, diese zu gründen, bzw. für das Management, diese zu unterdrücken. Seine soliden Sekundärmachtressourcen machen den deutschen Betriebsrat auch etwas unabhängiger von direkten kollektiven Unterstützungshandlungen der Belegschaft als die französischen *Élus*. Systematischer müsste reflektiert werden, dass der Stellenwert und die Bedeutung institutioneller Regeln mit ihrer qualitativen Beschaffenheit im internationalen Vergleich variiert. Die starke Frontstellung des Ansatzes gegenüber institutionalistischen Positionen führt zu einer gewissen Überbetonung von ›Handlung‹ gegenüber ›Struktur‹ und wird damit dem dialektischen Verhältnis von Institution und Institutionenpraxis nur unzureichend gerecht. Zudem vernachlässigt der Ansatz durch seine Fokussierung auf vertikale Prozesse der sozialen Gruppenbildung und Repräsentation die Analyse horizontaler Austauschbeziehungen zwischen Management und Belegschaft. Die Stärke des Ansatzes besteht jedoch darin, auf den engen Zusammenhang von normativer Integration der Belegschaft und der Möglichkeit effizienter Repräsentationsprozesse aufmerksam zu machen.

Konzeptionell wie inhaltlich ist die vorliegende Studie in vielerlei Hinsicht dem Ansatz der *représentation au quotidien* verpflichtet. Das theoretische Konzept knüpft allerdings zugleich eng an einen interessenorientierten Ansatz der Kultur innerbetrieblicher Austauschbeziehungen an, der Ende der achtziger Jahre von der Erlanger Forschungsgruppe für Arbeits- und Industriesoziologie entwickelt wurde (vgl. Bosch u.a. 1999; Artus u.a. 2001). Dieser steht im Schnittpunkt marxistischer sowie interaktionistischer Theorietraditionen. Der Interessenbegriff ist zentral, da er eine Verknüpfung zwischen Akteurshandeln und grundlegenden Strukturdimensionen von Wirtschaft und Gesellschaft im Kapitalismus leistet. Es wird von einer strukturellen Machtasymmetrie zwischen Management und Lohnarbeitenden ausgegangen sowie von in vielerlei Hinsicht gegensätzlichen Interessen von Kapital und Arbeit. Die Analyse der Grundstrukturen von Wirtschaft und Gesellschaft verweist jedoch auch auf eine erhebliche Komplexität sowie innere Widersprüchlichkeit der Interessenlagen von Kapital und Arbeit. Die Definition konkreter individueller Interessen der Akteure ist insofern stets ein konstruktiv-interpretatorischer Akt.

Eine zentrale Rolle für die Etablierung einer bestimmten Kultur betrieblicher Interaktion zwischen Management und Beschäftigten spielt die Verhandlungsgeschichte der Akteure, in deren Verlauf sich wechselseitig geteilte Normen und Routinen etablieren – eine *political culture* der Austauschbeziehungen. Das im Interessenbegriff angelegte Bild von Akteuren mit tendenziell gegensätzlichen oder konkurrierenden Interessenlagen wird somit ergänzt um die Vorstellung von Akteuren, die sich in einem komplexen Geflecht historisch etablierter Interaktionsbeziehungen befinden und permanent aufeinander reagieren.

Auch die machttheoretische Konzeption des Ansatzes entspricht der Kopplung einer zugleich strukturlogisch wie akteurszentriert-interpretativ angelegten Argumentationsweise. Die Betonung struktureller Machtasymmetrie zwischen Kapital und Arbeit schließt an marxistische Konzepte sowie die *Labour Control Debate* an; zugleich wird Macht jedoch im Anschluss an interaktionistische Theorietraditionen als grundlegend relationales Konzept begriffen und als Kontrolle relevanter Ungewissheitszonen operationalisiert. Insgesamt ist der Ansatz also der Vorstellung komplexer, objektiv widersprüchlicher Interessenlagen sowie asymmetrischer Machtverhältnisse im Kontext kapitalistischer Lohnarbeit verpflichtet, zugleich betont er die Vielfalt möglicher Interpretationsweisen sowie Handlungsmöglichkeiten der Akteure und die allmähliche Herausbildung von Kultur als ergebnisoffenen Prozess kollektiver sowie individueller Handlungen unter strukturierten Bedingungen.

Der interessentheoretische Ansatz wurde ursprünglich für die Analyse von Austauschbeziehungen zwischen Betriebsrat und Management in der westdeutschen Industrie entwickelt. Für seine Anwendung im Rahmen eines internationalen Vergleichs sowie für die Verhältnisse in Wirtschaftssegmenten, in denen nicht umstandslos von der Existenz formaler Institutionen der Belegschaftsvertretung ausgegangen werden kann, sind gewisse Modifikationen und Ergänzungen notwendig: Prozesse der sozialen Gruppenbildung und Kohäsion innerhalb der Belegschaft sind stärker zu beachten, wie dies etwa der Ansatz der *représentation au quotidien* vorschlägt. Neben die Perspektive des (horizontalen) Interessenhandelns zwischen Management und Belegschaftsvertretungen tritt somit verstärkt jene des (vertikalen) Repräsentationshandelns. Dabei sind nicht nur Auseinandersetzungen über eher ›materiale‹ Interessen von Belang, sondern auch immaterielle Fragen des wechselseitigen Respekts und der Anerkennung. Schließlich erfordert die komparative Anlage der Untersuchung einen adäquaten Institutionenbegriff, der die Gegenüberstellung von Akteurshandeln im Rahmen differenter Institutionensysteme erlaubt. Im Sinne eines engen Institutionenbegriffs wird in der Studie daher systematisch zwischen formalen Institutionenregeln und institutionellen Akteurspraktiken unterschieden. Ein solcher Ansatz, der die spezifische Kopplung von Institutionenregeln und Akteurspraktiken zur Forschungsfrage erklärt, statt eine direkte Kopplung zu unterstellen, vermeidet eine funktionalistische Gleichsetzung zwischen Institutionenregeln und institutioneller Praxis ebenso wie eine Überschätzung der Prägekraft gesetzlicher Institutionenregeln. Eine explizite analytische Unterscheidung zwischen Institutionenregeln und institutionellen Praktiken scheint zudem notwendig, um den Blick zu öffnen für differente Institutionenkulturen im Rahmen identischer Institutionenregeln sowie für ähnliche interessenpolitische Kulturen jenseits national differenter Institutionenregeln.

Zusammenfassend lässt sich das theoretische Konzept der Studie als ein interessentheoretischer Ansatz bezeichnen, der ergänzt ist um einen expliziten Fokus auf Prozesse normativer Gruppenbildung, des Repräsentations- und Anerkennungshandelns sowie um eine institutionentheoretische Perspektive. In gewisser Weise lässt sich auch davon sprechen, dass der deutsche Ansatz des betrieblichen Interessenhandelns um die Perspektiven des französischen Ansatzes der *représentation au quotidien* bereichert wurde. Die beiden Konzepte haben unterschiedliche Blickrichtungen auf eher horizontale bzw. vertikale Prozesse betrieblichen Interessenhandelns, die sich jedoch wechselseitig ergänzen. Als Ansätze, die differenten nationalen Diskussionskontexten entstammen, erscheint ihre Kombination ideal für das Anliegen eines deutsch-französischen Vergleichs. Zudem ergänzen sich auch ihre spezifischen kritischen Potenziale: Ins Blickfeld gerät sowohl die Strukturlogik der kapitalistischen Produktionsweise als Einflussfaktor auf betriebliches Interessenhandeln als auch die Problematik demokratischer Repräsentationsverhältnisse und die Gefahr der Abkopplung formaler Vertretungsinstitutionen von der zu repräsentierenden ›Basis‹. Beide Konzepte weisen zudem der Geschichte betrieblicher Interaktionen einen zentralen Stellenwert zu, als erklärendes Moment der Gegenwart sowie als Mittel zur kritischen Distanzierung von den unmittelbar herrschenden Verhältnissen.

II.

Der Blick in die deutsche Geschichte betrieblicher Mitbestimmung zeigt, dass starke Gewerkschaften hier schon relativ früh gesetzlich garantierte Institutionen betrieblicher Interessenvertretung durchsetzen konnten. Das Thema Mitbestimmung ist in der Geschichte der deutschen Arbeiterbewegung ein hochpolitisiertes Thema. Mit ihm wurden Grundsatzfragen wirtschaftlicher Ordnung verknüpft. Ein wichtiges Charakteristikum ist die von Beginn an strikt duale Konzeption des entstehenden Systems industrieller Beziehungen. Sowohl das Betriebsrätegesetz (1920) als auch das Betriebsverfassungsgesetz (1952) konzipierten den Betriebsrat als gewerkschaftsunabhängige Institution, die der Pflicht zur vertrauensvollen Zusammenarbeit mit der Betriebsleitung unterliegt und kein Streikrecht besitzt. Die Gewerkschaften besitzen weder formal gesicherte Einflussmöglichkeiten auf die Politik der Betriebsräte noch eine eigenständige gesetzliche Verankerung im Betrieb. Diese Konzeption hat teilweise mit historischen Niederlagen der Gewerkschaften zu tun. Weiter gehende Vorstellungen etwa einer Rätedemokratie oder einer Wirtschaftsdemokratie konnten trotz erbitterter Kämpfe nicht durchgesetzt werden.

Zugleich lässt sich diese Konzeption jedoch auch als eine Kompromissformel im Rahmen hoch politisierter Auseinandersetzungen interpretieren. Für das Betriebsrätegesetz der Weimarer Republik gilt, dass die wirtschaftsfriedliche Konzeption des Betriebsrats aus Sicht einer mehrheitssozialdemokratisch ausgerichteten Regierungs- sowie Gewerkschaftspolitik auch den intendierten Nebeneffekt der Disziplinierung allzu radikaler Strömungen in den Betrieben hatte. Und auch in der bundesdeutschen Nachkriegsgeschichte erwies sich das Streikmonopol der Gewerkschaften im Rahmen sektoraler Tarifpolitik als machtpolitisch effizient. Schließlich mag der deutsche Betriebsrat auch gerade deshalb mit substanziellen Mitbestimmungsrechten ausgestattet worden sein, weil er kein gewerkschaftliches Gremium ist. In der Folgezeit etablierte sich weithin eine Tradition enger, informeller Kooperation zwischen Betriebsräten und Gewerkschaft. Die duale Konzeption des deutschen Modells industrieller Beziehungen wirkte sich somit nur bedingt schwächend für die kollektive Interessenvertretung der abhängig Beschäftigten aus. Sie hatte zugleich auch positive Effekte im Sinne einer funktional differenzierten Arbeitsteilung zwischen Betriebsräten und Gewerkschaft. Insgesamt kann die Geschichte betrieblicher Mitbestimmung in der BRD daher zumindest bis in die neunziger Jahre hinein als eine Geschichte des erfolgreichen Scheiterns gelten.

In jüngster Zeit gerät die bundesdeutsche Mitbestimmung allerdings – als Teil des Gesamtsystems industrieller Beziehungen – verstärkt unter Druck. Betriebsratpolitik gerät zur Co-Managementaufgabe. Dies bedeutet einerseits, dass Betriebsräte relativ umfassend in betriebspolitische sowie organisatorische Prozesse eingebunden werden. Andererseits sind im Zuge wirtschaftlicher Internationalisierung sowie veränderter Verwertungsstandards eines *Shareholder-Value*-Kapitalismus die materiellen Kompromissspielräume im Betrieb zunehmend beschränkt. Die verstärkte Einbindung der Betriebsräte korreliert somit immer weniger mit materiellen Vertretungserfolgen. Konfrontiert mit der Drohung des Verlusts von Arbeitsplätzen oder gar der Verlagerung des kompletten Betriebs sehen sich viele Betriebsräte gezwungen, immer neuen Kosteneinsparungsprogrammen zuzustimmen. Dies bedroht jedoch ihre Legitimation unter den Beschäftigten und sorgt in Zeiten verbetrieblichter Tarifpolitik für erheblichen Sprengstoff in den Beziehungen zwischen Betriebsräten und Gewerkschaft. So ist es nicht ausgeschlossen, dass sich die im deutschen Modell industrieller Beziehungen strukturell angelegte Trennung zwischen einer betrieblichen und einer überbetrieblichen Interessenvertretung der abhängig Beschäftigten zukünftig verstärkt im Sinne einer realen Spaltung auswirkt. Auch die normative Integration der Belegschaften im Rahmen einer einheitlichen Vertretungspolitik des Betriebsrats wird immer schwieriger. Konkurrenzielle Strömungen und möglicherweise auch alternative Gewerkschaften gewinnen an Bedeutung. Gelingt es nicht, die traditionell etablierten Repräsentations- und Kooperationsbeziehungen zwischen Belegschaften, Betriebsräten und Gewerkschaften auch unter veränderten Rahmenbedingungen zu erneuern und zu konsolidieren, so dürfte dies auf Dauer die Partizipationsmöglichkeiten und den institutionalisierten machtpolitischen Einfluss der Lohnabhängigen insgesamt untergraben – und damit auch die intermediäre Kraft des deutschen Systems industrieller Beziehungen.

In Frankreich sind die Anfänge gewerkschaftlicher Organisierung durch eine nur langsam anwachsende und stark heterogene Industriearbeiterschaft geprägt. Die Gewerkschaften sind lange Zeit illegal. Unter diesen Bedingungen etablieren sich vergleichsweise dezentrale und schwache gewerkschaftliche Organisationsstrukturen. Die Idee betrieblicher Interessenvertretung wird erst später als in Deutschland, nämlich in den zwanziger Jahren, in den Forderungskatalog der nunmehr erstarkenden Gewerkschaften aufgenommen. Voraussetzung hierfür ist ein Bruch mit der revolutionären Gewerkschaftsdoktrin, die bis zum Ersten Weltkrieg prägend war. Mit der Forderung nach *contrôle ouvrier* (Arbeiterkontrolle) ist in Frankreich vor allem die Durchsetzung gewerkschaftlicher Strukturen im Betrieb gemeint. Kollektive Repräsentation der Beschäftigten und gewerkschaftliche Durchdringung des Betriebs wird in eins gedacht. Die Geburtsstunde betrieblicher Interessenvertretung schlägt im Zuge der Volksfront (1936), in deren Verlauf sich die Unternehmer zur aktiven Befriedung der sozialen Bewegung in den Betrieben gezwungen sahen. Die neue Institution der *Délégués du Personnel (DP)* ist allerdings dezidiert gewerkschaftsunabhängig konzipiert. Als betriebliche Parallelinstitution und organisatorische Konkurrenz in den Betrieben misstrauen die Gewerkschaften diesen neu eingeführten Belegschaftsdelegierten, denen die Aufgabe zugewiesen wird, der Direktion individuelle Forderungen der Beschäftigten vorzutragen. Ihre quantitative wie qualitative Wirksamkeit bleibt während der III. Republik beschränkt und sie werden im Zuge des Ausbruchs des Zweiten Weltkriegs wieder abgeschafft. Nach dessen Ende werden jedoch nicht nur die *Délégués du Personnel (DP)* erneut eingeführt, sondern zusätzlich die neue Institution des *Comité d'Entreprise (CE)*. Diese ist für die Interessenvertretung der Beschäftigten in kollektiver Hinsicht zuständig und kümmert sich zudem um soziale und kulturelle Angelegenheiten. Die Konzeption des *CE* speist sich aus historischen Vorbildern der französischen Kriegs- und Besatzungszeit, nämlich den unter dem Vichy-Regime eingeführten Sozialkomitees sowie teilweise recht avancierten Formen der Mitbestimmung in den von der *Résistance* befreiten Gebieten.

Als in der unmittelbaren Nachkriegszeit die Grundstrukturen des modernen französischen Systems der *Institutions Représentatives du Personnel (IRP)* geschaffen wurden, war der Hauptkonfliktpunkt erneut die Frage der Unabhängigkeit oder gewerkschaftlichen Anbindung der *IRP*. Der gefundene Kompromiss war für die Gewerkschaften letztlich unbefriedigend: In paternalistischer Tradition behielt die Betriebsleitung den formalen Vorsitz in der neu geschaffenen Institution des *Comité d'Entreprise*. Den repräsentativen Gewerkschaften wurde allerdings ein Monopol zur Aufstellung der *DP*- und *CE*-KandidatInnen im ersten Wahlgang eingeräumt. Ein legaler Status und eine offizielle Verankerung der Gewerkschaften in den Betrieben *als* Gewerkschaft blieb ihnen jedoch weiterhin vorenthalten.

Nach einer euphorischen Anfangsphase schneller quantitativer Ausbreitung der neuen Gremien kam es in den fünfziger Jahren zu einer »langen Sonnenfinsternis« (Le Crom 2003) der *IRP*. Die Zahl der Gremien ging aufgrund des Mangels an KandidatInnen zurück und die existierenden *CE* führten häufig ein Schattendasein. Im Rahmen einer weit verbreiteten Misstrauens- und Missachtungskultur innerbetrieblicher Sozialbeziehungen erwiesen sich weder *CE* noch *DP* als intermediär besonders wirksame Institutionen. Häufig stellten sie eher eine Art legal garantierten Rahmen für gewerkschaftliche Aktivitäten im Betrieb dar (vor allem die *DP*) und organisierten Sozialleistungen für die Belegschaft (vor allem das *CE*). In vielen Fällen besaßen sie kaum ein unabhängiges Standing gegenüber der Betriebsleitung und konnten sich der paternalistischen Einflussnahme der Geschäftsleitung nicht entziehen.

In den Zeitraum zwischen 1966 und 1971 fallen einige wichtige Gesetzesnovellen. Diese stärkten zunächst die Rechte des *CE*: Ihm wurden zum Thema Gewinnbeteiligung und Qualifizierung exklusive Verhandlungsrechte verliehen und der Abschluss einschlägiger Vereinbarungen mit materiellen Vergünstigungen für den Betrieb verknüpft. Das *CE* wurde damit (trotz formalem Vorsitz der Geschäftleitung) erstmals als unabhängige vertragschließende Instanz anerkannt. Da das *CE* jedoch nicht notwendig gewerkschaftlich organisiert ist, markieren diese Gesetzesnovellen zugleich den Beginn einer Verbetrieblichung industrieller Beziehungen jenseits der Gewerkschaften. Noch fundamentaler wurde das französische Institutionensystem im Zuge der heftigen sozialen Auseinandersetzungen des Jahres 1968 reformiert. Im Abkommen von Grenelle errangen die Gewerkschaften endlich die von ihnen lang geforderte legale Verankerung im Betrieb. Die Gewerkschaftssektionen *(Sections Syndicales)* erhielten einen offiziellen Status. Die Gewerkschaftsdelegierten *(Délégués Syndicaux)* als deren Verantwortliche repräsentierten fortan die Gewerkschaft gegenüber der Betriebsleitung und erhielten das Monopol zum Abschluss betrieblicher Vereinbarungen. Dies wurde von den Gewerkschaften als historischer Sieg gefeiert. Zum ersten Mal wurde damit im Betrieb eine Institution offiziell anerkannt, die weder auf das Betriebsziel noch auf den Betriebsfrieden verpflichtet war. Im Kontext der sozialen Mobilisierung erlebten die Institutionen betrieblicher Belegschaftsrepräsentation in der Folgezeit einen regelrechten Boom. Bis Ende der siebziger Jahre stieg der Deckungsgrad der *Comité d'Entreprise* auf rund 80 Prozent aller Betriebe (mit über 50 Beschäftigten). Die Intensität des betrieblichen Sozialdialogs verbesserte sich dadurch allerdings nur bedingt.

In den achtziger Jahren zielten diverse Gesetzesnovellen unter der sozialistischen Regierung Mitterand auf die Stimulierung betrieblicher Verhandlungsprozesse. Die alljährlichen obligatorischen Lohngespräche *(NAO)* sowie das *CHSCT* wurden als verpflichtende Institutionen eingeführt. Das *CE* erhielt zusätzliche Informationsrechte in wirtschaftlichen Angelegenheiten, jedoch weiterhin keine Mitbestimmungsrechte. Der massive Mitgliederverlust der Gewerkschaften in den achtziger Jahren bei gleichzeitiger Intensivierung der Verhandlungsprozesse auf der betrieblichen Ebene (vor allem im Rahmen des *CE* sowie des *CHSCT*) schwächte den Einfluss der Gewerkschaften in den Betrieben. Mit dem Zusammenbruch gewerkschaftlicher Organisationsmacht war auch eine empfindliche Reduktion machtpolitischer Durchsetzungspotenziale der *IRP* verbunden. Diagnosen vom Ende einer betrieblichen Konfliktkultur und einer existenziellen Krise der Gewerkschaften erwiesen sich allerdings (zunächst) als vorschnell. Bezogen auf formale Indikatoren, wie etwa Mitgliederzahlen, Wahlbeteiligung bei den Vertreterwahlen, Deckungsgrad der Institutionen etc. ist derzeit eher eine Stabilisierung zu verzeichnen, die bezogen auf die Zahl der Gewerkschaftsmitglieder jedoch auf sehr niedrigem Niveau erfolgt. Die Gewerkschaften sowie die *IRP* sind insbesondere in jenen Bereichen lückenhaft verankert, die sich im Zuge des wirtschaftlichen Strukturwandels ausweiten (Privatwirtschaft, kleinere Betriebe, Dienstleistungsbereich). Zugleich gibt es Anzeichen für eine ›innere Erosion‹ und qualitative Auszehrung der *IRP*. Diese werden von vielen Beschäftigten im betrieblichen Alltag als sehr schwache Institutionen erlebt. Der Bestand an normativ motivierten, aktiven InteressenvertreterInnen dünnt sich aktuell durch den Generationenwandel gewerkschaftlicher AktivistInnen aus. In vielen Betrieben ist es schwierig, eine ausreichende Zahl von KandidatInnen für die verschiedenen Wahlämter zu finden. Dies hat sowohl mit den geringen betrieblichen Einflussmöglichkeiten der Institutionen zu tun als auch teilweise mit Repressalien gegenüber den *Élus*. Eine weitere heikle Entwicklung ist die Tendenz zur Verbetrieblichung industrieller Beziehungen, die partiell jenseits der Gewerkschaften vorangetrieben wird. Die Einführung der *Salarié(e)s Mandaté(e)s*, diverse Regelungen des Fillon-Gesetzes (2004) sowie des 2008 verabschiedeten Gesetzespakets zur gewerkschaftlichen Repräsentativität zielen unter anderem darauf, insbesondere in kleineren Betrieben ohne *IRP*, Vereinbarungen zwischen Geschäftsleitung und Beschäftigten zu ermöglichen. Das 1968 mühsam errungene Verhandlungsmonopol der *Délégués Syndicaux* steht angesichts schwindender Gewerkschaftsmacht, wirtschaftlichen Strukturwandels und konservativer Gesetzesreformen gegenwärtig erneut auf dem Prüfstand.

Ein Vergleich der deutschen und französischen Institutionalisierungsgeschichte betrieblicher Interessenvertretung verweist auf differente Logiken des institutionellen Wandels: Die deutsche Geschichte der Mitbestimmung ist von einer größeren Konstanz institutioneller Grundmuster geprägt. Begrifflich genauer lässt sich die Entwicklung als Konversion bestehender Institutionen beschreiben, denen in historischen Umbruchsituationen neue Aufgabenbereiche und Zuständigkeiten zugeordnet wurden. Die französische Entstehung einer Vielzahl differenter *Institutions Représentatives du Personnel (IRP)* entspricht hingegen dem Muster institutioneller Überlagerung, das typisch ist für einen sozialen Kontext mit wenig wechselseitigem Vertrauen, geringer Kooperationsneigung und verhärteten Konfliktfronten der Akteure.

In der Konsequenz entstanden in Deutschland und Frankreich Institutionensysteme, die sich in ihren Regeln und Praktiken in vielfacher Hinsicht unterscheiden. So sind etwa der deutsche Betriebsrat und die französischen *IRP* in machtpolitischer Hinsicht recht unterschiedlich ausgestattet, was in der Konsequenz differente institutionelle Logiken nahe legt: Relativ starke Mitbestimmungsrechte, ein beschränktes Streikrecht und die Verrechtlichung der Betriebsratspraxis bedingen und verstärken kooperative Formen des Interessenkompromisses zwischen Betriebsräten und Management. Ein starkes, individuell verfasstes Streikrecht bei gleichzeitigem Fehlen harter Mitbestimmungs- oder Vetorechte der *IRP*, gewerkschaftlicher Pluralismus, autoritäre Formen der Betriebsführung sowie eine ausgeprägte gesellschaftliche Protestkultur evozieren und stabilisieren dagegen in Frankreich eine Dialektik zwischen betrieblichen Kämpfen, sozialen Konflikten und Repression. Zugleich wurde und wird die Existenz der großen Gewerkschaftsbünde in Frankreich (noch) stärker als in Deutschland über staatliche Privilegien gestützt. Die korporatistische Zusammenarbeit von Staat und Wirtschaftsverbänden ist daher vergleichsweise ausgeprägt – bei zugleich oft nur loser Koppelung zwischen Gewerkschaftspolitik auf nationaler Ebene und dem gewerschaftlichen Handeln im Betrieb.

Die beiden Institutionenmodelle unterscheiden sich zudem signifikant in ihrem Verhältnis von betrieblicher Interessenvertretung und Gewerkschaften. Im deutschen System ist die Trennung zwischen Betriebsrat und Gewerkschaft formal deutlich strikter. In der Praxis entwickelte sich jedoch weithin eine enge arbeitsteilige Kooperation zwischen Betriebsrat und überbetrieblichen Gewerkschaften. Typisch für die französische Situation ist hingegen im Rahmen eines klassischen Paradigmas von Gewerkschaftsarbeit die Gleichsetzung von Gewerkschaftsengagement und betrieblicher Vertretungsarbeit, wobei die Beziehungen zwischen betrieblichen BasisaktivistInnen und überbetrieblichen Gewerkschaftsstrukturen häufig distanzierter sind als in Deutschland. Dieses aus deutscher Sicht zugleich engere als auch distanziertere Verhältnis von betrieblicher Vertretungsarbeit und Gewerkschaftspolitik ist nur verständlich im Rahmen des *fédéralisme associatif* der (meisten) französischen Gewerkschaften. Der Begriff der Gewerkschaft*en* (im Plural) meint nicht zentralisierte Massenorganisationen jenseits der Betriebe, sondern den Zusammenschluss gewerkschaftlicher AktivistInnen im betrieblichen oder lokalen Rahmen. Die betrieblichen InteressenvertreterInnen *sind* somit die Gewerkschaft im Betrieb – und kümmern sich häufig in ihren Vertretungsstrategien wenig um die Meinung der weit entfernten Gewerkschaftszentralen. Angesichts der Auszehrung des klassischen Paradigmas von Gewerkschaftsarbeit nehmen allerdings auch rein instrumentelle Formen der Gewerkschaftsmitgliedschaft von *Élus* zu. Im Extremfall dient diese lediglich dazu, die staatlich gewährten Vorteile für Gewerkschaften bei der *IRP*-Arbeit für sich in Anspruch zu nehmen.

Der Vergleich der deutschen und französischen Verhältnisse macht deutlich, dass die legale Anerkennung der Gewerkschaften in den Betrieben weder eine notwendige noch eine hinreichende Bedingung für eine reale Präsenz der Gewerkschaften an der betrieblichen Basis ist. Eine formal strikt duale Konzeption des Vertretungssystems (wie in Deutschland) muss nicht notwendig den Ausschluss der Gewerkschaften aus den Betrieben bedeuten. Ebenso wenig garantiert die formale Verankerung der Gewerkschaften (wie in Frankreich) eine Anbindung des betrieblichen Interessenhandelns an die überbetriebliche Gewerkschaftspolitik. Deutlich wird vielmehr der zentrale Stellenwert lokal sowie gesellschaftlich etablierter Akteurslogiken für die Funktionsweise formaler Regelungen. Diese Erkenntnis impliziert zudem die Lehre, wonach die Stabilität juristischer Regeln nicht mit der Stabilität betrieblicher Praktiken gleichzusetzen ist.

III.

Das historisch angeleitete Verständnis der differenten Institutionenregeln und -logiken in Deutschland und Frankreich ist die Voraussetzung für eine vergleichende Analyse der aktuellen Praxis betrieblicher Interessenvertretung in Wirtschaftssegmenten jenseits der institutionellen Norm. Diese lassen sich auf Basis statistischer Daten aus Deutschland und Frankreich recht genau eingrenzen. In Frankreich ist der Anteil von Betrieben mit Institutionen der Beschäftigtenrepräsentation deutlich höher als in Deutschland. Dies liegt vor allem an dem gesetzlichen Zwang zur Einrichtung von *Comités d'Entreprise* in

Betrieben ab 50 Beschäftigten und von *Délégués du Personnel* in Betrieben ab zehn Beschäftigten. Allerdings fehlt in den französischen Betrieben häufig die gesetzlich nicht obligatorische Institution der *Délégués Syndicaux*, das heißt die *IRP* sind nicht gewerkschaftlich organisiert. Als Situation ›jenseits der institutionellen Norm‹ kann somit in Deutschland das Fehlen eines Betriebsrats gelten. In Frankreich existiert typischerweise ein Teil der gesetzlich vorgesehenen Institutionen, jedoch häufig nicht alle. Solche irregulären Formen betrieblicher Interessenvertretung finden sich in Deutschland und Frankreich in sehr ähnlichen Wirtschaftssegmenten. Es handelt sich um kleinere und mittelgroße Betriebe im Baubereich, Handel und anderen Dienstleistungsbranchen, die häufig nicht konzerngebunden sind oder (vor allem im Handel und Gaststättenbereich) Teil eines Filialnetzes, das als Franchisesystem funktioniert. Überproportional häufig handelt es sich um jüngere Unternehmen sowie um Betriebe im ländlichen Raum. Welcher Zusammenhang jedoch zwischen der Existenz spezifischer Institutionen und der Praxis betrieblicher Interessenvertretung existiert, lässt sich nur durch eine qualitative empirische Analyse klären. Diese erfolgte in der vorliegenden Studie auf der Basis von 76 qualitativen Interviews in 29 deutschen und französischen Betrieben, darunter 13 periphere Mittelbetriebe und 16 Betriebe des prekären Dienstleistungsbereichs.

Periphere Mittelbetriebe sind Betriebe, die nicht in traditionellen Kernbereichen arbeitspolitischer Regulierung liegen, also jenseits großbetrieblicher industrieller Facharbeit und gewerkschaftlicher Organisationsbastionen. Sie liegen am Rand des nationalen Institutionensystems, noch innerhalb seiner Einflusssphäre, aber jenseits seiner unmittelbaren Geltung. Was sie von den Kernbereichen distanziert, ist ihre geringere Betriebsgröße, häufig auch ihre regionale Verortung jenseits städtischer Ballungszentren, zuweilen ihr noch junges betriebliches Alter oder die Zugehörigkeit zu neu entstehenden Branchen. Dies drückt sich in der Form lückenhafter oder fehlender Institutionen betrieblicher Interessenvertretung aus. Die Kategorie des peripheren Mittelbetriebs grenzt sich damit ab von dem häufig benutzten Sammelbegriff der Klein-und Mittelbetriebe (KMU), die ein zu weites und heterogenes Feld sind, um hier einheitliche arbeitspolitische Konstellationen zu vermuten.

Die arbeitspolitische Regulierung in kleineren Betrieben kennt sowohl in Deutschland als auch in Frankreich einige institutionelle Besonderheiten. Es handelt sich um gewisse niedrig schwellige Formen des Sozialdialogs sowie um Unterstützungsleistungen für Prozesse der Interessenaushandlung auf individueller Ebene. In Frankreich organisiert diese Initiativen und Unterstützungsleistungen flächendeckend der Staat (zum Beispiel die Institution der *Salarié(e)s Mandaté(e)s*, die *Conseillers du Salarié*, die staatlichen Arbeitsinspektionen, die *Tribunaux des Prud'hommes*). In Deutschland sind die betrieblichen Akteure stärker auf individuelle Formen der Konfliktregulierung und punktuelle Initiativen der Gewerkschaften angewiesen. In beiden Ländern spielen Arbeitsgerichtsprozesse eine wichtige Rolle für die arbeitspolitische Regulierung gerade in kleineren Betrieben. Die branchenspezifischen Tarifnormen haben typischerweise eine Orientierungs- und Standardisierungsfunktion, gelten jedoch häufig nicht unmittelbar. In Frankreich kommt dem gesetzlichen Mindestlohn *(SMIC)* eine wichtige Bedeutung zu.

Die interessen- und repräsentationspolitischen Logiken peripherer Mittelbetriebe wurden anhand von zwei Betriebsfallstudien recht ausführlich dargestellt und analysiert: Im deutschen Betrieb Dorfmaschinenbau existieren zwar vom Geschäftsleiter initiierte Mitarbeitersprecher, jedoch kein Betriebsrat. Im französischen Betrieb Recycling ist die gesetzlich obligatorische *Délégation Unique* nicht gewerkschaftlich angebunden. Es gibt keine *Délégués Syndicaux*.

Die beiden Betriebsfälle Dorfmaschinenbau und Recycling illustrieren, dass die Sozialverfassung peripherer Mittelbetriebe durchaus unterschiedliche Färbungen besitzen kann. Neben Konstellationen der Patronage oder des Paternalismus sind auch versachlichtere Herrschaftsformen denkbar. Typisch ist jedoch, dass in den kleineren Betrieben kaum eine systematische Verhandlung differenter Interessen von Kapital und Arbeit als *kollektive* Interessen stattfindet. Die Vorstellung gemeinsamer Interessen von Betriebsleitung und Beschäftigten ist relativ präsent. Im Rahmen einer Logik des Tausches und eines Sozialmodus wechselseitiger Anerkennung gelten die Do-ut-des-Beziehungen zwischen Management und Beschäftigten im kollektiven Konsens oft als fair. Dabei wird von den Beschäftigten die Unterwerfung unter die von der Geschäftsleitung definierten betrieblichen Sachzwänge als unvermeidlich hingenommen. Die Fairness der Austauschbeziehungen wird daran festgemacht, dass innerhalb des Spielraums, der dann noch verbleibt, die Interessen der Beschäftigten zumindest partiell berücksichtigt und nicht negiert werden. Ihre Leistungen werden wahrgenommen und honoriert – sei es materiell oder immateriell. Häufig werden die materiellen Interessen der Beschäftigten an angemessenen Löhnen, sozialverträglichen Arbeitszeiten und guten Arbeitsbedingungen eher unzureichend verwirklicht. Insbesondere die Löhne liegen oft niedrig und die Lohnfestsetzung unterliegt dem Alleinentscheidungsrecht der Geschäftsleitung. Diese Konstellation mündet jedoch nicht in akute Interessenkonflikte, da dem Lohnverzicht in der Perspektive der Beschäftigten gewisse Gegenleistungen gegenüberstehen (zum Beispiel Arbeitsplatzsicherheit, Arbeitszeitflexibilität, soziales Betriebsklima).

Das Sozialarrangement bewegt sich somit in einem Spannungsverhältnis zwischen wechselseitiger Anerkennung und ausgeprägter Dominanz der Geschäftsleitung. Die Logik des Tausches ist zwar präsent, es handelt sich jedoch nicht um ein Verhältnis des egalitären Tausches oder der Anerkennung ›unter Gleichen‹. Gerade weil in den einschlägigen Betrieben das Verhältnis zwischen Geschäftsleitung und Management nicht nur als instrumentelles Vertragsverhältnis, sondern auch als soziale Beziehung aufgefasst wird, ist für die Beschäftigten eine Distanzierung vom Herrschaftsanspruch der Geschäftsleitung besonders schwierig. Die Form des Herrschaftsverhältnisses als personalisierte Sozialbeziehung gestaltet dieses sowohl erträglich als auch nur schwer überwindbar. Alles in allem sind die Möglichkeiten demokratischer Einflussnahme der Beschäftigten stark beschränkt. Es handelt sich um Verhältnisse legitimer Herrschaft.

Obwohl in peripheren Mittelbetrieben keine oder nicht alle gesetzlich vorgesehenen Institutionen betrieblicher Interessenvertretung existieren, bedeutet dies nicht, dass keine Verhandlungs- und Repräsentationsprozesse stattfinden. Periphere Mittelbetriebe sind weniger durch eine Schwäche von Aushandlungsbeziehungen im Sinne sozialer Interaktionen charakterisiert, sondern von einer Schwäche kollektiver Verhandlungen auf formalisierter Ebene. Dass der betriebliche Alltag ausgesprochen konfliktarm ist, liegt daran, dass ein dichtes Netz individueller Kontakte und Interessenaushandlungen auf informeller Ebene existiert. Durch intensive betriebliche Kommunikationsprozesse ist die Geschäftsleitung stets gut über potenzielle Konfliktherde informiert. Heikle Themen werden bearbeitet – und sei es auch ›nur‹ auf symbolischer oder argumentativer Ebene.

Sowohl in Deutschland als auch in Frankreich existieren informelle SprecherInnen oder Vertrauenspersonen, die ohne formal legitimierten Status im Betriebsalltag eine intermediäre Rolle übernehmen. Während in Deutschland diese SprecherInnen typischerweise dauerhaft informell bleiben oder allenfalls einen semiinstitutionalisierten Status erhalten, tendiert das französische Institutionensystem stärker dazu, informelle Repräsentationsbeziehungen zu formalisieren. Da die gesetzlichen Vorgaben verbindlicher gestaltet sind, ist die Wahl von Repräsentationsinstitutionen ein Stück weit entpolitisiert. In der Praxis übernehmen die französischen *Élus* in gewerkschaftlich nicht organisierten Betrieben jedoch häufig ähnliche Funktionen wie informelle SprecherInnen oder semiinstitutionalisierte Gremien in deutschen Betrieben ohne Betriebsrat. Angesichts fehlender Mitbestimmungsrechte und der oft nur beschränkten Nutzung existierender Einflussrechte übernehmen die *Élus* die Rolle von Informations- und Kommunikationsorganen sowie von Sozialinstanzen, die für »das sympathische kleine bisschen Mehr« im Unternehmen sorgen. Für die Normierung der Arbeitsbedingungen haben sie nur geringe Bedeutung. Somit passen sich die französischen *Élus* bruchloser in die Unternehmenskultur kleinerer Betriebe ein als der deutsche Betriebsrat. Ihr höherer

Verbreitungsgrad ist jedoch auch die Kehrseite ihrer häufig geringen betrieblichen Einflussmacht.

Ein grundlegender Bruch mit der skizzierten Betriebskultur legitimer Herrschaft erfolgt in Deutschland häufig durch die Wahl eines Betriebsrats, in Frankreich durch die gewerkschaftliche Anbindung der *IRP*. Dabei spielen Gründungskonflikte eine zentrale Rolle. Diese entstehen typischerweise, wenn die Fairness des ungleichen Tausches in Frage steht. Im Zuge der Delegitimierung der Herrschaftsverhältnisse wird die Suche nach Machtmitteln zum Thema. Gesetzliche Rechte der Interessenvertretung und die Möglichkeiten kollektiver gewerkschaftlicher Organisierung können plötzlich aktuell werden. In solchen Situationen findet sich in Deutschland manchmal der Versuch der Geschäftsleitungen, über die Einführung betrieblich definierter Gremien jenseits des Betriebsverfassungsgesetzes die Wahl von Betriebsräten zu verhindern und die traditionelle Betriebskultur zu erhalten.

Insgesamt lässt sich somit die These vertreten, dass die flächendeckendere Existenz von *Élus* in französischen peripheren Mittelbetrieben in der Praxis nur einen geringen Unterschied macht, da sie oft mit einer geringen Vertretungseffizienz einhergeht. Ihre weitere Verbreitung lässt sich auch dadurch erklären, dass sie die bestehenden Herrschaftsverhältnisse häufig unangetastet lassen. In Deutschland stellt die Wahl eines Betriebsrats vergleichsweise höhere Anforderungen an den Konfliktwillen und die Durchsetzungsfähigkeit der Beschäftigten als die Wahl von *DP* oder eines *CE* in Frankreich. Im Kontext legitimer Herrschaft sind Betriebsratswahlen nicht einfach zu initiieren, weshalb in der Praxis vielen Beschäftigten das Recht auf Mitbestimmung vorenthalten bleibt. Die Notwendigkeit einer gewissen kollektiven Unterstützung für den entstehenden Betriebsrat bildet jedoch zugleich eine Sicherung gegen das Entstehen einer rein formalen Repräsentationsinstanz ohne reale Basisverankerung und Vertretungsmacht. Die Wahl eines Betriebsrates in Deutschland und die gewerkschaftliche Organisierung der *Élus* in Frankreich bedeutet häufig einen Bruch der Verhältnisse legitimer Herrschaft. Die neue institutionelle Situation impliziert gewöhnlich eine Art Lock-in-Effekt für die Veränderung der Betriebskultur. Sie stellt die Prozesse betrieblicher Interessenvertretung auf eine neue Grundlage. Die VertreterInnen erhalten teilweise wichtige Schutzrechte (vor allem Kündigungsschutz), neue Machtressourcen und Handlungsspielräume. Eine Rückkehr zu den alten Verhältnissen unumschränkter Geschäftsleitungsdominanz scheint unter diesen Bedingungen schwierig.

Die betrieblichen Situationen in Deutschland und Frankreich lassen sich somit als ein Kontinuum von Praktiken mit unterschiedlicher Vertretungseffizienz vorstellen, die sich jedoch – entlang national spezifischer Institutionenlogiken – in differenter Weise in formalisierten Vertretungsinstitutionen niederschlagen. Während das deutsche Institutionensystem vergleichsweise hohe Anforderungen stellt, damit es zu einem Wechsel von informeller zu formalisierter Interessenvertretung kommt, setzt das französische Institutionensystem systematische Anreize zur Formalisierung der Beschäftigtenrepräsentation. Der differente Deckungsgrad formaler Institutionen betrieblicher Interessenvertretung in Deutschland und Frankreich indiziert somit nicht notwendig eine qualitative Differenz der Verhältnisse, sondern möglicherweise nur einen gesetzlich vorgeschriebenen höheren Formalisierungsgrad betrieblicher Kommunikation zwischen Management und Belegschaft.

Als zweites Wirtschaftssegment, in dem Formen betrieblicher Interessenvertretung jenseits der Norm weit verbreitet sind, wurde der Bereich *prekärer Dienstleistungsarbeit* einer empirischen Analyse unterzogen. Der Begriff der Prekarität bezieht sich auf eine Zwischen- und Übergangszone zwischen Inklusion und Exklusion, zwischen Integration und Abkopplung. Er zielt auf Tätigkeiten im Niedriglohnbereich, zeitlich hochflexible und verkürzte Beschäftigungsformen sowie befristete Beschäftigung. Prekäre Arbeitssituationen sind typischerweise mit prekären Formen der Interessenvertretung gekoppelt (mangelhafte Anwendung gesetzlicher und tariflicher Standards, schwache Präsenz von Gewerkschaften und Repräsentationsinstitutionen). Dies liegt sowohl an der starken Fragmentierung der Beschäftigten, in räumlicher wie in zeitlicher Hinsicht, als auch an einem besonders ausgeprägten Machtungleichgewicht zwischen Arbeit und Kapital.

Während sich prekäre Arbeitssituationen in Deutschland und Frankreich gleichen, existieren wichtige institutionelle und kulturelle Unterschiede des arbeitspolitischen Kontextes in dreierlei Hinsicht: (1) Prekäre Dienstleistungskonzerne bestehen häufig aus einer Vielzahl kleiner und kleinster Betriebseinheiten. Unter diesen Bedingungen ist das französische System der *IRP*, das unternehmensweit angelegt ist, passfähiger als die deutschen gesetzlichen Vorgaben für die Wahl von Betriebsräten, die in jedem Betrieb einzeln durchgesetzt werden müssen. (2) In Deutschland wie in Frankreich ist der prekäre Dienstleistungsbereich eine tarifschwache Zone. In Deutschland existieren jedoch mehr Betriebe und Branchen ohne Tarifbindung und es fehlt eine Mindestlohngesetzgebung. (3) Kollektive Mobilisierungen des ›Dienstleistungsprekariats‹ haben in Frankreich eine ausgeprägtere Tradition und können auf eine breitere gesellschaftliche Unterstützung zählen.

Die Interessenvertretungssituation in dem Einzelhandelskonzern Kaufbillig, dem Systemgastronomiekonzern Fast Food sowie dem Paketversandkonzern Transport wurde auf der Basis von Interviews in deutschen sowie französischen Niederlassungen eingehend analysiert und verglichen.

Während der Interaktionsmodus bei Kaufbillig im Wesentlichen repressiv angelegt ist, lässt sich die Managementpolitik in den beiden weltweit tätigen US-amerikanischen Konzernen Fast Food und Transport als eine Mischung aus Repression und Integration bezeichnen.

Verallgemeinernd lassen die Betriebsfallstudien den Schluss zu, dass in repräsentationstheoretischer Perspektive die Defizienz betrieblicher Interessenvertretungsstrukturen im prekären Dienstleistungsbereich viel mit der Schwierigkeit der Herausbildung integrierter sozialer Gruppen und einer kollektiven Identität unter den Beschäftigten zu tun hat. Mit der Diversität persönlicher Lebensläufe ist eine große Heterogenität individueller Normen und kultureller Orientierungsmuster verknüpft. In interessenpolitischer Perspektive lassen sich die defizitären Vertretungsstrukturen damit begründen, dass die Beschäftigten eine kollektive Vertretung divergierender Beschäftigteninteressen als kaum aussichtsreich und zugleich äußerst riskant einschätzen. Noch deutlicher als im Fall der peripheren Mittelbetriebe sind die prekären Vertretungssituationen ein Widerschein der Allgewalt der Geschäftsleitungen und Ausdruck eines pragmatischen Überlebensreflexes der Beschäftigten angesichts der eigenen, oft schwierigen Lebensumstände. Die machtpolitische Überlegenheit der Geschäftsleitungen und vielfach bewiesene Repressionsmöglichkeiten gegenüber Kräften, die diese Überlegenheit in Frage stellen, lässt es geraten erscheinen, sich lieber mit den Mächtigen zu identifizieren als einen Konflikt der Ohn-Mächtigen zu riskieren.

Wie, weshalb und unter welchen Umständen kann es jedoch selbst angesichts dieser schwierigen Bedingungen zu Initiativen des Aufbaus einer kollektiven Gegenmacht und durchsetzungsfähigen Formen betrieblicher Interessenvertretung der Beschäftigten kommen? Die Grundvoraussetzung für Voice-Optionen jeglicher Art ist der Verzicht bzw. die Verhinderung von Exit. Diese organisationssoziologisch eher banale Feststellung ist im prekären Dienstleistungsbereich fundamental. Initiativen zur Etablierung durchsetzungsfähiger Voice-Optionen kommen typischerweise aus dem Bereich der eher kleinen Stammbelegschaft. Insbesondere Beschäftigte des unteren oder mittleren Führungskreises sind Akteure, die solche Initiativen am ehesten erfolgreich riskieren können, da sie bereits alltäglich die Funktion von SprecherInnen innehaben und zudem die nötige Vertrauensbasis für die Erfolgsaussichten einer kollektiven Gegenwehr schaffen können. Dennoch bleiben solche Initiativen stets bis zu einem gewissen Grad »verrückte« Kämpfe (vgl. Artus 2008a), da sie eine ausgesprochen hohe Konfliktfähigkeit und Risikobereitschaft der ProtagonistInnen fordern und sich kaum allein durch materielle Zielstellungen rechtfertigen lassen. Auslöser solcher »verrückten Kämpfe« sind daher häufig weniger materielle Zielstellungen, sondern es geht vielfach (auch) um Respekt und Anerkennung sowie um die Durchsetzung eines Mindestmaßes von Gerechtigkeit.

Angesichts des eklatanten Machtungleichgewichts in Betrieben prekärer Dienstleistungsarbeit ist ein ›Empowerment‹ der lokalen Initiativen durch überbetriebliche Kräfte unabdingbar für ihren Erfolg. Eine enge Zusammenarbeit zwischen betrieblichen Interessenvertretungen und Gewerkschaften ist notwendig für eine erfolgreiche Vertretungspraxis. Allerdings ist diese Kooperation sowohl in Deutschland als auch in Frankreich mit systematischen Problemen behaftet: Die Verhältnisse im Bereich prekärer Dienstleistungsarbeit weichen in vielerlei Hinsicht von den gewohnten Mustern gewerkschaftlicher Organisierung ab, sowohl was die Arbeitsbedingungen, die Managementpolitiken als auch die Konfliktmuster betrifft. In puncto Geschlecht, ethnische Herkunft und soziale Stellung entsprechen die ›prekären AktivistInnen‹ nicht den herkömmlichen gewerkschaftlichen Normen. Viele Fehler in der gewerkschaftlichen Strategiebildung, die von prekären InteressenvertreterInnen in den Interviews beklagt wurden, gehen auf Unerfahrenheit und mangelnde Kenntnis des prekären Terrains in Gewerkschaftskreisen zurück. Insbesondere den deutschen Einheitsgewerkschaften bereitet zudem der Umgang mit ausgeprägten Fraktionierungstendenzen zwischen managementnahen und managementkritischen InteressenvertreterInnen erhebliche Schwierigkeiten. Und schließlich existiert ein systematisches Missverhältnis zwischen den hohen Anforderungen, die prekäre Beschäftigte im Rahmen existenzieller »verrückter« Kämpfe um Anerkennung und Gerechtigkeit an die Gewerkschaften stellen und einer gewerkschaftlichen Organisationslogik, für die sich der große Aufwand zur Durchsetzung effizienter betrieblicher Vertretungsstrukturen in den prekären Bereichen nur bedingt in Form einer Steigerung der Mitgliederzahlen auszahlt. In Deutschland wie Frankreich ist die Einbindung von Initiativen prekärer Interessenvertretung in überbetriebliche, gewerkschaftlich geprägte Kontaktnetzwerke unter diesen Bedingungen eher lückenhaft. In Deutschland kann immerhin von einigermaßen professionellen, flächendeckend gewährten Beratungs- und Unterstützungsleistungen der Gewerkschaften für die betrieblichen AktivistInnen ausgegangen werden. Dafür ist in Frankreich die Existenz eines ›solidarischen Milieus‹ für die Kämpfe prekär Beschäftigter eher gegeben. Als mögliche Variante der Organisierung prekärer InteressenvertreterInnen hat sich in Frankreich punktuell die Bildung von Solidaritätskollektiven erwiesen, in denen betriebliche, gewerkschaftliche und politische AktivistInnen aus verschiedenen Betrieben und Branchen zusammenarbeiten und sich wechselseitig unterstützen.

Insgesamt besitzt sowohl das deutsche als auch das französische Institutionenmodell nur eine eingeschränkte Funktionsfähigkeit im Bereich prekärer

Dienstleistungsarbeit. Allerdings hat das französische Institutionenmodell offenbar einige systematische Vorteile. Auf der Ebene der Institutionenregeln ist hier zunächst der stärkere staatliche Zwang zur Einrichtung betrieblicher Repräsentationsinstitutionen zu nennen. Dieser garantiert zwar keine managementunabhängigen, durchsetzungsfähigen Vertretungsstrukturen, stellt jedoch ein garantiertes institutionelles Angebot dar, das nicht erst erkämpft werden muss, und das mit gewissen materiellen Ressourcen sowie Schutzrechten versehen ist. Angesichts der stark repressiven Verhältnisse in den einschlägigen Branchen sollte die Bedeutung eines solchen Angebotes nicht unterschätzt werden. Für diese Verhältnisse adäquater ist auch die französische Gesetzgebung, wonach die Struktur der *IRP* sich am Gesamtunternehmen ausrichtet. Eine Situation wie in Deutschland, dass in jeder kleinen Betriebseinheit einzeln eine Vertretungsinstitution durchgesetzt werden muss, wird dadurch systematisch vermieden. Als ein gewisser Schutz gegen eine allzu direkte Einflussnahme des Managements auf die Besetzung der Vertretungsämter kann auch das Monopol der Gewerkschaften zur Aufstellung von KandidatInnen im ersten Wahlgang gelten. Und schließlich statten die recht umfassenden rechtlichen Streikmöglichkeiten die betrieblichen Repräsentationsgremien mit gewissen Machtmitteln aus, auch ohne dass eine gefestigte kollektive Organisierung bestehen und eine Mehrheit der Beschäftigten offen ihre Solidarität zeigen muss. Jenseits dieser institutionellen Regelungen ist auch die dezentraler angelegte und konfliktorientiertere Gewerkschaftskultur passfähiger für Verhältnisse, die von einer Misstrauens- und Missachtungskultur, repressiven Managementstrategien und einem massiven Machtungleichgewicht zwischen Beschäftigten und Unternehmensleitung gekennzeichnet sind. Die Gleichsetzung von Gewerkschaftsarbeit und betrieblicher Interessenvertretungsarbeit im Rahmen traditioneller gewerkschaftlicher Orientierungen erleichtert die überbetriebliche Solidarisierung zwischen punktuellen Kämpfen. Und schließlich stärkt auch die breitere gesellschaftliche Akzeptanz von Streik als Mittel zur Interessendurchsetzung und die ausgeprägtere gesellschaftliche Sensibilisierung für das Thema Prekarität die betrieblichen Initiativen. Dies erklärt, weshalb in Frankreich flächendeckendere und vertretungseffizientere Strukturen betrieblicher Interessenvertretung im prekären Dienstleistungsbereich existieren als in Deutschland. Diese Erkenntnis sollte jedoch nicht verdecken, dass auch in Frankreich in diesem Wirtschaftssegment kaum eine dauerhafte sowie wirksame Partizipation der Belegschaft bei der Normierung der Arbeitsbedingungen existiert. Die demokratischen Einflussmöglichkeiten der abhängig Beschäftigten im Bereich prekärer Dienstleistungsarbeit sind sowohl in Deutschland wie in Frankreich stark beschränkt und zuweilen inexistent.

Do institutions matter?

Der deutsch-französische Vergleich der Institutionenpraxis betrieblicher Interessenvertretung in zwei Wirtschaftssegmenten ›jenseits der Norm‹ verdeutlicht, dass länderspezifisch einheitliche Institutionen segmentspezifisch eine unterschiedliche Relevanz besitzen, und dass ihre konkrete Funktionsweise segmentspezifisch differiert. Die Kopplung zwischen institutionellen Regeln und institutioneller Praxis ist somit alles andere als eng, sondern offen für eine Vielfalt differenter Interpretationsweisen. Die zentrale Fragestellung ist somit weniger: Do institutions matter? Sondern eher: Which institutions matter, in which way and within which context?

Die Analyse im Bereich peripherer Mittelbetriebe hat verdeutlicht, dass nicht jede Institution betrieblicher Interessenvertretung allein durch ihre formale Existenz einen Unterschied macht. Angesichts einer Sozialverfassung legitimer Herrschaft des Managements und intensiver informeller Kommunikations- und Verhandlungsprozesse auf individueller Ebene haben die gesetzlich zwingend zu wählenden französischen *Élus* häufig keinen größeren Einfluss auf die betrieblichen Aushandlungsprozesse als informelle SprecherInnen in deutschen Betrieben. Not all institutions do always matter.

Für den prekären Dienstleistungsbereich fällt das Resümee hingegen anders aus. Angesichts einer starken Fragmentierung unter den Beschäftigten, massiv asymmetrisch strukturierter Machtverhältnisse und repressiver Managementstrategien machen die gesetzlichen Regelungen zum Thema betriebliche Interessenvertretung einen Unterschied, vor allem im Sinne garantierter grundlegender Schutzrechte. Wenigstens ebenso wichtig und ohnehin nur auf einer analytischen Ebene getrennt behandelbar sind jedoch die länderspezifischen institutionellen Kulturen betrieblicher Interessenvertretung und gewerkschaftlicher Politik. Dass in Frankreich eher ein Entsprechungsverhältnis zwischen tradierten gewerkschaftlichen Normen und den adäquaten Politikmustern im Bereich prekärer Dienstleistungsarbeit existiert, ist nicht ganz zufällig. Das französische Institutionenmodell hat sich historisch unter Bedingungen herausgebildet, wie sie für den prekären Dienstleistungsbereich typisch sind: Fragmentierte Belegschaften, eine sozial heterogene Zusammensetzung der Beschäftigten mit geringer professioneller Orientierung, schwache und zersplitterte Gewerkschaften, autoritäre und stark repressive Managementmethoden. Das deutsche Vertretungsmodell ist hingegen traditionell an Verhältnissen qualifizierter Facharbeiterproduktion orientiert, an einer geringeren sozialen Distanz zwischen Unternehmern und Beschäftigten, und es geht von einer soliden Machtbasis durch die massenhafte und disziplinierte Organisierung der Beschäftigten in Einheitsgewerkschaften aus. Das eher sozialpartnerschaftlich geprägte, zentralistische und auf professionelle Stellvertreterpolitik angelegte deutsche Vertretungsmodell hat im Bereich prekärer Dienstleistungsarbeit daher massive Adaptionsprobleme. Es gilt also: Institutions matter, but institutional culture as well.

Jenseits der länderspezifischen Unterschiede in den Regelungen und der Praxis betrieblicher Beschäftigtenrepräsentation, gilt jedoch in Deutschland wie Frankreich grundsätzlich: Die institutionellen Normen betrieblicher Interessenvertretung, die in einer Periode fordistischer Massenproduktion mit wachstumsbedingten Aushandlungsspielräumen zwischen Kapital und Arbeit entstanden sind und primär für gewerkschaftlich gut organisierte, industrielle Großbetriebe gedacht waren, haben Funktionsprobleme, wenn diese Voraussetzungen nicht mehr gegeben sind. Dies ist aktuell der Fall. Es stellt sich somit dringend die Frage, wie die historisch etablierten Vertretungsmodi verändert und angepasst werden können, damit die in der Vergangenheit erkämpften Standards demokratischer Einflussnahme der Beschäftigten nicht erodieren. Hier können die Erfahrungen mit unterschiedlichen gesetzlichen Regelungen in Europa sicherlich wichtige Anregungen geben. Nimmt man den Grundgedanken dieser Arbeit jedoch ernst, dass nämlich institutionelle Regeln wichtig sind, ihre Interpretation und praktische Anwendung jedoch ebenso zentral, verweist dies auch auf bestehende Handlungsoptionen im Rahmen der existierenden Gesetzgebung. Damit sind insbesondere die Gewerkschaften als prägende Akteure kollektiven Handelns angesprochen. Sie tun sich bislang in Deutschland wie Frankreich gleichermaßen schwer damit, ihre tradierten Normen gewerkschaftlicher Politikgestaltung und kollektiver Identitätskonstruktion zu öffnen für Verhältnisse jenseits qualifizierter, männlicher, weißer Industriearbeit. In Zeiten verminderter gewerkschaftlicher Organisationsressourcen und gefährdeter gesellschaftlicher Einflussmacht tun sie sich schwer damit, Werte wie Gerechtigkeit und Solidarität in den Vordergrund ihres Vertretungshandelns zu stellen, auch weil damit kein direkt und kurzfristig nachweisbarer Output für die Organisationssicherung verknüpft ist. Und sie tun sich schwer damit, Bündnisse mit neuen politischen Kräften einzugehen, die nicht solide in den Traditionen der Arbeiterbewegung verankert sind. All dies wird jedoch nötig sein, um nicht nur die aktuelle Erosion von Demokratiepotenzialen im Bereich der Lohnarbeit zu bekämpfen, sondern eventuell auch weiter gehenden Forderungen nach umfassender Beteiligung der Beschäftigten im Produktionsprozess Nachdruck zu verleihen. Schließlich sind jene Standards der Beschäftigtenvertretung und -repräsentation, die aktuell unter Mühen verteidigt werden, weit entfernt von jenen Idealen der Kontrolle und Vergesellschaftung wirtschaftlicher Macht, für deren Durchsetzung die Gewerkschaften einst antraten. Vieles hat sich seitdem verändert. Doch die Frage, ob und wie die höchst asymmetrisch verteilten Einflusspotenziale im Rahmen kapitalistischer Wirtschaftsordnungen demokratisiert und wirtschaftliche Macht effektiv gesellschaftlich kontrolliert werden kann, hat nichts von ihrer Aktualität verloren.

Abkürzungsverzeichnis und Glossar

ATTAC
: Association pour une Taxation des Transactions financières pour l'Aide aux Citoyens
(dt.: Vereinigung für eine Besteuerung von Finanztransaktionen zum Wohle der Bürger);
international tätige, globalisierungskritische Organisation, 1998 im Umfeld der Zeitung *Le Monde diplomatique* in Frankreich gegründet

CHS
: Comité d'Hygiène et de Sécurité
(dt.: Komitee für Hygiene und Sicherheit);
1941 durch die *Charte de Travail* eingeführtes Gremium zur Verbesserung der Arbeitssicherheit

CHSCT
: Comité d'Hygiène, de Sécurité et des Conditions du Travail
(dt.: Komitee für Hygiene, Sicherheit und Arbeitsbedingungen);
ehemals eine Kommission des *Comité d'Entreprise*; seit den Auroux-Reformen (1982) ein rechtlich verbindliches, eigenständiges Gremium mit Tätigkeitsschwerpunkt auf Fragen der Arbeitssicherheit und umfassenden Informationsrechten

CE
: Comité d'Entreprise/Comité d'Établissement
(dt.: Unternehmenskomitee/Betriebskomitee);
1946 für alle Betriebe ab 50 Beschäftigten gesetzlich verbindlich eingeführtes Gremium; von der Belegschaft gewählte Institution, deren Vorsitz die Betriebsleitung innehat; zuständig für die kollektive Repräsentation der Beschäftigten und die Verwendung des Sozialbudgets für soziale und kulturelle Angelegenheiten; besitzt Informations- und Konsultationsrechte, jedoch keine Veto- oder Mitbestimmungsrechte

CFDT
: Confédération Française Démocratique du Travail
(dt.: Demokratische Arbeitskonföderation Frankreichs);
Zweitgrößter französischer Gewerkschaftsbund, der durch die Dekonfessionalisierung der CFTC (1964) entstand

CFTC	Confédération Française des Travailleurs Chrétiens (dt.: französische Konföderation der christlichen Arbeiter); christlicher Gewerkschaftsbund, 1919 gegründet, ehemals zweitstärkste gewerkschaftliche Kraft neben der CGT mit jedoch stets deutlich weniger Mitgliedern; Mitte der sechziger Jahre organisiert sich die Mehrheit der Mitglieder in der dekonfessionalisierten CFDT
CGC	Conféderation Générale des Cadres (dt.: Allgemeine Konföderation der Cadres); Gewerkschaftsbund der Cadres (= leitende Angestellte)
CGT	Confédération Générale du Travail (dt.: Allgemeine Konföderation der Arbeit); ältester und lange Zeit mit Abstand mitgliederstärkster Gewerkschaftsbund in Frankreich, gegründet 1895, in seiner Frühphase mit anarchosyndikalistisch-revolutionärer Ausrichtung, später vor allem in kommunistischer Traditionslinie
CGT-FO	Confédération Générale du Travail – Force Ouvrière (dt.: Allgemeine Konföderation der Arbeit – Arbeiterkraft); 1947 gegründeter Gewerkschaftsbund, der im Zuge der sich verschärfenden Blockkonfrontation als antikommunistische Abspaltung der CGT entstand
CGT-U	Confédération Générale du Travail Unitaire (dt.: Allgemeine Einheitskonföderation der Arbeit); nach dem Ausschluss des revolutionär orientierten Flügels der CGT im Jahr 1920 gegründeter Gewerkschaftsbund; Wiedervereinigung mit der CGT im Jahr 1936
CMP	Comité Mixte à la Production (dt.: gemischtes Produktionskomitee); paritätisch besetzte Komitees (ab 1944) zur Organisierung der Kriegswirtschaft in den von der Résistance befreiten Gebieten
CNPF	Confédération Nationale du Patronat Français (dt.: Nationale Konföderation der französischen Unternehmer); 1946 gegründeter nationaler Unternehmerverband; 1998 umbenannt in MEDEF
CNR	Conseil National de la Résistance (dt.: Nationalrat des Widerstands); Exekutivorgan der französischen Résistance, in dem Parteien, Gewerkschaften (CGT, CFTC) und Widerstandsbewegungen

unterschiedlicher politischer Couleur vertreten waren; koordinierte ab 1943 die Aktionen der Résistance im Inneren Frankreichs und erarbeitete Vorschläge für die Nachkriegsordnung

CNT Confédération Nationale du Travail
(dt.: Nationale Arbeitskonföderation);
anarchosyndikalistisch ausgerichtete Gewerkschaft

CPE Contrat Première Embauche
(dt.: Erstanstellungsvertrag);
Arbeitsvertrag, der einen reduzierten Kündigungsschutz für Beschäftigte unter 26 Jahren vorsah; seine gesetzliche Einführung in Frankreich wurde durch eine Demonstrations- und Streikbewegung im Frühjahr 2006 verhindert

DARES Direction de l'Animation de la Recherche, des Études et des Statistiques
(dt.: Direktion zur Anregung von Forschung, Studien und Statistiken);
Forschungsabteilung des französischen Arbeitsministeriums

DB Deutscher Untersuchungsbetrieb
(vgl. Überblick über alle Untersuchungsbetriebe und Interviews im Anhang)

DDR Deutsche Demokratische Republik

DGB Deutscher Gewerkschaftsbund

DP Délégué du Personnel
(dt.: Belegschaftsdelegierter);
erstmals 1936 eingeführte Institution; 1941 wieder abgeschafft; 1946 erneut eingeführt; vor allem für die Vertretung individueller Interessen und die Weitergabe von Beschwerden an die Geschäftsleitung zuständig; besitzt Informations- und Anhörungsrechte

DS Délégué Syndical
(dt.: Gewerkschaftsdelegierter);
Verantwortlicher einer betrieblichen Gewerkschaftssektion, repräsentiert die Gewerkschaft gegenüber der Geschäftsleitung; 1968 nach massiven landesweiten Streiks als offizielle Institution in den Betrieben verankert; besitzt Verhandlungsmonopol für betriebliche Verträge

FB	Französischer Untersuchungsbetrieb (vgl. Überblick über alle Untersuchungsbetriebe und Interviews im Anhang)
FEN	Fédération de l'Èducation Nationale (dt.: Föderation der nationalen Erziehung); Gewerkschaft des Erziehungssektors, die sich 1948 von der CGT abgespalten hat und 1993 in der UNSA aufging
IAB	Institut für Arbeitsmarkt- und Berufsforschung; Forschungseinrichtung der Bundesagentur für Arbeit in Deutschland
ILO	International Labour Organisation
IRES	Institut de Recherches Economiques et Sociales (dt.: Institut ökonomischer und sozialer Forschungen); Forschungsinstitut zu sozialen und wirtschaftlichen Fragestellungen in Noisy-le-Grand bei Paris
IRP	Institutions Représentatives du Personnel (dt.: Repräsentationsinstitutionen der Belegschaft); Sammelbegriff für sämtliche gesetzlich vorgesehenen Institutionen betrieblicher Interessenvertretung in Frankreich (unter anderem DP, CE, DS)
MEDEF	Mouvement des Entreprises de France (dt.: Bewegung der Unternehmen Frankreichs); seit 1998 neuer Name des französischen Unternehmerverbandes (zuvor CNPF)
MRP	Mouvement Républicain Populaire (dt.: Republikanische Volksbewegung); konservativ-bürgerliche Partei (1944-1967); bestimmende politische Kraft der IV. Republik
NAO	Negociations Annuelles Obligatoires (dt.: obligatorische jährliche Verhandlungen); im Rahmen der Auroux-Gesetze (1982) eingeführte Regelung, wonach in Unternehmen ab 200 Beschäftigten jährlich zum Thema Lohn Gespräche geführt werden müssen
NGG	Gewerkschaft Nahrung Genuss Gaststätten
PCF	Parti Communiste Français; Kommunistische Partei Frankreichs

RATP	Régie Autonome des Transports Parisiens (dt.: Autonome Regie des Pariser Transports); Betriebe des öffentlichen Nahverkehrs in Paris und der Region Ile-de-France
SMIC	Salaire Minimum Interprofessionnel de Croissance (dt.: branchenübergreifender, wachstumsorientierter Mindestlohn); staatlich festgelegter Mindestlohn in Frankreich (Höhe seit 1. Juli 2007: 8,44 Euro)
SFIO	Section Française de l'Internationale Ouvrière (dt.: Französische Sektion der Arbeiterinternationale); französische Partei, gegründet 1905, im Jahr 1969 umbenannt in Parti Socialiste
SUD	Solidaires – Unitaires – Démocratiques (dt.: solidarisch – einheitlich – demokratisch); Basisgewerkschaften, die Ende der achtziger Jahre vor allem im Bereich der Post und des Gesundheitswesens entstanden und sich mehrheitlich von der CFDT abspalteten; die anfangs nur lose koordinierten Gruppierungen gründeten 1998 einen gemeinsamen Dachverband
UES	Unité Economique et Sociale (dt.: Wirtschaftliche und soziale Einheit); juristischer Begriff für die Abgrenzung eines Unternehmens in der französischen Rechtssprechung
UNSA	Union Nationale des Syndicats Autonomes (dt.: Nationale Vereinigung autonomer Gewerkschaften); 1993 aus der FEN und verschiedenen autonomen Gewerkschaften entstandener Gewerkschaftsbund; kann als Ausdruck des Erstarkens von Berufsgewerkschaften, vor allem im öffentlichen Dienst gelten
ver.di	Vereinigte Dienstleistungsgewerkschaft
VoC	Varieties of Capitalism (dt.: Varianten des Kapitalismus); Ansatz aus der politischen Ökonomie, der Unterschiede zwischen kapitalistischen Wirtschaftsweisen vor allem auf institutionelle Faktoren zurückführt
WSI	Wirtschafts- und Sozialwissenschaftliches Institut in der Hans-Böckler-Stiftung

Tabellenverzeichnis

Literatur

Abendroth, W. (1969): *Sozialgeschichte der europäischen Arbeiterbewegung*, 6. Auflage, Frankfurt a. M./New York

Abel, J./Ittermann, P. (2006): »Strukturen und Wirksamkeit von Beschäftigtenpartizipation in Neue-Medien-Unternehmen«, in: Artus, I./Böhm, S./Lücking, S./Trinczek, R. (Hg.): *Betriebe ohne Betriebsrat. Informelle Interessenvertretung in Unternehmen*, Frankfurt a. M./New York, S. 197–221

Aglietta, M. (1979): *A Theory of Capitalist Regulation*, London

Albers, D./Goldschmidt, W./Oehlke, P. (1971): *Klassenkämpfe in Westeuropa. England, Frankreich, Italien*, Reinbek b. Hamburg

Albert, M. (1991): *Capitalisme contre Capitalisme*, Paris

Altmeyer, W. (1999): *Interessenmanager vor neuen Herausforderungen. Eine empirische Studie über Belegschaftsvertretungen in Deutschland, Frankreich, Spanien und Großbritannien*, Baden-Baden

Amadieu, J.-F. (1999): *Les syndicats en miettes*, Paris

Amossé, T. (2004): Mythes et réalités de la syndicalisation en France, DARES, *Premières Synthèses Informations*, Oktober 2004, Nr. 44.2

Andolfatto, D. (1992): *L'univers des élections professionnelles*, Paris

Andolfatto, D./Labbé, D. (2000): *Sociologie des syndicats*, Paris

Angeloff, T. (1999): »Des miettes d'emploi: temps partiel et pauvreté«, in: *Travail genre et sociétés*, H. 1, S. 43–70

Aoki, M. (1994): »The Japanese Firm as a System of Attributes: A Survey and Research Agenda«, in: Aoki, M./Dore, R. (Hg.): *The Japanese Firm: Sources of Competitive Strength*, Oxford, S. 11–40

Artus, I. (2001): *Krise des deutschen Tarifsystems. Die Erosion des Flächentarifvertrags in Ost und West*, Wiesbaden

— (2003): »Die Kooperation zwischen Betriebsräten und Gewerkschaften als neuralgischer Punkt des Tarifsystems. Eine exemplarische Analyse am Beispiel Ostdeutschlands«, in: *Industrielle Beziehungen*, 10. Jg., H. 2, S. 250–272

— (2005): *Institutionelle Lücken betrieblicher Interessenvertretung in Deutschland und Frankreich*, Beschreibung des Forschungsvorhabens für ein Stipendium der Maison des Sciences de l'Homme, München, http://www.wi.tum/sociology/research/sirp

— (2006): »Im Schatten des dualen Systems: Zur Bedeutung tariflicher Normen in Betrieben ohne Betriebsrat«, in: Artus, I./Böhm, S./Lücking, S./Trinczek, R. (Hg.): *Betriebe ohne Betriebsrat. Informelle Interessenvertretung in Unternehmen*, Frankfurt a. M./New York, S. 141–169

— (2007a): »Mitbestimmung versus ›Rapport de force‹: Deutsch-französische Perspektiven betrieblicher Interessenvertretung im prekären Dienstleistungsbereich«, in: Lorenz, F./

Schneider, G. (Hg.): *Ende der Normalarbeit? Mehr Solidarität statt weniger Sicherheit – Zukunft betrieblicher Interessenvertretung*, Hamburg, S. 164–184

— (2007b): »Prekäre Interessenvertretung. Ein deutsch-französischer Vergleich von Beschäftigtenrepräsentation im niedrig entlohnten Dienstleistungsbereich«, in: *Industrielle Beziehungen*, 14. Jg., H. 1, S. 5–29

— (2008a): »Prekäre Vergemeinschaftung und verrückte Kämpfe«, in: *Prokla*, 150, 38. Jg., Nr. 1, S. 27–48

— (2008b): »Unternehmenskulturen pro und contra Betriebsrat: ein interessentheoretisch fundierter Zusammenhang«, in: Benthin, R./Brinkmann, U. (Hg.): *Unternehmenskultur und Mitbestimmung*, Frankfurt a. M./New York

— (2008c): »Irregular forms of interest representation in SMEs. A German-French comparison«, in: Bluhm, K./Schmidt, R. (Hg.) (2008): *Change in SMEs. Towards a new European Capitalism?* London/New York

Artus, I./Liebold, R./Lohr, K./Schmidt, E./Schmidt, R./Strohwald, U. (2001): *Betriebliches Interessenhandeln*, Band 2, *Zur politischen Kultur der Austauschbeziehungen zwischen Management und Betriebsrat in der ostdeutschen Industrie*, Opladen

Artus, I./Gergs, H. (2004): »Bewusstsein und Interesse. Über das Leben und Werk von Rudi Schmidt im Spannungsfeld von Wissenschaft und Politik«, in: Artus, I./Trinczek, R. (Hg.): *Über Arbeit, Interessen und andere Dinge. Phänomene, Strukturen und Akteure im modernen Kapitalismus*, München/Mering, S. 11–39

Asselain, J.-C. (1984): *Histoire économique de la France du XVIIIe siècle à nos jours*, Bd.2 : *de 1919 à la fin des années 1970*, Paris

Aust, A./Holst, H. (2006): »Von der Ignoranz zur Organisierung? Gewerkschaftliche Strategien im Umgang mit atypisch Beschäftigten am Beispiel von Callcentern und Leiharbeit«, in: *Industrielle Beziehungen*, 13. Jg., H. 4, S. 291–313

Avenel, C./Thibault, F. (Hg.) (2006): Précarités et insécurité sociale, Problème politiques et sociaux Nr. 921, *La documentation française*, Paris

Bachy, J. P./Dupuy, F./Martin, D. (1974): *Représentation et négociation dans l'entreprise*, C.R.E.S.S.T-Université Paris Sud, Paris

Baethge, M. (2000): »Der unendlich langsame Abschied vom Industrialismus und die Zukunft der Dienstleistungsbeschäftigung«, in: *WSI Mitteilungen*, 53. Jg., H. 3, S. 149–156

Bahnmüller, R. (2003): »Diesseits und jenseits des Flächentarifvertrags. Entgeltfindung und Entgeltstrukturen in tarifgebundenen und nicht tarifgebundenen Unternehmen«, in: *Industrielle Beziehungen*, 9. Jg., H. 4, S. 402–424

Barbier, J.-C. (2005): »La précarité: une catégorie française à l'épreuve da la comparaison internationale«, in: *Revue française de sociologie*, Nr. 46-2, April-Juni 2005

Barroux, R. (2007): »L'argent des syndicats. Questions et soupçons«, in: *Le Monde*, 31. Oktober 2007

Becker, I. (2006): »Mindestlöhne – ein Instrument (auch) zur Förderung der Gender-Gerechtigkeit?« In: Sterkel, G./Schulten, T./Wiedemuth, J. (Hg.): *Mindestlöhne gegen Lohndumping. Rahmenbedingungen – Erfahrungen – Strategien*, Hamburg, S. 61–79

Behrens, M. (2006): »Konfliktschlichtung und Interessenvertretung in gewerkschaftsfreien Betrieben: Die Entwicklung des amerikanischen Nonunion-Sektors«, in: Artus, I./Böhm, S./Lücking, S./Trinczek, R. (Hg.): *Betriebe ohne Betriebsrat. Informelle Interessenvertretung in Unternehmen*, Frankfurt a. M./New York, S. 395–414

Berghahn, V. R./Vitols, S. (Hg.) (2006): *Gibt es einen deutschen Kapitalismus? Tradition und globale Perspektiven der sozialen Marktwirtschaft,* Frankfurt a. M./New York

Berger, P. L./Luckmann, T. (1980): *Die gesellschaftliche Konstruktion der Wirklichkeit. Eine Theorie der Wissensoziologie,* (1. Auflage 1969), Frankfurt a. M.

Bergmann, J. (1979): »Organisationsstruktur und innergewerkschaftliche Demokratie«, in: ders. (Hg.): *Beiträge zur Soziologie der Gewerkschaften,* Frankfurt a. M., S. 210–239

Bergmann, J./Bürckmann, E./Dabrowski, H. (1998): »»Reform des Flächentarifvertrags‹? Betriebliche Realitäten – Verhandlungssysteme – gewerkschaftliche Politik«, *Supplement der Zeitschrift Sozialismus,* H. 1, Hamburg

— (2002): *Krise und Krisenerfahrungen. Einschätzungen und Deutungen von Betriebsräten und Vertrauensleuten,* eine Studie im Auftrag der Otto-Brenner-Stiftung, Arbeitsheft Nr. 25, Berlin

Bergmann, J./Jacobi, O./Müller-Jentsch, W. (1979): *Gewerkschaften in der Bundesrepublik,* Bd. 1: *Gewerkschaftliche Lohnpolitik zwischen Mitgliederinteressen und ökonomischen Systemzwängen,* 3. Auflage, Frankfurt a. M./New York

Bispinck, R. (2004): »Kontrollierte Dezentralisierung der Tarifpolitik – Eine schwierige Balance«, in: *WSI Mitteilungen,* 57. Jg., H. 5, S. 237–245

— (Hg.) (2007): *Wohin treibt das Tarifsystem?* Hamburg

Bispinck, R./Bahnmüller, R. (2007): »Abschied vom Flächentarifvertrag? Der Umbruch in der deutschen Tariflandschaft und seine Konsequenzen für eine betriebsorientierte Tarifpolitik«, in: Bispinck, R.; *Wohin treibt das Tarifsystem?* Hamburg, S. 9–28

Bispinck, R./Schäfer, C./Schulten, T. (2004): »Argumente für einen gesetzlichen Mindestlohn«, in: *WSI Mitteilungen,* 57. Jg., H. 10, S. 575–577

Blanke, T. (1995): 75 »Jahre Betriebsverfassung: Der Siegeszug eines historischen Kompromisses«, in: *Kritische Justiz,* H. 1, S. 12–25

Bloch-Lainé, F. (1963): *Pour une Réforme de l'entreprise,* Paris

Bluhm, K. (2007): *Experimentierfeld Ostmitteleuropa? Deutsche Unternehmen in Polen und der Tschechischen Republik,* Wiesbaden

Bluhm, K./Schmidt, R. (Hg.) (2008): *Change in SMEs. Towards a new European Capitalism?* London/New York

Böhm, S./Lücking, S. (2006a): »Orientierungsmuster des Managements in betriebsratslosen Betrieben – Zwischen Willkürherrschaft und Human Ressource Management«, in: Artus, I./Böhm, S./Lücking, S./Trinczek, R. (Hg.): *Betriebe ohne Betriebsrat. Informelle Interessenvertretung in Unternehmen,* Frankfurt a. M./New York, S. 107–139

— (2006b): »Eine andere Welt. Betriebe ohne Betriebsrat in Deutschland«, in: *Mitbestimmung,* 52. Jg., H. 7, S. 42–45

Bosch, A./Ellguth, P./Schmidt, R./Trinczek, R. (1999): *Betriebliches Interessenhandeln,* Band 1, *Zur politischen Kultur der Austauschbeziehungen zwischen Management und Betriebsrat in der westdeutschen Industrie,* Opladen

Bosch, G./Kalina, T. (2005): »Entwicklung und Struktur der Niedriglohnbeschäftigung in Deutschland«, in: *Institut für Arbeit und Technik,* Jahrbuch 2005, Gelsenkirchen, S. 29–46

Bouffartigue, P. (2007): Précarités professionnelles et action collective. Enseignements d'une recherche sur trois terrains contrastés, contribution pour les XI[emes] Journées Internationales de Sociologie du travail, 20-22 Juni 2007, London

Bourdieu, P. (1987): *Chose Dites,* Paris (deutsche Ausgabe: ders. (1992): *Rede und Antwort,* Frankfurt a. M.)

— (1997/1998): »La précarité est aujourd'hui partout, Intervention anlässlich der ›Rencontres européenne contre la précarité‹, 12./13. Dezember 1997 in Grenoble«, in: ders. (1998): *Contre-feux. Propos à la resistance contre l'invasion néo-libérale,* Paris, S. 95–101

Bouquin, S. (2006): »La ›petite entreprise‹ et les relations de travail. Une introduction critique«, in: *Les Mondes du Travail,* Nr. 1, S. 19–34

Bouquin, S./Leonardi, S./Moore, S. (2007): »Introduction: employee representation and voice in small and medium-sized enterprises – the SMALL project«, in: *Transfer,* 13. Jg, H. 1, S. 13–26

Boyer, R. (1986) (Hg.): *La flexibilité du travail en Europe,* Paris

— (2005): *How and Why Capitalisms Differ,* MPIfG Discussion Paper 05/4, Köln

Braudel, F. (1986): *L'identité de la France: Espace et Histoire,* Paris

Braun, S./Eberwein, W./Tholen, J. (1992): *Belegschaft und Unternehmen. Zur Geschichte und Soziologie der deutschen Betriebsverfassung und Belegschaftsmitbestimmung,* Frankfurt a. M.

Braverman, H. (1977): *Die Arbeit im modernen Produktionsprozess,* Frankfurt a. M. (Original: ders. (1974): *Labour and Monopoly Capital. The Degradation of Work in the Twentieth Century,* New York)

Briefs, G. (1952): *Zwischen Kapitalismus und Syndikalismus. Die Gewerkschaften am Scheideweg,* Bern

Brigl-Matthiaß, K. (1926): *Das Betriebsräteproblem,* Berlin

Bude, H./Lantermann, E.-D. (2006): »Soziale Exklusion und Exklusionsempfinden«, in: *Kölner Zeitschrift für Soziologie und Sozialpsychologie,* 58. Jg., H. 2, S. 233–252

Burawoy, M. (1979): *Manufacturing Consent: Changes in the Labour Process under Monopoly Capitalism,* Chicago

Burnod, G./Cartron, D./Pinto, V. (2000): »Étudiants en fast-food: les usages sociaux d'un ›petit boulot‹«, in : *Travail et emploi,* Nr. 83, S. 137–156

Campbell, J. L./Herrigel, G./Sorge, A. (2007): Arndt Sorge. The Global and the Local: Understanding the dialectics of Business Systems, Oxford, in: *Socio-Economic Review,* 5. Jg, H. 1, S. 181–196

Carlier, A./Tenret, E. (2007): Des conflits du travail plus nombreux et plus divesifiés, DARES, *Premières Synthèses Informations,* Februar 2007, Nr. 08.1

Castel, R. (2000): *Die Metamorphosen der sozialen Frage. Eine Chronik der Lohnarbeit,* Konstanz

Charle, C. (1991): *Histoire sociale de la France au XIX siècle,* Paris

Choi, Hae-Lin (2004): »Organisierung der Unorganisierbaren. Bericht aus italienischen Gewerkschaften«, in: *Das Argument,* H. 256, S. 428–439

Choquet, J. (2005): Vite fait, bien fait? La critique sociale emoussée dans la restauration en libre-service, Soutenance Diplôme d'Etudes Approfondies, Université Nanterre Paris X, septembre 2005, Paris

Cicourel, A. V. (1970): *Methode und Messung in der Soziologie,* Frankfurt a. M.

Cointepas, M. (1995/96): »La création du Comité d'entreprise: une triple inspiration et une naissance en trois temps«, in: *Travail,* Nr. 35, Les Comités d'entreprise 50 ans après, Herbst/Winter 95/96, S. 33–40

Colvin, A. (2001): »Gerechtigkeit ohne Gewerkschaft und Betriebsrat? Konfliktschlichtung in gewerkschaftsfreien Betrieben in den USA«, in: *WSI-Mitteilungen,* 54. Jg., H. 12, S. 743–749

Concialdi, P. (2005): *Questionnaire for EIRO comparative study on statutory minimum wages – case of France,* http://www.eiro.eurofound.eu.int

Correia, M./Maggi-Germain, N. (2006): Le licenciement des salariés protégés. Processus et enjeux, *Document d'études de la DARES*, Nr. 108, Februar 2006, Paris

Coupé, A./Marchand, A. (coordination) (1998): *SUD. Syndicalement incorrect. Sud-Ptt une aventure collective*, Paris

Crouch, C./Streeck, W. (Hg.) (1997): *The Political Economy of Modern Capitalism: Mapping Convergence and Diversity*, London

Crozier, M./Friedberg, E. (1979): *Macht und Organisation. Die Zwänge kollektiven Handelns*, Königstein/Ts.

Crusius, R./Schiefelbein, G./Wilke, M. (Hg.) (1978): *Die Betriebsräte in der Weimarer Republik*, 2 Bde., Berlin

Culpepper, P. D. (2001): »Employers, Public Policy, and the Politics of Decentralized Cooperation in Germany and France«, in: Hall, P. A./Soskice, D. (Hg.): *Varieties of Capitalism. The Institutional Foundations of Comparative Advantage*, Oxford, S. 275–306

Danos, J./Gibelin, M. (1982): *Die Volksfront in Frankreich. Generalstreik und Linksregierung im Juni 36*, Hamburg (französische Ausgabe: dies. (1972): *Juin 36*, Paris)

Deeg, R./Jackson, G. (2007): »Towards a more dynamic theory of capitalist variety«, in: *Socio-Economic Review*, 5. Jg., H. 1, S. 149–179

Defalvard, H./Lurol, M./Polzhuber, E. (2005): »La loi Fillon sur le dialogue social: révolution du droit en attente des pratiques?« In: *Relations au travail, relations de travail*, Xieme Journées internationales de sociologie du travail, Rouen, 24./25. November 2005, Bd. 1, S. 431–446

Demirovic, A. (2007): *Demokratie in der Wirtschaft. Positionen, Probleme, Perspektiven*, Münster

Demirovic, A. (2008): »Mitbestimmung und die Perspektiven der Wirtschaftsdemokratie«, in: *WSI Mitteilungen*, 61. Jg., H. 7, S. 387–393

Denis, J.-M. (Hg.) (2005): *Le conflit en grève? Tendances et perspectives de la conflictualité contemporaine*, Paris

De Oliveira, V. (2006): Les Demandes de licenciement de salariés protégés: Une Baisse de 10% en 2004, DARES, *Premières Synthèses Informations*, Juli 2006, Nr. 28.1

Deppe, F./Fülberth, G./Herrer, J. (Hg.) (1989): *Geschichte der deutschen Gewerkschaftsbewegung*, 4. aktualisierte und wesentlich erweiterte Auflage, Köln

Deutschmann, C. (2002): *Postindustrielle Industriesoziologie. Theoretische Grundlagen, Arbeitsverhältnisse und soziale Identitäten*, Weinheim/München

Dörre, K. (2001): »Partizipation im Arbeitsprozess – Alternative oder Ergänzung zur Mitbestimmung?« In: *Industrielle Beziehungen*, 8. Jg., H. 4, S. 379–407

— (2005): »Prekarität – Eine arbeitspolitische Herausforderung«, in: *WSI Mitteilungen*, 58. Jg., H. 5, S. 250–258

Dörre, K./Kraemer, K./Speidel, F. (2004): »Prekäre Arbeit«, in: *Das Argument*, H. 256, S. 378–397

Dörre, K./Röttger, B. (Hg.) (2003): *Das neue Marktregime. Konturen eines nachfordistischen Produktionsmodells*, Hamburg

Dreyfus, M. (1995): *Histoire de la C.G.T. Cent ans de syndicalisme en France*, Bruxelles

Dribbusch, H. (1993): *Gewerkschaftliche Mitgliedergewinnung im Dienstleistungssektor. Ein Drei-Länder-Vergleich im Einzelhandel*, Berlin

Dufour, C. (1992): France, in: IRES; *Syndicalismes. Dynamique des relations professionnelles. Grande-Bretagne, États-Unis, Allemagne, Italie, France*, Paris, S. 319–398

— (1994): »Auf der Suche nach einer dauerhaften Rolle – Die französische Gewerkschaftsbewegung in den neunziger Jahren«, in: Stützel, W. (Hg.): *Streik im Strukturwandel. Die europäischen Gewerkschaften auf der Suche nach neuen Wegen*, Münster, S. 96–102

— (2005): »Grève à Heathrow, un symbole, mais de quoi?« In: *Chronique Internationale de l'IRES*, Nr. 96, September 2005, S. 65–72

Dufour, C./Hege, A. (1993): *Les instances de représentation des salariés dans l'établissement: comparaison France-Allemagne*, Rapport final, 2 Bde, Noisy-le-Grand

— (1999): »Frankreich: Tarifverhandlungen in der Metallindustrie«, in: Schulten, T./Bispinck, R. (Hg.): *Tarifpolitik unter dem Euro*, Hamburg, S. 117–139

— (2002): *L'Europe syndicale au quotidien. La représentation des salariés en France, Allemagne, Grande-Bretagne et Italie*, Collection »Travail & Société«, Bruxelles/Bern/Berlin/Frankfurt a. M./New York/Oxford/Wien

— (2005): »Emplois précaires, emploi normal et syndicalisme«, in: *Chronique internationale de l'IRES*, Nr. 97, November 2005, S. 5–22

— (2006a): »Akteure und Sozialbeziehungen in französischen Betrieben mit und ohne institutionalisierte Interessenvertretung«, in: Artus, I./Böhm, S./Lücking, S./Trinczek, R. (Hg.): *Betriebe ohne Betriebsrat. Informelle Interessenvertretung in Unternehmen*, Frankfurt a. M./New York, S. 333–362

— (2006b): »La représentation collective? Pour quoi faire?« In: *Sociétal*, Nr. 53, S. 96–99

Dufour, C./Hege, A./Dubas, A. (pour la partie statistique) (2005): *Resyndicalisation ou changement de paradigme, enquête »Resyndicalisation des comités d'entreprise«*, Rapport final IRES, Noisy-le-Grand

Dufour, C./Hege, A./Malan, A./Zouary, P. (2004): *Des institutions et des acteurs dans les entreprises pour quelles relations sociales?* Post-enquête Réponse, rapport au ministère du Travail IRES, Noisy-le-Grand

Dufour, C./Hege, A./Murhem, S./Rudolph, W./Wassermann, W. (2006): *Les relations sociales dans les petites entreprises. Une comparaison France, Suède, Allemagne*, Bruxelles/Bern/Berlin/Frankfurt a. M./New York/Oxford/Wien

Dufour, C./Hege, A./Vincent, C./Viprey, M. (1999): *Le mandatement dans le cadre de la loi du 13.Juin 1998*, document d'études de la DARES Nr. 31, Oktober 1999, Noisy-le-Grand

— (2000): »Le mandatement en question«, in: *Travail et Emploi*, Nr. 82, April, S. 25–36

Ebbinghaus, B./Manow, P. (Hg.) (2001): *Comparing Welfare Capitalism*, London

Edwards, P. K./Hyman, R. (1994): »Strikes and Industrial Conflict: Peace in Europe«, in: Hyman, R./Ferner, A. (Hg.): *New Frontiers in European Industrial Relations*, Oxford, S. 250–280

Edwards, R. (1981): *Herrschaft im modernen Produktionsprozess*, Frankfurt a. M. (Original: ders. (1979): *Contested Terrain*, New York)

Ehlscheid, C./Urban, H.-J. (2007): »Ein Schritt auf dem Weg aus der Defensive? Die Tarifrunde 2007 in der Metall- und Elektroindustrie«, in: *WSI Mitteilungen*, 60. Jg., H. 7, S. 398–403

Eichhorst, W./Gartner, H./Krug, G./Rhein, T./Wiedemann, E. (2005): »Niedriglohnbeschäftigung in Deutschland und im internationalen Vergleich«, in: Allmendinger, J./Eichhorst, W./Walwei, U. (Hg.): *IAB Handbuch Arbeitsmarkt. Analysen, Daten, Fakten*, Frankfurt a. M./New York, S. 109–142

EIRO (1999): *Les relations industrielles dans les PME,* http://www.eiro.eurofound/Eu.int/1999/05/study/tn9905202s.html

Ellguth, P. (2002): »Betriebsräte in Kleinbetrieben – ein bislang eher seltenes Phänomen«, in: *IAB Materialien,* Nr. 1, S. 10–11

— (2003): »Quantitative Reichweite der betrieblichen Mitbestimmung«, in: *WSI Mitteilungen,* 56. Jg., H. 3, S. 194–199

— (2004): »Erosion auf allen Ebenen? Zur Entwicklung der quantitativen Basis des dualen Systems der Interessenvertretung«, in: Artus, I./Trinczek, R. (Hg.): *Über Arbeit, Interessen und andere Dinge. Phänomene, Strukturen und Akteure im modernen Kapitalismus,* München/Mering, S. 159–179

— (2005): »Betriebe ohne Betriebsrat – welche Rolle spielen betriebsspezifische Formen der Mitarbeitervertretung?« In: *Industrielle Beziehungen,* 12. Jg., H. 2, S. 149–176

— (2006): »Betriebe ohne Betriebsrat – Verbreitung, Entwicklung und Charakteristika – unter Berücksichtigung betriebsspezifischer Formen der Mitarbeitervertretung«, in: Artus, I./Böhm, S./Lücking, S./Trinczek, R. (Hg.): *Betriebe ohne Betriebsrat. Informelle Interessenvertretung in Unternehmen,* Frankfurt a. M./New York, S. 43–80

Ellguth, P./Kohaut, S. (2004): »Tarifbindung und betriebliche Interessenvertretung: Ergebnisse des IAB-Betriebspanels 2003«, in: *WSI Mitteilungen,* 57. Jg., H. 8, S. 450–454

— (2005): »Tarifbindung und betriebliche Interessenvertretung: Aktuelle Ergebnisse aus dem IAB-Betriebspanel«, in: *WSI Mitteilungen,* 58. Jg., H. 7, S. 398–403

Erd, R. (1978): *Verrechtlichung industrieller Konflikte. Normative Rahmenbedingungen des dualen Systems der Interessenvertretung,* Frankfurt a. M./New York

Esping-Anderson G. (1990): *Three worlds of welfare capitalism,* Cambridge

Eyraud, F./Tschobanian, R. (1985): »The Auroux Reforms and Company Level Industrial Relations in France«, in: *British Journal of Industrial Relations,* 23 Jg., H. 2, Juli 1985, S. 241–259

Featherstone, L. (2004): *Wal*Mart: Frauen im Ausverkauf. Meilensteine im Kampf um Arbeitsrechte,* Hamburg

Feldman, G. D. (1970): »German Business between War and Revolution: The Origins of the Stinnes-Legien Agreement«, in: Ritter, G. A. (Hg.): *Entstehung und Wandel der modernen Gesellschaft,* Festschrift für Hans Rosenberg zum 65. Geburtstag, Berlin, S. 312–341

Flying Pickets (Hg.) (2007): *Sechs Monate Streik bei Gate Gourmet, ...auf den Geschmack gekommen,* Berlin/Hamburg

Frege, C. (2000): »Das ›Organisierungsmodell‹ in den USA und seine Bedeutung für deutsche Gewerkschaften«, in: *Gewerkschaftliche Monatshefte,* H. 51, S. 260–280

Frege, C./Kelly, J. (2003): »Union Revitalization Strategies in Comparative Perspective«, in: *European Journal of Industrial Relations,* 9. Jg., Nr.1, S. 7–24

— (Hg.) (2004): *Varieties of Unionism: Strategies for Union Revitalization in a Globalizing Economy,* Oxford

Friedrich-Ebert-Stiftung (Hg.) (2006): *Gesellschaft im Reformprozeß, eine Umfrage von TNS Infratest Sozialforschung im Auftrag der Friedrich-Ebert-Stiftung.* http://www.fes.de/inhalt/Dokumente/061017_Gesellschaft_im_Reformprozess_komplett.pdf

Fürstenberg, F. (1958): »Der Betriebsrat – Strukturanalyse einer Grenzinstitution«, in: *Kölner Zeitschrift für Soziologie und Sozialpsychologie,* H. 10, S. 418–429

Gallo, M. (1966): »Quelques aspects de la mentalité et du comportement ouvriers dans les usines de guerre (1914–1918)«, in: *Le Mouvement social,* Nr. 56, S. 22–23

Geiger, T. (1929): »Zur Soziologie der Industriearbeit und des Betriebes«, in: *Die Arbeit,* H. 11, S. 673–689

Geiselberger, H. (2007): »Social Movement Unionism. Tomaten des Zorns«, in: Geiselberger, H. (Hg.): *Und jetzt? Politik, Protest und Propaganda,* Frankfurt a. M., S. 79–87

Georgi, F. (1995): *L'invention de la CFDT 1957–1970,* Paris

Göhler, G. (1997): »Wie verändern sich Institutionen? Revolutionärer und schleichender Institutionenwandel«, in: ders. (Hg.): *Institutionenwandel, Leviathan-Sonderheft,* Nr. 16, Opladen, S. 21–46

Goetschy, J./Rozenblatt, P. (1992): »France: The Industrial Relations System at a Turning Point?« In: Ferner, A./Hyman, R. (Hg.): *Industrial Relations in the New Europe,* Oxford, S. 404–444

Hälker, J. (2005): *Betriebsräte in Rollenkonflikten. Betriebspolitisches Denken zwischen Co-Management und Gegenmacht,* 2. aktualisierte Auflage, München/Mering

Hälker, J./Vellay, C. (Hg.) (2006): *Union Renewal. Gewerkschaften in Veränderung,* Düsseldorf

Haipeter, T./Schilling, G. (2006): *Arbeitgeberverbände in der Metall- und Elektroindustrie. Tarifbindung, Organisationsentwicklung und Strategiebildung,* Hamburg

Hall, P. A. (2007): »Stabilität und Wandel in den Spielarten des Kapitalismus«, in: Beckert, J./ Ebbinghaus, B./Hassel, A./Manow, P. (Hg.): *Transformationen des Kapitalismus.* Festschrift für Wolfgang Streeck zum sechzigsten Geburtstag, Frankfurt a. M./New York, S. 181–204

Hall, P. A./Gingerich, D. W. (2004): »›Spielarten des Kapitalismus‹ und institutionelle Komplementaritäten in der Makroökonomie – Eine empirische Analyse«, in: *Berliner Journal für Soziologie,* H. 1, S. 5–32

Hall, P. A./Soskice, D. (Hg.) (2001): *Varieties of Capitalism. The Institutional Foundations of Comparative Advantage,* New York

Hall, P. A./Taylor, R. (1996): »Political Science and the Three New Institutionalism«, in: *Political Studies XLIV,* S. 936–957

Hamann, A./Giese, G. (2004): *Schwarzbuch Lidl. Billig auf Kosten der Beschäftigten,* hg. von der Vereinten Dienstleistungsgewerkschaft (ver.di), Berlin

Hancké, B. (2001): »Revisiting the French Model: Coordination and Restructuring in French Industry«, in: Hall, P. A./Soskice, D. (Hg.): *Varieties of Capitalism. The Institutional Foundations of Comparative Advantage,* New York, S. 307–334

Hardt, M./Negri, A. (2002): *Empire. Die neue Weltordnung,* Frankfurt a. M./New York

Hasse, R./Krücken, G. (1999): *Neo-Institutionalismus,* Bielefeld

Hassel, A. (2006): »Die Schwächen des ›deutschen Kapitalismus‹«, in: Berghahn, V. R./ Vitols, S. (Hg.) (2006): *Gibt es einen deutschen Kapitalismus? Tradition und globale Perspektiven der sozialen Marktwirtschaft,* Frankfurt a. M./New York, S. 200–214

Hassel, A./Kluge, N. (1999): »Die quantitative Entwicklung der Mitbestimmung«, in: *Gewerkschaftliche Monatshefte,* H. 3, S. 167–176

Hassenteufel, P., mit Dufour, C./Hege, A. (1992): »Représentation des salariés en France et en Allemagne. Institutions et pratiques représentatives dans l'établissement«, in: *La Revue de l'IRES,* Nr. 8, Winter 1992, S. 9–40

Hauser-Ditz, A./Hertwig, L./Pries, L. (2006): »Betriebsräte oder ›Andere Vertretungsorgane‹? Verbreitung und Kontext betrieblicher Beschäftigtenvertretung«, in: *Industrielle Beziehungen,* 13. Jg., H. 2, S. 340–369

Hege, A./Dufour, C. (1995): »Decentralization and Legitimacy in Employee Representation: a Franco-German Comparison«, in: *European Journal of Industrial Relations,* 1.Jg., Nr. 1, S. 83–99

Hege, A./Dufour, C./Nunes, C. (2000): *La place des femmes dans les comités d'entreprise,* Paris, Ministère de l'emploi et de la solidarité, Service des droit des femmes, rapport final, Noisy-le-Grand

Heidenreich, M./Schmidt, G. (Hg.) (1991): *International vergleichende Organisationsforschung. Fragestellungen, Methoden und Ergebnisse ausgewählter Untersuchungen,* Opladen

Hennequin, D./Petit, J.-P./Labbé, P. (2002): *McDo se met á table,* Paris

Hentschel, V. (1983): *Geschichte der deutschen Sozialpolitik 1880–1980. Soziale Sicherung und kollektives Arbeitsrecht,* Frankfurt a. M.

Herrigel, G. (1996): *Industrial Constructions. The sources of Geman industrial power,* Cambridge

— (2007): »Flexibility and formalisation: Rethinking space and governance in corporations and manufacturing regions«, in: Bluhm, K./Schmidt, R. (Hg.): *Change in SMEs. Towards a new European Capitalism?* London/New York

Herrmann, C. (2005): *Betriebliches Zeithandeln – Bedingungen für Zeitautonomie am Beispiel von Vertrauensarbeitszeit,* Dissertation an der Fakultät für Wirtschaftswissenschaften der Technischen Universität München, München

Hilbert, J./Sperling, H. J. (1990): *Die kleine Fabrik – Beschäftigung, Technik und Arbeitsbeziehungen,* München/Mering

Hirschman, A. O. (1974): *Leidenschaften und Interessen. Politische Begründungen des Kapitalismus vor seinem Sieg,* Frankfurt a. M./New York

Hollingsworth, J. R./Boyer, R. (Hg.) (1997): *Contemporary capitalism: the embeddedness of institutions,* Cambridge

Hollingsworth, J. R. (2000): »Gesellschaftliche Systeme der Produktion im internationalen Vergleich«, in: Bögenhold, D. (Hg.): *Moderne amerikanische Soziologie,* Stuttgart, S. 279–312

Hyman, R. (1987): »Strategy or Structure. Capital, Labour and Control«, in: *Work, Employment and Society,* Nr. 1, S. 25–55

Honneth, A. (1994): *Kampf um Anerkennung. Zur moralischen Grammatik sozialer Konflikte,* Frankfurt a. M.

IRES (1992): *Syndicalismes. Dynamique des relations professionnelles. Grande-Bretagne, États-Unis, Allemagne, Italie, France,* Paris

IRES/DARES (1998): *Les Comités d'Entreprise. Enquête sur les élus, les acitivités et les moyens,* Paris

Ion, J. (1982): »La figure impossible du citoyen ou l'enjeu de l'éducation populaire«, in: *Les cahiers de l'animation,* Nr. 38

Jackson, G. (2005): »Contested Boundaries: Ambiguity and Creativity in the Evolution of German Codeterination«, in: Streeck, W./Thelen, K. (Hg.): *Beyond Continuity. Institutional Change in Advanced Political Economies,* Oxford, S. 229–254

Jacod, O. (2007): Les élections aux comités d'entreprise 2005, DARES, *Premières Informations Synthèses,* Mai 2007, Nr. 19.1

Jaeger, H./Kühne, H./Schmidt, R. (1972): *Gesellschaftliches und politisches Bewusstsein von Arbeitern*, Sonderforschungsbereich 22 »Sozialisations- und Kommunikationsforschung«, Forschungsbericht 29, Arbeitsbericht 2 des Teilprojekts XIX, September 1972, Erlangen-Nürnberg

Jaehrling, K./Kalina, T./Vanselow, A./Voss-Dahm, D. (2006): »Niedriglohnarbeit in der Praxis – Arbeit in Häppchen für wenig Geld«, in: Sterkel, G./Schulten, T./Wiedemuth, J. (Hg.): *Mindestlöhne gegen Lohndumping. Rahmenbedingungen – Erfahrungen – Strategien*, Hamburg, S. 114–141

Jansen, P./Kißler, L/Kühne, P. (Hg.) (1986): *Gewerkschaften in Frankreich. Geschichte, Organisation, Programmatik*, Frankfurt a. M./New York

Jefferys, S. (1996): »Down but not out: French Unions after Chirac«, in: *Work, Employment & Society*, 19.Jg., H. 3, S. 509–527

— (2003): *Liberté, Égalité and Fraternité at Work. Changing French Employment Relations and Management*, Basingstoke/New York

Jobert, A. (2000): *Les espaces de la négociation collective, branches et territoires*, Toulouse

Joly, J. (2007): »Cuisine et dépendances«, in: *L'express*, 1. November 2007, S. 31–32

Jousselain, J.-F./Poitou, J.-C (conception) (1998): *Un mois de mai très occupé. Paroles et images de mai 1968*, Montreuil/Pantin

Jürgens, U. (1984): »Die Entwicklung von Macht, Herrschaft und Kontrolle im Betrieb als politischer Prozess – Eine Problemskizze zur Arbeitspolitik«, in: Jürgens, U./Naschold, F. (Hg.): *Arbeitspolitik*, Opladen, S. 58–91

Kädtler, J./Kottwitz, G. (1990): *Betriebsräte zwischen Wende und Ende der DDR*, Berlin

Kädtler, J./Kottwitz, G./Weinert, R (1997): *Betriebsräte in Ostdeutschland*, Opladen

Kalina, T./Voss-Dahm, D. (2005): *Mehr Minijobs = mehr Bewegung auf dem Arbeitsmarkt? Fluktuation der Arbeitskräfte und Beschäftigungsstruktur in vier Dienstleistungsbranchen*. IAT-Report 2005–07, http://iat-info.iatge.de/iat-report/2005/report2005-07.pdf

Keller, B. (1999): *Einführung in die Arbeitspolitik. Arbeitsbeziehungen und Arbeitsmarkt in sozialwissenschaftlicher Perspektive*, 6. Auflage, München

Keller, B./Seifert, H. (2006): »Atypische Beschäftigungsverhältnisse: Flexibilität, soziale Sicherheit und Prekarität«, in: *WSI Mitteilungen*, 59. Jg., H. 5, S. 235–240

Kißler, L. (Hg.) (1985): *Industrielle Demokratie in Frankreich. Die neuen Arbeitnehmer- und Gewerkschaftsrechte in Theorie und Praxis*, Frankfurt a. M./New York

— (1992): *Die Mitbestimmung in der Bundesrepublik Deutschland. Modell und Wirklichkeit*, Marburg

Kißler, L./Lasserre, R./Mothé-Gautrat, D. (Hg.) (1985): *Arbeitspolitik – ein deutsch-französischer Vergleich*, Frankfurt a. M./New York

Kißler, L./Lasserre, R. (1987): *Tarifpolitik. Ein deutsch-französischer Vergleich*, Frankfurt a. M./New York

Kißler, L./Zumfelde, M./Jansen, P./Hunout P. (1997): *Arbeitskampfkulturen. Recht und Strategien von Streik und Aussperrung im deutsch-französischen Vergleich*, Frankfurt a. M./New York

Koch, M. (1994): *Vom Strukturwandel einer Klassengesellschaft. Theoretische Diskussion und empirische Analyse*, Münster

Kohaut, S. (2007): »Tarifbindung und tarifliche Öffnungsklauseln: Ergebnisse aus dem IAB-Betriebspanel 2005«, in: *WSI Mitteilungen*, 60. Jg., H. 2, S. 94–97

Kohl, H./Lehndorff, S./Schief, S. (2006): »Industrielle Beziehungen in Europa nach der EU-Erweiterung«, in: *WSI Mitteilungen*, 59. Jg., H. 7, S. 403–409

Kollewe, K. (2006): »Gewerkschaften SUD«, in: Hälker, J./Vellay, C. (Hg.): *Union Renewal – Gewerkschaften in Veränderung*. Texte aus der aktuellen internationalen Gewerkschaftsforschung, Edition der Hans-Böckler-Stiftung 179, Düsseldorf, S. 134–136

Korsch, K. (1980/1922): *Arbeitsrecht für Betriebsräte*, in: Karl Korsch, Gesamtausgabe, Bd. 2, Frankfurt a. M., S. 279–492

— (1979): »Zum Verhältnis von Betriebsrat und Gewerkschaft. Ergebnisse einer empirischen Untersuchung«, in: Bergmann, J. (Hg.): *Beiträge zur Soziologie der Gewerkschaften*, Frankfurt a. M., S. 298–325

— (1981): *Betriebsräte und betriebliche Herrschaft. Eine Typologie von Partizipationsmustern im Industriebetrieb*, Frankfurt a. M./New York

— (1994): *Betriebsräte und Bürgerstatus. Wandel und Kontinuität betrieblicher Mitbestimmung*, München/Mering

— (2006): »Mitbestimmungsphantasie am Ende?« In: Artus, I./Böhm, S./Lücking, S./Trinczek, R. (Hg.): *Betriebe ohne Betriebsrat. Informelle Interessenvertretung in Unternehmen*, Frankfurt a. M./New York, S. 439–446

Kotthoff, H./Reindl, J. (1990): *Die soziale Welt kleiner Betriebe. Wirtschaften, Arbeiten und Leben im mittelständischen Industriebetrieb*, Göttingen

Kranig, A. (1983): *Lockung und Zwang: zur Arbeitsverfassung im Dritten Reich*, Schriftenreihe der Vierteljahrshefte für Zeitgeschichte, Nr. 47, Stuttgart

— (1993): »Arbeitnehmer, Arbeitsbeziehungen und Sozialpolitik unter dem Nationalsozialismus«, in: Bracher, K. D./Funke, M./Jacobsen, H.-A. (Hg.): *Deutschland 1933–1945. Neue Studien zur nationalsozialistischen Herrschaft*, Bundeszentrale für politische Bildung Schriftenreihe Band 314, 2. ergänzte Auflage, Bonn, S. 135–152

Krell, G. (1994): *Vergemeinschaftende Personalpolitik. Normative Personallehren, Werksgemeinschaft, NS-Betriebsgemeinschaft, Betriebliche Partnerschaft, Japan, Unternehmenskultur*, München/Mering

Kronauer, M. (2002): *Exklusion. Die Gefährdung des Sozialen im hoch entwickelten Kapitalismus*, Frankfurt a. M./New York

Kudera, W./Mangold, W./Ruff, K./Schmidt, R./Wentzke, T. (1979): *Gesellschaftliches und politisches Bewusstsein von Arbeitern. Eine empirische Untersuchung*, Frankfurt a. M.

Kudera, W./Ruff, K./Schmidt, R. (1983): »Blue collar – white collar: grey collar? Zum sozialen Habitus von Arbeitern und Angestellten in der Industrie«, in: *Soziale Welt*, H. 2, S. 201–227

Küpper, W./Ortmann, G. (1988) (Hg.): *Mikropolitik. Rationalität, Macht und Spiele in Organisationen*, Wiesbaden

Labbé, D. (1997): *Syndicats et syndiqués en France depuis 1945*, Paris

Lainé, F./Okba, M./Rospabé, S. (2005): Les difficultés des étrangers sur le marché du travail: effet nationalité, effet de quartier? DARES, *Premières Synthèses Informations*, Nr. 17.3

Lane, C. (1989): *Management and Labour in Europe: the industrial enterprise in Germany, Britain and France*, Aldershot

— (1995): *Industry and Society in Europe. Stability and Change in Britain, Germany and France*, Aldershot

Lecher, W. (1994): »Betriebliche Funktionsfähigkeit der französischen und deutschen Arbeitnehmerinteressenvertretung – ein empirisch gestützter Vergleich«, in: *Industrielle Beziehungen*, 1. Jg., H. 2, S. 179–202

Le Crom, J.-P. (1995a): *Syndicats, nous voilà! Vichy et le corporatisme*, Paris

— (1995b): »La naissance des comités d'entreprise: une révolution par la loi?« In: *Travail et Emploi*, Nr. 62-2, S. 58–76

— (1998): »Tous capitalistes! L'ordonnance du 17 août 1967 sur la participation«, in: ders. (Hg.): *Deux siècles de droit du travail*, Paris, S. 199–212

— (2003): *L'introuvable démocratie salariale. Le droit de la représentation du personnel dans l'entreprise (1890–2002)*, Collection »le Présent Avenir«, Paris

Lefranc, G. (1965): *Histoire du Front populaire*, Paris

Lefresne, F. (2007): »Die Zukunft des Arbeitsvertrags in Frankreich – Zwischen Normenzersplitterung und neuem Beschäftigungsstatus«, in: *WSI Mitteilungen*, 60. Jg., H. 8, S. 455–461

Lehrer, M. (2001): »Macro-varieties of Capitalism and Micro-varieties of Strategic Management in European Airlines«, in: Hall, P. A:/Soskice, D. (Hg.): *Varieties of Capitalism. The Institutional Foundations of Comparative Advantage*, Oxford, S. 361–386

Le Lay, S. (2006): »Les rémunérations dans les PME françaises: faiblesse des salaires et spécificités des pratiques managériales«, in: *Les mondes du travail*, Nr. 1, Januar, S. 35–43

Leplay, B. (2003): *Dialogue social et petites entreprises*, rapport d'étude, CARIS, Paris

Lohoff, E./Trenkle, N./Wölfingseder, M. (Hg.) (2004): *Dead Men Working. Gebrauchsanweisungen zur Arbeits- und Sozialkritik in Zeiten kapitalistischen Amoklaufs*, Münster

Lutz, B. (1976): »Bildungssystem und Beschäftigungsstruktur in Deutschland und Frankreich. Zum Einfluss des Bildungssystems auf die Gestaltung betrieblicher Arbeitskräftestrukturen«, in: Mendius, H.-G./Sengenberger, W./Lutz, B./Altmann, N,/Böhle, F./Asendorf-Krings, I./Drexel, I./Nuber, C.: *Betrieb – Arbeitsmarkt – Qualifikation*, Band I, Arbeiten des Instituts für Sozialwissenschaftliche Forschung ISF München, Frankfurt a. M., S. 83–151

— (1991): »Die Grenzen des ›effet sociétal‹ und die Notwendigkeit einer historischen Perspektive. Einige Bemerkungen zum vernünftigen Gebrauch internationaler Vergleiche«, in: Heidenreich, M./Schmidt, G (Hg.): *International vergleichende Organisationsforschung. Fragestellungen, Methoden und Ergebnisse ausgewählter Untersuchungen*, Opladen, S. 91–105

Mabrouki, A. (2004): *Génération Précaire*, Paris

Mangold, W./Bohnsack, R. (1988): *Kollektive Orientierungen in Gruppen von Jugendlichen*, hektogr. Forschungsbericht, Erlangen

Manin, Bernard (1995): *Principes du gouvernement représentatif*, Paris

Marshall, T. H. (1992/1950): *Bürgerrechte und soziale Klassen*, Frankfurt a. M./New York

Martelli, R. (1995): »Les années soixante-dix«, in: Willard, C. (Hg.): *La France Ouvrière*, Band 3, Paris, S. 68–90

Marx, K. (1950/1850): »Die Klassenkämpfe in Frankreich 1848 bis 1850«, in: Marx, K./Engels, F.; *Ausgewählte Schriften in zwei Bänden*, Band I, Moskau, S. 123–221

Marx, K. (1974/1891): *Der Bürgerkrieg in Frankreich*, Berlin

Masclet, O. (2003): *La gauche et les cités*, Paris

Mauke, M. (1971): *Die Klassentheorie von Marx und Engels*, Frankfurt a. M.

Maurer, A./Schmidt, M. (Hg.) (2002): *Neuer Institutionalismus. Beiträge zur soziologischen Erklärung von Organisation, Moral und Vertrauen*, Frankfurt a. M./New York

Maurice, M. (1991): »Methodologische Aspekte internationaler Vergleiche: Zum Ansatz des gesellschaftlichen Effekts«, in: Heidenreich, M./Schmidt, G (Hg.): *International verglei-*

chende Organisationsforschung. Fragestellungen, Methoden und Ergebnisse ausgewählter Untersuchungen, Opladen, S. 82–90

Maurice, M./Eryraud, F./d'Iribarne, A./Rychener, F. (1986): *Des entreprises en mutation dans la crise. Apprentissage des technolgies flexibles et émergence de nouveaux acteurs*, rapport de recherche du L.E.S.T – CNRS, Aix-en-Provence

Maurice, M./Sellier, F. (1979): »Societal Analysis of Industrial Relations: a comparison between France and Germany«, in: *British Journal of Industrial Relations,* 17.Jg., Nr. 3, November 1979, S. 322–336

Maurice, M./Sellier, F./Silvestre, J.-J (1979): »La Productuion de la hiérarchie dans l'entreprise: recherche d'un effet sociétal. Comparaison France-Allemagne«, in : *Revue française de Sociologie*, XX, 1979, S. 331–365

— (1982): *Politique d'éducation et organisation industrielle en france et en allemagne. Essai d'analyse sociétale,* Paris

— (1986): *The Social Foundations of Industrial Power,* Cambridge/Massachusetts

Maurice, M./Sorge, A. (Hg.) (2000): *Embedding Organizations. Societal Analysis of Actors, Organizations and Socio-Economic Context,* Amsterdam/Philadelphia

Mayer-Ahuja, N. (2003): *Wieder dienen lernen? Vom westdeutschen »Normalarbeitsverhältnis« zu prekärer Beschäftigung seit 1973,* Berlin

Mayntz, R./Scharpf, F. W. (1995): »Der Ansatz des akteurszentrierten Institutionalismus«, in: dies. (Hg.): *Gesellschaftliche Selbstregelung und politische Steuerung,* Frankfurt a. M./New York, S. 39–72

Mense-Petermann, U. (1996): »Die Verbetrieblichung der industriellen Beziehungen in Ostdeutschland als Herausforderung für das duale System«, in: *Industrielle Beziehungen,* 3. Jg., H. 1, S. 65–79

Milewski, F. (2006): »Populations, territoires et secteurs les plus concernés. Les femmes«, in: Avenel, C./Thibault, F. (Hg.): *Précarités et insécurité sociale, Problèmes politiques et sociaux,* Nr. 921, La documentation française, Februar 2006, Paris, S. 29–31

Ministère de l'Emploi, de la Cohésion sociale et du Logement (2006): *Les institutions représentatives du personnel,* La documentation française, Paris

Minssen, H./Riese, C. (2005): »Der Co-Manager und seine Arbeitsweise. Die interne Arbeitsorganisation von Betriebsräten im Öffentlichen Personennahverkehr«, in: *Industrielle Beziehungen,* 12. Jg., H. 4, S. 367–392

Monier, F. (2002): *Le Front populaire,* Paris

Morawe, B. (1974): *Aktiver Streik in Frankreich oder Klassenkampf bei LIP,* Reinbek b. Hamburg

Mouret, B./Guillaume, C. (2002): *Élus CFDT aux Comités d'entreprise. De l'action institutionnelle à l'action stratégique,* Rapport d'étude CARIS, Paris

Mouriaux, R. (1994): *Le syndicalisme en France depuis 1945,* Paris

— (1998): »L'incroyable survie de la CGT«, in: *Regards sur l'actualité,* Nr. 244, September-Oktober 1998, S. 13–23

Montuclard, Maurice (1963): *La dynamique des comités d'entreprise,* Paris

Müller-Jentsch, W. (1982): »Gewerkschaften als intermediäre Organisationen«, in: *Materialien zur Industriesoziologie,* Sonderheft 24 der KZfSS, S. 406–432

— (1995): »Germany: From Collective Voice to Co-Management«, in: Rogers, J./Streeck, W. (Hg.): *Works Councils – Consultation, Representation, and Cooperation in Industrial Relations,* Chicago/London, S. 53–78

— (1997): *Soziologie der Industriellen Beziehungen. Eine Einführung*, 2. erweiterte Auflage, Frankfurt a. M./New York

— (2001): »Mitbestimmung: Wirtschaftlicher Erfolgsfaktor oder Bürgerrecht?« In: *Gewerkschaftliche Monatshefte*, H. 4, S. 202–211

— (2003): »Re-assessing Co-determination«, in: Müller-Jentsch, W./Weitbrecht, H.: *The Changing Contours of German Industrial Relations*, München/Mering, S. 39–56

Müller-Jentsch, W./Seitz, B. (1998): »Betriebsräte gewinnen Konturen. Ergebnisse einer Betriebsräte-Befragung im Maschinenbau«, in: *Industrielle Beziehungen*, 5. Jg., H. 4, S. 361–387

Naschold, F./Soskice, D./Hancké, B./Jürgens, U. (Hg.) (1997): *Ökonomische Leistungsfähigkeit und institutionelle Innovation. Das deutsche Produktions- und Politikregime im globalen Wettbewerb*, Berlin

Neuendorff, H. (1973): *Der Begriff des Interesses. Eine Studie zu den Gesellschaftstheorien von Hobbes, Smith und Marx*, Frankfurt a. M.

Nölting, N. J. (2004): *Betriebsratsarbeit im Niedriglohnsektor. Eine Fallstudie in der Systemgastronomie.* Eine Veröffentlichung der Kooperationsstelle Wissenschaft – Arbeitswelt im Landesinstitut Sozialforschungsstelle kowa, Dortmund, Juni 2004, http://www.kowa-dortmund.de/docs/veroeff/br-arbeit.pdf

Noiriel, G. (1986): *Les ouvriers dans la société française, XIXe–XXe siècle*, Paris

— (2001): »Du patronage au paternalisme, la restructuration des formes de domination de la main-d'oevre ouvrière dans l'industrie métallurgique français«, in: *Le Mouvement social*, Nr. 144, article repris dans etat, nation etimmigration. Vers une histoire du pouvoir, Paris, Berlin, coll. Socio-histoires, S. 167–187

North, D. C. (1990): *Institutions, Institutional Change and Economic Performance*, Cambridge

Ortmann, G. (1995): *Formen der Produktion. Organisation und Rekursivität*, Opladen

Pernot, J.-M. (2005): *Syndicats: lendemains de crise?* Paris

Perrin, E./Peroumal, F., avec la participation de Contrepois, S. (2007): »Luttes et syndicalisme dans la restauration rapide parisienne«, in: Bouffartigue, P./Pendaries, J.-R./Peroumal, F./Perrin, E.: *Action collective et précarités. Le syndicalisme à l'épreuve. Enquête sur trois secteurs d'activité. Post, sous-traitance prétrochimique, restauration rapide*, Rapport final pour le compte de la DARES, Laboratoire d'Economie et de Sociologie du Travail. UMR Nr. 6123; CNRS- Université de la Méditerranée-Université de Provence, März 2007, S. 125–181

Pignoni, M. T., avec la collaboration de Tenret, É. (2007): Présence Syndicale: Des implantations en croissance, une confiance des salariés qui ne débouche pas sur des adhésions, DARES *Premières Synthèses Informations*, April 2007, Nr. 14.2

Pirker, T. (1960): *Die blinde Macht. Die Gewerkschaftsbewegung in Westdeutschland, 1. Teil 1945–1952, Vom »Ende des Kapitalismus« zur Zähmung der Gewerkschaften*, München

Piton, M. (1976): *Anders leben. Chronik eines Arbeitskampfes: Lip, Besançon*, Frankfurt a. M. (frz. Original: *Vivre autrement*)

Plumpe, W. (1992): »Die Betriebsräte der Weimarer Republik: Eine Skizze zu ihrer Verbreitung, Zusammensetzung und Akzeptanz«, in: Plumpe, W./Kleinschmidt, C. (Hg.): *Unternehmen zwischen Markt und Macht: Aspekte deutscher Unternehmens- und Industriegeschichte im 20. Jahrhundert*, Essen, S. 42–60

Poignant, E. (2001): »›Team Leaders Should Work Fifteen Hours a Day‹ – US Management in a Transport Company in France«, in: Jefferys, S./Mispelblom B. F./Thörnqvist, C. (Hg.): *European Working Lives. Continuities and Change in Management and Industrial Relations in France, Scandinavia and the UK*, Aldershot, S. 85–112

Polanyi, K. (1977/1944): *The Great Transformation. Politische und ökonomische Ursprünge von Gesellschaften und Wirtschaftssystemen*, 4. Auflage, Frankfurt a. M.

Powell, W. W./DiMaggio, P. J. (Hg.) (1991): *The New Institutionalism in Organizational Analysis*, Chicago/IL/London

Prigge, W.-U. (2001): »Gewerkschaftliche Repräsentativität in pluralistischen Systemen: Belgien und Frankreich«, in: *Industrielle Beziehungen*, 8. Jg., H. 2, S. 200–219

Puech, I. (2004): »Le temps du remue-ménage. Conditions d'emploi et de travail de femmes de chambre«, in: *Socologie du travail*, Nr. 46, S. 150–167

Ray, J.-E. (2005): »De la grève à l'action collective«, in: Denis, J.-M. (Hg.): *Le conflit en grève? Tendances et perspectives de la conflictualité contemporaine*, Paris, S. 45–58

Rennes, P. (2001): *S'organiser dans l'entreprise. Les essentiels du droit du travail*, Paris

Rehder, B. (2003): *Betriebliche Bündnisse für Arbeit in Deutschland. Mitbestimmung und Flächentarif im Wandel*, Frankfurt a. M./New York

— (2006): »Legitimitätsdefizite des Co-Managements. Betriebliche Bündnisse für Arbeit als Konfliktfeld zwischen Arbeitnehmern und betrieblicher Interessenvertretung«, in: *Zeitschrift für Soziologie*, 35. Jg., H. 3, Juni 2006, S. 227–242

Rehfeldt, U. (2000): »La représentativité: Dimensions politiques et historiques du débat théorique«, in: *Chronique Internationale de l'IRES*, Nr. 66, September, S. 9–16

Renneberg, P. (2006): *Die Arbeitskämpfe von morgen? Arbeitsbedingungen und Konflikte im Dienstleistungsbereich*, Hamburg

Ritzer, G. (2004): *Die McDonaldisierung der Gesellschaft*, 4. Auflage, Konstanz

Röbenack, S. (1996): »Betriebe und Belegschaftsvertretungen«, in: Bergmann, J./Schmidt, R. (Hg.): *Industrielle Beziehungen. Institutionalisierung und Praxis unter Krisenbedingungen*, Opladen, S. 161–212

— (2005): *»Aber meistens einfach nur ein Kollege«. Über die ersten Betriebsräte in Ostdeutschland*, München/Mering

Royle, T. (1998): »Avoidance strategies and the German system of co-determination«, in: *The International Journal of Human Resource Management*, H.9, Dezember, S. 1026–1047

— (2000): *Working for McDonald's in Europe. The Unequal Struggle?* London/New York

Rudolph, W./Wassermann W. (2000): *Das Modell Ansprechpartner. Gewerkschaftliche Ansprechpartner für Arbeitnehmer in kleinen Betrieben*, Edition der HBS, H. 39, Düsseldorf

Rudolph, W./Wassermann, W. (2006): »Übergänge zwischen Betriebsratslosigkeit und Betriebsratsgründung: Neue Betriebsratsgründungen im Bereich kleiner Betriebe und Reform der Betriebsverfassung 2001«, in: Artus, I./Böhm, S./Lücking, S./Trinczek, R. (Hg.): *Betriebe ohne Betriebsrat. Informelle Interessenvertretung in Unternehmen*, Frankfurt a. M./New York, S. 81–105

Sarel, B. (1975): *Arbeiter gegen den »Kommunismus«. Zur Geschichte des proletarischen Widerstandes in der DDR (1945–1958)*, München

Sauviat, C. (2006): *Le rôle des salariés dans la gouvernance des entreprises en France: Un débat ancien, une légitimité en devenir*, IRES Document de travail Nr. 06.02, April 2006, Noisy-le-Grand

Schäfer, C. (2006): »Der Niedriglohnsektor in der Verteilungsfalle«, in: Sterkel, G./Schulten, T./ Wiedemuth, J. (Hg.): *Mindestlöhne gegen Lohndumping. Rahmenbedingungen – Erfahrungen – Strategien,* Hamburg, S. 35–60

Schickler, E. (2001): *Disjointed Pluralism. Institutional Innovation and the Development of the U.S. Congress,* Princeton

Schmid, B. (2006): »Welche soziale Demokratie in der Arbeitswelt?« In: Hälker, J./Vellay, C. (Hg.): *Union Renewal – Gewerkschaften in Veränderung. Texte aus der aktuellen internationalen Gewerkschaftsforschung,* Edition der Hans-Böckler-Stiftung 179, Düsseldorf, S. 72–80

Schmid, K.-P. (1998): »Lieber Streit als Konsens. Mitsprache der Arbeitnehmer passt nicht in die soziale Tradition Frankreichs«, ZEIT-Serie über Mitbestimmung und Unternehmenskultur in Europa, in: *Die Zeit,* Nr. 48 v. 19. November 1998

Schmidt, E. (1970): *Die verhinderte Neuordnung 1945–1952,* Frankfurt a. M.

— (1971): *Ordnungsfaktor oder Gegenmacht. Die politische Rolle der Gewerkschaften,* Frankfurt a. M.

Schmidt, R., unter Mitarbeit von Artus, I. (1998): *Mitbestimmung in Ostdeutschland.* Expertise für das Projekt »Mitbestimmung und neue Unternehmenskulturen« der Bertelsmann Stiftung und der Hans-Böckler-Stiftung, Gütersloh

Schmidt, R. (2003): »The Rebuilding of Industrial Relations in Eastern Germany«, in: Müller-Jentsch, W./Weitbrecht, H.: *The Changing Contours of German Industrial Relations,* München/Mering, S. 81–102

Schmidt, R./Trinczek, R. (1986): »Erfahrungen und Perspektiven gewerkschaftlicher Arbeitszeitpolitik«, in: *Prokla,* H. 64, S. 85–105

— (1998): »Der Betriebsrat als Akteur der Industriellen Beziehungen«, Institut für praxisorientierte Sozialforschung Erlangen, hekt. Manuskript August 1998, abgedruckt in der Neuauflage von: Müller-Jentsch, Walther (1999) (Hg.): *Konfliktpartnerschaft,* München/ Mering

— (1999): »Der interessentheoretische Ansatz«, in: *Theorieansätze für die Analyse Industrieller Beziehungen,* Discussion-papers für die Jahrestagung der German Industrial Relations Association (GIRA) am 7. und 8. Oktober 1999, Trier, S. 183–222

Schmidt, R./Wentzke, T., unter Mitarbeit von Kudera, W. (1991): *Bewusstsein und Sozialcharakter von Angestellten. Eine empirische Untersuchung,* Schriftenreihe zur Angestelltenforschung, H. 3, Institut für praxisorientierte Sozialforschung und Beratung e.V., Erlangen

Schmidt, U./Fichter, T. (1971): *Der erzwungene Kapitalismus. Klassenkämpfe in den Westzonen 1945–48,* Berlin

Schmidt, W. (2005): »Industrielle Beziehungen, Interesse und Anerkennung. Plädoyer für eine duale Perspektive«, in: *Industrielle Beziehungen,* 12. Jg., H. 1, S. 51–73

Schmidt, W./Schönberger, K. (1999): *»Jeder hat jetzt mit sich selbst zu tun«. Arbeit, Freizeit und politische Orientierung in Ostdeutschland,* Konstanz

Schönhoven, K. (1987): *Die deutschen Gewerkschaften,* Frankfurt a. M.

Schreieder, A. (2005): *Organizing – Gewerkschaft als soziale Bewegung,* Broschüre hrsg. v. ver.di Bundesverwaltung, Ressort 4, Berlin.

Schütz, A. (1974): *Der sinnhafte Aufbau der sozialen Welt,* Frankfurt a. M.

Segrestin, D. (1980): »Les communautés pertinentes de l'action collective: canevas pour l'étude des fondements sociaux des conflits du travail en France«, in: *Revue française de sociologie,* S. 171–203

Sellier, F. (1984): *La confrontation sociale en france 1936–1981,* Paris

— (1990): »Comités et syndicats: situation française et comparaison France-Allemagne«, in: *La Revue de l'IRS*, Nr. 3, Frühjahr-Sommer 1990, S. 41–58

Siegel, T. (1989): *Leistung und Lohn in der nationalsozialistischen »Ordnung der Arbeit«*, Opladen

Simmel, G. (1992/1898): »Die Selbsterhaltung der socialen Gruppe: sociologische Studie«, in: ders.; *Aufsätze und Abhandlungen 1894–1900*, Gesamtausgabe, 5 Bände, Frankfurt a. M., S. 311–372

Sombart, W. (1922): *Sozialismus und Soziale Bewegung*, 9. Auflage, Jena

Soriano, G. (2003): »McDonald's, Fnac, Virgin, Eurodisney, Arcade, etc., Une expérience parisienne un peu particulière: le collectif de solidarité«, in: *Les Temps maudits*, Nr. 15, Januar-April 2003, S. 35–65

— (2004a): »Un droit bien réel, mais très dépendant des rapports de forces. Dossier le droit de grève. France«, in: *La question sociale*, Nr. 1, S. 74–81

— (2004b): »L'expérience des collectifs de solidarité parisiens: une nouvelle étape«, in: *La question sociale*, Nr. 1, S. 48–69

Sterkel, G./Schulten, T./Wiedemuth, J. (Hg.) (2006): *Mindestlöhne gegen Lohndumping. Rahmenbedingungen – Erfahrungen – Strategien*, Hamburg

Strauss, A. (1979): *Negotiations, Varieties, Contexts, Processes, and Social Order.* San Francisco/Washington/London

Streeck, W. (1999): *Korporatismus in Deutschland: Zwischen Nationalstaat und Europäischer Union*, Frankfurt a. M./New York

Streeck, W./Rehder, B. (2003): »Der Flächentarifvertrag: Krise, Stabilität und Wandel«, in: *Industrielle Beziehungen*, 10. Jg., H. 3, S. 341–362

Streeck, W./Thelen, K. (2005a) (Hg.): *Beyond Continuity. Institutional Change in Advanced Political Economies*, Oxford

— (2005b): »Introduction: Institutional Change in Advanced Political Economies«, in: Streeck, W./Thelen, K. (2005a) (Hg.): *Beyond Continuity. Institutional Change in Advanced Political Economies*, Oxford, S. 1–39

Tarnero, J. (1998): *Mai 68. La révolution fiction*, Les Essentiels Milan, Paris

Tartakowsky, D. (1995): »Les événements de mai«, in: Willard, C. (Hg.): *La France ouvrière. De 1968 à nos jours*, Band 3, Paris, S. 33–46

Teuteberg, H. J. (1961): *Geschichte der industriellen Mitbestimmung in Deutschland. Ursprung und Entwicklung ihrer Vorläufer im Denken und in der Wirklichkeit des 19. Jahrhunderts*, Tübingen

— (1981): »Ursprünge und Entwicklung der Mitbestimmung in Deutschland«, in: Pohl, H. (Hg.): *Mitbestimmung: Ursprünge und Entwicklung*, Referate und Diskussionsbeiträge der 5. öffentlichen Vortragsveranstaltung der Gesellschaft für Unternehmensgeschichte e.V. am 7. Mai 1980 in Düsseldorf, Wiesbaden, S. 7–73

Thelen, K. (1991): *Union of Parts. Labor Politics in Postwar Gemany*, Ithaca/New York

— (2001): »Varieties of Labor Politics in the Developed Democracies«, in: Hall, P. A./Soskice, D. (Hg.): *Varieties of Capitalism. The Institutional Foundations of Comparative Advantage*, New York, S. 71–103

— (2002): »How Institutions Evolve. Insights form Comparative-Historical Analysis«, in: Mahoney, J./Rueschemeyer, D. (Hg.): *Comparative Historical Analysis in the Social Sciences*, New York, S. 208–240

— (2004): *How Institutions Evolve: The Political Economy of Skills in Germany, Britain, the United States and Japan*, New York

Thelen, K./Steinmo, S. (1992): »Historical institutionalism in comparative politics«, in: Steinmo, S./Thelen, K./Longstreth, F. (Hg.): *Structuring politics. Historical institutionalism in comparative analysis,* Cambridge, S. 1–32

Thompson, E. P. (1988): *La formation de la classe ouvrière anglaise,* Paris

Tie-Internationales Bildungswerk e.V./AFP e.V., express-Redaktion (Hg.) (2003): *Das Solidaritätskollektiv: Eine Erfahrung der etwas anderen Art. Arbeitskämpfe und Organisationsversuche in gewerkschaftlich nicht organisierten Betrieben und Sektoren,* Ränkeschmiede, Texte zur ArbeiterInnenbewegung, Nr. 14, Oktober 2003, Offenbach

Trempé, R. (1983): »Aux origines des comités mixtes à la production: les comités de libération d'entreprise de la région toulousaine«, in: *Revue d'histoire de la Deuxième Guerre mondiale,* Nr. 131, S. 41–63

Trinczek, R. (1989): »Betriebliche Mitbestimmung als soziale Interaktion. Ein Beitrag zur Analyse innerbetrieblicher industrieller Beziehungen«, in: *Zeitschrift für Soziologie,* 18. Jg., H. 6, S. 444–456

— (1993): *Management und betriebliche Mitbestimmung. Eine Typologie kollektiver Orientierungsmuster,* unveröff. Habilitationsschrift, Erlangen

— (2002) unter Mitarbeit von Artus, I.: *Arbeitspolitische Regulierung in Betrieben ohne Betriebsrat;* Antrag an die Deutsche Forschungsgemeinschaft, München, www.wi.tum/sociology/research/bob

— (2004): »Management und betriebliche Mitbestimmung. Eine interessentheoretisch fundierte Typologie kollektiver Orientierungsmuster«, in: Artus, I./Trinczek, R. (Hg.): *Über Arbeit, Interessen und andere Dinge. Phänomene, Strukturen und Akteure im modernen Kapitalismus,* München/Mering, S. 181–211

— (2006): »Betriebe ohne Betriebsrat: Zur Einleitung«, in: Artus, I./Böhm, S./ Lücking, S./ Trinczek, R. (Hg.): *Betriebe ohne Betriebsrat. Informelle Interessenvertretung in Unternehmen,* Frankfurt a. M./New York, S. 9–39

Tschobanian, R. (1995): »France: From Conflict to Social Dialogue?«, in: Rogers, J./Streeck, W. (Hg.): *Works Councils. Consultation, Representation, and Cooperation in Industrial Relations,* Chicago/London, S. 115–152

Turner, L. (2003): »Why Revitalize? Labour's Urgent Mission in a Contested Global Economy«, in: Frege, C./Kelly, J. (Hg.): *Varieties of Unionism: Strategies for Union Revitalization in a Globalizing Economy,* Oxford, S. 1–10

Ullmann, P. (1977): *Tarifverträge und Tarifpolitik in Deutschland bis 1914. Entstehung und Entwicklung, interessenpolitische Bedingungen und Bedeutung des Tarifvertragswesens für die sozialistischen Gewerkschaften,* Frankfurt a. M./Bern/Las Vegas

Van Gyes, G./Kohl, H./Lehndorff, S./Schief, S./Schilling, G./Vandenbrande, T. (2006): *Industrial relations in the Member States of the European Union. A basic comparison of 25 national systems.* Synthesis report des Projekts »Quality of industriel relations: comparative industrial relations country profiles in the EU Member States« im Auftrag der European Foundation for the Improvement of Living and Working Conditions, Dublin (Ms.)

Ver.di Bundesverwaltung (2005) (Hg.): *Kampagnen Organisieren,* Broschüre, Berlin

— (2007) (Hg.): *Die Lidl-Kampagne. Organisierung. Modell. Zukunft,* Broschüre, Berlin

Vogel, B. (2004): »Neue Ungleichheiten im Wohlfahrtsstaat. Die politische Ordnung sozialer Verwundbarkeit und prekären Wohlstands«, in: *Zeitschrift für Sozialreform,* H. 1-2, S. 174–188

Voswinkel, S./Lücking, S./Bode, I. (1995): *Im Schatten des Fordismus. Industrielle Beziehungen in der Bauwirtschaft und im Gastgewerbe Deutschlands und Frankreichs*, DFG-Abschlußbericht, Dezember 1995, Duisburg

— (1996): *Im Schatten des Fordismus. Industrielle Beziehungen in der Bauwirtschaft und im Gastgewerbe Deutschlands und Frankreichs*, München/Mering

Wailes, N./Ramia, G./Lansbury, R. D. (2003): »Interests, Institutions and Industrial Relations«, in: *British Journal of Industrial Relations*, Dezember 2003, S. 617–637

Wassermann, W./Rhode, W. (2004): *Konfliktfeld Kleinbetrieb. Mittelstand zwischen Alleinherrschaft und Mitbestimmung*, Frankfurt a. M.

Weber, E. (1976): *Peasants into Frenchmen. The Modernization of Rural France 1870–1914*, Stanford/California

Weber, H. (2005): *Les freins à la mobilisation syndicale des salariés chez McDonald's*, Xes Journées Internationales de sociologie du travail, Rouen, November 2005, Relations au travail, relations de travail, Bd. 1, S. 355–366

Weber, M. (1922): *Wirtschaft und Gesellschaft*, Tübingen

Weick, K. E. (1985): *Der Prozeß des Organisierens*, Frankfurt a. M.

Weil, S. (1978): *Fabriktagebuch und andere Schriften zum Industriesystem*, Frankfurt a. M. (französische Ausgabe: *La condition ouvrière*, 1951, Paris)

Whitley, R. (1999): *Divergent Capitalisms: The Social Structuring and Change of Business Systems*, Oxford

Wichterich, C. (2003): *Femme global. Globalisierung ist nicht geschlechtsneutral*, Attac Basis Texte 7, Hamburg

Willard, C. (Hg.) (1995): *La France ouvrière*, Band 2: *1920–1968*, Paris

Wolff, L. (2007): *L'impact de la transformation du tissu productif sur la présence d'institutions représentatives du personnel dans les établissements*, Vortrag auf der Tagung »Relations Professionnelles en entreprises – Le dialogue social et les stratégies d'entreprise à l'épreuve des pratiques«, 27. März 2007, Espace moncassin, Paris, http://www.travail-solidarite.gouv.fr/IMG/pdf/1_Wolff_27_mars.pdf

Ullmann, P. (1977): *Tarifverträge und Tarifpolitik in Deutschland bis 1914. Entstehung und Entwicklung, interessenpolitische Bedingungen und Bedeutung des Tarifvertragswesens für die sozialistischen Gewerkschaften*, Frankfurt a. M./Bern/Las Vegas

Zeitlin, J./Herrigel, G. (Hg.) (2001): *Americanization and its Limits: Reworking US Technology and Management in Post-War Europe and Japan*, New York

Untersuchungsbetriebe und Interviews

Deutschland

Periphere Mittelbetriebe

DA1

Schuhindustrie, Gruppe aus kleineren Familienbetrieben mit mehreren Produktionsstandorten und insgesamt rund 2000 Beschäftigten, Niedersachsen, ländlich/Kleinstadt
DA1-GL

DA2

Elektroindustrie, ehemals selbständiger Familienbetrieb, vor kurzem von internationalem Konzern übernommen, 170 Beschäftigte, Nordbayern, ländlich/Kleinstadt
DA2-GL1 DA2-BL
DA2-GL2

DA3

Maschinenbau, ehemals Familienbetrieb, inzwischen Unternehmen mit mehreren Produktionsstandorten und Holding im Ausland, 170 Beschäftigte, Niedersachsen Landbetrieb
DA3-GL

DA4

Werkzeugbau, ehemals Familienbetrieb, 1993 an internationalen Konzern verkauft, 150 Beschäftigte, Nordbayern, Landbetrieb
DA4-GL

DA5 – Dorfmaschinenbau

Maschinenbau, Ausgründung aus einem Familienbetrieb durch eine Führungskraft, 120 Beschäftigte, Nordbayern, Landbetrieb

DA5-GL	DA5-BL1
	DA5-BL2
	DA5-BL3

DA6

Bekleidungsherstellung, Gründung durch drei Gesellschafter, vor kurzem Zukauf eigener Produktionsstandorte im Ausland, 110 Beschäftigte, Nordbayern, städtisch

DA6-BL

DA7

Maschinenbau, Ausgründung aus einem Familienbetrieb durch eine Führungskraft, 90 Beschäftigte, Niedersachen, Landbetrieb

DA7-GL

DA8

Möbelindustrie, Familienbetrieb in dritter Generation, 80 Beschäftigte, Nordbayern, Landbetrieb

DA8-GL

Prekäre Dienstleistungsarbeit

DB1 – Kaufbillig (= FB2)

Unternehmensgruppe des Lebensmitteleinzelhandels, Hauptsitz in Deutschland, Niederlassungen in fast allen EU-Ländern, umfasst in Deutschland größere Lebensmittelmärkte mit ca. 200 Beschäftigten sowie kleinere Verkaufsfilialen mit ca. 15 Beschäftigten, ca. 80.000 Beschäftigte in Deutschland

DB1-GL	DB1-BR1	DB1-BL1	DB1-EXP (Gewerkschaft)
	DB1-BR2	DB1-BL2	DB1-EXP (Gewerkschaft)

DB2 – Fast Food (=FB1)

Systemgastronomie, international tätiger, US-amerikanischer Konzern, Franchisingsystem, Einzelrestaurants mit ca. 20–50 Beschäftigten, ca. 50.000 Beschäftigte in Deutschland

DB2-BL1	DB2-EXP (Gewerkschaft)
DB2-BL2	

DB3

Unternehmensgruppe des Lebensmitteleinzelhandels, Filialen mit ca. 15 Beschäftigten, über 30.000 Beschäftigte in Deutschland

		DB3-BL	

DB4 – Transport (=FB3)

Paketdienst, international tätiger US-amerikanischer Konzern, Standorte mit ca. 200 Beschäftigten (i.d.R. mit Betriebsrat) und kleinere Standorte mit 10–50 Beschäftigten (i.d.R. ohne Betriebsrat); ca. 14.000 Beschäftigte in Deutschland

DB4-GL	DB4-BR1	DB4-BL1	DB4-EXP (Gewerkschaft)
	DB4-BR2	DB4-BL2	
	DB4-BR3	DB4-BL3	
	DB4-BR4		

DB5

Kfz-Reparatur und -Teileeinzelhandel, ehemals mittelständisch, von Investmentgesellschaft aufgekauft, Filialen mit ca. 40 Beschäftigten, ca. 11.000 Beschäftigte in Deutschland

DB5-GL1	DB5-BR*	DB5-BL1	
DB5-GL2		DB5-BL2	
		DB5-BL3	
		DB3-BL4	
		DB5-BL5	
		DB4-BL6	

* Gruppendiskussion mit 10 Betriebsräten und dem betreuenden Gewerkschaftssekretär

DB6

Facility Services (u.a. Reinigungsgewerbe, Sicherheitsgewerbe, Leiharbeit), mittelständischer Familienkonzern, über 1000 Beschäftigte, Einsatzort: Großküche mit ca. 20–30 Beschäftigten

		DB6-BL	DB6-EXP (Gewerkschaft)

DB7

Reinigungsgewerbe, mittelständischer Familienbetrieb, 650 Beschäftigte

		DB7-BL	

DB8

Bekleidungseinzelhandel, Familienkonzern, 400–500 Beschäftigte

	DB8-BR		

DB9

Altenheime, Holding mit drei Niederlassungen, insgesamt 180 Beschäftigte
DB9-GL

DB10

Baustoffgroßhandel, mittelständisch, 70 Beschäftigte
DB10-GL

Frankreich

Periphere Mittelbetriebe

FA1

Unternehmensberatung, Aktiengesellschaft, als Zusammenschluss einer Vielzahl einzelner Unternehmensberatungskabinette organisiert, am untersuchten Standort rund 80 Beschäftigte, rund 4.000 Beschäftigte in Frankreich; nordfranzösische Kleinstadt

FA1-GL FA1-IRP (Vorsitzende CE; nicht gewerkschaftlich organisiert)

FA2

Druckindustrie, ehemals Familienbetrieb, später Eingliederung in eine Unternehmensgruppe, seit dem Jahr 2000 Teil eines amerikanisch-kanadischen Konzerns mit mehreren Tausend Beschäftigten, am Standort 70 Beschäftigte; Großraum Paris

FA1-BL

FA3 – Recycling

Abfallwirtschaft, Gründung als kommunale Vereinigung, 3 Standorte mit insgesamt 105 Beschäftigten, zwei Standorte in mittelgroßer Stadt, 1 Standort am Land, Limousin

FA3-GL1 FA3-IRP (Schatzmeisterin CE; nicht gewerkschaftlich organisiert) FA3-EXP (Inspecteur de Travail)
FA3-GL2

FA4

Marktforschung, Management-Buy-Out, seit kurzem konzernabhängig, 20 Beschäftigte + 60 ständige freie MitarbeiterInnen, Paris

FA4-BL

FA5

Holz-/Sägeindustrie, Familienbetrieb, 20–30 Beschäftigte, Landbetrieb, Limousin

FA5-BL

Prekäre Dienstleistungsarbeit

FB1 – Fast Food (=DB2)

Systemgastronomie; international tätiger, US-amerikanischer Konzern; Franchisingsystem, Einzelrestaurants mit ca. 30–100 Beschäftigten, ca. 33.000 Beschäftigte in Frankreich

FB1-GL	FB1-IRP1 (DS-CGT)	FB1-EXP1 (Gewerkschaft CGT)
	FB1-IRP2 (DS/CE-CGT-FO)	FB1-EXP2 (politischer Aktivist)
		FB1-EXP3 (Wissenschaftlerin)

FB2 – Kaufbillig (=DB1)

Unternehmensgruppe des Lebensmitteleinzelhandels; Hauptsitz in Deutschland; in Frankreich Verkaufsfilialen mit ca. 15 Beschäftigten, Lagerstandorte mit ca. 200 Beschäftigten, ca. 14.000 Beschäftigte in Frankreich

	FB2-IRP1*	FB2-EXP (Gewerkschaft CGT)
	FB2-IRP2 (DS-Central CGT)	FB2-EXP (Wissenschaftler)
	FB2-IRP3 (DP-CGT)	

* Gruppendiskussion mit 5 Mitgliedern einer CGT-Gewerkschaftssektion, die alle ein Amt als DP, CE-Mitglied und/oder DS hatten

FB3 – Transport (=DB4)

Paketdienst, International tätiger US-Amerikanischer Konzern, Standorte zwischen 10 und 200 Beschäftigte, ca. 1.700 Beschäftigte in Frankreich

FB3-GL1	FB3-IRP (DS-Central CFDT)	FB3-EXP (Gewerkschaft CGT)
FB3-GL2		

FB4

Selbstbedienungscafeteria, französischer Konzern, pro Restaurant ca. 60–80 Beschäftigte, ca. 1.000 Beschäftigte in Frankreich

FB4-BL/EXP (Wissenschaftler)

FB5

Bucheinzelhandel, Ladenkette im Besitz einer Investmentgruppe, pro Filiale 4–10 Beschäftigte, ca. 500–600 Beschäftigte in Frankreich

FB5-IRP (DS-CGT)

FB6

Reinigungsfirma, Teil einer Aktiengesellschaft mit diversen Einzelfirmen, mehrere Hundert Beschäftigte an diversen Objekten

FB6-IRP (DP-SUD) FB6-EXP (Gewerkschaft SUD)